CB138486

Coleção
CRIMES EM ESPÉCIE

DIREITO PENAL

CRIMES CONTRA A PESSOA

Bruno Gilaberte

Coleção
CRIMES EM ESPÉCIE

DIREITO PENAL

CRIMES CONTRA A PESSOA

2ª EDIÇÃO

Freitas Bastos Editora

Copyright © 2019 by Bruno Gilaberte
Todos os direitos reservados e protegidos pela Lei 9.610, de 19.2.1998.
É proibida a reprodução total ou parcial, por quaisquer meios,
bem como a produção de apostilas, sem autorização prévia,
por escrito, da Editora.
Direitos exclusivos da edição e distribuição em língua portuguesa:

Maria Augusta Delgado Livraria, Distribuidora e Editora

Editor: *Isaac D. Abulafia*
Revisão de Texto: *Isaac D. Abulafia*
Capa *Neilton Lima*
Diagramação: *Jair Domingos de Sousa*

DADOS INTERNACIONAIS PARA CATALOGAÇÃO
NA PUBLICAÇÃO (CIP)

G392c

Gilaberte, Bruno
Crimes contra a pessoa / Bruno Gilaberte. – 2ª ed
Rio de Janeiro : Freitas Bastos, 2019.
518 p. ; 23cm. – (Coleção Crimes em espécie)

Inclui bibliografia.
ISBN 978-85-7987-355-3

1. Direito penal – Brasil. 2. Crimes contra a pessoa – Brasil.
I. Título. II. Série.

CDD- 345.81025

Freitas Bastos Editora

Tel./Fax: (21) 2276-4500
freitasbastos@freitasbastos.com
vendas@freitasbastos.com
www. freitasbastos.com

Ao meu avô, Décio Gilaberte, que tanto fez por minha formação intelectual e moral, com admiração e carinho eternos.

Aos meus pais, Leila e Almir, pelo carinho e dedicação, bem como por serem fundamentais na formação do meu caráter. Que tomem essa dedicatória como prova do amor que nem sempre é fácil ser expressado em palavras.

APRESENTAÇÃO

Passaram-se sete anos desde a primeira edição desta obra e sua atualização. A demora em lançar a 2ª edição é explicável: nunca houve a vontade de que o livro fosse apenas mais uma das tantas obras lançadas no mercado de forma açodada, simplesmente por razões comerciais; ao contrário, viu-se a necessidade de um aprofundamento teórico, o que exigiu pesquisa, além de se aguardar o amadurecimento doutrinário em relação a diversas inovações legais, às quais se sucederam de forma estonteante, atingindo de forma muito sensível os crimes contra a pessoa e contra a dignidade sexual. Não por outro motivo, inúmeras posições outrora esposadas foram modificadas, pois a pesquisa expande horizontes.

Nessa toada, a teoria do bem jurídico, conformada em bases constitucionais, teve especial participação na correção de rumos, especialmente a partir da crença – ora adotada – de que não existem bens jurídicos individuais indisponíveis. Isso importou em diversas novas considerações no que concerne aos crimes contra a vida e às lesões corporais, especialmente. Também tivemos que lidar com novas leis, invariavelmente mal elaboradas, que determinaram a reinterpretação de diversos tipos penais. Feminicídio, homicídio e lesão corporal funcionais, invasão de dispositivo informático e tráfico de pessoas são apenas algumas das novas situações que não eram enfrentadas na obra original. Evidentemente, não se deixou de lado a jurisprudência, com ênfase em uma melhor análise da interrupção da gravidez em caso de anencefalia fetal e na criminalização da LGBTQIAfobia, promovida pelo Supremo Tribunal Federal (e seus reflexos possíveis sobre os crimes contra a pessoa).

Na jornada que nos propusemos fazer, não faltaram momentos de brainstorming, principalmente em discussões com os amigos Marcus Montez e Carlos Eduardo Rangel, que realizaram contribuições inestimáveis. Agradeço, igualmente, ao sensacional Leonardo Schmitt de Bem, por todas as ponderações naqueles momentos de esgotamento intelectual, em que ouvir alguém cuja voz é de inquestionável autoridade faz com que as sinapses saiam do seu estado letárgico. Enfim, impossível enumerar todos os que dispuseram de um tempo precioso para que pudéssemos concluir o livro de forma satisfatória, razão pela qual permitimo-nos um agradecimento genérico.

Não se trata de uma obra perfeita, até porque a perfeição é um objetivo inalcançável. Muitos trechos ainda estão em evolução, o que é normal dentro da dogmática penal e da hiperinflação legislativa que assola o direito brasileiro, especialmente na seara criminal. Mas é produto de uma reflexão muito mais cuidadosa do que aquela que inspirou a primeira edição. Esperamos que seja suficiente para suscitar debates, algo essencial e tão negligenciado hoje, na academia, recheada de lições voltadas exclusivamente para exames e concursos públicos. Não nos bastemos nisso. O direito só sobrevive, e consequentemente a democracia só é aperfeiçoada, quando reforçadas suas bases e incentivadas novas discussões aí alicerçadas.

Desejo a todos boa leitura!

Rio de Janeiro, 17 de julho de 2019.

SUMÁRIO

CRIMES CONTRA A PESSOA

DOS CRIMES CONTRA A VIDA (TÍTULO I, CAPÍTULO I)

I - HOMICÍDIO (ARTIGO 121, CP)

DAS LESÕES CORPORAIS (TÍTULO I, CAPÍTULO II)

DA PERICLITAÇÃO DA VIDA E DA SAÚDE (TÍTULO I, CAPÍTULO III)

III - PERIGO DE CONTÁGIO DE MOLÉSTIA GRAVE (ARTIGO 131, CP)

IV - PERIGO PARA A VIDA OU SAÚDE DE OUTREM (ARTIGO 132, CP)

V - ABANDONO DE INCAPAZ (ARTIGO 133, CP)

VI - EXPOSIÇÃO OU ABANDONO DE RECÉM-NASCIDO (ARTIGO 134, CP)

VII - OMISSÃO DE SOCORRO (ARTIGO 135, CP)

DOS CRIMES CONTRA A LIBERDADE INDIVIDUAL (TÍTULO I, CAPÍTULO VI)

DOS CRIMES CONTRA A LIBERDADE PESSOAL (SEÇÃO I)

V - TRÁFICO DE PESSOAS (ARTIGO 149-A, CP)

DOS CRIMES CONTRA A INVIOLABILIDADE DO DOMICÍLIO (SEÇÃO II)

I - VIOLAÇÃO DE DOMICÍLIO (ARTIGO 150, CP)

DOS CRIMES CONTRA A INVIOLABILIDADE DE CORRESPONDÊNCIA (SEÇÃO III)

I - VIOLAÇÃO DE CORRESPONDÊNCIA (ARTIGO 151, CP)

II - CORRESPONDÊNCIA COMERCIAL (ARTIGO 152, CP)

CRIMES CONTRA A PESSOA

GENERALIDADES

O Título I da Parte Especial do Código Penal trata dos crimes contra a pessoa, dividindo-se em seis capítulos: dos crimes contra a vida (Capítulo I), das lesões corporais (Capítulo II), da periclitação da vida e da saúde (Capítulo III), da rixa (Capítulo IV), dos crimes contra a honra (Capítulo V) e dos crimes contra a liberdade individual (Capítulo VI).

O perfeito entendimento do conceito de pessoa é imprescindível para a compreensão dos tipos penais arrolados nesse título. Para o Direito, existem dois tipos de pessoas: pessoas naturais (ou físicas) e pessoas jurídicas. É claro que as concepções filosóficas sobre a pessoa não se bastam nesses conceitos, mas, homenageando a objetividade e a didática, opta-se por explorar somente a visão jurídica sobre o tema, ao menos nessa abordagem inicial. Pessoa natural é o homem (ser humano). Explica Orlando Gomes que "todo homem é pessoa"[1], isto é, todo homem é dotado do atributo da personalidade. O direito penal adota um conceito de pessoa natural mais amplo do que o estipulado pelo direito civil, considerando a existência da pessoa desde o início da vida intrauterina, o que fica claro pela alocação do aborto entre os crimes deste capítulo. Em suma, para o direito penal, o surgimento da personalidade é anterior ao nascimento com vida, ao contrário do observado na esfera cível, em que o nascimento determinará o início da personalidade. Cremos que essa concepção penalista não pode prescindir da necessária interdisciplinaridade, razão pela qual, quando do estudo do aborto, voltaremos ao tema. Pessoas jurídicas são entes ficcionais, ou seja, "são criadas pelo Direito, não possuem existência anterior ao Direito, e são por ele regulamentadas".[2] Não há um fenômeno natural na existência das pessoas jurídicas, pois são elas uma criação da inteligência humana, amparada pelo ordenamento jurídico.

O título em comento tem por escopo a tutela de direitos inatos ao homem, imprescindíveis à dignidade da pessoa (vida, integridade física e psíquica,

---

1 GOMES, Orlando. *Introdução ao direito civil*. 14. ed. Rio de Janeiro: Forense, 1999. p. 141-142.

2 LOPES DE OLIVEIRA, J. M. Leoni. *Direito civil* – teoria geral do direito civil. 2. ed. Rio de Janeiro: Lumen Juris, 2000. p. 33.

honra e liberdade individual). São direitos da personalidade, "essenciais, porque, se não existissem, a pessoa não poderia ser concebida como tal".[3] A proteção penal conferida a tais direitos não se esgota no Título I, podendo ser observada em outros momentos do Código Penal, bem como na legislação extravagante. É interessante notar que o Título I adota um enfoque individualista, versando sobre direitos de pessoas determinadas. A indeterminação quanto ao sujeito passivo (a coletividade) conduzirá à caracterização de crime contra a incolumidade pública (Título VIII da Parte Especial).[4] Os crimes contra a pessoa, ainda e em regra, têm por objeto direitos da pessoa natural. Como bem assevera Frederico Marques, em lição referente ao Capítulo I, mas que pode ser aproveitada de forma geral, "os direitos de personalidade, que figuram como bens jurídicos tutelados penalmente pelas regras incriminadoras que constituem o elenco normativo dos crimes contra a vida, são direitos originários e essenciais da pessoa humana".[5] Os interesses da pessoa jurídica também serão tutelados, como nos casos de crime de difamação (artigo 139, CP) e de violação de correspondência comercial (artigo 152, CP), mas a proteção penal será concedida de forma excepcional.

3 MARQUES, José Frederico. *Tratado de direito penal*. Campinas: Millenium, v. IV, 2002. p. 55.

4 Assim leciona E. Magalhães Noronha (*Direito penal*. 33. ed. São Paulo: Saraiva, v. 2, 2003. p. 13.

5 MARQUES, José Frederico. *Tratado*..., op. cit., p. 57.

DOS CRIMES CONTRA A VIDA

I - HOMICÍDIO (ARTIGO 121, CP)

1 Introdução

Homicídio é a extinção da vida de uma pessoa praticada por outra. Não se inclui no conceito de homicídio a supressão da vida determinada conscientemente pela própria vítima, hipótese que recebe o nome de suicídio. O artigo 121 do CP tipifica o crime em apreço, dividindo-se da seguinte forma: homicídio simples (artigo 121, *caput*), causas de diminuição de pena (artigo 121, § 1º), homicídio qualificado (artigo 121, § 2º), norma explicativa referente ao crime de feminicídio (artigo 121, § 2º-A), homicídio culposo (artigo 121, § 3º), causas de aumento de pena (artigo 121, §§ 4º, 6º e 7º) e perdão judicial (artigo 121, § 5º).

No Brasil, o homicídio já era considerado uma prática ilícita desde épocas anteriores à colonização portuguesa. Os indígenas, mesmo não alcançando uma evolução jurídica razoável, puniam aqueles que tiravam a vida de seus pares. Havia a imposição de pena de morte quando o crime ocorria entre membros da mesma tribo. Se o sujeito ativo fosse de tribo diversa, o delito resultava em declaração de guerra.[6]

As Ordenações Filipinas (principal ordenamento jurídico penal após o descobrimento), o Código Penal do Império, o Código Penal de 1890 e o atual Código Penal sempre mantiveram a tipificação do crime de homicídio, cada qual com as suas peculiaridades.

2 Objetividade jurídica

Assim como ocorre em todos os crimes previstos no Capítulo I do Título I do Código Penal (Dos Crimes Contra a Vida), tutela-se a vida humana. A proteção desse bem jurídico é de tamanha relevância que se tornou dogma constitucional (artigo 5º, *caput*, CRFB/88). Consoante André Ramos Tavares, "tradicionalmente, o mais básico sentido alcançado pelo direito à vida foi exemplarmente apresentado pelo Pacto de Direitos Civis e Políticos, de 1966,

6 PIERANGELI, José Henrique. *Códigos penais do Brasil* – evolução histórica. 2. ed. São Paulo: Revista dos Tribunais, 2001. p. 42.

como a proteção contra a privação arbitrária da vida, ou seja, o direito de permanecer existindo".[7]

Pouco importa, para o direito penal, que a vida esteja em fase embrionária (os artigos referentes ao crime de aborto versam, justamente, sobre a vida humana não-independente), que seja viável ou que esteja perto de se findar. Existindo vida, haverá a salvaguarda do objeto jurídico. O crime de homicídio, entretanto, cuidará da vida humana extrauterina ou independente, como será visto.[8]

Para que possa ocorrer a morte, é necessário que exista vida. Para que possa ser praticado o crime de homicídio, é mister a vida extrauterina. São notórias as dificuldades de conceituação de um bem jurídico de tal magnitude. É apropriado afirmar que, ao menos filosoficamente, "assim como não se pode definir a vida, é teoricamente impossível conceituar a morte".[9] Mas o momento em que se inicia a vida extrauterina pode ser determinado.

A vida independente começa com o início do parto. É o que informa o artigo 123 do CP, ao dispor que o crime de infanticídio pode ocorrer durante o parto ou logo após. Sabendo-se que qualquer ataque criminoso à vida intrauterina constitui delito de aborto, torna-se possível inferir que a objetividade jurídica do infanticídio se circunscreve à vida extrauterina. Ora, se a lei penal afirma que o infanticídio pode ocorrer durante o parto, isso significa que, depois de seu início, não existe mais vida intrauterina, mas sim vida independente. E quando se inicia o parto? Sustenta-se, com precisão, que o início do parto é caracterizado pelo começo das contrações expulsivas (contrações uterinas verdadeiras), que coincidem com a dilatação do colo do útero e do canal cervical.[10] Tratando do tema na seara do direito penal alemão, Claus Roxin

---

7 TAVARES, André Ramos. Direito à Vida. In: CANOTILHO, J. J. Gomes et al. *Comentários à Constituição do Brasil*. 1. ed. São Paulo: Saraiva/Almedina, 2013. p. 213.

8 De acordo com Hungria, *in verbis*: "A lei penal, com sua próvida e reforçada tutela, procura resguardar a incolumidade do indivíduo humano até mesmo antes do seu nascimento, ou, mais precisamente, desde a sua concepção: não só protege a segurança ou conservação do 'ser vivo, nascido de mulher', como a da *spes hominis*, da *spes personae*, do germe fecundado no seio materno". HUNGRIA, Nelson. *Comentários ao Código Penal*. 5. ed. Rio de Janeiro: Forense, 1979, v. 5, p. 21.

9 CROCE, Delton; CROCE JÚNIOR, Delton. *Manual de medicina legal*. 4. ed. São Paulo: Saraiva, 1998. p. 347. É interessante notarmos que não mais se adota o funcionamento do sistema respiratório como parâmetro para a existência de vida. O sistema orgânico pode funcionar perfeitamente, ainda que não haja respiração, como no caso do recém-nascido apneico.

10 Idem, ibidem, p. 429. Nesse sentido, por todos, E. Magalhães Noronha. Assinala o jurista a existência de outras posições, como as de Alfredo Molinario, para quem a vida extrauterina somente se inicia com o completo e total desprendimento do feto das entranhas maternas, e de Soler, que ensina que o nascimento se inicia com as dores do parto (MAGALHÃES NORONHA, E. *Direito penal*... op. cit., p. 17). Delmanto, ao seu turno, sustenta que "a vida principia no início do parto, com o rompimento do saco amniótico" (DELMANTO, Celso.

esclarece que a jurisprudência alemã se reporta às dores do parto, abordando três estágios: as dores prévias, que têm início nas últimas semanas de gestação e vão até o início do parto; as dores de abertura, que se dão com a dilatação do canal do parto; e as dores de pressão, que correspondem ao trabalho de expulsão do nascente. Segundo o autor, o *Bundesgerichtshof* estabelece as dores de abertura como sinal do início do parto. Conclui: "Daí decorre que, segundo a jurisprudência alemã, após o início das dores de abertura já se deve admitir que exista um homem, mesmo que este se encontre ainda por completo dentro do corpo da mãe. Isso é de grande importância para a tutela penal da vida e da saúde, porque a duração do período de abertura é bem mais longa que a do período de expulsão. Considero esta jurisprudência correta; pois justamente durante o nascimento, um período que, com frequência, não é isento de riscos, se mostra necessário conceder ao homem a proteção penal mais extensa possível".[11]

Observe-se, contudo, que a afirmação - nem de longe pacífica - somente é válida no chamado parto natural. No parto cirúrgico, a existência de contrações expulsivas não é imprescindível para sua realização. Destarte, há a necessidade de adoção de um critério objetivo para a fixação do início do parto, que, no caso, será o momento da primeira incisão cirúrgica.

Assim, podemos concluir que, se não houver contrações expulsivas reais, o sujeito ativo que matar o nascituro praticará crime de aborto. Após o começo das contrações, poderá ser cometido o crime de homicídio ou, dependendo das peculiaridades do caso, o crime de infanticídio. A constatação não é desprovida de relevância prática: suponhamos que, por erro médico, o parto em uma gestante, que já sente as contrações expulsivas reais, seja indevidamente

---

Código penal comentado. 3. ed. Rio de Janeiro: Renovar, 1991. p. 200), com o que concorda Hungria (*Comentários...*, op. cit., p. 264). Hygino de Carvalho Hercules escreve: "Do ponto de vista obstétrico, o trabalho de parto começa quando se intensificam e se tornam mais frequentes as grandes contrações uterinas (...). Arbitrariamente, costuma-se dizer que o trabalho de parto começa quando sua frequência atinge dois a três em cada dez minutos, tendo já causado uma dilatação de 2cm no orifício externo do colo. Um sinal clínico do início do parto é a perda do tampão de muco que fecha o canal cervical e que é eliminado quando o colo começa a se dilatar. Mas, para fins periciais, essas filigranas pouco ajudam. Tanto por não haver precisão como por serem de constatação impossível nos casos de infanticídio, no qual o parto não é assistido. Por isso, convencionou-se afirmar que o trabalho de parto começa quando ocorre a rotura da bolsa amniótica, por ser um fato que dificilmente passa despercebido pela mulher" (HERCULES, Hygino de Carvalho. *Medicina Legal*. São Paulo: Editora Atheneu, 2005. p. 615). Em posição já superada, Franz Von Liszt, no final do séc. XIX, afirmava que "a existência independente não data somente do momento em que se opera completa separação entre a criança e a mãe, nem remonta tão pouco ao começo dos movimentos de expulsão (dores do parto), mas começa com a cessação da respiração placentária do feto e com a possibilidade da respiração pelos pulmões" (VON LISZT, Franz. *Tratado de Direito Penal Allemão*. Rio de Janeiro: F. Briguiet & C., 1899, tomo II, p. 9-10).

11 ROXIN, Claus. *Estudos de Direito Penal*. Rio de Janeiro: Renovar, 2006. p. 176-177.

retardado, o que causa a morte do feto; nessa hipótese, teremos homicídio culposo, ao passo em que, se houvesse vida intrauterina, a conduta seria atípica, pela inexistência de aborto na forma culposa.

O homicídio, ainda, somente poderá ser verificado até o momento em que acaba a vida. Não havendo vida, não há homicídio, pois, logicamente, não se pode matar alguém que já está morto. A tentativa de suprimir uma vida que não mais existe importa crime impossível (no tocante ao homicídio e também no que se refere aos crimes contra o respeito aos mortos - artigos 209 a 212, CP - pois o dolo do agente nesses delitos deve abranger a ciência de que se atua sobre um cadáver, suas cinzas etc.). Atualmente, a doutrina admite o critério da morte encefálica como razoável para a determinação do momento da morte. Como bem anota Luiz Régis Prado, ao advertir que a Lei nº 9.434/97 (transplante de órgãos), em seu artigo 3º, acolhe expressamente o critério da morte encefálica, "médicos e juristas concordam que o momento da morte ocorre com a cessação irreversível das funções cerebrais", pois a partir daí se tem a "irreversibilidade da morte".[12] A morte encefálica conduz à paralisação das funções respiratória, circulatória e cerebral, condenando o organismo à falência irreversível, pelo menos no estágio atual das ciências médicas. Novamente temos o pronunciamento de Roxin sobre o tema: "A pessoa encefalicamente morta carece, de antemão, de qualquer possibilidade de pensar ou sentir; falta-lhe o centro de integração, que estruturará as diversas funções do corpo numa unidade. O critério da morte encefálica como o momento da morte é, assim, um dado prévio antropológico, e não como uma construção para possibilitar o transplante de órgãos".[13] O autor lembra, no entanto, que a posição não é pacífica, embora no Brasil seja respaldada pela legislação: no Japão, por exemplo, considera-se que a pessoa vive mesmo após a morte encefálica, desde que o aparato médico consiga sustentar as demais funções vitais.

O consentimento do ofendido - afirma-se - não tem o condão de afastar o caráter criminoso do homicídio. Consoante entendimento majoritário, a vida é um bem jurídico indisponível, dada a sua importância, pois é o berço de todos os direitos individuais. Nem mesmo o doente em fase terminal, teoricamente, pode dispor da própria vida, por mais caridosa que seja a morte desejada. Justamente por isso se apregoa que a eutanásia - a extinção piedosa da vida de outrem - não encontra guarida no Direito pátrio. O tema, no

12 PRADO, Luiz Régis. *Curso de direito penal brasileiro*. 2. ed. São Paulo: Revista dos Tribunais, v. 2, 2002. p. 45. Contra, Frederico Marques, aduzindo que "certo e prático se nos afigura o ensinamento de Enrico Altavilla, de que se dá a morte com a parada da respiração e das pancadas cardíacas" (MARQUES, José Frederico. *Tratado*..., op. cit., p. 85). Note-se que o ensinamento foi esposado antes da Lei nº 9.434/97. Ademais, técnicas mais atuais de reanimação e de respiração artificial desautorizam o entendimento, que pode ser considerado caduco.

13 ROXIN, Claus. *Estudos*... op. cit., p. 184.

entanto, nem de longe é incontroverso. A fim de ilustrar a discussão que se inicia, transcreve-se a fala que abre o livro *Domínio da Vida: aborto, eutanásia e liberdades individuais*, de Ronald Dworkin: "O aborto, que significa matar deliberadamente um embrião humano em formação, e a eutanásia, que significa matar deliberadamente uma pessoa por razões de benevolência, constituem, ambos, práticas nas quais ocorre a opção pela morte. No primeiro caso, opta-se pela morte antes que a vida tenha realmente começado; no segundo, depois que tenha terminado. Cada uma dessas opções vem sendo condenada e defendida há milênios. Nunca, porém, as discussões foram tão acirradas, tão abertas e antagônicas, e a controvérsia sobre uma dessas opções nunca esteve tão estreitamente ligada à controvérsia sobre a outra, como vem atualmente ocorrendo nos Estados Unidos e na Europa".[14]

Inspirado pelo empirismo e pelo utilitarismo de Hume e Bentham,[15] John Stuart Mill já defendia, no século XIX, na obra *On Liberty* (1859), a soberania do indivíduo sobre seu corpo e mente. Em outras palavras, ensinava o filósofo que os indivíduos podem livremente fazer escolhas que afetem seus corpos, desde que não causem prejuízos significativos a ninguém mais com suas decisões, sendo proibido ao governo salvaguardar uma pessoa de suas próprias atitudes ou impor-lhe o reconhecimento de um melhor modo de vida. Textualmente: "Quando qualquer parte da conduta de uma pessoa afeta prejudicialmente os interesses de outrem, a sociedade tem jurisdição sobre ela e abre-se o debate se a interferência será positiva ou não para o bem-estar geral. Mas não cabe tratar de tal questão se a conduta da pessoa não afeta os interesses de ninguém além de si mesma, ou não precisa afetá-los a menos que as pessoas assim o queiram (sendo todos os envolvidos pessoas maiores de idade e com capacidade de entendimento normal). Em todos esses casos, deve haver plena liberdade legal e social de praticar a ação e enfrentar as consequências".[16] O direito penal brasileiro (e também o comparado), no entanto, em várias

---

14 DWORKIN, Ronald. *Domínio da Vida:* aborto eutanásia e liberdades individuais. 2. ed. São Paulo: Editora WMF Martins Fontes, 2009. p. 1.

15 Bentham, em sua filosofia moral, sustentava que a moral deve priorizar a felicidade, em detrimento da dor. A postura correta é sempre aquela que avulta em sua utilidade (daí a denominação utilitarismo), sendo útil aquilo que evita o sofrimento. Algumas objeções foram feitas às ideias do filósofo, sustentando que seu utilitarismo reduzia todos os aspectos da moral a uma única escala de felicidade e dor, comparando situações aparentemente incomparáveis e desprezando a dignidade humana como um valor de impossível quantificação. Stuart Mill busca permear a teoria utilitarista com a defesa dos direitos individuais, compatibilizando-as. Para Mill, não se analisa a utilidade casuisticamente. A única utilidade que importa é a de longo prazo, que leva a máximos de felicidade reais. A liberdade individual, assim, tolhida em certo evento, pode até trazer felicidade para um determinado grupo social naquele momento da evolução humana, mas trará efeitos perniciosos de longo prazo. Assim, privilegia-se a liberdade antevendo seus benefícios futuros.

16 MILL, John Stuart. *Sobre a Liberdade*. Porto Alegre: L&PM, 2016. p. 116.

passagens se contrapõe a essa autonomia da vontade, exteriorizando caráter marcadamente paternalista. Isso fica claro em crimes como o rufianismo (artigo 230 do CP), posse de drogas para consumo pessoal (artigo 28 da Lei nº 11.343, de 2006) e outros.

A doutrina de Mill é suficiente para amparar os discursos sobre a descriminalização do consumo de drogas, ou para negar a interferência do Estado na autonomia sexual de uma pessoa, ainda que baseada na equivocada proteção a um sentimento público de pudor, mas enfrenta dificuldades ao abordar a proteção à vida. Suponhamos o seguinte caso: um pesquisador capta voluntários para um experimento, no qual pretende averiguar o quanto de dor uma pessoa pode suportar antes de morrer; para tanto, os voluntários - mentalmente capazes e dotados de autonomia da vontade - autorizam a própria morte mediante tortura. Certamente, qualquer enquete sobre a necessidade de punição criminal ao pesquisador teria o "sim" como resposta majoritária. Isso porque, ao considerarmos o tema extinção da vida, costumeiramente fazemo-lo de forma imbricada com a moral. Matar, ainda que cumprindo a vontade da própria vítima, é um ato imoral, seja por uma perspectiva religiosa, em que a vida é um dom divino e dela não pode o homem dispor; seja pela moralidade dita racional, de fundo kantiano, em que a disposição da própria vida representa uma instrumentalização do homem para o atingimento de certa finalidade, conduta que seria atentatória à dignidade humana.[17] No entanto, quando falamos da eutanásia,[18] um número muito maior de pessoas considerará legítima a opção, ainda que muitos persistam contrários à ideia. Nessa ótica, damos

17 BECHARA, Ana Elisa Liberatore Silva. *Bem Jurídico-Penal*. São Paulo: Quartier Latin, 2014. p. 180-181

18 A compreensão do tema eutanásia passa, primeiramente, pela distinção entre eutanásia ativa e passiva (ortotanásia), bem como pelo entendimento do que seja o suicídio assistido. Lecionava Aníbal Bruno: "Há quem veja ainda uma hipótese de eutanásia na atitude do médico que se abstém de empregar meios terapêuticos para prolongar a vida do moribundo. Mas nenhuma razão obriga o médico a fazer durar por um pouco mais uma vida que natural e irreversivelmente se extingue, a não ser por solicitação especial do paciente ou de parentes seus. Aquela suposta eutanásia por omissão nada tem a ver com a verdadeira eutanásia, e para ser definida como crime omissivo, falta ao omitente, nas circunstâncias, o dever jurídico de agir. Não há lugar para a intervenção do Direito punitivo" (*Crimes...*, op. cit., p. 124). Cuida-se, aqui, da eutanásia passiva, ou ortotanásia, conceituada como a manutenção do paciente em um processo natural de morte, sem a adoção de meios artificiais para o sofrido prolongamento da vida (distanásia). A ortotanásia não é criminosa, ao contrário, é estimulada pelo Código de Ética Médica (Res. CFM nº 1931/2009), no parágrafo único do artigo 41, assim redigido: "Nos casos de doença incurável e terminal, deve o médico oferecer todos os cuidados paliativos disponíveis sem empreender ações diagnósticas ou terapêuticas inúteis ou obstinadas, levando sempre em consideração a vontade expressa do paciente, ou, na sua impossibilidade, a de seu representante legal". A eutanásia ativa, ao seu turno, importa antecipação do óbito, que não ocorreria - naturalmente - no momento em que se deu. Já o suicídio assistido implica supressão da própria vida pelo paciente, amparado por um médico ou pessoa diversa, através de atos materiais - como a prescrição de drogas aptas

ênfase ao sentimento de compaixão (moral), mas continuamos deixando de lado a liberdade individual, em contraposição a ideologias liberais libertárias.

Assim, consolidou-se o entendimento de que a proteção à vida compõe um "núcleo duro" do direito penal que não pode ser flexibilizado nem mesmo pela vontade da vítima. A relativização surge – e apenas para alguns – unicamente nas questões humanitárias.

Inicialmente com foco na participação em suicídio, Ana Elisa Bechara apregoa a disponibilidade da vida. Salienta, a autora, que o debate sobre a disponibilidade deve ocorrer no âmbito da teoria do bem jurídico e dos princípios a ela atinentes, como a intervenção mínima e a dignidade humana. Assim – explica –, o bem jurídico não pode ser considerado como um valor em si mesmo, que transcende a esfera de seu titular, mas sim como algo que se relaciona com o sujeito, permitindo-lhe o desenvolvimento social e a materialização de sua dignidade.[19] Nesse sentido, extraindo do direito à vida seu componente religioso e estabelecendo que uma pessoa – se comprovado que possui a suficiente autonomia para refletir e decidir – pode se mostrar desinteressada pela vida, situação em que obrigá-la a viver reflete tratamento cruel, nada impediria a opção pela morte.[20] O direito à morte seria, contextualizado, uma expressão da individualidade e, como tal, um aspecto da liberdade, sem a qual não existe espaço para a dignidade. De igual forma se posicionam Leonardo Schmitt de Bem e João Paulo Martinelli: "Pensamos ser incorreto sustentar que a autonomia de uma pessoa seja restringida quando ela é a única titular do bem jurídico e quando a disponibilidade do objeto de valoração se faz de maneira legal. Entendemos que se deve valorar a liberdade de a pessoa fazer o que, quando e como queira, e tudo isso independentemente das consequências de suas ações. Ninguém pode dizer a uma pessoa capaz e maior que ela não pode fazer com sua vida o que escolheu fazer em seu próprio benefício. O fundamental é seu interesse e não o dos demais".[21] Filiamo-nos a essa teoria.

Pelo exposto, imaginamos que, mesmo no ordenamento jurídico brasileiro, a eutanásia autorizada pela vítima (ou outras formas de disposição da própria vida) não pode ser considerada criminosa, desde que respeitados alguns pressupostos para o consentimento. Como ressalta Rudolphi, bem jurídico e poder de disposição estão em unidade, de modo que objeto de disposição e faculdade de disposição compõem, amalgamados, um bem jurídico tutelado.[22]

a levar o paciente ao êxito letal – ou mero encorajamento. De toda sorte, quem pratica a conduta que causará a morte é a pessoa que pretende morrer.

19 BECHARA, Ana Elisa Liberatore. *Bem Jurídico-Penal*, op. cit., p. 179.

20 Idem, *ibidem*, p. 182.

21 MARTINELLI, João Paulo Orsini; DE BEM, Leonardo Schmitt. *Lições Fundamentais de Direito Penal*: parte geral. São Paulo: Saraiva, 2016. p. 121.

22 Apud MARTINELLI, João Paulo Orsini; DE BEM, Leonardo Schmitt. *Lições*... op. cit., p. 548.

Com efeito, pouco importa que a legislação brasileira não estabeleça expressamente a eutanásia como hipótese de exclusão do crime ou mesmo de impunidade, pois o afastamento de seu caráter delituoso é um imperativo decorrente dos princípios que sustentam a ciência penal desde o momento em que o Brasil se estruturou como Estado Democrático de Direito. Ressaltamos, todavia, que não é essa a posição majoritária na doutrina nacional.[23]

---

23 Em geral, a maioria dos países não abraçam a disponibilidade do direito à vida, inclusive mantendo o caráter criminoso da eutanásia. A legislação penal alemã, mais precisamente no artigo 216 do seu Código Penal, incrimina a eutanásia ativa, com pena de prisão, de seis meses a cinco anos (tal qual na Áustria, que regula o tema no artigo 77 do Código Penal austríaco), embora permita a eutanásia passiva (ortotanásia). O país também não pune a eutanásia indireta (ministrar medicamentos paliativos - como drogas para atenuar dores - em doses tais que possam causar a morte do paciente, mas como única forma de aliviar seu sofrimento e sem que a abreviação da vida seja o propósito primário). Não é crime a instigação, induzimento ou auxílio ao suicídio (na Áustria há a incriminação, prevista no artigo 78 do Código penal). A Austrália incrimina tanto a eutanásia, quanto o auxílio ao suicídio. A Assembleia Legislativa do *Northern Territory*, contudo, aprovou a lei denominada *Rights of the Terminally Ill Act*, de 1995, posteriormente alterada pelo *Rights of the Terminally Ill Amendment Act 1996*, admitindo a impunidade da eutanásia em casos específicos, desde que adotados rígidos requisitos, como a incurabilidade da doença, a apreciação do caso por dois médicos, a existência de grave dor ou sofrimento para o paciente etc. a lei foi anulada pelo legislativo federal posteriormente, através do *Euthanasia Laws Act 1997*. A Croácia incrimina o homicídio a pedido no art. 94 do Código Penal croata, com pena de prisão cominada, de um a oito anos. A eutanásia ativa também é criminosa na Dinamarca, que igualmente pune o suicídio assistido (respectivamente, artigos 239 e 240 da legislação criminal). Em Espanha, a eutanásia ativa é crime previsto no artigo 143, n. 4, do Código Penal. No entanto, o paciente pode recusar tratamentos que lhe sejam sugeridos, desde que adequadamente informado (Lei n. 41, de 2002). Nos EUA, embora haja proibição da eutanásia ativa e do suicídio em âmbito federal, alguns Estados os admitem, como Oregon (1997), Washington (2008), Montana (2009), Vermont (2013) e Califórnia (2015). A eutanásia ainda é proibida na França, expressamente (artigo R4127-38 do Código de Saúde Pública), embora sem um tipo penal específico (usa-se o tipo penal referente ao homicídio). São admitidas a eutanásia passiva e a indireta. A sociedade japonesa aceita a *anrakushi* (morte tranquila), que, todavia, muitas vezes é usada por motivos de honra. Assim, para evitar o crescimento dos índices de suicídios, eutanásia ativa e suicídio assistidos continuam a constituir crimes, em que pese o debate sobre a liberação ter se iniciado. A jurisprudência japonesa vem especificando hipóteses em que a eutanásia seria permitida. Em Portugal, existe uma situação legislativa muito parecida com a brasileira, em que a eutanásia é considerada uma hipótese de homicídio com a pena diminuída (artigo 133 do Código Penal português), embora lá exista a figura do homicídio a pedido da vítima (artigo 134, que também pode ser aplicado, dependendo da hipótese). O suicídio assistido é penalizado no artigo subsequente, mas admite-se a eutanásia passiva. Todas essas informações são encontradas no relatório *Eutanásia e Suicídio Assistido*, elaborado pela Divisão de Informação Legislativa Parlamentar da Assembleia da República portuguesa (Portugal, 2016). Há países, no entanto, que refutam a história criminalização ou apenação da eutanásia ativa, devendo ser ressaltado o pioneirismo uruguaio, que, desde 1934, aduz a possibilidade de perdão judicial (artigo 37 do Código Penal, ressaltando que a regra não se aplica ao suicídio assistido). O mesmo modelo foi seguido pela Colômbia (crime de homicídio piedoso, com possibilidade de isenção de pena). Na Holanda, desde a edição da "Lei Relativa

A discussão impõe situemos o consentimento do ofendido dentro da teoria do crime. Uma vez abraçada a teoria da imputação objetiva, reconhece-se no consentimento do ofendido uma causa de exclusão da tipicidade. O consentimento afasta o risco do âmbito da proteção típica. Mais difundida, entretanto, e com bases neoclássicas, é a formulação que enxerga no consentimento uma causa de exclusão da antijuridicidade.

Não se pode confundir, outrossim, consentimento do ofendido para a lesão com a autocolocação ou com a heterocolocação da vítima em perigo. Nessas hipóteses, igualmente há causas de exclusão da tipicidade, se respeitados alguns pressupostos, como a manifestação não viciada de vontade, o conhecimento suficiente das consequências possíveis, não estar o autor na posição de agente garantidor etc. Todavia, a vítima anui com a situação de perigo, mas não deseja o resultado dessa exposição. Assim, não pode o fornecedor de drogas, em regra, ser responsabilizado pela morte do usuário por overdose (autocolocação em perigo), salvo se o dependente químico, por conta de sua condição, não tenha condições de anuir para com a autolesão. De igual modo, resta isento de responsabilidade pelo resultado morte o motorista do ônibus de turismo que exige dos passageiros a colocação do cinto de segurança, mas, vendo repelidos seus protestos, segue viagem, ocasião em que é obrigado a uma freada brusca por conta de um obstáculo inesperado na pista, o que ocasiona o choque da cabeça de um dos passageiros com o banco da frente, vindo ele a falecer justamente por não usar o equipamento de segurança (heterocolocação em perigo – o dano, nesse caso, é resultante do risco conhecido, e não

---

ao Término da Vida Sob Solicitação e Suicídio Assistido", de 12 de abril de 2001, a eutanásia a pedido deixou de ser criminalmente punida. Consoante Roberto Chacon de Albuquerque, "foi a Suprema Corte holandesa que desenvolveu e consolidou jurisprudencialmente os critérios que foram considerados legalmente como justificando a prática da eutanásia", a saber: (a) solicitação voluntária e bem pensada por parte do paciente; (b) o sofrimento do paciente deve ser sem perspectiva e insuportável; (c) não deve existir nenhuma outra solução razoável; (d) o paciente deve ser bem informado acerca de sua situação; (e) o médico deve ser apoiado em sua decisão por um colega independente; (f) a eutanásia deve ser praticada de maneira cuidadosa; (g) a prática deve ser comunicada motivadamente ao órgão médico-legal; (h) uma comissão deve verificar se a eutanásia foi praticada de acordo com os ditames legais (ALBUQUERQUE, Roberto Chacon de. A Lei Relativa ao Término da Vida sob Solicitação e Suicídio Assistido. *Revista Brasileira de Direito Constitucional.* São Paulo, n. 08, p. 297-319, Jul./Dez. 2006). Caso o médico respeite a legislação em vigor, será beneficiado por uma hipótese de exclusão da ilicitude. Na Bélgica, desde 28 de maio de 2002, vigora a "Lei Relativa à Eutanásia", cujo alcance, em 2014, foi estendido também às crianças. Por determinação da Suprema Corte, que considerou inconstitucional a criminalização da eutanásia, o poder legislativo canadense, em 2015, elaborou uma lei em que autorizava a eutanásia ativa, mas apenas para doentes terminais (a decisão da Suprema Corte possuía um espectro mais amplo, pois apenas mencionava as condições médicas dolorosas e irremediáveis).

de excesso de velocidade praticado pelo motorista ou outro fator).[24] O consentimento, aqui, é apenas para com o risco. Porém, a consequência é igualmente o não reconhecimento do homicídio.

3 Sujeitos do delito

O sujeito ativo do crime de homicídio pode ser qualquer pessoa. Cuida-se de crime comum, no qual não se exige qualquer qualidade especial do agente ou da vítima (salvo, como veremos, em algumas modalidades qualificadas). É possível o concurso de pessoas (coautoria ou participação).

O sujeito passivo é o ser humano com vida extrauterina. Não há crime de homicídio praticado contra animais, ainda que eventualmente possa existir crime diverso (morte de animais silvestres, nativos ou em rota migratória - art. 29 da Lei nº 9.605/1998 -, maus-tratos contra animais com resultado morte - art. 32, § 2º, da Lei 9.605/1998 -, dano - art. 163 do CP - e outros).

Somente a pessoa natural figurará como vítima do delito. O conceito de vida extrauterina já foi visto no item anterior. Se a conduta for praticada durante ou após o parto, haverá homicídio (ou, eventualmente, infanticídio - artigo 123, CP - caso o delito seja praticado pela mãe sob a influência do estado puerperal).

Pouco importa, para a conformação do tipo penal em apreço, a viabilidade da vida que se pretende suprimir. Ocorre o crime de homicídio ainda que a ação seja direcionada a uma vida próxima da extinção. Por exemplo, se determinado agente sufoca um moribundo, mesmo sabendo que ele naturalmente alcançaria o óbito em minutos, há homicídio, pois é irrelevante a certeza da morte próxima. No momento em que houve a antecipação do desfecho fatal, ocorreu o crime.

Em casos específicos, peculiaridades do sujeito passivo podem cambiar a capitulação do crime. Assim, se o delito for praticado contra a vida do Presidente da República ou do Presidente do Senado Federal, da Câmara dos Deputados ou do Supremo Tribunal Federal, pode ocorrer a aplicação do artigo 29 da Lei nº 7.170/83 (Lei de Segurança Nacional). Saliente-se que os crimes contra a segurança nacional, outrora denominados crimes de lesa-majestade,

---

24 O exemplo do ônibus ocorreu em um caso concreto em que tivemos a oportunidade de trabalhar. O coletivo realizava transporte intermunicipal de trabalhadores para uma indústria, sendo certo que os passageiros optavam por não usar os equipamentos de segurança. Em uma das viagens, um caminhão-tanque, carregado de combustível, tombou e foi de encontro ao ônibus, que incendiou. A maior parte das vítimas fatais morreu no incêndio, mas uma delas faleceu em virtude do impacto com o banco da frente, que causou trauma encefálico. O motorista do coletivo não infringiu qualquer regra de cuidado no evento, salvo a permissão para que os trabalhadores não usassem o cinto. A culpa pelo impacto - comprovadamente - foi do motorista do caminhão. Assim, ao aceitar trafegar sem cinto, o passageiro que morreu pelo impacto, e não pelas chamas, isentou o motorista de responsabilidade por sua violação a um dever de cautela.

visam a garantir a segurança interna e a segurança externa do Estado. Com a evolução dos sistemas políticos, hoje têm como objeto de tutela a preservação do Estado Democrático de Direito. Ou seja, sua prática exige aquilo que a doutrina chama de motivação político-subversiva (a abolição do sistema republicano pela força seria um dos exemplos). Imprescindível, portanto, que o autor desses crimes aja politicamente motivado, não bastando um desagrado político. Impõe-se a intenção de atentar contra a própria constituição do Estado.

Importa trazermos à baila, ainda, dada a pertinência temática, o esfaqueamento praticado contra o então candidato à Presidência da República, Jair Bolsonaro, posteriormente eleito presidente. Na ocasião, o candidato recebeu um golpe na altura do abdômen, o que causou severo risco de morte, embora a vítima tenha se recuperado após intervenção médica. A fim de investigar o caso, a Polícia Federal instaurou inquérito policial, subsumindo o fato ao preceituado no artigo 20, parágrafo único, da Lei nº 7.170, que incrimina a conduta de "(...) praticar atentado pessoal (...) por inconformismo político", com resultado lesão grave. O Ministério Público Federal, anuindo para com a posição jurídica, ofereceu denúncia pelo mesmo crime. Inclusive, a denúncia especificou que o autor defendia ideologia diametralmente oposta à da vítima, decidindo por matá-la em razão dessa ideologia, o que configuraria o inconformismo político exigido como elementar da norma penal.

Reputamos equivocada a subsunção. Inicialmente, cumpre esclarecer que o referido dispositivo é notoriamente inconstitucional por afronta ao aspecto da taxatividade, que confere efetividade à legalidade penal. Cuida-se de redação muito aberta, que não serve para conter o poder punitivo estatal, principal objetivo do princípio da legalidade. Ademais, o desapreço por um candidato e seu pensamento, ainda que encerre uma motivação política, não é uma motivação político-subversiva (de desestabilização do próprio Estado e suas instituições, salvo se comprovado que o autor, através do assassínio de candidatos, pretendia enfraquecer ou abolir o sistema democrático). Quanto ao resultado lesão grave, que majora a pena, aqui reside um erro grave: se houve o dolo de matar (cravar uma faca no abdômen de alguém, com lesão vascular, em cólon e em alças ileais, como no caso concreto, é algo que permite a atribuição do dolo de matar), jamais a subsunção poderia contemplar tal resultado. Se enxergarmos no art. 20, parágrafo único, um crime preterdoloso, o dolo, por si só, já excluiria a imputação (os resultados especialmente agravadores apenas aceitariam a forma culposa); se admitida a produção dos resultados a título de dolo (o que não seria absurdo, dado o tamanho da pena), a situação contemplaria – uma vez rechaçados os argumentos contrários à caracterização do artigo 20 – o atentado pessoal com resultado morte na forma tentada, tal qual ocorre com o latrocínio, mantendo-se uma coerência sistêmica.

No caso concreto, além do recurso que impossibilitou a defesa da vítima (o então candidato era carregado nos ombros por uma multidão, sendo atacado de surpresa), percebemos motivação torpe, o que indica a existência de homicídio qualificado, na forma tentada (que, curiosamente, implica pena superior àquela estipulada pela Lei de Segurança Nacional). Essa seria a correta capitulação, em nossa ótica.

Não seria caso de aplicação do artigo 29, outrossim, porque no momento da ação a vítima ainda não era Presidente da República (teoria da atividade – artigo 4º do Código Penal), além da necessidade de se averiguar a motivação apropriada à caracterização da conduta encerrada no dispositivo.

4 Elementos objetivos, normativos e subjetivos do tipo (homicídio simples)

O verbo reitor do crime de homicídio é matar. A vida da vítima é suprimida pela conduta do sujeito ativo, seja ela intencional (homicídio doloso) ou acidental (homicídio culposo).

Temos, aqui, um crime de forma livre, sendo admitidos quaisquer meios executórios para a sua prática. Costuma-se classificar os meios de execução em diretos (que incidem diretamente sobre o corpo da vítima) ou indiretos (relativamente independentes da vontade do agente, em que a conduta autoral atinge a vítima de forma mediata). O agente que desfere um tiro contra a vítima usa um meio direto de execução. Já o agente que ludibria a vítima para que esta ingira veneno, pensando cuidar-se de água, lança mão de um meio indireto de execução. Os meios podem ser, ainda, materiais (mecânicos, químicos ou patológicos – facadas, estrangulamento, afogamento, envenenamento, inoculação de germes patogênicos etc.) ou morais (como no exemplo do sujeito que noticia a um cardíaco a falsa morte de seu filho, sabendo que provocará o desencadeamento de um ataque do coração).

O homicídio também pode ser praticado por ação ou por omissão. Ação é a conduta positiva, é o fazer. Contrapõe-se ao conceito de ação a omissão, consistente em uma abstenção, em uma conduta negativa. É o não fazer. Como exemplo de homicídio praticado por ação (conduta comissiva), tem-se o agente que agride a vítima com uma barra de ferro, até provocar sua morte. Importante notar que o sujeito atua fisicamente para provocar o resultado. A mãe que deixa de alimentar o filho recém-nascido, provocando sua morte por inanição, pratica o delito por omissão.

Não é qualquer conduta omissiva, todavia, que caracterizará crime de homicídio. Da omissão nenhum resultado naturalístico pode derivar, pois coisa alguma encontra nascedouro no não fazer. Suponhamos que um transeunte, ao caminhar por determinada rua do bairro onde reside, perceba, estirado no passeio público, um homem ferido, agonizante, mas ainda vivo. O transeunte, por um motivo qualquer, resolve não prestar socorro à vítima, que falece no local. Não seria possível imputar o resultado morte à pessoa que se omitiu, mesmo em face da clara reprovabilidade de sua conduta. A omissão não integra a relação de causalidade que culmina no evento morte. No caso proposto, o transeunte poderia ser responsabilizado por crime de omissão de socorro majorada (artigo 135, parágrafo único, CP), mas nunca por homicídio.

Entretanto, o ilícito penal em estudo pode ser praticado por meio de conduta omissiva imprópria. Basta que haja, pelo sujeito ativo, a assunção da posição de agente garantidor e uma omissão penalmente relevante. Conforme leciona Sheila Bierrenbach, "consiste, assim, o crime omissivo impróprio na não evitação do resultado típico por parte de quem tem o dever legal de agir em defesa do bem em perigo, tentando, ao menos, impedir sua conversão em dano".[25] Tal qual acontece na omissão própria, a omissão imprópria também não pode ser apontada como causa de um resultado. É a norma penal que determina a responsabilização dos agentes garantidores pelo dano observado. O agente não provoca o resultado, mas, tendo o dever de arrostar o perigo, não o impede, sendo-lhe possível a evitar sua ocorrência.

O Código Penal, em seu artigo 13, § 2º (alíneas *a*, *b* e *c*), ao tratar da omissão, especifica as pessoas que têm o dever de agir. Assim, podem ser citados os exemplos do salva-vidas que deixa de prestar socorro a um banhista que se afoga; do guia alpino que não auxilia um turista a afastar determinado perigo; do policial que deixa de impedir um crime quando era razoável exigir-se a sua intervenção; do pai que deixa de prover a subsistência do filho, privando-o de alimentos; do médico que não tenta salvar a vida do paciente mortalmente acometido por uma moléstia.[26] Todas essas condutas podem importar a tipificação de crime de homicídio, pelo qual responderá o agente garantidor, caso sobrevenha o resultado morte. Mesmo não havendo relação de causalidade entre a conduta do agente garantidor e a morte, é a própria legislação que determina a imputação do resultado a todos aqueles abrangidos pelo artigo 13, § 2º, do CP.

Em suma, o homicídio admite tanto a conduta comissiva quanto a comissiva por omissão (omissão imprópria), mas jamais admitirá a conduta omissiva pura, para a qual restarão reservados outros tipos penais previstos no Código Penal (como a já citada omissão de socorro – artigo 135, CP).

O homicídio simples, conforme descrito no *caput* do artigo 121, é um crime doloso. Admite-se, aqui, tanto o dolo direto (de primeiro ou de segundo

---

25 BIERRENBACH, Sheila. *Crimes omissivos impróprios*. 2. ed. Belo Horizonte: Del Rey, 2002. p. 59-60.

26 Convém anotar que a posição de agente garantidor pode derivar de mandamento legal (alínea *a*), da assunção voluntária de custódia (contratual ou não – alínea *b*) ou da ingerência (alínea *c* – hoje praticamente inaplicável, como bem salienta Sheila Bierrenbach (op. cit., p. 87-89).

grau), quanto o dolo eventual. A vontade de matar recebe a denominação de *animus necandi*.

O dolo direto deve abranger todos os elementos da conduta, visando, ainda, à produção do resultado morte. Afirma Damásio de Jesus que "é necessário que o agente tenha consciência do comportamento positivo ou negativo que está realizando e do resultado típico. Em segundo lugar, é preciso que sua mente perceba que da conduta pode derivar a morte do ofendido, que há ligação de causa e efeito entre eles. Por último, o dolo requer vontade de praticar o comportamento e causar a morte da vítima".[27]

O dolo eventual será caracterizado pela adoção de uma entre as tantas teorias referentes ao tema, as quais se classificam em volitivas (teorias da indiferença e do consentimento, por exemplo) e intelectivas (ou cognitivas, como a teoria da representação, a teoria do perigo conscientemente criado e a teoria da probabilidade). Por exemplo, na teoria da indiferença, haverá dolo eventual quando o sujeito ativo, embora representando um resultado como possível, é indiferente à sua produção; já na teoria da probabilidade, haverá dolo eventual quando o agente representa o resultado como muito provável, ainda assim praticando a conduta, ao passo em que resultados subjetivamente menos prováveis acarretam o reconhecimento da culpa consciente, sendo irrelevante averiguar o conteúdo da vontade do autor.[28] O Superior Tribunal de Justiça (STJ) possui decisões adotando a teoria do consentimento (REsp nº 912.060-RS, 5ª Turma) e a teoria da indiferença (REsp nº 132.708-7-DF, 6ª Turma), ou mesmo insinuando a defesa de uma posição cognitiva (REsp nº 247.263-MG, 5ª Turma), esteira na qual já se manifestou o Supremo Tribunal Federal (HC nº 91.159-MG, 2ª Turma).[29] Considerando que o objetivo da presente obra não é uma imersão nas mencionadas teorias, estruturalmente complexas e sobre as quais há mais indefinições do que certezas, sugere-se a leitura de obras específicas sobre o tema.

É instigante a questão que envolve o "racha" ou "pega", espécie de competição automobilística não-autorizada, frequentemente observada em vias públicas, na qual o risco de acidentes é sobremaneira elevado. Há, no Código de Trânsito Brasileiro, um dispositivo que contempla o crime de participação em "rachas" (artigo 308, Lei nº 9.503/97), inclusive prevendo a possibilidade de resultado morte como decorrência dessa prática (§ 2º). No "racha" ou na demonstração não autorizada, em via pública, de perícia em manobra de veículo automotor, temos crimes de perigo concreto, em regra subsidiários aos crimes de dano porventura supervenientes. Tanto no § 1º, quanto no § 2º do artigo 308, contudo, temos a previsão de resultados lesivos qualificadores

---

27 JESUS, Damásio E. de. *Direito penal*. 21. ed. São Paulo: Saraiva, v. II, 1999. p. 35.

28 MARTINELLI, João Paulo Orsini; DE BEM, Leonardo Schmitt. *Lições*... op. cit., p. 438-439.

29 Idem, *ibidem*, p. 438-439.

(respectivamente, lesão corporal de natureza grave e morte), contudo culposos. Nem poderia ser diferente, pois, se o crime é de perigo, o agente atua com dolo igualmente de perigo, não desejando efetivar a lesão ao bem jurídico. Caso essa lesão ocorra, ela somente pode ser culposa. Esses parágrafos foram acrescidos ao artigo 308 em 2014, através da Lei nº 12.971.

Anteriormente à alteração legislativa, contudo, havia julgados defendendo que as lesões decorrentes da prática de "racha" deveriam ser imputadas ao sujeito ativo a título de dolo eventual.[30] Devido à notoriedade dos riscos que envolvem tal prática e aos inúmeros acidentes costumeiramente noticiados, dar-se-ia a assunção do risco pelo agente, com a consequente caracterização de homicídio doloso (artigo 121 do CP) em caso de morte.[31] Já discordávamos dessa orientação e hoje, após a modificação da lei de trânsito, parece indubitável que a simples prática do "racha" não é suficiente para que se infira o dolo do agente, impondo-se a análise das circunstâncias do caso concreto. Portanto: (a) se o agente, durante o "racha", produz a morte de outrem, o crime é o do artigo 308, § 2º, da Lei nº 9.503; (b) se, excepcionalmente, em sua conduta forem encontrados elementos que permitam a conclusão pelo dolo eventual, o crime será o do artigo 121 do Código Penal. E o artigo 308 seria absorvido pelo artigo 121 do CP? Daí podem derivar duas orientações: (a) sim, pois com ele se encontra em relação de subsidiariedade (o crime subsidiário, que representa um estágio anterior de afetação do bem jurídico, é absorvido pelo crime principal); (b) não, pois o que se pune no artigo 308 é o risco a pessoas indeterminadas, ao passo em que o artigo 121 do CP contempla uma lesão individualizada. De toda sorte, na grande maioria dos casos, o que existirá é o delito do artigo 308 na forma preterdolosa dos §§ 1º ou 2º.[32]

O mesmo se diga acerca do resultado morte oriundo de acidente automobilístico provocado por condutor em estado de embriaguez. Esse resultado pode ser culposo ou, eventualmente, doloso, a depender da incidência de alguma das teorias que sustentam a matéria "dolo eventual". Na prática, verifica-se certa insegurança jurídica, com inclinação para o reconhecimento do dolo em casos onde há repercussão midiática. Manifesta-se Leonardo Schmitt de Bem: "A aplicação do dolo eventual, ou, então, da culpa consciente, mormente em condutas atreladas ao trânsito, é um problema dos mais tormentosos no

---

30 Nesse sentido, STF, HC 71800/RS, 1ª Turma, Rel. Min. Celso de Mello, apud MAYRINK DA COSTA, Álvaro. *Direito penal...*, op. cit., p. 81. Admitindo a conduta dolosa, STJ, REsp 249604/SP, 5ª Turma, Rel. Min. Félix Fischer. Ver, ainda, TJRJ, rev. crim. 2008.053.0012.

31 Em sentido contrário, afirmando se cuidar de crime de homicídio culposo na direção de veículo automotor, MORAES, Alexandre de; SMANIO, Gianpaolo Poggio. *Legislação penal especial*. 6. ed. São Paulo: Atlas, 2002. p. 222.

32 Em sentido contrário, à época afirmando se cuidar de crime de homicídio culposo na direção de veículo automotor, MORAES, Alexandre de; SMANIO, Gianpaolo Poggio. *Legislação penal especial*. 6. ed. São Paulo: Atlas, 2002. p. 222.

direito penal. Isso se deve ao fato de grande parte da doutrina penal pátria buscar a diferenciação entre os delitos doloso e culposo no conceito tradicional de dolo, como conhecimento e vontade de realização de uma ação típica, contaminando, assim, o entendimento jurisprudencial, que valora em demasia a teoria volitiva".[33] Pensamos que não apenas a superficialidade doutrinária, mas também a hiperprodução legislativa contribui para o panorama. Por ocasião da entrada em vigor da chamada "Lei Seca" (Lei nº 11.705/08), vários telejornais veicularam a notícia de que o crime praticado por motorista embriagado seria invariavelmente doloso (dolo eventual).[34] Em verdade, esta (equivocada)

33 DE BEM, Leonardo Schmitt. *Direito Penal de Trânsito*. 2. ed. São Paulo: Saraiva, 2013. p. 140.

34 Em tema de embriaguez, acerca da necessária aferição do dolo e da culpa com esteio no caso concreto, merece destaque a seguinte decisão do STJ, publicada no Informativo nº 469: "Trata-se de acidente de trânsito fatal com duas vítimas e quatro lesões corporais – segundo consta dos autos, o recorrente, no momento em que colidiu com outro veículo, trafegava em alta velocidade e sob a influência de álcool. Por esse motivo, foi denunciado pela suposta prática dos delitos previstos nos arts. 121, *caput*, por duas vezes e 129 por quatro vezes, ambos do CP, e pronunciado para ser submetido a julgamento no tribunal do júri. Ressalta o Min. Relator que o dolo eventual imputado ao recorrente com submissão ao júri deu-se pela soma de dois fatores: o suposto estado de embriaguez e o excesso de velocidade. Nesses casos, explica, o STJ entende que os referidos fatores caracterizariam, em tese, o elemento subjetivo do tipo inerente aos crimes de competência do júri popular. Ademais, a atribuição de indícios de autoria e da materialidade do delito foi fundamentada nas provas dos autos, não sendo possível o reexame em REsp (óbice da Súm. n. 7-STJ). Quanto à desclassificação do delito de homicídio doloso para o crime previsto no art. 302 do CTB – conforme a alegação da defesa, não está provada, nos autos, a ocorrência do elemento subjetivo do tipo (dolo) –, segundo o Min. Relator, faz-se necessário aprofundado exame probatório para ser reconhecida a culpa consciente ou o dolo eventual, pois deve ser feita de acordo com as provas colacionadas. Assim, explica que, além da vedação da citada súmula, conforme a jurisprudência, entende-se que, de acordo com o princípio do juiz natural, o julgamento sobre a ocorrência de dolo eventual ou culpa consciente deve ficar a cargo do tribunal do júri, constitucionalmente competente para julgar os crimes dolosos contra a vida. Dessa forma, a Turma negou provimento ao recurso, considerando que não houve ofensa aos arts. 408 e 74, § 1º, do CPP nem ao art. 302, parágrafo único, V, da Lei n. 9.503/1997, diante de indícios suficientes de autoria e da materialidade delitiva. Quanto à reavaliação desses elementos, isso não seria possível em REsp, pois incide a citada súmula, bem como não cabe o exame de dispositivo da CF. Precedentes citados: HC 118.071-MT, DJe 1º/2/2011; REsp 912.060-DF, DJe 10/3/2008; HC 26.902-SP, DJ 16/2/2004; REsp 658.512-GO, DJe 7/4/2008; HC 36.714-SP, DJ 1º/7/2005; HC 44.499-RJ, DJ 26/9/2005; HC 91.397-SP, DJe 15/12/2008, e HC 60.942-GO, DJ 29/10/2007." (REsp 1.224.263-RJ, Rel. Min. Jorge Mussi, julgado em 12/4/2011). Também é pertinente a seguinte decisão acerca da desnecessidade do uso do etilômetro para a caracterização do estado de embriaguez, ao menos no que tange ao homicídio: O processo crime averigua a prática de homicídio e não de condução de veículo automotor sob influência de álcool (art. 306 do CTB). Assim, mesmo que se apure ser a quantidade de álcool detectada no etilômetro suficiente apenas para caracterizar infração administrativa, esse fato, por si só, não tem o condão de cessar a persecução criminal. Contudo, não há demonstração concreta a permitir a segregação cautelar do paciente, sendolhe permitido aguardar o julgamento em liberdade mediante o compromisso de comparecer a

constatação foi estimulada pelo próprio legislador. Durante a tramitação do projeto de lei, a matéria, então enviada ao Senado Federal, recebeu emendas, dentre as quais a revogação do inciso V do então p. único do artigo 302, CTB (que instituía uma causa de aumento da pena para o homicídio culposo no trânsito, consistente na embriaguez do motorista). Note-se que a majorante não era prevista na redação original do artigo 302, sendo ali inserida pela Lei nº 11. 275/06. Qual a lógica desta alteração? Se o espírito da lei era endurecer o tratamento conferido ao consumo abusivo de álcool por condutores, não seria mais coerente manter-se a majorante? O legislador imaginou, de forma canhestra, que, retirando qualquer referência à embriaguez no homicídio culposo, as infrações praticadas por motoristas nesse estado se tornariam imediatamente dolosas. Cuida-se de uma aberração jurídica e tal fato não passou despercebido ao então relator do projeto de lei, Dep. Hugo Leal, que deixou evidente sua contrariedade quando da elaboração do primeiro parecer sobre as emendas, infelizmente retificado posteriormente.[35] Nenhuma lei é apta a determinar dolo ou culpa, temas extremamente complexos e sobre os quais existem diversas concepções doutrinárias. Ou seja, apenas o magistrado, na apreciação da hipótese que lhe é apresentada, poderá observá-los. A modificação promovida na Lei nº 9.503/97 pela Lei nº 11.705/08 teve somente o condão de beneficiar o infrator, que, culposamente dando causa à morte de outrem, mesmo conduzindo o veículo sob a influência de álcool ou substância análoga, passou a não mais ver a sua pena majorada, em curioso contraste com o que ocorria anteriormente.

A Lei nº 11.705/08, todavia, não resistiu ao furor legislativo que torna o CTB um dos diplomas legais mais corriqueiramente alterados. Sobreveio a Lei nº 12.971/14, que uma vez mais alterou a disciplina da embriaguez associada ao homicídio na direção de veículo automotor, desta feita transformando-a em qualificadora deste crime (§ 2º do artigo 302). Desta feita, o legislador admitiu que a condução de veículos por pessoa com a capacidade psicomotora alterada por influência de álcool ou outra substância psicoativa poderia determinar resultados lesivos culposos. A peculiaridade passou a recair sobre a pena, pois a qualificadora apenas mudava a qualidade da sanção penal (de detenção para reclusão), mas não a sua quantidade. Só que novamente a vida da norma foi curta: a Lei nº 13.546/17 revogou o § 2º e criou um § 3º, mantendo o crime de homicídio culposo na direção de veículo automotor qualificado

---

todos os atos do processo, além da necessária entrega ao juízo da carteira de habilitação para dirigir veículos. Precedentes citados do STF: HC 100.012-PE, DJe 26/2/2010; HC 101.055-GO, DJe 18/12/2009; do STJ: HC 48.208-GO, DJ 6/3/2006; HC 43.887-MG, DJ 26/9/2005; HC 141.553-MG, DJe 26/4/2010, e HC 117.769-SP, DJe 8/6/2009." (Informativo STJ nº 456, HC 162.678-MA, Rel. Min. Laurita Vaz, julgado em 18/11/2010).

35 Ver, sobre o tema, http://www.camara.gov.br/sileg/Prop_Detalhe.asp?id=396583, acessado em 25/08/2009.

pela capacidade psicomotora alterada do condutor. A pena passou a ser de reclusão, de cinco a oito anos, e suspensão ou proibição do direito de se obter a permissão ou habilitação para dirigir veículo automotor (que já existia por ocasião da Lei nº 12.971/14). As duas últimas alterações legislativas ao menos tiveram o mérito de novamente vincular a embriaguez ao homicídio culposo, deixando evidente o que já era óbvio.

Apenas para uma melhor sistematização do conhecimento: (a) redação original do artigo 302 do CTB – a pena não era majorada pela embriaguez; (b) Lei nº 11.275/06 – criou a majorante referente à embriaguez ao volante; (c) Lei nº 11.705/08 – revogou a majorante referente à embriaguez para eliminar qualquer vinculação desse estado com o crime culposo; (d) Lei nº 12.971/14 – criou uma qualificadora ao artigo 302, novamente trazendo a embriaguez – agora com afetação da capacidade psicomotora – para o âmbito da norma; (e) Lei nº 13.546/17 – manteve a embriaguez como qualificadora, mudando o dispositivo (§ 3º) e a quantidade de pena.[36]

---

36 Sobre a polêmica envolvendo o reconhecimento do dolo indireto ou da culpa consciente no homicídio praticado por motorista embriagado, segue decisão do STF, publicada antes da atual redação do artigo 302, § 3º, do CTB: "EMENTA: PENAL. HABEAS CORPUS. TRIBUNAL DO JÚRI. PRONÚNCIA POR HOMICÍDIO QUALIFICADO A TÍTULO DE DOLO EVENTUAL. DESCLASSIFICAÇÃO PARA HOMICÍDIO CULPOSO NA DIREÇÃO DE VEÍCULO AUTOMOTOR. EMBRIAGUEZ ALCOÓLICA. ACTIO LIBERA IN CAUSA. AUSÊNCIA DE COMPROVAÇÃO DO ELEMENTO VOLITIVO. REVALORAÇÃO DOS FATOS QUE NÃO SE CONFUNDE COM REVOLVIMENTO DO CONJUNTO FÁTICO-PROBATÓRIO. ORDEM CONCEDIDA. 1. A classificação do delito como doloso, implicando pena sobremodo onerosa e influindo na liberdade de ir e vir, mercê de alterar o procedimento da persecução penal em lesão à cláusula do due process of law, é reformável pela via do habeas corpus. 2. O homicídio na forma culposa na direção de veículo automotor (art. 302, caput, do CTB) prevalece se a capitulação atribuída ao fato como homicídio doloso decorre de mera presunção ante a embriaguez alcoólica eventual. 3. A embriaguez alcoólica que conduz à responsabilização a título doloso é apenas a preordenada, comprovando-se que o agente se embebedou para praticar o ilícito ou assumir o risco de produzi-lo. 4. In casu, do exame da descrição dos fatos empregada nas razões de decidir da sentença e do acórdão do TJ/SP, não restou demonstrado que o paciente tenha ingerido bebidas alcoólicas no afã de produzir o resultado morte. 5. A doutrina clássica revela a virtude da sua justeza ao asseverar que "O anteprojeto Hungria e os modelos em que se inspirava resolviam muito melhor o assunto. O art. 31 e §§ 1º e 2º estabeleciam: 'A embriaguez pelo álcool ou substância de efeitos análogos, ainda quando completa, não exclui a responsabilidade, salvo quando fortuita ou involuntária. § 1º. Se a embriaguez foi intencionalmente procurada para a prática do crime, o agente é punível a título de dolo; § 2º. Se, embora não preordenada, a embriaguez é voluntária e completa e o agente previu e podia prever que, em tal estado, poderia vir a cometer crime, a pena é aplicável a título de culpa, se a este título é punível o fato". (Guilherme Souza Nucci, Código Penal Comentado, 5. ed. rev. atual. e ampl. - São Paulo: RT, 2005, p. 243) 6. A revaloração jurídica dos fatos postos nas instâncias inferiores não se confunde com o revolvimento do conjunto fático-probatório. Precedentes: HC 96.820/SP, rel. Min. Luiz Fux, j. 28/6/2011; RE 99.590, Rel. Min. Alfredo Buzaid, DJ de 6/4/1984; RE 122.011, relator o Ministro Moreira Alves, DJ de 17/8/1990. 7. A Lei nº 11.275/06 não se aplica ao caso em exame, porquanto

não se revela lex mitior, mas, ao revés, previu causa de aumento de pena para o crime sub judice e em tese praticado, configurado como homicídio culposo na direção de veículo automotor (art. 302, caput, do CTB). 8. Concessão da ordem para desclassificar a conduta imputada ao paciente para homicídio culposo na direção de veículo automotor (art. 302, caput, do CTB), determinando a remessa dos autos à Vara Criminal da Comarca de Guariba/SP. Por maioria de votos, a Turma concedeu a ordem de habeas corpus, nos termos do voto do Senhor Ministro Luiz Fux, Redator para o acórdão, vencida a Senhora Ministra Cármen Lúcia, Relatora-Presidente. 1ª Turma, 6.9.2011". Posição oposta foi adotada pela Suprema Corte quando o homicídio é praticado por ocasião de disputa automobilística não autorizada em via pública, ressaltando que se trata de julgado anterior às diversas modificações legislativas promovidas sobre a Lei nº 9.503: "EMENTA: PENAL E PROCESSO PENAL. CONSTITUCIONAL. HABEAS CORPUS SUBSTITUTIVO DE RECURSO ORDINÁRIO. HOMICÍDIO. "PEGA" OU "RACHA" EM VIA MOVIMENTADA. DOLO EVENTUAL. PRONÚNCIA. FUNDAMENTAÇÃO IDÔNEA. ALTERAÇÃO DE ENTENDIMENTO DE DESEMBARGADORA NO SEGUNDO JULGAMENTO DO MESMO RECURSO, ANTE A ANULAÇÃO DO PRIMEIRO. AUSÊNCIA DE ILEGALIDADE. EXCESSO DE LINGUAGEM NO ACÓRDÃO CONFIRMATÓRIO DA PRONÚNCIA NÃO CONFIGURADO. DOLO EVENTUAL X CULPA CONSCIENTE. PARTICIPAÇÃO EM COMPETIÇÃO NÃO AUTORIZADA EM VIA PÚBLICA MOVIMENTADA. FATOS ASSENTADOS NA ORIGEM. ASSENTIMENTO QUE SE DESSUME DAS CIRCUNSTÂNCIAS. DOLO EVENTUAL CONFIGURADO. AUSÊNCIA DE REVOLVIMENTO DO CONJUNTO FÁTICO-PROBATÓRIO. REVALORAÇÃO DOS FATOS. ORDEM DENEGADA. (...) 10. O aprofundamento maior no exame das provas, no afã de demonstrar que havia elementos no sentido de tratar-se de delito praticado com dolo eventual, dada a relevância da tese então levantada pela defesa e a sua inegável repercussão sobre o status libertatis do paciente cumpre o postulado constitucional da motivação das decisões judiciais. É que, para afastar a competência do Tribunal do Júri, faz-se mister um juízo de certeza acerca da ausência de dolo. Nesse sentido a doutrina de Eugênio Pacelli de Oliveira: 'O que se espera dele [juiz] é o exame do material probatório ali produzido, especialmente para a comprovação da inexistência de quaisquer das possibilidades legais de afastamento da competência do Tribunal do Júri. E esse afastamento, como visto, somente é possível por meio de convencimento judicial pleno, ou seja, por meio de juízo de certeza, sempre excepcional nessa fase.' (Curso de Processo Penal, 10. ed., Lumen Juris, Rio de Janeiro: 2008, pp. 575-576). IV – ELEMENTO SUBJETIVO DO TIPO. 11. O caso sub judice distingue-se daquele revelado no julgamento do HC nº 107801 (rel. min. Luiz Fux, 1ª Turma, DJ de 13/10/2011), que cuidou de paciente sob o efeito de bebidas alcoólicas, hipótese na qual gravitava o tema da imputabilidade, superada tradicionalmente na doutrina e na jurisprudência com a aplicação da teoria da actio libera in causa, viabilizando a responsabilidade penal de agentes alcoolizados em virtude de ficção que, levada às últimas consequências, acabou por implicar em submissão automática ao Júri em se tratando de homicídio na direção de veículo automotor. 12. A banalização do crime de homicídio doloso, decorrente da sistemática aplicação da teoria da 'ação livre na causa' mereceu, por esta Turma, uma reflexão maior naquele julgado, oportunidade em que se limitou a aplicação da mencionada teoria aos casos de embriaguez preordenada, na esteira da doutrina clássica. 13. A precompreensão no sentido de que todo e qualquer homicídio praticado na direção de veículo automotor é culposo, desde não se trate de embriaguez preordenada, é assertiva que não se depreende do julgado no HC nº 107801. 14. A diferença entre o dolo eventual e a culpa consciente encontra-se no elemento volitivo que, ante a impossibilidade de penetrar-se na psique do agente, exige a observação de todas as circunstâncias objetivas do caso concreto, sendo certo que, em ambas as situações, ocorre a representação do resultado pelo agente. 15.

A previsão do Código Penal sobre o homicídio culposo (artigo 121, § 3º, CP) será estudada com maiores detalhes um pouco mais adiante, inclusive no que tange ao seu confronto com o artigo 302 do CTB.

Caso o agente produza lesões corporais dolosas em outrem sem a intenção de matar, ou, ao menos, sem assumir o risco de produzir tal resultado, ocasionando o desfecho fatal por simples descuido, o crime não será de homicídio, mas sim de lesão corporal seguida de morte (artigo 129, § 3º, CP).

Deveras, tratando-se de culpa consciente, o agente pratica o fato ciente de que o resultado lesivo, embora previsto por ele, não ocorrerá. Doutrina de Nelson Hungria (Comentários ao Código Penal, 5. ed. Rio de Janeiro: Forense, 1980, v. 1., p. 116-117); Heleno Cláudio Fragoso (Lições de Direito Penal – parte geral, Rio de Janeiro: Forense, 2006, 17. ed., p. 173 – grifo adicionado) e Zaffaroni e Pierangelli (Manual de Direito Penal, Parte Geral, v. 1, 9. ed – São Paulo: RT, 2011, pp. 434-435 – grifos adicionados). 16. A cognição empreendida nas instâncias originárias demonstrou que o paciente, ao lançar-se em práticas de expressiva periculosidade, em via pública, mediante alta velocidade, consentiu em que o resultado se produzisse, incidindo no dolo eventual previsto no art. 18, inciso I, segunda parte, verbis: ('Diz-se o crime: I – doloso, quando o agente quis o resultado ou assumiu o risco de produzi-lo' - grifei). 17. A notória periculosidade dessas práticas de competições automobilísticas em vias públicas gerou a edição de legislação especial prevendo-as como crime autônomo, no art. 308 do CTB, in verbis: 'Art. 308. Participar, na direção de veículo automotor, em via pública, de corrida, disputa ou competição automobilística não autorizada pela autoridade competente, desde que resulte dano potencial à incolumidade pública ou privada:'. 18. O art. 308 do CTB é crime doloso de perigo concreto que, se concretizado em lesão corporal ou homicídio, progride para os crimes dos artigos 129 ou 121, em sua forma dolosa, porquanto seria um contrassenso transmudar um delito doloso em culposo, em razão do advento de um resultado mais grave. Doutrina de José Marcos Marrone (Delitos de Trânsito Brasileiro: Lei n. 9.503/97. São Paulo: Atlas, 1998, p. 76). 19. É cediço na Corte que, em se tratando de homicídio praticado na direção de veículo automotor em decorrência do chamado 'racha', a conduta configura homicídio doloso. Precedentes: HC 91159/MG, rel. Min. Ellen Gracie, 2ª Turma, DJ de 24/10/2008; HC 71800/RS, rel. Min. Celso de Mello, 1ªTurma, DJ de 3/5/1996. 20. A conclusão externada nas instâncias originárias no sentido de que o paciente participava de 'pega' ou 'racha', empregando alta velocidade, momento em que veio a colher a vítima em motocicleta, impõe reconhecer a presença do elemento volitivo, vale dizer, do dolo eventual no caso concreto. 21. A valoração jurídica do fato distingue-se da aferição do mesmo, por isso que o exame da presente questão não se situa no âmbito do revolvimento do conjunto fático-probatório, mas importa em mera revaloração dos fatos postos nas instâncias inferiores, o que viabiliza o conhecimento do habeas corpus. Precedentes: HC 96.820/SP, rel. Min. Luiz Fux, j. 28/6/2011; RE 99.590, Rel. Min. Alfredo Buzaid, DJ de 6/4/1984; RE 122.011, relator o Ministro Moreira Alves, DJ de 17/8/1990. 22. Assente-se, por fim, que a alegação de que o Conselho de Sentença teria rechaçado a participação do corréu em 'racha1 ou 'pega' não procede, porquanto o que o Tribunal do Júri afastou com relação àquele foi o dolo ao responder negativamente ao quesito: 'Assim agindo, o acusado assumiu o risco de produzir o resultado morte na vítima?', concluindo por prejudicado o quesito alusivo à participação em manobras perigosas. 23. Parecer do MPF pelo indeferimento da ordem. 24. Ordem denegada. Decisão: Por maioria de votos, a Turma denegou a ordem de habeas corpus, nos termos do voto do Relator, vencido o Senhor Ministro Marco Aurélio. Falou o Dr. Herval Bazílio, pelo Paciente. Presidência da Senhora Ministra Cármen Lúcia. 1ª Turma, 18.10.2011."

5 Consumação e tentativa

Sendo um crime material, o homicídio alcança a consumação com a produção do resultado naturalístico, ou seja, com a morte da vítima. Pouco importa que a morte ocorra instantaneamente ou certo tempo após a conduta. Somente no momento do falecimento é que se reputa consumado o delito. Note-se que o homicídio é um crime instantâneo de efeitos permanentes. Instantâneo porque a consumação ocorre em um momento único (momento da morte), não se prolongando no tempo. De efeitos permanentes em virtude da imutabilidade do resultado. É, ainda, um crime de dano, pois a descrição típica encerra uma conduta que representa efetiva lesão ao bem jurídico tutelado.

Na doutrina penal, uma questão de grande relevância causa discussão: é possível o "homicídio sem cadáver"? Melhor explicando, é possível que haja o reconhecimento da ocorrência de um crime de homicídio sem que o cadáver da vítima tenha aparecido?

Ensina-se, em processo penal, que, quando um delito deixa vestígios (delitos não-transeuntes), é imprescindível a realização do exame de corpo de delito (artigo 158, CPP). Corpo de delito, na definição de Sérgio Demoro Hamilton, é "aquilo que torna o crime ou a contravenção palpável, sensível, tangível, perceptível aos sentidos".[37] O exame de corpo de delito é o exame pericial realizado sobre o corpo de delito. No homicídio, o corpo de delito é o cadáver. Os exames de corpo de delito relacionados são a perinecroscopia (exame em local de morte violenta - artigo 6º, I, CPP) e a necropsia (exame médico-legal realizado sobre o cadáver - artigo 162, CPP). O cadáver, portanto, é a materialidade do homicídio, é a prova indubitável da ocorrência de um evento morte.

Assim, uma interpretação rasa do artigo 158 do CPP poderia conduzir à conclusão de que não se pode imputar um crime de homicídio a alguém no caso de desaparecimento do corpo da vítima. Todavia, a questão é mais complexa.

De acordo com doutrinadores de escol, a exigência de exame de corpo de delito em crimes não-transeuntes é uma exceção ao princípio do livre convencimento motivado, pelo qual o magistrado pode apreciar livremente o suporte probatório carreado aos autos, sem que uma prova tenha valor maior do que as demais, desde que fundamente a sua decisão. Diz o artigo 158 do CPP que nem mesmo a confissão do acusado pode suprir a falta de exame pericial. Haveria, portanto, a consagração do princípio da prova legal ou tarifada, em que uma prova se sobrepõe às demais. O magistério, contudo, não encontra suporte na Constituição Federal de 1988. Marcellus Polastri Lima, em sua obra, sustenta

37 HAMILTON, Sérgio Demoro. *Temas de processo penal*. 2. ed. Rio de Janeiro: Lumen Juris, 2000. p. 157.

que, "se a antinomia com o sistema do livre convencimento motivado ou da persuasão racional restava evidente (aliás, a Exposição de Motivos do CPP informa que este é o princípio reitor em matéria de provas), com o novo texto constitucional deve ser repensado o 'valor absoluto', por muitos defendido, do exame de corpo de delito, e se realmente a confissão do acusado não poderia ser considerada pelo juízo na falta deste".[38] A atual Carta Magna, em seu artigo 5º, LVI, dispõe que, em processo penal, não serão admitidas as provas obtidas por meio ilícito. Ou seja, sendo lícitas, quaisquer provas podem ser admitidas para fundamentar uma decisão. A confissão do acusado, por exemplo, se obtida em conformidade com o ordenamento jurídico, pode se prestar para embasar um decreto condenatório, ainda que não haja a realização do exame de corpo de delito.

Ademais, ainda que não se entenda pela incompatibilidade do artigo 158 do CPP com a Constituição, deve ser observado que existem dois tipos de exame de corpo de delito, segundo a lei processual: o exame direto e o indireto. No primeiro caso, a perícia é elaborada diretamente sobre o corpo de delito (por exemplo, a necropsia realizada em um cadáver). Há, por seu turno, o exame indireto quando, desaparecidos os vestígios, outra prova pode ser tomada para comprovar a materialidade do crime. É o que dispõe o artigo 167 do CPP, tratando, especificamente, da prova testemunhal (aplicável, entretanto, a qualquer outro meio de prova idôneo, como, *v. g.*, a prova documental).[39] O processo penal, portanto, possibilita a condenação do agente sem a produção de prova pericial direta.

Conclui-se, destarte, que é possível a responsabilização do agente por um crime de homicídio, ainda que esteja desaparecido o cadáver da vítima. Não havendo vestígios a serem examinados (o cadáver), admitir-se-á o exame de corpo de delito indireto. Posição contrária consagraria a impunidade e privilegiaria o agente que, além de matar a vítima, ainda oculta o seu corpo, demonstrando maior reprovabilidade em seu comportamento. Em um caso concreto ocorrido no Rio de Janeiro, um casal culposamente matou a filha recém-nascida por sufocação. Como eram estrangeiros residindo ilegalmente no país, decidiram pela ocultação do cadáver da criança, que foi esquartejado, colocado em uma bolsa e atirado em uma lagoa. O crime somente foi relatado cerca de um ano depois de ocorrido, não havendo, assim, qualquer chance de se encontrar o corpo nas águas. Várias testemunhas do fato, todavia, confirmaram a morte da criança, bem como a própria mãe, ao narrar que viu o corpo enrijecido e gelado da própria filha. Parece-nos clara a hipótese de responsabilização por homicídio culposo e ocultação de cadáver (artigo 211, CP).

---

38 POLASTRI LIMA, Marcellus. *A prova penal*. 2. ed. Rio de Janeiro: Lumen Juris, 2003. p. 85. Nesse sentido, HAMILTON, Sérgio Demoro. *Temas...*, op. cit., p. 166

39 Nesse sentido, POLASTRI LIMA, Marcellus. *A prova...*, op. cit., p. 87.

O tema, entretanto, não deve ser reduzido a uma fórmula simplista e merece outras considerações. Não pode ser esquecido o princípio da presunção de inocência, que, para alguns doutrinadores, recebe a denominação de princípio da presunção de não-culpabilidade, insculpido no artigo 5º, LVII, da CRFB/88. Somente a certeza pode embasar um decreto condenatório. Havendo qualquer dúvida sobre a responsabilidade penal do agente, impõe-se a absolvição pelo decorrente princípio do *in dubio pro reo*.[40] Havendo dúvida sobre a morte da vítima, o agente não pode ser condenado, pois o risco de uma injustiça é insuportável. É conhecido o caso dos irmãos Naves, no qual, após a condenação dos supostos criminosos, a vítima surgiu viva. Apenas se o processo contiver provas robustas o bastante para se afirmar o homicídio, mesmo sem o exame sobre o cadáver, haverá a possibilidade de responsabilização do agente.[41]

O crime de homicídio, por ser plurissubsistente, isto é, por admitir o fracionamento dos atos executórios, pode ser tentado (artigo 14, II, CP). Enquanto o *iter criminis* estiver na seara dos atos preparatórios, não será cogitada a hipótese de responsabilização do agente, ainda que este seja movido pelo *animus necandi*. Iniciada a execução do crime, a punição será possível, por crime consumado, caso ocorra a morte da vítima, ou por tentativa de homicídio, caso não sobrevenha o resultado por circunstâncias alheias à vontade do agente. O Código Penal, entretanto, deixa para a doutrina a resposta ao seguinte questionamento: quando se encerram os atos preparatórios (esses impuníveis) e iniciam-se os atos executórios?

A solução, para ser bem delineada, exigiria uma monografia específica sobre o tema, exorbitando o foco da presente obra. Assim, de forma bastante simplificada, deixamos claro que, adotamos o critério objetivo individual, formulado por Welzel,[42] no qual a tentativa deve ser aferida pela aproximação da realização da conduta típica e pelo plano concreto do autor. O delito, em sua forma tentada, só existirá se a conduta praticada pelo agente integrar a

---

40 Paulo José da Costa Júnior, sem declinar as razões, entende que "não será possível responsabilizar alguém, por crime de homicídio, sem a prova da materialidade da morte ou o exame de corpo de delito". (COSTA JR., Paulo José da. *Comentários ao código penal.* 7. ed. São Paulo: Saraiva, 2002. p. 359).

41 Merece destaque a felicíssima contribuição de Aníbal Bruno: "Esse resultado morte deve ser provado pela presença do cadáver. Na crônica dessa espécie punível não são raros os casos em que se condenou alguém por homicídio e mais tarde veio a aparecer com vida a suposta vítima, às vezes quando a consequência da punição já se tornara irremediável. Na ausência de cadáver, pode haver elementos suficientes de certeza para substituí-lo. As circunstâncias podem impor a segura convicção da morte de um homem. Mas deve-se recomendar prudência na interpretação desses dados. A dúvida, por mínima que seja, impede a conclusão de homicídio, que poderia conduzir a funesto erro judiciário" (BRUNO, Aníbal. *Crimes Contra a Pessoa.* 5. ed. Rio de Janeiro: Editora Rio, 1979. p. 70-71).

42 A respeito, ver a obra de Eugenio Raúl Zaffaroni e José Henrique Pierangeli (*Da tentativa* – doutrina e jurisprudência. São Paulo: Revista dos Tribunais, 2000. p. 53).

descrição típica, ou, ao menos, se for imediatamente anterior à realização da conduta tipificada, consoante o plano de ação elaborado pelo sujeito ativo (o plano do autor determinará a aproximação da conduta com a realização do tipo). Zaffaroni e Pierangeli enunciam o seguinte exemplo: "quando uma mulher quer envenenar o seu marido com uma comida e nela adiciona veneno, dependerá do plano concreto da autora se ela própria deve servir o alimento ao marido ou se o marido deve dele servir-se diretamente, para que, na primeira hipótese, exista ainda um ato preparatório e, na segunda, uma tentativa".[43] No primeiro caso, o plano da mulher ainda prevê uma conduta posterior ao envenenamento, qual seja, o ato de servir o alimento. Assim, a simples colocação de veneno na comida ainda não tem suficiente aproximação com a conduta tipificada ("matar alguém") para que possa ser considerada como ato executório. Somente quando a mulher servisse a comida ao marido teríamos uma tentativa de homicídio. No segundo caso, a resposta é diferente, pois o plano da autora aproxima sua conduta da realização do tipo. A colocação de veneno na comida do marido é o último ato da mulher anterior à ingestão da substância pelo marido. Situação semelhante é observada quando o agente aponta uma arma de fogo para a vítima. Se o plano do autor prevê que aquele é o momento em que a vítima será alvejada, eventual interrupção da conduta do agente implica responsabilização por crime de tentativa de homicídio. Portanto, se um policial tem êxito em impedir que o agente, após apontar sua arma, dispare contra a vítima, estaremos diante de homicídio na forma tentada. Entretanto, suponhamos que a intenção do agente, ao apontar sua arma, seja compelir a vítima a segui-lo até um local ermo, onde seria executado o homicídio. Nesse caso, a manutenção da vítima sobre a mira da arma constituiria somente ato preparatório para o crime de homicídio.

A desistência voluntária e o arrependimento eficaz, ambos previstos no artigo 15 do CP, afastam a tipificação do homicídio tentado, somente ocorrendo a responsabilização do agente pelos atos já praticados (por exemplo, pelo crime de lesão corporal, se a vítima é atingida e ferida, mas não há a sua ocisão).

Em havendo ineficácia absoluta do meio ou absoluta impropriedade do objeto, não há que se falar em tentativa de homicídio, mas sim em crime impossível (artigo 17, CP). É o que acontece, por exemplo, quando o agente usa substância inócua para tentar envenenar a vítima, ou quando pratica sua conduta contra vítima já falecida.

6 Causas de diminuição da pena

As causas de diminuição de pena para o crime de homicídio estão arroladas no artigo 121, § 1º, do CP, sendo chamadas pela doutrina – pensamos que equivocadamente – de hipóteses de homicídio "privilegiado". Denotam menor

---

43 ZAFFARONI, Eugênio Raúl; PIERANGELLI, José Henrique. Op. cit., p. 54.

reprovabilidade do comportamento do sujeito ativo, que, para ser beneficiado pela redução de sua pena (de um sexto a um terço), deve praticar o delito motivado por relevante valor social, por relevante valor moral ou por violenta emoção, em seguida à injusta provocação da vítima. É interessante notar que o infanticídio, previsto no artigo 123 do CP, também poderia ser considerado como uma espécie de homicídio "privilegiado", pois lá estão todos os elementos do crime de homicídio, acrescidos de uma circunstância especializante que torna a sanção mais branda, qual seja, o crime praticado pela mãe sob a influência do estado puerperal. Entretanto, o legislador optou por erigir o infanticídio à categoria de tipo autônomo.

O relevante valor social e o relevante valor moral são as duas primeiras causas de diminuição de pena para o crime de homicídio. Valor social é aquele que beneficia a coletividade. Segundo definição de Frederico Marques, "atua sob a inspiração de tal motivo, aquele que mata sob a pressão de sentimentos nobres em face da moral social".[44] É corriqueiro, na doutrina, o exemplo do agente que mata um traidor da pátria. Podemos adequar o instituto à realidade contemporânea, apresentando o exemplo do sujeito que mata um traficante de drogas que mantinha uma comunidade carente sob seu jugo.[45] Valor moral é o motivo de caráter individual. É acertada a afirmação de que todo valor moral tem um componente social, pois deve ser aferido de acordo com a moralidade média da sociedade. Contudo, são os motivos íntimos do agente que caracterizarão a causa de diminuição em comento. O exemplo mais difundido é o da eutanásia, em que o sujeito ativo, movido pela compaixão, abrevia o sofrimento de paciente em fase terminal. Como já abordamos anteriormente, no tópico reservado ao bem jurídico-penal tutelado, acreditamos que a eutanásia praticada a pedido não pode ser considerada criminosa, a par do que ocorre em outros países[46], mas essa não é a posição mais difundida no Brasil. Outro

44 MARQUES, José Frederico. Op. cit., p. 95.

45 Deve ser ressaltado que aqui não podem ser incluídos os "esquadrões da morte", ou qualquer outro grupo dedicado ao extermínio de pessoas, como as malfadadas milícias. Nesses casos, os integrantes de tais grupos matam para impor as próprias regras, ou para manter a população local sob controle. Ou, ainda, para a manutenção de negócios ilícitos, como o fornecimento irregular de sinal de TV a cabo e o abastecimento superfaturado de gás de cozinha. São situações em que o comportamento tem sua reprovabilidade incrementada, razão pela qual se enquadram na Lei dos Crimes Hediondos (artigo 1°, I, da Lei n° 8.072/90).

46 A Rússia consagra a eutanásia em seu Código Penal desde 1922, isentando de pena aquele que comete homicídio movido pela compaixão, a pedido do que morreu. A legislação uruguaia, em 1934, adotou dispositivo assemelhado, facultando o perdão judicial aos autores de homicídios piedosos (artigo 37 da Lei n° 9.414: "*Los Jueces tiene la facultad de exonerar de castigo al sujeto de antecedentes honorables, autor de un homicidio, efectuado por móviles de piedad, mediante súplicas reiteradas de la víctima*"). Os artigos 293 e 294 da lei criminal holandesa passaram, desde 2002, a admitir expressamente a prática. Bélgica e Espanha também possuem regras que autorizam a eutanásia sob certas condições. Como já visto na discussão sobre o objeto da tutela no homicídio, não se deve confundir, entretanto,

caso que encontra perfeita adequação ao relevante valor moral é a conduta do pai que, ao conhecer a identidade do homem que estuprou sua filha, atenta contra sua vida, conquistando a morte do estuprador.[47]

Não basta, para que a pena do agente seja reduzida, a presença de um motivo de valor social ou de valor moral. É mister que esses motivos sejam relevantes, ou seja, que tenham aprovação social intensa a ponto de tornarem o homicídio menos repugnante. Tal valoração será objetiva, "tendo em vista sempre o senso comum e não segundo critérios pessoais do agente".[48] Evidente que não há como avaliar os motivos de relevante valor social e relevante valor moral sem a análise das condições pessoais do agente, mas o parâmetro deve sempre obedecer ao que se entende comumente por ética (caso em que a lei expressamente exige que a interpretação seja submetida a parâmetros éticos). A provocação do óbito de um torcedor de clube de futebol diverso daquele apoiado pelo sujeito ativo pode, na mente do agente, ganhar relevo social, mas é certo que, por um critério de razoabilidade, deve ser rechaçado como causa de diminuição de pena.

---

a eutanásia (em que a vida do paciente é suprimida por outrem) com o suicídio assistido (em que o paciente, auxiliado por terceiros, dá fim à própria vida). Este é contemplado pela jurisprudência suíça, bem como, casuisticamente, por decisões judiciais de diversos países europeus, como a Suécia. No Brasil, para quem o considera criminoso, o suicídio assistido pode ser enquadrado no artigo 122 do CP. Na Alemanha, Günther Jakobs defende a licitude da eutanásia, rejeitada pela maioria: "a licitude da eutanásia direta, que aqui se preconiza, não depende do capricho individual do solicitante, senão da razoabilidade objetiva – por certo, suscetível de mudança – de seu pedido; razoabilidade que é controlada pelo Direito" (JAKOBS, Günther. *Suicídio, Eutanásia e Direito Penal.* Barueri: Manole, 2003, p. 47). Em suma, o direito brasileiro, ainda fortemente influenciado por dogmas religiosos, se encontra em descompasso com as posições jurídicas mais modernas. Por derradeiro, tratando de aspecto diverso da conduta, deve ser consignada a lição de Aníbal Bruno: "Há quem veja ainda uma hipótese de eutanásia na atitude do médico que se abstém de empregar meios terapêuticos para prolongar a vida do moribundo. Mas nenhuma razão obriga o médico a fazer durar por um pouco mais uma vida que natural e irreversivelmente se extingue, a não ser por solicitação especial do paciente ou de parentes seus. Aquela suposta eutanásia por omissão nada tem a ver com a verdadeira eutanásia, e para ser definida como crime omissivo, falta ao omitente, nas circunstâncias, o dever jurídico de agir. Não há lugar para a intervenção do Direito punitivo" (*Crimes..*, op. cit., p. 124). Cuida-se, aqui, da ortotanásia, conceituada como a manutenção do paciente em um processo natural de morte, sem a adoção de meios artificiais para o sofrido prolongamento da vida (distanásia). A ortotanásia não é criminosa, ao contrário, é estimulada pelo Código de Ética Médica (Res. CFM nº 1931/2009), no parágrafo único do artigo 41, assim redigido: "Nos casos de doença incurável e terminal, deve o médico oferecer todos os cuidados paliativos disponíveis sem empreender ações diagnósticas ou terapêuticas inúteis ou obstinadas, levando sempre em consideração a vontade expressa do paciente, ou, na sua impossibilidade, a de seu representante legal".

47 Caso semelhante a este foi contado no filme *Tempo de Matar*, de 1996. Sobre o tema, encontramos ainda o excelente *Anatomia de um Crime*, de 1959.

48 CAPEZ, Fernando. *Curso de direito penal* – parte especial. São Paulo: Saraiva, v. II, 2003. p. 33-34.

Há, no artigo 65, III, alínea *a*, do CP, a previsão do relevante valor social e do relevante valor moral como atenuantes genéricas da conduta do agente. Esse artigo não pode ser aplicado ao crime de homicídio, que já considera tais motivos como causas de diminuição da pena. Não há lógica em se usar a mesma motivação para, simultaneamente, diminuir e atenuar a pena, embora reconheçamos que tal posição está há léguas de ser pacífica (isso porque, ao contrário do que estabelece o artigo 61 do CP, o artigo 65 não traz em seu *caput* limitações à incidência em cascata das circunstâncias, o que permitiria que uma pena fosse suavizada duas ou mais vezes pela mesma situação fática). Há, ainda, doutrina sustentando que praticar o crime "impelido por" relevante valor social ou moral (artigo 121, § 1º) é diferente de cometer o crime por motivo de relevante valor social ou moral (artigo 65, III, a).[49] Pensamos que as duas situações são idênticas.

A terceira e última causa de diminuição de pena consiste no crime praticado sob a influência de violenta emoção, seguida à injusta provocação da vítima. Emoção, segundo os compêndios jurídicos, é um sentimento que surge de rompante e tem curta duração, diferindo da paixão, que é um estado emocional crônico e progressivo. Consoante Fernando Capez, "a emoção é o vulcão que entra em erupção; a paixão, o sulco que vai sendo, paulatinamente, cavado na terra, por força da água pluvial [...] A paixão é pelo clube de futebol; a emoção, pelo gol marcado".[50] Somente a emoção violenta, arrebatadora, pode ensejar a aplicação do privilégio, pois nesse caso há um entorpecimento dos sentidos, um estado de confusão mental que fomenta a adoção de condutas irrefletidas. O turbilhão de sensações que experimenta o agente impede o raciocínio plácido. Embora o § 1º do artigo 121 fale somente em emoção, é certo que a paixão também está abrangida pelo dispositivo, já que a instabilidade mental do sujeito ativo também desta pode derivar. Apesar de ser conceitualmente distinta da emoção, a paixão nada mais é do que um estado emocional análogo.[51] O artigo 28, I, do CP estabelece que a emoção e a paixão não excluem a imputação, o que é corroborado pelo artigo 121, § 1º, ao arrolar a emoção como causa de diminuição da pena. Somente poderá ser excluída a culpabilidade do sujeito ativo se a emoção alcançar o estágio de patologia, ingressando na seara das doenças mentais.

A verificação da minorante exige, além da violência da emoção, dois outros requisitos: reação imediata do agente a uma provocação da vítima e a injustiça na provocação.

---

49 Nesse sentido, citando Fernando Galvão, José Antônio Paganella Boschi (*Das Penas e Seus Critérios de Aplicação*. 7. ed. Porto Alegre: Livraria do Advogado, 2014. p. 229).

50 CAPEZ, Fernando. *Curso...*, op. cit., p. 35.

51 No sentido do texto, Frederico Marques (*Tratado...*, op. cit., p. 96, citando Hungria) e Damásio de Jesus (*Direito penal...*, op. cit., p. 64), por todos.

O imediatismo entre provocação e conduta se explica pela necessidade da presença de um ânimo irrefletido. A conduta praticada certo tempo após a provocação permite que o agente considere as consequências de seu ato, não havendo a confusão mental que caracteriza a causa de diminuição.[52] Assim, como bem assevera Frederico Marques, "a reação sob estado emotivo, provocado por injusta provocação, deve operar-se *sine intervallo* e exercer-se *incontinenti*".[53] Nessa esteira também se pronuncia Aníbal Bruno: "O impulso emocional e o ato que dele resulta devem seguir-se imediatamente à provocação da vítima. O fato criminoso objeto da minorante não poderá ser produto de cólera que se recalca, transformada em ódio, para uma vingança intempestiva".[54] Não se exige que a reação ocorra de pronto, mas em tempo curto o suficiente para caracterizar a presença da violenta emoção. Assim, se, ao ser provocado, o agente imediatamente parte em busca de uma arma que se encontra em local próximo e, em seguida, atenta contra a vida do provocador, não lhe deve ser negado o privilégio somente porque se afastou do local do fato. É a obnubilação dos sentidos que servirá de parâmetro, desde que o tempo decorrido entre provocação e conduta não seja excessivamente longo. Ressalte que o imediatismo da reação não é requisito para os casos de relevante valor social ou moral.

A injustiça da provocação também deve ser cotejada para a aplicação do privilégio. A atuação lícita da vítima não pode embasar a minoração da pena. O policial que cumpre um mandado judicial não pode ser atacado no regular exercício de sua função. Da mesma forma, não se pode aceitar a conduta do dono de um restaurante que, irado pelo correto fechamento do seu estabelecimento por agentes de vigilância sanitária, pratica crime de homicídio contra os servidores. É certo que a atuação, mesmo justa, pode provocar reações destemperadas, mas cabe ao provocado suportar sua revolta e aceitar o fato. Não há diminuição de pena, outrossim, quando a provocação é somente uma resposta a provocação anterior feita pelo agente, pois a retorsão não estaria eivada de injustiça. Admissível, entretanto, o privilégio se o agente supôs, equivocadamente, que a provocação a ele dirigida era injusta (artigo 20, CP).

---

52 Nesse sentido, Hungria: "Entendemos que a emoção, quando atinge seu auge, reduz quase totalmente a *vis ellectiva* em face dos motivos e a possibilidade do *self-control*. Já alguém comparou o homem sob o influxo da emoção violenta a um carro tirado por bons cavalos, mas tendo à boléia um cocheiro bêbado. Na crise aguda da emoção, os motivos inibitórios tornam-se inócuos freios sem rédea, e são deixados a si mesmos os centros motores de pura execução. Dá-se a desintegração da personalidade psíquica" (*Comentários...*, p. 135). Contrariamente, ensina Aníbal Bruno que a norma não é justificada pelo surto emocional, mas sim pela injustiça da provocação, elemento de valoração ético-jurídica (*Crimes...*, op. cit., p. 125).

53 MARQUES, Frederico. *Tratado...*, op. cit., p. 98.

54 BRUNO, Aníbal. *Crimes...*, op. cit, p. 126.

Saliente-se que, quando se fala em provocação injusta, não se cuida de agressão atual ou iminente, pois, nesse caso, a reação do sujeito ativo, desde que moderada e necessária, constituiria legítima defesa (artigo 25, CP), não importando crime. Sobre o tema, ensina Aníbal Bruno: "O termo provocação deve ser interpretado largamente. Um dito ofensivo, um gesto de insulto ou menosprezo, ofensas físicas, violações de direitos, mesmo quando não intencionais ou somente sentidos como propositados pelo agente, podem constituir-se em provocação injusta que justifique a reação, desde que esta não tome a forma de defesa, que, presentes os extremos da discriminante, seria legítima e fundamentaria a exclusão da ilicitude do fato, e que não haja evidente desproporção entre a força da repulsa e a gravidade da ofensa, tomadas sempre em consideração as circunstâncias do momento e as condições de ânimo com que reage o provocado".[55]

O artigo 65, III, alínea *c*, do CP preconiza que terá a pena atenuada aquele que praticar o delito sob a influência de violenta emoção, provocada por ato injusto da vítima. Ao contrário do que ocorre com o valor social e com o valor moral, o artigo 121, § 1º, do CP não impede o reconhecimento da circunstância atenuante em estudo ao crime de homicídio, já que o primeiro impõe a presença do domínio de violenta emoção, exigindo reação imediata, diversamente da atenuante, que dispensa a pronta resposta (influência de violenta emoção é algo mais tênue do que o domínio). Destarte, se o sujeito ativo, fortemente emocionado, mas tendo tempo para reflexão, pratica um homicídio, ser-lhe-á negada a causa de diminuição de pena, podendo ser aplicada a circunstância atenuante.

Há ainda que se apreciar, em tema de homicídio "privilegiado", a questão do concurso de pessoas, merecedora de destaque.

As causas de diminuição de pena não constituem tipo penal autônomo; agregam-se ao tipo fundamental e influem no *quantum* da pena a ser aplicada. Recebem a denominação de circunstâncias, não integrando a descrição típica do delito. Ensina Cezar Roberto Bitencourt que "circunstâncias são dados, fatos, elementos ou peculiaridades que apenas 'circundam' o fato principal. Não integram a figura típica, podendo contribuir, contudo, para aumentar ou diminuir a sua gravidade".[56] Prossegue, afirmando que as circunstâncias podem ser de caráter objetivo ou subjetivo, arrolando, como exemplo da última categoria, os motivos do crime. Vislumbra-se, portanto, que as causas de diminuição da pena no crime de homicídio são circunstâncias subjetivas que não constituem o delito-base, mas somente influem na sanção estipulada.

---

55 *Crimes...*, op. cit., p. 125.

56 BITENCOURT, Cezar Roberto. *Manual de direito pena* – parte geral. 5. ed. São Paulo: Revista dos Tribunais, 1999. p. 451.

O artigo 30 do CP diz que "não se comunicam as circunstâncias e as condições de caráter pessoal, salvo quando elementares do crime". Elementares do crime são todos os componentes da descrição típica básica que, se suprimidos, tornariam a conduta atípica ou transmudariam a capitulação do delito. Por exemplo, no crime de roubo (artigo 157, CP), o emprego de grave ameaça, violência ou qualquer outra forma de redução da capacidade de resistência constitui elementar do crime, pois, inexistindo tal emprego, o crime se transforma em furto. Já no estupro (artigo 213, CP), a inexistência de constrangimento da vítima torna a figura atípica. Assim, pelo disposto no Código Penal, verifica-se que a regra é: as circunstâncias ou condições de caráter pessoal (subjetivas) não se comunicam aos demais participantes da empreitada criminosa. Excepcionalmente, caso tais circunstâncias ou condições passem a integrar o tipo fundamental (tornando-se elementares do crime), haverá a comunicabilidade, sejam elas de caráter pessoal ou impessoal (objetivas). As elementares do crime sempre se comunicam.

Supondo que duas pessoas pratiquem um homicídio, uma delas movida por um sentimento nobre de foro íntimo (relevante valor moral), sem que haja qualquer motivação especial quanto à outra, serão ambas beneficiadas pela diminuição da pena do delito? Pelo exposto anteriormente, impõe-se a resposta negativa. Somente gozará do benefício da diminuição da pena o sujeito que agiu imbuído pelo relevante valor moral. Essa circunstância subjetiva, ou seja, de caráter pessoal, que não constitui elementar do delito, não aproveitará o coautor. Este somente seria beneficiado se o relevante valor moral fosse elementar do crime de homicídio, o que não ocorre. Portanto, podemos concluir que as causas de diminuição de pena do crime em estudo sempre serão incomunicáveis (já que todas têm natureza subjetiva).

Suscita discussão a obrigatoriedade da redução da pena pelo magistrado, uma vez reconhecida a da causa de diminuição da pena. Como se trata de crime da competência do tribunal do júri (crime doloso contra a vida), incumbirá aos jurados decidir sobre a existência de uma causa de diminuição da pena, sendo imprescindível a quesitação, sob pena de nulidade absoluta do julgamento (Súmula nº 162, STF). Ora, caso seja reconhecida a presença de uma causa de diminuição, é obrigatória a redução da pena do réu, pois, se assim não fosse, a decisão dos jurados seria ineficaz, havendo lesão à soberania do veredicto popular, de base constitucional (artigo 5º, XXXVIII, CRFB/88).[57] Há autores que vão de encontro ao entendimento consignado, sustentando que a redução da pena pelo magistrado é facultativa. É o que ensina Frederico

57 Nesse sentido, STJ (REsp 64.374, 6ª Turma, Rel. Min. Vicente Cernicchiaro). Na doutrina, Fernando Capez (*Curso...*, op. cit., p. 32), Damásio E. de Jesus (*Direito penal...*, op. cit., v. 2, p. 65), Luiz R. Prado (*Curso...*, op. cit., v. 2, p. 50), Julio Fabbrini Mirabete (*Código Penal*, p. 794) e Celso Delmanto (*Código penal comentado*. 3. ed. São Paulo: Renovar, 1991), entre outros.

Marques: "facultativa, é, assim, a diminuição. O juiz, em face da verificação das circunstâncias que diminuem a graduação da *sanctio juris* cominada, nem por isso está obrigado a reduzir, entre os limites legais constantes do texto, a pena a ser imposta ao réu".[58] Argumenta-se que o § 1º do artigo 121 estabelece não um dever, mas uma faculdade ao juiz ("[...] o juiz pode reduzir a pena [...]"). Já o artigo 492, § 1º, do CPP estabelece a redução como faculdade do magistrado. A soberania do júri ficaria restrita ao reconhecimento da causa de diminuição da pena. Discordamos, pois não compreendemos como possível uma decisão do tribunal do júri sem repercussão prática.

7 Homicídio qualificado

Cuidou o artigo 121, § 2º, do CP das hipóteses de homicídio qualificado, isto é, do crime de homicídio, em que, por determinadas circunstâncias, a reprovação pela conduta é sobremaneira mais elevada, tornando mais gravosa a sanção do delito. São, as qualificadoras, "circunstâncias reveladoras de maior periculosidade ou extraordinário grau de perversidade do agente" (Exposição de Motivos da Parte Especial do Código Penal, item 38). Temos, aqui, crimes hediondos, consoante o disposto no artigo 1º, I, da Lei nº 8.072/90 (Lei dos Crimes Hediondos), alterada pela Lei nº 8.930/94.

Podemos agrupar as qualificadoras do homicídio da seguinte forma: qualificação pelos motivos determinantes (incisos I e II), pelos meios empregados (inciso III), pelos modos de cometimento (inciso IV), pela conexão (inciso V), pelo feminicídio (inciso VI) e pela condição funcional de outrem (inciso VII).

As circunstâncias qualificadoras podem ser de caráter subjetivo, caso digam respeito a uma condição pessoal (qualificação pelos motivos determinantes e pela conexão), ou de caráter objetivo (impessoal), referindo-se a um fato alheio à pessoa (meios e modos de execução).

Não constituem mais casos de crime qualificado, ao contrário do que ocorria no Código Penal de 1890, a premeditação e o parricídio. Na premeditação, observou-se que o agente nem sempre demonstrava maior reprovabilidade em seu comportamento, pois a demora em cometer o homicídio poderia "indicar hesitação ou resistência em relação à empresa criminosa".[59] De mais a mais, é complicado estabelecer no que consiste a premeditação (basta a decisão antecipada pela prática do homicídio? Deve compreender os meios e modos para a prática homicida? Pode se dar durante os atos de execução, ainda que com um planejamento breve?). Contudo, como bem adverte Lucas Montenegro, "não é

58 MARQUES, José Frederico. *Tratado...*, op. cit., p. 101. Nesse sentido MAGALHÃES NORONHA, E. *Direito penal...*, op. cit., v. 2, p. 28.

59 MARQUES, José Frederico. *Tratado...*, op. cit., p. 109.

exagero afirmar que o critério segue vivo na jurisprudência, sobretudo como indicador de particular periculosidade do agente".[60]

Já o parricídio, ou seja, o homicídio praticado contra ascendente, é, hoje, somente uma agravante genérica (artigo 61, II, *e*), pois mesmo o crime contra parente próximo não se reveste, necessariamente, de culpabilidade exacerbada (embora a lógica no feminicídio seja diversa, já que ao parentesco é agregado o dado da maior vulnerabilidade da vítima).

a) *Qualificação pelos motivos determinantes*

O homicídio é qualificado se praticado mediante paga, promessa de recompensa ou qualquer outro motivo torpe (inciso I) ou se praticado por motivo fútil (inciso II). Não são as únicas hipóteses de qualificação pelos motivos determinantes, pois os incisos V, VI e VII também o são, embora nas duas últimas hipóteses haja divergência.

A qualificação pelos motivos não é isenta de críticas e a principal delas se dirige à excessiva abertura conceitual: qual é a régua de medição da torpeza e da futilidade? No caso da torpeza, ainda encontraremos um parâmetro razoavelmente útil, que é a casuística expressa na norma do inciso I (paga e promessa de recompensa como paradigmas interpretativos), o que não ocorre com a futilidade. Verifica-se, assim, intensa subjetividade na interpretação, cuidando-se de cláusulas excessivamente abertas (ao contrário do que ocorre, por exemplo, no inciso V, no qual também há hipóteses de motivação torpe, todavia bem delimitadas). Nessa linha é o raciocínio de Márcio Evangelista Ferreira da Silva: "Assim, surge a indagação: Torpe pode ser todo e qualquer motivo repugnante? O que é motivo repugnante? Cada intérprete apresentará uma solução para o caso, surgindo nova indagação: criar um tipo penal com tal vagueza não fere o princípio da legalidade, especificamente o da taxatividade/determinação? Tal indagação é o que aflige o intérprete da lei ao caso concreto, problema de interpretação, pois a lei não contém somente termos inequívocos. Ainda sobre o crime de homicídio qualificado, o artigo 121, §2º, inciso II, do Código Penal prescreve que o motivo fútil é causa que demanda maior reprovabilidade. Fútil, nos termos da exposição de motivos do Código Penal é aquele 'que, pela sua mínima importância, não é causa suficiente para o crime', ou seja, é o motivo desproporcional ou inadequado (HUNGRIA: 1955, p. 244). Surge novamente o problema citado alhures, o que é fútil para uns pode não ser para outros - acarretando inúmeras interpretações".[61]

60 MONTENEGRO, Lucas. *Por Que se Qualifica o Homicídio? Um Estudo Sobre a Relevância da Motivação em Direito Penal, Por Ocasião da Lei do Feminicídio*. São Paulo: Marcial Pons, 2017. p. 52. O autor ainda arrola julgados que comprovam sua dicção, como, por exemplo, o HC nº 120.253-MS, STJ, 6ª Turma, julg. em 23.06.2015.

61 SILVA, Marcio Evangelista Ferreira da. *Hermenêutica e Homicídio Qualificado*. Brasília: TJDFT, 2014. p. 85-86.

Em que pese a abertura excessiva das normas, importa tentar delimitar sua aplicabilidade. Motivo torpe é aquele abjeto, desprezível, que causa repulsa pela vilania do agente. No inciso I, o legislador permitiu o uso da interpretação analógica. Por essa técnica, o legislador arrola uma fórmula casuística, a título de exemplificação (mediante paga ou promessa de recompensa) e, após, lança mão de uma fórmula genérica (qualquer motivo torpe), possibilitando ao intérprete a aplicação do dispositivo a casos assemelhados àqueles anteriormente arrolados. Afirma-se costumeiramente que, na interpretação analógica não há lacunas a serem colmatadas, mas sim mera permissão legal para a extensão da norma a hipóteses não previstas taxativamente, o que a torna diferente da analogia.[62]

A paga e a promessa de recompensa constituem o chamado homicídio mercenário. Paga é o recebimento de remuneração para a prática do homicídio. Promessa de recompensa é o compromisso de remuneração futura. Ambas pressupõem uma contraprestação apreciável economicamente. Somente haverá paga ou promessa de recompensa se o benefício concedido ou prometido possuir valoração econômica (*pecunia accepta vel pretio convento*). Assim, por exemplo, se o agente comete o crime impelido por favores sexuais prometidos pelo mandante, não haverá promessa de recompensa. Discordamos, pois, de Damásio de Jesus, para quem "não é preciso que a paga ou promessa de recompensa seja em dinheiro, podendo ser promessa de casamento, emprego etc.".[63]

Admitimos, entretanto, que a qualificação pelo motivo torpe pode ser verificada ainda que o agente não seja impelido pela intenção de lucro. Nesse caso, a qualificação não encontraria berço nas hipóteses casuísticas, mas sim na formulação genérica (qualquer motivo torpe). Não há como ser negada, por exemplo, a qualificação do crime ao agente que mata pelo simples prazer de assistir a agonia de sua vítima, satisfazendo um desejo sádico. Nesse ponto,

62 Em sentido contrário, equiparando interpretação analógica e analogia, Paulo Queiroz: "Mas a distinção entre analogia e interpretação analógica é ilusória, porque pretende distinguir onde há identidade. Sim, porque, tanto num como noutro caso, trata-se de fazer juízo analógico simplesmente. A diferença consiste unicamente nisto: se a lei expressamente permitir o uso da analogia, haveria interpretação analógica; se não o fizer, o caso seria de analogia. O que ocorre, portanto, é sempre analogia, isto é, um juízo comparativo entre duas ou mais situações semelhantes para se tirar uma determinada conclusão, razão pela qual a assim chamada interpretação analógica é apenas um sinônimo para analogia tácita" (*Curso de Direito Penal*: parte geral. 9. ed. Salvador: JusPodivm, 2013. p.128).

63 JESUS, Damásio E. de. *Direito penal*..., op. cit., v. 2, p. 67. Para Bitencourt, a apreciação econômica é dispensável, podendo a vantagem prometida ou concedida ter natureza patrimonial ou pessoal (*Tratado*..., 7. ed., v. 2, p. 54). Esposamos a mesma posição que Hungria, assim revelada em sua obra: "a paga feita ou recompensa prometida tanto pode consistir em dinheiro, como em qualquer vantagem econômica (aquisição de direito patrimonial, perdão de dívida, promoção em emprego etc.)" (*Comentários*..., p. 164).

somos contrários à lição esposada por Luiz Regis Prado, que afirma que "o fundamento da maior reprovabilidade reside na desvaloração do motivo, de forma que a admissão de motivos não-econômicos implicaria a necessidade de determinação, em cada caso, da especial reprovabilidade dos mesmos, o que criaria grande insegurança jurídica. [...] Pode o juiz, porém, avaliar o motivo não-econômico quando da fixação da pena-base (artigo 59, CP)".[64] Em que pese a advertência que fizemos à excessiva abertura da norma, parece-nos que o legislador, ao se valer da interpretação analógica, usou a paga e a promessa de recompensa como paradigmas de reprovabilidade, não como exigência de caráter econômico para a qualificação do crime. Aliás, a análise caso a caso – repudiada por Regis Prado – decorre da própria formatação do tipo penal, pois o legislador preferiu evitar a taxatividade (que, pensamos, seria salutar, ainda que eventualmente resultasse em omissões). Em outras palavras, quisesse o legislador evitar a análise casuística da reprovabilidade, arrolaria de forma especificada as hipóteses de homicídio qualificado pela motivação torpe (sadismo, ascensão política etc.).

Em suma, considerando tudo o que foi dito, a motivação torpe deve ser considerada em relação aos padrões médios da ética social (se é que é possível precisar o termo), aferindo-se no caso concreto a sua repugnância (que deve ser igual ou superior àquela conferida ao homicídio mercenário, tal qual ocorre na qualificadora do meio cruel e em outras passagens do Código Penal). Consoante Mayrink, motivo torpe é aquele "que ofende a moralidade média do grupamento social por ser ignóbil o objeto que impele a conduta altamente reprovável".[65] A Exposição de Motivos da Parte Especial do Código Penal, em seu item 38, arrola entre os exemplos de motivação torpe, "a cupidez, a luxúria, o despeito da imoralidade contrariada, o prazer do mal".[66] Ainda que a taxatividade seja sempre a melhor opção e que conceitos como "ética social" sejam temerários, essa é a exegese que se impõe.

Note-se que o mandante que contrata um matador para executar o homicídio não estará, necessariamente, qualificando o seu ato. O matador, sem dúvida, responderá por homicídio qualificado, quer tenha recebido a paga, quer tenha aceitado promessa de recompensa. O mandante, entretanto, não estará, necessariamente, imbuído de motivação torpe, podendo, até mesmo, alegar um motivo nobre, como no caso da pessoa que contrata um assassino

64 PRADO, Luiz Regis. *Curso...*, op. cit., v. 2, p. 54.

65 COSTA, Álvaro Mayrink da. *Direito Penal...*, op. cit., p. 104.

66 O Código Penal Militar tipifica o crime de homicídio em seu artigo 205. No § 2º, II, deste dispositivo está o homicídio qualificado pela torpeza, que ganha a seguinte redação: "§ 2º Se o homicídio é praticado: II – mediante paga, promessa de recompensa, por cupidez, para excitar ou saciar desejos sexuais, ou por qualquer outro motivo torpe". Este diploma deixa evidente que a motivação torpe não se basta na vontade de auferir lucro, direto ou indireto, mas sim cobre uma vasta gama de situações.

para executar um traidor da pátria, pois se considera incapaz de praticar o ato por conta própria. Assim, sempre que houver o homicídio mercenário (por paga ou promessa de recompensa), a conduta do executor será considerada homicídio qualificado. O contratante poderá ou não incidir na qualificadora, dependendo de sua motivação. Em sentido contrário já decidiu o STJ: "A Turma entendeu que, no homicídio, o fato de ter sido o delito praticado mediante paga ou promessa de recompensa, por ser elemento do tipo qualificado, é circunstância que não atinge exclusivamente o executor, mas também o mandante ou qualquer outro coautor".[67] Mayrink compartilha do mesmo entendimento: "No homicídio qualificado mediante paga, elementar do tipo qualificado, é circunstância que não só atinge o *accipens*, mas também o *solvens* ou qualquer coautor, pois o motivo torpe e não só a circunstância de caráter pessoal comunicam-se ao mandante, por ser elementar".[68]

Há motivos que, por si só, não permitem a indicação de sua torpeza.[69] Casos, por exemplo, da vingança e do ciúme. É fato que a vingança pode ser um motivo torpe, como no caso do agente que mata um superior hierárquico porque foi preterido em uma promoção. Mas também pode ser motivo fútil, a exemplo do sujeito que mata um colega porque levou um drible humilhante durante um jogo de futebol. Pode consistir, ainda, em privilégio, caso do pai que se vinga do estuprador da filha. O mesmo se diga do ciúme (e, muitas vezes, o ciúme desencadeia a vingança). Matar a ex-namorada que começou novo relacionamento com terceiro, sob a sensação de que ela lhe pertence, em

67 *HC* nº 99.144/RJ, rel. min. Og Fernandes, julg. em 04/11/2008. Informativo nº 375. Em síntese, o STJ entendeu que as circunstâncias constitutivas do tipo qualificado seriam elementares e, portanto, aplicar-se-ia ao caso a regra do artigo 30 do CP.

68 COSTA, Álvaro Mayrink da. *Direito Penal...* op. cit. p. 104.

69 Informativo nº 452, STJ: "*In casu*, o recorrido foi condenado como incurso no art. 121, § 2º, I e IV, do CP à pena de 13 anos, cinco meses e 11 dias de reclusão a ser cumprida inicialmente no regime fechado. Em sede de apelação, o tribunal *a quo* anulou o julgamento e submeteu o réu, ora recorrido, a novo júri. (...) Segundo o Min. Relator, no caso vertente, constata-se que o Conselho de Sentença, diante das versões apresentadas pela acusação e pela defesa, concluiu que o homicídio foi praticado por motivo torpe. Assim, reconhecida a qualificadora pelo tribunal do júri em conformidade com os fatos apresentados, não poderia o tribunal de origem, via recurso de apelação, desconstituir a escolha dos jurados, procedendo à interpretação que, sob sua ótica, coaduna-se melhor com a hipótese dos autos. Anotou-se, ainda, que, 'a verificação se a vingança constitui ou não motivo torpe deve ser feita com base nas peculiaridades de cada caso concreto, de modo que não se pode estabelecer um juízo *a priori*, positivo ou negativo'. Conforme assentou o STF, 'a vingança, por si só, não consubstancia o motivo torpe; a sua afirmativa, contudo, não basta para elidir a imputação de torpeza do motivo do crime, que há de ser aferida à luz do contexto do fato.' Diante desses fundamentos, a Turma, ao prosseguir o julgamento, deu provimento ao recurso para cassar o acórdão impugnado e restabelecer a decisão proferida pelo Tribunal do Júri. Precedentes citados do STF: HC 83.309-MS, DJ 6/2/2004; do STJ: REsp 21.261-PR, DJ 4/9/2000; REsp 256.163-SP, DJ 24/4/2006; REsp. 417.871-PE, DJ 17/12/2004, e HC 126.884-DF, DJe 16/11/2009." (REsp 785.122-SP, Rel. Min. Og Fernandes, julgado em 19/10/2010).

uma espécie de coisificação da vítima, indica torpeza. Matar o cônjuge flagrado em adultério pode (ou não) consistir em violenta emoção após ato injusto da vítima. Não há como se fazer uma análise prévia dos motivos, devendo ser observadas as circunstâncias de cada caso. Nesse sentido já se pronunciaram STJ[70] e TJSP.[71]

Motivo fútil é o motivo bobo, banal, tolo. Existe, segundo Mayrink, "flagrante desproporção, absoluta inadequação, verdadeiro despropósito" entre a atuação e seu estímulo.[72] O motivo frívolo jamais poderia ensejar uma conduta de tamanha gravidade. Cite-se, como exemplo, o homicídio cometido pela simples cobrança de uma dívida ou porque a vítima era torcedora de clube de futebol rival ao do agente. Esses motivos, isoladamente considerados, podem ser neutros – como o desejo de ascender socialmente[73] –, mas ganham contornos de reprovabilidade mais intensa quando sua satisfação é buscada através de um ato homicida.

A doutrina costuma afirmar que a ausência de motivo não caracteriza o motivo fútil.[74] Acreditamos que não existe homicídio sem motivação. A conduta humana sempre tem uma razão, ainda que não conhecida. O desconhecimento do motivo não importa em sua ausência, mas tampouco gera a imposição de qualquer qualificadora (já que sua real natureza não é sabida).

A discussão do agente com a vítima, de acordo com alguns julgados, tem o condão de fazer sumir o motivo fútil. Explica-se: ainda que a discussão tenha se iniciado por uma futilidade, faz aflorar as animosidades, sendo o furor do embate a mola propulsora do homicídio.[75] Pensamos que não há como se fazer tal afirmação – que quase sempre é plausível – sem a análise do caso concreto.

---

70 "O Tribunal *a quo*, ao analisar recurso em sentido estrito, extirpou da pronúncia a qualificadora do motivo fútil, ao afirmar, peremtoriamente, não se encaixar o ciúme nessa categoria. Nesse contexto, a Turma, ao prosseguir o julgamento, entendeu, por maioria, caber ao Conselho de Sentença decidir se o paciente praticou o ilícito motivado por ciúme, e, consequentemente, analisar, no caso concreto, se esse sentimento é motivo a qualificar o homicídio perpetrado. Apenas as circunstâncias qualificadoras manifestamente improcedentes podem ser excluídas, de pronto, da pronúncia, pois não se deve usurpar do Tribunal do Júri o pleno exame dos fatos da causa. Anotou-se, por último, que este Superior Tribunal já assentou a tese de o reconhecimento do ciúme como motivo fútil, ou mesmo torpe, depender do caso concreto. (...)" (REsp. 810.728/RJ, rel. Min. Maria Thereza de Assis Moura, julg. em 24/11/2009).

71 *RTJSP*, 54/350, rel. Denser de Sá (apud CUNHA, Rogério Sanches. *Direito Penal*. São Paulo: Editora Revista dos Tribunais, 2006. v. 8. p. 26).

72 MAYRINK DA COSTA, Álvaro. *Direito penal...*, op. cit., p. 103.

73 MONTENEGRO, Lucas. *Por Que se Qualifica...*, op. cit., p. 58.

74 Assim lecionam Damásio, Mayrink, Delmanto e Régis Prado, entre outros. No sentido de que a ausência de motivo qualifica o homicídio, já que é mesquinha, Capez.

75 Nesse sentido, TJSP, *RT*, 436/350, apud CAPEZ. *Curso...*, op. cit., p. 47.

Em tema de embriaguez completa, há que se ter cautela na avaliação da qualificadora. Se preordenada, não nos parece que exclua a futilidade do motivo. É certo que, estando embriagado, o agente não tem condições de avaliar a desproporcionalidade entre sua conduta e as razões que a impelem. Contudo, a análise da motivação deve ser realizada ao tempo em que o sujeito ativo decidiu se embriagar, aplicando-se a teoria da *actio libera in causa*. O mesmo se diga quanto à embriaguez voluntária. A embriaguez derivada de caso fortuito ou de força maior, por exercer o embotamento da capacidade reflexiva, é incompatível com a qualificadora.

O motivo fútil, assim como mencionado sobre o motivo torpe, deve ser aferido de acordo com a ética social média, com os valores e conceitos da sociedade onde ocorreu o delito. Isso deriva da própria opção do agente pela norma aberta, ainda que, como dito, o conceito "ética social média" seja temerário. Não podem ser completamente afastadas, contudo, as condições pessoais do agente.

No artigo 65, II, *a*, do CP, observa-se que os motivos determinantes (motivos fútil e torpe) são circunstâncias agravantes genéricas, aplicáveis a todos os delitos. O crime de homicídio, contudo, não se pauta por tal dispositivo. Motivo fútil e motivo torpe já são considerados para caracterizar a punição pelo homicídio qualificado. Assim, não podem se prestar, novamente, para o agravamento da pena, pois haveria violação ao princípio do *ne bis in idem*, que impede dupla punição pela mesma circunstância. Contudo, se houver mais de uma qualificadora incidindo sobre o caso concreto (por exemplo, torpeza e emboscada), os motivos determinantes podem ser desconsiderados na primeira fase da aplicação da pena, retornando quando da análise das agravantes (terceira fase). Ou seja, ainda que, em tese, várias qualificadoras possam incidir sobre uma mesma hipótese (homicídio sobre o qual recaem duas ou três qualificadoras, p. ex.), apenas uma delas será levada em conta no momento da fixação da pena. As demais só influirão no cálculo se previstas como circunstâncias judiciais, como causas de aumento da pena, ou como agravantes genéricas (como foram inicialmente descartadas, não há o risco de dupla punição).

Havendo concurso de pessoas, as circunstâncias qualificadoras em comento se comunicam aos demais coautores ou partícipes? Suponhamos que, em um homicídio executado por duas pessoas, um dos coautores pratique o crime impelido por um motivo torpe. O outro coautor, mesmo não tendo a mesma motivação, responderia pelo delito qualificado? Entendemos que não. As qualificadoras referentes ao motivo torpe e ao motivo fútil, a par do que ocorre com as causas de diminuição de pena, não integram o tipo fundamental. Não são, portanto, elementares do tipo.[76] Além disso, têm, inegavelmente,

76 Como visto anteriormente, por ocasião do estudo da paga, a posição não é pacífica, existindo posições doutrinárias e judiciais em sentido contrário.

caráter pessoal, pois refletem o íntimo do agente. Destarte, obedecendo à regra contida no artigo 30 do CP, não se comunicam a eventuais participantes do delito.[77] Aliás, essa foi a posição defendida pelo STJ no julgamento do Recurso Especial nº 467.810/SP: "no homicídio, a qualificadora de ter sido o delito praticado mediante paga ou promessa de recompensa é circunstância de caráter pessoal, e, portanto, *ex vi* artigo 30 do CP, incomunicável".[78]

Impõe-se, ainda, uma derradeira questão: os motivos determinantes são compatíveis com o dolo eventual? A resposta foi dada pelo STF no Informativo nº 553, *verbis*: "O dolo eventual pode coexistir com a qualificadora do motivo torpe do crime de homicídio. Com base nesse entendimento, a Turma desproveu recurso ordinário em habeas corpus interposto em favor de médico pronunciado pela prática dos delitos de homicídio qualificado e de exercício ilegal da medicina (artigos 121, § 2º, I e 288, parágrafo único, ambos c/c o art. 69, do CP, respectivamente), em decorrência do fato de, mesmo inabilitado temporariamente para o exercício da atividade, havê-la exercido e, nesta condição, ter realizado várias cirurgias plásticas — as quais cominaram na morte de algumas pacientes —, sendo motivado por intuito econômico. A impetração sustentava a incompatibilidade da qualificadora do motivo torpe com o dolo eventual, bem como a inadequação da linguagem utilizada na sentença de pronúncia pela magistrada de primeiro grau. Concluiu-se pela mencionada compossibilidade, porquanto nada impediria que o paciente — médico —, embora prevendo o resultado e assumindo o risco de levar os seus pacientes à morte, praticasse a conduta motivado por outras razões, tais como torpeza ou futilidade. Afastou-se, também, a alegação de excesso de linguagem, ao fundamento de que a decisão de pronúncia estaria bem motivada, na medida em que a juíza pronunciante — reconhecendo a existência de indícios suficientes de autoria e materialidade do fato delituoso — tivera a cautela, a cada passo, de enfatizar que não estaria antecipando qualquer juízo condenatório, asseverando que esta seria uma competência que assistiria unicamente ao Tribunal do Júri".[79]

b) *Qualificação pelos meios empregados*

Cuida, o artigo 121, § 2º, inciso III, das circunstâncias qualificadoras pelos meios empregados. Novamente o legislador permite ao aplicador da lei a utilização da interpretação analógica, exemplificando os meios que se encaixam na fórmula genérica. Assim, há homicídio qualificado se o agente pratica o crime com o emprego de veneno, fogo, explosivo, asfixia, tortura ou qualquer outro

77 Assim, por todos, JESUS, Damásio E. de. Op. cit., p. 67.

78 Vimos que o próprio STJ já decidiu de forma contrária (Informativo nº 375).

79 *RHC* 92.571/DF, rel. Min. Celso de Mello, 30/06/2009. Ver, ainda, *HC* nº 58.423/DF (Informativo nº 318)

meio insidioso ou cruel ou de que possa resultar perigo comum. Percebe-se, sem dificuldades, que o veneno é exemplo de meio insidioso. O fogo, a asfixia e a tortura, de meios cruéis. A explosão e o fogo (mais uma vez), de meios dos quais pode resultar perigo comum.

Meio insidioso é o meio dissimulado, sub-reptício, no qual a vítima é atingida sem que tenha conhecimento prévio do risco que paira sobre si. O veneno (venefício é o nome dado ao homicídio praticado pelo uso de veneno) é o exemplo clássico dessa forma de execução. A definição do conceito de veneno é tema polêmico, pois inúmeras substâncias podem produzir efeitos nocivos à saúde, dependendo das circunstâncias em que são ministradas. O açúcar ingerido por um diabético, por exemplo, pode se portar como veneno (ainda que não o seja), pois atua de forma prejudicial ao indivíduo, embora não produza os mesmos efeitos quando ingerido por uma pessoa saudável. Por outro lado, muitos venenos são utilizados na composição de medicamentos, em doses ínfimas. Em verdade, qualquer substância pode ser nociva ao organismo humano, a depender da forma e quantidade em que se dá sua absorção, o que torna a definição de veneno um tanto vaga, impondo-se sua limitação. Portanto, adotamos o conceito de Delton Croce e Delton Croce Júnior, que é suficientemente restritivo para definir o que se entende por veneno: "é uma substância que, quando introduzida no organismo em quantidades relativamente pequenas e agindo quimicamente, é capaz de produzir lesões graves à saúde, no caso do indivíduo comum e no gozo de relativa saúde".[80] Mayrink, ao seu turno, opta por um conceito mais amplo, afirmando que "considera-se como tal qualquer substância capaz de atuar insidiosamente, visto que a avaliação está mais no *modus operandi* do que na substância *per se*".[81] A discussão é destituída de relevância prática, pois qualquer substância inoculada no organismo humano, ainda que não constitua veneno, pode ensejar a aplicação da qualificadora, desde que seja utilizada insidiosamente (é justamente para isso que serve a cláusula genérica). São venenos produtos químicos (soda cáustica, ácido sulfúrico etc.), certas plantas tóxicas, substâncias produzidas por animais, entre outros.

O elemento caracterizador do meio insidioso é a atuação escamoteada do agente, que comete o delito de forma sub-reptícia. Qualquer forma insidiosa de execução importa homicídio qualificado. Mesmo o meio violento pode ser insidioso, como no exemplo vastamente citado pela doutrina, no qual o sujeito ativo cobre a abertura de um poço para que a vítima, ao caminhar, caia em seu interior.

Se a vítima tem a ciência do meio que está sendo empregado, não se pode falar em insídia. É o exemplo do agente que obriga a vítima a ingerir veneno.

80 CROCE, Delton; CROCE JÚNIOR, Delton. Op. cit., p. 272.

81 MAYRINK DA COSTA, Álvaro. Op. cit, p. 105.

Não há a dissimulação característica da qualificadora, razão pela qual o sujeito ativo não poderia responder pelo meio insidioso. Entretanto, no caso citado, é possível imaginarmos a qualificadora do meio cruel, em virtude do severo sofrimento psicológico experimentado pela vítima.

São exemplos de meio insidioso a contaminação dissimulada do sujeito passivo com germes patogênicos, a colocação de fragmentos de vidro na comida da vítima, a liberação de monóxido de carbono no aposento onde ela repousa, a sabotagem dos freios de um carro[82] etc.

Meio cruel é o que causa intenso e desnecessário sofrimento à vítima, seja físico ou moral (psíquico). Como bem explicita Frederico Marques, "os atos que possam traduzir a crueldade somente são tais, como é óbvio, enquanto a pessoa está com vida".[83] É patente que somente pode haver um sofrimento incomum se a vítima estiver viva. O esquartejamento do cadáver, *v. g.*, ou, ainda, a carbonização do corpo do falecido não constituem meios cruéis, pelo simples fato de que não causam qualquer dor anormal ao sujeito passivo.

A simples repetição de golpes não denota, em princípio, crueldade, salvo se oriunda de sadismo do agente (por exemplo, o agente que desfere cinco tiros na vítima não pode ser responsabilizado, *ab initio*, por homicídio qualificado, salvo se alvejou a vítima seguidas vezes com a intenção de causar-lhe dor antes do óbito).

Alguns meios, por revelarem enorme e notória crueldade, foram arrolados pelo legislados como exemplos de meio cruel: o fogo, a asfixia e a tortura. Podemos citar, ainda, o frio (as lesões produzidas pelo frio são chamadas de geladuras), o uso de substâncias cáusticas (como o ácido sulfúrico), a consciente privação de alimentos e água, o impedimento ao sono e a eletroplessão (lesão provocada por eletricidade artificial).[84] Insta ressaltar que somente poderão ser considerados cruéis aqueles meios que representarem sofrimento para a vítima igual ou superior ao experimentado no uso de fogo, asfixia ou tortura, pois a cláusula genérica deve ser interpretada de acordo com a fórmula exemplificativa.

O fogo pode ser tanto um meio cruel quanto um meio de que pode resultar perigo comum. Inegavelmente, sua utilização provoca extremo sofrimento físico à vítima, podendo, ainda, colocar em risco um número indeterminado de pessoas (como no caso do agente que incendeia uma casa para matar seus

---

82 O exemplo dos fragmentos de vidro é de Magalhães Noronha; a sabotagem dos freios do veículo foi retirada da obra de Fernando Capez.

83 MARQUES, José Frederico. Op. cit., p. 112.

84 Os exemplos da privação de alimentos e água e do impedimento ao sono são narrados por Pierangeli (PIERANGELI, José Henrique. *Manual de Direito Penal Brasileiro*. 2. ed. São Paulo: Editora Revista dos Tribunais, 2007. v. 2. p. 38).

moradores, possibilitando a expansão do fogo para imóveis vizinhos), causando perigo comum.

A asfixia pode ocorrer de várias formas: enforcamento (constrição do pescoço por um laço com uma extremidade fixa, onde o peso da vítima atuará como força motriz), estrangulamento (constrição do pescoço por um laço sem a interferência do peso da vítima), esganadura (constrição do pescoço pelas mãos do agente), afogamento (intromissão de substância líquida no aparelho respiratório), soterramento (intromissão de substância sólida pulverulenta ou granular no aparelho respiratório), sufocação (direta – obstrução das vias respiratórias – ou indireta – impedimento de expansão da caixa torácica), confinamento (encarceramento da vítima em ambiente sem a renovação de oxigênio) ou por ação de gases (como o butano, que não é tóxico, não podendo ser considerado veneno). As duas últimas formas de asfixia são chamadas de tóxicas. As primeiras são formas de asfixia mecânica. Mesmo na asfixia, em que a crueldade é comum, é possível imaginarmos hipóteses em que não há sofrimento para a vítima, não havendo a qualificação pelo meio cruel, como no caso de liberação de gás de cozinha no quarto onde dorme a vítima (nesse caso, ocorreria o meio insidioso). A asfixia, com a reforma da Parte Geral do Código Penal (Lei nº 7.209/84), deixou de ser uma agravante, passando a figurar somente como circunstância qualificadora do crime de homicídio.

A tortura, por derradeiro, pode causar sofrimento físico ou moral à vítima. O tipo penal, aqui, cuida da tortura como meio para a prática do homicídio, não como tipo penal autônomo. A distinção é relevante, porque a Lei nº 9.455/97 criou o tipo penal denominado tortura. No artigo 121, § 2º, III, do CP, o algoz inicia a tortura com a finalidade de provocar a morte do sujeito passivo ou com dolo eventual quanto à produção do resultado. A tortura é meio, não fim. O artigo 1º, § 3º, da Lei nº 9.455/97 cuida da tortura com resultado morte. Nesse tipo penal, o agente pratica a tortura visando a uma das finalidades previstas no diploma legal (obtenção de informação, de confissão etc.) e, culposamente, mata a vítima. Não há o dolo de matar (*animus necandi*), mas somente o dolo de torturar, ao qual se agrega o elemento subjetivo especial do tipo. É na intenção do agente que reside a distinção entre homicídio qualificado e a tortura com resultado morte: no primeiro, há a vontade de matar, servindo a tortura como meio de execução; no segundo, o dolo é de torturar, ocorrendo o resultado morte culposo (crime, portanto, preterdoloso). Existe, ainda, a possibilidade de concurso material entre crime de homicídio e crime de tortura. Isso acontecerá se o agente praticar a tortura para um dos fins previstos na Lei nº 9.455/97 e, depois de concluí-la, matar dolosamente a vítima (por exemplo, com um tiro na cabeça). Nessa hipótese, a conduta encontrará subsunção nos tipos penais de tortura e homicídio simples (e não qualificado – ao menos não pelo meio cruel –, pois a tortura foi encarada como delito autônomo, não se prestando para caracterizar a qualificadora).

Meio que causa perigo comum é aquele em que a vida, a integridade física ou o patrimônio de pessoas indeterminadas ficam expostos a um risco de lesão. Pode ocorrer o perigo comum no uso de fogo, de explosão (meios previstos no Código Penal), de inundação, na propagação de germes patogênicos etc. O agente tem o dolo de praticar um homicídio contra a vítima, elegendo um meio perigoso para a incolumidade pública. É possível que, assim, o agente responda por crime de homicídio qualificado em concurso formal com crime de perigo comum (incêndio, explosão etc. - artigos 250 e 251 do CP, respectivamente).[85] Importa assinalar que há, nos crimes de perigo comum, a previsão do resultado morte, imputado, entretanto, a título de culpa (delitos preterdolosos - artigo 258 do CP; existe discussão no que concerne ao resultado morte no crime de epidemia - art. 267 do CP - havendo quem, como Mirabete, veja o resultado morte nele previsto como imputável ao sujeito ativo a título de dolo ou de culpa).

O artigo 61, II, *d*, do CP dispõe sobre o agravamento da pena pelos meios de execução (fogo, veneno etc.). Considerando a redação idêntica à do artigo 121, § 2º, III, pelas razões já expostas quando do estudo dos motivos determinantes, a agravante genérica não será aplicada ao crime de homicídio, prevalecendo o dispositivo mais específico, salvo se, no caso concreto, houver pluralidade de qualificadoras.

c) *Qualificação pelo modo de cometimento*

No inciso IV do artigo 121, o legislador trata da qualificação do crime de homicídio pelo modo de cometimento. Se, no inciso anterior, qualificava-se o delito pelo meio utilizado para a execução do crime, aqui a punição mais severa se justifica pelo modo escolhido pelo agente para alcançar a execução. Diz o dispositivo que o homicídio é qualificado quando praticado mediante traição, emboscada, dissimulação ou outro recurso que dificulte ou torne impossível a defesa da vítima. São todos modos insidiosos para a prática do crime. O agente, valendo-se de sua conduta sorrateira, dribla a vigilância da vítima e alcança a consumação com maior facilidade, já que a reação defensiva é débil. Se o agente não consegue esconder a intenção criminosa, não incide a qualificadora, pois, por óbvio, não há a atuação sub-reptícia, característica da insídia.

Homicídio praticado à traição é, segundo anotavam as Ordenações Filipinas, "*huma maldade commetida atraiçoeiramente sob mostrança de amizade*".[86] O sujeito ativo se aproveita da confiança nele depositada pela vítima para cometer o delito.

---

85 Nesse sentido, Hungria (*Comentários...*, p. 167-168) e Pierangeli (*Manual...*, p. 39).

86 Citação retirada da obra de MARQUES, José Frederico. Op. cit., p. 113.

A emboscada é o ataque à vítima por um agente oculto, escondido. A vítima é surpreendida pela ação inesperada daquele que aguardava, escondido, o momento certo para a execução. Popularmente a emboscada é conhecida por tocaia.

Já a dissimulação é a conduta de disfarçar a intenção delituosa até o momento em que a vítima, distraída, baixa a sua guarda, possibilitando o ataque. "É a ocultação do próprio desígnio, é o 'disfarce' que esconde o propósito delituoso: a fraude precede, então, a violência".[87]

Como o inciso IV possibilita o uso da interpretação analógica, quaisquer outros meios de surpreender a vítima são admitidos para a qualificação do crime, como, por exemplo, atingir o sujeito passivo pelas costas ou aproveitar-se da escuridão ou do sono da vítima. Considerando que, na interpretação analógica, os casos não arrolados devem guardar paridade com os elencados casuisticamente, a insídia sempre se fará presente nessa qualificadora. Justamente por isso é correto afirmar que a superioridade de armas não qualifica o homicídio, já que não há o atuar sorrateiro. Vejamos o seguinte exemplo: um policial dirige distraidamente a viatura da corporação por ruas tranquilas do bairro onde trabalha, quando, ao contornar uma esquina, depara-se com inúmeros bandidos fortemente armados, que estavam à espera de um incauto para roubarem o veículo. A surpresa impede que o policial esboce qualquer tentativa de defesa, ao passo em que os meliantes, tão logo percebem a sua presença, disparam contra a viatura, matando-o. Deve ser observado que o crime é qualificado não pela ampla superioridade de agentes e armas, mas pela surpresa a que o policial é submetido.

Faz-se imperioso asseverar que a dificuldade ou a impossibilidade de defesa da vítima deve derivar do modo adotado pelo agente, não de circunstâncias pessoais da vítima. Por conseguinte, não está presente a qualificadora no homicídio praticado contra um paraplégico, ou contra uma criança em tenra idade.

Estabelece, o STF, a incompatibilidade da presente qualificadora com o dolo eventual, *verbis*: "Habeas Corpus. Homicídio qualificado pelo modo de execução e dolo eventual. Incompatibilidade. Ordem concedida. O dolo eventual não se compatibiliza com a qualificadora do art. 121, § 2º, inc. IV, do CP ('traição, emboscada, ou mediante dissimulação ou outro recurso que dificulte ou torne impossível a defesa do ofendido'). Precedentes. Ordem concedida" (Informativo nº 618, HC nº 95.136-PR Rel. Min. Joaquim Barbosa). Ainda, agora no Informativo nº 677: "São incompatíveis o dolo eventual e a qualificadora da surpresa prevista no inciso IV do § 2º do art. 121 do CP ('§ 2º Se o homicídio é cometido: ... IV – à traição, de emboscada, ou mediante dissimulação ou outro recurso que dificulte ou torne impossível a defesa

87 MAGALHÃES NORONHA, E. Op. cit., p. 27.

do ofendido'). Com base nesse entendimento, a 2ª Turma concedeu habeas corpus para determinar o restabelecimento da sentença de pronúncia, com exclusão da mencionada qualificadora. Na espécie, o paciente fora denunciado pela suposta prática dos crimes previstos no art. 121, § 2º, IV, c/c o art. 18, I, ambos do CP, e no art. 306 da Lei 9.503/97 porque, ao conduzir veículo em alta velocidade e em estado de embriaguez, ultrapassara sinal vermelho e colidira com outro carro, cujo condutor viera a falecer. No STJ, dera-se provimento a recurso especial, interposto pelos assistentes de acusação, e submetera-se a qualificadora da surpresa (art. 121, § 2º, IV) ao tribunal do júri. Considerou-se que, em se tratando de crime de trânsito, cujo elemento subjetivo teria sido classificado como dolo eventual, não se poderia, ao menos na hipótese sob análise, concluir que tivesse o paciente deliberadamente agido de surpresa, de maneira a dificultar ou impossibilitar a defesa da vítima." (HC 111442/RS, rel. Min. Gilmar Mendes, 28.8.2012). Ou seja, o modo qualificador exige a pretensão do agente em agir desta ou daquela forma, admitindo-se somente o dolo direto.

Novamente o artigo 61, II, do CP, dessa vez em sua alínea *c*, estabelece uma agravante genérica idêntica à circunstância qualificadora em estudo. Como já visto, esta preponderará sobre aquela, salvo se houver pluralidade na qualificação do crime.

d) *Qualificação pela conexão (pela finalidade do agente)*

Cuida, o artigo 121, § 2º, V, do homicídio qualificado pela conexão, ou seja, o homicídio será mais reprovável sempre que for praticado para garantir a execução, a ocultação, a impunidade ou a vantagem de outro crime. Temos, aqui, hipóteses de motivação torpe, arroladas em separado por opção legislativa.

Bettiol afirma que a conexão pode ser teleológica, consequencial ou ocasional. A conexão teleológica ocorre quando há uma relação de meio e fim entre dois crimes, isto é, quando um crime for praticado para garantir a execução de outro. Será consequencial quando existir relação de causa e efeito entre os crimes. Por derradeiro, será ocasional quando um crime for cometido ao tempo em que outro delito está sendo praticado.[88] Ao nosso estudo interessarão somente a conexão teleológica e a conexão consequencial, pois são elas que se amoldarão ao inciso V.

O homicídio praticado para garantir a execução de outro delito é caso típico de conexão teleológica. O agente mata alguém para conquistar condições para a prática de crime diverso. É o que ocorre, por exemplo, quando o sujeito ativo, invadindo a penumbra do quarto de um casal, tencionando estuprar a mulher, mata primeiramente seu marido para não encontrar oposição ao ato. O fundamento da qualificadora é a maior censurabilidade do comportamento

88 BETTIOL, G., apud MAYRINK DA COSTA, Álvaro. Op. cit., p. 109.

do sujeito ativo, que revela intensa deturpação moral ao matar para praticar outro crime. Assim, haverá homicídio qualificado ainda que o segundo crime não seja praticado, ou, até mesmo, que se cuide de crime impossível. Suponhamos que o agente, determinado a matar um empresário, vá até a casa deste durante a noite e, para invadir o imóvel, mate o segurança. Após, o mesmo agente sobe até o quarto do empresário e, encontrando-o deitado, desfere tiros contra seu corpo, verificando, após, que o empresário já estava morto há horas, vítima de um colapso cardíaco. Mesmo nesse caso o homicídio praticado contra o segurança será qualificado, pois não importa se o agente efetivamente conseguiu praticar o segundo crime, mas sim se, ao momento do primeiro delito, o agente tinha a intenção de assegurar o cometimento da infração penal almejada.

Qualifica-se o homicídio, também, quando o agente pratica o crime querendo garantir a ocultação ou a impunidade de outro delito. Ocultação e impunidade não se confundem. A primeira se refere a fatos, a segunda, ao sujeito ativo. Assim, se o agente mata a testemunha de um furto para que o crime não seja descoberto, há ocultação. Todavia, se, depois de descoberto o crime, o agente mata a testemunha para que a autoria do crime não seja desvendada, há impunidade. Ocorre, aqui, hipótese de conexão consequencial.

Existe a conexão consequencial, ainda, quando o agente pratica um homicídio para garantir a vantagem de outro crime. É o exemplo do sujeito ativo que mata o seu parceiro de roubo para ficar com todo o dinheiro subtraído. Vantagem do crime é o benefício auferido pelo agente e divide-se em: produto do crime, preço do crime e proveito do crime. Produto do crime é o benefício direto do delito, ou seja, os bens e objetos arrecadados diretamente com o crime, como o dinheiro roubado de um banco ou um automóvel conquistado mediante estelionato. Preço é o valor cobrado para a execução do delito, podendo consistir em paga ou promessa de recompensa. Proveito é um conceito residual, abrangendo qualquer vantagem decorrente do delito que não constitua produto ou preço do crime. Segundo Damásio de Jesus, a vantagem não precisa ser patrimonial, podendo ser moral,[89] por exemplo, com o que concorda Magalhães Noronha, aduzindo que, embora a finalidade econômica seja corriqueira, não é imprescindível.[90]

O homicídio qualificado pela conexão não resta caracterizado quando há a intenção de assegurar a execução, a ocultação, a impunidade ou a vantagem de contravenções penais. Nesse caso, o homicídio poderá ser qualificado pelo motivo torpe ou pelo motivo fútil, mas nunca pelo inciso V. O dispositivo fala em crime, e a expressão deve ser entendida em sentido estrito. Assim, se o agente mata alguém para assegurar o funcionamento de uma banca de jogo do

89 JESUS, Damásio E. de. Op. cit., p. 71.
90 MAGALHÃES NORONHA, E. Op. cit., p. 27.

bicho, haverá homicídio qualificado pelo motivo torpe, pois a exploração de jogo do bicho constitui contravenção penal (artigo 59, Dec.-lei nº 6.259/44).

A conexão pode versar sobre crime do próprio agente ou sobre crime de outra pessoa. Destarte, se o sujeito ativo comete um homicídio para garantir a impunidade de um estelionato praticado por sua mãe, o homicídio será qualificado. Não importa, outrossim, a questão temporal. Os crimes não precisam ser contemporâneos, bastando que haja conexão entre os fatos.

Igualmente ao ocorrido nas demais circunstâncias qualificadoras, o artigo 61, II, *b*, do CP prevê a conexão como agravante genérica, influenciando na fixação da pena. A solução, aqui, é idêntica àquelas já formuladas: sendo qualificadora do crime de homicídio, a conexão não serve para agravar a pena deste delito, salvo se presentes outras qualificadoras.

e) *Feminicídio*

O feminicídio - ou femicídio[91] - foi criado pela Lei nº 13.104/2015 (que também inovou no que concerne às causas de aumento da pena) como mais uma hipótese de qualificação do homicídio (inciso VI do § 2º). Cuida-se da extinção da vida de uma mulher por razões de condição de sexo feminino. No § 2º-A encontraremos uma norma explicativa, informando o que são as "razões de condição de sexo feminino" mencionadas na norma: situação de violência doméstica ou familiar (I); ou menosprezo ou discriminação à condição de mulher (II).

O termo feminicídio ultrapassa as fronteiras do direito penal e é antecedente à previsão normativa brasileira: na seara das ciências sociais, Jill Radford e Diana E. H. Russel já trabalhavam com a denominação, todavia com um enfoque diferente daquele que hoje encontramos no direito penal.[92] Ao passo em que Radford conceitua o feminicídio como um assassínio misógino, em um contexto de opressão genérica, praticado por um homem contra uma mulher, Russel vai mais além e, junto com Jane Caputi, dá ao termo uma acepção ampla, que engloba diversas formas de abusos físicos e verbais, aí incluídas até mesmo questões comportamentais, como a pressão por aperfeiçoamentos estéticos que conduz a cirurgias plásticas.[93] Evidentemente, não trabalharemos

91 A palavra feminicídio é uma derivação do inglês *femicide* (séc. XIX). Por ser construída sobre o étimo *femina*, oriundo do latim, tem uso preferencial em relação ao termo femicídio, surgido com apoio na expressão inglesa. Há quem faça distinção - discutível - entre as palavras feminicídio e femicídio. Nesse sentido, Masson, para quem o feminicídio se refere às razões da condição de sexo feminino, ao passo em que o femicídio seria qualquer homicídio praticado contra a mulher (MASSON, Cleber. *Direito Penal*: parte especial. 11. ed. Rio de Janeiro: Forense, São Paulo: Método, 2018. v. 2. p. 44). Sustentamos que os termos são sinônimos.

92 MONTENEGRO, Lucas. *Por que se qualifica...* op. cit., p. 29.

93 Idem, *ibidem*, p. 30-31.

com tais conceitos no campo jurídico-penal, mas apenas com o balizamento permitido pela norma.

A primeira questão que se impõe diz respeito ao sujeito passivo do crime: a mulher. O inciso VI expressamente coliga o feminicídio ao sexo feminino, termo que, no direito, assume uma concepção biológica. Isto é, à pessoa que, cromossomicamente, é classificada como mulher, atribui-se juridicamente o sexo feminino. A disposição cromossômica do homem, ao contrário, a ele imputa o sexo masculino.

Trata-se, no entanto, de algo muito mais complexo, uma vez que há variáveis inatas que devem ser consideradas nessa equação. Por exemplo, externamente a pessoa pode apresentar aparência feminina, contudo uma anatomia interior masculina. Nesses casos, afigura-se como ideal aguardar o desenvolvimento da pessoa para lhe atribuir um sexo, ou, se impossível, verificar a condição genética predominante, masculina ou feminina, o que se daria na hipótese, entre outras, de o homicídio ser praticado contra a criança ainda em tenra idade. De toda sorte, nessas situações em que há um sexo inicialmente indeterminado, parece-nos irrelevante a forma como a pessoa foi registrada civilmente (como homem ou mulher), pois o registro não espelhará necessariamente a realidade.

O direito trabalha com o conceito de sexo de forma dissociada daquilo que denomina gênero. O gênero rejeita o determinismo biológico observado na dicotomia macho/fêmea, tratando-se de "uma construção social desvinculada do caráter biológico-cromossoma".[94] Nesse sentido, Joan Scott afirma que o termo gênero é utilizado para designar as relações sociais entre os sexos, rejeitando explicitamente meras diferenciações biológicas, como aquelas que encontram um denominador comum, para diversas formas de subordinação feminina, nos fatos de que as mulheres têm a capacidade para dar à luz e de que os homens têm uma força muscular superior.[95] Ao contrário, o termo gênero se torna uma indicação de construções culturais, refletidas sociologicamente na criação de ideias sobre os papéis adequados aos homens e às mulheres. A ideia de gênero, portanto, nos remete às origens exclusivamente sociais das "identidades subjetivas" de homens e de mulheres, vistas como a "categoria social" imposta sobre um corpo.[96]

---

94 GILABERTE, Bruno; MONTEZ, Marcus. *O Feminicídio Sob Novo Enfoque:* superando o simbolismo para uma dissecção hermenêutica. Disponível em: www.emporiododireito.com.br. Publicado em: 18/03/2015. Acesso em: 22/11/2018.

95 SCOTT, Joan Wallach. Gênero: uma categoria útil de análise histórica. *Educação & Realidade.* Porto Alegre, vol. 20, nº 2, jul./dez. 1995, p. 74-76.

96 GILABERTE, Bruno; MONTEZ, Marcus. *O Feminicídio Sob Novo Enfoque:* superando o simbolismo para uma dissecção hermenêutica. Disponível em: www.emporiododireito.com.br. Publicado em: 18/03/2015. Acesso em: 22/11/2018.

Por sua relevância e por sintetizar com competência ímpar todas as nuances do tema, incumbe consignar trecho do voto proferido pelo Min. Celso de Mello na ADO nº 26/DF: "As várias formas de expressão da diversidade sexual humana, que reflete aspecto fundamental e estruturante da identidade de cada pessoa, compõem um universo conceitual que gravita em torno das noções de sexo, de gênero e de sexualidade, consoante assinalado pela literatura especializada (...). A designação do sexo da pessoa, sob perspectiva estritamente biológica, diz respeito à sua conformação física e anatômica, restringindo-se à mera verificação de fatores genéticos (cromossomos femininos ou masculinos), gonadais (ovários ou testículos), genitais (pênis ou vagina) ou morfológicos (aspectos físicos externos gerais). Esse critério dá ensejo à ordenação das pessoas, segundo sua designação sexual, em homens, mulheres e intersexuais (pessoas que apresentam características sexuais ambíguas). Já a ideia de gênero, assentada em fatores psicossociais, refere-se à forma como é culturalmente identificada, no âmbito social, a expressão da masculinidade e da feminilidade, adotando-se como parâmetro, para tanto, o modo de ser do homem e da mulher em suas relações sociais. A identidade de gênero, nesse contexto, traduz o sentimento individual e profundo de pertencimento ou de vinculação ao universo masculino ou feminino, podendo essa conexão íntima e pessoal coincidir, ou não, com a designação sexual atribuída à pessoa em razão sua conformação biológica. (...) A sexualidade humana, por fim, envolve aspectos íntimos da personalidade e da natureza interna de cada pessoa, que revelam suas vocações afetivas e desígnios amorosos, encontrando expressão nas relações de desejo e de paixão. Essa perspectiva evidencia a orientação sexual das pessoas, que vem a ser exercida por meio de relacionamentos de caráter heterossexual (atração pelo sexo oposto), homossexual (atração pelo mesmo sexo), bissexual (atração por ambos os sexos) ou assexual (indiferença a ambos os sexos), ...".

Incumbe questionar se no crime de feminicídio alcança apenas a pessoa do sexo feminino pode ser vítima ou se a hermenêutica permite alcançar também a vítima do gênero feminino. O PLS nº 292/2013, que deu origem à Lei nº 13.104/2015, expressamente cuidava do feminicídio como uma espécie de violência de gênero, a par do que faz a Lei nº 11.340/2006 (Lei Maria da Penha). No entanto, alas conservadoras do Congresso modificaram o texto do projeto e, onde se lia gênero, passou-se a figurar a palavra sexo. Isto é, a menção ao sexo não é um equívoco do legislador, mas uma atitude deliberada que vai na contramão da pretensão constitucional de igualdade e de construção de uma sociedade livre de preconceitos. O relatório final da CPMI instaurada no Congresso Nacional para investigar a situação da violência contra a mulher no Brasil apontou que o país ocupava o 7º lugar – entre 84 países – no ranking de feminicídios. E a violência é ainda mais intensa quando atrelada à homofobia que atinge indivíduos do gênero feminino. Aqui, além das mesmas causas que conduzem à violência contra o sexo feminino, aditam-se outras, de sorte que não há qualquer lógica em se oferecer uma proteção intensificada apenas às pessoas que ostentam uma condição biologicamente feminina.

As razões constitucionais invocadas – igualdade e o repúdio a todas as formas de preconceito – já seriam suficientes, pensamos, para interpretar a expressão "sexo feminino" como "gênero feminino". Evidentemente, a opção esbarraria no protesto de alguns, que enxergariam na defesa uma forma de analogia em norma incriminadora (e, portanto, vedada). Mas o próprio Código Penal escancara uma porta à essa interpretação: no § 2º-A, I, ao informar que "as razões de condição de sexo feminino" se igualam às situações de violência doméstica ou familiar, a norma atrai para seu âmbito as regras da Lei nº 11.340/2006. E o artigo 5º da Lei Maria da Penha estatui que configura violência doméstica ou familiar contra a mulher qualquer ação ou omissão baseada no gênero.

No que toca ao sujeito ativo, pensamos não existir qualquer limitação de gênero, ou seja, o autor do feminicídio pode ser tanto o homem, quanto a mulher, bastando que estejam presentes as hipóteses do § 2º-A.

A primeira dessas hipóteses (I) é a situação de violência doméstica e familiar (contra a mulher), conceituada pela Lei nº 11.340/2006, como visto, em seu artigo 5º. Aqui não nos interessam as diversas formas de violência enumeradas pelo artigo 7º (violências física, psicológica, sexual, patrimonial e moral), mas apenas a conduta praticada com intenção homicida. O feminicídio, assim, pode ocorrer: (a) no âmbito da unidade doméstica, compreendida como o espaço de convívio permanente de pessoas, com ou sem vínculo familiar, inclusive as esporadicamente agregadas; (b) no âmbito da família, compreendida como a comunidade formada por indivíduos que são ou se consideram aparentados, unidos por laços naturais, por afinidade ou por vontade expressa; (c) em qualquer relação íntima de afeto, na qual o agressor conviva ou tenha convivido com a ofendida, independentemente de coabitação.

A violência praticada no âmbito da unidade doméstica (a) exige que a mulher faça parte desse núcleo de convívio permanente.[97] A lei, entretanto, não especifica o que seja a permanência por ela exigida, de modo que devemos recorrer ao crime de lesão corporal (artigo 129 do CP), que, em algumas passagens, usa o mesmo termo (§ 1º, III; § 2º, I, III e IV). No mencionado crime, permanência é sinônimo de durabilidade, não de vitaliciedade, de modo que, para a caracterização da violência doméstica e familiar, basta que haja o convívio contínuo e duradouro. A eventualidade e a fugacidade do convívio excluem a possibilidade de configuração. Nesse sentido, Gabriel Habib: "na

97 Nesse sentido, Gabriel Habib (*Leis Penais Especiais*. 10 ed. Salvador: Jus Podivm, 2018. p. 1118).

ausência de especificação legal, pensamos que o convívio permanente significa um convívio habitual, duradouro, e não fugaz, passageiro".[98] Esse primeiro âmbito (unidade doméstica) não exige relação de parentesco entre autor e vítima. É assim que se pronunciam André Nicolitt, Mayara Nicolitt Abdala e Laís Damasceno Silva: "essa hipótese abrange, por exemplo, as chamadas 'repúblicas' ou amigos que dividam moradias".[99]

O âmbito familiar (b), ao contrário, exige parentesco, natural ou civil, entre autor e vítima, ainda que por afinidade. O parentesco natural ou consanguíneo (biológico, exceto no caso de adoção e da parentalidade socioafetiva – esta derivada da posse de estado de filiação –, que recebem o mesmo tratamento da consanguinidade) pode ser em linha reta ou em linha colateral (transversal) e está disciplinado nos artigos 1.591 e 1.592 do Código Civil. Parentesco em linha reta é a expressão usada para classificar ascendentes e descendentes, independentemente do grau. Já o parentesco colateral engloba as pessoas provenientes de um só tronco até o quarto grau, desde que não descendam umas das outras. O número de gerações indica os diversos graus de parentesco (art. 1.594, CC). Por exemplo, os avós são parentes de segundo grau em linha reta de seus netos; tios-avós, de quarto grau em linha colateral de seus sobrinhos-netos. A afinidade (artigo 1.595 do CC) é o parentesco civil estabelecido entre o cônjuge ou companheiro e os parentes do outro cônjuge ou companheiro. Também pode se dar em linha reta, sempre em primeiro grau (sogros, genro, nora e enteados), e em linha colateral, até o segundo grau (cunhados). Isso significa que, caso o cunhado mate dolosamente a cunhada, há feminicídio, assim como no caso da mãe que mata a filha. Importa salientar que o cônjuge não é parente, assim como não o é o companheiro, existindo entre o casal uma sociedade, não parentesco. Inegavelmente, no entanto, o casamento e a união estável são formas de constituição de núcleos familiares e, como a Lei Maria da Penha cuida não apenas dos indivíduos que são aparentados, mas também daqueles que "se consideram aparentados", rompendo para com a estrutura prevista no Código Civil, podemos incluir aqui o feminicídio praticado, por exemplo, pelo marido contra a esposa. A cláusula aberta permite também o feminicídio entre "irmãos de criação", ou praticado contra a "tia de consideração", entre outras hipóteses, desde que evidenciado que os envolvidos se consideravam aparentados.

O último âmbito em que pode ocorrer a violência doméstica e familiar é o das relações íntimas de afeto (c), em curso ou já findas, ainda que em momento algum tenha ocorrido coabitação. Consoante Nicolitt, Abdala e Silva, "quis o legislador estender a proteção normativa para as relações afetivas e

---

98 Idem, *ibidem*, p. 1118.

99 NICOLITT, André; ABDALA, Mayara Nicolitt; SILVA, Laís Damasceno. *Violência Doméstica*: estudos e comentários à Lei Maria da Penha. Belo Horizonte: Editora D'Plácido, 2018. p. 89.

sexuais não duradouras, tais como namoros e noivados (...)".[100] Entendemos que apenas as relações de fundo romântico e sexual autorizam a aplicação da norma, afastando-se a amizade e outros tipos de afetividade, embora defendamos que a redação do tipo penal exija maior precisão. Essa compreensão deriva da associação entre afetividade e intimidade (que deve ser lida como sexual) feita pela cláusula legal. Concordamos com o STJ quando a Corte afirma que relacionamentos fugazes (como o sexo casual ou a troca de beijos ou carícias eventuais com alguém) não justificam o reconhecimento da situação de violência doméstica ou familiar.[101] Isso não significa, todavia, que relacionamentos extraconjugais restem alijados do âmbito normativo, bastando que exista uma constância na relação.

As relações afetivas já rompidas também autorizam o reconhecimento da situação de violência doméstica e familiar contra a mulher. Aqui, no entanto, pensamos que só se justifica o reconhecimento do feminicídio se a relação encerrada determinou a extinção da vítima. Por exemplo, se duas pessoas mantiveram entre si um longo namoro quando adolescentes, terminaram, e já adultos voltam a se encontrar no trabalho, sendo a mulher morta para que o outro conquiste uma promoção, pensamos que não há como cogitar o feminicídio sob o argumento da relação íntima de afeto.

Quanto à desnecessidade de coabitação entre autor e vítima, não apenas existe expressa menção na norma, como também há a Súmula nº 600 do STJ, corroborando-a.

O inciso II do § 2º-A cuida do menosprezo ou discriminação à condição de mulher. Cuida-se da situação em que a mulher é vista como inferior, razão pela qual pouco apreço é dedicado à sua vida. Esta pode ser ceifada simplesmente porque o autor acredita que o comportamento da vítima não é adequado à sua condição, ou mesmo porque, por se considerar superior, o autor atribui a si o poder de livremente decidir se uma mulher deve continuar vivendo.

A redação do § 2º-A, II, dá a entender que sua verificação se dá independentemente da situação de violência doméstica e familiar, ou seja, são hipóteses estanques. Não que o feminicídio praticado em situação de violência doméstica e familiar não possa ser praticado por agente que menospreza ou discrimina a condição de mulher. Pode, e isso ocorre com frequência. O que se quer apregoar é que o feminicídio pode restar configurado mesmo quando praticado unicamente por menosprezo ou discriminação, ainda que não verificados os laços domésticos ou familiares. Assim, se o sujeito ativo mata uma mulher com quem diretamente trabalha por considerá-la menos inteligente em virtude do sexo feminino, o que comprometeria, na concepção dele, a produtividade da dupla, há feminicídio.

100 Idem, *ibidem*, p. 89.

101 Terceira Seção, CC 100.654/MG, rel. min. Laurita Vaz, julg. em 25.03.2009.

Questão importante é determinar se a qualificadora do feminicídio é de natureza subjetiva ou objetiva. Não há uma resposta simples, como pode ser observado na lição de Lucas Montenegro: "Se o verbo 'cometer' precisa se referir a um agente, àquele que comete o crime, 'por razões...' tem de se referir a sua motivação ao praticar o crime, ao porquê da conduta delitiva, por exemplo, quando se diz que o sujeito cometeu o homicídio porque odeia mulheres. Assim, 'razões de condição de sexo feminino' não pode significar uma circunstância objetiva, como a 'violência doméstica e familiar'. (...) Disso se podem extrair já duas conclusões para a interpretação da qualificadora. A primeira é a de que o método utilizado pelo legislador não foi o de construir uma cláusula geral ('por razões de condição de sexo feminino') e dois exemplos claros em que essa cláusula se realiza (os dois incisos do § 2º-A). Como aduzido acima, o inciso primeiro do § 2º-A, que introduz uma circunstância de ordem objetiva ('a violência doméstica e familiar'), não pode ser subsumido à regra geral de ordem subjetiva. Se o feminicídio, tal como incorporado pela legislação brasileira, deve ser possível como categoria jurídico-penal, é preciso assumir, numa segunda conclusão, que foram criadas na verdade duas qualificadoras isoladas, uma de ordem objetiva e outra de ordem subjetiva. Deve ser possível um homicídio cometido contra mulher em situação de violência doméstica ou familiar sem que o agente esteja imbuído da motivação discriminatória".[102]

Segundo Cleber Masson,[103] a qualificadora, como um todo, é de natureza subjetiva. Para chegar a tal conclusão, o autor se apega à redação do § 2º, VI, que fala no homicídio praticado "por razões" da condição de sexo feminino. Esse trecho ("por razões") indicaria invariavelmente a motivação do agente (que possui natureza subjetiva). O autor usa dois exemplos: o marido mata a esposa que se negou a com ele manter relações sexuais, hipótese em que o crime é baseado em razões de condição de sexo feminino e caracteriza feminicídio; e o irmão que mata a irmã para ficar com a herança dos pais, situação em que, embora o crime seja praticado em meio a uma relação caracterizadora da violência doméstica ou familiar, não existiria o feminicídio, uma vez que não houve razões de condição de sexo feminino. Concordamos com essa posição, ressaltando que no inciso II do § 2º-A (menosprezo ou discriminação à condição de mulher), ainda, a natureza subjetiva salta aos olhos. Assim, o feminicídio deve ser alocado entre as hipóteses de homicídio qualificado pelos motivos determinantes. Mesmo que não existisse de forma autônoma, o feminicídio já caracterizaria motivação torpe, o que corrobora sua natureza, mas optou o legislador pela previsão específica.

Uma vez reconhecida a natureza subjetiva da qualificadora, não é possível compatibilizá-la com as causas de diminuição da pena, como veremos. Assim,

102 MONTENEGRO, Lucas. *Por que se qualifica...* op. cit., p. 32-33.

103 MASSON, Cleber. *Direito Penal...* op. cit., p. 45.

se o filho mata a mãe visando a abreviar um severo sofrimento causado por doença terminal que a acomete, não teremos feminicídio (hipótese de eutanásia, que, consoante a doutrina majoritária, caracteriza homicídio praticado por relevante valor moral). Ela também se torna incomunicável a eventuais coautores e partícipes.

Há posicionamentos judiciais, contudo, defendendo que a qualificadora do feminicídio possui natureza objetiva. Rogério Sanches[104] cita um julgado do TJDF nesse sentido.[105] Menciona o acórdão que a qualificadora do feminicídio "não poderá servir apenas como substitutivo das qualificadoras de motivo torpe ou fútil, que são de natureza subjetiva, sob pena de menosprezar o esforço do legislador". Em suma, o argumento utilitarista diz que, se o legislador teve o cuidado de prever o feminicídio de forma específica, não é possível defender que a sanção penal correspondente será a mesma cominada à motivação torpe ou fútil, sem a possibilidade de cumulação com esses motivos determinantes (em verdade, cumulação não há, pois o crime só pode ser qualificado uma única vez, como já visto). Trata-se de argumentação de escasso conteúdo jurídico, bastando-se em convicções político-criminais dos julgadores, razão pela qual reputamos essa posição como equivocada. Sanches ainda cita duas decisões em que o STJ adotou a mesma tese.[106] Reafirmando nossa discordância, caso a posição do STJ prevaleça, não existirá óbice à cumulação da qualificadora com causas de diminuição da pena (o que, curiosamente, suaviza a sanção penal), tampouco à comunicabilidade da circunstância.

Deve ser salientado, todavia, que o STJ e o TJDF se pronunciaram em hipóteses em que as "razões da condição de sexo feminino" eram vinculadas à violência doméstica e familiar. Em momento algum as Cortes trabalharam com a hipótese de menosprezo ou discriminação à condição de mulher, em que a natureza subjetiva nos parece óbvia.

f) *Homicídio funcional*

A última qualificadora atinente ao crime de homicídio é, tal qual o feminicídio, atrelada a uma condição da vítima. Cuida-se do homicídio praticado contra integrantes das Forças Armadas (Marinha, Exército e Aeronáutica – art. 142, CRFB), servidores dos órgãos dedicados à segurança pública (polícias civis e militares dos Estados, bombeiros militares estaduais, Polícia Federal, Polícia Rodoviária Federal, Polícia Ferroviária Federal e, ainda que não haja consenso, guardas municipais – art. 144, CRFB), integrantes do sistema

104 SANCHES, Rogério. *STJ: Qualificadora do Feminicídio Tem Natureza Objetiva*. Em: meusitejuridico.editorajuspodivm.com.br. Acesso em 05.12.2018. Frise-se que o autor defende a natureza subjetiva do feminicídio.

105 Acórdão n. 904781, 20150310069727RSE, rel. Des. George Lopes Leite, julg. em 29/10/2015.

106 HC n. 430.222/MG e REsp n. 1.707.113/MG.

prisional, integrantes da Força Nacional de Segurança ou contra cônjuges, companheiros ou parentes consanguíneos de até terceiro grau dessas pessoas. Importante assinalar que o homicídio apenas será qualificado se o crime for praticado contra agente público no exercício da função (o agente está desempenhando suas atividades por ocasião da conduta contra ele praticada) ou se o homicídio se der em decorrência da função (a conduta é praticada porque a vítima ostenta determinada qualidade funcional). Mesmo no caso de cônjuges, companheiros e parentes consanguíneos, o crime deve ocorrer motivado pela relação dessas pessoas para com quem possui a qualidade funcional (ou seja, a vítima é morta em decorrência da função desempenhada por outrem).

Para a perfeita interpretação da circunstância em apreço, impõe-se buscar a justificativa para a existência da qualificadora. Criada pela Lei nº 13.142/2015, a norma tramitou no Senado Federal com o status de PLC nº 19/2015, oriundo do PL nº 846/2015 da Câmara dos Deputados. Quando da apresentação do projeto original, os parlamentares responsáveis pela iniciativa afirmaram a necessidade de "penalizar com maior rigor" aqueles que agem "com o firme propósito de resistência à ação do Estado, com trocas de tiros, com forças de segurança, com emprego de metralhadoras e fuzis por parte dos criminosos, ocasionando mortes de autoridades e agentes de segurança pública, descritos no artigo 144 da Constituição Federal", todavia sem esquecer os policiais em férias, cujo homicídio deve ser "tratado com a mesma seriedade de quando ele está no efetivo exercício de suas funções, até mesmo para efetivamente se prevenir e reprimir o crime praticado contra as autoridades e agentes numerados, fortalecendo a sociedade e gerando sensível aumento da sensação de segurança e efetiva sensação de diminuição da impunidade, sinalizando aos criminosos que o Estado Democrático de Direito tutela essas combativas autoridades e agentes de segurança pública, descritos no artigo 144 da Constituição Federal".[107] Frise-se que, inicialmente, a iniciativa visa a criar uma causa de aumento da pena para o crime de homicídio e versava apenas sobre agentes e autoridades mencionados no artigo 144 da CRFB. Posteriormente o projeto original foi alterado, ganhando os contornos atuais. Por ocasião de seu parecer apresentado ao Senado Federal, o então Senador Álvaro Dias sustentou que "diferentemente do que se pretendia no texto inicial, a pena mais grave só será aplicada quando o crime estiver relacionado ao exercício da função pública, mas inclusive quando vitimar parentes dos servidores", atendendo, com isso, aos anseios dos agentes públicos contemplados pela norma em obterem uma maior proteção estatal para si e para seus familiares.[108]

107 http://www.camara.gov.br/proposicoesWeb/prop_mostrarintegra;jsessionid=2CEA63503A53EC08FA08C4D44149FCE8.proposicoesWebExterno1?codteor=1311509&filename=PL+846/2015. Acesso em 07.12.2018.

108 https://legis.senado.leg.br/sdleg-getter/documento?dm=3639934&ts=1543012204993&disposition=inline. Acesso em 07.12.2018.

Percebe-se sem dificuldades que a norma tem por meta proteger de forma mais intensa pessoas que estão naturalmente mais expostas a atos de violência por conta das funções desempenhadas na área da segurança pública (a inclusão das Forças Armadas se deve às operações de garantia da lei e da ordem e, em hipótese não aventada à época da edição da lei, aos casos de intervenção federal, como em 2017 no Rio de Janeiro e em 2018 em Roraima). Todavia, essa suposta salvaguarda não seria completa sem igual proteção aos parentes de agentes públicos, também mais expostos.

É possível, no entanto, encontrarmos nas entrelinhas uma realidade sombria, mascarada pelo alegado propósito de resguardar agentes públicos e seus parentes. No Brasil atual, as estratégias de segurança se estruturam quase que exclusivamente na política de confronto, que em boa dose reproduz aquilo que ocorre em zonas de guerra. Ou seja, conflito armado, em que combatentes de ambos os lados são eliminados. Essa consequência é naturalizada pelo poder público, que, ao invés de apostar em políticas diferentes, recrudesce o conflito, aumentando o número de óbitos. Em outras palavras: os agentes das forças de segurança são tidos como descartáveis, desde que morram desempenhando seu papel na guerra. No entanto, o que acontece quando as baixas entre os apoiadores (forças de segurança) se tornam excessivas, a ponto de levantarem questionamentos sobre a pertinência da lógica da guerra? Como sepultar - além dos que caíram em combate - esses questionamentos, uma vez que indesejáveis? A forma encontrada pelo poder público para elevar o moral de seus agentes é o direito penal. O que o inciso VII do § 2º contempla nada mais é do que um chamamento à guerra: caso pereçam em combate, o Estado os vingará, impondo uma pena mais dura ao criminoso que o abateu (ainda que essa pena não seja mais dura e sim igual à que seria aplicável anteriormente à modificação legislativa).

A esse respeito, manifestamo-nos em artigo publicado na *internet*: "Apesar da aparente boa intenção do legislador, não se trata, na prática, de uma regra de proteção intensificada à vida dos policiais e das demais pessoas ali mencionadas, ou tampouco demonstra sincera preocupação quanto à salvaguarda de sua integridade física. Apenas nos mais inocentes sonhos de infância poderíamos acreditar que o Estado espera, com a norma, dissuadir os criminosos latentes, a eles opondo mais severa reprimenda. Não. A função preventiva geral negativa da pena é uma completa falácia. A norma, unicamente, indica que a lógica da guerra será mantida e que as mortes continuarão a compor a fria estatística estatal. Mais do que isso, a norma também se presta à propaganda de guerra, como forma de satisfazer a opinião pública, amansada pela severidade demonstrada pelos dirigentes políticos da nação; e simultaneamente é uma injeção de adrenalina - mesmo que de efeito breve - nas veias das forças de segurança, que em um primeiro momento acreditam na preocupação para com seu bem-estar. Não seria absurdo, portanto, pensarmos em uma 'função simbólica exortativa' da sanção penal incrementada pela novel qualificadora."[109]

A despeito dessas considerações político-criminais, é evidente que a norma se propõe, ainda que não alcance o objetivo e deixando de lado seu viés simbólico, a impedir que agentes públicos sofram represálias em virtude da função desempenhada. Justamente por isso, cremos que não basta que o agente seja morto no exercício de sua função para que a qualificadora seja reconhecida: ela só respeita sua justificativa se o agente for morto em razão da função. Se a justificativa para a existência da norma fosse a honorabilidade da função desempenhada (o que tornaria a norma inconstitucional, por privilegiar apenas alguns servidores em detrimento de outros, de forma desarrazoada), a simples ostentação da qualidade funcional seria suficiente para a imposição da circunstância. O que se sanciona, todavia, não é o desacato à honorável função, mas sim os sentimentos de vingança, de ressentimento e outros excitados pela condição da vítima. É justamente por isso que são punidos de forma qualificada também os homicídios de cônjuges, companheiros e parentes consanguíneos de até terceiro grau. Por exemplo, se um policial militar importuna sexualmente uma mulher e o pai desta resolve matá-lo, não por ser policial, mas pela importunação, encontrando-o fardado e desempenhando sua função no momento em que o alveja mortalmente com um disparo de arma de fogo, não nos parece incidir a qualificadora do § 2º, VII. É certo que o dispositivo menciona o homicídio praticado contra agente público "no exercício da função ou em decorrência dela". Essa cláusula, todavia, deve ser interpretada teleologicamente, sendo insuficiente o mero "exercício da função" no momento do homicídio.

Os militares das Forças Armadas integram a primeira categoria funcional contemplada pelo dispositivo. O Estatuto dos Militares (Lei nº 6.880/1980) especifica quem são os componentes dessa categoria funcional, abrangendo tanto os militares da ativa (artigo 3º, § 1º, a, do Estatuto), quanto aqueles em situação de inatividade (reformados e em situação de reserva remunerada, de acordo com o artigo 3º, § 1º, b, do Estatuto).

Os agentes públicos mencionados no artigo 144 da CRFB também são possíveis vítimas da qualificadora em comento. Aqui encontramos os servidores da Polícia Federal, da Polícia Rodoviária Federal, da Polícia Ferroviária Federal, das polícias civis, das polícias militares e dos corpos de bombeiros militares. Os trabalhadores de empresas terceirizadas que prestem serviços para esses órgãos e servidores cedidos por outros órgãos – que não exercem a atividade-fim – não são alcançados pela norma, assim como os estagiários.

---

109 GILABERTE, Bruno. Lógica da Guerra e Homicídio Qualificado pela Condição Funcional da Vítima. In: *Canal Ciências Criminais*. Publicado em: 09.09.2015. Acesso em: 10.12.2015.

O artigo 144, em seu § 8º, ainda faz uma breve menção às guardas municipais, mas sem incluí-las entre os órgãos diretamente responsáveis pela segurança pública. Às guardas municipais incumbe a proteção dos bens, serviços e instalações municipais. O Estatuto Geral das Guardas Municipais (Lei nº 13.022, de 2014) estabelece, no artigo 4º, que às guardas municipais incumbe a proteção de bens, serviços, logradouros públicos municipais e instalações do Município. Juntamente com essas atribuições gerais, são especificadas outras no artigo 5º, entre as quais destacamos a de prevenir e inibir, pela presença e vigilância, bem como coibir, infrações penais e administrativas e atos infracionais que atentem contra os bens, serviços e instalações municipais (inciso II); a de colaborar, de forma integrada, com os órgãos de segurança pública, em ações conjuntas que contribuam com a paz social (inciso IV); a de encaminhar ao delegado de polícia, diante de flagrante delito, o autor da infração, preservando o local do crime, quando possível e sempre que necessário (inciso XIV), entre outras. Verifica-se, pois, que embora as guardas municipais não sejam instituições especificamente destinadas à preservação da segurança pública, eventualmente atuam nessa seara, não havendo porque negar-lhes a "proteção" prevista no artigo 121, § 2º, VII, do CP.

Ainda no artigo 144, mas no § 10, encontramos os agentes de segurança viária, serviço exercido para preservação da ordem pública e da incolumidade de pessoas e do patrimônio em vias públicas. O inciso I do § 10 menciona que a segurança viária compreende a educação, a engenharia e a fiscalização de trânsito, além de outras atividades, além de outras atividades previstas em lei. Queremos crer que apenas os agentes de fiscalização são contemplados na norma do Código Penal. A interpretação não pode deixar de lado a finalidade do dispositivo, umbilicalmente ligada à questão da segurança pública: o engenheiro de tráfego, por exemplo, não pode figurar como sujeito passivo do homicídio funcional. Raciocínio contrário conduziria a uma hipertrofia do âmbito normativo incompatível com a teleologia legal. Nesse ponto, discordamos em parte da lição de Francisco Dirceu Barros, que admite como possíveis vítimas do homicídio funcional os guardas municipais e os agentes de segurança viária, todavia sem qualquer ressalva: afirma o doutrinador que, como tais agentes públicos integram o artigo 144 da CRFB, aplica-se o brocardo *ubi lex non distinguir nec nos distinguere debemus* (onde a lei não distingue, não pode o intérprete distinguir).[110] Ao contrário, ao intérprete incumbe averiguar justamente o alcance da norma além de sua literalidade (desde que não ultrapassados os limites linguísticos).

---

110 BARROS, Francisco Dirceu. Os agentes passivos do homicídio funcional: Lei nº 13.142/2015. A controvérsia da terminologia autoridade e o filho adotivo como agente passivo do homicídio funcional. In: *Revista Jus Navigandi*. Teresina, ano 20, nº 4418, 6 ago. 2015. Disponível em https:// jus.com.br/artigos/41302. Acesso em 01.01.2019.

No que concerne aos integrantes do sistema prisional, a norma não se limita aos agentes penitenciários, estendendo-se também aos integrantes do Conselho Penitenciário, da Comissão Técnica de Classificação, aos secretários estaduais de administração penitenciária e a quaisquer outras pessoas que exerçam funções junto ao sistema prisional.

Igualmente, são abarcados pela norma agentes socioeducativos e os responsáveis pela implementação e fiscalização das medidas de segurança. Em princípio, pode parecer que a expressão "sistema prisional" não alcança essas categorias de agentes públicos, mas pensamos que a negativa não se sustenta: a internação socioeducativa e a internação em hospital de custódia ou estabelecimento similar não são prisões em sentido estrito, ou seja, não são penas privativas de liberdade; todavia, é inegável que são prisões em sentido amplo. Ainda que se ressalte o caráter educativo ou curativo dessas medidas, elas representam formas de restrição da liberdade de locomoção coativamente impostas pelo Estado. Asseveram Alexandre Morais da Rosa e Ana Christina Brito Lopes que "esta função de privar, limitar, sempre será realizada em nome do poder, não se podendo cair na armadilha de exercitar o poder de impor de maneira 'bondosa'".[111] Em outras palavras, as internações – aflitivas, cerceadoras e coativas – são formas de prisões, desde que considerada a expressão em sentido amplo, ainda que não sejam uma pena. Portanto, os agentes públicos que com elas lidam são integrantes do sistema prisional e, por conseguinte, podem figurar no polo passivo do artigo 121, § 2º, VII.

A última categoria funcional expressamente mencionada no dispositivo é a dos integrantes da Força Nacional de Segurança Pública, criada pelo Decreto nº 5.289/2004 e composta, nos moldes do artigo 4º, § 2º, do Decreto e do artigo 5º da Lei nº 11.473/2007, por servidores que tenham recebido treinamento especial para atuação conjunta, integrantes das polícias federais, dos órgãos de perícia e dos órgãos de segurança pública – inclusive militares – do Distrito Federal e dos Estados que tenham aderido ao programa de cooperação federativa, e ainda, em caso de insuficiência do convênio firmado para suprir o efetivo da Força Nacional de Segurança Pública, nos termos do artigo 5º, § 1º, da Lei nº 11.473/2007, por militares, por servidores das atividades-fim dos órgãos de segurança pública e dos órgãos de perícia criminal da União, dos Estados e do Distrito Federal que tenham passado para a inatividade há menos de cinco anos (I), e por reservistas que tenham servido como militares das Forças Armadas e passado para a reserva há menos de cinco anos (II).

Cezar Roberto Bitencourt admite que, excepcionalmente, o homicídio funcional possa ter como vítima o agente público aposentado: "com efeito, se

---

111 ROSA, Alexandre Morais da; LOPES, Ana Christina Brito. *Introdução Crítica ao Ato Infracional:* princípios e garantias constitucionais. Rio de Janeiro: Lumen Juris, 2011. p. 271.

mesmo após estar aposentado um policial é reconhecido e, por vingança de sua atuação funcional, é assassinado por alguém por vingança de determinado caso em que atuou, não há como deixar de aplicar essa qualificadora do inciso VII do art. 2º deste art. 121 do CP".[112] Concordamos com a posição.

Não figuram como vítimas possíveis de homicídio funcional – por exemplo e entre outros – o juiz da vara criminal, ou o membro do Ministério Público ali atuante. Francisco Dirceu Barros esposa posição diferente, da qual discordamos. Para o autor, a palavra "autoridade" está dissociada do contexto em que a palavra "agente" está inserida. Quando o inciso VII fala nas funções previstas nos artigos 142 e 144 da CRFB, ou nos integrantes do sistema prisional, ou nos integrantes da Força Nacional de Segurança Pública, essa especificação seria atinente apenas à palavra "agente", não à palavra "autoridade". Esse complemento normativo – no que concerne às autoridades, serviria apenas para sustentar uma interpretação analógica: nem toda autoridade pode figurar como vítima de homicídio funcional, mas apenas aquelas autoridades que exerçam funções semelhantes às definidas no dispositivo, como Ministros do STF, juízes criminais etc.[113] Cremos equivocado o entendimento: para nós, fica claro que a palavra "autoridade" está inserida no mesmo contexto da palavra "agente", ou seja, somente as autoridades mencionadas nos artigos 142 e 144 da CRFB, as autoridades que integrem o sistema prisional ou que integrem a Força Nacional estão abrangidas pela norma. Por exemplo, se um delegado da Polícia Federal, ou se um secretário estadual de administração penitenciária é morto em virtude de seu exercício funcional, resta caracterizado o crime do artigo 121, § 2º, VII, do CP; se um juiz criminal é alvo de homicídio praticado nos mesmos moldes, temos o artigo 121, § 2º, I, CP (motivação torpe).

A norma se espraia também a cônjuges, companheiros e parentes consanguíneos de até terceiro grau das pessoas anteriormente destacadas. Por exemplo, há homicídio funcional quando a esposa de um policial militar é morta como forma de retaliação à atuação funcional de seu marido. Isto é, a retaliação letal que atinge os entes queridos dos agentes públicos especificados caracteriza igualmente o crime do artigo 121, § 2º, VII, CP. Cônjuge é a pessoa com quem se é casado; companheiro, aquela pessoa com quem se convive em união estável. É indiferente se a relação amorosa é homo ou heterossexual. A relação de namoro e as relações conjugais ou de união estável já findas não foram inseridas no dispositivo.

---

112 BITENCOURT, Cezar Roberto. *Qualificadora de homicídio contra policial não protege a pessoa, e sim a função*. Disponível em http://www.conjur.com.br/2015-jul-29/cezar-bitencourt-homicidio-policial-protege-funcao-publica. Publicado em: 29 jul. 2015. Acesso em: 01 jan. 2019.

113 BARROS, Francisco Dirceu. *Os agentes passivos...* op. cit.

No que toca aos parentes consanguíneos de até terceiro grau, não importa se o parentesco é em linha reta ou colateral, dando-se a qualificação de uma forma ou de outra. Apesar de criticável a exigência de consanguinidade, a opção legislativa não traz maiores problemas no caso do filho adotivo, pois o artigo 227, § 6º, da CRFB proíbe designações discriminatórias. Assim, se o filho adotivo de um policial rodoviário federal é vítima de homicídio praticado em razão da função exercida por seu pai, teremos a qualificadora em comento; nessa mesma toada, se ocorre a adoção de uma pessoa, a qual posteriormente é morta porque seu irmão (filho biológico de seu pai adotivo) é militar do exército, igualmente o homicídio é qualificado. Há situações, contudo, que ficaram alijadas do espectro normativo, seja por ausência de consanguinidade (como no caso de enteados), seja em virtude do grau de parentesco (primos, por exemplo).

A qualificadora em tela é de natureza necessariamente subjetiva, pois coligada à motivação do sujeito ativo. Consoante expusemos, não basta que o agente público exerça uma das funções mencionadas na norma para que o homicídio qualificado exista, é necessário que o crime ocorra em razão da qualidade funcional.

8 Homicídio "privilegiado"-qualificado

A coexistência, em uma mesma conduta, de causas de diminuição da pena e de circunstâncias qualificadoras cria a figura do homicídio "privilegiado"-qualificado. É o que ocorre, por exemplo, quando o agente, imbuído de motivo de relevante valor moral, emprega asfixia para matar a vítima (pai que mata o estuprador da filha por estrangulamento). Não há como ser negado que, na hipótese, existe uma circunstância que diminui a reprovabilidade da conduta do autor e outra que eleva a sua censurabilidade.

Há causas de diminuição de pena, entretanto, que são incompatíveis com as circunstâncias qualificadoras. É impossível, *v. g.*, alguém praticar um homicídio impelido por relevante valor social e por motivo torpe. São aspectos inconciliáveis. Então, pergunta-se: quais circunstâncias qualificadoras são compatíveis com as causas de diminuição de pena? Primeiramente deve ser salientado que as causas de diminuição de pena sempre terão natureza subjetiva (pessoal), referindo-se essencialmente ao estado anímico do autor. As qualificadoras, todavia, poderão se apresentar como subjetivas (referentes aos motivos determinantes do delito, à conexão, ao feminicídio ou ao homicídio funcional) ou objetivas (referentes aos meios e modos de execução do crime). Sempre que, com uma causa de diminuição de pena, concorrer uma circunstância qualificadora de natureza objetiva, será possível o reconhecimento do homicídio "privilegiado"-qualificado. A concorrência entre causas de diminuição da pena e qualificadoras subjetivas, no entanto, jamais ocorrerá, por impossibilidade fática.[114]

Parcela minoritária da doutrina e da jurisprudência, contudo, se manifesta pela inexistência do homicídio simultaneamente privilegiado e qualificado. Para ilustrar o tema, traz-se à colação o ensinamento de Magalhães Noronha, *verbis*: "veja-se primeiro a disposição técnica do Código. Depois de definir o homicídio simples, no artigo, passa no § 1° – a que ele denomina *Caso de diminuição de pena* – a tratar de mitigação penal. Qual será, entretanto, a pena? Evidentemente a cominada *antes*, ou seja, a do artigo, ou do *homicídio simples*. Elementar conhecimento de técnica legislativa levaria o legislador, se quisesse estender o privilégio ao homicídio qualificado, a definir este em primeiro lugar, isto é, antes da *causa de diminuição* que, então, vindo depois dele e do homicídio simples, indicaria que a pena era tanto a de um como a de outro".[115] Assim, para o jurista, sempre que incidisse sobre o fato uma circunstância qualificadora, não mais seria possível o reconhecimento de uma causa de diminuição da pena. Acreditamos que a simples disposição topológica dos dispositivos não pode se prestar para afastar a tese dominante. As normas constantes do artigo devem ser harmonizadas, interpretadas em sua inteireza. Ademais, o legislador, no Código Penal, tencionou sempre dar maior relevância às circunstâncias subjetivas, como pode ser observado no artigo 67 do CP, no qual se preconiza que são circunstâncias preponderantes as resultantes dos motivos determinantes do ilícito penal, da personalidade do autor do fato punível e da reincidência. Assim, não se pode relegar ao esquecimento uma causa de diminuição da pena (de natureza subjetiva) para ser entronizada uma qualificadora (de natureza objetiva).

9 Homicídio culposo

Hoje, é dominante a orientação que posiciona o dolo e a culpa como elementos da conduta (integrantes, portanto, da tipicidade). Não há conduta penalmente relevante se destituída de vontade. Quando o agente comete um crime tencionando a realização da finalidade delituosa, ou, ao menos, assumindo

---

114 Nesse sentido, Damásio E. de Jesus (op. cit., p. 65), Luiz Regis Prado (op. cit., p. 51), Fernando Capez (op. cit., p. 40-42), Álvaro Mayrink da Costa (op. cit., p. 92) e Paulo José da Costa Jr. (op. cit., p. 364). Assim também se manifesta o STJ, julgando que "não há incompatibilidade, em tese, na coexistência de qualificadora objetiva (*v. g.* § 2°, inciso IV) com a forma privilegiada do homicídio, ainda que seja referente à violenta emoção" (STJ, REsp 164834/RS, 5ª Turma, Rel. Min. Felix Fischer, J. 02.02.1999). Nessa esteira, entendeu o STF que "a atual jurisprudência do Supremo Tribunal Federal admite a possibilidade de ocorrência de homicídio privilegiado-qualificado, desde que não haja incompatibilidade entre as circunstâncias aplicáveis" (STF, HC 76196/GO, 2ª Turma, Rel. Min. Maurício Correa, J. 29.09.1998). Ver, ainda, HC 56777; HC 74167/RJ, e HC 61490/DF, todos do STF.

115 MAGALHÃES NORONHA, E. Op. cit., p. 30.

o risco de produzir o resultado (consoante o texto do artigo 18, I, do CP), atua dolosamente. Entretanto, se o sujeito ativo pratica um crime sem almejar o resultado, tampouco assumindo o risco de produzi-lo, mas obrando somente com falta de cuidado objetivo, estaremos diante de um delito culposo. Não é intenção dessa obra traçar minúcias sobre os tipos culposos, mas é relevante a excursão, ainda que breve, sobre as espécies de culpa (culpa consciente e culpa inconsciente).

Na culpa consciente, temos, por óbvio, a infração de um dever objetivo de cuidado. A tal infração deve ser agregado o elemento da previsibilidade do resultado pelo agente. Ou seja, o sujeito ativo, agindo imprudente, negligente ou imperitamente, viola uma norma de cuidado exigível e representa mentalmente que, com aquela conduta descuidada, pode produzir um resultado danoso.

Quanto à distinção entre a culpa consciente e o dolo eventual, uma vez que - em ambos - ocorre a representação do resultado, há igualmente diversas teorias (volitivas e intelectivas ou cognitivas): do consentimento, da indiferença, da representação, da probabilidade etc. Não é nosso objetivo traçar minúcias sobre cada uma delas, recomendando-se a leitura de obras sobre o tema.

A culpa inconsciente é a infração do dever objetivo de cuidado sem que haja a previsão do resultado pelo agente, embora objetivamente previsível. Como bem ensina Juarez Tavares, "a atividade é, de qualquer modo, consciente em relação à existência das próprias normas de cuidado, ainda que o agente não tenha pensado nelas em concreto, ou dos riscos que pesam sobre sua atividade, ainda que o agente não os reconheça no caso concreto. Quem dirige em excesso de velocidade, ainda que não preste atenção no velocímetro, sabe, naquele momento, que há uma regra ou norma que disciplina aquela forma de dirigir e que serve de objeto de referência a qualquer motorista, como sabe que os carros devem seguir na faixa da direita. É, pois, consciente quanto à existência de um objeto de referência para aquela respectiva atividade".[116]

Tavares ainda arrola diversos critérios de aferição da previsibilidade objetiva: (a) estatístico (previsibilidade científica submetida a um critério exclusivamente quantitativo); (b) taxinômico (estabelecimento de generalidades dentro de classes de objetos, com o reconhecimento de riscos inerentes a fatores identificados naquela classe); (c) estrutural (decorrente de leis estruturais intrínsecas a propriedades do objeto); (d) fenomenológico (analisado a partir de fatores estáticos presentes em determinado objeto).[117] Sem que haja sequer

116 TAVARES, Juarez. *Direito penal da negligência* – uma contribuição à teoria do crime culposo. 2. ed. Rio de Janeiro: Lumen Juris, 2003. p. 214.

117 Idem, *ibidem*, p. 328-329. Saliente-se que o autor sustenta que a violação de um dever de cuidado deve ser analisada à luz de critérios objetivos e subjetivos, deixando de lado a dicotomia que preconiza a análise da subjetividade apenas no campo da culpabilidade. Um critério temporal de aferição, portanto, é admitido pelo autor, ainda que sustentado em certa

previsibilidade objetiva do resultado, a conduta se torna atípica. Se um indivíduo, ao abrir a porta do apartamento, esbarra em uma pessoa postada perto da janela, fazendo com que esta se desequilibre e caia de uma altura considerável, alcançando o êxito letal ao atingir o chão, naturalmente não haverá que se cogitar homicídio culposo, pois o resultado morte era objetivamente imprevisível.

Assim, a violação do dever de cuidado deve importar a criação ou incremento de um risco juridicamente relevante e o resultado criminoso deve se realizar no risco. Menciona-se, ainda, a necessária presença de uma relação de causalidade entre a conduta descuidada do agente e o resultado morte.[118]

O artigo 18, parágrafo único, do CP estabelece que somente será possível a punição por uma conduta culposa se houver previsão expressa na lei. No caso do homicídio, tal previsão existe, *ex vi* do § 3º do artigo 121 do CP. Assim, quando uma conduta descuidada culminar na morte de alguém, sendo este resultado involuntário, estaremos diante de um homicídio culposo (desde que não exista um tipo penal mais específico, como no caso do incêndio culposo com resultado morte - art. 250, § 2º, CP).

Naqueles eventos em que o resultado morte culposo é precedido de uma conduta dolosa incriminada por si só, a subsunção do fato não se dá no artigo 121, § 3º, do CP. Teremos, na hipótese, crime preterdoloso, como a lesão corporal seguida de morte (artigo 129, § 3º, CP).

Deve ser estudado em apartado o homicídio culposo na direção de veículo automotor, previsto no artigo 302 do Código de Trânsito Brasileiro (Lei nº 9.503/97), pois, antes da edição do referido diploma legal, a maior parte dos casos enquadrados no Código Penal derivava de acidentes de trânsito. A edição da Lei nº 9.503/97 determinou severo esvaziamento no conteúdo do artigo 121, § 3º.

Inicialmente, devem ser tecidas críticas à redação do artigo 302. O legislador deixou de lado a forma simples e eficaz do artigo 121 do CP ("matar alguém") para eleger uma conduta imprecisa ("praticar homicídio culposo"). A

---

subjetividade (prognóstico pessoal da sucessão de fatos), o que pode estar presente também no critério fenomenológico (p. 329-330).

118 Nesse sentido, STJ, consoante Informativo nº 401: " (...) a Turma, por maioria, concedeu a ordem, dada a ausência de causalidade entre a conduta do acusado, engenheiro naval, e a morte da vítima, mergulhador profissional contratado para mergulhar em águas poluídas com agentes químicos, tais como nafta. No caso, não há falar em negligência do réu, porquanto ele prestou as informações pertinentes ao êxito do trabalho do profissional qualificado, alertando sobre sua exposição à substância tóxica. Outrossim, no âmbito jurídico, 'a afirmação da causalidade (...) deve estar respaldada em elementos empíricos que demonstrem que o resultado não ocorreria, com um grau de probabilidade nos limites da certeza, se a ação devida fosse efetivamente realizada, tal como o contexto o determinava'. Não demonstrada empiricamente essa relação, é de se negar a causalidade" (HC nº 68.871/PR, rel. para o acórdão Min. Og Fernandes, julg. em 06/08/2009).

parte criminal do CTB como um todo, aliás, é um notável exemplo de péssima técnica legislativa.

Somente haverá o crime de homicídio culposo na direção de veículo automotor quando o veículo estiver em movimento.[119] Mais do que isso, é necessário que o sujeito ativo esteja efetivamente na direção do veículo, conduzindo-o. Assim, um acidente provocado porque o agente, ao saltar do veículo, deixou de acionar o freio de mão, não se insere no âmbito do CTB, pois o sujeito ativo não estava na direção do veículo. Da mesma forma, o acidente provocado enquanto o veículo era empurrado. Essa conclusão pode ser extraída do artigo 147, V, do Código de Trânsito Brasileiro.

O Código de Trânsito define, ainda, o conceito de veículo automotor (anexo I do CTB), abraçando os veículos impulsionados por motor de propulsão que circulem por seus próprios meios, servindo para o transporte viário de pessoas e coisas, ou para a tração viária de veículos utilizados no transporte de pessoas e coisas. Compreende, também, os veículos elétricos que não andem sobre trilhos. São veículos automotores, para os efeitos do CTB, automóveis, motocicletas, caminhões, tratores, ônibus elétrico etc. Bondes, trens, carros de boi, bicicletas etc. não o são. E a bicicleta elétrica? Aparentemente, é fácil a resposta, tendo em vista que é um veículo movido por eletricidade e que não circula sobre trilhos. Todavia, há quem discorde. O problema é que a Res. 315/2009 do CONTRAN equipara os "ciclo-elétricos" aos veículos ciclomotores (que, de acordo com o anexo I do CTB, são veículos de duas ou três rodas, providos de um motor de combustão interna, cuja cilindrada não exceda a cinquenta centímetros cúbicos - 3,05 polegadas cúbicas - e cuja velocidade máxima de fabricação não exceda a cinquenta quilômetros por hora). E o art. 129 do CTB, para fins de registro e licenciamento, confere aos ciclomotores um tratamento diferenciado em relação aos veículos automotores. Ou seja, tacitamente, o CTB excluiria os ciclomotores - e por consequência os "ciclo-elétricos" - da categoria de veículos automotores. Pensamos que o raciocínio é equivocado: o tratamento diferenciado se dá apenas por questões de controle de frota e de exigências de segurança, mas não torna ciclomotores e "ciclo-elétricos" menos veículos automotores que os demais. Assim, um atropelamento causado por condutor de bicicleta elétrica, com consequente resultado morte, é crime do art. 302 do CTB. Não que as peculiaridades do CTB não tenham repercussão na esfera criminal: por exemplo, no que concerne ao crime do art. 309, como aos ciclomotores se exige apenas uma autorização especial para condução - e não uma das documentações mencionadas como elementares do delito - não haverá o crime; todavia, isso não afeta o âmbito de incidência do art. 302.

---

119 RIBEIRO LOPES, Maurício Antônio. *Crimes de trânsito*. São Paulo: Revista dos Tribunais, 1998. p. 54.

O CTB circunscreve sua eficácia ao trânsito em vias terrestres (artigos 1º e 2º, *caput* e p. único, do CTB). São vias regidas pelo CTB as ruas, avenidas, logradouros, caminhos, estradas, passagens e rodovias, bem como praias abertas à circulação e vias internas pertencentes aos condomínios constituídos por unidades autônomas. Enquanto artigos como o 308 do CTB restringem sua aplicabilidade às vias públicas, o mesmo não faz o artigo 302. Assim, a morte provocada por atropelamento no pátio de um posto de gasolina, por exemplo, poderia ensejar a aplicação do CTB. E se o fato não se der em local de regular circulação de veículos? Considerado o sistema de trânsito criado pelo CTB, infere-se uma limitação espacial. Assim, por exemplo, se uma pessoa, pilotando um quadriciclo no pasto de uma fazenda, atropela e mata alguém, parece-nos que o crime é o do art. 121, § 3º, do CP. Essa é a posição de Schmitt de Bem, para quem o art. 302 "supõe que a conduta seja praticada em via de trânsito".[120] É certo que o entorno das vias também é objeto do CTB e consequentemente local especialmente protegido. Partindo desse raciocínio, a pessoa que trafega com sua motocicleta em uma praça pública e ali atropela e mata alguém pratica o crime do art. 302 do CTB. Por outro lado, se o atropelamento se dá no interior de uma garagem, não se aplica o CTB, mas o artigo 121, § 3º, do CP. Embora ali exista uma via - ainda que curta - para ingresso do carro, não se trata de via aberta à circulação e, por conseguinte, não é abrangida pelos artigos 1º e 2º do CTB. Tampouco há o entorno de uma via, mas uma área particular, sequer excepcionada pelo artigo 2º.

A pena do homicídio culposo no trânsito é aumentada em quatro hipóteses, arroladas no parágrafo único: agente sem permissão para dirigir ou sem habilitação (inciso I), crime praticado na faixa de pedestres ou na calçada (inciso II), omissão de socorro (inciso III) e crime praticado no exercício de profissão ou atividade de condução de veículo de transporte de passageiros (inciso IV). A embriaguez não mais é considerada majorante do crime em comento (anteriormente se inseria no inciso V), sendo agora uma qualificadora do delito (§ 3º, incidente quando o condutor do veículo está sob influência de álcool ou qualquer outra substância psicoativa que cause dependência).

Maurício Antônio Ribeiro Lopes sustenta a inconstitucionalidade do artigo 302 do CTB, justificando que as margens penais adotadas na pena-base são mais elevadas do que aquelas cominadas para o homicídio culposo do Código Penal. Esclarece que, para condutas iguais, a sanção deve ser a mesma. O crime é o mesmo (homicídio culposo), havendo distinção somente no meio empregado (direção de veículo automotor). Se esse fato redunda em maior reprovabilidade da conduta do autor, o agravamento da sanção penal deveria ser feito por causas de aumento de pena ou por

---

120 DE BEM, Leonardo Schmitt de. *Direito Penal de Trânsito*. São Paulo: Saraiva, 2013. p. 94.

circunstâncias qualificadoras, adotando-se a figura típica do artigo 121, § 3º. Haveria, assim, violação ao princípio da isonomia, bem como da proporcionalidade das penas. O STF, em posição com a qual concordamos, rechaçou a tese, consoante dicção do Informativo nº 524, *verbis*: "A Turma, ao declarar a constitucionalidade do art. 302, parágrafo único, da Lei 9.503/97 - Código de Trânsito Brasileiro, manteve acórdão que condenara o recorrente e o corréu pelo crime de homicídio culposo em decorrência de acidente de trânsito. Alegava-se, na espécie, que, em razão de a pena-base variável cominada no dispositivo mencionado ser de 2 a 4 anos de detenção e, no art. 121, § 3º, do CP, ser apenas de 1 a 3 anos, o tratamento diferenciado seria inconstitucional por violar o princípio da igualdade (CF, art. 5º, caput). Considerou-se que o princípio da isonomia não impede o tratamento diversificado das situações quando houver um elemento de discrímen razoável, pois inegável a existência de maior risco objetivo em decorrência da condução de veículos nas vias públicas. Enfatizou-se que a maior frequência de acidentes de trânsito, acidentes graves, com vítimas fatais, ensejou a aprovação de tal projeto de lei, inclusive com o tratamento mais rigoroso contido no art. 302, parágrafo único, do CTB. Destarte, a majoração das margens penais - comparativamente ao tratamento dado pelo art. 121, § 3º, do CP - demonstra o enfoque maior no desvalor do resultado, notadamente em razão da realidade brasileira, envolvendo os homicídios culposos, provocados por indivíduos na direção de veículos automotores (CTB: 'Art. 302. Praticar homicídio culposo na direção de veículo automotor: Penas - detenção, de dois a quatro anos, e suspensão ou proibição de se obter a permissão ou a habilitação para dirigir veículo automotor. Parágrafo único. No homicídio culposo cometido na direção de veículo automotor, a pena é aumentada de um terço à metade, se o agente:...')".[121]

A conduta dolosa praticada quando da condução de veículos automotores deverá ser enquadrada no artigo 121 do CP, pois a lei de trânsito contempla apenas a modalidade culposa.

É importante assinalarmos que o direito penal não contempla a compensação de culpas, tampouco a concorrência de culpas, como situações de isenção de punibilidade. Assim, mesmo que a vítima, com sua conduta descuidada, contribua para a produção do resultado, não se afasta a responsabilidade do sujeito ativo, caso tenha agido com falta de cuidado objetivo.

A autocolocação (e, de forma mais controversa, a heterocolocação) da vítima em risco impede(m) a configuração do homicídio culposo, consoante parcela da doutrina. Observemos o clássico caso da pessoa que compra uma seringa para que o amigo consiga fazer uso de heroína, vindo esse amigo a morrer de *overdose*: o sujeito que comprou a seringa para

121 *RE* 428.864/SP, rel. Min. Ellen Gracie, 14/10/2008.

o outro pode ser responsabilizado pelo resultado morte culposo? Essa situação foi enfrentada pela jurisprudência alemã nos seguintes termos: "Autocolocações em perigo queridas e realizadas de modo autorresponsável não estão abrangidas no tipo de um delito de lesões corporais ou homicídio, ainda que o risco a que a vítima conscientemente se expôs se realize. Quem apenas provoca, possibilita ou facilita uma tal autocolocação em perigo não é punível por delito de lesões corporais ou homicídio".[122] Luís Greco enumera os requisitos para que a autocolocação em risco exclua a imputação: (a) a vítima deve conhecer o suficiente sobre o risco a que está exposta; (b) a vítima deve ser responsável, existindo discussão se essa responsabilidade deriva da capacidade de consentir ou se devem ser analisados os mesmos requisitos de aferição da culpabilidade.[123]

Na heterocolocação em risco consentida, ao contrário do que ocorre na autocolocação, não é a vítima quem domina o fato. Podemos citar, como exemplo, o caso da pessoa que insiste que um motorista bêbado lhe dê carona, sabendo que este tem sua capacidade psicomotora comprometida e, por conseguinte, acaba falecendo em um acidente de trânsito provocado por este motorista. Aqui temos uma situação bem mais discutível, mesmo quando se considera o direito penal comparado, uma vez que a vítima se coloca nas mãos de terceiros.

Importa salientar que a auto e a heterocolocação em perigo não guardam correlação necessária com o consentimento do ofendido, uma vez que não há consentimento com o resultado, mas com a mera situação de perigo.

10 Causas de aumento de pena

Os §§ 4º, 6º e 7º do artigo 121 do CP preveem as causas de aumento de pena para o crime de homicídio (no caso do § 7º, majora-se a pena de uma hipótese especifica de homicídio qualificado, o feminicídio). Inicialmente, a pena aumentada era somente a do homicídio culposo, no § 4º. Contudo, devido a sucessivas inovações legislativas, passou-se a contemplar também hipóteses de aumento de pena para o homicídio doloso (§§ 4º, parte final, 6º e 7º).

São causas de aumento de pena para o homicídio culposo: crime resultante de inobservância de regra técnica de profissão, arte ou ofício; omissão de socorro imediato à vítima; agente que não tenta diminuir as consequências do seu ato; e fuga para evitar prisão em flagrante. Não se aplicam tais

---

122 BGHSt 32, p. 262 e ss., in GRECO, Luís. *Um Panorama da Teoria da Imputação Objetiva*. 4. ed. São Paulo: Editora Revista dos Tribunais, 2014. p. 71-72. Embora estejamos cuidando do tema na seara da culpa, também em condutas dolosas o princípio da autorresponsabilidade se faz notar, excluindo a imputação.

123 Idem, *ibidem*, p. 74-75.

causas ao homicídio culposo na direção de veículo automotor (artigo 302, Lei nº 9.503/97).

No tocante ao homicídio doloso, são causas de aumento de pena: crime praticado contra pessoa menor de 14 anos e crime praticado contra pessoa maior de 60 anos (§ 4º); além do homicídio praticado por milícia privada, sob o pretexto de prestação de serviço de segurança, ou por grupo de extermínio, estas últimas incluídas no texto legal pela Lei nº 12.720/12, que dispõe sobre o extermínio de seres humanos e dá outras providências (§ 6º). No feminicídio (§ 7º), que não deixa de ser um homicídio doloso, a pena é aumentada quando o crime é praticado durante a gestação ou nos três meses posteriores ao parto (I); contra pessoa menor de 14 anos, maior de 60 anos, com deficiência ou portadora de doenças degenerativas que acarretem condição limitante ou de vulnerabilidade física ou mental (II); na presença física ou virtual de descendente ou de ascendente da vítima (III); ou em descumprimento das medidas protetivas de urgência previstas nos incisos I, II e III do *caput* do artigo 22 da Lei nº 11.340.

a) *Inobservância de regra técnica de profissão, arte ou ofício*

Não se confunde a causa de aumento da pena com a imperícia, modalidade de culpa. Nessa, o agente é ignorante na adoção da regra técnica. Embora profissionalmente habilitado, desconhece o emprego de regras comezinhas da atividade desempenhada. Na causa de aumento de pena, o agente conhece a técnica, mas não a utiliza ou a utiliza de forma imprudente. Como bem sustenta Magalhães Noronha, "à primeira vista, pode parecer que a lei agrava a pena quando há imperícia, o que seria estranho. Não se trata disto, entretanto. Na imperícia, o agente desconhece a regra técnica: aqui, conhece-a, mas deixa de segui-la por menoscabo ou inconsideração".[124] Luiz Regis Prado complementa o ensinamento, aduzindo que, "embora ambas pressuponham a qualidade de habilitação para o exercício profissional, a imperícia vem a ser a incapacidade, a falta de conhecimentos técnicos precisos para o exercício de profissão ou arte. [...] Já a causa de aumento de pena em tela se configura quando o agente, embora portador dos conhecimentos técnicos necessários para o exercício de profissão arte ou ofício, deliberadamente os desatende".[125] Citem-se os exemplos do médico que deixa de adotar um procedimento cirúrgico recomendável para o caso atendido, causando a morte do paciente; do policial que não toma as precauções recomendáveis durante uma negociação de sequestro, provocando a morte do refém etc.

---

124 MAGALHÃES NORONHA, E. Op. cit., p. 33.

125 PRADO, Luiz Regis. Op. cit., p. 57.

Mister que o agente seja profissional, ou seja, que pratique o crime no exercício de profissão, arte ou ofício. A majorante não tem guarida na atividade amadora. Já se decidiu, nessa esteira, que o administrador de uma empresa, ao autorizar o uso de substância tóxica e de alta combustão na limpeza de um banheiro, não poderia ter a pena aumentada pelo § 4º, pois não atuava como engenheiro de segurança.[126]

O STF, em decisão que reputamos acertada, já se pronunciou pela inconstitucionalidade desta majorante, sob o argumento de que, embora não se confunda com a imperícia, ela invariavelmente representa uma hipótese de negligência ou de imprudência (no caso julgado, de negligência). Portanto, o incremento da pena acarretaria dupla punição pela mesma circunstância. Segue a íntegra da notícia veiculada no Informativo nº 538: "Por reputar configurado bis in idem, a Turma deferiu habeas corpus para afastar a causa de aumento de pena decorrente da inobservância de regra técnica de profissão (CP, art. 121, § 4º, primeira parte). Na espécie, as pacientes foram acusadas de homicídio culposo agravado pela 'inobservância da boa técnica da profissão médica' no pós-operatório da vítima, a qual teria falecido em consequência de infecção, cujos sintomas não foram observados pelas pacientes que, dessa forma, teriam deixado de adotar as medidas cabíveis, dentre elas, a realização de exame específico. A impetração alegava em síntese: a) que a peça acusatória não indicaria a norma técnica que deveria ter sido observada, impossibilitando a ampla defesa; b) que o fato — a suposta inobservância da regra técnica de profissão — seria apresentada na denúncia como núcleo da culpa (na modalidade negligência) e, ao mesmo tempo, como causa especial de aumento de pena, contrariando o princípio do *ne bis in idem* e c) que a desconsideração da agravante tornaria possível a suspensão condicional do processo (Lei 9.099/95, art. 89). Esclareceu-se, inicialmente, não ter a legislação penal previsto a figura de homicídio culposo qualificado por inobservância de regra técnica. Asseverou-se, entretanto, que isso não significaria que a causa de aumento de pena fosse inaplicável, mas apenas que seria mister a concorrência de duas condutas distintas: uma para fundamentar a culpa, e outra para configurar a majorante. Ressaltou-se ser impróprio atribuir-se, a priori, maior reprovabilidade penal à omissão negligente, que ofende dever fundado em norma regulamentar, que à violação das pautas sociais de cuidado. Observou-se haver, na denúncia, a descrição de uma sucessão de atos que, em tese, indicariam a negligência das médicas em ignorar os sintomas da doença que, diante das circunstâncias, não lhes era permitido desconhecer. Salientou-se, contudo, que, no caso, se as médicas ignoraram

126 TACRIMSP, RJTACRIM 45/336-7, in MIRABETE, Julio Fabbrini. *Código penal interpretado*. 4. ed. São Paulo: Atlas, 2003, p. 833.

a presença dos sintomas, seria natural que tivessem procedido como se não houvesse doença por tratar. Daí a não realização do exame — que, segundo a peça exordial acusatória, teria diagnosticado o problema — ser mera decorrência da primeira omissão, e não nova conduta. Desse modo, patenteou-se ter a mesma conduta servido à denúncia como fundamento da culpa e da causa de aumento da pena. Por fim, determinou-se que fosse dada vista dos autos ao Ministério Público para manifestação a respeito do disposto no art. 89 da Lei 9.099/95'.[127]

b) *Omissão de socorro*

Não se trata, aqui, do crime autônomo de omissão de socorro, tipificado no artigo 135 do CP. Para que incida a causa de aumento de pena, é preciso que, primeiramente, o sujeito ativo lesione culposamente a vítima e, depois, verificando que há um risco de morte para esta, deixe de prestar o socorro necessário, agindo de forma egoísta e mesquinha. Temos, portanto, duas condutas: lesão culposa, seguida de omissão de socorro dolosa, resultando na morte da vítima. O crime de omissão de socorro (artigo 135 do CP) somente existirá quando o agente não tiver qualquer responsabilidade penal no que concerne à lesão causada. No artigo 121, § 4º, provoca-se primeiramente a lesão culposa; segue-se a omissão de socorro e, depois, o resultado morte. Isto é, existe crime culposo majorado por uma conduta omissiva dolosa, ressaltando que o dolo é de perigo, ou seja, não é necessário que o agente deseje a morte da vítima posteriormente à causação da lesão culposa. Basta que tenha a consciência de que, com seu comportamento, expõe a vida da vítima à uma situação de risco.

Somente há a causa de aumento de pena em comento se o auxílio à vítima for possível. Assim, não se aumenta a pena do agente que deixa de prestar socorro à vítima porque também sofreu severo ferimento, ou se o agente foge do local do fato por temer represálias de transeuntes inconformados com o fato (desde que haja o supletivo pedido de auxílio à autoridade pública), ou mesmo se não consegue esboçar qualquer reação por estar em estado de choque. Justifica-se: o fundamento da causa de aumento de pena é o desprezo demonstrado pela vida da vítima, ainda que oriundo do receio em se ver punido pelo dano provocado. Nos exemplos citados, não há a demonstração de qualquer sentimento reprovável em relação ao falecimento próximo da vítima. Pelo mesmo motivo, concordamos com Fernando Capez quanto afirma que o socorro providenciado por terceiros não afasta, de plano, a possibilidade de aumento da pena, pois não tem o condão de apagar a fraqueza moral do agente.[128] Somente deixará de ser

127 *HC* 95.078/RJ, rel. Min. Cezar Peluso, 10/03/2009.

128 CAPEZ, Fernando. Op. cit., p. 72. Em sentido contrário, retirados da mesma obra citada, *JTACrimSP*, 79/358, 98/208; *RT*, 543/383,554/412.

aplicado o § 4º se o auxílio imediato prestado por terceiros, por sua rapidez, torna inútil qualquer tentativa de socorro pelo autor. Discordamos de Capez, no entanto, quando o jurista ensina que o atordoamento psicológico do autor não serve de escusa para a omissão de socorro, salvo em caso de patologia mental. Se a perturbação emocional experimentada pelo sujeito ativo após o fato for tão grave que impeça uma reação instantânea, não há maior reprovabilidade em sua conduta, salientando que somente o caso concreto ditará a melhor saída para a questão.

Caso o sujeito passivo faleça imediatamente após a conduta do autor, eventual recusa de auxílio não resulta em aumento da pena, já que era imprestável o socorro. Cuida-se de hipótese de crime (majorado) impossível, por absoluta impropriedade do objeto.[129]

Se, após julgamento pelo crime de homicídio culposo seguido de omissão de socorro, o agente é absolvido da imputação do homicídio, por não ter responsabilidade pela provocação da lesão, pode subsistir a responsabilidade por crime de omissão de socorro (artigo 135, CP), se comprovado que o agente realmente nada fez para impedir o resultado, que era evitável. A ausência de responsabilidade pela ação não elide o dever de solidariedade violado pela omissão.

c) *Agente que não tenta diminuir as consequências de seu ato*

O legislador quis, ao prever a causa de aumento de pena ora estudada, alargar o espectro da causa de aumento de pena referente à omissão de socorro, não correndo o risco de eventuais esquecimentos. Contudo, a norma é redundante, porquanto a omissão de socorro englobe os casos no qual a presente causa de aumento poderia incidir.

Damásio E. de Jesus cita, como exemplo da causa de aumento de pena, a conduta do agente que, após ferir culposamente a vítima, impede que terceiros imediatamente a socorram.[130] Parece-nos, entretanto, que a hipótese versa justamente sobre a omissão de socorro, pois o agente, embora preocupado em impedir a conduta de terceiros, também não está oferecendo auxílio próprio. Para Rogério Greco, há a majorante quando o agente, sabendo que a vítima não possui condições financeiras para arcar com o custo do tratamento, deixa-a a própria sorte, ou então quando, ameaçado de ser linchado pela população revoltada, deixa o local e sequer busca o socorro de uma autoridade pública.[131] Novamente entendemos que os exemplos podem ser enquadrados na causa de aumento anterior, pois representam a violação de um dever de solidariedade, expondo a vítima a um risco concreto (que culmina no resultado morte).

129 Nesse sentido, Damásio E. de Jesus (op. cit., p. 84).

130 JESUS, Damásio E. Op. cit., p. 84-85.

131 GRECO, Rogério. *Curso de Direito Penal.* Niterói: Impetus, 2005. v. II, p. 204

d) *Fuga do agente para evitar prisão em flagrante*

Aqui, o autor do fato tenta frustrar a boa aplicação da lei penal, seja pela sua não identificação, seja pela dificuldade na arrecadação de uma prova. A intenção do agente é consagrar sua impunidade. Assim, se o agente foge do local do fato por recear agressões de populares, por exemplo, não há a causa de aumento de pena, pois inexistia a vontade de evitar a prisão. De acordo com Luiz Régis Prado, a tipificação se deve a razões de política criminal (eficiência da administração judicial).[132] Cremos não ser sustentável tal causa de aumento em face do sistema constitucional vigente, já que o praticante de um crime tem o direito de não praticar nenhum ato que possa o incriminar (artigo 5º, LXIII, CRFB e artigo 8º, *g*, da Convenção Americana de Direitos Humanos).

Importa salientar que o STF, por maioria, ao julgar o Recurso Extraordinário nº 971959, com repercussão geral, afirmou ser constitucional o artigo 305 do CTB, que cuida de hipótese semelhante ("afastar-se o condutor do veículo do local do acidente, para fugir à responsabilidade penal ou civil que lhe possa ser atribuída"). Para o relator do caso, Min. Luiz Fux, "a exigência de permanência no local do acidente e de identificação perante a autoridade de trânsito não obriga o condutor a assumir expressamente sua responsabilidade civil ou penal e tampouco enseja que seja aplicada contra ele qualquer penalidade caso assim não o proceda". No mesmo julgamento, o Min. Alexandre de Moraes abordou a situação caótica do trânsito no Brasil e as milhares de mortes ocorridas todos os anos, argumento que nos parece completamente equivocado, pois nenhuma relação possui para com o direito penal, cuidando-se de uma justificativa política para um problema jurídico. Outros ministros (Barroso e Weber, por exemplo) enfatizaram o dever de solidariedade protetor da integridade física e da vida, esquecendo-se, contudo, que tal dever já é contemplado pelo artigo 304 do CTB (ou mesmo pelas majorantes dos artigos 302 e 303). Traz-se à colação o julgado porque, em tese, as mesmas razões podem ser trasladadas ao artigo 121, § 4º, CP (inclusive com as mesmas ressalvas aos votos proferidos).

e) *Vítima menor de quatorze anos e maior de sessenta anos*

Essas majorantes são aplicadas exclusivamente ao homicídio doloso. Foram incluídas no § 4º por leis especiais: o preceito referente aos menores de quatorze anos, pelo Estatuto da Criança e do Adolescente (Lei nº 8.069/90); a referência aos maiores de sessenta anos, pelo Estatuto do Idoso (Lei nº 10.741/03). Justifica-se o aumento da pena pela maior dificuldade de defesa enfrentada por tais pessoas, elevando-se a reprovabilidade da conduta.

Para efeitos de aplicação da norma, será considerado o momento da conduta do agente, pouco importando se o resultado ocorreu em momento posterior, em virtude da redação do artigo 4º do CP. Por exemplo, se o agente

132 PRADO, Luiz Régis. Op. cit., p. 58.

pratica sua conduta contra a vítima menor de quatorze anos, mas esta, após convalescimento, vem a falecer somente ao ultrapassar a citada idade, há a incidência da causa de aumento de pena.

A idade da vítima será considerada em relação ao seu dia de aniversário. A vítima terá menos de quatorze anos até o dia imediatamente anterior àquele em que completa a idade exigida no tipo penal. Se o agente pratica o homicídio no dia do aniversário de quatorze anos da vítima, não mais ocorre a aplicação da causa de aumento de pena. Igualmente, a conduta praticada em face de uma pessoa no dia do aniversário de sessenta anos não enseja a aplicação da causa de aumento de pena, pois ela só será maior de sessenta no primeiro dia subsequente.

Ao homicídio doloso não se estende a aplicação do artigo 61, II, *h*, pois haveria *bis in idem*, ou seja, a idade da vítima não pode aumentar a pena do crime de homicídio e, simultaneamente, agravá-la. Prevalece o disposto no artigo 121, § 4º, parte final.

f) Homicídio praticado por milícia privada, sob o pretexto de prestação de serviço de segurança, ou por grupo de extermínio (§ 6º)

A Lei nº 12.720/12, além de incluir um novo artigo no Código Penal (artigo 288-A), também aumentou a pena do homicídio em um terço (artigo 121, § 6º, CP), quando praticado nas hipóteses acima descritas. Obviamente, embora a lei não fale (e este é o primeiro dos muitos equívocos aqui observados), trata-se apenas do homicídio doloso, pois nenhuma relevância haveria em aumentar a pena da modalidade culposa quando praticada nas mesmas circunstâncias, pois ausente qualquer situação de maior reprovabilidade da conduta.

A exata compreensão das majorantes depende da conceituação de três termos contidos no diploma inovador, sobre os quais existe completa omissão legal definidora, a ponto de ensejar discussões acerca de possível (ou, como pensamos, evidente) violação ao princípio da taxatividade.[133] São eles: organização paramilitar; milícia privada; grupo; e esquadrão.

---

133 Nesse sentido já se pronunciou a profª. Cristiane Dupret: "Em conclusão, nos parece inviável que se tipifique a formação de milícia sem que a lei traga um conceito para tal grupo ou organização, sob pena de cairmos na mesma problemática da Lei 9.034/95, ao dispor sobre Organização Criminosa, em que já tínhamos entendimento do STF acerca da impossibilidade de se considerar tal conceito à margem de definição na legislação brasileira, de forma que não se pudesse deixar ao intérprete tal definição, em que pese à existência de previsão na Convenção da Palermo. A mesma linha de pensamento foi adotada na interpretação do artigo 20 da Lei de Segurança Nacional (Lei 7.170/83), para se aferir o conceito de 'Atos de Terrorismo'. Para que se respeite o princípio da legalidade, torna-se essencial uma previsão que seja clara e precisa, ao que a Lei 12.720 passou ao largo. O princípio *nullum crimem, nulla poena sine lege* se desdobra em quatro subprincípios, que irão elevar ao máximo a função de garantia do princípio da legalidade. Dentre eles, a exigência da estrita legalidade (*Lege Certa*). *Lege certa* não permite as leis penais indeterminadas, com conceituações vagas e imprecisas.

Organização paramilitar, segundo Cezar Roberto Bitencourt, "é uma associação civil armada constituída, basicamente, por civis, embora possa contar também com militares, mas em atividade civil, com estrutura similar à militar".[134] Prossegue o autor: "Trata-se de uma espécie de organização civil, com finalidade civil ilegal e violenta, à margem da ordem jurídica, com características similares à força militar, mas que age na clandestinidade".[135] Sobre o número mínimo de integrantes da organização, reina a mais absoluta incerteza. Afirma Bitencourt: "O texto legal é, no particular, completamente omisso, voluntária ou involuntariamente, ficando a cargo de doutrina e jurisprudência sua interpretação e criação que deve ocorrer lógica e racionalmente. Poder-se-ia admitir a configuração de organização, milícia, grupo ou esquadrão composto somente por duas pessoas, que é, claramente, a menor reunião de pessoas? Logicamente, não, pois nenhuma das figuras mencionadas, por definição, admite sua formação somente com dois membros. Vejamos, exemplificativamente, o 'grupo' - que nos parece, de todos, o menor agrupamento de seres -, não se coaduna com a ideia de 'par', isto é, dois indivíduos não formam um grupo, mas apenas uma dupla, que não se confunde com grupo. Podemos ter dúvida, enfim, sobre a quantidade mínima, se três ou mais membros, mas uma coisa é certa: não pode ser menos, pois, nesse caso, repetindo, não seria um grupo, mas somente uma dupla, ou seja, apenas um par e não um grupo!".[136] Arremata o autor informando que deve existir uma paridade entre os artigos 288 e 288-A no que tange ao número mínimo de participantes.

Importa salientar que, à época da criação do artigo 288-A, ainda não existia a Lei nº 12.850/2013 (Lei das Organizações Criminosas), que serve como parâmetro interpretativo para o crime de constituição de milícia privada, mas sim a Lei nº 12.694/2012, que até então continha o único esforço legislativo pátrio para conceituar o termo organização criminosa. Essa lei foi revogada por aquela. Quando ainda estava em vigência, no entanto, a Lei nº 12.694 era usada pela doutrina para enfrentar a questão do número mínimo de integrantes das organizações paramilitares (e, por consequência, das demais espécies associativas previstas no artigo 288-A do CP). Ademais, o artigo 288 do CP ainda era denominado bando ou quadrilha (hoje temos a figura da associação

---

Não basta a lei penal prever a conduta, deve ela prever de forma clara e precisa. Se assim não fosse, a função de garantia do princípio da legalidade estaria fortemente comprometida" (*in* <http://www.direitopenalbrasileiro.com.br/index.php/2012-08-30-13-22-00/63-lei-12-720-12-e-a-ofensa-ao-principio-da-legalidade>, acesso em 14/11/12).

134 BITENCOURT, Cezar Roberto. *Constituição de Milícia Privada*. Disponível em <http://atualidadesdodireito.com.br/cezarbitencourt/2012/10/23/constituicao-de-milicia-privada>, acesso em 14/11/12.

135 IDEM, *ibidem*.

136 Idem, *ibidem*.

criminosa) e mencionava que, no tipo penal ali contido, exigia-se um número mínimo de quatro associados, sendo certo que este artigo também era usado para a hermenêutica do artigo 288-A. Esse artigo também teve seu texto alterado pela Lei nº 12.850. Tendo em vista esse panorama legislativo, Rogério Sanches, após consignar as posições de Alberto Silva Franco e Luiz Vicente Cernicchiaro, emanadas em estudo à expressão "grupo de extermínio", existente na Lei nº 8.072/1990 (segundo aquele, no mínimo quatro integrantes; para este, três ou mais), insinuava sua opção: "Com o advento da Lei 12.694/2012 (organizações criminosas), já percebemos doutrina preferindo fundamentar o raciocínio no conceito de 'grupo' trazido no seu artigo 2º, que se contenta com a reunião de três ou mais pessoas".[137] No mesmo sentido era a lição de Eduardo Luiz Santos Cabette: "Já despontam duas correntes doutrinárias, uma afirmando a necessidade de 4 componentes e outra de 3 componentes, ambas com bons argumentos de sustentação. Advoga-se a tese de 4 componentes mediante uma interpretação sistemática do crime do novo artigo 288–A com o crime de quadrilha ou bando previsto no artigo 288, CP. Para a configuração da quadrilha são necessárias mais de 3 pessoas, conforme consta da dicção direta e reta do artigo 288, CP. Ora, se para a formação de uma simples quadrilha são necessárias pelo menos 4 pessoas, o que se dirá sobre uma organização paramilitar ou um grupo de extermínio? Doutra banda encontra-se o argumento de que, na falta de definição legal, que é o que ocorre com o artigo 288–A e os parágrafos 6º e 7º dos artigos 121 e 129 respectivamente, todos do Código Penal, não se poderia considerar como grupo, organização, milícia ou esquadrão uma ou duas pessoas, mas apenas a partir de três. Quanto ao artigo 288, CP, fato é que nele o legislador foi expresso, o que está a autorizar claramente a exigência de ao menos 4 pessoas. No silêncio da lei, um grupo deve ser considerado como pelo menos 3 pessoas. Tal pensamento já encontra abrigo em tradicional interpretação de crime de concurso necessário para o qual o legislador não tomou a medida de estabelecer o número mínimo de participantes, qual seja, o crime de rixa (artigo 137, CP). Esse entendimento é pacífico doutrinária e jurisprudencialmente. Tende-se a acatar esta segunda posição, inclusive por um argumento que se considera decisivo. Ocorre que a Lei 9.034/95 que trata do chamado 'Crime Organizado', foi recentemente alterada pela Lei 12.694/12. Essa lei, dentre outras modificações, trouxe um conceito de 'crime organizado', anteriormente inexistente na legislação brasileira. Nessa conceituação, agora constante do artigo 2º, da Lei 9.034/95, consta que uma 'organização criminosa' somente é admitida com a associação de pelo

137 SANCHES, Rogério. *Comentários a Lei nº 12.720, de 27 de Setembro de 2012*. Disponível em http://atualidadesdodireito.com.br/rogeriosanches/2012/09/28/comentarios-a-lei-no-12-720-de-27-de-setembro-de-2012/, acesso em 15.11.12.

menos 3 pessoas. Observe-se que a Lei 12.720/12 menciona na redação do artigo 288–A, CP, 'organização' paramilitar, e neste e demais dispositivos em milícia privada ou particular, grupo de extermínio e esquadrão. Ora, todos esses grupos são organizações e podem inclusive, dependendo do caso e demais características exigidas pelo novel artigo 2º, da Lei 9.034/95 com a nova redação dada pela Lei 12.694/12, configurarem 'organizações criminosas'. Nesse passo, parece que a orientação mais escorreita em interpretação sistemática, seja com o Código Penal (artigo 137, CP), seja com a legislação esparsa (artigo 2º, da Lei do Crime Organizado), é a de que o número mínimo somente pode ser de 3 pessoas".[138]

Com o advento da Lei nº 12.850, organização criminosa passou a ser conceituada como uma associação entre quatro ou mais pessoas (artigo 1, § 1º) e o crime de associação criminosa (artigo 288 do CP, antigo crime de quadrilha ou bando), como uma agremiação de, no mínimo, três integrantes. Isto é, em ambos os dispositivos surgiram novas elementares no que concerne ao número de associados. Continuamos acreditando que a melhor solução para a controvérsia acerca do número mínimo de integrantes nas organizações paramilitares – e nas demais figuras associativas do artigo 288-A, a saber, milícia privada, grupo e esquadrão – é a declaração de inconstitucionalidade do dispositivo incriminador e de todas as demais referências a ele, como a presente no artigo 121, § 6º. Poucas vezes uma afronta à legalidade (no aspecto da taxatividade) foi tão visível em nosso ordenamento. Contudo, há que se trabalhar com a hipótese de essa inconstitucionalidade nunca ser declarada e, a partir daí, tentar construir um raciocínio minimamente coerente. Infelizmente, enquanto não advém a declaração de inconstitucionalidade (se é que ela virá), incumbe ao intérprete a árdua tarefa de explicar o inexplicável. Parece-nos (e aqui nos penitenciamos, modificando nossa percepção de outrora) que o crime de constituição de milícia privada e todas as figuras associativas nele previstas seguem a mesma estrutura do artigo 288 do CP, naquilo em que não houver disposição expressa em contrário. A sua disposição topológica evidencia que se trata de um tipo penal coligado ao anterior, embora mais específico. Portanto, se no artigo 288 temos a exigência de três ou mais integrantes para sua configuração, assim também o será no artigo 288-A. Isso ainda faz com que se mantenha a coerência doutrinária no que concerne a crimes como a rixa (artigo 137 do CP) e o motim de presos (artigo 354 do CP), onde também há a omissão do dado ora em comento. Apenas nas organizações criminosas

---

138 CABETTE, Eduardo Luiz Santos. *Com quantas pessoas se faz uma milícia privada, uma organização paramilitar, um grupo de extermínio ou um esquadrão da morte?*. Jus Navigandi, Teresina, ano 17, n. 3407, 29 out. 2012 . Disponível em: <http://jus.com.br/revista/texto/22910>. Acesso em: 15 nov. 2012.

– estruturalmente mais sofisticadas – o "quórum" para aperfeiçoamento do tipo penal seria mais qualificado.

Milícia privada, termo de difícil conceituação, é definida por Rogério Greco como aquela "de natureza paramilitar, isto é, a uma organização não estatal, que atua ilegalmente, mediante o emprego da força, com a utilização de armas, impondo seu regime de terror em uma determinada localidade".[139] De fato, o termo milícia deita raízes em tropas de segunda linha que constituíam reserva auxiliar ao Exército do Império português (razão pela qual a polícia militar durante muito tempo foi denominada "milícia", por ser considerada uma corporação auxiliar às Forças Armadas).[140] Justamente por isso a preocupação do texto legal em qualificar as milícias como "privadas", isto é, de caráter paramilitar, atuando à margem do Estado (as milícias públicas, embora essa denominação tenha caído em desuso, seriam forças estatais regulares). Todavia, em que se diferem "milícias privadas" e "organizações paramilitares"? Rogério Greco, citando o sociólogo Ignácio Cano, aponta características peculiares das milícias: (a) controle de um território e da população que nele habita por parte de um grupo armado irregular; (b) o caráter coativo desse controle; (c) o ânimo de lucro individual como motivação central; (d) um discurso de legitimação referido à proteção dos moradores e à instauração de uma ordem; (e) a participação ativa e reconhecida dos agentes do Estado.[141] Assemelhada é a definição de Cezar Roberto Bitencourt: "Milícia particular tem sido definida como um grupo de pessoas (que podem ser civis e/ou militares), que, alegadamente, pretenderia garantir a segurança de famílias, residências e estabelecimentos comerciais ou industriais. Haveria, aparentemente, a intenção de praticar o bem comum, isto é, trabalhar em prol do bem-estar da comunidade, assegurando-lhe sossego, paz e tranquilidade, que foram perdidos em razão da violência urbana. No entanto, essa atividade não decorre da adesão espontânea da comunidade, mas é imposta mediante coação, violência e grave ameaça, podendo resultar, inclusive, em eliminação de eventuais renitentes. Na realidade, há uma verdadeira ocupação de território, numa espécie de Estado paralelo, com a finalidade de explorar as pessoas carentes".[142] Note-se que o autor não menciona a obrigatória participação de agentes do Estado (com o que concordamos, embora isso ocorra no mais das vezes).

---

139 GRECO, Rogério. *Homicídio Praticado por Milícia Privada, sob o Pretexto de Prestação de Serviço de Segurança, ou por Grupo de Extermínio.* Disponível em http://atualidadesdodireito.com.br/rogeriogreco/2012/09/29/homicidio-praticado-por-milicia-privada-sob-o-pretexto-de-prestacao-de-servico-de-seguranca-ou-por-grupo-de-exterminio/, acesso em 15/11/12.

140 Idem, *ibidem.*

141 Idem, *ibidem.*

142 *Op. cit.*

Grupo e esquadrão, ao seu turno, são termos de grande similaridade. De início, advertimos: devem eles ser dedicados ao extermínio de pessoas (parece-nos que o legislador, aqui, quis se referir às expressões "grupos de extermínio" e "esquadrões da morte", notadamente leigos e de absoluta imprecisão teórica). Qualquer outro entendimento redundaria na revogação tácita do crime de associação criminosa (artigo 288 do CP), o que, à evidência, não foi a intenção do legislador. Senão, vejamos: o artigo 288 tipifica exatamente a existência de um grupo de pessoas (juridicamente denominado associação criminosa, mas que nem por isso deixa de ser um grupo) dedicado a atividades criminosas. O "grupo" a que se refere o artigo 288-A também é uma reunião de pessoas. A parte final do artigo 288-A menciona que as associações previstas no dispositivo devem ter por objetivo a prática de qualquer dos crimes previstos no Código Penal. Por exemplo, uma organização paramilitar pode ter por objetivo a prática de roubos, mas não de torturas, pois o primeiro crime é previsto no CP e o segundo, não. Caso entendamos que o "grupo" de que trata o artigo 288-A deve ter por objetivo a prática de crimes previstos no CP, a maior parte das hipóteses de aplicabilidade do artigo 288 restaria frustrada. Isso porque passaria a existir a impossibilidade legal de uma associação criminosa (artigo 288) se dedicar ao cometimento de crimes do Código Penal (hipótese que invariavelmente determinaria o reconhecimento de um "grupo" do artigo 288-A). Sobrariam para o artigo 288 os crimes previstos em lei especial (desde que, é claro, ausente qualquer outra previsão específica, como o artigo 35 da Lei 11.343/2006), o que causaria insustentável desigualdade: por qual motivo o "grupo" formado para a prática de crimes do Código Penal (hipótese do artigo 288-A) receberia uma punição diferenciada daquela recomendada a "grupos" dedicados a crimes previstos em lei especial (artigo 288), inclusive com sanção mais severa na primeira hipótese? Para sepultar essa incongruência, entendemos que a expressão "qualquer dos crimes deste código", contida no artigo 288-A, somente se refere às organizações paramilitares e às milícias privadas. Aos grupos e esquadrões, apenas a prática de "extermínios" satisfaz a hipótese. Essa assertiva, inclusive, encontra respaldo na nova majorante referente ao crime de homicídio, que expressamente fala em "grupo de extermínio".

Esquadrão se difere de grupo por exigir uma estrutura hierarquicamente militarizada, tal qual as organizações paramilitares e as milícias, ainda que sem o poderio e a penetração comunitária destas. Nesse sentido é o ensinamento de Valter Kenji Ishida, para quem o esquadrão também é numericamente superior ao grupo (não havendo como precisar essa superioridade numérica).[143] Há, no entanto, quem trate "grupo" e "esquadrão" como sinônimos.[144]

Anote-se, ainda, que qualquer que seja a hipótese de agrupamento de pessoas, deve ela observar um vínculo estável e permanente entre os integrantes, não havendo se confundir o artigo 288-A do Código Penal com o mero concurso eventual de pessoas.

Retornando ao homicídio, percebe-se que a causa de aumento de pena não menciona expressamente todas as formas associativas do artigo 288-A em seu texto: faltam, aparentemente, as organizações paramilitares e os esquadrões. Assim, vamos supor que integrantes de uma organização ou de um esquadrão pratiquem o homicídio de outrem. Estariam eles sujeitos a uma pena mais elevada? Entendemos que sim, a despeito da aparente omissão legal (outro entendimento redundaria em ausência de lógica - embora isso não seja espantoso em nosso ordenamento jurídico - e, ainda pior, em cristalina desproporcionalidade). Isso porque são estruturas criminosas legalmente equiparadas pelo artigo 288-A, inclusive na denominação, já que o artigo recebe *nomen juris* de "constituição de milícia privada". Podemos extrair dessa peculiaridade que existe um gênero ("milícia privada"), do qual são espécies a organização paramilitar, as milícias privadas propriamente ditas, os grupos e os esquadrões. No artigo 121, § 6º, do CP, o termo milícia privada foi usado desta forma genérica, englobando todas as espécies. A referência em apartado ao "grupo de extermínio" se deve à necessidade de demonstrar sua compatibilidade com a Lei dos Crimes Hediondos (artigo 1º, I, da Lei 8.072/1990). E também para demonstrar que, nessa hipótese, o pretexto de "prestação de serviço de segurança" fica alijado, sendo ele atinente apenas às demais hipóteses associativas.

Aliás, esse pretexto é exigido apenas para a configuração da majorante do homicídio. Não se trata de elementar, por exemplo, da constituição de organização paramilitar, ainda que esteja umbilicalmente associado ao conceito de milícia privada propriamente dita.

No que concerne à Lei dos Crimes Hediondos, deve ser ressaltado que a menção expressa apenas ao grupo de extermínio (artigo 1º, I, da Lei nº 8.072/1990) não afasta a hediondez dos assassínios cometidos pelos demais agrupamentos. Isso porque invariavelmente o homicídio será qualificado (ao menos pela motivação torpe).

Uma última questão se impõe: aquele que pratica um homicídio majorado por integrar milícia privada, dando-se a morte a pretexto de prestação de

143 ISHIDA, Válter Kenji. *O Crime de Constituição de Milícia Privada (art. 288-A do Código Penal) Criado Pela Lei nº 12.720, de 27 de Setembro de 2012*. Disponível em http://www.midia.apmp.com.br/arquivos/pdf/artigos/2012_%20crime_constituicao.pdf, acessado em 15/11/12.

144 BITENCOURT, Cezar Roberto. *Op. cit.*

serviço de segurança, ou por integrar grupo de extermínio pode ser também responsabilizado pelo crime autônomo do artigo 288-A do CP, ou tal cumulação (no caso haveria concurso material) constituiria inaceitável *bis in idem*? Com a palavra, o STJ, tratando de situação análoga: "Em princípio, é possível considerar a circunstância da existência de quadrilha como circunstância qualificadora do crime de extorsão mediante sequestro e, ao mesmo tempo, tê-la também em conta para firma o crime autônomo, porquanto a objetividade jurídica dos tipos (quadrilha e extorsão qualificada) são autônomas e independentes. Precedentes desta Corte e do Supremo."[145] Ainda: "Prática concomitante do crime de roubo circunstanciado pelo concurso de agentes. *Bis in idem* não caracterizado. (...) 10. É perfeitamente possível a coexistência entre o crime de formação de quadrilha ou bando e o de extorsão mediante sequestro pelo concurso de agentes, porquanto os bens jurídicos tutelados são distintos e os crimes, autônomos. Precedentes do STF."[146] No mesmo sentido, o TRF da 5ª Região: "PENAL E PROCESSUAL PENAL. APELAÇÕES CRIMINAIS. CRIMES DE EXTORSÃO MEDIANTE SEQÜESTRO, QUALIFICADO PELA PRÁTICA POR BANDO OU QUADRILHA (ART. 159, PARÁGRAFO1º, DO CP), E DE BANDO OU QUADRILHA ARMADA (ART. 288 DO CP C/C ART. 8º DA LEI Nº 8.072/90). Indivíduos que privaram a liberdade de gerente da Caixa Econômica Federal e de seus familiares, mantendo-os em cárcere como meio de obter prestação positiva, consistente na entrega de valores existentes no Banco. Conduta que se ajusta ao tipo descrito no artigo 159 do Código Penal 4. Prática, igualmente, do crime de bando ou quadrilha, previsto no artigo 288 do Código Penal. 5. Possibilidade de concurso material entre o crime de extorsão mediante sequestro qualificado pela quadrilha ou bando e o delito do art. 288 do Código Penal (formação de bando ou quadrilha), sem que se configure *bis in idem*."[147] Na doutrina, Rogério Sanches: "A constituição de grupo criminoso já é suficiente para caracterizar o crime do art. 288-A do CP, dispensando a prática de qualquer dos crimes visados pela associação, o qual, ocorrendo, gera o concurso material de delitos. Assim, grupo de extermínio que promove matanças, responde pelos crimes dos arts. 288-A e 121, § 6º, ambos do CP, em concurso material, não se cogitando de bis in idem, pois são delitos autônomos e independentes, protegendo, cada qual, bens jurídicos próprios. O mesmo raciocínio já é aplicado pelo Supremo para não reconhecer bis in idem quando se está diante de quadrilha ou bando armado e roubo majorado pelo emprego de arma".[148] Contra, TJSP: "Inadmissível condenar os

145 HC 59.305/PR, SEXTA TURMA, Rel. Min. MARIA THEREZA DE ASSIS MOURA, julg. em 05/05/2009.

146 HC 123.612/SP, QUINTA TURMA, rel. Min. Laurita Vaz, julg. em 07/12/2010.

147 TRF5 - ACR 4877 PE 2004.83.00.009641-0, Primeira Turma, Rel. Des. Federal Hélio Sílvio Ourem Campos (Substituto), julg. em 26/03/2008.

148 SANCHES, Rogério. *Op. cit.*

réus também pelo crime autônomo de formação de quadrilha. Em primeiro lugar porque não veio para estes autos prova segura de que existisse uma associação estável e permanente como sustentou a denúncia, tudo estando a indicar que se tratou de mera coautoria, com divisão de tarefas, nesse único crime. Em segundo lugar porque a quadrilha foi circunstância elementar do sequestro e não poderia ser levada em consideração, depois disso, como crime autônomo, por se tratar de cristalino e gritante 'bis in idem'. Não se pode admitir o que fez a sentença, ao qualificar o sequestro pelo tempo de duração, desconsiderando a quadrilha para em seguida condenar os réus por esse crime. O sequestro foi qualificado pela duração e por ter sido praticado por quadrilha armada e por isso a condenação pelo crime autônomo de formação de quadrilha armada não é admissível."[149] Nessa esteira, Cezar Roberto Bitencourt: "Na aplicação desta majorante deve-se agir com extremo cuidado para não incorrer em bis in idem, aplicando dupla punição pelo mesmo fato, isto é, condenar o agente pelo art. 288-A e, ao mesmo tempo, condenar pelo homicídio com o acréscimo da majorante aqui prevista. No caso, a condenação deverá ser somente pela prática do crime de constituição de milícia privada (art. 288-A) e pelo de homicídio (simples ou qualificado, dependendo das demais circunstâncias), mas sem esta nova majorante, pois, a nosso juízo, configura um odioso *bis in idem*. Consideramos um grave e intolerável equívoco, numa repetição da equivocada, mas felizmente já revogada, Súmula 174 do STJ, que considerava arma de brinquedo idônea para tipificar o crime de roubo e, ao mesmo, majorar-lhe a pena pelo 'emprego de arma'. Em síntese, se o agente é condenado pela prática do crime de constituição de milícia privada, ainda que tenham cometido um homicídio, não poderá sofrer a majorante por tal crime ter sido praticado por integrante de milícia privada, pois representará uma dupla punição por um mesmo fundamento. Em outros termos, essa majorante somente pode ser aplicada se o autor do homicídio for reconhecido no julgamento do homicídio como suposto integrante de milícia privada, mas que não tenha sido condenado por esse crime. Por outro lado, não justifica interpretação em sentido contrário, a invocação de orientação equivocada do Supremo Tribunal Federal, que não está reconhecendo bis in idem quando se está diante de quadrilha ou bando armado e roubo majorado pelo emprego de arma. Aquele princípio constitucional de proibição do excesso aplicável ao Parlamento também vige para a Suprema Corte, que não pode ignorar suas próprias limitações constitucionais. O fato de ter a última palavra sobre a aplicação e interpretação de nosso ordenamento jurídico – e se autoautorizar a

---

149 ACR 1094226370000000 SP, 2ª Câmara de Direito Criminal, rel. Des. Ivan Marques, julg. em 15/12/2008.

errar por último - não legitima os condenáveis excessos ignorando o texto constitucional que deve proteger."[150]

Deve ser registrado que todas as ponderações acima realizadas dependem do reconhecimento da constitucionalidade do artigo 288-A do CP. Uma vez considerado inconstitucional (como nos parece), esse vício acaba por fulminar também o § 6º do artigo 121.

g) Feminicídio praticado durante a gestação ou nos três meses posteriores ao parto

A mesma lei criadora do feminicídio incluiu - no artigo 121 do CP - novas causas de aumento da pena (§ 7º), as quais incidem unicamente sobre o crime qualificado do § 2º, VI. Não alcançam, assim, as demais hipóteses de homicídio qualificado, muito menos o homicídio simples e o culposo. As novas majorantes são: crime praticado durante a gestação ou nos três meses posteriores ao parto (I); praticado contra pessoa menor de 14 anos, maior de 60, ou com deficiência (II); e praticado na presença de descendente ou ascendente da vítima. Ora nos ocuparemos da primeira delas, mas não sem antes advertir que a opção do legislador em atrelar tais majorantes ao feminicídio - sendo certo que não contêm qualquer carga discriminatória em razão de gênero - pode representar uma lesão ao princípio da isonomia e eivá-las de inconstitucionalidade. Além disso, merece atenção também o patamar de majoração da sanção penal: um terço até a metade, ao passo em que, no § 4º, a pena é aumentada em apenas um terço. Esse dado é fundamental para a argumentação que se seguirá.

Quando falamos no feminicídio praticado durante a gestação ou nos três meses posteriores ao parto, temos uma causa de aumento da pena temporalmente balizada. A possibilidade de sua incidência surge com o início da gravidez e se prolonga até os três meses posteriores ao fim do parto, momento marcado pela expulsão da placenta. Se o fim do parto não é um momento de problemática definição, o mesmo não se pode afirmar sobre o início da gestação. De início, advertimos: essa causa de aumento da pena não é coligada a qualquer tutela da vida do nascituro, o que se dá nos crimes de abortamento (artigos 124 a 127 do CP). Ou seja, a pena não é aumentada porque a vida do nascituro fica em risco, ou mesmo é extinta. Se um feminicídio é praticado contra mulher grávida, teremos concurso formal impróprio com uma das hipóteses de abortamento, na forma consumada ou tentada (na hipótese de parto de emergência, em que a vida do nascituro é salva). O que justifica o incremento da sanção penal também não é a condição de sexo feminino, já

150 BITENCOURT, Cezar Roberto. *Homicídio doloso praticado por milícia privada. In* <atualidadesdodireito.com.br/cezarbitencourt/2012/10/23/homicidio-doloso-praticado-por-milicia-privada>. Acesso em 17/11/2012.

aferida para a configuração do feminicídio (a dupla consideração acarretaria *bis in idem*): é a menor capacidade defensiva da vítima, decorrente de sua peculiar condição. Assim, não devemos ponderar – para fixação do termo inicial da majorante – sobre o momento em que a vida se inicia, mas sim sobre o que caracteriza o começo da gestação. Além disso, temos que buscar em que momento a norma cumpre sua finalidade, protegendo de forma mais intensa a pessoa que – por apresentar vulnerabilidade mais intensa – de fato necessita da tutela.

A gestação tem início com a fecundação. Repetimos: não estamos tentando estabelecer em que momento surge a vida penalmente protegida, algo bem mais tormentoso e atinente à questão do abortamento. Assim, uma vez que a mulher tenha em seu organismo um óvulo fecundado, seu assassínio por um agente que conhece sua condição, desde que praticado nos moldes do artigo 121, § 2º, VI, CP, poderia, em tese, determinar a incidência da causa de aumento da pena prevista no artigo 121, § 7º, I, CP. A verificação da existência de uma gestação, no entanto, é só o primeiro passo: em seguida, deve ser analisado se a gestante apresenta, de fato, maior vulnerabilidade, não se cuidando aqui de mera presunção, mas de constatação fática.

Outro ponto deve ser considerado: a gravidez que não gera um embrião (gravidez anembrionária), embora haja produção hormonal e instalação de certas consequências oriundas da gestação, deve ser considerada para a majoração da pena? Estamos falando da hipótese em que houve fecundação, mas a divisão celular não se deu de forma correta. O produto da concepção se fixa na parede do útero, parte das células formam o saco amniótico e outras dão origem à placenta. Todavia, não há o desenvolvimento celular do embrião por uma alteração cromossômica ou outro fator. Nesse caso, não há vida, mas tal dado, como já vimos, não é importante para o dispositivo em comento. Ainda assim, não é aplicável a causa de aumento da pena, uma vez que se trata de uma falsa gravidez. De acordo com o verbete "gestação" do Dicionário Escolar da Língua Portuguesa, produzido pela Academia Brasileira de Letras, o termo cuida do "período de desenvolvimento do embrião no útero, que vai desde a fecundação do óvulo até o parto". Isto é, a gravidez anembrionária (ou anembrionada) não é uma gestação no sentido estrito da palavra, restando não cumprida uma exigência normativa. O mesmo se diga em relação à pseudociese, em que sequer fecundação existe e, consequentemente, não há a formação de estruturas corporais mantenedoras da gravidez (placenta, saco amniótico etc.).

A segunda parte do inciso I trata do período de três meses posterior ao parto. Aqui, não interessa se há nascimento com vida ou a presença de um natimorto. Em ambos os casos há um parto. Mas por que a pena é aumentada? Seguindo a lógica da primeira parte do dispositivo, o que determina a maior punibilidade é a menor capacidade defensiva da vítima no período pós-parto, quer haja nascimento com vida, quer não. A essa conclusão podemos chegar a partir da leitura da Emenda nº 2 ao Projeto de Lei do Senado nº 292/2013, que deu origem à lei alteradora do Código Penal. Na justificativa para a Emenda, a Senadora Vanessa Grazziotin especifica que a mulher grávida ou nos três meses posteriores à gravidez está em situação de "flagrante vulnerabilidade".[151] Cremos que aqui também não basta a constatação temporal, de ordem objetiva, impondo-se a verificação da real condição da vítima.

As duas situações que geram o incremento da pena (gestação em curso ou período de três meses pós-gestação) devem integrar o dolo do agente. Se lhe eram desconhecidas, não há o aumento.

Há, nessa majorante, um problema que imaginamos intransponível: não há razão para que incida apenas nos casos de feminicídio. A fragilidade defensiva da mulher grávida é verificada em qualquer situação, o que fica claro quando o artigo 61, II, *h*, do CP prevê como agravante genérica o crime praticado contra gestante. Dessa forma, mesmo antes da inovação legislativa, o homicídio já contava com uma punibilidade mais intensa nessa hipótese, assim como o roubo, a extorsão etc. Com a criação do feminicídio, por uma questão de política criminal, o legislador elevou a circunstância à qualidade de causa de aumento da pena. Não existiria qualquer problema nessa opção, se fosse ela aplicável a todos os casos de homicídio. Vejamos: uma mulher grávida é morta em via pública por um desconhecido que menospreza o sexo feminino; outra mulher, igualmente grávida, é morta por um homem que lhe deve dinheiro, o qual pratica o homicídio para não pagar a dívida. No primeiro caso, temos feminicídio majorado e, no segundo, homicídio qualificado pelo motivo torpe sem aumento da pena. No primeiro, a sanção será de 12 a 30 anos, aumentada de um terço até a metade; no segundo, de 12 a 30 anos, sem aumento. O que razoavelmente determina o tratamento diferenciado? Nada! Cria-se uma situação de desigualdade entre vítimas de homicídio grávidas, sem que haja um argumento pertinente para sustentar esse tratamento desigual. Por isso, entendemos inconstitucional a causa de aumento da pena prevista no inciso I do § 7º.

h) Feminicídio praticado contra pessoa menor de 14 anos, maior de 60, com deficiência ou portadora de doenças degenerativas que acarretem condição limitante ou de vulnerabilidade física ou mental.

No inciso II do § 7º há a presença de quatro causas de aumento da pena, duas delas concernentes à idade da vítima e duas atreladas à sua constituição físico-psíquica, mas desassociadas da idade.

151 O documento pode ser acessado em https://legis.senado.leg.br/sdleg-getter/documento?dm=4153180&ts=1548952955626&disposition=inline. Acesso em 18.02.2019.

Sobre a questão etária, remetemos o leitor ao item *e*, que cuida de majorante de idêntico teor, mas prevista no § 4º do artigo 121. Novamente, a justificativa para o aumento da pena é a menor capacidade defensiva da vítima.

O legislador, no entanto, foi além do previsto no § 4º e agregou ao § 7º a circunstância da vítima portadora de deficiência. O conceito de pessoa com deficiência é encontrado no artigo 2º da Lei nº 13.146/2015 (Estatuto da Pessoa com Deficiência): trata-se daquele "que tem impedimento de longo prazo de natureza física, mental, intelectual ou sensorial, o qual, em interação com uma ou mais barreiras, pode obstruir sua participação plena e efetiva na sociedade em igualdade de condições com as demais pessoas". Assim, são consideradas deficientes pessoas portadoras de tetraplegia, esquizofrenia, oligofrenia, cegueira etc. Também aqui a vítima não pode se defender de forma plena, razão pela qual a sanção penal aplicável ao autor do homicídio é aumentada.

As doenças degenerativas que acarretam condição limitante ou vulnerabilidade física ou mental foram incluídas na majorante por força da Lei nº 13.771, de 2018. São doenças degenerativas aquelas que modificam o funcionamento de células, órgãos e tecidos, de forma crescente, o que pode levar a disfunções motoras, à debilidade de sentidos e a comprometimentos psíquicos (esclerose múltipla, Alzheimer, esclerose lateral amiotrófica, glaucoma etc.). Como a *ratio* da norma é a mesma das hipóteses anteriores, não basta que a vítima esteja acometida pela doença: é necessário que efetivamente suporte algum grau de limitação ou vulnerabilidade.

A par do que ocorre no inciso anterior, aqui enxergamos anacronismo evidente: no que concerne à idade da vítima, não há motivo para que a elevação da pena - no § 4º - seja de um terço e - no § 7º - de um terço até a metade. A justificativa, em ambos os dispositivos, é a mesma, inexistindo qualquer lógica no incremento diferenciado. Impossível basear o tratamento diferenciado na condição de sexo feminino da vítima, pois essa circunstância já foi considerada para a configuração do feminicídio, de sorte que consideramos o § 7º uma quebra do paradigma da isonomia. Assim, se o feminicídio é praticado contra pessoa menor de 14 ou maior de 60 anos, o aumento de pena a ser aplicado é aquele atinente ao § 4º (no máximo, um terço). Igual perplexidade surge no tratamento dispensado à vítima com deficiência: se a majorante é justificada pela circunstância que acomete a vítima, não guardando qualquer relação com seu gênero, por que apenas a sanção cominada ao feminicídio é aumentada? Pensamos que aqui também há uma violação à isonomia, cuidando-se de norma inconstitucional.

i) Feminicídio praticado na presença física ou virtual de ascendente ou descendente da vítima

Temos, no § 7º, III. uma inovação no verdadeiro sentido da palavra, pois essa causa de aumento de pena não aparece em nenhum outro dispositivo do

Código Penal ou das leis penais especiais. Aqui, se a mulher é morta perante seu filho, sua mãe, seu neto etc. incide a majorante. Não há limitação quanto ao grau de parentesco, bastando que seja em linha reta.

A razão para a causa de aumento da pena reside na lesão causada não apenas à vida da vítima primária (a mulher), mas também à integridade psíquica da vítima secundária (ascendente ou descendente). Não é necessário que essa lesão secundária de fato ocorra, bastando sua potencialidade. Todavia, é imprescindível que a pessoa exposta a um risco de lesão psíquica seja dotada de capacidade de compreensão, ou o risco inexistirá, falecendo a justificativa para a majorante. Por exemplo, a pena não é aumentada quando uma mulher é morta em frente ao seu filho de quatro meses de idade, ou ao pai portador de doença de Alzheimer em estágio avançado.

No tocante à presença do ascendente ou descendente, não se exige a presença física, incidindo a causa de amento da pena mesmo em caso de presença virtual, como no caso em que o ascendente vê a morte da vítima através de uma *webcam*, por exemplo.

O dolo do agente, frise-se, deve alcançar todos os elementos configuradores da majorante.

Revela-se desnecessária a norma recém-criada: qualquer lesão psíquica, desde que previsível, constitui crime de lesão corporal (artigo 129 do CP), dolosa ou culposa. Por exemplo, antes da alteração legislativa, se uma pessoa matasse uma mulher na frente do seu filho, infligindo a este severo trauma psicológico, poder-se-ia cogitar concurso de crimes, não restando impune a lesão. Em caso do risco à integridade psicológica do ascendente ou descendente, todavia desassociado da efetiva lesão, seria possível o reconhecimento de lesão corporal, na forma tentada, ou de crime de perigo para a vida ou saúde de outrem (artigo 132 do CP). Optou o legislador, todavia, pela criação da majorante, que afasta o concurso de crimes, sob pena de *bis in idem*.

Ao contrário das outras causas de aumento da pena presentes no § 7º, consideramos que aqui não existe qualquer incompatibilidade para com a Constituição, mas mera opção de política criminal, concorde-se ou não com ela. Há uma lógica (embora altamente discutível) para que essa causa de aumento da pena seja exclusivamente reservada ao feminicídio: entende o legislador que a morte de uma figura feminina na família afeta de forma mais incisiva seus descendentes ou ascendentes. De mais a mais, se a vítima for morta por uma pessoa com quem mantém laços, ou por menosprezo ou preconceito, o ato se torna mais abjeto, afetando de forma mais significativa aquele que o assiste. Ressaltamos que tal ponderação nos parece canhestra: para um pai, tanto faz que a vítima seja seu filho ou filha; a morte o afeta de forma profunda de um jeito ou de outro. Entretanto, não dá para apregoar de plano a inconstitucionalidade da norma.

j) Feminicídio praticado por agente em descumprimento das medidas protetivas previstas nos incisos I, II e III do caput do artigo 22 da Lei nº 11.340, de 7 de agosto de 2006.

Medidas protetivas de urgência são soluções legais – muitas vezes restritivas de direitos – que visam a preservar bens jurídicos de titularidade da mulher que se encontra em situação de violência doméstica ou familiar. São classificadas em medidas protetivas que obrigam o agressor (Seção II do Capítulo II da Lei nº 11.340/2006) e medidas protetivas de urgência à ofendida (Seção III). Na presente majorante (§ 7º, IV), apenas a Seção II nos interessará e, mesmo assim, não de forma integral, uma vez que o dispositivo faz expressa referência a apenas alguns incisos (I, II e III) do artigo 22 (contido na Seção II), deixando de lado os incisos IV e V.

Pune-se o agente de forma mais severa pela maior determinação em seu comportamento, que descumpre uma ordem judicial para ceifar a vida da vítima. Não acreditamos que a justificativa para a norma seja o desprestígio a que é submetida a ordem judicial, ou estaríamos vinculando o crime contra a pessoa a um aspecto da administração da Justiça. Ademais, como concebemos o artigo 24-A da Lei nº 11.340 (descumprimento de medidas protetivas de urgência) como um crime contra a pessoa (não como um crime contra a administração da Justiça), por uma questão de coerência esta concepção deve ser refletida também na causa de aumento da pena.

A pena também não sofre qualquer interferência em caso de afastamento do lar determinado pelo Delegado de Polícia ou agente de polícia judiciária, em atendimento ao disposto no artigo 12-C da Lei nº 11.340 (incluído pela Lei nº 13.827/2019). Na causa de aumento da pena, há expressa referência ao artigo 22, incisos I, II e III. E o artigo 22 cuida exclusivamente da decisão judicial.

O artigo 24-A resta absorvido pelo crime de feminicídio majorado, para que não haja *bis in idem*.

11 Perdão judicial

O perdão judicial é causa extintiva da punibilidade do agente (artigo 107, IX, CP), prevista expressamente no artigo 121, § 5º, do CP. Há dois requisitos para a aplicação do perdão judicial, conforme redação dada ao dispositivo pelo legislador: prática de homicídio culposo (jamais será aplicado ao homicídio doloso) e o sofrimento, pelo agente, de graves consequências do delito.

Fundamenta-se o perdão judicial na desnecessidade de aplicação da pena ao sujeito ativo do homicídio culposo, pois, ao suportar enorme gravame decorrente do delito, a punição tornar-se-ia exagerada. É imprescindível que as consequências que atingem o agente sejam diretamente ligadas ao delito. Podem ser, segundo classificação doutrinária, físicas (o agente fica paraplégico, por exemplo) ou morais (ocorre a morte, *v. g.*, de um parente do sujeito ativo, causando a este intenso tormento psicológico). A gravidade das consequências será aferida no caso concreto.

A natureza jurídica da sentença que concede o perdão judicial causa instigante debate na doutrina e na jurisprudência. Sobre o tema, há duas posições que ganham relevo, uma propugnando a natureza condenatória da sentença, outra defendendo seu caráter declaratório de extinção da punibilidade.

Para a primeira corrente, defendida em antiga decisão do STF, a sentença concessiva de perdão judicial tem natureza condenatória.[152] Sustenta essa posição Damásio de Jesus, *verbis*: "segundo nosso entendimento, é condenatória a sentença que concede o perdão judicial, que apenas exclui a aplicação de seus efeitos principais (aplicação das penas e medidas de segurança), subsistindo as suas consequências reflexas ou secundárias, entre as quais se incluem a responsabilidade pelas custas, o lançamento do nome do réu no rol de culpados etc. [...] Para nós, o perdão judicial constitui causa extintiva da punibilidade a ser decretada pelo juiz na própria sentença condenatória (CP, artigo 107, IX). Significa que o juiz deve efetivamente condenar o réu, somente deixando de aplicar a sanção penal. A fixação da pena é desnecessária, uma vez que não teria nenhuma validade. Nos termos de nossa posição, a sentença que o concede não é absolutória nem meramente declaratória da extinção da punibilidade. Somente se perdoa quem errou. A simples concessão do perdão judicial já significa que o juiz entendeu existir o delito. A não ser assim, inexistiria diferença entre sentença absolutória e concessiva de perdão judicial".[153]

Prossegue o autor, asseverando que "não é possível perdoar quem não errou. E o reconhecimento do erro é condenação. Para perdoar, é necessário primeiro considerar que alguém realizou uma conduta típica e ilícita, sendo culpável. Se o fato não é típico, perdoar o quê? Se o fato é lícito, o que perdoar? Se o sujeito não se mostrou culpado, onde está o objeto do perdão? Perdão pressupõe culpa (em sentido amplo). Absolvição pressupõe inexistência de censurabilidade da conduta".[154]

O autor a seguir, fundamenta sua convicção no texto legal (artigo 121, § 5º, CP), explicando que "a redação é muito significativa. 'Na hipótese de homicídio culposo [...]' É necessário, então, que o homicídio seja culposo. Exige que o juiz reconheça que o réu praticou um crime de natureza culposa. Mais além, o tipo penal fala em 'consequências da *infração*' (grifo nosso). Note-se: a figura típica permissiva menciona, em primeiro lugar, a expressão 'homicídio culposo'; depois, 'consequências da infração'. Logo, o tipo condiciona o perdão

---

152 "O perdão judicial alcança tão-só a aplicação da pena principal e acessória, bem como da medida de segurança, subsistindo os demais efeitos da sentença condenatória. Precedentes do STF" (STF, RT 630/399).

153 JESUS, Damásio E. de. Op. cit., p. 90.

154 Idem, ibidem, p. 91-92.

judicial à prática de um homicídio culposo. Ora, se o juiz precisa reconhecer a prática de um crime para conceder o perdão judicial, está considerando procedente a pretensão punitiva: está julgando procedente a imputação deduzida na denúncia".[155]

A doutrina majoritária, todavia, inclina-se pela natureza declaratória da sentença concessiva do perdão judicial. Essa, inclusive, é a orientação adotada pelo STJ, na Súmula nº 18: "a sentença concessiva do perdão judicial é declaratória de extinção da punibilidade, não subsistindo qualquer efeito condenatório". Paulo José da Costa Jr. leciona, com propriedade, que "a sentença que concede o perdão judicial, na sistemática normativa vigente, tem carga declaratória. Não é ela condenatória, nem absolutória".[156]

Continua o autor:

"[...] analisando a questão, Aníbal Bruno acentuou que o perdão judicial 'não exclui somente a punição, como fará a suspensão condicional da execução da pena; detém a condenação. Por ele o Estado renuncia ao direito de condenar o agente pelo crime cometido. Mas não extingue o crime porque é este precisamente o seu pressuposto. O Estado, pelo órgão da justiça, reconhece a existência do fato punível e a culpabilidade do agente, mas, pelas razões particulares que ocorrem, resolveu desistir da condenação que cabia ser imposta. E a declarar isso é que se limita a sentença, que não é, assim, nem condenatória nem absolutória'. Heleno C. Fragoso, que já havia compartilhado de opinião diversa, reformulou seu pensamento, para asseverar que 'o perdão judicial exclui a condenação', pois 'a razão de ser do instituto é precisamente a de poupar ao autor de leve infração penal a vergonha da condenação à qual o Estado renuncia. É medida de política criminal que pouco valeria se devesse preceder a condenação, pois nesse caso muito se aproximaria da suspensão condicional da pena'.

[...] É claro que o perdão judicial pressupõe sempre a verificação do fato criminoso em todos os seus elementos essenciais. Perdoa-se a um culpado, não a um inocente. Mas este reconhecimento precedente não significa, obviamente, uma conclusão condenatória. Em diversas outras situações processuais, pode o juiz fazer declarações da mesma ordem (na prescrição anterior à sentença, no casamento do ofensor com a ofendida, no perdão aceito nos crimes de ação penal privada) e, não obstante, não se afirma que deste reconhecimento devam decorrer efeitos condenatórios secundários. O que se dizer, então, na hipótese da prescrição sumular, quando avançando bem mais do que no perdão judicial o juiz emite um efetivo decreto de condenação? E, por acaso, desse reconhecimento resulta algum agravo para a posição do réu?"[157]

---

155 Idem, ibidem, p. 92.

156 COSTA JR., Paulo José da. Op. cit., p. 340.

157 Idem, ibidem, p. 340-341.

A segunda posição, cremos, é mais consentânea com a finalidade do instituto, mormente no que tange ao homicídio culposo, como forma de não se impor maior penalidade ao agente do que aquela naturalmente oriunda da própria conduta criminosa.

Mantendo-se a coerência, também entendemos possível a extensão do perdão judicial a crimes conexos ao delito perdoado, desde que sejam igualmente culposos e caso seja vislumbrada a desnecessidade da pena. O STJ, entretanto, já se posicionou de forma diversa: "DIREITO PENAL. RECURSO ESPECIAL. PERDÃO JUDICIAL. EXTENSÃO DOS EFEITOS. IMPOSSIBILIDADE. Não é possível a extensão do efeito de extinção da punibilidade pelo perdão judicial, concedido em relação a homicídio culposo que resultou na morte da mãe do autor, para outro crime, tão-somente por terem sido praticados em concurso formal (Precedente do STF). Recurso provido".[158]

O perdão judicial pode ser aplicado ao homicídio culposo praticado na direção de veículo automotor.[159] O artigo 291 do CTB determina a aplicação subsidiária apenas das normas gerais do Código Penal, não mencionando especificamente o perdão judicial (que exige referência expressa). Entretanto, o artigo 300 do CTB, à época do projeto de lei, previa o perdão para os delitos de trânsito, mas foi vetado sob o argumento de que o Código Penal cuidava do tema de forma mais ampla. Admitiu-se, assim, a incidência da regra prevista no artigo 121, § 5º, do CP ao homicídio culposo no trânsito. Não seria absurda, ainda, a integração do CTB por analogia, uma vez que a norma em apreço é não incriminadora.

12 Lei nº 8.072/1990

A Lei dos Crimes Hediondos (Lei nº 8.072/1990) dispôs, em seu artigo 1º, inciso I, que são considerados hediondos o homicídio, quando praticado em atividade típica de grupo de extermínio, e o homicídio qualificado. Considerando que a Lei dos Crimes Hediondos adotou o critério legal para a definição da hediondez do delito (ou seja, somente a lei pode determinar quais são os crimes hediondos), nenhuma outra espécie de homicídio será abrangida pelo dispositivo.

Afirma-se que o homicídio simples será hediondo sempre que praticado em atividade típica de grupo de extermínio. Lamentavelmente, o legislador não conceituou tal grupo, ficando a cargo da doutrina a exata determinação do termo (sequer o fez no artigo 288-A, do CP, ou na majorante do crime de homicídio prevista no § 6º). Antônio Lopes Monteiro vislumbra, na lei, "ofensa ao princípio da reserva legal previsto na Constituição (artigo 5º, XXXIX) e

---

158 *REsp* 1009822/RS, rel. Min. Félix Fischer, 03/11/08.

159 Nesse sentido, TJRJ, Ap. Crim. Proc. nº 2002.050.02713; STJ, HC 21442/SP, 5ª Turma, Rel. Min. Jorge Scartezzini.

repetido no artigo 1º do Código Penal".[160] Mesmo concordando com o autor, somos forçados a buscar uma definição. Para Victor Eduardo Rios Gonçalves, grupo de extermínio é uma associação entre três ou mais pessoas, ligadas com a finalidade específica de praticar homicídios. Não exige o autor que as vítimas do grupo de extermínio guardem ligação entre si, seja ela política, racial, étnica, religiosa etc.[161] Fernando Capez, ao seu turno, entende que, para a existência de um grupo de extermínio, basta a associação de duas pessoas, exigindo que o grupo seja formado para matar indivíduos específicos, pouco importando a existência de ligação entre eles.[162] Já Alberto Silva Franco defende que a expressão "atividade típica" insinua que o grupo de extermínio deve encontrar parâmetro em outra conduta tipificada no Código Penal, qual seja, o crime de associação criminosa (artigo 288, CP). Assim, o grupo necessitaria de, no mínimo, três integrantes para a sua caracterização.

Pensamos que, embora haja grave falha legislativa, a discussão acaba por carecer de relevância prática. Isso porque, invariavelmente, incidirá uma qualificadora sobre homicídio praticado pelo grupo de extermínio, concernente no motivo torpe.[163]

No que concerne ao homicídio "privilegiado"-qualificado, não haverá hediondez. Isso se deve à redação do artigo 67 do CP, que deixa claro que a nossa legislação confere maior relevo às circunstâncias subjetivas. Ora, no caso em estudo, os "privilégios", que sempre tem natureza subjetiva, são coligados a qualificadoras necessariamente objetivas (como exposto anteriormente). Portanto, aqueles, que denotam menor reprovabilidade, têm mais importância do que estas, indicadoras de acentuada reprovabilidade, afigurando-se como incoerente a aplicação da Lei nº 8.072/1990 à hipótese. Na jurisprudência, encontramos decisão isolada do STF defendendo posição contrária.[164]

13 Distinção, concurso de crimes e concurso aparente de normas

Se a ocisão da vida humana tiver um nascituro (embrião ou feto) como vítima, o crime será de abortamento (artigos 124 a 127, CP). Se, no entanto, o ato for praticado depois do início do parto e a conduta tiver como sujeito ativo a mãe, agindo sob a influência do estado puerperal, o crime será de infanticídio (artigo 123, CP).

---

160 LOPES MONTEIRO, Antônio. *Crimes hediondos*. 6. ed. São Paulo: Saraiva, 1999. p. 24.

161 RIOS GONÇALVES, Victor Eduardo. *Crimes hediondos, tóxicos, terrorismo, tortura*. São Paulo: Saraiva, 2001. p. 04.

162 CAPEZ, Fernando. *Legislação penal especial*. São Paulo: Paloma, v. I, 2003. p. 90.

163 Assim, por todos, Guilherme de Souza Nucci (NUCCI, Guilherme de Souza. *Leis Penais e Processuais Penais Anotadas*. 3. ed. São Paulo: Editora Revista dos Tribunais, 2008. p. 602).

164 *HC* 76.196/GO, rel. Min. Maurício Correa, 29/09/1998.

O Código penal prevê, ainda, várias hipóteses de crimes qualificados pelo resultado morte, em regra preterdolosos, como a lesão corporal seguida de morte (artigo 129, § 3º) e o estupro seguido de morte (artigo 213, § 2º, de discutível natureza preterdolosa), entre outros. Existem casos em que o resultado morte qualificará o delito ainda que seja doloso, não redundando em aplicação da figura autônoma do homicídio, como no exemplo do latrocínio (artigo 157, § 3º).

O extermínio de membros de um grupo nacional, étnico, racial ou religioso, com a finalidade de eliminá-lo total ou parcialmente, caracteriza crime de genocídio (artigo 1º, *a*, da Lei nº 2.889/1956). Este delito, segundo decisão do STF,[165] pode coexistir com o homicídio. Explica-se: o objeto da tutela, no genocídio, é a existência do grupo perseguido e não a vida humana. Por conseguinte, se o agente, para provocar a destruição de certo agrupamento, mata alguns de seus integrantes, responderá por genocídio e por homicídio (o número de vítimas fatais determinará a quantidade de homicídios), em concurso formal. É a posição mais razoável, pois haveria desproporção (pena excessivamente branda) na punição do sujeito ativo unicamente pelo genocídio (apenado abstratamente com a mesma sanção cominada ao homicídio qualificado).

Se o agente promove a morte, dolosamente, do Presidente da República ou dos presidentes do Senado Federal, da Câmara dos Deputados ou do Supremo Tribunal Federal, aplica-se a Lei de Segurança Nacional (artigo 29, Lei nº 7.170/1983).

Aplica-se o Código Penal Militar (artigo 205) quando o homicídio é praticado por militar contra militar, estando ambos em situação de atividade[166], e nas demais hipóteses previstas no art. 9º, § 2º, do CPM. Aliás, o CPM também prevê o crime de homicídio culposo, inscrito no artigo 206 do diploma.

Quando o homicídio é praticado mediante emprego de arma ilegalmente possuída ou portada (artigos 12, 14 e 16, Lei nº 10.826/2003, no que tange à arma de fogo; artigo 19, Dec.-lei 3688/1941, para as demais armas), duas situações devem ser consideradas: caso a posse ou o porte da arma tenha por finalidade exclusiva a prática do homicídio, haverá absorção daqueles por este, impondo-se o princípio da consunção (a posse e o porte de arma são meios frequentemente usados em crimes violentos, entendendo-se que as condutas estão em unidade fática)[167]; se, no entanto, a arma do crime se presta a objetivos diversos, ou se ao menos é portada corriqueiramente, ou mantida na posse do

165 *RE* 351.487/RR, rel. Min. Cezar Peluso, 03/08/2006.

166 STF, Informativo nº 280 (CC 7.071/RJ, rel. Min. Sidney Sanches, 05/09/2002).

167 Nesse sentido, TJMG, afirmando que "a posse e o porte ilegal de arma adquirida com o fim específico para a prática de homicídio integra o *iter criminis* percorrido pelo agente, razão pela qual não há espaço para o reconhecimento do concurso material entre os delitos previstos nos arts. 10 da Lei nº 9437/97 (já revogada – nota do autor) e 121 do CP, pois caracterizada a progressão criminosa, abrangida pelo princípio da consunção" (*RT* 777/663).

agente por tempo superior ao necessário para a prática do homicídio, teremos concurso material (artigo 69 do CP). Sobre o tema se pronunciou o Tribunal de Alçada Criminal de São Paulo: "a absorção da contravenção penal 'porte de arma' pelo crime de 'homicídio' somente é possível se tais figuras delituosas guardarem entre si uma relação de meio-fim estritamente vinculada. Assim, o revólver apreendido deve ser o mesmo da antecedente ação criminosa contra a vida e as duas ações não devem guardar grande distância temporal".[168] Na mesma esteira se pronunciou o STJ, defendendo a apreciação caso a caso: "Em *habeas corpus*, o impetrante defende a absorção do crime de porte ilegal de arma de fogo pelo crime de homicídio visto que, segundo o princípio da consunção, a primeira infração penal serviu como meio para a prática do último crime. Explica o Min. Relator que o princípio da consunção ocorre quando uma infração penal serve inicialmente como meio ou fase necessária para a execução de outro crime. Logo, a aplicação do princípio da consunção pressupõe, necessariamente, a análise de existência de um nexo de dependência das condutas ilícitas para verificar a possibilidade de absorção daquela infração penal menos grave pela mais danosa. Assim, para o Min. Relator, impõe-se que cada caso deva ser analisado com cautela, deve-se atentar à viabilidade da aplicação do princípio da consunção, principalmente em *habeas corpus*, em que nem sempre é possível um profundo exame dos fatos e provas. No entanto, na hipótese, pela descrição dos fatos na instrução criminal, na pronúncia e na condenação, não há dúvida de que o porte ilegal de arma de fogo serviu de meio para a prática do homicídio. Diante do exposto, a Turma concedeu a ordem para, com fundamento no princípio da consunção, excluir o crime de porte de arma de fogo da condenação do paciente. Precedentes citados: REsp 570.887-RS, DJ 14/2/2005; HC 34.747-RJ, DJ 21/11/2005, e REsp 232.507-DF, DJ 29/10/2001".[169] Segundo concebemos, a alocação do crime de posse ou porte de arma de fogo de uso restrito entre os crimes hediondos, promovida pela Lei nº 13.497/2017, não mudou esse panorama, ainda sendo aplicável o princípio da consunção.

O crime de disparo de arma de fogo (artigo 15, Lei nº 10.826/2003) é expressamente subsidiário ao crime de homicídio doloso ("[...] desde que essa conduta não tenha como finalidade a prática de outro crime"), sendo por este absorvido. No que concerne ao homicídio culposo, todavia, em virtude da estranha redação do artigo 15, não se pode aplicar a regra de concurso aparente de normas, pois o agente não tem a finalidade de provocar a morte da vítima. Apesar de vislumbrarmos um flerte do disparo de arma de fogo com a inconstitucionalidade, é certo que, pelo disposto, há que se aplicar os dois delitos em concurso formal próprio (artigo 70 do CP).

---

168 *RJDTACrimSP*, 6/70.

169 Informativo nº 452, HC 104.455-ES, Rel. Min. Og Fernandes, julgado em 21/10/2010.

14 Pena e ação penal

Comina-se abstratamente ao crime de homicídio, em seu tipo fundamental, a pena de reclusão, de seis a vinte anos. Não há previsão de pena pecuniária. Para o homicídio qualificado é estipulada a pena de reclusão, de doze a trinta anos, novamente sem previsão de multa. Menos severa, por óbvio, é a sanção cominada à conduta culposa (detenção, de um a três anos). Embora nenhuma das infrações penais possa ser considerada de menor potencial ofensivo, o homicídio culposo admite a suspensão condicional do processo, em virtude da pena mínima cominada (artigo 89, Lei nº 9.099/1995), assim como substituição da pena privativa de liberdade por restritiva de direitos.

A ação penal, no crime de homicídio, é pública incondicionada. A competência para processar e julgar o delito é do Tribunal do Júri, desde que o crime seja doloso.

II - INDUZIMENTO, INSTIGAÇÃO OU AUXÍLIO AO SUICÍDIO (ARTIGO 122, CP)

1 Introdução

O suicídio é a extinção da vida humana praticada pela própria vítima. Segundo definição de Magalhães Noronha, "suicídio é a supressão voluntária e direta da própria vida".[170] Cuida-se de ato antijurídico, embora não seja típico para o direito pátrio, pois a punição ao ato suicida seria inócua para os fins repressivos e preventivos da pena. De fato, a imposição de uma pena ao suicida frustrado, que não conseguiu concretizar a própria morte, poderia fomentar nova tentativa de suicídio. Igualmente, penas aplicadas *post mortem*, como o confisco de bens do suicida, somente atingiriam a sua família, ferindo o princípio da personalidade das penas. Mesmo não sendo um delito, contudo, nosso direito trata o suicídio como um ato contrário ao direito, assertiva corroborada pela redação do artigo 146, § 3º, II, do CP, ao estipular que não constitui constrangimento ilegal o uso da força para impedi-lo.

A antijuridicidade do suicídio é debatida por muitas teorias. Feuerbach afirma que o indivíduo tem suas capacidades comprometidas com a evolução do Estado, e, com o suicídio, exime-se desse compromisso. Portanto, o suicídio é um ato injusto. Na mesma esteira, Wolff ensina que todos estão obrigados a contribuir com a "existência geral", revelando a tese do "dever de viver". Pufendorf, ao flertar com concepções teológicas, diz que a vida é um dom divino, não tendo o homem livre disposição sobre ela. A ilicitude do suicídio, para o autor, também encontra alicerce na anarquia, pois "quem está em condições de desdenhar da morte pode permitir-se tudo diante da autoridade". Kant fundamenta a antijuridicidade do suicídio em um dever de preservação da "existência moral", extinta com o ato, pois toda a vida deve ser conduzida moralmente.[171] Aliás, para Kant, a preservação da própria vida mesmo em

---

170 MAGALHÃES NORONHA, E. Op. cit., p. 36.

171 Todos os ensinamentos foram retirados da obra de Günther Jakobs (*Suicídio, eutanásia e direito penal*. Barueri: Manole, 2003. p. 6-13).

face de um intenso desejo suicida é um imperativo categórico, pois a moral kantiana não pode se curvar a inclinações ou necessidades reais. Para Kant, apenas o dever pelo dever é verdadeiramente moral, aí incluído o de viver. Afirma o filósofo: "O suicídio é um crime (assassínio). Pode ser considerado também como uma violação de nosso dever com outros seres humanos (o dever mútuo entre marido e mulher, dos pais em relação a seus filhos, de um súdito em relação à autoridade ou aos seus concidadãos, e finalmente, mesmo uma violação do dever relativamente a Deus, como nosso abandono do posto que nos foi destinado no mundo por ele sem termos sido chamados a deixá-lo)".[172]Abbagnano cita, em linhas gerais, cinco argumentos contrários ao suicídio encontrados na filosofia: (a) é um ato contrário à vontade divina (Platão, São Tomás de Aquino, Santo Agostinho e outros); (b) o suicídio impede a separação completa entre corpo e alma (Plotino); (c) é a transgressão de um dever para consigo (Kant); (d) é um ato de covardia (Fichte, mas apenas quando o suicida é confrontado com um homem virtuoso, pois, quando confrontado com o miserável que se submete à desonra e à escravidão apenas para viver mais alguns anos, o suicida seria um corajoso); é um ato injusto para com à comunidade na qual o suicida se insere (Aristóteles).[173]

Há, contudo, filósofos que consideram o suicídio lícito ou necessário, cujos argumentos podem ser agrupados da seguinte forma: (a) quando continuar vivendo impossibilita o cumprimento do dever, o suicídio passa a ser um dever (estoicos); (b) é uma afirmação da liberdade do homem contra a necessidade (Epicuro, Sêneca e Nietzsche); (c) é o único modo de salvaguardar a dignidade e a liberdade quando não há outra saída para uma situação insustentável (Hume, Jaspers e Sartre).[174]

De forma interessante, Enrico Ferri argumenta que, se o homem tem o direito de viver, também tem, por consequência, o direito de morrer.[175] Essa assertiva traz à baila o seguinte questionamento: se temos o direito a uma vida digna, isso tem como corolário o direito a uma morte digna? Ou, em outras palavras: diante de uma vida que se tornou um fardo e, portanto, indigna de ser vivida, a dignidade humana não comportaria a escolha do quando e como morrer? A discussão tem relevância penal, principalmente quando consideramos a hipótese do suicídio assistido e seu confronto com o artigo 122 do CP. É nesse sentido que se pronuncia Nehemias Domingos de Melo: "Assim, se a morte é parte da vida e o direito à vida implica uma garantia de uma vida com dignidade, temos como corolário que o direito à vida digna não se resume ao nascer, ao manter-se vivo ou mesmo lutar pela continuação da vida, pois tal

172 KANT, Immanuel. *A Metafísica dos Costumes*. 2. ed. Bauru: Edipro, 2008. p. 264.

173 ABBAGNANO, Nicola. *Dicionário*... op. cit., p. 1095.

174 Idem, *ibidem*, p. 1095-1096.

175 FERRI, Enrico in MARQUES, José Frederico. Op. cit., p. 130.

direito vai muito além, devendo-se inclusive respeitar a dignidade do direito de morrer".[176]

No direito pátrio, aceita-se majoritariamente que o direito à vida corresponde ao direito de gozar da vitalidade dentro dos limites impostos pelo ordenamento jurídico e durante o tempo em que a natureza permitir. Não significa dispor da própria vida. Vida, para essa doutrina, é um bem jurídico indisponível, o que é revelado pela proibição da eutanásia (com o que discordamos, como já expusemos anteriormente). Cite-se, ainda, a lição de Álvaro Mayrink: "a vida não pertence ao indivíduo, mas ao grupamento societário".[177]

Pune-se, no artigo 122 do Código Penal, não o suicídio, mas a participação em suicídio. Ou seja, é punida a conduta do sujeito que estimula ou contribui para a prática do suicídio, ora revelando desprezo pela vida alheia, uma vez que não há correlação necessária entre participação em suicídio e motivação nobre, ora fazendo-o por um sentimento de piedade, ou mesmo por respeito à liberdade alheia, para aqueles que consideram o suicídio lícito.

2 Objetividade jurídica

Protege-se o bem jurídico vida humana extrauterina. A indisponibilidade desse bem jurídico (defendida pela doutrina majoritária, ainda que não de forma pacífica) impõe a punição ao sujeito ativo, mesmo que a vítima consinta com o ato, desejando a morte, o que, aliás, sempre ocorrerá no suicídio.

3 Sujeitos do delito

Qualquer pessoa pode ser sujeito ativo do crime de participação em suicídio. O agente, apesar de instigar, induzir ou auxiliar a morte de outrem, não será considerado partícipe de crime alheio e nem poderia o ser, já que o suicídio não é delito. Será autor de crime de participação em suicídio, dada a previsão autônoma do delito. Importa salientar que o sujeito ativo do ilícito penal em comento não pratica atos executórios destinados à morte da vítima, pois, nesse caso, cometeria crime de homicídio (por exemplo, se, a pedido da vítima, o autor ministra veneno em seu corpo, não há que se falar na caracterização do artigo 122, mas sim da subsunção da conduta ao artigo 121 do CP).

O sujeito passivo, em princípio, será qualquer pessoa que pratique atos executórios destinados à autoextinção. Contudo, é imprescindível que a vítima tenha capacidade de discernimento (possibilidade de consentir validamente). Somente pode ser instigado, induzido ou auxiliado aquele que tem consciência

---

176 MELO, Nehemias Domingos de. O Direito de Morrer com Dignidade. In *Tratado Brasileiro Sobre o Direito Fundamental à Morte Digna*. São Paulo: Almedina, 2017. p. 88.

177 MAYRINK DA COSTA, Álvaro. Op. cit., p. 142. Particularmente, entendemos que não se deveria retirar do indivíduo o poder de decisão sobre a continuidade ou a extinção da própria vida, mas reconhecemos que tal posição não prospera perante a legislação nacional.

das consequências do ato suicida. Se a vítima não possuir o discernimento necessário para a exata compreensão do ato, o crime será de homicídio. É o que ocorre, por exemplo, quando o sujeito ativo incita um alienado mental ou uma criança em tenra idade a atentar contra a própria vida, ou ainda quando induz ou auxilia um indivíduo completamente alcoolizado a se matar. É necessário, ainda, que a vítima seja pessoa determinada, pois o Código Penal fala em induzir ou instigar "alguém". Não há o crime do artigo 122 do CP quando a conduta do agente não se dirige a pessoa certa. Assim, *v. g.*, quando uma pessoa, após ler um livro sobre a miséria humana, entra em depressão e resolve se matar, obviamente seu autor não responderá por crime algum, ainda que soubesse que seu texto seria suficiente para desencadear esse quadro em pessoas mais sensíveis. Nada impede, entretanto, que a conduta do agente seja dirigida a um grupo de pessoas, desde que se trate de um grupo determinado. Se o líder de uma seita espiritual incentiva a morte coletiva de seus seguidores, que com ele se reúnem em um templo, aperfeiçoa-se a participação em suicídio.[178] A manifestação de vontade da vítima em se matar, outrossim, deve ser livre, não admitindo coação de qualquer tipo. Caso o sujeito ativo exerça coação moral irresistível contra a vítima, fazendo com que esta atente contra a própria vida, haverá crime de homicídio. Também não há crime de participação em suicídio se a vítima é levada a erro invencível, pois somente há suicídio quando a vítima sabe que irá se matar. Podemos citar como exemplo a conduta do agente que empresta uma arma de fogo à vítima e, afirmando estar sem munição, induz o sujeito passivo a produzir um disparo contra a própria cabeça. Novamente estaríamos diante de um crime de homicídio.

4 Elementos objetivos, subjetivos e normativos do tipo

Consiste o tipo penal em induzir ou instigar alguém ao suicídio, ou em auxiliar o ato da vítima.[179] O núcleo do tipo é formado por verbos normalmente caracterizadores da atividade de partícipe, mas que, no artigo 122 do CP, são formas de conduta do autor do crime.

Induzimento e instigação são atos de execução moral do delito. Induzir é fazer nascer a ideia, é incutir no ânimo da vítima o propósito suicida. Instigar é fomentar uma ideia preexistente, elevar a vontade de morrer já suscitada pelo sujeito passivo.

---

178 Desde que os integrantes da seita possuam capacidade de discernimento, pois se a pregação religiosa macular o raciocínio de tal forma que vicie o consentimento, haverá crime de homicídio.

179 Hungria: "Não é suicídio, por exemplo, o ato do herói que, na defesa da pátria ou de um ideal, se lança a um perigo certo e é sacrificado. O suicídio é um fim em si mesmo: o suicida mata-se porque não quer viver. O que a lei penal incrimina não é a participação em suicídios chamados tais por metáfora, mas em suicídios autênticos" (*Comentários...*, v. 5, p. 232).

A fraude pode ser meio para o induzimento ou para a instigação. É o caso, por exemplo, do médico que, vendo no paciente início de depressão, inventa uma suposta doença dolorosa e letal que acometeria a vítima, fazendo com que esta decida pelo suicídio. Não comungamos, portanto, da opinião de Álvaro Mayrink, para quem a conduta implicaria homicídio. Embora viciada, havia vontade da vítima em se matar, não se podendo dizer que o suicida era um instrumento para o real autor do fato. A hipótese é diferente quando o engano não incute na vítima o ânimo suicida, como no citado exemplo em que o sujeito passivo, crendo que porta uma arma descarregada, dispara contra sua cabeça. No primeiro caso, a vítima tem a intenção de se matar, ausente no segundo.

Instigação e induzimento podem ocorrer por omissão? Há doutrinadores que sustentam ser possível.[180] Outros juristas, com os quais concordamos, informam que a conduta somente pode ser comissiva, pois induzimento e instigação pressupõem comportamento positivo do agente. Ninguém pode instigar ou induzir se mantendo inerte.[181]

Auxílio é a ajuda material, o fornecimento do suporte necessário para a eclosão da conduta da vítima, como, por exemplo, fornecer veneno para que a vítima o ingira ou permitir o acesso da vítima à varanda de um apartamento, conhecendo a sua intenção de se lançar ao solo. Pode ser prévio à conduta do suicida, como nos exemplos consignados, ou posterior, desde que ocorra antes do resultado. É o caso, *v. g.*, da pessoa que impede ou dificulta a prestação de socorro a um suicida, que já praticou o ato de desatino, mas ainda se mantém agonizante.

A conduta de auxiliar é sempre comissiva, não existindo o auxílio por omissão. A própria redação do tipo penal (prestar auxílio) conduz à percepção de uma conduta positiva. Merece destaque a lição de Pierangeli: "Também incluímo-nos entre aqueles que não admitem uma prestação de auxílio para a prática de suicídio mediante uma conduta omissiva. 'A mera atitude passiva daquele que não impede o suicídio não constitui auxílio' (Cuello Calón). Em seguida, este autor transcreve a lição de Pacheco, para quem 'prestar auxílio é algo mais que esse silêncio, essa omissão. Isso é abster-se, com isso não se presta auxílio a qualquer intento'".[182]

---

180 MIRABETE, Júlio Fabbrini. *Manual de direito penal*. 22. ed. São Paulo: Atlas, v. II, 2004, p. 85; COSTA JR., Paulo José da. Op. cit., p. 376 (admitindo a hipótese somente na instigação).

181 Nesse sentido, MAYRINK DA COSTA, Álvaro. Op. cit., p. 145.

182 *Manual...*, op. cit., p. 51.

Boa parte da doutrina nacional, entretanto, entende ser possível o auxílio por omissão, desde que presente o dever jurídico de agir (omissão imprópria),[183] o que é refutado por outros autores.[184]

Parece-nos que a participação em suicídio não pode ser imputada ao agente garantidor que não impediu o suicídio. Na omissão imprópria, o agente garantidor responde pelo resultado, não pela conduta da vítima. O resultado – pelo qual se dá a responsabilização – é a morte. Não há um "resultado suicídio". Ocorrendo o resultado morte, o garantidor praticará por crime de homicídio, culposo ou doloso. Além disso, analisemos o seguinte exemplo: uma pessoa, querendo se matar, aproveitando-se do fato de não saber nadar, atira-se às ondas, iniciando o afogamento. Um salva-vidas, vendo a cena e acreditando que tudo não passava de simulação, não socorre a vítima, que efetivamente se afoga. A conduta do salva-vidas foi culposa. Se fosse admitida a participação em suicídio por omissão imprópria, o salva-vidas não seria punido por crime algum, pois não existe crime de participação em suicídio culposo. Todavia, se a vítima, em vez de querer o suicídio, caísse ao mar acidentalmente, não restaria qualquer dúvida em afirmar a prática de homicídio culposo pelo salva-vidas, o que geraria uma situação de iniquidade, pois condutas assemelhadas ensejariam respostas opostas: em um caso não há crime; no outro, há punição pelo delito de homicídio.

Fernando Capez sustenta que somente é possível o auxílio por omissão própria, concluindo que, "se, todavia, o omitente tiver o dever jurídico de agir (CP, artigo 13, § 2º), responderá por homicídio (crime omissivo impróprio)".[185]

Não deve ser olvidado que, no auxílio, o agente não intervém diretamente na produção do resultado morte, pois, nesse caso, ocorreria crime de homicídio. O auxílio é somente acessório, secundário ao suicídio. Destarte, o sujeito que confecciona o nó da forca da vítima, não praticando qualquer outra conduta que influa na asfixia, comete crime de participação em suicídio. Todavia, se o sujeito ativo, a pedido do suicida, derruba a cadeira onde este se apoia, aparato este que impedia a constrição do pescoço, haverá crime de homicídio.

---

183 Nesse sentido, entre outros, Julio Fabbrini Mirabete (op. cit., p. 85); Magalhães Noronha (op. cit., p. 38-39); Luiz Régis Prado (op. cit., p. 69-70).

184 Assim, Damásio de Jesus (op. cit., p. 98), aduzindo que a omissão do agente garantidor implicaria crime de omissão de socorro (artigo 135, CP); Paulo José da Costa Jr. (op. cit., p. 376); José Frederico Marques (op. cit., p. 141). De acordo com Pierangeli, ao comentar o caso do diretor de presídio que nada faz para evitar a morte por inanição de um preso que voluntariamente se submete a greve de fome, confunde-se um dever moral com o dever jurídico: "A conduta omissiva relevante decorre de uma obrigação jurídica, fruto de um conceito normativo. Não há crime no simples fato de não atuar, de não fazer; só é crime aquilo que a lei determina que seja feito. Portanto, só ocorre um crime omissivo quando com sua inação o omitente transgride uma norma jurídica, como dispõe o art. 13, § 2º, do CP" (*Manual...*, op. cit., p. 51).

185 CAPEZ, Fernando. Op. cit., p. 88.

O nexo de causalidade entre a conduta do agente e a morte da vítima, é claro, também deve estar presente. Assim, se alguém incentiva a vítima a se matar, sem saber que seu ato não exerce qualquer efeito no ânimo desta, que já se decidira pelo suicídio, não há crime, pois não houve qualquer contribuição causal do agente para o desfecho fatal. De igual forma, se o agente prepara um veneno a pedido da vítima, mas esta, temendo ingerir a substância, resolve extinguir sua vida com um tiro disparado por arma não fornecida pelo agente, não há participação em suicídio, salvo se a sugestão de envenenamento estimulou o ato letal.

Por ser um delito plurinuclear, os verbos tipificados na participação em suicídio podem surgir em uma mesma situação. É possível, por exemplo, que o agente induza a vítima a se matar e, em seguida, forneça os meios materiais para a prática do suicídio. A pluralidade de condutas incriminadas no mesmo contexto fático, contudo, não importa pluralidade de delitos. No exemplo dado, o agente, mesmo induzindo e auxiliando, responde por crime único. Classifica-se a participação em suicídio, por conseguinte, como tipo misto alternativo.

A redação do artigo 122 do CP condiciona a aplicação da pena à verificação do resultado lesão corporal de natureza grave ou morte. A natureza jurídica desses resultados enseja um debate assaz tormentoso: consistiriam em condições objetivas de punibilidade ou seriam elementares do tipo penal?[186] René Ariel Dotti ensina que a condição objetiva de punibilidade "é exterior à conduta típica, mas a lei estabelece como indispensável para a punibilidade", exemplificando com a sentença declaratória de falência nos crimes falimentares (art. 180 da Lei nº 11.101/2005).[187] Juarez Tavares afirma que tais condições "são tidas normalmente como elementos do fato punível situados fora do tipo de injusto, mas previstos no complexo típico como manifestação da valoração de sua punibilidade", para em seguida arrematar: "Estas condições representam uma particularidade do conflito social desencadeado no delito e a delimitação do legislador acerca de sua solução por meio do emprego de uma sanção penal. Muitas vezes não interessa ao legislador que determinado fato, embora típico, seja punido simplesmente pelo cometimento por um agente culpado,

186 Para Paulo César Busato, os resultados morte e lesão grave não são elementares do tipo penal e tampouco condições objetivas de punibilidade. Adotando o modelo significativo de ação, sustenta que correspondem à pretensão de punibilidade, ou seja, não integram o tipo de ação, mas são relevantes para a configuração do crime, que engloba, no modelo defendido, a condição de punibilidade (BUSATO, Paulo César. *Direito Penal*: parte especial. 3. ed. São Paulo: Atlas, 2017. v. 2, p. 86-87)

187 DOTTI, René Ariel. *Curso de direito penal* – parte geral. Rio de Janeiro: Forense, 2003. p. 669.

mas somente quando ocorrerem resultados ou consequências específicos, que considera relevantes à consecução de sua política criminal".[188]

Para grande parte da doutrina, não existe qualquer subjetividade no instituto, isto é, o ânimo do agente não influencia no reconhecimento das condições. É este, justamente, o argumento encontrado pelos defensores dos resultados lesão grave e morte como elementares do tipo para criticarem aqueles que defendem a natureza de condições objetivas de punibilidade.[189] O dolo do agente, à evidência, abrange a produção de um resultado lesivo à vida ou à integridade física do suicida (afinal, essas são as consequências esperadas em uma tentativa de suicídio). Considerando que o dolo integra o tipo penal, os resultados também o integrarão, ainda que previstos de forma esdrúxula na pena.

Os defensores da corrente contrária sustentam que a exigência de produção dos resultados está alocada na sanção cominada abstratamente ao delito, não integrando o tipo penal (por isso não seriam elementares, mas sim condições). A ocorrência de lesão corporal grave ou morte, ademais, não caracterizaria o desvalor da conduta.[190] Apesar de aderirmos recentemente a esta tese, preferimos, além das razões invocadas, comungar da opinião de Juarez Tavares, para quem as condições objetivas de punibilidade também são permeadas pela subjetividade, o que acaba por rechaçar qualquer crítica à posição: "Primeiramente, entende-se ser imprescindível a demonstração de uma relação causal entre a realização do tipo e a verificação dos determinados efeitos específicos que condicionam a sua punibilidade; por exemplo, a ocorrência de morte ou de lesão grave, no delito de induzimento, instigação ou auxílio a suicídio, deve ser consequência das ações típicas respectivas de induzir, instigar ou prestar auxílio. (...) Se se exige, assim, uma relação causal objetiva entre esses efeitos e as respectivas ações típicas, do mesmo modo serão aplicáveis às condições objetivas de punibilidade todos os critérios que fundamentam a imputação objetiva. Essa exigência é um pressuposto de garantia no processo de delimitação do injusto, que se deve refletir também na questão da punibilidade. Se o injusto deve ser tratado, porém não apenas pelo sob o ângulo da imputação objetiva, mas também de acordo com os graus de intensidade da atuação do agente, perfilados pelo dolo ou pela culpa (imputação subjetiva), todos os anexos do tipo, como as condições objetivas de punibilidade, devem igualmente subordinar-se a um mesmo processo de graduação, medido de acordo com o critério do denominado risco assumido. (...) Exigindo-se,

188 TAVARES, Juarez. *Teoria do Injusto Penal*. 2. ed. Belo Horizonte: Del Rey, 2002. p. 244.

189 Nesse sentido, Damásio E. de Jesus (op. cit., p. 96); Paulo José da Costa Jr. (op. cit., p. 376-377); Fernando Capez (op. cit., p. 91-92); E. Magalhães Noronha (op. cit., p. 40-41); José Frederico Marques (op. cit., p. 133-134); Júlio Fabbrini Mirabete (*Manual*..., op. cit., p. 85-86).

190 Nesse sentido, Nélson Hungria (op. cit., p. 236; Luiz Régis Prado (op. cit., p. 71-72); Álvaro Mayrink da Costa (op. cit., p. 148).

assim, primeiramente, que os efeitos objetivos condicionantes da punibilidade se vinculem aos critérios da imputação objetiva e, depois, a uma graduação quanto à intensidade de sua produção, sob a medida concreta do risco assumido, pode-se descartar o temor de que as condições objetivas de punibilidade, pelo fato de não se importarem com a real participação dos sujeitos no fato típico, conduzam a mera e simples obra de responsabilidade objetiva".[191]

A participação em suicídio é um crime doloso, não havendo a previsão da modalidade culposa. O dolo pode ser direto ou eventual (como no caso do marido que, sabendo do desejo suicida da esposa, continua a lhe infligir maus-tratos, assumindo o risco de fomentar o ato desesperado, situação esta que pode se inserir em uma das teorias que sustentam a existência de dolo eventual).[192]

A vontade do agente é concorrer para o suicídio da vítima. Damásio de Jesus assinala que, para a existência do crime, basta o dolo de induzir, instigar ou auxiliar alguém à prática do suicídio, não se exigindo qualquer elemento subjetivo do tipo.[193] Assiste razão ao autor. Visualizar, no artigo 122, uma "finalidade especial", qual seja, a vontade de que a vítima morra, corresponde a vislumbrar elementos subjetivos do tipo em todos os crimes existentes, já que, nos tipos dolosos, sempre haverá a vontade de que um resultado jurídico se produza (concernente em uma lesão ou em um risco de lesão). No homicídio, por exemplo, além da intenção de atentar contra a vida da vítima, sempre existirá o desejo de ver a vítima morta. Nem por isso se diz que o homicídio tem em sua tipificação um elemento subjetivo do tipo.

5 Consumação e tentativa

O momento consumativo do delito depende da corrente adotada acerca da natureza dos resultados lesão corporal grave e morte.

Assim, para os doutrinadores que (como nós) consideram esses resultados condições objetivas do tipo, a participação em suicídio é um crime formal. Basta a prática de um dos verbos incriminados para a consumação do crime, pois a morte ou a produção de lesões corporais graves somente condicionaria a possibilidade de aplicação da pena, não a existência do delito.

Para aqueles que preconizam que a efetivação da morte e a ocorrência de lesões corporais graves são elementos do tipo, a participação em suicídio é crime material, consumando-se com a produção do resultado.

A tentativa de participação em suicídio é inadmissível, pois o tipo penal exige a produção da morte ou das lesões corporais graves para a punição.

---

191 *Teoria...*, op. cit., p. 247-248.

192 MARQUES, José Frederico. Op. cit., p. 142-143.

193 JESUS, Damásio E. de. Op. cit., p. 99. Contra, por todos, José Frederico Marques (op. cit., p. 142).

Destarte, se uma pessoa induz, instiga ou auxilia o suicídio de outrem, são quatro as hipóteses possíveis: (a) a vítima não chega a tentar o ato suicida, acarretando impunidade da conduta; (b) a vítima tenta se suicidar, mas sofre apenas lesões corporais leves, o que também torna impunível a conduta; (c) a vítima tenta se suicidar, sofrendo apenas lesões corporais de natureza grave, hipótese em que o sujeito ativo responderá pelo crime de participação em suicídio, na forma consumada; (d) a vítima consegue se matar, respondendo o sujeito ativo pela participação em suicídio, na forma consumada.

6 Pacto de morte

O pacto de morte é o acordo firmado entre dois ou mais indivíduos para que alcancem, simultaneamente, o êxito letal. A doutrina clássica dá à hipótese a denominação de "par suicida",[194] "ambicídio",[195] ou "suicídio a dois",[196] pois normalmente o acerto é entre duas pessoas.

Para a tipificação correta da hipótese, é necessário determinar, de início, quem praticou os atos executórios tendentes à morte dos pactuantes. Suponhamos a seguinte situação: *A* e *B* resolvem firmar, entre si, um acordo de suicídio simultâneo. Ministram veneno em dois copos d'água e, cada qual, pegando um dos copos, ingere o seu conteúdo. *A* morre e *B* sobrevive. *B* responderia por crime de participação em suicídio, pois, ao firmar o pacto de morte com *A*, pelo menos instigou o ato suicida. Se ambos sobrevivessem, sofrendo lesões corporais de natureza grave, ambos responderiam pelo crime de participação em suicídio. Se *A* sobrevivesse, sofrendo lesões corporais graves, e *B* sobrevivesse, suportando apenas lesões corporais leves ou nada sofrendo, *B* seria autor de crime de participação em suicídio, e *A* não cometeria qualquer ilícito penal, pois a punibilidade da participação em suicídio, como já visto, depende da ocorrência de morte ou lesão corporal de natureza grave. Em todos os casos citados, os atos destinados ao desfecho fatal foram praticados pela própria vítima.

A situação é diversa quando um dos pactuantes pratica atos executórios para a morte do outro. O exemplo é o seguinte: *A* e *B*, firmando entre si um pacto de morte, trancam-se em um cômodo não arejado, onde pretendem morrer pela inalação de gás. *A* abre a válvula que propicia o escape do gás. Com a conduta, *B* morre por asfixia, mas *A* sobrevive. Este será responsabilizado pela prática de homicídio, pois praticou atos executórios que culminaram com a morte de *B*. Caso ambos sobrevivessem, *A* responderia por tentativa de homicídio. *B*, caso *A* sofresse lesão corporal de natureza grave, responderia por participação em suicídio, pois contribuiu para o desígnio suicida de *A*,

194 NORONHA, E. Magalhães. Op. cit., p. 39.

195 PEDROSO, Fernando de Almeida. *Homicídio, Participação em Suicídio, Infanticídio e Aborto*. Rio de Janeiro: Aide, 1995. p. 222.

196 MARQUES, José Frederico. Op. cit., p. 147.

sem praticar atos executórios para sua morte. Se *A* nada sofresse, a conduta de *B* seria atípica.

A questão fica ainda mais instigante se acrescentarmos, ao pacto suicida, uma terceira pessoa (*C*). *A* e *B* firmam o pacto de morte, solicitando a *C* que ministre veneno no corpo de ambos, uma vez que *A* e *B* não sabem usar a seringa que contém a substância. É inegável, nesse exemplo, que *C* cometerá dois crimes de homicídio, em concurso formal, caso *A* e *B* morram. Ambos sobrevivendo, *C* cometerá duas tentativas de homicídio. Mas, nesse caso, por que crimes responderiam *A* e *B*? Entendemos que ambos seriam partícipes do delito praticado por *C*, pois, ao solicitarem o concurso do executor, aderiram a sua conduta. Ambos responderiam, também, por tentativa de homicídio (*A* em relação a *B* e vice-versa).

Duas outras situações se assemelham ao pacto de morte: a "roleta russa" e o "duelo americano". No primeiro caso, há um jogo macabro, no qual é colocada apenas um cartucho de munição em um revólver. Os participantes, então, um a um, acionam o gatilho da arma contra o próprio corpo, terminando o jogo quando a arma dispara. Nesse caso, todos os participantes sobreviventes respondem por crime de participação em suicídio, caso a vítima sofra lesão corporal grave ou morra. A solução é a mesma no "duelo americano", no qual os contendores escolhem entre duas armas, estando apenas uma municiada, e disparam contra o próprio corpo.

7 Causas de aumento de pena

O parágrafo único do artigo 122 prevê duas causas de aumento de pena para o crime de participação em suicídio: o motivo egoístico (I) e a menoridade ou a diminuição da capacidade de resistência da vítima (II).

A primeira hipótese contempla o crime cometido para atender a interesse próprio. Não é necessário que haja interesse econômico. Segundo Magalhães Noronha, "age por egoísmo quem impele outrem ao suicídio, para casar com sua viúva, receber uma herança, ocupar cargo que o induzido exerce etc.".[197]

No caso da menoridade, funda-se o aumento da pena na reduzida capacidade de resistência da vítima. A vítima tem capacidade de discernimento, embora diminuída por sua imaturidade. Não houvesse tal capacidade, o crime seria de homicídio. Damásio de Jesus indica o período entre os 14 e os 18 anos de idade como aquele em que pode incidir a majorante.[198] Explica-se: 18 anos é a idade em que a vítima alcança a maioridade penal, de acordo com o critério biológico adotado pelo Código no artigo 27 (portanto, o termo menoridade é reservado àqueles que têm idade inferior a 18 anos). O limite mínimo de 14 anos seria imposto pela exegese do revogado artigo 224, *a*, do CP. Esse artigo (que cuidava da presunção de violência nos antigos crimes contra

197 MAGALHÃES NORONHA, E. Op. cit., p. 43.

198 JESUS, Damásio E. de. Op. cit., p. 102.

os costumes) estabelecia a incapacidade de decidir validamente sobre a própria sexualidade, demonstrando a falta de discernimento dos menores de 14. Essa incapacidade, em que pese a revogação do dispositivo, continua presente no atual artigo 217-A do CP, que trata do estupro de vulnerável. Assim, para Damásio, induzir, instigar ou auxiliar pessoa menor de 14 anos a suprimir a própria vida equivale ao crime de homicídio. Acreditamos que a regra dos 14 anos não deve ser adotada, pois se baseia em uma presunção falaciosa. É inegável que um adolescente de 13 anos, por exemplo, já compreende que morrerá caso dispare um tiro contra a cabeça. Não existe a propalada falta de discernimento, salvo em crianças de tenra idade. Por conseguinte, mostra-se preferível a avaliação caso a caso.[199]

Por derradeiro, aumenta-se a pena se a vítima tiver, por qualquer hipótese, diminuída sua capacidade de resistência. São os exemplos da embriaguez, da alienação mental etc. A vítima não tem a sua capacidade de discernimento completamente suprimida, pois, se assim for, o crime é de homicídio (praticado por meios indiretos). Há, na majorante, apenas diminuição da possibilidade de reflexão. Assim, se o sujeito ativo induz um alienado mental a se matar, há que se averiguar: se a vítima possuía alguma capacidade de compreensão acerca das consequências do ato, embora a sua debilidade não permitisse a compreensão total, o crime é de participação em suicídio com a aplicação do aumento de pena; se a vítima, entretanto, não possuía qualquer capacidade de resistência, o crime é de homicídio.

8 Distinção, concurso de crimes e concurso aparente de normas

Caso o sujeito ativo pratique a sua conduta em face de grupo determinado de pessoas, responderá, em concurso formal imperfeito, por tantos crimes quantos forem os resultados morte ou lesão grave.

A distinção em relação ao homicídio, já afirmada, tem por base a prática de atos de execução para a morte da vítima pelo sujeito ativo, que enseja a punição pelo artigo 121 do CP.

No Código Penal Militar, o delito se encontra insculpido no artigo 207.

9 Pena e ação penal

Pune-se a participação em suicídio com reclusão de 2 a 6 anos, se ocorre a morte da vítima. A reclusão é de 1 a 3 anos se a vítima sofre lesões corporais de natureza grave. Nos casos previstos no parágrafo único, a pena é duplicada.

A ação penal é pública incondicionada.

199 Nesse sentido, Fernando de Almeida Pedroso (*Homicídio...*, p. 229).

III - INFANTICÍDIO (ARTIGO 123, CP)

1 Introdução

A extinção da vida de uma pessoa praticada por outra, em regra, constitui crime de homicídio. Eventualmente, entretanto, a capitulação pode ser diversa, como no crime de aborto, quando o crime é praticado contra a vida intrauterina. Outra exceção é o crime de infanticídio.

O infanticídio nada mais é do que uma forma privilegiada do homicídio, no qual é apenada de forma mais suave a mãe que mata, sob a influência do estado puerperal, o filho nascente ou recém-nascido. O legislador pátrio, entretanto, em vez de arrolar a hipótese como parágrafo do artigo 121 do CP, preferiu lhe dar forma autônoma, tipificando o crime em dispositivo diverso (artigo 123, CP).

Atualmente, tem-se que a sanção mais suave estipulada para o delito é decorrência de um critério fisiopsicológico (influência do estado puerperal), mas o direito penal já se serviu, no passado, de justificativa diversa para o privilégio. Para o Código Penal do Império (1830), bastava que se atentasse contra a vida de recém-nascido para a verificação do infanticídio.[200] Entretanto, se o crime fosse praticado pela mãe para ocultar desonra sexual, a pena era ainda mais leve.[201] Redação semelhante foi mantida pelo Código Penal Republicano (1890).[202] Adotava-se o critério psicológico, no qual, se a prática criminosa se prestava a salvaguardar a honra da mãe, maculada por uma gestação não--desejada, como a gravidez adulterina, a sanção penal não era tão intensa. O infanticídio era praticado *honoris causa*. O Código Penal de 1940 promoveu

200 "Art. 197. Matar alguem recem-nascido. Penas – de prisão por tres a doze annos, e multa correspondente á metade do tempo."

201 "Art. 198. Se a propria mãi matar o filho recem-nascido para occultar a sua deshonra. Penas – de prisão com trabalho por um a tres annos."

202 "Art. 298. Matar recem-nascido, isto é, infante, nos sete primeiros dias de seu nascimento, quer empregando meios directos e activos, quer recusando á victima os cuidados necessarios á manutenção da vida e a impedir sua morte. Pena – de prisão cellular por seis a vinte e quatro annos. Paragrapho unico. Si o crime fôr perpetrado pela mãe, para occultar deshonra propria. Pena – de prisão cellular por tres a nove annos."

uma ruptura com o modelo anterior, adotando uma justificativa muito mais de ordem fisiológica do que moral. Não está de todo afastado o motivo de honra, pois este pode ser um dos fatores desencadeadores do estado puerperal, mas a reputação da mãe teve sua importância bastante reduzida. Agiu bem o legislador, pois hoje não se pode negar a repugnância de uma morte praticada para que haja a preservação da imagem social. Cremos, inclusive, que o Código Penal poderia ter adotado a mesma diretriz no crime de exposição ou abandono de recém-nascido (artigo 134, CP), no qual a honra recebe um relevo injustificado.

2 Objetividade jurídica

Com a incriminação do infanticídio, tencionou-se preservar a vida do nascente (pessoa que está nascendo) ou do recém-nascido (pessoa que acabou de nascer), a par do que ocorre no crime de homicídio. Tutela-se, assim, o direito à vida (mais especificamente, o objeto material do crime é a vida humana extrauterina).

3 Sujeitos do delito

O sujeito ativo do crime de infanticídio, em princípio, só pode ser a mãe. O tipo penal fala em matar o próprio filho. Assim, desde logo, exclui-se a possibilidade de cometimento do delito por pessoas que não sejam os pais. A seguir, o dispositivo menciona a influência do estado puerperal, que só pode acometer a mãe, nunca o pai. Cuida-se, portanto, de crime próprio, pois exige uma qualidade especial do sujeito ativo.

Impõe-se, entretanto, o seguinte questionamento: existe alguma hipótese em que o sujeito ativo pode ser outra pessoa que não a mãe?

A resposta é positiva. Qualquer pessoa poderá praticar o crime de infanticídio, desde que o faça em coautoria com a mãe da vítima, ou que participe do crime desta. Isso ocorre em virtude da comunicabilidade das elementares do tipo penal, regulamentada no artigo 30 do CP. Afirma, o dispositivo, que no concurso de pessoas "não se comunicam as circunstâncias de caráter pessoal, salvo quando elementares do crime". O estado puerperal é elementar do tipo penal infanticídio. Assim sempre que houver concurso de pessoas para a prática do infanticídio, haverá a comunicabilidade desses elementos a todos os participantes do crime. Com propriedade, ensina Magalhães Noronha: "não há dúvida alguma de que o estado puerperal é circunstância (isto é, estado, condição, particularidade etc.) pessoal e que, sendo elementar do delito, comunica-se, *ex vi* do artigo 30, aos coparticipantes. Só mediante texto expresso tal regra poderia ser derrogada".[203] Portanto, se a mãe, instigada por terceiro,

203 MAGALHÃES NORONHA, E. Op. cit., p. 53. No mesmo sentido, se pronunciam Damásio E. de Jesus (op. cit., p. 107), Luiz Regis Prado (op. cit., p. 81), Julio Fabbrini Mirabete

mata o próprio filho, sob a influência do estado puerperal, este terceiro também responderá pelo infanticídio, na condição de partícipe. De igual forma, se a mãe, destemperada pelo surgimento do estado puerperal, tenta asfixiar o recém-nascido e, não tendo força para consumar seu intento, conta com a ajuda do pai da criança para conseguir a constrição do pescoço da vítima, o pai responderá por crime de infanticídio, em coautoria com a mãe, não por crime de homicídio. Vislumbra-se com facilidade a injustiça da situação: quaisquer pessoas que matem o recém-nascido em concurso com a mãe responderão por infanticídio, mesmo não sofrendo com a dificuldade de reflexão causada pelo estado puerperal. Caso cometessem o crime sem o concurso da mãe, praticariam homicídio. A boa técnica jurídica, entretanto, não pode ser afastada para sanar tais perplexidades.

Há, entretanto, considerável parcela de juristas que entendem que o sujeito ativo do crime de infanticídio é, exclusivamente, a mãe, não admitindo que outras pessoas respondam pelo delito, mesmo ante o concurso de pessoas. É a posição de Álvaro Mayrink, já que o autor considera o infanticídio como um subtipo de homicídio privilegiado (diz o autor que o infanticídio, doutrinariamente, dever ser considerado como uma causa especial de diminuição de pena em relação ao homicídio simples).[204] Se o infanticídio fosse tipificado no artigo 121 do CP, na qualidade de privilégio, certamente assistiria razão ao ilustre mestre. Nesse caso, o estado puerperal não seria elementar do tipo, não havendo a comunicação para coautores e partícipes. Contudo, preferiu o legislador dar tipificação autônoma ao infanticídio, de forma que o crime não é hipótese de homicídio privilegiado. Nélson Hungria defendia que o estado puerperal, por ser uma "circunstância personalíssima", não se comunicaria a quem quer que seja. O autor, entretanto, modificou sua orientação na 5ª edição de sua obra, passando a admitir a comunicabilidade.[205]

(*Manual...*, op. cit., p. 90), Fernando Capez (op. cit., p. 104), Celso Delmanto (op. cit., p. 214) e Paulo José da Costa Jr. (op. cit., p. 380), entre outros.

204 MAYRINK DA COSTA, Álvaro. Op. cit., p. 156-158.

205 Hungria: "Comentando o art. 116 do Código suíço, em que se inspirou o art. 123 do nosso, Logoz e Hafter, repetindo o entendimento de Gautier, quando da revisão do projeto Stoos, acentuam que um terceiro não pode ser co-partícipe de um infanticídio, desde que o *privilegium* concedido em razão da 'influência do estado puerperal' é incomunicável. Nas edições anteriores deste volume, sustentamos o mesmo ponto de vista, mas sem atentarmos no seguinte: a incomunicabilidade das qualidades e circunstâncias pessoais, seguindo o Código helvético (art. 26), é irrestrita (*'Les relations, qualités et circonstances personnelles spéciales dont l'effet est d'augumenter, de diminuer ou d'exclure la peine, n'auront cet effet quà l'égard de l'auteur, instigateur ou complice qu'elles concernet')*, ao passo que perante o Código pátrio (também art. 26) é feita uma ressalva: 'salvo quando elementares do crime'. Insere-se nessa ressalva o caso de que se trata. Assim, em face do nosso Código, mesmo os terceiros que concorrem para o infanticídio respondem pelas penas a este cominadas, e não pelas do homicídio" (*Comentários...*, p. 266). Nota: o artigo 26 referido por Hungria é o atual artigo 30 (modificação promovida após a reforma da Parte Geral, ocorrida em 1984).

Alguns autores, ainda, entendem que há a comunicação da elementar estado puerperal aos partícipes, mas não aos coautores. A prática de atos executórios por terceiros, ainda que acompanhados pela mãe na execução, não permitiria que fossem alcançados pela comunicabilidade do estado puerperal.[206] Tal posicionamento não encontra suporte em nossa legislação. Conforme assinala Damásio de Jesus, não há relevância na distinção entre coautoria e participação em sentido estrito para a subsunção da conduta.[207]

A solução para o debate é simples: reformar a legislação penal, passando o infanticídio a figurar como hipótese privilegiada de homicídio, ou seja, na estrutura típica do artigo 121. Assim, somente a mãe responderia pelo delito, evitando-se que pessoas não afetadas pelo estado puerperal (que deixaria de ser elementar do tipo) dele se beneficiassem. O anteprojeto de reforma da Parte Especial do Código Penal, contudo, manteve a atual redação.[208]

As dificuldades também surgem quando a mãe, sob a influência do estado puerperal, participa de forma acessória da morte do nascente ou do recém-nascido, ficando a execução a cargo de terceiros. É o exemplo da mãe que, logo após o parto e entorpecida pelo estado puerperal, instiga o obstetra a matar seu filho (limitando-se a isso, sem qualquer participação funcional na conduta). Qual seria a solução para o caso? Certamente o terceiro que mata a criança responde por homicídio. Não há que se falar em infanticídio, porque a conduta da mãe foi secundária, aderindo à conduta principal do executor. E a mãe cometeria qual delito? Em virtude da teoria monista adotada pelo Código Penal, na qual todos os envolvidos no delito responderão pelo mesmo crime, também deverá haver a imputação por crime de homicídio. Entretanto, a lesão ao princípio da proporcionalidade das penas é flagrante: se a mãe executa a morte do próprio filho, sob a influência do estado puerperal, estará sujeita a uma pena de 2 a 6 anos (pena cominada para o infanticídio); se apenas instiga outrem a matar seu filho, mesmo estando sob a influência do estado puerperal, poderá sofrer uma pena que varia de 6 a 20 anos (pena cominada ao homicídio, existindo, ainda, a possibilidade de responder pelo crime de homicídio qualificado, com pena de 12 a 30 anos, caso, por exemplo, o terceiro mate a criança por asfixia). Luiz Regis Prado defende que, no caso, não existe outra saída senão aplicar à mãe a pena mínima cominada ao homicídio, com a diminuição referente à participação de menor importância (artigo 29, § 1°, CP).[209] Não nos parece a melhor solução, vez que, no caso de infanticídio, a pena poderia ficar em apenas 2 anos de reclusão. Fernando Capez sustenta que, para

206 Posição defendida por Frederico Marques (op. cit., p. 153), entre outros.

207 JESUS, Damásio E. de. Op. cit., p. 112.

208 BORGES D'URSO, Luiz Flávio. *Anteprojeto da parte especial do código penal*. São Paulo: Juarez de Oliveira, 1999. p. 25.

209 PRADO, Luiz Regis. Op. cit., p. 82.

sanar a iniquidade, a mãe deve responder pelo infanticídio, mesmo aderindo à conduta homicida.[210] Para Damásio de Jesus, tanto a mãe quanto o terceiro responderiam por infanticídio. Evitar-se-ia a falta de proporcionalidade, e, ainda, seria preservada a aplicação do artigo 30 do CP.[211] Aqui há o inconveniente de se impor uma punição por um crime não cometido. Para a resolução da celeuma, parece-nos, deve ser aplicado o artigo 29, § 2º, do CP (cooperação dolosamente distinta). O dispositivo estabelece que, se um dos concorrentes quis participar de crime menos grave, a ele deve ser aplicada a pena do crime que tencionou cometer. Embora a vontade de ambos os concorrentes seja voltada ao resultado morte, não há como se negar que a mãe quis o resultado porque tinha seu estado anímico alterado, circunstância essa que não pode ser descartada quando se observa que crime pretendeu praticar. Por conseguinte, a pessoa que executa o delito comete homicídio e a mãe, infanticídio.

Apenas o nascente e o recém-nascido podem ser vítimas do crime de infanticídio. O tipo penal informa que a conduta deve ser praticada durante o parto (ou seja, contra o nascente) ou logo após (contra o recém-nascido). A conduta praticada antes do início do parto configura crime de abortamento.

4 Elementos objetivos, subjetivos e normativos do tipo

O crime de infanticídio consiste em "matar, sob a influência do estado puerperal, o próprio filho, durante o parto ou logo após". O núcleo do tipo ("matar") admitirá tanto a forma comissiva quanto a omissiva. É o exemplo da mãe que, sob a influência do estado puerperal e após ter dado à luz o seu filho em casa, não adota os procedimentos necessários para salvaguardar a vida da criança, tampouco procura auxílio médico, ocasionando a morte do recém-nascido. Trata-se, outrossim, de crime de forma livre, admitindo-se qualquer meio executório.

Estado puerperal é o elemento normativo do tipo de valoração extrajurídica, consistente em uma perturbação psicológica que obscurece a reflexão e enfraquece a vontade. Normalmente, adotado um critério fisiopsíquico, é determinado pela não adaptação à natalidade, seja por dificuldades econômicas, por problemas na vida conjugal ou por qualquer outro fator que torne o nascimento pouco desejado. A esses fatores se conjugam uma situação de estresse e os tormentos do parto, que podem desencadear o transtorno mental. Dificilmente o estado puerperal será verificado em parturientes que não tiveram problemas emocionais sérios durante a gravidez.[212]

---

210 CAPEZ, Fernando. Op. cit., p. 104.

211 JESUS, Damásio E. de. Op. cit., p. 113-114.

212 Assim lecionam Delton Croce e Delton Croce Jr. (op. cit., p. 473). De acordo com Hygino de Carvalho Hercules: "Os que adotam a influência fisiopsíquica admitem que as dores do trabalho de parto, o esforço para a expulsão do concepto e a perda sanguínea criam um estado de perturbação da afetividade de intensidade variável, capaz de, em alguns casos,

O estado puerperal não deve ser confundido com a "psicose toxinfecciosa puerperal, reconhecida por obstetras e psiquiatras, que se manifesta por um quadro de reações esquizofrênicas, acessos de melancolia, depressão ansiosa, autoacusação, ideias hipocondríacas, alucinações, delírios alucinatórios, impulsões mórbidas etc.".[213] Cuida-se, aqui, de doença mental, importando em inimputabilidade (artigo 26, CP). Não há, portanto, na psicose puerperal, crime de infanticídio. De igual forma, se a ocisão do filho for resultado de doença mental preexistente, a mãe não cometerá infanticídio, ficando sujeita à aplicação de medida de segurança (artigo 26, CP).

Ocorrerá o infanticídio quando a morte da criança guardar relação causal com o estado puerperal. Se a morte não foi determinada pela perturbação psíquica, mesmo havendo a influência do estado puerperal, o crime será homicídio. É necessário que haja perícia médico-legal para a comprovação do estado puerperal, não bastando a mera alegação da mãe de que se encontrava sob a influência desse estado.[214] Ou seja, o estado puerperal não é presumido, devendo ser constatado pericialmente. No entanto, se o exame médico-legal for inconclusivo, parece-nos correta a adequação da conduta ao preceituado no artigo 123 do CP.

---

transformar o sentimento normal de cuidados e proteção ao recém-nascido em sentimento de rejeição levado às últimas consequencias. Principalmente se a gravidez for ilegítima. A postura dessa corrente baseia-se na constatação de que é comum haver uma modificação de humor da parturiente logo após o parto, tanto para uma sensação de alívio como para tristeza e depressão, cuja intensidade varia de um para outro caso. A proposta do Código Penal de 1940 foi de deixar a possibilidade de que o parto e o estado emocional do pós-parto imediato teriam o potencial de, em alguns casos, criar o *animus necandi*" (*Medicina Legal*..., op. cit., p. 614).

213 CROCE Delton; CROCE JR., Delton. Op. cit., p. 469. Hygino de Carvalho Hercules: "Outra dificuldade de difícil transposição é a delimitação da fronteira entre a perturbação causada pelo estado puerperal e uma autêntica patologia mental capaz de gerar uma incapacidade de entendimento da ilicitude do ato. Ficando demonstrado que a puérpera estava em crise de surto psicótico, ou epilético, no momento da ação, configura-se a regra geral do artigo 26 do nosso Código, ou seja, ela seria declarada inimputável, não sendo possível atribuir-lhe uma pena, inclusive a do próprio infanticídio" (*Medicina Legal*..., op. cit., p. 615).

214 Contra: *RT*, 473/301. Sobre o tema se manifesta Hygino de Carvalho Hercules: "A avaliação dessa influência, em cada caso, seria tarefa do perito psiquiatra encarregado do exame da puérpera. Mas a maior dificuldade reside exatamente na determinação desse grau de influência. Em primeiro lugar, o exame é feito vários dias depois do parto, em condições totalmente diversas daquelas geradoras da perturbação do psiquismo. Em segundo lugar, o infanticídio é crime perpetrado, geralmente, sem a participação de outros agentes, em situação que não comporta testemunhas. O psiquiatra responsável pelo exame não tem acesso a informações sobre a atitude da parturiente durante ou logo após o parto, de modo que não pode apreciar até que ponto estaria o seu psiquismo abalado. Sua única fonte de elementos para o diagnóstico é o exame da paciente já fora da crise" (*Medicina Legal*..., op. cit., p. 614-615).

O tipo penal exige que a conduta ocorra durante o parto ou logo após. Durante o parto é o período compreendido entre a dilatação do colo do útero[215] e a expulsão da placenta,[216] que determina também o início do período "logo após o parto". Até que momento, entretanto, durará o "logo após"? A melhor posição preconiza que há delito de infanticídio enquanto perdurar o estado puerperal, não sendo fixado um termo final exato para a elementar "logo após". A avaliação deve ser feita no caso concreto, conforme ensina Hungria: "O que se faz essencial, porém, do ponto de vista jurídico-penal, é que a parturiente ainda não tenha entrado na fase da bonança e quietação, isto é, no período em que já se afirma, predominante e exclusivista, o instinto maternal".[217]

O crime de infanticídio é sempre doloso. A vontade do agente é dirigida a pôr termo à vida do nascente ou do recém-nascido. Não há modalidade culposa. Caso a mãe, sob a influência do estado puerperal, mate culposamente o próprio filho, durante o parto ou logo após, haverá crime de homicídio culposo. A influência do estado puerperal, nesse caso, é irrelevante. Assim, discordamos da posição de Damásio de Jesus, para quem a conduta é atípica.[218] Se a mãe agiu com falta de cuidado, causando um resultado objetivamente previsível, fica caracterizada a conduta culposa com resultado morte, caracterizadora do art. 121, § 3º.[219]

---

215 Sobre o tema, ver referências à objetividade jurídica no crime de homicídio.

216 Para Hygino, o término do parto se dá com a contenção da hemorragia decorrente do deslocamento placentário. Contudo, o autor afirma que, por ser um momento de difícil fixação, é melhor a determinação do encerramento do parto pelo critério da expulsão da placenta (*Medicina Legal...*, op. cit., p. 615).

217 *Comentários...*, op. cit., p. 265. Nesse sentido, Damásio E. de Jesus (*Direito penal...*, op. cit., p. 109); Delton Croce e Delton Croce Jr. (*Manual...*, op. cit., p. 473), Celso Delmanto (*Código penal...*, op. cit., p. 212); Fernando Capez (*Curso...*, op. cit., p. 101); Álvaro Mayrink da Costa (*Direito penal...*, op. cit., p. 158); E. Magalhães Noronha (*Direito penal...*, op. cit., p. 49). Bento de Faria entende que "logo após" se refere ao prazo de oito dias, correspondente ao tempo necessário para a queda do cordão umbilical (apud MIRABETE. *Manual...*, op. cit., p. 91-92). O Código Penal de 1890 fixava prazo certo para o reconhecimento do infanticídio (sete dias). Hygino de Carvalho Hercules (*Medicina Legal...*, op. cit., p. 615), depois de citar as experiências costarriquenha (prazo de três dias) e inglesa (um ano, estabelecido pelo *Infanticide Act*, de 1938), afirma que deve ser seguida a tradição romanística, baseada na expressão *sanguinolenti sunt recens nati*. Ou seja, depois que o neonato tem seu cordão umbilical cortado e amarrado e depois que seu corpo é limpo, não mais deve se admitir o infanticídio (o recém-nascido deve se apresentar ainda sanguinolento).

218 JESUS, Damásio E. de. *Direito penal...*, op. cit., p. 109. No mesmo sentido, Álvaro Mayrink da Costa (*Direito penal...*, op. cit., p. 159).

219 Nesse sentido, E. Magalhães Noronha (*Direito penal...*, op. cit., p. 52); Luiz Régis Prado (*Curso...*, op. cit., p. 86); Fernando Capez (*Curso...*, op. cit., p. 103); Júlio Fabbrini Mirabete (*Manual...*, op. cit., p. 92); Paulo José da Costa Jr. (*Comentários...*, op. cit., p. 381).

Caso a mãe, sob a influência do estado puerperal, mate filho de outrem, pensando se tratar do próprio filho, responderá por crime de infanticídio putativo (erro sobre a pessoa – artigo 20, § 3º, CP).

5 Consumação e tentativa

O crime de infanticídio se consuma com a morte daquele que era nascente ou recém-nascido à época da ação ou da omissão, ainda que o óbito ocorra depois de certo tempo. Cuida-se, portanto, de crime, material, de dano e instantâneo de efeitos permanentes.

A tentativa é perfeitamente admissível, pois o delito é plurissubsistente.

6 Distinção, concurso de crimes e concurso aparente de normas. Infanticídio e exposição ou abandono de recém-nascido

O infanticídio não se confunde com o crime de exposição ou abandono de recém-nascido com resultado morte (artigo 134, § 2º, CP). Neste, o resultado morte se opera a título de culpa. Cuida-se de crime preterdoloso. Não há a intenção do sujeito ativo em provocar a morte do recém-nascido, mas somente a vontade de criar, com a exposição ou com o abandono, uma situação de risco para a vítima (crime de perigo, pois há dolo de perigo).

Caso a mãe tenha a intenção, ao abandonar o recém-nascido, de matar a criança, agindo sob a influência do estado puerperal logo após o parto, haverá crime de infanticídio (nesse caso, há dolo de dano, não havendo a aplicação do artigo 134, § 2º, do CP).

O mesmo vale para o confronto entre os artigos 123 e 133 do CP (infanticídio e abandono de incapaz). O abandono de incapaz também pode ter como vítima um recém-nascido, sendo certo que a diferença entre ele e o delito previsto no artigo 134 é que este é sempre praticado *honoris causa*, o que não é exigido no artigo 133.

No que tange ao homicídio, a já propalada distinção informa que, se o crime é cometido pela mãe, agindo sob a influência do estado puerperal, haverá a aplicação da menos severa norma do artigo 123. Ausentes esses elementos, caracterizado estará o homicídio.

Se a mãe pratica outros atos de violência contra pessoas diversas para alcançar o resultado almejado, como lesões corporais em pessoas que acorrem em defesa do recém-nascido, ocorrerá concurso de delitos.

O aborto, ao seu turno, se distingue do infanticídio principalmente no que se refere às condições da vítima. Caso seja um ser em formação (embrião ou feto), haverá aborto. Iniciado o parto e presentes as outras elementares do artigo 123, o caso é de infanticídio.

A ocultação ou destruição do cadáver da criança para encobrimento do delito permite o concurso material de delitos entre o artigo 123 e o artigo 211, ambos do CP.

7 Pena e ação penal

O agente do crime de infanticídio está sujeito à pena de 2 a 6 anos. Não se aplicam ao delito as circunstâncias agravantes previstas no artigo 61, II, *e* (crime praticado contra descendente) e *h* (crime praticado contra criança), do CP, pois tais circunstâncias são pressupostos do infanticídio. O agravamento da pena importaria *bis in idem.*

A ação penal é pública incondicionada. Cuida-se de procedimento da competência do Tribunal do Júri.

IV - ABORTO (ARTIGOS 124 A 128, CP)

1 Introdução

Aborto, em seu conceito jurídico-penal, "é a interrupção voluntária da gravidez, com a morte do produto da concepção".[220] Etimologicamente, o ato de abortar é chamado de abortamento. Aborto é o resultado do abortamento, o produto morto. Juridicamente, todavia, deu-se o *nomen juris* de aborto à conduta abortiva.

Não há, na medicina, um conceito único para o aborto. Para a obstetrícia, aborto é a interrupção da gravidez até a 21ª semana de gestação. Se a interrupção ocorre entre a 22ª e a 28ª semanas de gravidez, há o que se chama de parto imaturo. Daí até a 37ª semana, há o parto prematuro. Ou seja, para a obstetrícia, só há aborto na inviabilidade da vida extrauterina. O conceito médico-legal, entretanto, não faz distinção entre aborto, parto imaturo e parto prematuro, bastando que haja a extinção do concepto antes do início do parto para o reconhecimento do aborto.[221] É desse conceito que se servirá o direito penal.

O aborto pode ser natural, acidental ou provocado. Natural ou espontâneo, quando ocorre pela inviabilidade natural do produto da concepção (anomalias no espermatozoide, vícios de posição, alterações endometriais etc.). Acidental, quando decorrente de um trauma não desejado. Provocado, quando há a vontade de abortar e o abortamento não acontece natural ou acidentalmente.

Somente o aborto provocado merecerá a atenção do direito penal, podendo ser subdividido em criminoso e legal (ou permitido), como será estudado mais à frente. O aborto acidental é um indiferente penal, já que não há a previsão da interrupção culposa da gravidez (salvo no caso específico da lesão corporal seguida de aborto - artigo 129, § 2º, V -, em que o trauma é voluntário, mas o aborto, embora previsível, não é desejado).

---

220 MARQUES, José Frederico. *Tratado...*, op. cit., p. 161.

221 CROCE, Delton; CROCE JR., Delton. *Manual...*, op. cit., p. 439-440.

A incriminação do aborto, historicamente, teve marcada influência filosófica, teológica e moral, recebendo os mais diversos tratamentos. Assim, "passou-se por todos os extremos em matéria de repressão, sendo ele sucessiva ou concomitantemente liberado ou punido, duramente castigado, inclusive com a morte, ou castigado de forma mitigada".[222] Na antiguidade clássica, não se punia o aborto, pois o produto da concepção era considerado parte integrante do corpo materno, podendo a gestante livremente dele dispor, ainda que, na Grécia, Hipócrates tenha se insurgido contra o fato ("a nenhuma mulher darei substância abortiva"). Foi com o cristianismo que a punição do aborto se disseminou, embora se defendesse, conforme lecionava Santo Agostinho, que só haveria crime quando o concepto fosse dotado de alma (de 40 a 80 dias após a fecundação). No Brasil, o Código Penal do Império (1830) não punia o autoaborto, que começou a ser sancionado com o Código Penal de 1890. Hodiernamente, há legislações que são mais severas no tratamento do aborto, permitindo o ato somente em situações extremas (Código Penal brasileiro, *v. g.*) e outras mais liberais, permitindo que a gestante opte por interromper ou não a gravidez.[223]

Há quem discorde da colocação do crime de aborto no rol dos crimes contra a pessoa, mais especificamente dentre os crimes contra a vida. Nesse sentido, encontramos a posição de Luiz Cláudio Spolidoro, para quem o nascituro não tem direito à vida, já que não é sujeito de direitos. Como se sabe, somente pessoas são sujeitos de direitos, e a lei civil condiciona a personalidade ao nascimento com vida. Arremata o jurista informando que o legislador incide em erro ao confundir os conceitos biológico e jurídico de vida, este último determinado pelo Código Civil.[224] Discordamos do posicionamento. Para fins penais, é induvidoso que houve a adoção do conceito biológico de vida, o que não causa espanto, pois, em inúmeras situações, os conceitos penais são diversos daqueles esposados pelo direito civil (como no caso da definição de bem móvel, a ser estudada no crime de furto), não incorrendo o legislador em equívoco. O homicídio, a título de exemplo, crime contra a vida por excelência e indiscutivelmente crime contra a pessoa, não depende do nascimento com vida para ocorrer, bastando que haja o início do parto. Aliás, sobre o tema, manifestou-se com a habitual clareza Hungria: "O Código classifica o aborto entre os crimes contra a vida, que são uma subclasse dos crimes contra a pessoa. É um critério acertado. Não se pode negar que o feto seja, pelo menos,

222 SENISE FERREIRA, Ivette in *Enciclopédia Saraiva do Direito*. São Paulo: Saraiva, v. 1, 1977. p. 455.

223 COSTA JR., Paulo José da. *Comentários...*, op. cit., p. 383.

224 AMERISE SPOLIDORO, Luiz Cláudio. *O aborto e sua antijuridicidade*. São Paulo: Lejus, 1997. p. 24. Nesse sentido se posicionam Cuello Calón, Jimenez de Asúa, Ranieri e Manzini (citados na *Enciclopédia Saraiva do Direito*, v. 1, p. 457).

uma *spes personae*".[225] O autor cita, ainda, as palavras de Carrara: "cremos que se pode discutir fisiologicamente se há vida (no feto) distinta da vida materna, e deixamos que os médicos discorram sobre este particular. Para nós, basta que haja uma vida, digna de ser respeitada e protegida por si mesma, independentemente do que respeita à família. [...] Não é, de modo algum, incerto que o feto seja um ser vivente: impossível negá-lo quando, cada dia, a gente o vê crescer e vegetar. Que importa, pois, definir fisiologicamente tal vida? Admita-se que seja uma vida agregada, acessória a outra vida, da qual um dia se destacará para viver por conta própria. Mas que se trata de um ser vivo, não se pode negar; e assim, nessa vitalidade presente, acompanhada da probabilidade de uma vida futura independente e autônoma, encontra-se suficientemente a objetividade do crime de quem, perversamente, a destrói [...] Para nós, portanto, o feto no útero vive, e não nos interessa definir fisiologicamente a índole de tal vida, pois não é possível que o feto esteja ali dentro como um corpo morto".[226] Perceba-se que não se está aqui a discutir se o nascituro é ou não uma pessoa, tema sobre o qual há posições diversas.[227] Mas apenas o fato de nele se reconhecer a existência de vida já é suficiente para o acerto da posição topológica dessa categoria de delitos.

O Código Penal pátrio cuidou do aborto nos artigos 124 a 128, arrolando as hipóteses de aborto criminoso e permitido da seguinte forma:

(a) Aborto criminoso - artigos 124 a 127 - a.1. autoaborto (artigo 124, 1ª parte); a.2. aborto consentido (ou consentimento para o aborto - artigo 124, 2ª parte); a.3. aborto provocado por terceiro sem o consentimento da gestante (artigo 125); a.4. aborto provocado por terceiro com o consentimento da gestante (artigo 126); a.5. causas especiais de aumento de pena (artigo 127).

(b) Aborto permitido - artigo 128 - b.1. aborto terapêutico ou necessário (artigo 128, I); b.2 aborto sentimental ou humanitário (artigo 128, II). Não se mencionou nessa classificação o caso do feto anencefálico porque não é uma hipótese expressamente prevista no CP e, além disso, decidiu o STF que sequer é uma situação de aborto, mas de interrupção terapêutica da gravidez por inexistir vida no produto da concepção (ADPF nº 54).

---

225 HUNGRIA, Nélson. *Comentários...*, op. cit., p. 248. É a posição dominante na doutrina brasileira, sintetizada com precisão por Ivette Senise Fereira: "[...] ainda que não se possa falar, no caso, de vida em sentido próprio, o produto da concepção não deixa de ser dotado de vida intra-uterina ou biológica, que também é vida, em sentido genérico" (*in Enciclopédia Saraiva do Direito*, v. 1, p. 458).

226 CARRARA, apud HUNGRIA, Nelson. *Comentários...*, op. cit., p. 249.

227 Quanto ao embrião, há quem acredite se tratar de uma pré-pessoa; defende-se, ainda, sua natureza de pessoa potencial; e, para outros, é um potencial de pessoa (HOGEMANN, Edna Raquel. *Bioética, Alteridade e o Embrião Humano*. Rio de Janeiro: Editora Multifoco, 2015). Inegavelmente, porém, o nascituro - seja pessoa ou não - é penalmente protegido, de modo que essa discussão perde, em princípio, relevância em nosso estudo.

2 Objetividade jurídica

Tutela-se a vida humana intrauterina ou dependente, ou seja, a vida da pessoa cujo parto ainda não se iniciou. Como já visto, a provocação da morte do nascente (isto é, a morte da pessoa que já começou a nascer) ou do recém-nascido acarretará punição por crime de homicídio ou infanticídio.

Sendo certo que a vida intrauterina termina com o início do parto (dilatação do colo do útero ou rotura do saco amniótico, dependendo da tese esposada), é mister a determinação do momento em que ela se inicia. Sobre o tema, encontramos várias teorias, a saber:

(a) Teoria da concepção (critério celular ou visão genética) - para os partidários desta teoria, a vida se inicia com a fecundação (fusão entre o espermatozoide e o óvulo, formando o zigoto), ocasião em que se origina um ser dotado de características genéticas próprias.[228] De acordo com Guillermo Cabanellas, "*la realidad es que a partir del momento mismo de la fecundación hay, al menos en potencia, una persona humana, la que tiene existencia y a la que se reconocen derechos*".[229] Dentro desta teoria, encontramos duas subteses: a.1 - tese da singamia, para a qual basta que o gameta masculino penetre no óvulo, momento em que irreversivelmente acontece a criação de um novo indivíduo; a.2 - tese da cariogamia, que exige a fusão dos pronúcleos dos gametas (12 a 24 horas depois da fertilização) e o consequente início de suas mitoses. Deve ser ressaltado que somente depois da fusão dos pronúcleos haverá a junção entre os cromossomos transportados pelo espermatozoide e aqueles armazenados pelo óvulo, surgindo o genoma humano. O Pacto de São José da Costa Rica (Convenção Americana de Direitos Humanos), do qual o Brasil é signatário e que produz regulares efeitos em nosso sistema jurídico desde 1992 (Decreto nº 678/1992), em seu artigo 4º, I, fala que a vida deve ser protegida desde a concepção. Ou seja, a fecundação seria vista pelo tratado como o termo inicial da vida intrauterina. Hoje, discute-se se os tratados internacionais sobre direitos humanos aprovados antes da EC nº 45/2004 têm posição hierárquica supralegal ou constitucional no ordenamento jurídico interno. Sufragando a primeira posição, temos o voto do Min. Gilmar Mendes no RE nº 466.343/SP; defendendo a segunda, o voto do Min.

---

228 Nesse sentido, José Frederico Marques (*Tratado...*, op. cit., p. 167); Nélson Hungria (*Comentários...*, op. cit., p. 253); Damásio E. de Jesus (*Direito penal...*, op. cit., p. 118); Paulo José da Costa Jr. (*Comentários...*, op. cit., p. 383); Fernando Capez (*Curso...*, op. cit., p. 107); Julio Fabbrini Mirabete (*Manual...*, op. cit., p. 94); Delton Croce e Delton Croce Jr. (*Manual...*, op. cit., p. 442).

229 CABANELLAS, Guillermo. *El aborto*. Buenos Aires: Atalaya, 1975, p. 150.

Celso de Mello no HC nº 87.585-8/TO.[230] Todavia, independentemente do status da convenção, ela pode versar sobre matéria penal, razão pela qual resta demonstrada a sua relevância na compreensão do tema. Maria Patrícia Vanzolini, apesar de referendar a teoria da concepção, com muita propriedade afirma que o Pacto de São José não serve para estancar a celeuma. Isso porque o seu artigo 4º fala que a proteção à vida, *em geral*, se dá desde o momento da concepção. Essa expressão ("em geral") significa que outros critérios podem ser adotados em casos específicos.[231] Interessa assinalar o voto do Min. Carlos Ayres Britto (STF), proferido quando do julgamento da ADI nº 3510/DF (que decidiu pela constitucionalidade das pesquisas com células-tronco), ao afirmar que "o início da vida humana só pode coincidir com o preciso instante da fecundação de um óvulo feminino por um espermatozoide masculino". Entretanto, o Ministro vinculou o reconhecimento da existência de vida legalmente protegida à implantação do concepto no útero materno (assim, em caso de concepção natural, o início da vida - legalmente tutelada - se dá com a fecundação; se o óvulo é fecundado em laboratório, com a sua efetiva implantação). Roxin, pronunciando-se sobre o tema, primeiramente reconhece a vida desde a concepção ("É inquestionável que, com a união do óvulo e do espermatozoide, surge uma forma de vida que já carrega em si todas as disposições para tornar-se um homem futuro"), para em seguida defender o aborto condicional: "se a vida daquele que nasceu é o valor mais elevado do ordenamento jurídico, não se pode negar à vida em formação qualquer proteção; não se pode, contudo, igualá-la por completo ao homem nascido, uma vez que o embrião se encontra somente a caminho de se tornar um homem, e que a simbiose com o corpo da mãe pode fazer surgir colisões de interesse que terão de ser resolvidas através de ponderações".[232] Discordamos da teoria da concepção (embora já tenhamos a abraçado) por um motivo singelo: até o 14º ou 15º dia depois da concepção, o zigoto ainda pode dar origem a mais de um embrião. Ora, não há, então, que se falar em patrimônio genético individual (não existe, ainda, um ser individualizado, a menos que se considere que gêmeos são a mesma pessoa). Na Inglaterra, o Relatório *Warnock* (*Report Of The Committee Of Inquiry Into Human Fertilisation And Embriology*), de 1984, se pronunciou favoravelmente

230 GOMES, Luiz Flávio. MAZZUOLI, Valério de Oliveira. *Comentários à Convenção Americana sobre Direitos Humanos*. 2. ed. São Paulo: Editora Revista dos Tribunais, 2009. p. 15.

231 BRITO, Alexis Augusto Couto de. VANZOLINI, Maria Patrícia (coordenação). *Direito Penal – Aspectos Jurídicos Controvertidos*. São Paulo: Quartier Latin, 2006. p. 273.

232 *Estudos...*, op. cit., p. 165-171.

à experimentação científica em embriões não implantados, desde que ocorresse até o 14º dia após a fecundação. A escolha desse paradigma, consoante Edna Raquel Hogemann, se deu em virtude de questionamentos sobre a individualidade e unicidade do embrião. Explica Hogemann: "(...) é neste prazo que o zigoto pode vir a desdobrar-se em duas ou três partes idênticas, dando origem a gêmeos ou trigêmeos monozigotos. O argumento está fundado no fato de que até então não seria possível falar no embrião como indivíduo, pois que estaria indefinida a própria existência de apenas um ser humano. Além disso, aos 14 dias, aparece a primeira característica anatômica, a chamada 'linha primitiva', no lugar onde a coluna vertebral vai desenvolver-se mais tarde. A essa altura, é provável que o embrião não seja consciente, nem sinta dor".[233] Deve ser considerado, ainda, que boa parte dos óvulos fecundados são naturalmente expelidos pelo organismo materno, mostrando-se, portanto, inviáveis à geração de uma pessoa. Como defender a existência de crime contra a vida se não há viabilidade no desenvolvimento desse bem jurídico?

(b) Teoria da nidação (do pré-embrião, ou embriológica, ou da individualização) – nidação (ou nidificação) é o processo de fixação do zigoto na mucosa do útero, através de sua cobertura pelas células do endométrio. É a partir deste momento que começam a se desenvolver as estruturas embrionárias, tais como placenta, saco amniótico e cordão umbilical. A nidação se completa por volta do 14º dia de gestação e, desde então, não há mais a possibilidade de desenvolvimento de gêmeos monozigóticos.[234] Também é nessa época que ocorre o surgimento do primeiro tecido nervoso, o que, para os defensores da teoria, entre os quais nos incluímos, caracteriza a individualização da vida. Maria Patrícia Vanzolini critica essa posição, afirmando que ela se vale muito mais de argumentos de política criminal do que científicos. De acordo com a autora, a teoria da nidação resolve problemas práticos, tais como o tratamento dado aos embriões fecundados *in vitro* e o uso de contraceptivos que atuam após a fecundação, como a pílula do dia seguinte e somente por isso alcançou a sua difusão atual.[235] Pensamos que se trata de uma visão estreita sobre a ciência, que admite nuances além do apego ferrenho à concepção. Frise-se que o conceito de vida é muito mais

233 HOGEMANN, Edna Raquel. *Bioética...* op. cit.

234 Adotam essa teoria Celso Delmanto (*Código penal...*, op. cit., p. 215); Ney Moura Teles (*Direito penal...*, op. cit., p. 172-173); Alberto Silva Franco (Aborto por indicação eugênica. In: *Estudos jurídicos em homenagem a Manuel Pedro Pimentel*. São Paulo: Revista dos Tribunais, 1992, p. 86-87).

235 *Direito Penal...*, op. cit., p. 578-582.

metafísico – e, portanto, filosófico – do que científico, de modo que taxar a teoria da nidação como anticientífica é colocar concepções morais como verdades científicas, o que é um equívoco. Com a concepção há o começo de processos biológicos que alguns identificarão como o surgimento da vida; outros não, mormente aqueles que traçam um paralelo entre vida e individualidade. Saliente-se, nessa esteira, que nem todo processo biológico tem aptidão para gerar um indivíduo, como ocorre na gravidez anembrionária, em que há a concepção e o início da divisão celular, que não culminam, no entanto, no surgimento de um indivíduo, pois não há desenvolvimento embrionário (gera apenas um saco gestacional vazio).

(c) Teoria fenotípica – somente há vida a partir do momento em que o concepto adquire aparência humana, o que coincide com a formação rudimentar dos órgãos, dando-se por volta da 6ª semana de gestação. Tal tese carece de embasamento, pois não é o fenótipo que confere o atributo da humanidade a alguém.

(d) Teoria da atividade encefálica (ou neurológica) – a vida tem início com o registro de ondas eletroencefalográficas (tronco cerebral). O raciocínio parte de uma premissa simples: se a morte é caracterizada pela ausência de atividade encefálica, é também esta atividade que deve caracterizar a vida. Discordamos: na morte encefálica, não há mais viabilidade de recuperação autônoma do suporte vital, isto é, chega-se a um ponto de não retorno; no embrião, ainda que a atividade encefálica não exista, ela irá se desenvolver. Nas palavras de Maria Patrícia Vanzolini: "A morte cerebral marca o momento da morte do indivíduo porque indica o fim de toda a vida de relação, não só com o mundo externo, mas também com o próprio corpo, fase terminal de um processo vital dinâmico, ao qual se segue a lenta desintegração do indivíduo. A situação do embrião em desenvolvimento é completamente distinta. Aqui se dá uma intensa vida de relação entre as células, tecidos e órgãos, mantida por uma contínua, intensa e coordenada geração de células nervosas. Está portanto claro que no embrião em formação a atividade encefálica, embora não operante, irá logo desenvolver-se, motivo pelo qual a situação na qual se encontra em nada pode ser igualada à morte".[236]

(e) Teoria ecológica – é marcada pela viabilidade de vida extrauterina, o que ocorre por volta da 20ª semana. Foi a teoria adotada pela Suprema Corte estadunidense, no julgamento do caso *Roe vs. Wade* (1973), em que se assentou que a proteção jurídica só era oferecida aos fetos entre

236 Idem, *ibidem*, p. 277.

24 e 28 semanas de gestação. Antes disso, haveria somente o interesse de sustentar a saúde materna, inclusive através da prática abortiva, se necessário. De acordo com George Marmelstein: "No referido caso, a Suprema Corte norte-americana autorizou, por 7 votos a 2, a prática do aborto em determinadas situações. Basicamente, ficou decidido que: (1) os Estados possuem interesses legítimos em assegurar que a prática do aborto não coloque em risco a vida da mulher; (2) o direito à privacidade abrange o direito de a mulher decidir se interrompe ou não a gravidez; (3) o direito de interromper a gravidez não é absoluto, podendo ser limitado pelos interesses legítimos do Estado em manter padrões médicos apropriados e em proteger a vida humana em potencial; (4) o embrião não está incluído na definição de 'pessoa', tal como usada na Décima Quarta Emenda; (5) antes do fim do primeiro trimestre da gravidez, o Estado não pode interferir na decisão de abortar ou não; (6) ao fim do primeiro trimestre até o período de tempo em que o feto se tornar viável, o Estado pode regular o procedimento do aborto somente se tal regulação se relacionar à vida ou da saúde da mãe; (7) a partir do momento em que o feto se tornar viável, o Estado pode proibir o aborto completamente, a não ser naqueles casos em que seja necessário preservar a vida ou a saúde da mãe".[237] Posteriormente a este julgamento, tendências mais conservadoras levaram a Suprema Corte a buscar restringir as hipóteses de aborto (por exemplo, caso *Webster vs. Missouri Reproduction Services*, em que se reconheceu a constitucionalidade de uma lei que impedia a prática de abortos em instalações públicas; e caso *Planned Parenthood vs. Casey*, em que passou-se a admitir a proibição do aborto antes do terceiro trimestre, desde que demonstrada a viabilidade da vida independente. Os críticos desta posição sustentam que sua aplicação é assaz dependente dos recursos médicos e hospitalares disponíveis, pecando pela excessiva indeterminação.

Além dos entendimentos expostos, existem outros menos cotados, por exemplo: teoria metabólica (não existe um momento inicial da vida, pois mesmo os gametas – espermatozoide e óvulo – podem ser considerados vivos); teoria cardíaca (defende que a vida se inicia quando principiam os batimentos do coração); teoria da senciência (só há vida quando o concepto reage a estímulos de dor e pressão); teoria da animação (a vida surge quando os movimentos fetais são percebidos pela mãe); teoria da natividade (a vida começa com o nascimento, pois o nascituro é parte do organismo materno); e teoria

237 *Curso...*, op. cit., p. 89.

do "ser moral" (só há vida quando a criança desenvolve uma linguagem para comunicar as suas vontades), entre outras.[238]

Não há crime de aborto na interrupção da gravidez extrauterina e da gravidez molar. No primeiro caso, também conhecido por gravidez ectópica, a gravidez se desenvolve fora da cavidade uterina, com a instalação do concepto nas porções ampolar, ístimica ou tubariana, ou no ovário, ou no abdômen. Nesses casos, não há condições para o desenvolvimento da vida, não ocorrendo o crime de aborto na intervenção cirúrgica para a remoção do embrião. A gravidez molar é "a degeneração vascular ou hidática do ovo".[239] Há a presença da mola hidatiforme, um ovo inviável formado pelo embrião e pelo trofoblasto, que não chega a constituir um ser vivente. Não havendo vida, a remoção da mola não constitui crime de aborto. Como já dito, também não há aborto na gravidez anembrionária ou anembrionada.

Além da vida do nascituro, nos crimes de aborto provocado por terceiro com ou sem o consentimento da vítima, também são tuteladas vida, integridade corporal e saúde da gestante. Aliás, essa proteção à gestante fica bem clara nas hipóteses de aborto permitido. Não há a tutela, entretanto, no autoaborto e no consentimento para o aborto, pois o direito penal pátrio não pune a autolesão.

O objeto material do aborto é, em regra, o nascituro. Excepcionalmente, a gestante.

3 Sujeitos do delito

O sujeito ativo dos crimes de autoaborto e aborto consentido (artigo 124, 1ª e 2ª partes, CP) sempre será a gestante. Ambos admitem participação em sentido estrito, mediante a aplicação da regra do artigo 30 do CP. Casos, por exemplo, da pessoa que instiga a gestante a praticar o aborto em si mesma, ou do sujeito que induz a gestante a consentir com aborto provocado por terceiro. Não é possível a coautoria no artigo 124, pois, para o terceiro que participa da execução de um aborto, há a tipificação autônoma da conduta nos artigos 125 e 126 do CP. O autoaborto e o aborto consentido são, portanto, delitos de mão-própria.

Nos crimes de aborto provocado por terceiro com ou sem o consentimento da vítima (artigos 125 e 126 do CP), o sujeito ativo pode ser qualquer pessoa, salvo a gestante, que cometerá crime de autoaborto ou de aborto consentido.

Questão instigante diz respeito ao agente que participa, de forma acessória e em um mesmo contexto, tanto da conduta praticada pela gestante, quanto daquela atribuída ao terceiro que executa o aborto. Por exemplo, *A*, morador

---

238 Absteremo-nos de comentar as reflexões teológicas sobre o tema, muitas vezes carregadas de um misticismo exacerbado, pois não se coadunam com a laicidade estatal.

239 CROCE, Delton; CROCE JR., Delton. *Manual...*, op. cit., p. 420.

de um município isolado, ao saber que a namorada *B* está grávida, instiga a gestante ao aborto. Depois de convencê-la e obter o seu consentimento, *A* procura a parteira *C*, induzindo-a a executar a intervenção. *C*, assentindo com a proposta, interrompe a gestação de *B*. Sem dificuldades, percebe-se que *B* cometeu crime de consentimento para o aborto (artigo 124, 2ª parte, do CP) e *C* será responsabilizada por aborto provocado com consentimento da gestante (artigo 126 do CP). *A*, ao seu turno, participou tanto da conduta de *B*, quanto da conduta de *C*. Como fica sua situação jurídico-penal? É evidente que não pode responder pelos dois crimes, uma vez que ambos são dirigidos ao mesmo resultado (impor-lhe o concurso de infrações penais acarretaria dupla punição pelo mesmo fato). Destarte, quer nos parecer que *A* será punido apenas pelo artigo 126 do CP, crime mais grave, que absorverá a participação no consentimento para o aborto.

O sujeito passivo de todos os delitos é o nascituro,[240] ou seja, a pessoa potencial (ou potencialidade de pessoa, ou pré-pessoa) com vida intrauterina. Nos crimes de aborto provocado por terceiro, a gestante também será vítima do crime.

4 Elementos objetivos, subjetivos e normativos do tipo

A conduta incriminada nos artigos 124 a 126 do CP é provocar aborto, significando causar a interrupção da gravidez pela morte do nascituro. No artigo 124, 2ª parte, encontramos, ainda, a conduta de consentir (a gestante) com o aborto provocado por terceiro.

O aborto pode ser praticado tanto por ação como por omissão (imprópria, nunca na omissão própria). Admite qualquer meio executório, constituindo, destarte, crime de forma livre. A doutrina costuma elencar os meios executórios da seguinte forma: (a) meios físicos – mecânicos (curetagem, *v. g.*), térmicos (como a aplicação de bolsas de água quente no ventre) e elétricos (corrente galvânica ou farádica, por exemplo); (b) meios químicos – atuam por intoxicação, sendo chamados de substâncias abortivas (*v. g.*, o uso de fósforo); ou (c) meios psíquicos – atuam moralmente (exemplos do susto, do terror etc.).

A configuração do crime de aborto independe da expulsão do concepto do ventre materno. Em diversos casos, o organismo da gestante absorve o produto

240 Há quem entenda de forma diferente. Mirabete, embora afirmando que o bem jurídico tutelado no crime de aborto é a vida do nascituro, diz que o sujeito passivo é o Estado ou a comunidade nacional. Esclarece o autor que o nascituro não é titular de direitos (artigo 2º, CC), não podendo figurar como vítima do crime em questão (*Manual...*, op. cit., p. 94). Na mesma esteira, Paulo José da Costa Jr. (*Comentários...*, op. cit., p. 384). Luiz Régis Prado, acertadamente, refuta a tese, afirmando que a vida humana não é um bem jurídico coletivo, mas individual. Ressalta, ainda, que o interesse estatal na proteção dos bens jurídicos tutelados pelo direito penal sempre existirá e nem por isso o Estado é arrolado como sujeito passivo de todos os delitos (*Curso...*, op. cit., p. 95).

da concepção morto, processo conhecido por autólise. Em outras ocasiões, o produto da concepção se calcifica, formando o litopédio. Pode o nascituro, ainda, sofrer processo de mumificação ou de maceração. Não é, portanto, expelido. Pouco importa. Ainda assim persistirá a incriminação do aborto.

Por óbvio, se o nascituro já estiver morto antes da utilização de manobras ou meios abortivos, não há crime por absoluta impropriedade do objeto (artigo 17 do CP; pode ocorrer eventual crime de lesão corporal contra a gestante). Da mesma forma, se o meio for inócuo, o crime é impossível, de forma que rezas, simpatias ou congêneres não podem ser tidos como meios abortivos (salvo se houver, por exemplo, a ingestão de substâncias abortivas).

O tipo subjetivo é composto pelo dolo, ou seja, pela vontade de provocar a interrupção da gravidez pela morte do nascituro. Não existe crime de aborto culposo.[241] Se a gestante não percebe que determinada conduta descuidada

241 Nesse ponto, merece destaque a questão levada ao conhecimento do STF, no HC 95.068/CE, assim reproduzida no Informativo nº 539, *verbis:* "A Turma deferiu, em parte, habeas corpus impetrado contra decisão monocrática de Ministro do STJ que mantivera a pronúncia do paciente pela suposta prática de aborto provocado sem o consentimento da gestante. Na espécie, o paciente atendera, durante 2 vezes na mesma noite, grávida de 9 meses que se dirigira à instituição hospitalar em que ele se encontrava de plantão, queixando-se de dores do parto. Após examiná-la, o paciente constatara falso trabalho de parto e recomendara o regresso da gestante a sua casa. Ao amanhecer, esta retornara ao hospital, sendo novamente recebida pelo paciente, que a encaminhara para a realização de parto cesariano. Tendo em conta que o paciente havia encerrado seu turno, a cirurgia fora feita por outro médico que assumira o plantão, o qual retirara o feto, que já estava sem vida, em decorrência de sofrimento fetal. O Ministério Público estadual oferecera, então, denúncia contra o paciente, sustentando que a sua conduta omissiva teria sido determinante para a morte fetal, haja vista a demora na realização do parto. Concluída a instrução, o paciente fora impronunciado, ante a ausência de indícios suficientes de prática de conduta dolosa. Essa decisão, contudo, fora reformada pela Corte estadual que, ao prover recurso da acusação, concluíra que a dúvida acerca da culpabilidade do agente militaria contra ele (princípio *in dubio pro societate*), sendo a pronúncia mantida pelo STJ, o que ensejara o presente habeas corpus. Inicialmente, salientou-se que o legislador, atento ao fato de o tribunal do júri ser um foro de natureza política, sem compromisso com a técnica jurídica, estabeleceu, no Código de Processo Penal, rito bifásico para que a essa instância só sejam remetidos aqueles casos em que haja fortes indícios da prática de crime doloso contra a vida. Dessa forma, o princípio *in dubio pro societate* deve ser interpretado com reservas e, para que exista pronúncia, é necessária a existência de indícios de que a conduta do acusado foi dolosa, para que se fixe a competência do aludido tribunal. Na situação dos autos, aduziu-se que o acervo probatório seria insuficiente para se chegar a conclusões convincentes sobre a autoria, haja vista que não realizados exames essenciais à elucidação da causa mortis do feto. Ademais, os depoimentos indicariam que a gestante tivera gravidez normal; que o feto fora auscultado, pelo paciente, por 2 oportunidades naquela noite, ostentando boa saúde; que não haveria indicativos de trabalho de parto até o princípio da manhã seguinte; que pareceres técnicos teriam informado ser raro ocorrer sofrimento fetal quando a gravidez transcorre normalmente, além de outros temas que só poderiam ser apreciados pelo juízo competente. Do exposto, entendeu-se que não houvera dolo na conduta do paciente, porquanto ele não se mostrara indiferente, atendendo a gestante e acreditando que aquelas ocasiões em que procurado não seriam as

pode acarretar a morte do nascituro, praticando-a com o consequente óbito do concepto, o fato é atípico. O aborto culposo provocado por terceiro só será punido se precedido de lesão corporal dolosa contra a gestante. Assim, *v. g.*, se alguém, culposamente, provocar um acidente que lesione a gestante, causando o aborto, responderá somente por lesão corporal culposa (artigo 129, § 6º, CP). Se o terceiro lesionar intencionalmente a gestante, provocando o resultado aborto culposo, a conduta será tipificada como lesão corporal qualificada (gravíssima - artigo 129, § 2º, V, CP).

No caso de homicídio (ou latrocínio, ou extorsão com resultado morte etc.) praticado contra uma gestante, o agente responderá também, em concurso formal, pelo crime de aborto, caso ocorra a ocisão do nascituro, pois certamente tinha o dolo de causar a sua morte (pensamos, inclusive, que se trata de dolo direto de primeiro ou segundo grau, dependendo do caso concreto). Não se dando a morte do feto em virtude de imediata intervenção médica, ainda assim haverá homicídio e aborto, mas o último crime existirá na forma tentada. Óbvio que a condição peculiar da gestante deve ingressar na esfera de conhecimento do sujeito ativo.

5 Consumação e tentativa

Ocorre a consumação do crime de aborto com a morte do nascituro. Cuida-se de crime material, de dano e instantâneo de efeitos permanentes. Mesmo no aborto consentido ou consentimento para o aborto ("...consentir que outrem lho provoque"), exige-se o resultado morte para a configuração do crime. Embora o núcleo do tipo seja "consentir", a este verbo é agregado um complemento que exige a efetiva provocação do aborto.

É necessário que a consumação ocorra dentro do ventre materno para a configuração do aborto? Ou basta que a conduta se dê em face da vida intrauterina? Magalhães Noronha cita o caso do sujeito que, querendo matar uma mulher grávida, desfere nove facadas no seu ventre, lesionando também nascituro. A gestante sobrevive e, dias depois, nasce a criança, que, após dez dias, falece em razão das lesões causadas pela faca. O jurista conclui que o sujeito ativo praticou crime de tentativa de homicídio contra a mulher e de homicídio contra o nascituro. Defendendo sua tese, expõe o autor: "O sujeito

---

mais adequadas à realização do parto. Assim, se agira com negligência ou até mesmo com imperícia, não se poderia concluir que quisesse produzir o resultado morte ou que a ele se mostrasse indiferente, o que afastaria cogitar-se de dolo eventual. No ponto, asseverou-se que, ainda que se reconhecesse a existência de indícios de autoria, estes revelariam, no máximo, a prática de delito culposo, o que implicaria o afastamento da competência do tribunal do júri, já que o crime de aborto não admite tal modalidade. Ordem concedida para afastar o cometimento do crime de aborto e determinar o encaminhamento dos autos ao juiz de primeiro grau a fim de decidir como entender adequado" (rel. Min. Carlos Ayres Britto, julg. em 17/03/2009).

ativo quis matar o feto, mas, a agir, ele assume o risco de matá-lo fora do claustro materno, e, por via de consequência, a imputação desse resultado não foge ao dolo com que agiu; não há falar, então, em culpa e muito menos em responsabilidade objetiva. Depois, se é exato que a ação física foi realizada quando o sujeito passivo estava no útero materno, não é menos certo que, quando o crime reuniu todos os elementos de sua definição legal (artigo 14, I), isto é, se consumou, o ofendido era criatura humana, era homem. Realizou-se nesse momento a figura matar alguém, embora a ação tenha sido anterior".[242] Discordamos do mestre. Há crime de aborto contra o nascituro (não sendo negada a tentativa de homicídio contra a gestante). Não importa o momento em que ocorreu a morte. O óbito servirá apenas para determinar a consumação do delito. O momento do crime será verificado de acordo com o artigo 4º do CP, ou seja, aplica-se a teoria da atividade (considera-se praticado o crime no momento da ação ou da omissão). A ação se deu quando ainda havia vida intrauterina. Aborto, portanto. Nesse ponto, é interessante a lição de Fernando Capez: "A responsabilização por homicídio implicaria violar o princípio da responsabilidade subjetiva, já que o dolo foi dirigido à realização das elementares do aborto e não do homicídio".[243] A divergência, aliás, não é nova no direito comparado e estava presente no famoso Caso Contergan, em que medicamentos contendo talidomida foram receitados a gestantes, sendo certo que a distribuição não foi interrompida mesmo depois da descoberta de evidências que ligavam a talidomida a malformações pré-natais, as quais por vezes produziam óbitos e, em outros casos, deficiências nos afetados. Houve situações em que as crianças nasciam vivas, mas faleciam posteriormente em virtude das malformações. Na época (1970), restou assentado por um tribunal de Aachen que os óbitos não poderiam caracterizar homicídio, mas sim aborto. A decisão foi tomada com base em diversos pareceres (Armin Kaufmann, entre outros), os quais majoritariamente adotaram essa orientação.

A tentativa é admissível, pois o crime é plurissubsistente. Basta que a preservação da vida do nascituro ocorra por circunstâncias alheias à vontade do sujeito ativo.

Imaginemos, ainda, que o agente lesione uma gestante, ocasionando a aceleração do parto. A criança nasce e permanece viva. Questiona-se: qual é o delito cometido? Há que ser observada a intenção do agente. Existindo o dolo de provocar o aborto, a simples aceleração do parto indica que o sujeito ativo não conquistou seu intento por circunstâncias alheias a sua vontade. Tentativa de aborto (podendo existir concurso formal com crime de lesão corporal sofrido pela gestante). Todavia, se o agente tinha o dolo de lesionar a gestante, mas não a vontade de matar o nascituro, a aceleração do parto ensejará a aplicação do

242 MAGALHÃES NORONHA, E. *Direito penal...*, op. cit., p. 58-59.

243 CAPEZ, Fernando. *Curso...*, op. cit., p. 111.

artigo 129, § 1º, IV, do CP (lesão corporal grave), seja a aceleração dolosa ou culposa. Por derradeiro, note-se que, se o agente tiver somente a intenção de acelerar o parto, conquistando seu desejo sem lesionar a gestante, não cometerá crime de tentativa de aborto (pois não havia o dolo de matar o nascituro), tampouco de lesão corporal grave (pois lesão não houve). Parece-nos que é possível a verificação de crime de perigo para a vida ou saúde de outrem (artigo 132, CP), caso haja perigo concreto para a saúde do nascituro. Não ocorrendo uma situação de perigo, o fato é atípico.

6 Autoaborto e aborto consentido

Nas duas condutas previstas no artigo 124 do CP, quais sejam, o autoaborto (1ª parte) e o aborto consentido (2ª parte), o sujeito ativo é a gestante, não se admitindo coautoria, somente participação em sentido estrito, como visto anteriormente.

O autoaborto é o aborto realizado pela própria gestante. Eventuais pessoas que auxiliem a mulher na execução do delito responderão pelo crime tipificado no artigo 126, CP. Ao seu turno, o aborto consentido consiste na conduta de a gestante permitir que alguém interrompa a sua gravidez. Não há o uso de manobras ou meios abortivos pela gestante. Esta se limita a consentir que outrem lho provoque o aborto. O terceiro que pratica o aborto responderá pelo crime do artigo 126. Se a gestante consentir com o aborto e, logo após, auxiliar o terceiro na interrupção da gravidez, praticará crime de autoaborto.

7 Aborto provocado por terceiro sem consentimento

Cuida-se da forma mais grave de aborto (artigo 125, CP). Aqui, o sujeito ativo interrompe a gravidez à revelia da gestante. Não conta com sua autorização. O dissentimento expresso da gestante não é exigido, bastando que não consinta com o ato. Evidentemente, o agente deve estar ciente da gravidez, ou, ao menos, esta deve ser perceptível ou presumível.

Existindo consentimento viciado (hipóteses arroladas no parágrafo único do artigo 126), a pena do crime em estudo será aplicada ao artigo subsequente. Isso ocorre quando há o emprego de violência, grave ameaça ou fraude (casos de dissentimento real), ou quando a gestante for menor, alienada ou débil mental (dissentimento presumido, pois falta a gestante capacidade para consentir, o que deve ser verificado no caso concreto). Em que pese parte da doutrina defender que, nesse caso, a conduta encontra adequação típica no artigo 125 do CP,[244] cremos haver melhor enquadramento no próprio artigo 126, p. único, que encerra um tipo penal com pena remetida.

---

244 Nesse sentido, Pierangeli (*Manual...*, op. cit., p. 66).

Também é possível que o sujeito ativo acredite existir autorização, quando, de fato, não há (hipótese de erro de tipo). Nesse caso, será ele responsabilizado pelo crime previsto no artigo 126.

8 Aborto provocado por terceiro com consentimento

No artigo 126 do CP, há a prática de aborto por terceiro após autorização (manifesta e inequívoca) da gestante. A reprovabilidade da espécie é menor do que a da figura prevista no artigo anterior, já que o terceiro atende à vontade da mulher, interrompendo sua gravidez. A gestante que consente com o aborto não responde como partícipe deste crime, mas sim pelo delito autônomo previsto no artigo 124, 2ª parte. Por conseguinte, o concurso de pessoas é admitido, desde que não abranja a grávida (em relação a esta, existirá uma exceção pluralística à teoria monista – artigo 29 do CP).

Imprescindível que o consentimento seja válido. Eventual vício que o macule faz com que a sanção cominada para o comportamento seja igual àquela reservada para o artigo 125. Esses vícios são elencados no parágrafo único do artigo 126, como lecionado no item anterior. Entretanto, se o agente desconhecer o vício, não sendo este sequer presumível, responderá pelo crime de aborto com consentimento da gestante, pois a punição por outro delito importaria consagração da responsabilidade objetiva (caso do médico que pratica o aborto a pedido da gestante, sem saber que esta era coagida pelo marido a consentir com o ato). Há, na hipótese, erro de tipo.

O consentimento deve perdurar durante toda a prática abortiva. Enquanto não consumado o aborto, o dissentimento da gestante, ainda que manifestado durante a execução do crime, exclui o consentimento anterior. Vejamos o exemplo. Determinada gestante, querendo dar um fim em sua gravidez, procura um médico "especialista" em abortos. Após solicitar a intervenção, deita-se em uma cama e o médico inicia a prática abortiva. Contudo, arrependida, a gestante pede ao agente que interrompa sua conduta, não sendo atendida. O médico responderá por crime de aborto sem o consentimento da gestante (artigo 125, CP), pois a autorização não perdurou durante toda a execução do delito. Se, todavia, a gestante solicitou a cessação do aborto quando este já era irreversível, de pouca valia será seu arrependimento. O médico responderá pelo crime do artigo 126 do CP, e a gestante pelo artigo 124, 2ª parte.

Merecem destaque, ainda, a seguintes situações, mencionadas por Pierangeli, gizando-se que adotamos sem ressalvas as soluções propostas: "A doutrina tem questionado a validade do consentimento quando o agente, para a prática do aborto, usa meio diverso daquele consentido pela gestante. Entendemos ser esta questão normalmente irrelevante. Entretanto, se a gestante estabeleceu determinado meio como *conditio sine qua non* para a prática do ato e o aborteiro se vale de outro meio, haverá um aborto não consentido, posto que é inválida a anuência a ele outorgada (...). Invalido será também o consentimento quando terceiro realiza o aborto, pois o consentimento dado a uma pessoa é intransferível. Segue-se a mesma regra que se estabelece para a realização de uma intervenção médico-cirúrgica".[245]

9 Causas de aumento da pena

Chama-se de qualificado o aborto que resulta em lesão corporal de natureza grave (artigo 129, §§ 1º e 2º, CP) para a gestante, ou se lhe sobrevém a morte (artigo 127, CP). Em verdade, não se cuida de um tipo qualificado, no qual há uma pena autônoma, cominada abstratamente com seus limites mínimo e máximo. Como, no caso, temos simplesmente uma majoração das penas anteriormente fixadas, o artigo 127 contempla duas causas de aumento de pena, sendo equivocada a denominação "aborto qualificado", adotada pelo Código Penal.

De acordo com a doutrina nacional, as causas de aumento da pena previstas no artigo 127 constituem hipóteses de crime preterdoloso (ou preterintencional), em que, segundo Hungria, há "um crime-base doloso ligado a um resultado mais grave excedente da intenção criminosa, mas imputável ao agente a título de culpa".[246] Há dolo em relação à figura antecedente e culpa no tocante ao resultado consequente. No caso em apreço, aborto doloso e lesão corporal grave ou morte culposas. A título de curiosidade, deve ser consignada a interessante lição de Cezar Roberto Bitencourt: "A doutrina brasileira não estabelece com precisão a diferença existente entre crime preterdoloso e crime qualificado pelo resultado. Segundo uma corrente doutrinária, especialmente na Itália, no crime qualificado pelo resultado, ao contrário do preterintencional, o resultado ulterior, mais grave, derivado involuntariamente da conduta criminosa, lesa um bem jurídico que, por sua natureza, não contém o bem jurídico precedentemente lesado. Assim, enquanto a lesão corporal seguida de morte seria preterintencional, o aborto seguido de morte da gestante seria qualificado pelo resultado".[247]

Só podem ser aumentadas as penas dos artigos 125 e 126 - *caput* ou parágrafo único - do CP (aborto provocado por terceiro sem ou com o consentimento da gestante). As condutas previstas no artigo 124 não se incluem na abrangência do artigo 127, pois são figuras praticadas pela própria gestante, e o Código Penal não pune a autolesão.

Há celeuma doutrinária no que tange à seguinte questão: quando um autoaborto importa lesão corporal grave ou morte para a gestante, como fica

245 Idem, *ibidem*, p. 67.

246 HUNGRIA, Nélson. *Comentários...*, op. cit., p. 267.

247 BITENCOURT, Cezar Roberto. *Tratado de Direito Penal*. 13. ed. São Paulo: Saraiva, 2008. v. 1, p. 407.

capitulada a conduta do partícipe, daquele que instigou, induziu ou auxiliou a prática abortiva? Segundo Damásio de Jesus, "o partícipe do autoaborto, além de responder por este delito, pratica homicídio culposo ou lesão corporal de natureza culposa, sendo inaplicável o disposto no artigo 127 do CP, uma vez que esta norma exclui os casos do artigo 124".[248] Nessa esteira, Hungria: "no caso de lesões ou morte da mulher, tratando-se de autoaborto, o instigador ou auxiliar, se houver, será punível, não como tal, mas a título de lesões corporais culposas ou homicídio culposo".[249] É a posição adotada também por Fragoso.[250] Discordamos dos preclaros mestres, abraçando a lição de Magalhães Noronha: "cremos, entretanto, que o coautor não praticará outro delito senão o do artigo 124. Inteiramente estranho à execução, da atividade moral que desenvolveu não pode derivar a morte ou a lesão da mulher; não há nexo direto de causalidade ante aquela atividade e o evento ocorrido".[251] Responderá, o partícipe, unicamente pelo delito previsto no artigo 124 do CP. Convém ressaltar que o autoaborto e o aborto consentido são hipóteses de auto e heterocolocação em risco.

As lesões corporais que majoram a pena do crime de aborto são extravagantes, ou seja, não são resultado necessário da conduta abortiva. Se as lesões causadas são inerentes ao aborto, são penalmente irrelevantes. Ao oposto, se derivarem de uma falta de cuidado objetivo, sendo graves, qualificam o delito. Como sustenta Manzini, "a agravante é, portanto, constituída somente pelas lesões extraordinárias".[252]

Haja lesão corporal grave ou morte, somente poderá ser aumentada a pena se o resultado for objetivamente previsível.

Como fica a tipificação do crime no caso de não ocorrer o aborto almejado, mas a conduta resultar em lesão corporal grave ou em morte para a gestante? Há tentativa de aborto ou o delito resta consumado? Em regra, os crimes preterdolosos não admitem tentativa. Todavia, essa assertiva só representa uma verdade absoluta nas hipóteses em que o resultado culposo constitui um incremento na lesão ao bem jurídico lesionado pela conduta dolosa. Em se tratando de bens jurídicos de naturezas diversas, ou pertencentes a pessoas distintas, a tentativa é possível (justamente por isso Bitencourt, como visto acima, prefere não colocar o aborto "qualificado" dentre as hipóteses de crimes preterdolosos). Portanto, se o sujeito ativo, após a prática abortiva, não logra êxito em matar o feto, mas, por negligência, acaba por causar a morte da

248 JESUS, Damásio E. de. *Direito penal...*, op. cit., p. 120. Nesse sentido, Fernando Capez (*Curso...*, op. cit., p. 118) e José Frederico Marques (*Tratado...*, op. cit., p. 186-187).

249 HUNGRIA, Nélson. *Comentários...*, op. cit., p. 267.

250 FRAGOSO, Heleno Cláudio. *Lições...*, op. cit., p. 84.

251 MAGALHÃES NORONHA, E. *Direito penal...*, op. cit., p. 63.

252 MANZINI, apud HUNGRIA. *Comentários...*, op. cit., p. 267-268.

gestante, responderá por tentativa de aborto com a pena aumentada.[253] Apesar de crermos ser a solução mais correta, apontamos aqui uma incoerência na doutrina, que vê no roubo não efetivado com resultado morte culposo crime de latrocínio consumado.

10 Aborto necessário ou terapêutico

Dispõe o artigo 128, I, do CP que não será punido o aborto quando a prática for a única forma de salvar a vida da gestante, seriamente ameaçada pela gravidez, desde que seja efetuado por médico. Hungria define o aborto necessário ou terapêutico como "a interrupção artificial da gravidez para conjurar perigo certo, e inevitável por outro modo, à vida da gestante".[254] Por certo, tanto a vida do nascituro quanto a vida da mãe merecem a tutela do direito penal. Entretanto, no caso do aborto necessário, uma há de prevalecer em desfavor da outra. Definiu-se que a vida materna tem maior relevo, pois já se provou viável, o que não ocorre com o nascituro, ser ainda em formação. Ensina Luiz Régis Prado que "essa assertiva resulta da própria valoração feita pelo Código Penal brasileiro, que confere maior valor à vida humana extrauterina que à intrauterina: a pena do homicídio simples é de reclusão, de 6 a 20 anos (artigo 121, *caput*, CP), enquanto a pena do aborto praticado por terceiro sem o consentimento da mulher é de reclusão, de 3 a 10 anos (artigo 125, CP)".[255]

Durante muito tempo discutiu-se se a interrupção da gravidez para preservar a vida da gestante constituía legítima defesa ou estado de necessidade. Sobre o tema, é interessante a manifestação de Galdino Siqueira: "a justificativa, por legítima defesa, desde logo encontrava impugnação séria, a ausência do requisito essencial da agressão injusta, inadmissível por parte do feto. O estado de necessidade é o que poderia, sem forçar os fatos, fundamentar a impunidade".[256] Há, portanto, no artigo 128, I, do CP, causa de exclusão de antijuridicidade (caso especial de estado de necessidade). Essa é a mesma posição sufragada, entre outros, por Busato[257]. Poder-se-ia argumentar que, em face da redação do artigo 24 do CP, o dispositivo em comento seria supérfluo,

---

253 É a posição de Nélson Hungria: "no caso de lesões ocasionadas à gestante, mas sem efetiva interrupção da gravidez, haverá tentativa qualificada de aborto, aplicando-se as penas do artigo 127, diminuídas de um a dois terços [...]" (*Comentários...*, op. cit., p. 267). No mesmo sentido, José Frederico Marques (*Tratado...*, op. cit., p. 186).

254 HUNGRIA, Nélson. *Comentários...*, op. cit., p. 271.

255 PRADO, Luiz Régis. *Curso...*, op. cit., p. 106.

256 SIQUEIRA, Galdino. *Tratado*, p. 120.

257 *Direito Penal...* op. cit., p. 106. No sentido do texto se pronunciam Aníbal Bruno (*Crimes...*, op. cit., p. 169); José Henrique Pierangeli (*Manual...*, op. cit., p. 69); Rogério Greco (*Curso...*, op. cit., p. 283); Guilherme de Souza Nucci (*Código Penal Comentado.* 5. ed. São Paulo: Editora Revista dos Tribunais, 2005. p. 519) e outros. Para José Frederico Marques (*Tratado...*, op. cit., p. 189), o aborto necessário é causa de exclusão da tipicidade, pois "fato não punível é, por definição, fato que não constitui crime".

o que se trata de um engano. O aborto necessário não exige o perigo atual, bastando que exista sério perigo à vida da vítima.

Para a incidência do artigo 128, I, do CP, é necessário que a intervenção abortiva seja realizada por profissional médico, independentemente da especialidade (obstetra, oftalmologista, reumatologista etc.). Isso não significa que a prática feita por pessoa não formada em medicina, com o objetivo de salvar a vida da gestante, seja criminosa. Se uma enfermeira, notando que a urgente ocisão do concepto é urgente e imprescindível para salvaguardar a vida da gestante, praticar o aborto, não haverá delito, pois a agente seria beneficiada pela redação do artigo 24 do CP. Embora não seja possível a aplicação do artigo 128, I, a forma genérica do estado de necessidade afasta a antijuridicidade da conduta (havendo, é claro, perigo atual).[258]

Desnecessário também é o consentimento da gestante. Caso a gestante porventura não possa manifestar sua permissão, o médico está autorizado a agir. Todavia – e aqui modificamos nosso entendimento anterior –, se a gestante é alertada sobre os riscos de manutenção da gravidez e, conscientemente, opta por sustentá-la, sendo capaz para tomar tal decisão, não pode o médico obrigá-la ao procedimento, ou mesmo o realizar mediante dissimulação, mas apenas tentar salvá-la caso o concepto naturalmente morra no ventre materno.

Nesse diapasão, deve ser frisado que o artigo 28 do Código de Ética Médico dispõe que é direito do médico recusar a realização de atos contrários aos ditames de sua consciência, embora permitidos por lei. Todavia, essa escusa não poderá ser invocada no caso em que a vida da gestante esteja em risco, sendo a intervenção médica obrigatória.

Somente há a exclusão da antijuridicidade quando o aborto for praticado para salvar a vida da gestante, jamais quando realizado para preservar a sua saúde (salvo na hipótese de preservação de sua higidez mental, quando a gravidez é resultante de estupro, como veremos), pois, nesse caso, ganha vulto a vida do nascituro.

O erro quanto ao diagnóstico sobre o perigo de vida, se invencível, importa em descriminante putativa, não havendo crime (artigo 20, § 1º, CP). Se vencível, igualmente não será criminosa a conduta, pois o comportamento culposo não é contemplado no tipo penal do aborto, podendo subsistir (dependendo das circunstâncias do caso) a punição pelo crime de lesão corporal culposa contra a gestante (artigo 129, § 6º).

258 Nesse sentido se pronuncia Pierangeli: "Exatamente aqui se encontra o equívoco de alguns autores em considerar desnecessário o inc. I do art. 128, posto que a permissão concedida se liga a um perigo futuro, razão pela qual só se permite que o aborto seja praticado por médico. Evidente que, se o perigo se apresenta atual ou iminente, pessoas sem formação em medicina como os parteiros, fisioterapeutas, dentistas ou mesmo pessoa sem formação paramédica podem atuar, e a licitude de suas condutas deriva dos arts. 23, I, e 24, e não do 128, I, todos do CP". (*Manual...*, op. cit., p. 69).

O dispositivo em apreço não abrange o aborto eugênico, quando há o risco de que o feto nasça com anomalias físicas ou psíquicas graves (ausência de membros, retardamento mental etc.), que é uma conduta delituosa.

11 Aborto sentimental ou humanitário

A segunda hipótese de aborto permitido é o aborto sentimental, também conhecido por aborto humanitário, previsto no artigo 128, II, do CP. Não é punido o aborto praticado por médico quando a gravidez é resultante de estupro e há o consentimento da gestante para a sua interrupção.

A legitimidade do aborto resultante de estupro é um tema instigante e arduamente debatido por juristas e legisladores. A ideia ganhou força por ocasião da Primeira Guerra Mundial (1914-1919), quando muitos foram os casos de estupros praticados por militares contra mulheres das nações ocupadas.

São muitas as razões evocadas para a permissão do aborto. Fragoso vê, na hipótese, uma "conveniência eugênica", pois o estupro seria obra de um "anormal sexual, ébrio ou degenerado, cuja reprodução é altamente indesejável".[259] Já Hungria, em assertiva mais razoável, afirma que "nada justifica que se obrigue a mulher estuprada a aceitar uma maternidade odiosa, que dê vida a um ser que lhe recordará perpetuamente o horrível episódio da violência sofrida".[260] Forte corrente doutrinária, contudo, se insurge contra a alocação do aborto sentimental como causa de exclusão da ilicitude. Oetker, Radbruch e Lang, citados por Hungria, ensinam que "a origem criminosa de uma vida não pode legitimar, do ponto de vista ético, seu aniquilamento, cabendo ao Estado cuidar dos filhos cuja criação não pode ser imposta à mulher; e, além disso, haveria o perigo dos abusos ensejados pela impunidade, pois nem sempre é fácil a prova da violência alegada, de modo que toda gravidez indesejada seria atribuída à violência".[261] É a posição, entre outros, de Frederico Marques e Afrânio Peixoto, que assim sustenta: "é santo o ódio da mulher forçada ao bruto que a violou. Concluir daí que este ódio se estenda à criatura que sobreveio a essa violência, é dar largas ao amor-próprio ciumento do homem, completamente alheio à psicologia feminina. Um filho é sempre um coração de mãe que passa para um novo corpo".[262]

Optou o legislador pátrio por permitir o aborto sentimental,[263] exigindo, contudo, dois requisitos inafastáveis: a intervenção realizada por médico e o consentimento da gestante.

---

259 FRAGOSO, Heleno Cláudio. *Lições...*, op. cit., p. 87.

260 HUNGRIA, Nélson. *Comentários...*, op. cit., p. 273.

261 HUNGRIA, Nélson. *Comentários...*, op. cit., p. 274.

262 PEIXOTO, Afrânio, apud MARQUES, José Frederico. *Tratado...*, op. cit., p. 194.

263 Tencionando desestimular o aborto na gravidez resultante de estupro, tramitam na Câmara dos Deputados três projetos de lei que criam a chamada "bolsa-estupro", de

Há quem defenda que o dispositivo encerra uma hipótese de inexigibilidade de conduta diversa, não de estado de necessidade.[264] Era nossa posição, sob o argumento de que a vida do nascituro teria maior valor do que a higidez psíquica da gestante, de modo a falecer a razoabilidade intrínseca ao estado de necessidade justificante. Assumimos o equívoco: não existe uma escala predeterminada de valores quando sopesamos direitos de índole constitucional. Aliás, são dois os equívocos, pois o interesse materno em questão não se limita à sua higidez psíquica, estando em jogo a própria dignidade humana. Consoante Martinelli e Schmitt de Bem, em matéria de estado de necessidade "não há uma fórmula matemática acabada para a ponderação de valores, o que conduz à verificação da situação concreta e da consideração de todas as circunstâncias envolvidas".[265] Disso se extrai que não há como se afirmar aprioristicamente que a vida do nascituro possui maior relevo do que os bens jurídicos de titularidade da gestante, razão pela qual não se pode negar à norma seu caráter de causa de justificação, tratando-se de opção de política criminal legítima.

Tal qual ocorre com o aborto necessário, uma vez reconhecida no dispositivo a natureza de especial situação de estado de necessidade, nada impede que o aborto seja praticado justificadamente por pessoa que não seja o médico. Para tanto, não se servirá o autor do disposto no artigo 128, II, mas da regra insculpida no artigo 24, desde que presentes todos os requisitos ali estabelecidos. A própria gestante, inclusive, pode realizar a intervenção sem ser penalizada por sua conduta. Suponhamos que, ao se ver grávida, a origem da

---

constitucionalidade duvidosa: PL nº 478/2007 (que cria o Estatuto do Nascituro), PL nº 1.763/2007 e PL nº 3.748/2008 (os dois últimos apensados ao primeiro). Em todos, oferece-se uma pensão mensal à mãe que decidir por levar a gravidez adiante, até que o filho complete 18 anos. Deve ser ressaltado que os autores da proposição, invariavelmente, apresentam relações estreitas com doutrinas religiosas.

264 Essa é a posição de Rogério Greco: "Entendemos, com a devida *venia* das posições em contrário, que, no inciso II do art. 128 do Código Penal, o legislador cuidou de uma hipótese de inexigibilidade de conduta diversa, não se podendo exigir da gestante que sofreu a violência sexual a manutenção de sua gravidez, razão pela qual, optando-se pelo aborto, o fato será típico e ilícito, mas deixará de ser culpável" (*Curso...*, op. cit., p. 287). Assim também se pronuncia Roberto Carvalho Veloso: "Enquanto a hipótese do item I, do art. 128 (aborto necessário) é um caso de estado de necessidade, o do item II (aborto humanitário) trata de inexigibilidade de conduta diversa. (...) No aborto da estuprada não há cinismo. Há conflito de interesses, direitos e deveres constitucionalmente protegidos, os quais devem ser racionalmente interpretados, aplicando-se a possibilidade legal de não punição do aborto quando essa for a opção livre da mulher ofendida" (VELOSO, Roberto Carvalho. *O Aborto da Estuprada: Onde Está o Cinismo?*. Disponível em: <jus2.uol.com.br/doutrina/texto.asp?id=12520>. Acesso em: 10/09/09). Guilherme de Souza Nucci defende, assim como a doutrina majoritária, a natureza de estado especial de necessidade na norma em apreço (*Código Penal...*, op. cit., p. 519).

265 *Lições Fundamentais...* op. cit., p. 535.

concepção (estupro) lhe cause um tormento insuportável, de modo a não ver alternativa senão a interrupção da gravidez. Simultaneamente, por vergonha ou medo, a gestante opta por não procurar atendimento médico, agindo por conta própria. Como negar-lhe permissão para o ato? Seria justo obrigar-lhe a recorrer ao sistema de saúde, com todas as consequências da vitimização secundária ou terciária?

No que concerne ao médico, deverá ter plena convicção de que a gravidez que se pretende interromper é produto de um crime sexual violento. A lei não exige que haja condenação prévia do autor da violência sexual, que haja ação penal em curso, autorização judicial, ou, ainda, que exista a instauração de inquérito policial para a apuração do delito. Basta que o médico forme seu convencimento calcado em indícios razoáveis da ocorrência do crime. Uma vez convencido da existência do crime sexual, poderá realizar a intervenção cirúrgica. Em se tratando de estupro de vulnerável (artigo 217-A, para o qual admitimos o aborto, como veremos adiante), é bastante a obtenção de prova da idade da vítima, ou de sua alienação ou debilidade mental.

Para a interrupção da gravidez oriunda de crime sexual, há a necessidade do consentimento prévio da gestante ou, suplementarmente, de seu representante legal. Havendo conflito entre a opinião da gestante incapaz e a de seu representante legal, prevalece a vontade daquela, pois o objetivo da norma é a preservação de sua higidez psíquica. Assim, a adoção de postura contrária a vontade da vítima só teria o condão de incrementar o dano psicológico.

Indaga-se se somente a gravidez resultante de estupro (artigo 213, CP) poderá ensejar a aplicação do artigo 128, II, do CP. A resposta é negativa, pois, se a gravidez for resultado de estupro de vulnerável (artigo 217-A, CP), também será admitido o aborto sentimental. Entendemos que a norma, depois da edição da Lei nº 12.015/2009, passou a contemplar o estupro genericamente considerado, do qual são espécies o estupro em sentido estrito e o estupro de vulnerável. Também somos favoráveis à extensão do tipo permissivo aos casos de violação sexual mediante fraude (artigo 215 do CP). A violação e o estupro são delitos assemelhados e que têm a mesma objetividade jurídica. Havendo lacuna no que tange ao primeiro delito, esta poderá ser colmatada por analogia *in bonam partem*. Afinal, tão indesejada quanto à gravidez resultante de um ato de violência é aquela oriunda de um expediente falaz, não se podendo impor à mulher a sua manutenção.

12 Aborto eugênico e aborto econômico

Aborto eugênico, ou eugenésico, ou piedoso, é o que tem por objetivo impedir o nascimento de crianças portadoras de enfermidades incuráveis ou de irremediáveis defeitos físicos ou mentais. Visa, por vezes, a evitar que anomalias se perpetuem, que sejam transmitidas para gerações futuras (argumento de que se valeu o nacional-socialismo alemão para perpetrar atos de indizível crueldade).[266] Quando fundado em motivos mais nobres, tem por escopo impedir que a criança padeça de uma vida precária ou evitar o sofrimento psicológico familiar. Não é admitido pelo direito penal brasileiro. Na Alemanha, de acordo com Roxin, o aborto eugênico se mantém permitido, embora fundado na amenização do sofrimento materno, *verbis:* "O direito alemão, contrariamente ao brasileiro, permite expressamente o aborto de fetos que apresentem severas lesões hereditárias (§ 218 a I, II, StGB). Leva ele em conta a sobrecarga anímica e física que uma criança deficiente pode representar para a mãe, renunciando a exigir da vítima tal sacrifício através do direito penal. E creio isto correto. Por um lado, aquela que se decide a dar à luz e criar uma criança que sofra de severa deficiência realiza um elevado valor ético, merecendo admiração. Mas isto deve ocorrer voluntária, e não coativamente. O direito não pode exigir o heroísmo e tem de se contentar com o 'mínimo ético'".[267]

O aborto econômico ou social é praticado como forma de manter a saúde financeira e a regular subsistência familiar. Seus defensores alegam razões de relevância social, como o controle da superpopulação e da miséria.[268] É repelido pelo ordenamento jurídico pátrio, constituindo conduta criminosa.

---

266 Ensina Muñoz Conde: "Mesmo que a chamada 'Biologia Criminal' não tenha sido descoberta pelos criminólogos nazistas, não cabe dúvida de que foi nessa época (1933-1945) e durante esse regime onde mais uso se fez dela, não só na prática, mas também entre os teóricos, para fundamentar, primeiro, uma política criminal eugenésica racista e legitimar o extermínio dos *'Minderwertige'*, que era como se chamava às pessoas, que segundo os postulados ideológicos nazistas, tinham 'menor valor' porque pertenciam a grupos raciais distintos aos da raça ariana (*'artfremd'*) (judeus, ciganos). Mas também dentro da própria raça ariana (*'deutschblütig'*), se incluíram pessoas 'desprovidas de valor vital' (*'lebensunwert'*), no sentido que já o haviam definido Binding e Hoche nos anos 20, é dizer, estar acometidos de enfermidades mentais graves, ou em situação terminal. E finalmente os 'estranhos à comunidade' (*'gemeinschftsfremd'*), é dizer, 'associais' em geral, que se afastavam dos valores e princípios que regiam a 'comunidade do povo' (*'Volksgemeinschaft'*), tanto porque cometiam fatos delitivos, 'criminosos', como porque sem chegar ainda a isto se comportavam de forma contrária a estes princípios e levavam uma vida dissoluta, de vagabundagem, mendicância, ou simplesmente refratária ao trabalho. (...) Desde 1933 a 1945 foram-se sucedendo, pois, diversas etapas, significando cada uma delas um passo adiante na realização de uma ideia de plenitude racial e de domínio da raça ariana e do povo alemão em todo o mundo. (...) Em 1939, começou a aplicar-se o Decreto emanado diretamente de Hitler para o extermínio de enfermos mentais e terminais nos manicômios e centros hospitalares; e, já em plena Guerra Mundial, o Direito Penal criado especialmente para a Polônia, começou a elaboração do Projeto de Lei de tratamento dos 'estranhos à comunidade' com o que se pretendia dar fim à chamada 'questão social' através também de medidas de extermínio físico e da esterilização dos associais". (MUÑOZ CONDE, Francisco. *Edmund Mezger e o Direito Penal de seu Tempo* – Estudos sobre o Direito Penal no Nacional-Socialismo. Rio de Janeiro: Lumen Juris, 2005. p. 170-172).

267 ROXIN, Claus. *Estudos de Direito Penal.* Rio de Janeiro: Renovar, 2006. p. 169.

268 Assim explica Ivette Senise Ferreira (in *Enciclopédia...*, op. cit., p. 461).

13 Anencefalia fetal

A anencefalia é uma patologia fetal caracterizada por um defeito de fechamento da calota craniana e pela não formação adequada do encéfalo (cérebro rudimentar), tendo, como frequente manifestação inicial, a acrania (ausência total ou parcial do crânio). De acordo com Regis Prado e Érika Mendes de Carvalho, "o embrião ou feto apresentam um processo patológico de caráter embriológico que se manifesta pela falta de estruturas cerebrais (hemisférios cerebrais e córtex), o que impede o desenvolvimento das funções superiores do sistema nervoso central. O feto anencéfalo, embora dificilmente possa alcançar as etapas mais avançadas da vida intrauterina, visto que o funcionamento primitivo de seu sistema nervoso obstaculiza a existência de consciência e qualquer tipo de interação com o muno que o circunda, conserva as funções vegetativas – responsáveis pelo controle parcial da respiração, das funções vasomotoras e das dependentes da medula espinhal –, não se ajustando seu estado, em termos neurofisiológicos, às hipóteses de morte cerebral".[269] O portador de anencefalia, em suma, não se conecta com o mundo que o cerca. Não possui atividades cognitivas, sensibilidade, autoconsciência e demais atributos que caracterizam a pessoa como tal. Há, apenas, a precária manutenção de algumas funções vitais. Essa precariedade leva ao perecimento do anencéfalo – como regra – ainda no ventre materno. Entre os que são expelidos pelo corpo materno antes da cessação das atividades orgânicas, sua extinção costuma ocorrer em horas, ou, em casos mais raros, em algumas semanas. Embora haja literatura médica sobre um caso de anencefalia em que seu portador manteve as funções orgânicas por quase dois anos, a maior parte dos especialistas consideram que não era de fato um quadro de anencefalia, mas sim de merocefalia (presença de hemisférios cerebrais rudimentares), isto é, sustentam erro de diagnóstico.

As gestantes que experimentam a gravidez de feto anencefálico – novamente consoante a posição majoritária de especialistas – restam expostas a um risco incrementado de complicações. Hipertensão, aumento do líquido amniótico e outros problemas que podem comprometer de forma severa a saúde da gestante são comuns. Naturalmente, são muitos os requerimentos de gestantes pleiteando autorização para que seja interrompida a gravidez em tais casos.

Esses requerimentos deram origem a orientações diversas no âmbito do Poder Judiciário. A 2ª Câmara Criminal do Estado do Rio de Janeiro, instada a se manifestar sobre o assunto, decidiu que "sobrevindo a notícia de que o feto padece de patologia irreversível e incontornável, fácil imaginar-se o desespero, a tristeza que toma conta dos pais" e, ante à incompatibilidade

---

269 PRADO, Luiz Regis; CARVALHO, Érika Mendes de. *Aborto Anencefálico e sua Natureza Jurídico-penal: breves reflexões.* disponível em: <http://www.parana-online.com.br/canal/direito-e-justica>. Acesso em 09/09/09.

do nascituro com a vida pós-natal, concluiu que "não se pode impor à gestante o insuportável fardo de ao longo dos meses prosseguir na gravidez já fadada ao insucesso".[270] Adotando igual posicionamento, decidiu o Tribunal de Justiça de Santa Catarina: "Aborto – Autorização Judicial – Anencefalia fetal – Comprovada inviabilização da vida extrauterina – Pedido instruído com laudo médico irrefutável da anomalia e de suas consequências e com favorável parecer psicológico do casal – Consentimento expresso do pai – Evidência de risco à saúde, especialmente mental, da gestante – Interpretação extensiva da excludente de punibilidade prevista no inciso I do artigo 128 do CP – Aplicação dos princípios da analogia admitidos no artigo 3º do CPP – Autorização concedida – Apelo provido".[271] Segundo os desembargadores, "o pedido da apelante, apesar de não se enquadrar rigorosamente nos dois casos previstos em lei, neles se enquadra por analogia e, diga-se, não é novidade no mundo jurídico", ou seja, mesmo não havendo previsão expressa da inviabilidade da vida extrauterina como hipótese de aborto legal, a analogia serviria para integrar a norma, já que utilizada *in bonam partem*. Sustentou-se que não haveria, na espécie, aborto eugênico, mas sim aborto necessário, preservando-se a saúde da gestante em detrimento do arremedo de vida existente no nascituro.

Paulo José da Costa Jr., abraçando o entendimento, expõe que o aborto em casos de anencefalia não é criminoso, assim como não o seria em qualquer anomalia fetal que inviabilizasse a vida independente, desde que o diagnóstico seja inquestionável e a gravidez possa acarretar severos danos psíquicos à gestante. Arremata o autor da seguinte forma: "Por que levar adiante uma gravidez cujo feto seguramente não sobreviverá? Por que impor um sofrimento psicológico tão intenso e inútil à gestante? Direito é bom senso. Direito é balanceamento de bens, cotejando-se, em cada situação, os seus valores. Diante de um diagnóstico de anomalia do feto, que o incompatibiliza com a vida de modo definitivo, a melhor solução é o aborto".[272]

Nessa mesma linha se pronunciam Régis Prado e Érika Mendes de Carvalho, embora sob fundamentação diversa. De acordo com os autores, a interrupção da gravidez não é criminosa porque não há desvalor do resultado (a conduta ganha assento nas hipóteses de risco permitido). Isso se dá porque o concepto não pode ser considerado tecnicamente vivo (seu arremedo de cérebro presta-se apenas a um precário controle do suporte vital, não chegando a desenvolver consciência). Citando Alberto Silva Franco, escrevem: "Em realidade, verifica-se apenas um desvalor de situação que não se assimila à

270 Des. Gizelda Leitão Teixeira, citação retirada do *site Consultor Jurídico*. Disponível em: <http://conjur.uol.com.br>. Acessado em: 10.04.2004.

271 TJSC, Ap. Crim. 98.003566-0, 2ª Câmara Criminal, Rel. Des. Jorge Mussi.

272 COSTA JR., Paulo José da. Aborto eugênico ou necessário. *Revista Jurídica*, n. 229, p. 27-29, 1996.

lesão ou perigo de lesão ao bem jurídico tutelado (desvalor do resultado), pois o anencéfalo não é biologicamente capaz de concretizar-se em vida humana viável, o que só permite caracterizá-lo como um 'projeto embriológico falido, não sendo um processo de vida, mas um processo de morte'".[273] No mesmo sentido é o escólio de Luiz Flávio Gomes: "Do exposto, cabe concluir que não há resultado jurídico desvalioso quando o resultado não é desarrazoado (ou arbitrário ou injusto). Esse é o fundamento jurídico para não se reconhecer crime (fato típico) na conduta de quem pratica o chamado aborto anencefálico, que gera uma morte, porém, não desarrazoada ou arbitrária".[274]

Guilherme de Souza Nucci, também se posicionando (com ressalvas) a favor do aborto, adota a inexigibilidade de conduta diversa como fundamentação: "A tese da inexigibilidade, nesse caso, teria dois enfoques: o da mãe, não suportando gerar e carregar no ventre uma criança de vida inviável; o do médico, julgando salvar a genitora do forte abalo psicológico que vem sofrendo. A medicina, por ter meios atualmente de detectar tais anomalias gravíssimas, propicia uma avaliação judicial antes impossível. Até este ponto, cremos ser razoável a invocação da tese de ser inexigível a mulher carregar por meses um ser que, logo ao nascer, perecerá. Mas não se pode dar margem a abusos, estendendo o conceito de anomalia para abranger fetos que irão constituir seres humanos defeituosos ou até monstruosos. Afinal, nessa situação, o direito não autoriza o aborto".[275]

O Superior Tribunal de Justiça chegou a decidir pela manutenção da gravidez, aduzindo que "o legislador eximiu-se de incluir no rol das hipóteses autorizativas do aborto, previstas no artigo 128 do Código Penal, o caso descrito nos presentes autos", qual seja, a anencefalia. Prossegue o acórdão explicando que "o máximo que podem fazer os defensores da conduta proposta é lamentar a omissão, mas nunca exigir do magistrado, intérprete da lei, que se lhe acrescente mais uma hipótese que fora excluída de forma propositada pelo legislador".[276] Há outras decisões no mesmo sentido[277], podendo ser destaca-

273 *Aborto...*, op. cit.

274 GOMES, Luiz Flavio. *Aborto Anencefálico: Exclusão da Tipicidade Material (I)*. Disponível em www.lfg.com.br. Acesso em 09/09/09.

275 *Código...*, op. cit, p. 520-521.

276 STJ, HC 32159/RJ, 5ª Turma, Rel. Min. Laurita Vaz. Deve ser ressaltado que, nesse julgado, o STJ entendeu ser cabível *habeas corpus* em defesa do nascituro. Houve recurso ao STF (*HC* 84.025), mas a mãe decidiu levar a gravidez à termo, embora os Min. Joaquim Barbosa e Celso de Mello já tivessem se expresado favoravelmente ao aborto. A criança que era gestada veio à luz, mas morreu apenas sete minutos depois do nascimento.

277 TJRJ, Proc. 2000.059.01629, 6ª Câmara Criminal, Rel. Des. Eduardo Mayr; TJRJ, Proc. 2000.059.01697, 6ª Câmara Criminal, Rel. Des. Maurício da Silva Lintz; TJRJ, Proc. 2000.078.00044, Seção Criminal, Rel. Des. Sílvio Teixeira; TJRJ, Proc. 2000.078.00042, Seção Criminal, Rel. Des. Estênio Cantarino Cardozo; 14ª Vara Criminal de Goiânia, Proc. 2001.007.69190.

da sentença da 29ª Vara Criminal do Estado do Rio de Janeiro, *verbis*: "[...] Entende este Juízo que o feto afetado por esta síndrome não pode ser privado do curto lapso de tempo da vida que possui. Tal procedimento consistiria na prática da eugenia, que visa não somente evitar o nascimento de seres com taras hereditárias, mas também o de seres portadores de deformidades congênitas. O avanço da medicina tem por objetivo salvar vidas e não ceifá-las, eis que de acordo com a ética médica não se pode negar nenhum tipo de assistência a alguém que vá morrer. No caso em exame, sabe-se, antecipadamente, quando a criança morrerá, ela tem meses de vida, como um doente terminal. O aborto nestes casos iguala-se à eutanásia, só que praticada em relação a um nascituro já em avançado estágio gestacional. O sofrimento e o abalo psíquico da mãe só poderão ser minimizados pelo amor e apoio da família e por acompanhamento psicológico, fazendo-a compreender que carrega em seu ventre não um ser morto, mas um ser vivo que desenvolve-se plenamente nos demais aspectos físicos. Abreviar o tempo de vida pré-determinado, consiste em grave ilícito penal que não encontra amparo em nosso ordenamento jurídico vigente, malgrado entendimentos contrários".[278] Em suma, segundo o Juízo, o aborto não pode ser permitido, seja pela magnitude do bem jurídico tutelado (vida), seja por não constar expressamente arrolado nas causas permissivas do artigo 128 do CP. Na doutrina, encontramos a dicção de Maria Patrícia Vanzolini: "Concordamos com o Eser que a vida não é um valor incontrastável ou absoluto, assim como nenhum outro valor o é. Mas também que, em se tratando da vida alheia, de qualquer ser pertencente à espécie humana, não cabe a outrem julgar-lhe a qualidade para, simplesmente sob esse pretexto, negar-lhe o direito à existência".[279]

A questão não escapou ao STF. A Confederação Nacional dos Trabalhadores na Saúde (CNTS), em 2004, impetrou uma Arguição de Descumprimento de Preceito Fundamental (ADPF 54/2004), pleiteando manifestação da Suprema Corte sobre o assunto. Apontava-se eventual inconstitucionalidade na interpretação do abortamento de feto anencefálico como criminoso, mesmo quando realizado fora das hipóteses de permissão legal (a saber, abortamento necessário - art. 128, I, CP - e abortamento humanitário - inciso II do mesmo artigo). Em linhas gerais, a CNTS apontou a dignidade humana, as liberdades constitucionais (aí imbricada a autonomia da vontade), o princípio da legalidade e o direito à saúde como preceitos que justificariam o uso da ADPF para o questionamento. Importa salientar que o atual Min. Luís Roberto Barroso, então advogado da CNTS, também aludiu à inexistência de abortamento nos

---

278 29ª Vara Criminal/RJ, Processo nº 2000.001.062364-3.

279 *Direito...*, op. cit., p. 299. No mesmo sentido opina Ives Gandra Martins (*O Supremo e o Homicídio Uterino*. Disponível em http://www.jb.com.br/jb/papel/opiniao. Acesso em 09/09/09.

casos de anencefalia, pois o feto nessa condição não possuiria vida extrauterina em potencial. Nesse ponto, destacou que o sujeito passivo do crime de aborto não pode ser outro senão o feto com capacidade potencial de ser pessoa.

Designado relator para o feito, o Min. Marco Aurélio concedeu, em decisão monocrática, medida liminar reconhecendo o direito constitucional à interrupção da gravidez, com eficácia *erga omnes*, nos seguintes termos: "Em questão está a dimensão humana que obstaculiza a possibilidade de se coisificar uma pessoa, usando-a como objeto. Conforme ressaltado na inicial, os valores em discussão revestem-se de importância única. A um só tempo, cuida-se do direito à saúde, do direito à liberdade em seu sentido maior, do direito à preservação da autonomia da vontade, da legalidade e, acima de tudo, da dignidade da pessoa humana. O determinismo biológico faz com que a mulher seja a portadora de uma nova vida, sobressaindo o sentimento maternal. São nove meses de acompanhamento, minuto a minuto, de avanços, predominando o amor. A alteração física, estética, é suplantada pela alegria de ter em seu interior a sublime gestação. As percepções se aguçam, elevando a sensibilidade. Este é o quadro de uma gestação normal, que direciona a desfecho feliz, ao nascimento da criança. Pois bem, a natureza, entrementes, reserva surpresas, às vezes desagradáveis. Diante de uma deformação irreversível do feto, há que se lançar mão dos avanços médicos tecnológicos, postos à disposição da humanidade não para simples inserção, no dia-a-dia, de sentimentos mórbidos, mas, justamente, para fazê-los cessar. No caso da anencefalia, a ciência médica atua com margem de certeza igual a 100%. Dados merecedores da maior confiança evidenciam que fetos anencefálicos morrem no período intrauterino em mais de 50% dos casos. Quando se chega ao final da gestação, a sobrevida é diminuta, não ultrapassando período que possa ser tido como razoável, sendo nenhuma a chance de afastarem-se, na sobrevida, os efeitos da deficiência. Então, manter-se a gestação resulta em impor à mulher, à respectiva família, danos à integridade moral e psicológica, além dos riscos físicos reconhecidos no âmbito da medicina. Como registrado na inicial, a gestante convive diuturnamente com a triste realidade e a lembrança ininterrupta do feto, dentro de si, que nunca poderá se tornar um ser vivo. Se assim – e ninguém ousa contestar –, trata-se de situação concreta que foge à glosa própria ao aborto – que conflita com a dignidade humana, a legalidade, a liberdade e a autonomia da vontade. A saúde, no sentido admitido pela Organização Mundial da Saúde, fica solapada, envolvidos os aspectos físico, mental e social. Daí cumprir o afastamento do quadro, aguardando-se o desfecho, o julgamento de fundo da própria arguição de descumprimento de preceito fundamental, no que idas e vindas do processo acabam por projetar no tempo esdrúxula situação. [...] Há de viabilizar, embora de modo precário e efêmero, a concretude maior da Carta da República, presentes os valores em foco. Daí o acolhimento do pleito formulado para, diante da relevância do pedido e do risco de manter-se com plena eficácia o ambiente de desencontros em pronunciamentos judiciais até aqui notados, ter-se não só o sobrestamento dos processos e decisões não transitadas em julgado, como também o reconhecimento do direito constitucional da gestante de submeter-se à operação terapêutica de parto de fetos anencefálicos, a partir do laudo médico atestando a deformidade, a anomalia que atingiu o feto".[280]

A liminar foi rejeitada pelo plenário do STF por maioria (gize-se, não foi apreciado o mérito nesse momento, mas apenas a adequação da medida ao caso proposto). A questão só foi definitivamente julgada em 12 de abril de 2012, com oito votos a favor do aborto e apenas dois contrários, em decisão assim redigida: "O Tribunal, por maioria e nos termos do voto do Relator, julgou procedente a ação para declarar a inconstitucionalidade da interpretação segundo a qual a interrupção da gravidez de feto anencéfalo é conduta tipificada nos artigos 124, 126, 128, incisos I e II, todos do Código Penal, contra os votos dos Senhores Ministros Gilmar Mendes e Celso de Mello que, julgando-a procedente, acrescentavam condições de diagnóstico de anencefalia especificadas pelo Ministro Celso de Mello; e contra os votos dos Senhores Ministros Ricardo Lewandowski e Cezar Peluso (Presidente), que a julgavam improcedente. Ausentes, justificadamente, os Senhores Ministros Joaquim Barbosa e Dias Toffoli. Plenário, 12.04.2012".

O caráter laico da República do Brasil foi invocado por vários Ministros durante seus votos, os quais reforçaram que a argumentação a ser expendida dispensava dogmas eivados de moral religiosa. O relator do caso, Min. Marco Aurélio Mello, abriu seu voto se referindo à transição do Império à República brasileira, momento histórico de consagração da laicidade estatal em no país. Nessa esteira, defendeu o Ministro que "concepções morais religiosas, quer unânimes, quer majoritárias, quer minoritárias, não podem guiar as decisões estatais, devendo ficar circunscritas à esfera privada". A abordagem faz sentido quando se percebe a defesa intransigente do direito à vida presente em diversas doutrinas religiosas, o que guarda estrita compatibilidade com o objeto da ADPF nº 54/DF.

Outros ministros seguiram a mesma linha, como a Min. Cármen Lúcia. Citando a Declaração de Genebra da Associação Médica Mundial (1948), a Ministra endossou ser inadmissível ao médico permitir que "concepções religiosas, nacionais, partidárias ou sociais intervenham entre [seu] dever e [s] eus pacientes, [além de manter] o mais alto respeito pela vida humana desde sua concepção".

O Min. Gilmar Mendes, em sua manifestação, após invocar Häberle e sua sociedade aberta dos intérpretes da Constituição, afirmou sua concordância

280 Medida Cautelar-ADPF nº 54-8/DF, Rel. Min. Marco Aurélio, 01.07.2004.

para com a participação de entidades religiosas nas audiências públicas e na qualidade de *amicus curiae*. Consoante texto da lavra do próprio Min. Mendes, a sociedade aberta dos intérpretes consiste em alargar o espectro de intérpretes da Constituição de modo a envolver no processo todos os cidadãos e grupos sociais "que, de uma forma ou de outra, vivenciam a realidade constitucional".[281] Evita-se, assim, restringir a interpretação constitucional a grupos restritos de autoridades públicas e às partes formais de um processo.[282] Essa acepção se apresentaria como mais democrática, sobretudo em uma discussão em que há visões de mundo diametralmente opostas.

Defendendo cautela na apreciação do assunto, o Min. Luiz Fux, fazendo referência a Bickel e sua "passividade virtuosa", ressaltou que ao STF é vedado pronunciar o *non liquet*, mesmo em caso de intensa polarização social. Assim, a correta postura da Corte seria minimalista, para evitar convulsões. Essa atitude minimalista, consoante teoriza Sustein, citado por Fux, exige uma manifestação do STF, todavia parcimoniosa e restrita às considerações sobre a anencefalia no campo do direito penal.

Os argumentos expendidos durante a votação na ADPF nº 54/DF podem ser agrupados em blocos, um dos quais, que reputamos mais importante, se refere à (in)existência de vida em caso de anencefalia fetal.

Como informado anteriormente, o portador de anencefalia não possui qualquer tipo de atividade cerebral, o que é constatável por exames. Realiza-se, então, o cotejo entre a hipótese e aquela prevista na Lei nº 9.434: se a pessoa é considerada clínica e juridicamente morta com a cessação das atividades encefálicas, para fins de transplante de órgãos, o feto anencefálico, por não apresentar qualquer atividade cerebral, também estaria clínica e juridicamente morto. Ou, com maior precisão conceitual, nunca esteve vivo. A partir daí, a conclusão não pode ser outra: se o feto anencefálico nunca esteve vivo, sua extinção não pode ser considerada crime de abortamento. É essa análise que levou o atual Min. Barroso, então patrocinando a ADPF, a não denominar abortamento a extinção do feto anencefálico, chamando-a de interrupção terapêutica da gravidez.

O voto do relator, anuindo com a tese esgrimida por Barroso, é mais extenso justamente nessa parte. Usando a Lei nº 9.434 para pontuar sua argumentação, Marco Aurélio faz questão de diferenciar o abortamento (ou interrupção terapêutica da gravidez) de feto anencefálico do abortamento eugênico.

---

281 MENDES, Gilmar. *Homenagem à doutrina de Peter Häberle e sua influência no Brasil.* Disponível em www.stf.jus.br/repositorio/cms/portalStfInternacional/portalStfAgenda_pt_br/anexo/Homenagem_a_Peter_Haberle__Pronunciamento__3_1.pdf. Acesso em 03.07.2017.

282 Frise-se que o Min. GILMAR MENDES é tradutor do livro *Hermenêutica Constitucional – A Sociedade Aberta dos Intérpretes da Constituição*: contribuição para a interpretação pluralista e "procedimental" da Constituição, publicado por Sergio Antonio Fabris Editor.

A eugenia seria caracterizada pelo abortamento de um feto defeituoso (por exemplo, com ausência de membros), mas apto a viver fora do útero materno, o que não ocorre na anencefalia. Assim, o Ministro se vale das palavras de Machado para expor que "a deficiência é uma situação onde é possível estar no mundo; a anencefalia, não". Isto é, a interrupção da gravidez não seria criminosa nos casos de anencefalia, mas sim quando reconhecido o propósito de eugenia.

A Min. Rosa Weber, que votou logo após o relator, realiza uma análise um tanto mais complexa acerca da ausência do bem jurídico vida, ainda que alcançando o mesmo resultado. Esclarece a Ministra que a definição do que é vida deve partir de uma avaliação normativa, não pelo empirismo próprio das ciências médicas. A apropriação equivocada de conceitos médicos, pontua, parte da equivocada premissa de que a verdade científica determina todas as demais áreas do conhecimento, mas sequer essas verdades são imutáveis. A natural incerteza da linguagem impõe cautela nas importações de conceitos. Tomemos como exemplo a pessoa que terá seus órgãos retirados para doação, após constatada a morte encefálica: está ela de fato morta, ou, ao contrário, viva, porém apta à doação em virtude da irreversibilidade de sua falência cerebral? A determinação médica do momento da morte, portanto, é arbitrária, pois não pode ser transmudada em uma lei geral fenomênica. Cada área do saber, portanto, deve operar com seus próprios conceitos. Nada impede que, eventualmente, haja a importação de definições, mas desde que não contrariem as formulações daquela área. Formam-se, assim, as comunidades científicas que congregam paradigmas compartilhados intersubjetivamente entre seus membros. Citando Alexy, a Ministra reforça que a comunidade jurídica deve buscar uma estabilidade conceitual para finalidades jurídicas, considerando as normas e a jurisprudência para atingir a coerência sistêmica. Em outras palavras, interessa menos o que informa a medicina, a biologia ou qualquer outra área do saber e mais a coerência interna do direito. Há se buscar, portanto, o tratamento jurídico dado aos fenômenos vida e morte, ou seja, as regras que cercam o tema. Após refletir sobre a tutela penal da vida, já referenciada nesse texto, a Ministra conclui que a vida não é um valor único e absoluto, mas observa que as leis penais não estabelecem se sua proteção recai sobre o desenvolvimento biológico intrauterino, sem qualquer ressalva, ou sobre a vida com chances de desenvolvimento independente. Excursionando ao Código Civil, a Ministra faz notar que o art. 2º do diploma legal afirma a proteção dos direitos do nascituro desde o momento da concepção, contudo reservando essa proteção aos direitos materiais e igualmente sem conceituar o fenômeno vida. Parte-se, então, para a Lei nº 9.434, que, juridicamente fixa a ocasião da morte (morte encefálica). Fica claro para a Ministra que o interesse jurídico na pessoa, como ser vivo, se dá na preservação de suas características subjetivas.

Essa mesma conclusão é direcionada pela Lei de Biossegurança, pela qual a concepção *in vitro* – mesmo que permitindo a formação de material genético humano – não indica o surgimento de uma vida. Biologicamente, pode ser que a vida exista; mas para o direito, não. Por conseguinte, Rosa Weber aceita a tese de que o portador de anencefalia não é um ser vivo, no sentido jurídico que é atribuído à expressão.

Concordaram com a inexistência de uma vida a ser juridicamente tutelada os ministros Joaquim Barbosa (reportando-se à doutrina de Claus Roxin, para quem a vida vegetativa não é suficiente para fazer de algo uma pessoa; e para quem a morte ocorre com a cessação das atividades encefálicas), Cármen Lúcia ("O feto anencefálico é [...] intrinsecamente inviável"), Ayres Britto ("... se todo aborto é uma interrupção voluntária da gravidez, nem toda interrupção voluntária da gravidez é aborto, para os fins penais") e Celso de Mello ("...evidencia-se, no caso, para efeitos criminais, a caracterização de absoluta impropriedade do objeto, eis que inexistente organismo cuja integridade deva ser protegida pela legislação penal, pois, segundo o Conselho Federal de Medicina, qualifica-se como 'natimorto cerebral'...").

O Min. Luiz Fux passou ao largo da questão, ainda que anuindo com a possibilidade de interrupção da gravidez (todavia por outros argumentos). Gilmar Mendes, igualmente favorável ao abortamento, refutou a tese de inexistência de vida. Embora decidindo ao final pela possibilidade de abortamento, disse "que a regra do Código Penal Brasileiro é a vedação ao aborto, de forma que não se pode considerar atípica conduta direcionada a provocar a solução de continuidade da gravidez de feto anencéfalo, visto que este pode nascer com vida, gerando reflexos jurídicos e psíquicos de vieses diversos, e, assim, a abreviação dessa gravidez está inserida, sim, no suposto fático da regra penal em exame".

Um dos votos desfavoráveis à possibilidade de abortamento foi o do Min. Ricardo Lewandowski. Apenas tangenciando a questão da existência ou não de uma vida a ser tutelada, o Ministro classificou o abortamento de feto anencefálico como eugênico (ou eugenésico) e demonstrou sua preocupação para com a extensão da permissividade a outras hipóteses em que o feto apresenta doença congênita letal, como acardia, atrofia muscular espinhal e outras. Parece-nos que tal argumento seria considerável na argumentação sobre a preservação da dignidade da gestante, ainda a ser abordada, mas não no que concerne à existência do bem jurídico vida, já que nas mencionadas patologias há atividade cerebral, ou seja, torna-se impossível o manejo da Lei nº 9.434. Por fim, importa trazer à colação do voto do Min. Cezar Peluso. Inicia, o Ministro, abordando a questão das células-tronco embrionárias, cuja manipulação genética também foi levada à apreciação do STF. Ressaltou a impossibilidade de cotejar as duas situações, porquanto nas células-tronco não há implantação no útero materno, inexistindo, portanto, o processo vital que caracteriza a ideia de vida humana. O embrião não implantado não possui capacidade de movimento autógeno, isto é, não pode se desenvolver por si só, exigindo intervenção externa. O feto anencefálico, ao seu turno, possui a capacidade de movimento, uma vez que corretamente implantado. Assim, adere ao processo vital que culminará em seu nascimento. Portanto, na lógica do Ministro, está vivo e sua vida merece proteção constitucional e penal. Parece-nos, entretanto, que o voto parte de alguns pressupostos no mínimo questionáveis, resumidos na dicção de Garcia, que o Ministro fez questão de enfatizar: "o anencéfalo morre, e ele só pode morrer porque ele está vivo. Se ele não estivesse vivo, ele não poderia morrer". Peluso atribui ao trecho a qualidade de "lógica irrespondível". Ora, é uma argumentação falaciosa: se se entende que o anencéfalo não possui uma vida a ser tutelada, ele de fato não pode morrer, mas porque nunca viveu. Ou seja, a discussão continua circunscrita ao que se deve entender por vida, em nada alterando o panorama. Poder-se-ia afirmar, ainda, que a vida se inicia com a concepção ou com a nidação (teorias majoritárias na doutrina), ou seja, dispensa o início das atividades encefálicas, consagrando a vida vegetativa. É de se dizer, contudo, que essas teorias somente têm valia quando a atividade encefálica, embora não iniciada, ainda irá se desenvolver, ou seja, é uma vida sob condição, a qual não se verificará na hipótese de anencefalia. Prossegue o Ministro cuidando de possíveis divergências médicas sobre a confusão entre anencefalia e meroanencefalia, que seriam a mesma coisa, e sobre o diagnóstico de ausência de atividade cerebral, que não seria pacífico. Contudo, ainda que existam discussões – e essas são praticamente inevitáveis – a parcela de especialistas que ressaltam a inexistência da vida é deveras superior. Peluso ainda traz à baila o seguinte argumento: na morte encefálica para doação de órgãos, o diagnóstico é apenas operacional, para permitir que a doação salve vidas alheias, não existindo o mesmo pressuposto no caso de feto anencefálico. Portanto, as situações seriam incontrastáveis. Essa visão utilitarista, uma vez mais, é contestável: isso porque a finalidade do diagnóstico não se presta a conceituar o que a vida, embora seja razoável supormos que não se mata um paciente vivo, mas sem atividade encefálica, simplesmente para preservar a vitalidade de outros pacientes. O que a Lei nº 9.434 estabelece é, de fato, o momento da morte, não o momento em que passa a ser permitida a extinção da vida.

Uma provocação feita pelo Min. Peluso em seu voto merece especial atenção: será que a posição dos demais julgadores seria a mesma se o feto deixasse as entranhas maternas e, uma vez "nascido", sua vida fosse abreviada? Deixariam os demais ministros, nessa hipótese, de reconhecer a existência de homicídio ou infanticídio? Conquanto nenhum dos ministros tenha respondido a indagação, faz-se necessário um exercício de coerência argumentativa, cuja resposta não pode ser outra: para os ministros que defenderam a inexistência de vida no feto anencefálico, o "nascimento" não altera esse quadro, ou seja, a abreviação da existência do portador de anencefalia não é criminosa; poderia sê-lo para aqueles que discordaram da tese, ou rechaçando o abortamento ou reputando-o permitido, mas por motivos diversos da atipicidade por ausência de ofensa ao bem jurídico-penal tutelado.

Outro ponto de enfrentamento durante o julgamento da ADPF nº 54/DF referiu-se à ponderação de valores entre a dignidade dos pais e a dignidade do feto. Poderia uma ser sacrificada em prol da outra? Importa assinalar que aqui resta superado o argumento da inexistência de vida: sem vida, não há como se perquirir a dignidade do feto. Ainda que os Ministros nem sempre deixem isso claro em seu voto, a ponderação de valores pressupõe a não admissão da teoria anterior, razão pela qual o presente texto foi estruturado de forma a trabalhar inicialmente o conceito de vida em caso de anencefalia. Cuida-se aqui, portanto, de uma argumentação subsidiária, que não poderia deixar de ser feita, mas que falece em face da consagração da teoria da atipicidade.

Antes mesmo de abordar essa questão, o Min. Marco Aurélio usou seu voto para outra referência à dignidade, versando sobre o desejo de alguns grupos contrários ao aborto que sustentavam ser dever da gestante levar a gestação até o fim, ainda que com o único escopo de doar os órgãos do anencéfalo "nascido". Esse viés marcadamente utilitarista foi prontamente rechaçado: argumentou, o Ministro, que a ideia refletiria uma instrumentalização da mulher, o que é contrário à ideia de dignidade humana presente em Kant, o que está correto. Contudo, mencionar Kant na discussão sobre aborto é, no mínimo, temerário, pois o filósofo também entenderia impossível a interrupção da gravidez, se lhe fosse ainda possível apreciar a situação. A rígida moral kantiana não permite que alguém abrevie uma vida (ressalva: se é que há vida) para satisfazer a uma inclinação ou simpatia, ainda que com vistas à preservação da própria saúde psíquica (as ações devem ser isentas de qualquer subjetividade, ou não estão de acordo com o imperativo categórico).

Feito esse breve parêntese, retornemos à contraposição de dignidades: existindo direitos constitucionais em rota de colisão, no caso, o direito à vida do feto e, de outro lado, os direitos à liberdade, à saúde, à autonomia da vontade à privacidade e aos direitos reprodutivos da gestante (e, em alguns desses aspectos, também do pai), qual deles prevaleceria?

Marco Aurélio, desde logo, menciona que o conflito é apenas aparente, pois, "em contraposição aos direitos da mulher, não se encontra o direito à vida ou à dignidade humana de quem está por vir, justamente porque não há ninguém por vir". Ademais, ainda que existente o direito à vida, esclareceu o Ministro que este pode ser relativizado, o que fica patente na autorização para o abortamento de feto viável na gravidez resultante de estupro. Refere-se, o Ministro, à ponderação de valores, na qual o direito à saúde da gestante, devido aos imensos riscos à sua higidez física ou psíquica, deve prevalecer, cabendo à mulher decidir sobre como proceder, escolhendo o caminho menos penoso ou que esteja em conformidade com sua moral. Marco Aurélio diz que a questão é resolvida pela aplicação do princípio da proporcionalidade, mas não explica o método usado para alcançar tal resultado.

Ao votar, o Min. Joaquim Barbosa anuiu para com a tese. Disse que há flagrante desproporcionalidade entre a criminalização e a autonomia privada da mulher. Na mesma toada se pronunciou Luiz Fux, para quem o prosseguimento da gravidez equivale a uma tortura para a gestante. Citou Alexy e a Corte Constitucional italiana: o primeiro, para asseverar que não há princípios absolutos; quanto à jurisprudência comparada, mencionou a decisão da Corte que indica ceder a proteção à vida do nascituro em face dos riscos físicos e psicológicos à gestante. O Min. Fux trouxe à baila, ainda, a questão da proporcionalidade das penas, aduzindo que punir criminalmente a gestante que opta pelo abortamento - mesmo em face do evidente tormento psicológico suportado - seria uma punição excessiva e o princípio da proporcionalidade proíbe o excesso. A Min. Cármen Lúcia, de início, fez questão de afirmar que, no julgamento, o STF não estaria agindo como legislador positivo, mas sim verificando a correta interpretação a ser dada à interrupção da gravidez, sugerindo, em seguida, a ponderação de interesses - vinculada ao princípio da proporcionalidade - como solução para o dilema. Essa ponderação levaria à preservação dos interesses dos pais. Celso de Mello endossou que a dignidade da pessoa humana é um valor-fonte e, em seguida, preconizou a extração da máxima eficácia dos tratados e convenções internacionais, que, juntamente com a CRFB, serviriam como base para a resolução do caso, abstraindo-se os dogmas religiosos. Consoante o Ministro, "o único critério a ser utilizado, portanto, na solução da controvérsia ora em exame é aquele que se fundamenta nos textos da Constituição, dos tratados e convenções internacionais e das leis da República e que se revela informado por razões de caráter eminentemente social e de natureza pública, em ordem de viabilizar, em favor da mulher e do profissional da área de saúde, a prática da interrupção do processo fisiológico de gestação do feto acometido de anencefalia, sem que se incorra nas sanções cominadas no ordenamento penal brasileiro". Assentada a base em que o tema será discutido, Celso de Mello afirma que há uma "tensão dialética resultante do antagonismo entre valores constitucionais impregnados de igual eficácia e autoridade", o que recomendaria o uso da técnica da ponderação concreta de direitos. Admite, ao final, a prevalência dos interesses da gestante. Interessante notar que, embora todos os ministros mencionados reportem-se à ponderação de valores (ou de interesses, ou de direitos), nenhum deles explica metodologicamente o resultado a que chegaram.

Nesse ponto, e novamente, o voto da Min. Rosa Weber é mais substancioso. Enfatizando a necessária ponderação de valores com esteio na proporcionalidade, sustenta que nenhum valor constitucional possui transcendência autojustificável, de modo que entre eles não há hierarquia, restando passíveis de relativização. Discorrendo sobre as diferenças entre princípios e regras, Weber adverte que a não aplicação de um princípio ao caso concreto não importa negar-lhe validade, ao contrário do que ocorre com as regras. Passa, então, a explicar o critério que adotará na ponderação de razões de decidir (denominação por ela preferida), valendo-se de uma fórmula - consignada e debatida no voto - que, acredita, satisfaz a necessária proporcionalidade que deve permear a decisão. Conclui, ao final, pela prevalência dos direitos da gestante.

Insurgem-se contra a ponderação, tal qual realizada pelos demais ministros, os ministros Ricardo Lewandowski, Gilmar Mendes e Cezar Peluso.

Anteriormente, parecia-nos que, na anencefalia fetal, assim como em outras patologias que inviabilizam a vida extrauterina, o aborto deveria ser aceito pela inexigibilidade de conduta diversa dos agentes. Não se pode negar o sério trauma psíquico suportado pela gestante, que, ciente de que gera um filho de vida efêmera, vê-se compelida a sustentar uma gravidez que só lhe trará infelicidade. Assim, se a gestante, motivada pela melancolia, comete o ato extremo de abortar, não deveria ser considerada culpável. De igual forma não vislumbrávamos culpabilidade na conduta do médico que, movido pela compaixão, pratica o aborto na gestante (até porque seria ilógico exigir que a gestante praticasse o aborto sem assistência médica). É esta a lição de Fernando Capez: "tecnicamente considerado, o aborto eugenésico dirá com a excludente de culpabilidade da inexigibilidade de conduta diversa, tanto por parte da gestante, considerando o dano psicológico a ela causado, em razão de uma gravidez cujo feto sabidamente não sobreviverá, como por parte do médico, que não pode ser compelido a prolongar o sofrimento da mulher".[283] Contudo, mudamos de opinião e passamos a anuir para com a tese da inexistência de um bem jurídico a ser tutelado, tal qual a tese majoritariamente albergada pelo STF, de modo que não mais falamos em abortamento de feto anencefálico, mas em interrupção terapêutica da gravidez.

Não é equivocado afirmarmos, ainda, que a anencefalia pode redundar em perigo para a vida da gestante, ocasião em que, se vencida a tese de atipicidade da conduta, é cristalina a impunidade do aborto pela aplicação do artigo 128, I, do CP. Segundo Bussamara Neme, nos casos de anencefalia fetal, "a evolução do ciclo grávido-puerperal de pacientes com fetos anencéfalos, com frequência se associa com complicações da gestação (vômitos graves e incoercíveis, prenhez prolongada, polidrâmnio) e, também do parto (distócia do desprendimento do ombro fetal com risco de rotura uterina e choque

283 CAPEZ, Fernando. *Curso...*, op. cit., p. 123.

hemorrágico)",[284] configurando-se a imprescindibilidade da intervenção cirúrgica para salvaguardar um bem jurídico maior.

14- Fecundação artificial

A legislação penal brasileira é omissa no que tange à fecundação laboratorial, ou seja, aquela realizada fora do organismo materno. A ciência médica evoluiu de modo a permitir que embriões sejam formados e mantidos em laboratório, até o momento da implantação no ventre da mulher. Se a destruição do embrião acontece após a implantação, não há dúvida: ocorre crime de aborto (consideradas as teorias sobre o início da vida). Entretanto, a solução não é a mesma quando a aniquilação do concepto se dá antes da implantação ou em face dos embriões excedentes (que não serão implantados). Não se cuida de vida intrauterina, pois ainda não há o desenvolvimento do nascituro no útero materno. Impossível, portanto, o delito de aborto, já que, por se tratar de norma incriminadora, é impossível o emprego de analogia. Também não há crime de homicídio, pois este pressupõe o início do nascimento. Tampouco há de se cogitar em crime de dano (artigo 163, CP), porque este delito tem como objeto material uma coisa, e o embrião, à evidência, não é coisa. O fato, portanto, é atípico.[285]

15- Distinção, concurso aparente de normas e concurso de crimes

Se o agente tiver a intenção de matar a gestante, desejando ou assumindo o risco de produzir o aborto, verificar-se-á o concurso formal impróprio entre este delito (artigo 125, CP) e o crime de homicídio (artigo 121, CP). Na lesão corporal, entendemos absorvidas as lesões leves direcionadas à prática abortiva, mas defendemos o concurso formal imperfeito do aborto (obviamente doloso) com lesões corporais qualificadas provocadas também voluntariamente (artigo 129, §§ 1º, 2º e 3º, CP).

O concurso será material no caso da gestante que, realizando a falsa comunicação de um crime de estupro (artigo 340, CP), consentir que um médico lhe interrompa a gestação (artigo 124, CP), não havendo responsabilização do médico (erro de tipo permissivo).

A Lei de Contravenções Penais prevê uma figura típica relacionada ao aborto, que com este, entretanto, não se confunde. Cuida-se do anúncio de meio abortivo (artigo 20, DL 3.688/1941). Pune-se a conduta do sujeito que anuncia "processo, substância ou objeto destinado a provocar aborto". Damásio de Jesus, explicando o dispositivo, afirma: "a norma pretende evitar a prática de abortos. Para tanto, pune penalmente o anúncio de processo, substância ou

---

284 Bussamara Neme, citado na sentença do Proc. 363/2000 da Comarca de Campinas/SP. Disponível em: <www.jep.org.br>.

285 Nesse sentido é a lição de Fernando Capez (*Curso...*, op. cit., p. 108-109).

objeto destinado a provocá-los. Constituindo o aborto um ilícito penal, é lógica a punição da publicidade de meios capazes de causá-lo".[286] A contravenção penal em comento é um delito de perigo comum e abstrato. Assim, somente se perfaz o tipo penal se a conduta é dirigida a um número indeterminado de pessoas. Se a sugestão para o emprego de meio abortivo é pessoal, ou seja, se visa à pessoa determinada, o sujeito ativo pode ser partícipe do aborto decorrente do eventual uso do meio apregoado, não respondendo pela contravenção penal.

Em tema de genocídio (Lei nº 2.889/1956), encontramos delito semelhante ao aborto, mas que com ele não se confunde. O artigo 1º, *d*, da lei especial, diz ser criminosa a adoção de qualquer medida (inclusive o ato de abortamento) destinada a impedir nascimentos no seio de grupo nacional, étnico, racial ou religioso, tentando destrui-lo no todo ou em parte. A lição a ser adotada aqui é a mesma já exposta por ocasião do estudo do crime de homicídio: é possível o concurso de crimes entre o aborto e o genocídio.

16- Pena e ação penal

As penas previstas para o aborto variam de acordo com a conduta praticada. No artigo 124, as margens da sanção penal variam de um a três anos de detenção. No artigo 125, forma mais grave do crime de aborto, a pena cominada abstratamente é de reclusão, de 3 a 10 anos. No artigo 126, reclusão, de 1 a 4 anos.

Ocorrendo o caso de crime preterdoloso previsto no artigo 127, que somente pode ser cotejado com os artigos 125 e 126, as penas podem ser aumentadas de um terço (caso a gestante sofra lesão corporal grave) ou podem ser dobradas (no caso de morte da gestante).

Não será aplicada ao aborto a agravante genérica prevista no artigo 61, II, *h*, do CP (crime praticado contra mulher grávida), pois a gravidez é pressuposto do delito.

A ação penal, no aborto, é pública incondicionada. Sendo um crime doloso contra a vida, será julgado pelo Tribunal do Júri. Tanto o artigo 124 como o artigo 126, *caput*, por contarem com pena mínima igual a um ano, admitem a suspensão condicional do processo, de acordo com o artigo 89 da Lei nº 9.099/1995 (desde que, no caso do artigo 126, não incida a causa de aumento de pena prevista no artigo 127).

---

286 JESUS, Damásio E. de *Lei das contravenções penais anotada*. 7. ed. São Paulo: Saraiva, 1999. p. 69.

DAS LESÕES CORPORAIS
(TÍTULO I, CAPÍTULO II)

I - LESÃO CORPORAL (ARTIGO 129, CP)

1 Introdução

O crime de lesão corporal (artigo 129, CP) consiste em qualquer ofensa ou dano à integridade física ou à saúde (fisiológica ou mental) de outrem, sem que haja a intenção de matar (*animus necandi*).

Originalmente, o Código Penal classificava as espécies de lesão corporal pelo resultado acarretado. De fato, as consequências do delito podem ser várias, algumas de pequena monta (como equimoses ou pequenas esfoladuras), outras de maior gravidade (perda de membros, danos estéticos ou, em situações extremas, a morte). Impunha-se, portanto, a tipificação das lesões em dispositivos diversos, cada qual com uma sanção adequada à magnitude dos danos provocados. Assim, o legislador classificou as lesões corporais em leve (artigo 129, *caput*), grave (artigo 129, § 1º), gravíssima (denominação doutrinária - artigo 129, § 2º) e lesão corporal seguida de morte (artigo 129, § 3º). Entendeu o legislador, contudo, que essa lógica deveria ser respeitada apenas nas lesões dolosas, não existindo a mesma gradação quando são culposas. Para essas, o legislador estabeleceu um tipo penal único (artigo 129, § 6º).

Posteriormente, sentiu-se a necessidade de acrescentar ao tipo penal outras classificações, por razões de política criminal. Nessa esteira, surgiram os crimes de violência doméstica (artigo 129, § 9º, CP) e lesão corporal praticada em virtude da condição funcional da vítima (artigo 129, § 12, CP), ambas de natureza dolosa.

2 Objetividade jurídica

O Código Penal vigente no Brasil inovou em relação aos diplomas legais que o antecederam. Tutela-se não só a integridade corporal do indivíduo, mas também sua saúde fisiológica e mental. Os códigos anteriores (1830 e 1890) protegiam somente a integridade física, relegando à obliteração o bom funcionamento orgânico e a integridade psíquica da pessoa. Exigiam, também, a provocação de dor à vítima. Atualmente, como assevera Galdino Siqueira, "não se requer a sensação da dor, que, de índole inteiramente subjetiva, só pode ser verificada por falíveis presunções, como resultante da violência, além de que pode constituir ofensa física uma ação que provoque repugnância, náusea, sem causar dor, uma ação que não seja sentida pelo ofendido".[1] Há crime de lesão corporal mesmo que a lesão não seja aparente, como no caso da "desintegração da saúde mental".[2]

Integridade corporal e saúde, segundo a doutrina clássica, são bens jurídicos indisponíveis, pois extrapolam a esfera individual, refletindo nos deveres sociais da pessoa. Assim ensina Hungria: "protegendo a incolumidade pessoal, a lei penal atende, de par com o interesse individual, um indeclinável interesse social, qual seja o da normal eficiência e aptidão de cada um dos indivíduos, que constituem elementos de sinergia da prosperidade geral da sociedade e do Estado".[3] O consentimento do ofendido, para o autor, não se presta para afastar o caráter criminoso da conduta. Há, contudo, movimento doutrinário tendente a abolir a indisponibilidade da integridade corporal e da saúde.[4] Fragoso, por exemplo, informa que a disponibilidade dos referidos bens jurídicos é exigência da evolução cultural.[5] De fato, em casos de lesão corporal de natureza leve, a invocação de razões estatais é inconsistente, vez que a manutenção da produtividade do indivíduo, duvidosamente violada, ganha pouco vulto frente à liberdade individual. Nesse compasso, a Lei nº 9.099/1995 passou a exigir representação do ofendido para o exercício da ação penal nos casos de lesão corporal de natureza leve, tornando evidente a disponibilidade. Acreditávamos, contudo, que essa característica deveria se bastar nas lesões leves, sustentando que, nas lesões graves e gravíssimas, a indisponibilidade deveria ser mantida, face à elevada reprovabilidade da conduta do sujeito ativo. Contudo, alteramos nossa concepção. Cremos que a autonomia individual da vítima deva prevalecer sobre considerações morais acerca da conduta do autor. Além disso, soa ridículo que exista um interesse social na manutenção da higidez física, psicológica ou orgânica que se sobreponha ao interesse individual. Defendemos, pois, que integridade corporal e saúde são invariavelmente bens jurídicos disponíveis, o que, inclusive, resolve uma série de problemas decorrentes da concepção outrora abraçada.

1 SIQUEIRA, Galdino. *Tratado...*, op. cit., p. 83.

2 HUNGRIA, Nélson. *Comentários...*, op. cit., p. 283.

3 HUNGRIA, Nélson. *Comentários...*, op. cit., p. 284.

4 Manifesta-se Aníbal Bruno: "No sentido de admitir-se o poder descriminante do consentimento do ofendido é que parecem encaminhar-se a doutrina e as legislações. Há nisso a manifestação de um espírito individualista que rege em certos setores do pensamento penalista. A restrição que se lhe impõe é a deque não ofenda os bons costumes, a que se junta a de que não ponha em perigo a saúde pública ou a segurança comum" (*Crimes...*, op. cit., p. 189).

5 FRAGOSO, Heleno Cláudio. *Lições...*, op. cit., p. 92.

Em sendo disponível a objetividade jurídica, há que se questionar: que efeito operará o consentimento do ofendido? Entendemos existir exclusão da tipicidade, mas há quem vislumbre excludente da antijuridicidade.[6]

Ainda que adotada a tese segundo a qual, por vezes, integridade corporal e saúde são indisponíveis, existem situações em que o consentimento do ofendido será válido, pouco importando a indisponibilidade ou não do bem jurídico (ou seja, produzirá seus efeitos a despeito da gravidade da lesão). É o que ocorre nas lesões esportivas. Toda prática de esportes envolve certo risco de lesão, que é incrementado nas atividades em que há contato físico. Tal risco, entretanto, é permitido, isto é, não há a criação de um risco socialmente reprovado, o que deixa transparecer a atipicidade da conduta. Por conseguinte, não constitui crime a lesão provocada dentro das regras da modalidade ou como desdobramento natural do esporte. No boxe, a troca de golpes entre os contendores não extrapola a regulamentação esportiva.

---

6 Santiago Mir Puig, escorando-se na doutrina alemã, faz referência ao "consentimento em sentido amplo", do qual são espécies o "acordo" e o "consentimento propriamente dito". A primeira hipótese ("acordo") engloba o consentimento dado em delitos contra a liberdade e naqueles crimes nos quais o dissenso é elementar do tipo, ainda que implícita. Ou seja, trata dos casos em que o consentimento impede a lesão ao bem jurídico tutelado. Na segunda hipótese ("consentimento em sentido estrito"), temos aquelas condutas que, mesmo quando autorizadas, lesionam o bem jurídico, embora o consentimento tenha o condão de afastar o seu caráter criminoso. Ensina o autor: "*Por una parte, ciertos delitos se dirigen directamente contra la voluntad de la victima y su libre ejercicio. Es lo que ocurre em los delitos contra la libertad, como las detenciones ilegales, las coaciones o el allanamiento de morada. Faltando la oposición del sujeito pasivo, es indudable que desaparece toda lesividad de la conducta: no puede haber delito de detenciones ilegales si el detenido quiere ser detenido, ni puede concurrir allanamiento de morada si el morador acepta en su casa al estraño. (...) Ello sucede también en delitos que no parecen exclusivamente dirigidos a atacar la voluntad ajena, como los delitos contra la propiedad. Cuando alguien toma una cosa de otro con consentimiento de éste, no puede hablarse de 'hurto' o 'robo'. (...) La doctrina alemana emplea en este primer grupo de casos un término específico para designar la conformidad del afectado: 'el acuerdo' (Einverständnis). (...) En un segundo grupo de casos se contemplan los supuestos en que el consentimento de la víctima tiene lugar en hechos que atacan un bien jurídico del que puede disponer su titular, pero cuya lesión no desaparece por virtud del consentimiento. La doctrina alemana mayoritaria incluye en este grupo el consentimiento en las lesiones (p. ej., el consentimiento en una operación de cirurgía estética no justificable por estado de necesidad). La lesión de la integridad física no desaparece por el hecho de que el afectado consienta, y sin embargo se admite en ciertos casos (como el del ejemplo) que este consentimiento excluya el delito*". (MIR PUIG, Santiago. *Derecho Penal – parte general.* 7. ed. Barcelona: Editorial Reppertor, 2005. p. 504). O autor prossegue, esclarecendo que, no "acordo", é evidente a atipicidade da conduta, ao passo em que, no "consentimento", há divergência sobre sua natureza dogmática: para a doutrina alemã majoritária, há simples causa de justificação (excludente da antijuridicidade), pois a lesão ao bem jurídico ocorre, embora seja excepcionalmente permitida; para outros, também resta excluída a tipicidade, por ausência de imputação objetiva (op. cit., p. 505-506). É nesse sentido que nos posicionamos.

De semelhante, no futebol, uma falta provocada para impedir a progressão de um atacante, embora não seja permitida pelas regras do esporte, constitui normal desdobramento da partida.[7] O causador da lesão, em ambos os casos, não pode ser criminalmente responsabilizado,[8] salvo se houver excesso, como ocorreu no um famoso caso em que um boxeador arrancou, com uma mordida, parte da orelha do adversário, ou no evento ocorrido no Rio Grande do Sul, em que um jogador de futebol atingiu seu rival com um soco na cabeça, ocasionando a prematura interrupção da carreira da vítima.[9] Frise-se que nessas hipóteses, ainda que o lesionado tenha se colocado voluntariamente em uma situação de risco, o processo causador da lesão extrapola os limites da autorização. Excedendo-se, o autor da conduta responderá por crime de lesão corporal.

No caso da prática cirúrgica ou de outras intervenções médicas curativas que, embora bem-sucedidas, resultem em lesão corporal, também é evidente a atipicidade do fato, a despeito de qualquer outra consideração. Para que haja o crime de lesão corporal, o resultado deve ser oriundo de um risco proibido. Nas práticas curativas, pratica-se a conduta para a melhoria das condições físicas ou mentais do indivíduo, existindo diminuição do risco, o que afasta a imputação (é o que ocorre, por exemplo, quando uma perna é amputada para a preservação da vida do paciente). Para outros, há inexistência de ofensa ao bem jurídico tutelado. Assim se posiciona Luiz Regis Prado, aduzindo que, "através de uma interpretação teleológico-restritiva, conclui-se que inexiste o resultado típico do delito de lesão corporal".[10] É claro que, ocorrendo um erro durante a atividade curativa que resulte em lesão corporal, o médico (ou outros profissionais da saúde, como dentistas ou fisioterapeutas) deve ser punido, mas a título de culpa (artigo 129, § 6º, CP). Inexistiria conduta dolosa por parte do agente, que somente obra com a falta de cuidado objetivo caracterizadora da culpa. Não está o médico sempre obrigado a alcançar a cura, uma vez que o corpo humano não responde de forma padronizada aos tratamentos

---

7 Na Holanda, a Suprema Corte condenou a seis meses de prisão o jogador do clube Sparta Roterdã, que, em um "carrinho", fraturou a perna de atleta do clube adversário, o Go Ahead Eagles, encerrando sua carreira. Na decisão, o Tribunal sustentou a intencionalidade da lesão, que extrapolaria a normalidade esportiva (notícia colhida da página eletrônica http://ultimosegundo.ig.com.br/esportes/futebol).

8 Há quem defenda a exclusão da antijuridicidade na hipótese (exercício regular de um direito). Fernando Capez (*Curso*..., op. cit., p. 126-127), adotando a teoria da imputação objetiva, sustenta que não se trata de causa de justificação, mas sim de atipicidade.

9 Notícia publicada em https://esportes.estadao.com.br/noticias/futebol,zagueiro-e-condenado-a-2-anos-de-prisao-por-agressao,20070314p6359

10 PRADO, Luiz Regis. *Curso*..., op. cit., p. 121. Para José Frederico Marques (*Tratado*..., op. cit., p. 201), cuida-se de exclusão da antijuridicidade pelo consentimento do ofendido.

utilizados. Exige-se, entretanto, que todos os caminhos aconselháveis para a conquista da sanidade sejam trilhados pelo profissional.[11]

Quando o objetivo da cirurgia for puramente estético (cirurgia plástica), o consentimento do ofendido também se dirige à criação de um risco socialmente aceito, determinando-se a atipicidade da conduta com esteio na ausência de imputação objetiva. Existindo, além do fim estético, a intenção curativa, a conduta é atípica pelos motivos esposados no parágrafo anterior. Cite-se como exemplo a intervenção médica realizada para restaurar as severas cicatrizes faciais causadas por um acidente, que impõem enorme tormento psicológico à vítima.[12] O mesmo pode ser dito em relação à cirurgia de mudança de redesignação sexual, quando há fundada razão para se suspeitar que a manutenção do sexo de nascença do indivíduo possa acarretar dano psíquico. Sustenta Hungria que, não existindo uma motivação razoável para a cirurgia plástica, ocorre o crime de lesão corporal. Exemplifica-se com a conduta do cirurgião que, visando a auxiliar um criminoso, muda suas feições, contribuindo para sua impunidade (concurso formal entre os delitos de lesão corporal e favorecimento pessoal).[13] Discordamos: não há crime contra a pessoa, subsistindo apenas crime contra a administração da Justiça (ainda assim, dependendo das circunstâncias do caso concreto).

Nas hipóteses de disposição de partes do próprio corpo para auxílio a terceiros (por exemplo, na doação de órgãos duplos, como um dos rins; na doação de sangue etc.), também ganha relevo o consentimento do doador, não havendo crime a ser sancionado.[14] Novamente não há a criação de risco desaprovado, mas permitido e até mesmo fomentado pelo poder público.

O aspecto da insignificância é aplicável ao crime de lesão corporal (não o era nos crimes contra a vida). Lesões diminutas, que não afetam de forma minimamente séria a constituição físico-psíquica do ofendido, não são penalmente relevantes. Aí podemos citar os arranhões, estigmas ungueais e outras hipóteses. É evidente que, em caso de lesão corporal qualificada pelo resultado, a insignificância não será reconhecida, pois a própria norma já atenta a

11 Considere-se, como complemento ao estudo, que a intervenção médica realizada para afastar perigo iminente à vida do paciente, ainda que não consentida, não constitui crime de lesão corporal. Aliás, nessa hipótese, nem mesmo crime de constrangimento ilegal será configurado, vez que o próprio artigo 146, § 3°, CP exclui a tipicidade do fato.

12 "Atualmente, perdem substância as digressões sobre cirurgias estéticas e tratamentos cosméticos que possuem finalidade estética, pois objetivamente visam à saúde corporal e psíquica, isto é, à integração do ser humano no grupamento social" (MAYRINK DA COSTA, Álvaro. *Direito penal...*, op. cit., p. 218).

13 HUNGRIA, Nélson. *Comentários...*, op. cit., p. 285.

14 Segundo Nélson Hungria, havendo fim de cura, estético, humanitário (doação de sangue,*v. g.*) ou higiênico (como na circuncisão), ou nos casos de lesão irrelevante (colocação de brincos, por exemplo), o fato é atípico por ausência de dolo, já que a finalidade seria útil ou aprovada pela moral pública (*Comentários...*, op. cit., p. 285).

relevância do resultado. Entendemos, contudo, que a qualificação pela violência doméstica não impede o reconhecimento da insignificância, uma vez que o critério político-criminal que inspira a norma não se confunde com a escassa lesividade caracterizadora da atipicidade material. Importa salientar que STF e STJ, naqueles casos em que há a incidência da Lei nº 11.343/2006, entendem de forma diferente.[15]

O objeto material do crime de lesão corporal é a pessoa natural (ser humano vivo) sobre a qual recai a conduta. Lesões pré-natais não ingressam no tipo penal do artigo 129 do CP. A proteção jurídica ao nascituro, nos crimes contra a pessoa, se faz apenas de forma excepcional, como no aborto. Portanto, se um médico - descuidadamente - receita à gestante um medicamento que acarreta malformação ao nascituro, não há crime de lesão corporal culposa, mas conduta atípica. A solução seria a mesma se a lesão causada fosse dolosa. No entanto, se o autor pretende causar um aborto e fracassa, gerando apenas a malformação, a conduta é típica, mas o crime é contra a vida (aborto na forma tentada).

3 Sujeitos do delito

Qualquer pessoa, que não a própria vítima, pode cometer o crime de lesão corporal (crime comum). O direito pátrio não pune, por falta de previsão legal, a autolesão. Embora no crime de fraude para recebimento de valor ou indenização de seguro (artigo 171, § 2º, V, CP) haja a especificação de uma autolesão como elementar do tipo ("...lesa o próprio corpo ou a saúde, ou agrava as consequências da lesão ou doença..."), cuida-se de uma fraude encetada para o enriquecimento ilícito. A autolesão é somente o meio de que se serve o fraudador para praticar um crime patrimonial, de modo que a punição não é dirigida à vulneração do próprio corpo ou da saúde.[16] Ainda que o agente convença uma pessoa incapaz de querer a se lesionar (por exemplo, uma pessoa completamente bêbada ou uma criança em tenra idade), não se pode falar em autolesão, pois a vítima não possui capacidade para anuir validamente para com o resultado, tratando-se de uma lesão praticada por terceiro, todavia por meio indireto. Quando a vítima se fere na tentativa de repelir uma agressão injusta do agente, a esse será imputado o resultado, pois sua conduta deu causa à lesão.

O sujeito passivo da lesão corporal pode ser qualquer ser humano vivo. A ação praticada contra pessoa já morta pode configurar crime contra o respeito aos mortos (artigo 211, CP). Em se tratando de lesão corporal qualificada com

---

15 STF, RHC 133.043/MS, 2ª Turma, julg. em 10/05/2016; STJ, Súmula nº 589.

16 O artigo 184 do Código Penal Militar (CPM) incrimina a conduta do indivíduo que lesiona o próprio corpo para se furtar ao serviço militar obrigatório. Novamente, não é a autolesão punida, pois essa é o meio para o delito, consistente em uma fraude.

resultado aceleração de parto ou aborto (artigo 129, § 1º, IV, e § 2º, V, CP, respectivamente), o sujeito passivo da lesão só pode ser a gestante, evidentemente.

4 Elementos objetivos, subjetivos e normativos do tipo

O tipo fundamental do crime de lesão corporal tem por núcleo o verbo ofender, significando ferir, causar a lesão. Trata-se de crime de ação livre, em que quaisquer meios executórios podem ser utilizados (físicos ou morais, como ocorre no homicídio), desde que aptos a causar a lesão. É desnecessário, portanto, que haja violência física, uma vez que a atuação sobre o psiquismo da vítima pode produzir danos ao seu funcionamento orgânico ou mental. Normalmente, a conduta é comissiva, admitindo-se, todavia, a conduta omissiva imprópria (*v. g.*, o pai que deixa de cuidar de um filho adoentado, fazendo com que seu estado de saúde se agrave, não existindo, no caso, dolo de matar). A omissão própria somente poderá configurar crime de omissão de socorro (artigo 135, CP), nunca crime de lesão corporal.

Se, em um mesmo evento, várias lesões corporais forem infligidas a uma mesma pessoa, teremos crime único. Assim, caso uma pessoa, armada com uma barra de ferro, passe a agredir outro indivíduo em seus membros inferiores, provocando-lhe fraturas em ambas as pernas, teremos um único crime de lesão corporal (simples ou qualificada, conforme as peculiaridades do evento), apesar do ferimento duplo. Todavia, nada impede o concurso de crimes entre duas lesões corporais, desde que ocorridas em contextos diferentes (como no caso em que o sujeito ativo desfere socos contra a vítima e, dois dias depois, ao vê-la novamente em via pública, repete a conduta).

Mesmo que não haja produção de uma lesão nova, poderemos ter o crime em apreço, bastando que o agente agrave uma lesão preexistente. Aliás, como ensina Frederico Marques, a imensa variedade de resultados possíveis é um ponto de diferenciação entre tal delito e o homicídio. Diz o insigne mestre: "ao contrário, nesse passo, do que ocorre no homicídio, em que a consequência da ação é uma só (*id est*, a morte da vítima), nos crimes do artigo 129, proteiformes são os resultados que se originam da conduta causal típica".[17]

Pode, o crime de lesão corporal, ser doloso ou culposo (artigo 129, § 6º). O dolo consiste na intenção de lesionar a integridade corporal ou a saúde alheia, sem a vontade de matar. É o que se chama de *animus vulnerandi* ou *laedendi*. É a vontade do agente que distinguirá a lesão corporal da tentativa de homicídio, em que se age com *animus necandi* (vontade de matar). Destarte, se o agente investe com uma faca contra a vítima, atingindo-a na coxa, tendo apenas a intenção de provocar um ferimento não fatal, praticará crime de lesão corporal. Entretanto, se o propósito do agente for atingir a artéria femoral da vítima, provocando sua morte em virtude da severa perda de sangue, o crime será

17 MARQUES, José Frederico. *Tratado...*, op. cit., p. 200.

de homicídio, tentado ou consumado, caso ocorra ou não o óbito (presente, nesse caso, o *animus necandi*). É possível, ainda, que o agente tenha somente a intenção de ferir, mas acabe produzindo, por acidente, a morte da vítima, caso em que ocorreria o crime de lesão corporal seguida de morte, a ser estudado com mais afinco adiante.

5 Consumação e tentativa

Sendo um crime material e de dano, reputar-se-á a lesão corporal consumada no momento da produção do resultado lesivo (dano à integridade corporal ou à saúde da vítima). Classifica-se o crime, ainda, como instantâneo, podendo ou não ter efeitos permanentes (alguns casos de qualificação pelo resultado preveem a permanência do efeito, como a deformidade permanente - artigo 129, § 2º, IV, CP).

A tentativa, embora possível, é de difícil percepção prática. Cuidando-se de crime plurissubsistente, não resta dúvida quanto à possibilidade de fracionamento dos atos executórios, caracterizador do crime tentado. Hodiernamente, não há razão plausível para que se contradiga a assertiva, mas, no passado, já houve quem negasse a hipótese. Tomás Alves, doutrinador da época imperial, escrevia que o ferimento, por mais leve que fosse, já se bastava para a configuração do crime de lesão corporal, o que excluía a tentativa.[18] Não procede o argumento, já que os atos executórios, puníveis na tentativa, não têm início na produção da lesão, mas sim em conduta antecedente, conscientemente dirigida à vulneração da integridade corporal ou da saúde humana. Assim, se o agente investe contra a vítima tencionando lhe causar uma lesão, mas é contido por terceiros antes de efetivar seu ataque, é impossível ser negado o delito imperfeito. A dificuldade de verificação prática de uma lesão corporal tentada é oriunda da tipificação autônoma de condutas assemelhadas, mas não exclui a adequação típica mediata propiciada pelo artigo 14, II, do CP. No exemplo citado, sem que se conheça a intenção do agente ao investir contra a vítima, seria extremamente temerário anunciar o início dos atos executórios do delito de lesão corporal, já que outros crimes poderiam restar configurados (ameaça - artigo 147, CP - ou perigo para a vida ou saúde de outrem - artigo 132, CP). Só a análise do elemento subjetivo permitirá a correta capitulação da conduta. Assim, se o agente é impelido pela vontade de lesionar a vítima, não conquistando o resultado por motivos alheios à sua vontade, o crime é de lesão corporal, na modalidade tentada. Se a intenção do autor é a de infundir temor à vítima, sem causar uma lesão, o crime passa a ser ameaça. Por derradeiro, se o dolo reside em arriscar a saúde da vítima, todavia inexistindo o *animus vulnerandi* (vontade única de criar uma situação potencialmente perigosa), o delito será o tipificado no artigo 132 do CP (age-se com dolo de perigo, não

18 ALVES, Tomás, apud MARQUES, José Frederico. *Tratado...*, op. cit., p. 201.

com dolo de dano). Nota-se, portanto, que a tentativa de lesão corporal é teoricamente possível, mesmo que seja difícil a prova da intenção do agente.

As hipóteses de lesão corporal grave e gravíssima também admitem tentativa, desde que inequívoco o propósito do agente em causar a lesão qualificada. O agente que joga "vitríolo na direção do rosto do seu inimigo que, desviando-se tempestivamente, consegue escapar ileso"[19] pratica tentativa de lesão corporal gravíssima, já que manifesta a sua vontade de causar deformidade permanente no sujeito passivo. De igual forma, o sujeito que lesiona a mão de um pianista, querendo incapacitá-lo para o exercício de sua arte por mais de trinta dias, porém não conseguindo mais do que um leve ferimento, comete lesão corporal de natureza grave tentada. Novamente, a dificuldade do tema residirá em comprovar a intenção do agente. Caso fique patente o dolo de produzir um resultado mais gravoso à vítima, estando tal resultado abrangido pelo tipo qualificado, é possível a punição do agente pela tentativa de lesão corporal qualificada. Se, ao reverso, não se queda demonstrada a intenção do agente, a punição só pode se dar pela lesão corporal leve, em virtude do princípio do *in dubio pro reo.*

O reconhecimento da tentativa não será admitido quando o tipo qualificado contiver uma conduta preterdolosa. Como é sabido, no crime preterdoloso, o resultado que determina o agravamento da sanção somente pode ser produzido a título de culpa. Caso, por exemplo, da lesão corporal seguida de morte (artigo 129, § 3º, CP), em que a lesão praticada é dolosa, mas a morte sobrevém pela falta de cuidado objetivo. A tentativa é de todo incompatível com as figuras culposas. Ninguém pode tentar agir de forma descuidada. Além da lesão corporal seguida de morte, são exemplos de preterdolo a lesão corporal com resultado perigo de vida (artigo 129, § 1º, II) e a lesão corporal com resultado aborto (artigo 129, § 2º, V).

6 Medicina legal

Integrando o conceito de delito não transeunte, ou seja, de crime que deixa vestígios sensíveis, a lesão corporal não escapa do necessário exame pericial (artigo 158, CPP), que, recaindo sobre pessoa, é classificado como exame médico-legal. O estudo das lesões corporais é denominado traumatologia forense. Abrange a constatação da gravidade das lesões, bem como a verificação da ação vulnerante, que pode ser perfurante, cortante ou contundente, ou uma combinação destas (ação pérfuro-contundente, por exemplo, como ocorre na lesão provocada por projétil de arma de fogo).

7 Lesão corporal qualificada pelo resultado (grave e gravíssima)

Como visto, a conduta lesiva à integridade corporal ou à saúde do indivíduo comporta uma série de resultados possíveis, desde uma simples esfoladura

19 HUNGRIA, Nélson. *Comentários...*, op. cit., p. 317.

até casos de gravidade extrema, como amputações, deformidades e, em grau máximo, a morte. Assim, considerando os diferentes níveis de desvalor do resultado, o legislador optou por agrupar as lesões corporais em duas categorias: lesão corporal simples (ou leve), cujo conceito é residual, ou seja, abrange todas as hipóteses de lesão corporal não previstas nos parágrafos 1º, 2º e 3º do artigo 129, e a lesões corporais qualificadas pelo resultado (artigo 129, §§ 1º, 2º e 3º), em que a gravidade do dano provocado importa em elevação das margens da pena cominada.

O grupamento lesões corporais qualificadas é subdividido em lesões corporais graves (*nomen juris* do delito), lesões corporais gravíssimas (denominação doutrinária) e lesão corporal seguida de morte (como denominada na lei). Quanto mais grave for o resultado, maior será a pena imposta ao comportamento do agente, seja o resultado querido ou não (em algumas hipóteses, só será admitido o resultado culposo). Basta que o dano seja objetivamente previsível. Não haverá punição por lesão corporal qualificada quando o resultado for improvável, sob pena de se consagrar a responsabilidade penal objetiva (sem, ao menos, culpa do agente). Se, por exemplo, uma pessoa puxa o cabelo de outra e causa sua morte em virtude de uma lesão cervical, não há lesão corporal com resultado morte, mas - no máximo - lesão leve, pois a total imprevisibilidade do resultado gravoso não permite o reconhecimento da culpa em relação à morte.

A imposição da mesma pena ao resultado causado intencionalmente (doloso) ou descuidadamente (culposo) é uma falha legal, pois trata de maneira similar comportamentos distintos (há desproporcionalidade). Não se pode negar que o gravame dolosamente provocado à vítima mereceria uma reprimenda mais severa do que o simples descuido. Entretanto, optou o legislador por equiparar as condutas. O problema, assim, só pode ser sanado quando da aferição das circunstâncias judiciais na fixação da pena (artigo 59, CP).

As hipóteses de lesão corporal grave, de que cuida o § 1º do artigo 129, são as seguintes:

a) Incapacidade para as ocupações habituais por mais de trinta dias (inciso I)

Ocupações habituais são as atividades costumeiras da vítima. O dispositivo não abarca somente as atividades econômicas, mas sim quaisquer atividades que façam parte da rotina do sujeito passivo (recreação, atividades domésticas, esportes etc.), inclusive as lucrativas. Como bem salienta Hungria, a incapacidade, decorrente de um dano físico ou psíquico, deve ser real, não perfazendo a qualificadora a relutância da vítima em assumir suas ocupações por vergonha de mostrar os sinais da lesão ou qualquer outra preocupação semelhante (relutância voluntária).[20]

20 HUNGRIA, Nélson. *Comentários...*, op. cit., p. 320.

Há a incidência do dispositivo ainda que a vítima não fique incapacitada para todas as ocupações habituais, pois, do contrário, seria inaplicável o inciso, já que somente em raros casos o impedimento abrangeria a totalidade das ocupações. Assim, se o indivíduo, ao sofrer uma lesão, fica impedido por mais de trinta dias de fazer um esporte cuja prática é de sua rotina (por exemplo, o sujeito que pratica natação duas vezes por semana), o crime se torna qualificado.

Essa atividade para a qual a vítima fica incapacitada deve ser lícita. Não incide a qualificadora quando a ocupação for delituosa. Se um traficante de drogas, em virtude de uma lesão sofrida, fica incapacitado por mais de trinta dias para o comércio ilícito da substância, não há que se cogitar de lesão corporal grave, desde que não haja outros impedimentos de atividades lícitas[21]. O raciocínio não se aplica às atividades socialmente consideradas imorais, mas lícitas (prostituição, *v. g.*), somente às ocupações ilícitas.

No que tange ao lapso temporal exigido, o legislador optou por um critério objetivo de permanência da lesão para a aplicação do tipo qualificado. Assim, a incapacidade deve perdurar por mais de trinta dias. Caso o indivíduo, porventura, retome todas as suas ocupações antes do término desse prazo, ainda que não totalmente curado da lesão, não há a qualificadora.[22] Reformulando nossa posição de outrora, entendemos que a contagem do prazo de 30 dias não tem por base o artigo 10 do Código Penal. Isso porque a contagem do prazo penal é diferenciada para salvaguardar direitos de liberdade, incidindo sobre normas liberalizantes (prescrição, cumprimento mais rápido da pena etc.). Se a norma recrudesce o tratamento penal, o prazo a ser adotado é o comum. Adotando-se o artigo 10 do CP, atingir-se-ia o limite de trinta dias mais rapidamente, com ampliação da possibilidade de reconhecimento da lesão corporal de natureza grave.

A lesão é considerada grave quando a incapacidade alcança o 31° dia. Para a verificação da permanência da incapacidade, é necessária a realização de exame de corpo de delito complementar, consoante o disposto no artigo 168, § 2º, do Código de Processo Penal. É de todo recomendável que o exame pericial seja realizado no 31° dia do prazo, não sendo nula, todavia, a perícia realizada certo tempo depois, se apta a verificar a duração da lesão por além dos trinta dias mencionados legalmente. Quedando-se impossível o exame pericial

---

21 Contra, Fragoso, sustentando que é circunstância estranha à norma penal a natureza da ocupação da vítima (FRAGOSO, Heleno Cláudio. *Lições*..., op. cit., p. 95).

22 "O término da incapacidade tem sido motivo de discussão, se seria a cura completa, sob o ponto de vista funcional e anatômico, ou se bastaria a cura parcial anatômica, mas com cura funcional suficiente para a prática das atividades sem maior dano ou risco para a vítima. Essa última corrente tem-se mostrado majoritária entre nós. Assim, não se confunde tempo de incapacidade e duração da lesão, que são coisas diferentes" (NETO, Nereu Gilberto M. G., *in* HERCULES, Hygino. *Medicina Legal*, op. cit., p. 405).

direto, é possível a perícia indireta, com base em prova testemunhal (ou em documento idôneo, como o Boletim de Atendimento Médico), consoante disposição do artigo 168, § 3º, do CPP. Ausente o laudo (direto ou indireto) que constate a duração da lesão, impõe-se a desclassificação do delito para lesão corporal leve.

O resultado qualificador pode ocorrer dolosa ou culposamente, sendo indiferente a intenção do sujeito ativo para a capitulação do delito.

b) *perigo de vida (inciso II)* – certos tipos de lesão, embora de notável gravidade, não incapacitam o agente por um período prolongado. Informa a Exposição de Motivos do Código Penal que "uma lesão pode apresentar gravíssimo perigo (dado o ponto atingido) e, no entanto, ficar curada antes de 1 (um) mês", optando-se por qualificar a lesão que produz risco de morte sem qualquer elemento temporal a ser verificado. Não é relevante se perquirir, portanto, a duração desse perigo, já que o crime é qualificado ainda que a vida da vítima tenha ficado concretamente ameaçada por um breve momento. É imprescindível, todavia, que o perigo seja sério e atual, não bastando a simples possibilidade de ocorrência da morte. Mais do que isso, é necessário que a morte seja provável decorrência dos desdobramentos da lesão, embora não venha a se efetivar. Mesmo que a situação de perigo não se instale imediatamente, sendo produto de um desenvolvimento patológico lento, haverá lesão grave se o risco for consequência direta da lesão.

Será o exame médico-legal que determinará a existência ou não da qualificadora, podendo-se enumerar alguns casos em que a doutrina especializada afirma a existência do perigo: hemorragia em vasos calibrosos, traumatismo cranioencefálico, feridas penetrantes de abdômen com consequente intervenção cirúrgica ou ablação de órgão importante, feridas penetrantes de tórax com perfuração de vísceras nobres, lesão do lobo hepático, traumatismo da coluna vertebral com dano medular, comoção cerebral, estado comatoso, queimaduras em áreas corporais extensas, choque, pneumotórax, colapso total de um pulmão etc.[23]

O crime de lesão corporal com resultado perigo de vida somente ocorrerá se o risco for causado culposamente, pois, se doloso, haverá tentativa de homicídio. Caso a morte, culposamente, aconteça, o crime passa a ser de lesão corporal seguida de morte.

c) *debilidade permanente de membro, sentido ou função (inciso III)* – debilidade é o enfraquecimento, a fragilidade. Não pressupõe extinção funcional, mas diminuição da eficiência de membro, sentido ou função. A debilidade deve ser permanente, não significando que seja perpétua. Para a configuração da qualificadora, basta que seja duradoura, ainda que possa ser corrigida mecânica ou cirurgicamente, ou, ainda, por tratamento de reeducação motora.

23 CROCE, Delton; CROCE JR., Delton. *Manual...*, op. cit., p. 121-122.

Membro é qualquer dos apêndices do tronco, superiores ou inferiores, destinados ao exercício das funções de relação (superiores - braço, antebraço e mão; inferiores - coxa, perna e pé).[24] Os dedos não são membros, mas sim partes integrantes das mãos e dos pés. Ainda assim, a supressão de um dos dedos pode resultar em debilidade permanente de membro, já que mãos e pés não poderiam trabalhar com a inteireza de sua capacidade funcional.[25] Sentido é qualquer forma de percepção do mundo exterior, especificando-se em visão, audição, olfato, paladar e tato. Função é a atividade peculiar de um órgão, como as funções respiratória, circulatória, secretora, reprodutiva, locomotora, digestiva, entre outras.

Há, no corpo humano, órgãos e membros em duplicidade. No caso dos órgãos duplos, como pulmões, rins e olhos, a perda de um deles importa em redução da capacidade funcional, não em abolição. Lesão corporal grave, portanto. Assim, a perda de um dos pulmões é considerada debilidade da função respiratória. Se for de um dos olhos, debilidade do sentido visão. Dando-se a inutilização ou perda dos dois órgãos, a lesão passa a ser gravíssima (artigo 129, § 2º, III, CP). Já no caso dos membros, a situação é diversa. A perda ou inutilização de um deles, ainda que o membro gêmeo continue íntegro, já constitui lesão corporal gravíssima, pois o inciso III do § 2º menciona especificamente

---

24 HUNGRIA, Nélson. *Comentários...*, op. cit., p. 323. Nesse sentido é o ensinamento de Nereu Gilberto M. Guerra Neto: "Membros são os apêndices do tronco: os membros superiores e inferiores. Os membros superiores são formados pelos braços, antebraços e mãos; os inferiores, pelas coxas, pernas e pés. A debilidade permanente de membros não exige que seja de todo o membro, podendo ela atingir apenas um dos segmentos do mesmo. Muito comuns na prática são as lesões de feixes nervosos causando fraqueza nos movimentos dos membros ou em parte deles. O órgão genital masculino, o pênis, não deve ser considerado membro, embora se use na linguagem popular o termo 'membro viril' (...)" (*in* HERCULES, Hygino, *Medicina Legal*, op. cit., p. 406-407).

25 No caso de lesões em dedos, deve ser averiguado se houve redução da capacidade motora. Não havendo a redução, a lesão é leve. O mesmo entendimento é válido para a amputação de um dedo, embora exista decisão do Tribunal de Justiça do Rio de Janeiro vislumbrando, na hipótese, deformidade permanente: "Lesão corporal gravíssima. Amputação traumática, por mordida, de falange distal do dedo mínimo direito. Pretendida legítima defesa. Ausência dos elementos da excludente invocada. Desclassificação para lesão grave. Consequências para a vítima da perda de parte do dedo. Impossibilidade do 'sursis'. Apelo desprovido. Se o acusado já estava no interior do SENAI, o que é garantido pelos seus amigos, e pediu para sair e encontrar-se com a vítima depois de tudo que ocorrera, não tem o direito de alegar legítima defesa em razão das lesães que causou, se eventualmente manteve confronto (há testemunhas que falam em agressão covarde) com a vítima. Nao havia agressão nenhuma contra si. Ao sair e procurar o resultado, não pode pretender passar-se por vítima para justificar o que fez. É manifesta a presença da deformidade permanente. A amputacao traumática da falange distal do dedo mínimo deixa marca indelével, insuperável, e pode afetar psicologicamente seu portador. A pretendida suspensão da execução alternativamente desejada, esbarra no disposto no art. 77, inciso III, do Código Penal." (Ap. Crim. nº 2003.050.00832, rel. Des. Cláudio T. Oliveira, julg. em 30/09/03).

a hipótese. Sendo perdido órgão único (ímpar) cuja função possa ser suprida pelos demais órgãos do corpo, como no caso do baço, caracteriza-se a debilidade de função.[26] No tocante à perda de dentes, a situação concreta deve ser avaliada. A supressão de grande parcela dos dentes de uma pessoa certamente causa debilidade da função mastigatória, ao passo que a perda de um ou poucos dentes não afeta de forma considerável a função, sendo lesão corporal de natureza leve. Entretanto, como alerta Hungria, se a pessoa possuir poucos dentes, a perda de apenas um deles já pode acarretar o enfraquecimento da mastigação, qualificando o crime.[27]

A provocação da debilidade pode ser dolosa ou culposa.

d) *aceleração de parto (inciso IV)* – cuida-se, aqui, da provocação do nascimento precoce da criança, sem que haja a morte do nascituro. O agente, sem a intenção de causar a ocisão fetal, lesiona a gestante e, com isso, o parto ocorre antes do momento oportuno.

É de se notar que, embora a lesão corporal infligida à mulher grávida seja sempre dolosa, a aceleração de parto pode ser dolosa (vontade única de antecipar o trabalho de parto) ou culposa. O dolo do agente deve abranger a ciência da gravidez, ou seja, o sujeito ativo sabe ou, ao menos, pelas circunstâncias concretas do caso, deve saber da existência da gestação antes da conduta lesiva. Não se pretende falecimento do nascituro, caso que exigiria a aplicação de um dos tipos penais referentes ao crime de aborto (artigos 125 e 126, CP). Se o agente, movido pela intenção de acelerar o parto, lesiona a gestante e provoca, descuidadamente, o óbito do feto, o crime passa a ser de lesão corporal seguida de aborto (artigo 129, § 2º, V).

Em uma situação hipotética, se o sujeito ativo provoca a aceleração de parto sem causar qualquer lesão à gestante e sem provocar a morte do nascituro, não há qualquer crime de dano a ser apreciado, mas possivelmente apenas crime de perigo para a vida ou saúde de outrem (no caso, da gestante – artigo 132, CP).

Ao autor do crime em estudo não se aplica a agravante genérica do artigo 61, II, *h*, do CP (crime praticado contra gestante), já que a gestação é condição para a existência da qualificadora, não podendo ensejar por duas vezes o agravamento da sanção.

O § 2º do artigo 129 contém os casos de lesão corporal gravíssima. Insta salientar que ocorrendo um desses resultados qualificadores, eventuais lesões graves causadas em conjunto restam absorvidas. Por exemplo, se o agente, ao lesionar um dos olhos da vítima, causando debilidade do sentido visão e deformidade permanente, a primeira será absorvida pela segunda. São resultados que classificam a lesão corporal como gravíssima:

26 GOMES, Hélio. *Medicina legal*. 24. ed. Rio de Janeiro: Freitas Bastos, 1985. p. 462.

27 HUNGRIA, Nélson. *Comentários...*, op. cit., p. 324.

a) *incapacidade permanente para o trabalho (inciso I)* – diversamente do inciso I do parágrafo anterior, não basta que a incapacidade impeça a vítima de realizar suas ocupações costumeiras. É necessário que o impedimento se refira ao trabalho, ou seja, à atividade remunerada exercida pela vítima como forma de subsistência, exacerbando a gravidade do resultado, pois o sujeito passivo fica impedido de prover o seu sustento.

Debate-se se a qualificadora tem incidência quando a vítima fica incapacitada para o exercício do trabalho para o qual é qualificada ou se o tipo exige a incapacidade para qualquer tipo de trabalho. Afirma Fragoso em sua obra: "não se cogita aqui de incapacidade para as ocupações habituais da vítima, mas, sim, de incapacidade para o trabalho, o que significa incapacidade para o desempenho de qualquer atividade lucrativa".[28] Damásio de Jesus, ao classificar o trabalho em genérico e específico (esse último o efetivamente realizado pela vítima), conclui que a qualificadora impõe a incapacidade para o trabalho genérico, isto é, para qualquer forma de trabalho. Exemplifica com o caso do violinista que, em virtude da lesão, fica impedido de tocar seu instrumento. Se, embora impedido para a arte, puder exercer qualquer outra atividade econômica, não há lesão gravíssima.[29] Na mesma esteira se pronuncia Hungria: "o ofendido deve ficar privado da possibilidade, física ou psíquica, de aplicar-se a qualquer atividade lucrativa".[30] Não cremos, entretanto, que seja essa a melhor interpretação. Afinal, por mais grave que seja a lesão suportada, dificilmente a vítima se quedaria incapacitada permanentemente para qualquer espécie de trabalho, restando sempre alguma atividade lucrativa a ser enfrentada. Assim, a lição consignada pelos ilustres juristas citados redundaria na inaplicabilidade do dispositivo.[31] Utilizando-nos do exemplo citado por Damásio, teríamos a seguinte situação: o agente que lesionasse um violinista, causando dificuldades motoras insuperáveis, não responderia por lesão corporal gravíssima, pois o sujeito passivo, por exemplo, poderia se tornar locutor de rádio. Ora, ocorre que não foi essa a atividade para a qual se preparou a vítima. Não há, nem

---

28 FRAGOSO, Heleno Cláudio. *Lições...*, op. cit., p. 97.

29 JESUS, Damásio E. de. *Direito penal...*, op. cit., p. 138.

30 HUNGRIA, Nélson. *Comentários...*, op. cit., p. 326. No mesmo sentido, Galdino Siqueira (*Tratado...*, op. cit., p. 89).

31 Assim ensina Luiz Régis Prado: "Essa interpretação, porém, circunscreve excessivamente a esfera de aplicação da qualificadora, visto que sempre será possível, em tese, que o sujeito passivo se dedique a atividade diversa daquela que exercia" (*Curso...*, op. cit., p. 133). No mesmo sentido são os ensinamentos de Fernando Capez (*Curso...*, op. cit., p. 139), Ney Moura Teles (*Direito penal...*, op. cit., p. 204) e Julio Fabbrini Mirabete (*Manual...*, op. cit., p. 112). Hélio Gomes, embora não se pronuncie especificamente sobre o tema, dá a entender que adota esta posição, ao afirmar que mesmo lesões que seriam classificadas como leves podem ensejar a aplicação da qualificadora, desde que incapacitem a vítima para o seu trabalho, como pequenas lesões nos dedos de músicos (*Medicina legal...*, op. cit., p. 462).

mesmo, a certeza de que se revelaria talento para outra atividade que não a música. Fadada a vítima ao insucesso profissional, é mais do que razoável que o autor do delito responda pela lesão gravíssima.

Considerando que a qualificadora somente se refere ao trabalho, estão excluídas do âmbito de incidência do inciso as pessoas que não são economicamente ativas, como as crianças. O tipo qualificado indica, ainda, que a incapacidade deve ser permanente. Conforme estudado, não se exige a perpetuidade da lesão, mas sim a durabilidade. A incapacidade deve ser prolongada, não insanável, não elidindo a capitulação eventual possibilidade de cura rápida por meios custosos, perigosos ou experimentais.

Incide a qualificadora se o resultado for provocado dolosa ou culposamente.

b) *enfermidade incurável (inciso II)* – conceitua-se enfermidade como "a ausência ou o exercício imperfeito ou irregular de determinadas funções em indivíduo que goza de aparente boa saúde".[32] A definição é mais específica do que aquela conferida ao termo doença, este sim genérico, englobando qualquer desvio do estado normal. Entretanto, os compêndios de direito penal concedem à enfermidade uma acepção ampla, definindo-a como "o processo patológico em curso".[33] Não é outra a lição de Capez, asseverando que enfermidade incurável "é a doença (do corpo ou da mente) que a ciência médica ainda não conseguiu conter nem sanar; a moléstia que evolui a despeito do esforço técnico para debelá-la".[34] A conceituação jurídico-penal do termo, portanto, escapa à maior precisão da definição biomédica.

A incurabilidade deve ser, ao menos, provável, aferida pela evolução científica presente no momento da lesão, mesmo que, posteriormente, surja um tratamento curativo inovador.

Importa ressaltar que, caso a cura só possa se dar por meio de tratamento custoso, experimental ou perigoso, a vítima não fica obrigada a buscar o saneamento do mal que lhe acomete, incidindo a qualificadora.

Atuando o agente dolosa ou culposamente (em relação à provocação da enfermidade), a subsunção do fato ao tipo penal é idêntica.

A transmissão dolosa do vírus HIV sem que haja a morte da vítima é questão que encerra interessante debate. A conduta do sujeito ativo constituiria crime de lesão corporal gravíssima ou de tentativa de homicídio? Entendemos que a capitulação correta seja lesão corporal gravíssima, sendo certo que há, na Justiça estadual do Rio de Janeiro, sentença adotando a mesma subsunção.[35] Nesse sentido se pronuncia Moura Teles: "havendo um mínimo de dúvi-

32 CROCE, Delton; CROCE JR., Delton. *Manual*..., op. cit., p. 128.

33 HUNGRIA, Nélson. *Comentários*..., op. cit., p. 326.

34 CAPEZ, Fernando. *Curso*..., op. cit., p. 140.

35 Processo nº 0015962-57.2016.8.19.0209, 19ª Vara Criminal, Juíza Lúcia Regina Esteves de Magalhães, julgado em 10.05.2018.

das sobre a intenção de causar a morte, ou de sua aceitação, correto é tipificar o fato como lesão corporal gravíssima".[36] Fundamenta sua posição na assertiva de que a AIDS, embora incurável, hoje é uma doença crônica, ou seja, controlável pelo uso de medicamentos. Caso a doença conduzisse a vítima à morte certa, induvidosa, a transmissão importaria tentativa de homicídio (uma vez que o dolo do agente é a ele atribuído a partir de elementos objetivos concernentes ao caso concreto). Aparentemente, os avanços médicos no tratamento da AIDS alcançaram um patamar em que o controle da moléstia é possível, ainda que estatísticas e estudos futuros possam contradizer a assertiva. Como existe dúvida razoável sobre a questão, deve-se privilegiar o agente, permitindo-se a punição pelo delito mais leve. Falecendo a vítima, responderia o autor pelo delito de lesão corporal seguida de morte.[37]

---

36 MOURA TELES, Ney. *Direito penal...*, op. cit., p. 206.

37 Deve ser consignada a discussão hoje existente no seio do STF acerca da matéria. Verifica-se, de um lado, tentativa de se reconhecer o "perigo de contágio de moléstia grave" (artigo 131 do CP), aplicando-se o princípio da especialidade, o que cremos absurdo. De outro, a capitulação da conduta como lesão corporal qualificada (enfermidade incurável). A questão ainda está em aberto, pois a competência para julgamento do caso – que era discutida nos autos – foi cambiada do Tribunal do Júri para o juízo comum, apenas sendo insinuada a correta capitulação do evento. O início do julgamento foi noticiado no Informativo nº 584: "A Turma iniciou julgamento de habeas corpus em que se discute se o portador do vírus HIV que, tendo ciência da doença e deliberadamente a ocultando de seus parceiros, pratica tentativa de homicídio ao manter relações sexuais sem preservativo. Trata-se de writ impetrado contra o indeferimento, pelo STJ, de liminar em idêntica medida na qual se reitera o pleito de revogação do decreto de prisão preventiva e de desclassificação do delito para o de perigo de contágio de moléstia grave (CP: 'Art. 131 Praticar, com o fim de transmitir a outrem moléstia grave de que está contaminado, ato capaz de produzir o contágio: ...'). Preliminarmente, o Min. Marco Aurélio, relator, salientando a existência de sentença de pronúncia e aduzindo que, em prol de uma boa política judiciária, a situação em tela estaria a ensejar a manifestação do STF, conheceu do writ. No mérito, concedeu, em parte, a ordem para imprimir a desclassificação do crime e determinar o envio do processo para distribuição a uma das varas criminais comuns do Estado-membro. Em interpretação sistemática, reputou descabido cogitar-se de tentativa de homicídio, porquanto haveria crime específico, considerada a imputação. Registrou, relativamente ao tipo subjetivo, que se teria no art. 131 do CP a presença do dolo de dano, enquanto que no art. 121 do CP verificar-se-ia a vontade consciente de matar ou a assunção do risco de provocar a morte. Afirmou não ser possível potencializar este último tipo a ponto de afastar, tendo em conta certas doenças, o que disposto no aludido art. 131 do CP. Após os votos dos Ministros Dias Toffoli e Cármen Lúcia acompanhando o relator, pediu vista o Min. Ayres Britto". Posteriormente, o julgamento foi retomado, com publicação do resultado no Informativo nº 603: "Em conclusão de julgamento, a Turma deferiu habeas corpus para imprimir a desclassificação do delito e determinar o envio do processo para distribuição a uma das varas criminais comuns estaduais. Tratava-se de writ em que se discutia se o portador do vírus HIV, tendo ciência da doença e deliberadamente a ocultando de seus parceiros, teria praticado tentativa de homicídio ao manter relações sexuais sem preservativo. A defesa pretendia a desclassificação do delito para o de perigo

Oportuno mencionar que a transmissão de qualquer doença que, tratada ou não, resulte em morte certa (ou quase certa), sempre imporá a aplicação

---

de contágio de moléstia grave (CP: "Art. 131 Praticar, com o fim de transmitir a outrem moléstia grave de que está contaminado, ato capaz de produzir o contágio: ...") — v. Informativo 584. Entendeu-se que não seria clara a intenção do agente, de modo que a desclassificação do delito far-se-ia necessária, sem, entretanto, vinculá-lo a um tipo penal específico. Tendo em conta que o Min. Marco Aurélio, relator, desclassificava a conduta para o crime de perigo de contágio de moléstia grave (CP, art. 131) e o Min. Ayres Britto, para o de lesão corporal qualificada pela enfermidade incurável (CP, art. 129, § 2º, II), chegou-se a um consenso apenas para afastar a imputação de tentativa de homicídio. Salientou-se, nesse sentido, que o Juiz de Direito, competente para julgar o caso, não estaria sujeito sequer à classificação apontada pelo Ministério Público" (HC 98.712/SP, Primeira Turma, rel. Min. Marco Aurélio). Julgando a hipótese, o STJ se manifestou pela ocorrência de lesão corporal qualificada, restando excluídos a tentativa de homicídio e o perigo de contágio de moléstia grave: "HABEAS CORPUS. ART. 129, § 2.º, INCISO II, DO CÓDIGO PENAL. PACIENTE QUE TRANSMITIU ENFERMIDADE INCURÁVEL À OFENDIDA (SÍNDROME DA IMUNODEFICIÊNCIA ADQUIRIDA). VÍTIMA CUJA MOLÉSTIA PERMANECE ASSINTOMÁTICA. DESINFLUÊNCIA PARA A CARACTERIZAÇÃO DA CONDUTA. PEDIDO DE DESCLASSIFICAÇÃO PARA UM DOS CRIMES PREVISTOS NO CAPÍTULO III, TÍTULO I, PARTE ESPECIAL, DO CÓDIGO PENAL. IMPOSSIBILIDADE. SURSIS HUMANITÁRIO. AUSÊNCIA DE MANIFESTAÇÃO DAS INSTÂNCIAS ANTECEDENTES NO PONTO, E DE DEMONSTRAÇÃO SOBRE O ESTADO DE SAÚDE DO PACIENTE. HABEAS CORPUS PARCIALMENTE CONHECIDO E, NESSA EXTENSÃO, DENEGADO. 1. O Supremo Tribunal Federal, no julgamento do HC 98.712/RJ, Rel. Min. MARCO AURÉLIO (1.ª Turma, DJe de 17/12/2010), firmou a compreensão de que a conduta de praticar ato sexual com a finalidade de transmitir AIDS não configura crime doloso contra a vida. Assim não há constrangimento ilegal a ser reparado de ofício, em razão de não ter sido o caso julgado pelo Tribunal do Júri. 2. O ato de propagar síndrome da imunodeficiência adquirida não é tratado no Capítulo III, Título I, da Parte Especial, do Código Penal (art. 130 e seguintes), onde não há menção a enfermidades sem cura. Inclusive, nos debates havidos no julgamento do HC 98.712/RJ, o eminente Ministro RICARDO LEWANDOWSKI, ao excluir a possibilidade de a Suprema Corte, naquele caso, conferir ao delito a classificação de 'Perigo de contágio de moléstia grave' (art. 131, do Código Penal), esclareceu que, 'no atual estágio da ciência, a enfermidade é incurável, quer dizer, ela não é só grave, nos termos do art. 131'. 3. Na hipótese de transmissão dolosa de doença incurável, a conduta deverá será apenada com mais rigor do que o ato de contaminar outra pessoa com moléstia grave, conforme previsão clara do art. 129, § 2.º inciso II, do Código Penal. 4. A alegação de que a Vítima não manifestou sintomas não serve para afastar a configuração do delito previsto no art. 129, § 2, inciso II, do Código Penal. É de notória sabença que o contaminado pelo vírus do HIV necessita de constante acompanhamento médico e de administração de remédios específicos, o que aumenta as probabilidades de que a enfermidade permaneça assintomática. Porém, o tratamento não enseja a cura da moléstia. 5. Não pode ser conhecido o pedido de sursis humanitário se não há, nos autos, notícias de que tal pretensão foi avaliada pelas instâncias antecedentes, nem qualquer informação acerca do estado de saúde do Paciente. 6. Habeas corpus parcialmente conhecido e, nessa extensão, denegado" (HC nº 160.982/DF, rel. Min. Laurita Vaz, julg. em 17/05/2012). Para um melhor entendimento, recomendamos a leitura do capítulo referente ao crime de perigo de contágio de moléstia grave.

dos dispositivos referentes ao homicídio. Tratando-se de moléstia crônica, controlável, embora letal se não tratada a contento, pode ocorrer a tipificação de lesão corporal gravíssima, caso não haja a vontade de matar.

Nesse diapasão, deve ser gizado que a alteração legislativa concernente aos crimes sexuais (Lei nº 12.015/2009) criou uma causa de aumento de pena referente à contaminação da vítima do delito (estupro, violação sexual etc.) por doença sexualmente transmissível de que o sujeito ativo sabe ou deva saber ser portador (artigo 234-A, CP). Por exemplo, a majorante incide quando o autor de um estupro (artigo 213 do CP) transmite à vítima sífilis, doença essa que sabia lhe acometer. A transmissão pode ser culposa ou dolosa, mas aqui algumas considerações devem ser feitas: se a enfermidade sexual, transmitida culposamente, for incurável, aplicar-se-á (quando existir) a qualificadora referente ao resultado lesão grave culposa, restando absorvida a causa de aumento da pena (p. ex., artigo 213, § 1º, CP; nos crimes que não preveem a qualificadora, como o artigo 215 – violação sexual mediante fraude – incidirá a majorante). Se a transmissão da enfermidade incurável for dolosa, existirá concurso formal imperfeito de crimes entre o estupro e a lesão corporal gravíssima (artigo 213, c/c artigo 129, § 2º, II, CP). Nessa hipótese, não incide a majorante.

c) *perda ou inutilização de membro, sentido ou função (inciso III)* – o resultado, aqui, não se basta na simples debilidade (ao contrário do que ocorre no § 1º, III). Perda significa a secção. Separa-se a parte do todo. Pode se dar por mutilação (ação criminosa, como no caso de um braço cortado a golpes de machado) ou por amputação (intervenção cirúrgica para preservar a saúde da vítima, como no exemplo da vítima que sofre a amputação de uma perna esmagada em um crime de lesão corporal; note-se que a amputação cirúrgica não é criminosa).

Inutilização não pressupõe extirpação, mas sim inaptidão. O membro, o sentido ou a função, embora não destacados do corpo, tornam-se inservíveis. Por exemplo, ocorre a inutilização quando a vítima tem suas pernas paralisadas.

Em se cuidando de órgãos duplos, apenas a perda de ambos configura a qualificadora em comento (não se diga o mesmo em relação a membros existentes em pares, onde a perda de um já indica a lesão gravíssima).

d) *deformidade permanente (inciso IV)* – entende-se por deformidade o dano estético de aparência repulsiva ou vexatória, apto a causar desconforto à própria vítima ou a terceiros.[38] Deve, portanto, ser visível, ainda que para poucas pessoas, não importando a parte do corpo onde se encontra (rosto, braços, dorso etc.). Deve ser, ainda, de razoável monta, não ingressando no conceito o dano comum ou fugidio. Assim se pronuncia Rogério Greco: "A deformidade, de acordo com o raciocínio acima expendido, deverá modificar de forma

38 Nesse sentido, Magalhães Noronha, *Direito Penal*, op. cit., p. 72.

visível e grave o corpo da vítima, mesmo que essa visibilidade somente seja limitada a algumas pessoas".[39]

É verdade que a deformidade pode ter diferentes apreciações subjetivas, a depender do corpo em que se instala. Nesse sentido, uma extensa cicatriz no braço de uma pessoa pode consistir em considerável dano estético, ao passo em que, se suportada por outra, pode até mesmo ser objeto de vanglória por algum feito. Não se trata de conferir maior relevo à estética desse ou daquele indivíduo, mas sim de se harmonizar a norma com as peculiaridades de cada um. Todavia, modificando nossa posição anterior, cremos que essas peculiaridades não podem servir de base para a incidência da qualificadora, pois são demasiadamente imprecisas. Sempre que possível, deve-se evitar a excessiva subjetividade na determinação sobre o que é uma deformidade. Assim, são exemplos de deformidades as cicatrizes oriundas de graves queimaduras, a extirpação do nariz, a lesão na perna que torna coxo o sujeito passivo, entre outros.

Novamente o dispositivo menciona a permanência da lesão. Como já sabido, não se trata de perpetuidade, mas de persistência. Mesmo que a lesão possa ser sanada por cirurgia plástica, incide a qualificadora. Aliás, mesmo se possível esconder a deformidade, mantêm-se o crime qualificado (há lesão gravíssima se lenços escondem a cicatriz surgida no pescoço; se a barba oculta uma mancha escura na face etc.).

Para a qualificação do crime, a deformidade pode ser provocada dolosa ou culposamente.

e) *aborto (inciso V)* – foi consignado outrora que aborto é a interrupção da gravidez com a morte do produto da concepção. Na qualificadora em apreço, a intenção do agente é lesionar a gestante, dando-se o aborto por mero descuido. Ou seja, estamos diante de uma hipótese de delito preterdoloso.[40] Somente é aplicado o dispositivo quando a morte do nascituro ocorre culposamente. Temos, destarte, dolo na conduta antecedente (lesão corporal) e culpa no que tange ao resultado (aborto). Fosse querida a prática abortiva, o crime seria diverso (aborto provocado por terceiro – artigos 125 e 126, CP, restando absorvida a lesão provocada na gestante, se leve e inerente à prática abortiva).

O inciso V do § 2º do artigo 129, ainda, tem redação semelhante à do artigo 127 do CP, embora as condutas sejam subjetivamente contrapostas. Neste, o aborto é doloso, e a lesão corporal grave é o resultado qualificador que ocorre culposamente. Naquele, como visto, o inverso se opera, ou seja, a lesão é dolosa, havendo o resultado aborto culposo.

39 GRECO, Rogério. *Curso...*, op. cit., p. 321.

40 Para Bitencourt, há crime qualificado pelo resultado, mas não preterintencional, pois os bens jurídicos tutelados pertencem a vítimas distintas (*Tratado...*, op. cit., p. 407).

Mister para a efetivação da conduta qualificada que o agente tenha ciência da gravidez da vítima ou que, ao menos, essa situação deva ser previsível. Desconhecendo a gestação, o sujeito ativo não responderá pela morte do concepto.

Ao agente que pratica a lesão corporal seguida de aborto não se aplica a agravante genérica prevista no artigo 61, II, *h*, do CP (crime praticado contra gestante), pois a gravidez já é considerada para a tipificação da conduta.

8 Lesão corporal qualificada pelo resultado morte

A lesão corporal seguida de morte, último tipo qualificado pelo resultado (artigo 129, § 3º), é, a par das lesões com resultados perigo de vida e aborto, um delito preterdoloso. O agente direciona a sua conduta à produção de um resultado lesivo à saúde ou à integridade corporal da vítima, sem, contudo, obrar com *animus necandi*. Não é impulsionado pela vontade de matar, acontecendo o óbito do sujeito passivo por descuido, culposamente, embora causalmente vinculado à lesão anterior.[41]

---

41 STJ, Informativo nº 492: "Segundo consta dos autos, o recorrente foi denunciado pela prática do crime de lesão corporal qualificada pelo resultado morte (art. 129, § 3º, do CP), porque, durante um baile de carnaval, sob efeito de álcool e por motivo de ciúmes de sua namorada, agrediu a vítima com chutes e joelhadas na região abdominal, ocasionando sua queda contra o meio-fio da calçada, onde bateu a cabeça, vindo à óbito. Ocorre que, segundo o laudo pericial, a causa da morte foi hemorragia encefálica decorrente da ruptura de um aneurisma cerebral congênito, situação clínica desconhecida pela vítima e seus familiares. O juízo singular reconheceu que houve crime de lesão corporal simples, visto que restou dúvida sobre a existência do nexo de causalidade entre a lesão corporal e o falecimento da vítima. O tribunal a quo, por sua vez, entendeu ter ocorrido lesão corporal seguida de morte (art. 129, § 3º, c/c o art. 61, II, a e c, do CP), sob o argumento de que a agressão perpetrada pelo recorrente contra a vítima deu causa ao óbito. Assim, a questão diz respeito a aferir a existência de nexo de causalidade entre a conduta do recorrente e o resultado morte (art. 13 do CP). Nesse contexto, a Turma, prosseguindo o julgamento, por maioria, deu provimento ao agravo regimental e ao recurso especial, determinando o restabelecimento da sentença. Conforme observou a Min. Maria Thereza de Assis Moura em seu voto-vista, está-se a tratar dos crimes preterdolosos, nos quais, como cediço, há dolo no comportamento do agente, que vem a ser notabilizado por resultado punível a título de culpa. Ademais, salientou que, nesse tipo penal, a conduta precedente que constitui o delito-base e o resultado mais grave devem estar em uma relação de causalidade, de modo que o resultado mais grave decorra sempre da ação precedente, e não de outras circunstâncias. Entretanto, asseverou que o tratamento da causalidade, estabelecido no art. 13 do CP, deve ser emoldurado pelas disposições do art. 18 do mesmo codex, a determinar que a responsabilidade somente se cristalize quando o resultado puder ser atribuível ao menos culposamente. Ressaltou que, embora alguém que desfira golpes contra uma vítima bêbada que venha a cair e bater a cabeça no meio-fio pudesse ter a previsibilidade objetiva do advento da morte, na hipótese, o próprio laudo afasta a vinculação da causa mortis do choque craniano, porquanto não aponta haver liame entre o choque da cabeça contra o meio-fio e o evento letal. *In casu*, a causa da morte foi hemorragia encefálica decorrente da ruptura de um aneurisma cerebral congênito, situação clínica de que sequer a vítima tinha conhecimento. Ademais, não houve golpes perpetrados

Diferencia-se, a hipótese, do homicídio culposo, em que o agente sequer pretende causar a lesão corporal. Aqui, a lesão é querida, apenas a morte não é desejada (sequer por dolo eventual). Justamente por isso a pena é mais severa do que a cominada ao homicídio culposo, sendo mais branda, entretanto, do que a estipulada ao homicídio doloso (onde há o *animus necandi*). Não se cuida de crime contra vida, razão pela qual se afasta a competência do Tribunal do Júri para processo e julgamento.

Há que se ter, para a punição pelo tipo qualificado, a previsibilidade da morte. Se imprevisível o processo fatal, não se pode imputar ao agente a conduta mais reprovável. Assim, se o agente efetua um disparo de arma de fogo contra a coxa da vítima, temos uma lesão corporal. Caso o projétil atinja a artéria femoral e acarrete a morte da vítima por anemia aguda, estaremos diante de uma lesão corporal seguida de morte, já que é de domínio público que, no local atingido, passam vasos sanguíneos mais calibrosos. Contudo, se o agente, como no exemplo já citado, puxa os cabelos da vítima causando lesão medular, com o consequente resultado morte, responderá somente pela lesão leve, dada a imprevisibilidade objetiva do falecimento.

Não existe tentativa na lesão corporal seguida de morte, pois não há vontade dirigida à morte da vítima. O instituto da tentativa é, em princípio, incompatível com os crimes preterintencionais (sem perder de vista a discussão acerca do aborto majorado - artigo 127 do CP).

9 Causas de diminuição de pena

O motivo que impele o autor de uma lesão corporal ao crime pode indicar menor reprovabilidade de seu comportamento. Optou o legislador por arrolar tais motivos como causas de diminuição de pena, previstas no artigo 129, § 4º, do CP. Assim, minora-se a pena do sujeito ativo se o crime é praticado por relevante valor social, por relevante valor moral ou estando o agente sob o domínio de violenta emoção, logo em seguida a injusta provocação da vítima.

É fácil notar que o dispositivo tem redação idêntica ao artigo 121, § 1º, do CP. Assim, evitando delongas desnecessárias, reportamo-nos às lições consignadas quando do estudo do homicídio. Adite-se apenas que as causas de aumento de pena aqui previstas têm aplicação a todos os tipos de lesão corporal dolosa, não incidindo sobre a lesão corporal culposa por incompatibilidade entre os motivos determinantes e a falta de cuidado objetivo.

---

pelo recorrente na região do crânio da vítima. Portanto, não se mostra razoável reconhecer como típico o resultado morte, imantando-o de caráter culposo. Dessa forma, restabeleceu-se a sentença de primeiro grau que desvinculou o resultado do comportamento do agente, que não tinha ciência da particular, e determinante, condição fisiológica da vítima." (AgRg no REsp 1.094.758-RS, Rel. originário Min. Sebastião Reis Júnior, Rel. para acórdão Min. Vasco Della Giustina (Desembargador convocado do TJ-RS), julgado em 1º/3/2012).

10 Substituição da pena

O § 5º do artigo 129 prevê a possibilidade de substituição da pena privativa de liberdade cominada à lesão corporal leve pela pena de multa, caso ocorra uma das causas de diminuição da pena previstas no § 4º (inciso I) ou no caso de lesões corporais recíprocas (inciso II). Assim, se cometida uma lesão corporal leve, ensejada por motivo de relevante valor social ou moral ou por violenta emoção, logo em seguida a injusta provocação da vítima, a pena pecuniária se apresenta como suficiente para a reprovação e prevenção do delito, afastando-se a sanção privativa de liberdade. O mesmo ocorre quando os contendores se agridem mutuamente (lesões recíprocas).[42]

Ensina Capez que o dispositivo hoje é praticamente inaplicável, já que o artigo 44, § 2º, do CP, modificado pela Lei nº 9.714/1998 (penas restritivas de direitos), estipula a substituição da pena de prisão por uma pena de multa ou por uma pena restritiva de direitos quando a condenação for igual ou inferior a um ano (a lesão corporal leve tem pena máxima de um ano), uma vez preenchidos os requisitos legais. Portanto, a substituição passou a ser regra geral do Código Penal, sempre aplicável aos casos de lesão corporal leve (mesmo em sendo o crime praticado mediante violência), o que torna de pouca valia a redação do § 5º.[43] Ainda assim, por se tratar de norma mais específica, o dispositivo em comento prevalece sobre a regra do artigo 44, § 2º.

Nas lesões corporais recíprocas, questiona-se se seria possível a substituição caso um dos contendores esteja agindo em legítima defesa. Parece-nos que nesse caso não seria viável, pela aplicação do § 5º, a imposição de pena de multa (embora se mantenha íntegra a possibilidade pelo artigo 44, § 2º). No caso, as lesões suportadas pelo envolvido que iniciou a agressão são lícitas, não havendo justificativa para um tratamento mais benéfico a este. Aquele que se defendeu seria absolvido (excludente de antijuridicidade). O que atacou, condenado, não fazendo jus à substituição. A previsão do § 5º somente tem lugar quando ambos os envolvidos se ferem mutuamente e nenhum deles está em legítima defesa, entendendo o legislador que as lesões reciprocamente suportadas já constituiriam parte da punição pelo delito. Assinale-se que boa parte da jurisprudência entende que a absolvição de um dos contendores pela legítima defesa não afasta a aplicação do benefício ao condenado.[44] Se for impossível determinar qual dos envolvidos agiu em legítima defesa, mas sem ser

42 Questiona-se se, preenchidos os requisitos legais, a substituição seria uma faculdade do magistrado ou um direito público subjetivo do réu. Ney Moura Teles se inclina pela primeira posição, aditando que o juiz deverá levar em consideração a necessidade de reprovação e prevenção do crime (*Direito penal...*, op. cit., p. 216). Damásio (*Direito penal...*, op. cit., p. 142) e Fragoso (*Lições...*, op. cit., p. 101) abraçam o segundo posicionamento, afirmando que a substituição não pode ficar ao arbítrio do magistrado. Concordamos com esta posição.

43 CAPEZ, Fernando. *Curso...*, op. cit., p. 146.

44 Nesse sentido, *RT* 495/344.

possível descartar a excludente (alegada pelos dois contendores, em versões opostas), ambos devem ser absolvidos (*in dubio pro reo*).

No que concerne ao crime de violência doméstica (artigo 129, § 9º, CP), entendemos que a substituição em comento só é possível quando a vítima é pessoa do sexo masculino. Como o dispositivo pressupõe que a brandura da violência (somente se admite lesão leve), não há qualquer óbice à sua aplicação. Contudo, quando a vítima é mulher, a substituição se torna impossível. Isso se dá em virtude da proteção mais intensa conferida pela Lei nº 11.340/2006, que se afigura incompatível com o benefício legal.

11 Lesão corporal culposa

A punição do agente, na lesão corporal, não se circunscreve somente à conduta dolosa, sendo permitida também a responsabilização pela lesão causada culposamente. Este age em descumprimento a uma regra de cautela, que implica a provocação da lesão. O resultado não é almejado pelo agente, nem mesmo mediante dolo eventual, mas acaba se efetivando pela inobservância da devida cautela.

O desvalor do resultado é de pouca importância na lesão corporal culposa. Assim, qualquer que seja a gravidade da lesão infligida (esfoladuras, equimoses, extirpação de membros, perda de órgãos, queimaduras etc.), a pena abstratamente cominada ao delito será a mesma. Tal iniquidade só poderá ser resolvida na aferição das circunstâncias judiciais, por ocasião da aplicação da pena (artigo 59, CP).

À lesão corporal culposa são aplicadas as mesmas causas de aumento de pena previstas para o homicídio culposo (artigo 121, § 4°), conforme preconiza o § 7°. Assim, remetemos o leitor ao estudo do crime de homicídio para a exata compreensão do tema.

12 Lesão corporal culposa na direção de veículo automotor

Anteriormente tratada como hipótese de lesão corporal culposa (artigo 129, § 6°), a lesão praticada descuidadamente por motorista de veículo automotor mereceu especial atenção do legislador, que tipificou a conduta no artigo 303 da Lei n° 9.503/1997 (Código de Trânsito Brasileiro). Foi dito por Frederico Marques que os veículos motorizados, a despeito de todas as suas virtudes, tornaram-se "fator poderoso de riscos vários para a segurança e incolumidade pessoal".[45] O crescente número de acidentes de trânsito serviu como justificativa para a edição do diploma legal. O texto aprovado, entretanto, contém mais defeitos do que acertos.

A exemplo do homicídio culposo da Lei de Trânsito, a conduta prevista no artigo 303 é vaga: "praticar lesão corporal culposa na direção de veículo

45 MARQUES, José Frederico. *Tratado...*, op. cit., p. 229.

automotor". Esqueceu-se, o legislador, do princípio da taxatividade, que norteia o direito penal como corolário da legalidade. A uniformidade de linguagem é exigência da redação taxativa, evitando-se obscuridades e interpretações dúbias. Ora, se o artigo 129 descreve precisamente o crime de lesão corporal, por que dele não se servir na legislação extravagante? É lamentável verificar que a boa técnica legislativa não tem primado atualmente.

No tocante à sanção eleita para o delito, incorreu o legislador em grave erro. Basta verificar que, no artigo 303 do CTB, a conduta é culposa, ou seja, não intencional, mas a pena é o dobro daquela cominada à lesão corporal dolosa prevista no Código Penal. Exacerbou-se indevidamente a sanção para o delito de trânsito, tornando a culpa mais reprovável do que o dolo. A inconstitucionalidade do artigo 303 torna-se patente. Como bem explica Maurício Antônio Ribeiro Lopes, são feridos os princípios da individualização e da proporcionalidade das penas, bem como o princípio da igualdade, todos de índole constitucional (artigo 5°, *caput*, I e XLVI, CRFB/1988). O autor sugere, assim, que seja aplicada a descrição típica da Lei de Trânsito, combinada com a pena prevista para o artigo 129, § 6°, como forma de preservar a compatibilidade da norma com a Constituição Federal.[46]

O parágrafo único do artigo 303 do CTB estipula, para a lesão culposa na direção de veículo automotor, as mesmas causas de aumento da pena arroladas para o homicídio culposo no trânsito: falta de habilitação para conduzir o veículo, crime praticado em faixa de pedestres ou em calçada, omissão de socorro e condução de veículo de transporte de passageiros.

Deve ser salientado, por derradeiro, que a embriaguez do condutor que causa um acidente não descaracteriza, necessariamente, a culpa, não servindo como presunção de conduta dolosa. Somente as circunstâncias do caso concreto permitem tal avaliação, conforme advertência já feita quando do estudo do homicídio culposo praticado na direção de veículo automotor.

13 Aumento de pena

Ao crime de lesão corporal são aplicadas as mesmas causas de aumento de pena previstas nos §§ 4º e 6º do artigo 121. Assim, consoante redação do artigo 129, § 7º, a pena da lesão corporal culposa é aumentada quando decorrente de inobservância de regra técnica de profissão, arte ou ofício – se há omissão de socorro imediatamente após o delito praticado, ou se o agente não tenta diminuir as consequências do seu ato, ou se o agente foge para evitar prisão em flagrante. Na lesão corporal dolosa, aumenta-se a pena quando a vítima é menor de quatorze ou maior de sessenta anos (a referência aos menores de quatorze anos foi determinada pelo Estatuto da Criança e do Adolescente – Lei n° 8.069/1990; aos maiores de sessenta anos, pela Lei n° 10.741/2003, o

46 RIBEIRO LOPES, Maurício Antônio. *Crimes de trânsito...*, op. cit., p. 205.

Estatuto do Idoso). Também quando a lesão corporal dolosa é praticada por milícia privada ou grupo de extermínio, incide a majorante (inserção feita pela Lei nº 12.720/2012). Para maiores detalhes sugerimos a leitura do tópico referente às causas de aumento de pena do homicídio, ressaltando a discussão sobre a inconstitucionalidade tanto da inobservância de regra técnica, quanto da fuga para evitar prisão.

14 Perdão judicial

Novamente temos um dispositivo (artigo 129, § 8º, CP) que remete ao crime de homicídio. As regras contidas no artigo 121, § 5º, serão as mesmas que nortearão o instituto na lesão corporal. Assim, será admitido o perdão judicial na lesão culposa (nunca na dolosa) quando as consequências do delito atingirem o agente de forma tão grave que a sanção se torne desnecessária. Para um estudo mais detalhado, ver as notas consignadas ao crime de homicídio.

15 Violência doméstica

Trata-se de norma criada pela Lei n° 10.886, de 17 de junho de 2004, que acrescentou dois parágrafos (9º e 10) ao artigo 129, e alterada em sua pena pela Lei nº 11.340/2006, que também criou um parágrafo para a lesão corporal (§ 11). A finalidade da norma é coibir a violência doméstica, entendida esta como a prática do delito de lesão corporal "contra ascendente, descendente, irmão, cônjuge ou companheiro, ou com quem conviva ou tenha convivido, ou, ainda, prevalecendo-se o agente das relações domésticas, de coabitação ou de hospitalidade" (artigo 129, § 9°, CP). Assim, sempre que o sujeito passivo for revestido de uma das qualidades citadas no dispositivo, ou sempre que o crime for cometido nas circunstâncias ali previstas, não mais se aplica o artigo 129, *caput*, como outrora ocorria.

O § 9º consiste em um tipo qualificado de lesão corporal, em que a pena mínima é igual à cominada ao *caput* (três meses de detenção), mas a margem penal máxima é sobremaneira elevada (três anos). Neste parágrafo, importa salientar, a lesão imposta é de natureza unicamente leve (ou seja, a violência doméstica, embora seja um tipo penal qualificado, não o é pelo resultado). Ocorrendo um resultado qualificador, o § 9º deixa de ser aplicável ao caso. O agente será responsabilizado pelo § 1º, 2º ou 3º, sem prejuízo da causa de aumento da pena prevista no § 10 (caso a lesão seja praticada nos moldes do § 9º). Se a conduta foi culposa, a subsunção da conduta se dará apenas no artigo 129, § 6º. Também não existirá violência doméstica quando houver a prática de vias de fato (artigo 21 do Dec.-Lei 3.688/1941), isto é, o ato de violência onde não há intenção de produzir lesões e sequer são elas produzidas culposamente.

Não há qualquer discriminação de gênero na violência doméstica. Assim, homens e mulheres, indistintamente, podem ocupar o polo passivo do delito. Interessam apenas as situações peculiares descritas no § 9º.

Ascendência e descendência são relações de parentesco em linha reta, figurando como possíveis vítimas a mãe do autor, seu pai, avós, bisavós, filhos, netos etc. No que tange aos filhos adotivos, estes são constitucionalmente equiparados à prole natural (artigo 226, § 6º, CRFB). Irmãos são parentes colaterais em primeiro grau, não importando, novamente, se o parentesco é natural (consanguíneo) ou se resultante de adoção. O parentesco é disciplinado nos artigos 1.591 e 1.592 do Código Civil. A parentalidade socioafetiva (derivada da posse do estado de filiação) é equiparada à consanguinidade.

Cônjuges são as pessoas que mantém entre si vínculo matrimonial. A lei inovou ao arrolar entre as vítimas o companheiro ou pessoa com quem o agente conviva ou tenha convivido. Companheiro é a pessoa que vive em união estável com o sujeito ativo, termo que, por sua elaboração jurídica relativamente recente, não consta de diversas outras normas penais, em que somente o cônjuge é mencionado.

Já no que toca ao convívio (presente ou pretérito, como especificou a redação legal), entendemos que a expressão abrange qualquer relação íntima de afeto (e não todas as relações de convivência cotidiana). Ao enunciar o convívio pretérito, contemplou os relacionamentos já encerrados (ex-cônjuges, ex-namorados etc., desde que não seja algo extremamente fugaz).[47] Não se exige,

47 O STJ tem decisões divergentes no que concerne à aplicação da Lei nº 11.340/06 aos atos de violência praticados entre namorados ou ex-namorados. Vejamos: "1. A Terceira Seção do Superior Tribunal de Justiça, ao decidir os conflitos nºs. 91.980 e 94.447, não se posicionou no sentido de que o namoro não foi alcançado pela Lei Maria da Penha, ela decidiu, por maioria, que naqueles casos concretos a agressão não decorria do namoro. 2. Caracteriza violência doméstica, para os efeitos da Lei 11.340/2006, quaisquer agressões físicas, sexuais ou psicológicas causadas por homem em uma mulher com quem tenha convivido em qualquer relação íntima de afeto, independente de coabitação. 3. O namoro é uma relação íntima de afeto que independe de coabitação; portanto, a agressão do namorado contra a namorada, ainda que tenha cessado o relacionamento, mas que ocorra em decorrência dele, caracteriza violência doméstica. 4. O princípio da isonomia garante que as normas não devem ser simplesmente elaboradas e aplicadas indistintamente a todos os indivíduos, ele vai além, considera a existência de grupos ditos minoritários e hipossuficientes, que necessitam de uma proteção especial para que alcancem a igualdade processual. 5. A Lei Maria da Penha é um exemplo de implementação para a tutela do gênero feminino, justificando-se pela situação de vulnerabilidade e hipossuficiência em que se encontram as mulheres vítimas da violência doméstica e familiar" (*HC* 92.875/RS, Sexta Turma, rel. Min. Jane Silva, julg. em 30/10/2008); "1. Delito de lesões corporais envolvendo agressões mútuas entre namorados não configura hipótese de incidência da Lei nº 11.340/06, que tem como objeto a mulher numa perspectiva de gênero e em condições de hipossuficiência ou vulnerabilidade. 2. Sujeito passivo da violência doméstica objeto da referida lei é a mulher. Sujeito ativo pode ser tanto o homem quanto a mulher, desde que fique caracterizado o vínculo de relação doméstica, familiar ou de afetividade, além da convivência, com ou sem coabitação. 2. No caso, não

aqui, que a violência se dê em âmbito doméstico, sequer haja coabitação entre autor e vítima. Ou seja, ela pode ocorrer em qualquer lugar ou ambiente (isso também ocorre nas relações de parentesco). Sobre o tema, ver a Súmula nº 600 do STJ, que, embora se refira à Lei Maria da Penha, auxilia na interpretação do presente dispositivo.

Caso a vítima não se esteja em nenhuma das situações anteriores, somente haverá o crime na hipótese de aproveitamento das relações domésticas (convivência habitual em ambiente doméstico, ainda que em virtude de laços empregatícios), de coabitação (moradia conjunta, mesmo sem parentesco entre os moradores) ou de hospitalidade (abrigo temporário conferido a alguém). Repita-se: não bastam as referidas relações, sendo imprescindível que o agente delas se prevaleça para a prática do crime.

A interpretação da expressão "relações domésticas" deve se dar à luz do artigo 5º, I, da Lei nº 11.340, de 2006. Ali, o "âmbito da unidade doméstica" é definido como "o espaço de convívio permanente de pessoas, com ou sem vínculo familiar, inclusive as esporadicamente agregadas". As relações domésticas – obviamente – se desenvolvem no âmbito da unidade doméstica. Assim, o conceito da lei especial norteia a compreensão do artigo 129, § 9º. Nesse contexto, parece-nos que as relações empregatícias que se desenvolvem no âmbito das unidades domésticas, dependendo do caso, podem ser reconhecidas para a aplicação da qualificadora. Todavia, para que isso ocorra, é necessário que o empregado esteja agregado ao núcleo doméstico. Insuficiente, pois, a prestação eventual de serviços. Frise-se que não é a relação empregatícia que impõe o reconhecimento da qualificadora, mas o convívio permanente em ambiente doméstico, de sorte que não há crime de violência doméstica quando a agressão se dá em ambiente puramente de trabalho, como nas dependências de uma empresa, ainda que haja um convívio habitual entre agressor e agredido. Cuidando da aplicação da Lei nº 11.340, mas em conclusão que pode ser transportada para o âmbito do artigo 129, § 9º, o TJDFT já decidiu pela aplicabilidade do diploma legal à violência dirigida contra uma empregada doméstica.[48]

---

fica evidenciado que as agressões sofridas tenham como motivação a opressão à mulher, que é o fundamento de aplicação da Lei Maria da Penha. Sendo o motivo que deu origem às agressões mútuas o ciúmes da namorada, não há qualquer motivação de gênero ou situação de vulnerabilidade que caracterize hipótese de incidência da Lei nº 11.340/06" (*CC* 96.533/MG, Terceira Seção, rel. Min. Og Fernandes, julg. em 05/12/2008). Entretanto, deve ser ressaltado que estas decisões não versam sobre a adequação típica do artigo 129, § 9º, CP, mas sim visam a discutir se a mulher, em uma situação de namoro, faz jus às medidas previstas na Lei Maria da Penha. Mesmo reconhecendo a possibilidade de violência doméstica nas relações de afeto já findas (inclusive no namoro), advertimos que, para tanto, deverá existir um liame entre a agressão e o relacionamento anterior, ou seja, este terá que integrar a motivação para aquela. Só assim é possível compatibilizar a redação legal com o espírito da lei.

48 Acórdão nº 994469, relator Des. Waldir Leôncio Lopes Júnior, 3ª Turma Criminal, julg. em 9/2/2017.

A norma em muito se assemelha às agravantes genéricas previstas no artigo 61, II, alíneas *e* e *f*, que não podem ser aplicadas à violência doméstica, pois haveria evidente *bis in idem*.

Como já dito, caso a lesão praticada nas hipóteses descritas no § 9º seja qualificada pelo resultado, o § 9º não subsistirá, sendo aplicáveis os §§ 1º, 2º e 3º. Houve, ainda, por força da redação do § 10, a inclusão da violência doméstica como causa de aumento de pena incidente sobre os casos de lesão corporal grave, gravíssima e seguida de morte.

16 Majorante atinente à violência doméstica (§ 11)

Aumentar-se-á a pena do crime de violência doméstica sempre que a vítima for portadora de deficiência (física ou mental). O conceito de pessoa portadora de deficiência é aquele previsto no artigo 2º da Lei nº 13.146/2015. Gize-se que somente poderá ser imposta a majorante ao agressor se a deficiência da vítima a coloca em uma situação de vulnerabilidade.

Apesar de ter berço na Lei nº 11.340/2006, a causa de aumento da pena em apreço será aplicada independentemente de gênero, isto é, seja a vítima homem ou mulher. Incompreensível, no entanto, a opção legislativa por só incrementar a pena do artigo 129, § 9º, uma vez que não há razão plausível para que a majorante não se estenda a outras espécies de lesão corporal. Sobre o tema, remetemos o leitor às considerações feitas ao artigo 121, § 7º, II, CP.

17 Lei Maria da Penha

Embora signatário da Convenção Sobre a Eliminação de Todas as Formas de Violência Contra a Mulher desde 1981 (tratado que foi ratificado pelo Congresso em 1984), bem como da Convenção Interamericana para Punir e Erradicar a Violência Contra a Mulher desde 1995 (Convenção de Belém do Pará, aprovada por decreto legislativo no mesmo ano), o Brasil foi leniente em conferir uma proteção mais efetiva à mulher submetida a atos de violência doméstica e familiar. Em 2001, chegou à Organização dos Estados Americanos (OEA) uma denúncia por negligência do governo brasileiro, que por sua omissão impediu fosse imposta uma punição adequada ao autor de duas tentativas de homicídio contra a esposa, esta chamada Maria da Penha Maia Fernandes, a qual ficou paraplégica em virtude de um tiro. Condenado internacionalmente, o Brasil foi obrigado a pagar uma indenização de 20 mil dólares à vítima. A decisão recomendou, ainda, que o país aperfeiçoasse a sua legislação sobre o tema.

Nesse contexto, surgiu a Lei nº 11.340/2006, que, em seu artigo 1º, afirma ter o escopo de coibir e prevenir a violência doméstica e familiar contra a mulher. Cuida-se da violência de gênero, não se confundindo com o crime de violência doméstica, inscrito no artigo 129, § 9º, do CP. Este pode ter como vítima pessoa de qualquer sexo, ao passo em que aquela tem como vítima a mulher, exclusivamente.

Interessa notar que a Lei Maria da Penha, apesar de modificar alguns artigos do Código Penal, traz em seu bojo unicamente o crime de descumprimento de medida protetiva (artigo 24-A). No mais, limita-se a prever normas programáticas, regras processuais e medidas protetivas para a mulher vítima de agressão (as quais podem ter naturezas diversas).

Já foi debatida a questão da constitucionalidade da lei, aventando-se possível quebra do princípio da isonomia, pois o diploma confere à vítima mulher uma proteção não extensiva ao sujeito passivo homem. Sempre nos pareceu que o tratamento diferenciado é plausível. De acordo com George Marmelstein, "a Constituição brasileira adotou um conceito dinâmico e multifuncional de igualdade, de modo que, ao mesmo tempo em que há um dever de não discriminar (discriminação negativa), existe também um dever de igualizar (discriminação positiva), no sentido de que o Estado tem a obrigação de agir para reduzir as desigualdades sociais, promover o bem-estar social, combater as causas da pobreza etc.".[49] Ou seja, o Estado tem um dever de promoção de políticas de ação afirmativa, possibilitando que pessoas nas mais variadas situações sociais busquem a paridade real. Para tanto, pode se valer de medidas aparentemente discriminatórias, mas que, na realidade, promovem a igualdade (ou seja, as medidas devem ser aptas a alcançar a legítima finalidade estatal; devem ser proporcionais). Essa conclusão acabou albergada pelo STF no julgamento da ação direta de constitucionalidade (ADC nº 19).

A violência de gênero justifica as ações afirmativas em prol da mulher, já que em nossa sociedade, estruturada de forma patriarcal, as mulheres corriqueiramente se encontram subjugadas afetiva e economicamente aos homens, quedando-se, por conseguinte, em situação de hipossuficiência.[50] Maria

---

49 MARMELSTEIN, George. *Curso de Direitos Fundamentais*. São Paulo: Atlas, 2008. p. 409.

50 Nesse sentido já decidiu o TJRJ: "EMENTA. PROCESSO PENAL. APELAÇÃO. VIOLÊNCIA DOMÉSTICA. LESÃO CORPORAL. CONSTITUCIONALIDADE DO ARTIGO 41 DA LEI 11.340/06. CONJUNTO PROBATÓRIO SUFICIENTE PARA CONDENAÇÃO. DEFESA TÉCNICA QUE ALEGA EXCLUDENTE DE ILICITUDE DA LEGÍTIMA DEFESA. DESPROPORÇÃO ENTRE AS AGRESSÕES DA VÍTIMA E DO ACUSADO QUE INVIABILIZA O RECONHECIMENTO DA LEGÍTIMA DEFESA. Apelante condenado pela prática do crime de lesão corporal contra sua companheira. Pena de três meses de detenção a serem cumpridos em regime aberto. Arguição de inconstitucionalidade do artigo 41 da Lei 11.340/06 repelida em razão da opção legislativa que regulamenta os casos de violência doméstica de forma diferenciada sem violar a razoabilidade. Lei Maria da Penha que foi criada com o objetivo claro de conter a violência cometida contra a mulher em seu ambiente doméstico, familiar ou de intimidade. Impossibilidade de aplicação dos institutos previstos na Lei 9.099/95. Vedação expressa no artigo 41 da Lei 11.340/06, de forma a afastar os institutos da suspensão condicional do processo e da transação penal. Constitucionalidade. Versões da vítima e do acusado que convergem no seu aspecto central: o apelante reconhece que desferiu na vítima o soco causador das lesões. Vítima que não nega ter desferido um tapa no acusado.

Berenice Dias também se insurge contra a alegação de inconstitucionalidade da lei: "A alegação é que a lei criou a desigualdade na entidade familiar, como se igualdade constitucional existisse no âmbito da família. (...) Mas nenhum questionamento desta ordem foi suscitado com relação ao Estatuto da Infância e da Juventude e ao Estatuto do Idoso, microssistemas que também amparam segmentos sociais, resguardando direitos de quem se encontra em situação de vulnerabilidade. Leis voltadas a parcelas da população merecedoras de especial proteção procuram igualar quem é desigual, o que nem de longe infringe o princípio isonômico. (...) O modelo conservador da sociedade coloca a mulher em situação de inferioridade e submissão tornando-a vítima da violência masculina. Ainda que os homens também possam ser vítimas da violência doméstica, tais fatos não decorrem de razões de ordem social e cultural".[51] À mesma conclusão chegam Rogério Sanches Cunha e Ronaldo Batista Pinto: "Permite-se, desse modo, a 'discriminação positiva', pela qual os Estados podem adotar medidas especiais temporárias, visando acelerar o processo de igualização de *status* entre homens e mulheres. Tais medidas cessarão quando alcançado o seu objetivo. São medidas compensatórias que visam remediar as desvantagens históricas, consequências de um passado discriminatório, buscando a pluralidade e diversidade social (...)".[52]

Nem mesmo aqueles casos pontuais em que o homem se vê em posição de vulnerabilidade (pai que agride habitualmente o filho ainda criança; esposa que pratica atos de violência contra o marido inválido; relacionamento amoroso entre homossexuais masculinos, em que um deles é submetido ao seu par e é constantemente agredido) servem para a defesa da inconstitucionalidade da Lei Maria da Penha, uma vez que, nessas hipóteses, a motivação para a violência é diferente (não há relação com o gênero e, consequentemente, não existe a vulnerabilidade culturalmente determinada). Ainda que alguns

Prova técnica que demonstra, todavia, desproporção entre a ação e reação, sendo inegável o excesso doloso. Argumento de que o acusado agiu em legítima defesa que não encontra amparo no conjunto probatório. Dinâmica do evento que leva à conclusão de que o acusado, ao ser agredido com um tapa pela vítima, poderia ter reagido diferentemente. Quando muito, poderia ter tentado contê-la, empregando uma defesa não-danosa. Região onde a vítima foi atingida - no rosto - que dispensa qualquer comentário acerca dos meios necessários para repelir a suposta agressão. Apelante que não agiu sob o pálio da legítima defesa. Sentença que deve ser mantida. Pena substitutiva imposta ao apelante em manifesta contradição com o disposto no artigo 46 do Código Penal. Substituição por limitação de fim de semana, na forma a ser definida pelo Juízo da Execução, mantido o prazo. RECURSO PARCIALMENTE PROVIDO" (Ap. Crim. nº 2008.050.03162, Quinta Câmara Criminal, rel. Des. Geraldo Prado, julg. em 22/04/2009).

51 DIAS, Maria Berenice. *A Lei Maria da Penha na Justiça*: a efetividade da Lei 11.340/2006 de combate à violência doméstica e familiar contra a mulher. São Paulo: Editora Revista dos Tribunais, 2007. p. 55-56.

52 CUNHA, Rogério Sanches; PINTO, Ronaldo Batista. *Violência Doméstica*. São Paulo: Editora Revista dos Tribunais, 2007. p. 26.

defendam a extensão das medidas protetivas e demais regras previstas na Lei nº 11.340/2006 aos homens especialmente vulneráveis, através do suposto poder geral de cautela dos juízes, essa posição esbarra na inexistência desse poder no processo penal. Partindo desse raciocínio, compreendemos que as regras com reflexos penais ou processuais penais (como a inaplicabilidade dos institutos da Lei nº 9.099/1995) não admitem extensão, ao passo em que outras de caráter administrativo, civil etc. podem ser aplicadas.[53]

18 Lesão corporal funcional (§ 12)

A pena da lesão corporal é aumentada nas mesmas hipóteses de qualificação do homicídio pela qualidade funcional da vítima ou de parentes seus (artigo 121, § 2º, VII, CP). Sobre o conteúdo normativo, sugerimos que o leitor busque as notas explicativas acerca do crime contra a vida.

O aumento de pena, de um a dois terços, incide sobre casos de lesão corporal dolosa, ainda que qualificados pelo resultado. Entendemos que não há óbice à majoração da pena também no delito de violência doméstica, desde que a condição funcional da vítima seja a motivação para o crime (por exemplo, o pai que agride o filho porque este virou policial militar).

A Lei nº 13.142, de 2015, que criou a majorante em estudo, também alterou a Lei nº 8.072/1990, transformando a lesão corporal gravíssima e a lesão corporal seguida de morte, ambas praticadas contra as pessoas mencionadas no § 12, em crimes hediondos (artigo 1º, I-A, da Lei nº 8.072). Às lesões corporais leve e grave, praticadas contra as mesmas vítimas, não é atribuída a característica da hediondez.

19 Distinção, concurso aparente de normas e concurso de crimes

A primeira distinção que deve ser feita é entre o crime de lesão corporal e a contravenção penal denominada vias de fato, esta prevista no artigo 21 da Lei de Contravenções Penais (Dec.-Lei 3.688/1941). Segundo Damásio de Jesus, conceituam-se as vias de fato como a "violência contra pessoa sem produção de lesões corporais".[54] A lição é correta, mas não basta para diferenciar a tentativa de lesão corporal da contravenção em estudo. Quando o agente investe violentamente contra a vítima, mas não lhe causa qualquer dano, é imprescindível a observância de sua intenção. Se age com *animus laedendi* (*vulnerandi*), existe tentativa de lesão corporal. Se emprega violência sem intenção de lesionar a vítima, mas sem querer a lesiona, caracteriza-se a lesão corporal

53 Na Espanha, a Lei Orgânica nº 1/2004 também prevê medidas de proteção integral contra a violência de gênero. Inicialmente, servia apenas para proteger as mulheres, mas as inúmeras críticas à sua redação levaram o legislador a alterar o anteprojeto, incluindo como beneficiárias das medidas todas as pessoas especialmente vulneráveis.

54 JESUS, Damásio E. de. *Lei das contravenções penais anotada*. 7. ed. São Paulo: Saraiva, 1999. p. 71.

culposa. Apenas quando não há a intenção de lesionar e sequer ocorrem lesões culposas é que existem vias de fato. São exemplos da conduta contravencional o tapa desferido no rosto da vítima que não causa mais do que um leve rubor, o empurrão sem qualquer consequência danosa, o puxão de cabelos que não resulta em ferimentos etc. Em todas essas condutas, repita-se, não há o dolo de causar uma lesão (caso haja, existirá lesão corporal tentada). Ocorrendo efetivamente uma lesão, descaracteriza-se a contravenção penal (as vias de fato são expressamente subsidiárias).

Também não se confunde a lesão corporal com a injúria real (artigo 140, § 2º, CP). Aqui, o sujeito ativo se vale da violência para humilhar o sujeito passivo. A intenção primeira do agente não é causar uma lesão, mas sim demonstrar seu desprezo pelo ofendido, como no caso de tapas aviltantes dados no rosto da vítima, o lançamento de esterco contra alguém a título de afronta, entre outras condutas. Consigne-se, todavia, que mesmo quando o agente é impelido pela intenção de ofender a honra do sujeito passivo, se a sua ação redundar em lesão corporal, há concurso material entre a injúria real e os tipos penais previstos no artigo 129 do CP e parágrafos (no caso, poderá existir dolo de primeiro grau no tocante à injúria e dolo de segundo grau no que concerne à lesão).

O artigo 14 da Lei nº 9.434/1997 cuida da remoção ilegal de tecidos, órgãos ou partes do corpo humano de pessoa ou cadáver, tipificando, assim, uma hipótese de lesão corporal especial (no que tange à pessoa, não ao cadáver), que prevalecerá sobre o crime de lesão corporal, face ao princípio da especialidade. Vale lembrar que este diploma tem por escopo regulamentar a disposição de tecidos, órgãos ou partes do corpo para transplante ou tratamento, razão pela qual os crimes nele previstos devem ser praticados com essa finalidade e em desacordo com as regras estipuladas no artigo 2º e nos Capítulos III e IV. Os §§ 1º, 2º e 3º do artigo 14 contêm as condutas qualificadas, semelhantes aos casos de lesão grave e gravíssima, salvo no caso do § 1º, que menciona a motivação torpe como qualificadora da lesão corporal. O § 4º do mesmo artigo versa sobre o resultado morte, praticado culposamente, não sendo caso de aplicação do artigo 129, § 3º, do CP. Aos crimes dispostos na Lei nº 9.434/1997 são feitas críticas quanto à falta de proporcionalidade das penas. Basta verificar, por exemplo, que a sanção do artigo 14, § 4º, é superior àquela prevista para o homicídio simples, no que tange ao limite mínimo (são iguais no limite máximo). A solução é a mesma já defendida nessa obra: aplicar o tipo penal da lei especial, com as margens penais cominadas ao artigo 129, § 3º, do CP.[55]

A Lei de Abuso de Autoridade (Lei nº 4.898/1965) prevê como crime qualquer atentado à incolumidade física do indivíduo (artigo 3º, *i*) praticado por autoridade pública no exercício de suas funções (policiais, magistrados, promotores de justiça, deputados etc.). Segundo Marcos Ramayana, o dispositivo

---

55 Nesse sentido, Ney Moura Teles (*Direito penal...*, op. cit., p. 215-217).

tenciona preservar o regular funcionamento da administração pública, não colidindo, destarte, com o artigo 129 do CP, pois são diversas as objetividades jurídicas (a integridade corporal do indivíduo é tutelada secundariamente pela lei especial). A aplicação das normas poderia ocorrer em concurso.[56] É esse o entendimento que vem prevalecendo na jurisprudência,[57] do qual, entretanto, ousamos discordar. Em princípio, é de se notar que a redação do tipo penal é de duvidosa constitucionalidade, pois prima pela imprecisão ("constitui abuso de autoridade qualquer atentado à incolumidade física do indivíduo"). Resta patente a violação ao princípio da taxatividade, um dos pilares do direito penal (artigo 5º, XXXIX, CRFB/1988), já que a descrição típica não é pormenorizada. Doutrina e jurisprudência, todavia, superaram a questão da não recepção da norma pela ordem constitucional, aplicando-a sem restrições. Ainda assim, não vemos como o tipo penal do artigo 3º, *i*, da Lei nº 4.898/1965 pode surgir em concurso com o artigo 129 do CP. A Lei de Abuso de Autoridade, nesse ponto, tem dupla objetividade jurídica, tutelando não só a regularidade administrativa, mas também a incolumidade corporal e a saúde do indivíduo. Punem-se, tanto na lei especial como no Código Penal, os ataques a um mesmo bem jurídico, contudo em graus diferentes de violação. Atentado, na linguagem do direito penal, é toda agressão a um bem jurídico, quer se produza ou não o resultado pretendido pelo agente, englobando o início da execução já como crime consumado, ainda que, em tese, a ação pudesse ser considerada como crime tentado. Segundo Rogério Greco, em regra, pelo princípio da proporcionalidade, a tentativa deve ser punida menos severamente do que o crime consumado, consoante a regra do artigo 14, parágrafo único, do CP ("Salvo disposição em contrário, pune-se a tentativa com a pena correspondente ao crime consumado, diminuída de um a dois terços"). Entretanto, em casos específicos, a tentativa é elevada à categoria de crime consumado, caracterizando-se o crime de atentado ou de empreendimento.[58] Aplicando-se o explicado ao presente caso, vemos que se trata de uma conduta anterior à lesão corporal, mais tênue (por se conformar com a ação, independentemente do resultado), constituindo antecedente lógico do crime mais grave. Ou seja, toda vez que a autoridade pública causar uma lesão corporal no exercício de suas funções, deverá praticar primeiramente um atentado. Há, no caso, uma progressão, que se inicia com a conduta ofensiva (desde logo caracterizada como atentado) e culmina com a real ofensa ao bem jurídico (produção da lesão). Cremos, portanto, que não se justifica a punição do agente pelos dois delitos, já que ocorrem em uma mesma linha de eventos. Entendemos, portanto, que há a

56 Nesse sentido, Marcos Ramayana (*Abuso de autoridade e tortura* – Leis nº 4.898 e nº 9.455 comentadas. Rio de Janeiro: Destaque, 2003, p. 44).

57 STJ: "se o agente age com abuso de autoridade, e causa lesões corporais na vítima, é aplicável a regra do concurso material" (REsp 12.614/MT, 5ª Turma, Rel. Min. Cid Flaquer Scartezzini, 24.06.1992).

58 GRECO, Rogério. *Curso...*, op. cit., v. II, p. 136.

absorção do tipo penal especial ora estudado pelo crime do artigo 129, sempre que a conduta produzir uma lesão corporal, por se cuidar de crime mais grave e por constituir consequência da progressão iniciada com o atentado. O concurso aparente de normas é resolvido pela técnica da subsidiariedade. A Lei de Abuso de Autoridade, no que se refere ao artigo 3º, *i*, só tem lugar quando a conduta não resulta em lesão corporal.[59] Seria possível, todavia, o concurso de crimes entre o artigo 129 do CP e a Lei de Abuso de Autoridade no caso de cotejo com outra norma diversa do artigo 3º, *i*, ou seja, quando não confrontarem os bens jurídicos tutelados (por exemplo, lesão corporal e atentado ao exercício do direito de reunião, previsto na alínea *g* do diploma especial - se a autoridade pública comete lesão corporal para desmobilizar os participantes de uma reunião lícita, haveria concurso formal de delitos). A melhor solução seria colocar a condição funcional como causa de aumento de pena da lesão corporal, mas não foi essa a opção legislativa.

Há absorção do crime de lesão corporal (em sua forma simples) pelas condutas tipificadas na Lei nº 9.455/1997 (Lei de Tortura), já que a lesão corporal é decorrência natural da prática da tortura, como indica o artigo 1º, § 3º (crime de tortura com resultado lesão corporal de natureza grave), desde que observados os requisitos do diploma extravagante. Esse artigo, aliás, prevê uma hipótese de delito preterdoloso, em que o resultado ocorre culposamente. Em caso de lesão corporal grave provocada de forma dolosa, há concurso formal ou material entre a lesão corporal qualificada (artigo 129, § 1º ou § 2º) e o crime de tortura, em sua forma simples.

Sempre que a lesão corporal constituir elemento de outro crime (artigo 157, por exemplo), será por este absorvida, salvo quando a lei expressamente dispuser sobre a existência de concurso de crimes (artigo 163, parágrafo único, *v. g.*). Também não haverá crime de lesão corporal toda vez em que a sua produção caracterizar crime qualificado pelo resultado, como corriqueiramente acontece com a lesão corporal grave (por exemplo, artigo 157, § 3º). Se, contudo, a qualificação pelo resultado se der como conduta preterdolosa, a imposição de uma lesão grave dolosa exigirá o concurso de delitos.

A multiplicidade de lesões contra uma mesma pessoa não indica, necessariamente, concurso de crimes. Se forem produzidas em um mesmo contexto fático, há crime único (por exemplo, o agente agride a vítima a socos e, em seguida, desfere-lhe uma navalhada em um dos braços). A cessação da conduta lesiva, com a consequente interrupção da execução, ensejará concurso de crimes caso nova lesão venha a ser posteriormente infligida (algum tempo após as primeiras lesões, *v. g.*, já encerrado o ataque, o agente torna a entrar em conflito com a vítima, produzindo novas lesões, caracterizando-se, se preenchidas as condições do artigo 71, CP, continuidade delitiva).

---

59 Nesse sentido, Fernando Capez (*Legislação penal especial*, v. 1, p. 161).

20 Lesão corporal e Estatuto do Desarmamento

O crime de disparo de arma de fogo surgiu com a vigência do Estatuto do Desarmamento (Lei nº 10.826/03). Inicialmente tratado como contravenção penal, no artigo 28 do DL 3.688/41, o disparo foi erigido à categoria de crime por meio da Lei nº 9.437/97, em seu artigo 10, § 1º, III, que tinha a seguinte redação: "Disparar arma de fogo ou acionar munição em lugar habitado ou em suas adjacências, em via pública ou em direção a ela, desde que o fato não constitua crime mais grave". Com o Estatuto (artigo 36), foi ab-rogada a Lei nº 9.437/97, sendo previsto o crime de disparo de arma de fogo no artigo 15 do novo diploma legal. Manteve-se parcialmente a redação anterior, modificando-se apenas a parte final do artigo, que, ao invés de se referir à prática de crime mais grave, passou dispor da seguinte forma: "[...] desde que essa conduta não tenha como finalidade a prática de outro crime". Ou seja, o critério definidor do concurso aparente de normas, antes objetivo, passou a ser subjetivo, calcado no desiderato do agente.

A opção poderia se mostrar interessante se o disparo, isoladamente considerado, tivesse uma pena em abstrato compatível com a sua condição de crime de perigo, ou seja, mais branda do que as sanções cominadas aos crimes de dano possivelmente dele decorrentes. O raciocínio é simples: se a lesão corporal leve, resultado possível do disparo de arma de fogo, é punida com pena de detenção, de três meses a um ano, o simples disparo efetuado sem a intenção de lesionar a integridade corporal de outrem deveria ter pena inferior. Disparar para ferir, afinal de contas, é mais grave do que disparar sem propósito lesivo (*v. g.*, nos disparos para o alto a título de comemoração). Entretanto, a pena cominada ao crime em estudo é de reclusão, de dois a quatro anos, e multa. Há absoluta falta de proporcionalidade na norma, que, por conseguinte, padece de insanável vício de inconstitucionalidade (violação aos princípios da individualização legislativa da pena e do devido processo legal substantivo). Aplicando-se literalmente o disposto no Estatuto do Desarmamento, o agente que dispara contra a vítima para feri-la responde pelo artigo 129, *caput*, do CP (pois tem a finalidade de praticar outro crime). Já o sujeito que dispara a esmo é responsabilizado pelo artigo 15 do Estatuto (pois não tem a finalidade de praticar outro crime), recebendo sanção mais severa.

Frente a essa realidade, a doutrina diverge quanto ao tratamento a ser dado ao disparo de arma de fogo. Para Capez, havendo a intenção de praticar crime contra a pessoa, a expressa subsidiariedade do disparo de arma de fogo só será reconhecida se o crime-fim for mais grave (p. ex., homicídio ou lesão qualificada). No confronto entre o disparo e a lesão leve, aquele deve prevalecer.[60] Discorda Guilherme de Souza Nucci, embora reconhecendo as "incoerências do sistema penal brasileiro", *verbis*: "se o agente possuir, como fim específico a

60 *Curso...*, op. cit., v. 4, p. 370.

prática de qualquer delito de dano, desaparece a figura do art.15, remanescendo somente a outra, relativa a essa finalidade".[61]

O absurdo chega ao extremo ao pensarmos na lesão corporal culposa. Imaginemos que, ao disparar a esmo, o agente culposamente venha a lesionar alguém. Há um disparo de arma de fogo doloso, seguido de lesão corporal culposa. Como o dispositivo da lei menciona que o artigo 15 somente é absorvido quando o agente tem a intenção de cometer crime diverso e, no caso proposto, a lesão não é intencional, ou o disparo de arma de fogo absorverá a lesão corporal culposa, ou esta será aplicada em concurso formal com o primeiro crime. Jamais poderá a lesão prevalecer sobre o disparo. A solução, qualquer que seja ela, é de levar ao pranto os mais sisudos criminalistas: o crime com resultado culposo seria apenado mais severamente do que aquele com resultado doloso (nesse caso, a punição se daria somente pela lesão leve).

A incapacidade do legislador em elaborar normas razoáveis, derivada de sua completa inaptidão técnica e do afã de conquistar popularidade e espaço na mídia, vem, como se nota, subvertendo o direito penal, transformando-o em plataforma política. Portanto, não vemos motivos para empreender esforços no sentido de harmonizar o "não harmonizável". A única solução para o caso é o reconhecimento da inconstitucionalidade da norma (tornando atípico o disparo de arma de fogo, por ser impraticável a repristinação das leis anteriores). Ou, logo, a ordem jurídico-penal chegará a um ponto de impossível interpretação.

21 Pena e ação penal

A pena cominada à lesão corporal leve varia entre o limite mínimo de três meses de detenção e o máximo de um ano. Cuida-se, portanto, de infração de menor potencial ofensivo, assim como a lesão culposa, cuja pena em abstrato tem margens mínima e máxima, respectivamente, de 2 meses a 1 ano de detenção. A violência doméstica tem pena que varia entre 3 meses a 3 anos de detenção. Nesse último caso, deve ser salientado que não terão aplicação as circunstâncias agravantes tipificadas no artigo 61, II, *e* e *f*, pois contêm elementos que fazem parte da descrição típica do artigo 129, § 9º, evitando-se, assim, a duplicidade de sanção pela mesma circunstância.

O crime de lesão corporal de natureza grave tem pena de 1 a 5 anos de reclusão, ressaltando que, no caso do resultado aceleração de parto (IV), não se aplica a agravante genérica do artigo 61, § 2°, *h*, do CP (crime praticado contra mulher grávida). A pena da lesão corporal gravíssima se situa entre o mínimo de 2 e o máximo de 8 anos de reclusão, valendo, para a lesão corporal seguida de aborto (V), o mesmo ensinamento consignado para a aceleração de parto. Já a lesão corporal seguida de morte é apenada com reclusão de 4 a 12 anos.

61 NUCCI, Guilherme. *Leis Penais e Processuais Penais Comentadas*. 3. ed. São Paulo: Editora Revista dos Tribunais, 2008. p. 89.

Todas essas qualificadoras terão a pena elevada em um terço se praticadas nas condições do § 9º (violência doméstica), conforme preconiza o § 10. Nesse caso, não terão incidência sobre a lesão corporal qualificada (grave, gravíssima ou seguida de morte) as agravantes do artigo 61, II, alíneas *e* e *f*, pois já são causas de aumento de pena desses delitos. A pena será ainda majorada quando praticada nos moldes do § 12. No concurso entre as majorantes dos §§ 10 e 12, prevalece o segundo, em razão do disposto no artigo 68, p. único, CP.

Na lesão corporal leve, bem como na lesão culposa, a ação penal será pública condicionada à representação do ofendido, em consonância com o artigo 88 da Lei nº 9.099/95. São infrações de menor potencial ofensivo, sujeitando-se às disposições concernentes aos juizados especiais criminais.

A violência doméstica, por comportar apenas hipóteses de lesão corporal leve, também está sujeita à representação, desde que a vítima seja do sexo masculino. Ainda que não mencionada expressamente a hipótese no artigo 88 da Lei nº 9.099/95, a exigência da condição de procedibilidade se mostra em consonância com a finalidade da norma, pois a vítima poderia decidir pela conveniência da ação penal, preservando, ao seu critério, a tranquilidade familiar. No entanto, se a vítima for mulher, a solução não é tão simples. Isso porque a Lei nº 11.340/06, que disciplinou a violência de gênero, determinou a inaplicabilidade da Lei nº 9.099/95 (e, por conseguinte, de seu artigo 88) aos casos por ela especificados (artigo 41), dentre os quais se acha a violência doméstica.

Para parte da doutrina e da jurisprudência, não existindo exigência legal de representação (dado o afastamento do artigo 88 da Lei 9.099/95), a violência doméstica praticada contra mulher passou a ser crime de ação pública incondicionada (artigo 100 do CP). Essa foi a posição esposada, entre outros, por Marcelo Lessa Bastos, expressada em comentários ao artigo 16 da Lei Maria da Penha: "Em primeiro lugar, cumpre lembrar que o dispositivo em comento não está endereçado à lesão corporal leve fruto de violência doméstica e familiar contra a mulher porque, como já dito acima, neste caso, por força do art. 41 da Lei 'Maria da Penha', que afastou a incidência da Lei nº 9.099/95 em casos tais, a ação penal voltou a ser pública incondicionada".[62] Desde o início, concordamos com tal opinião, pois a mulher, uma vez em situação de vulnerabilidade (não apenas física, mas econômica, social ou afetiva), sente-se compelida a sobrestar procedimentos administrativos ou judiciais em face do agressor, perpetuando o ciclo de violência. O agressor, ciente de que sua vontade se imporá, mantém sua rotina de abusos, fazendo pouco das ineficientes intervenções estatais.

62 BASTOS, Marcelo Lessa. *Violência doméstica e familiar contra a mulher: Lei "Maria da Penha: alguns comentários*. Teresina: Jus Navigandi, ano 10, n. 1189, 3 out. 2006. Disponível em: <http://jus2.uol.com.br/doutrina/texto.asp?id=9006>. Acesso em: 03/10/2009. Deve ser ressaltado que o referido artigo 16, embora mencione a possibilidade de renúncia à representação, o faz em relação a crimes diversos da lesão corporal leve (crimes sexuais, por exemplo), segundo nos parece.

De outro lado, havia aqueles que defendiam a manutenção da ação pública condicionada na violência doméstica. Por todos, transcrevemos as palavras de Maria Berenice Dias: "há a necessidade de se atentar ao próprio objetivo da Lei Maria da Penha, seu caráter nitidamente protetivo à vítima, muito mais do que punitivo ao seu agressor. Agora, o juiz tem o encargo de solver, no âmbito do Juizado de Violência Doméstica e Familiar contra a Mulher, tanto as questões cíveis como as criminais. Refoge à finalidade da Lei manter a ação penal quando acertadas todas as questões envolvendo agressor e vítima. (...) Certamente as chances de um acertamento do conflito são muito maiores se a vítima tiver a faculdade de fazer uso, como instrumento de negociação, do direito de livrar o agressor do processo criminal. Esta arma, que pode ser utilizada para exercer pressão psicológica, assegura o equilíbrio das partes. Literalmente, a sorte do varão está nas mãos da mulher. Invertem-se os papéis. Assim, com mais facilidade o juiz poderá obter sucesso e conseguir que as partes façam acordo e acertem a separação, alimentos, visitas e partilha de bens".[63]

No âmbito do STJ, inicialmente surgiram posições divergentes sobre o tema. Primeiramente, a Sexta Turma da egrégia Corte decidiu pela natureza incondicionada da ação penal: "A Turma, por maioria, denegou a ordem, reafirmando que, em se tratando de lesões corporais leves e culposas praticadas no âmbito familiar contra a mulher, a ação é, necessariamente, pública incondicionada. Explicou a Min. Relatora que, em nome da proteção à família, preconizada pela CF/1988, e frente ao disposto no art. 88 da Lei nº 11.340/2006 (Lei Maria da Penha), que afasta expressamente a aplicação da Lei nº 9.099/1995, os institutos despenalizadores e as medidas mais benéficas previstos nesta última lei não se aplicam aos casos de violência doméstica e independem de representação da vítima para a propositura da ação penal pelo MP nos casos de lesão corporal leve ou culposa. Ademais, a nova redação do § 9º do art. 129do CP, feita pelo art. 44 da Lei nº 11.340/2006, impondo a pena máxima de três anos à lesão corporal qualificada praticada no âmbito familiar, proíbe a utilização do procedimento dos juizados especiais e, por mais um motivo, afasta a exigência de representação da vítima. Conclui que, nessas condições de procedibilidade da ação, compete ao MP, titular da ação penal, promovê-la. Sendo assim, despicienda, também, qualquer discussão da necessidade de designação de audiência para ratificação da representação, conforme pleiteava o paciente. Precedentes citados: HC 84.831-RJ, DJe 5/5/2008, e REsp 1.000.222-DF, DJe 24/11/2008".[64] A mesma Turma, entretanto, decidiu posteriormente em sentido diametralmente contrário: "A Turma, ao prosseguir o julgamento, por maioria, concedeu a ordem de *habeas corpus*, mudando o entendimento quanto à representação prevista no art. 16 da Lei nº 11.340/2006 (Lei Maria da

63 *A Lei Maria da Penha...*, op. cit., p. 119-120.

64 <u>*HC* 106.805/MS</u>, Sexta Turma, Rel. Min. Jane Silva, julgado em 3/2/2009. Informativo nº 382.

Penha). Considerou que, se a vítima só pode retratar-se da representação perante o juiz, a ação penal é condicionada. Ademais, a dispensa de representação significa que a ação penal teria prosseguimento e impediria a reconciliação de muitos casais".[65] Finalmente, no REsp. nº 1.097.042/DF (repetitivo), o STJ, à época, sedimentou sua jurisprudência no sentido de ser exigível a condição de procedibilidade (Informativo nº 424): "A Seção, ao julgar recurso sob o regime do art. 543-C do CPC c/c a Res. Nº 8/2008-STJ, firmou, por maioria, o entendimento de que, para propositura da ação penal pelo Ministério Público, é necessária a representação da vítima de violência doméstica nos casos de lesões corporais leves (Lei nº 11.340/2006 - Lei Maria da Penha), pois se cuida de uma ação pública condicionada. Observou-se, que entender a ação como incondicionada resultaria subtrair da mulher ofendida o direito e o anseio de livremente se relacionar com quem quer que seja escolhido como parceiro, o que significaria negar-lhe o direito à liberdade de se relacionar, direito de que é titular, para tratá-la como se fosse submetida à vontade dos agentes do Estado. Argumentou-se, citando a doutrina, que não há como prosseguir uma ação penal depois de o juiz ter obtido a reconciliação do casal ou ter homologado a separação com a definição de alimentos, partilha de bens, guarda e visitas. Assim, a possibilidade de trancamento de inquérito policial em muito facilitaria a composição dos conflitos envolvendo as questões de Direito de Família, mais relevantes do que a imposição de pena criminal ao agressor. Para os votos vencidos, a Lei nº 11.340/2006 afastou expressamente, no art. 41, a incidência da Lei nº 9.099/1995 nos casos de crimes de violência doméstica e familiares praticados contra a mulher. Com respaldo no art. 100 do CP, entendiam ser de ação pública incondicionada o referido crime sujeito à Lei Maria da Penha. Entendiam, também, que a citada lei pretendeu punir com maior rigor a violência doméstica, criando uma qualificadora ao crime de lesão corporal (art. 129, § 9º, do CP). Nesse contexto, defendiam não se poder exigir representação como condição da ação penal e deixar ao encargo da vítima a deflagração da persecução penal".[66] O STF, todavia, na ADI nº 4.424, em decisão de 9 de fevereiro de 2012, por maioria entendeu que a ação sempre será pública incondicionada nas lesões corporais decorrentes de violência doméstica ou familiar contra a mulher, o que solucionou a celeuma.

Os casos de lesão corporal grave, gravíssima e seguida de morte serão processados mediante ação penal pública incondicionada. É cabível o instituto da suspensão condicional do processo na lesão grave (artigo 89, Lei nº 9.099/95), salvo se à hipótese incidir circunstância majorante.

---

65 HC 113.608-MG, Sexta Turma, Rel. originário Min. Og Fernandes, Rel. para acórdão Min. Celso Limongi, julgado em 5/3/2009. Informativo nº 385.

66 Rel. originário Min. Napoleão Nunes Maia Filho, rel. para o acórdão Min. Jorge Mussi, julg. em 24/02/2010.

DA PERICLITAÇÃO DA VIDA E DA SAÚDE (TÍTULO I, CAPÍTULO III)

I – GENERALIDADES

1 Perigo: conceito

Segundo Rocco, "perigo é a modificação do mundo exterior (resultado) voluntariamente causada ou não impedida (ação ou omissão), contendo a potencialidade (idoneidade, capacidade) de produzir a perda ou a diminuição de um bem, o sacrifício ou a restrição de um interesse (dano)".[67] Perigo, assim, é qualquer manifestação de insegurança para um bem jurídico penalmente relevante. Consoante Dotti, "perigo pode ser definido como a probabilidade de um evento temido").[68]

Admite-se, na doutrina pátria, a natureza objetivo-subjetiva do perigo. Não se trata, portanto, de uma simples situação de fato, embora também o seja. Não se basta, ainda, em mera criação do espírito humano. Há que se combinar esses elementos: o perigo é uma realidade objetiva, reconhecida como tal por um exercício de experiência (juízo avaliativo).

2 Crimes de perigo e crimes de dano

O direito penal contempla tanto delitos de perigo como crimes de dano (não confundir a classificação com o crime de dano, previsto no artigo 163, CP). Nos crimes de dano, a descrição típica contém, desde logo, uma conduta lesiva ao bem jurídico (por exemplo, "matar alguém", tipo penal que expressa uma lesão ao bem jurídico vida humana) ou, ao menos, um comportamento em que há o objetivo de causar essa lesão, ainda que o aperfeiçoamento do tipo penal se dê antes dela (como ocorre no crime de extorsão – artigo 158 do CP). Isso significa que, nos tipos dolosos, o sujeito ativo atua com dolo de dano. Crimes de perigo são aqueles que se conformam com a mera provocação de uma situação de risco (dano potencial), não exigindo a efetividade da lesão. Em outras palavras, a conduta incriminada descreve unicamente uma situação de perigo para o bem jurídico tutelado (por exemplo, o artigo 132 do CP). Nos

67 ROCCO, Artur, apud HUNGRIA, Nélson. *Comentários...*, op. cit., p. 361.

68 DOTTI, René Ariel. *Curso de direito penal* – parte geral. Rio de Janeiro: Forense, 2003. p. 322.

tipos dolosos, o sujeito ativo atua com dolo de perigo. Deseja a instalação do *eventus periculi*, mas não a ocorrência do *eventus damni*, mesmo que seja este previsível. Não existe, portanto, a intenção lesionar o bem jurídico, mas sim de colocar este bem em uma situação potencialmente arriscada. Eventualmente, um resultado lesivo pode ocorrer como consequência do perigo gerado, mas este resultado obviamente não integrará o dolo do agente, o que significa que necessariamente será culposo (se doloso, o crime é de dano, não de perigo). Na superveniência de tal resultado, duas são as hipóteses: o crime de perigo pode ser especialmente agravado (conduta de perigo dolosa ou culposa com resultado especialmente agravador culposo, como no caso do artigo 133, § 2º, do CP) ou dar-se-á a desclassificação para um crime de dano culposo (como no caso do artigo 132 do CP, que, em caso de resultado morte, resta absorvido pelo crime do artigo 121, § 3º, CP).

Suponhamos, a título de exemplificação, que o agente, empolgando uma faca, invista contra a vítima, não a atingindo por poucos centímetros. Caso aja movido pela intenção de lesionar (ou de matar) o sujeito passivo, não conquistando seu intento por um desvio ocasional do alvo, responderá por crime de tentativa de lesão corporal (ou tentativa de homicídio). O dolo era de dano, portanto há que ser caracterizado um delito também de dano. No entanto, se o agente tem por objetivo fazer um gracejo obtuso, somente para assustar a vítima com o golpe próximo ao seu corpo, comete crime de perigo para a vida ou saúde de outrem (artigo 132, CP), pois agiu com dolo de perigo. Nesse último caso, se o agente, por descuido, acaba lesionando o bem jurídico, teremos a configuração de um crime culposo (se o agente atinge a vítima com a faca, matando-a, responderá por homicídio culposo, pois o artigo 132 do CP não contempla qualquer qualificadora ou causa de aumento da pena referente ao resultado morte).

Não se confundem os conceitos de crime de perigo e de crime formal. Nestes, o dolo do agente pode ser de dano. O legislador, todavia, opta por antecipar a consumação a um momento anterior à produção do resultado (extorsão, concussão, fraude para recebimento de indenização do valor de seguro etc.).

3 Espécies de crimes de perigo

Os crimes de perigo são subdivididos em crimes de perigo comum (coletivo) e crimes de perigo individual, ou em crimes de perigo concreto e crimes de perigo abstrato (presumido).

A primeira classificação tem por base o sujeito passivo da conduta. São crimes de perigo comum aqueles que atingem a coletividade, ou seja, há indeterminação quanto ao sujeito passivo (por exemplo, crime de incêndio – artigo 250, CP). Não há a realização do perigo contra pessoa certa. Ao revés, os crimes de perigo individual atingem pessoa ou grupo de pessoas determinados (como no caso do perigo para a vida ou saúde de outrem – artigo 132, CP).

No tocante à segunda classificação, ganha relevo a proximidade do perigo. Ocorre, nos crimes de perigo concreto, um risco real e iminente, ou seja, um perigo demonstrado ou demonstrável, que se aproxima sobremaneira da efetiva lesão. A avaliação do perigo, deve ser feito um juízo *a posteriori*, significando que após a conduta faz-se a análise da efetiva produção do perigo. Os crimes de perigo abstrato ou presumido, ao seu turno, são de definição mais problemática, sendo certo que, para muitos, se baseiam em um conceito pré-constituído de periculosidade, com um juízo feito *a priori*. Disso derivaria a presunção *juris et de jure* de perigo. Hungria, por exemplo, conceitua perigo concreto como "o que deve ser averiguado ou demonstrado de caso em caso na sua efetividade, ou é presumido *juris tantum*, admitindo prova em sentido contrário", ao passo em que nos crimes de perigo abstrato existiria a presunção absoluta.[69] Portanto, tais crimes não dependeriam de prova da ocorrência do perigo para que sejam configurados. A simples prática do comportamento descrito no tipo penal já importaria em suposição do risco. Parece-nos que se trata de uma simplificação incompatível para com a teoria do bem jurídico-penal.

Reveste-se de inconstitucionalidade a tese dos crimes de perigo abstrato como delitos em que há uma presunção absoluta do risco e nos quais bastaria a prática da conduta prevista no tipo penal – sem qualquer outra consideração – para o reconhecimento de um comportamento delituoso. Para Luiz Régis Prado, a presunção do risco, nestes crimes, é relativa (*juris tantum*). Ensina o jurista que "não tem qualquer sentido punir uma conduta cuja relevância penal provém da perigosidade que nela se supõe presente, quando tal perigosidade inexiste desde o início".[70] De fato, é pertinente a lição. Não há crime sem lesão ou risco de uma lesão possível ao bem jurídico protegido, o que decorre do princípio da legalidade (ofensividade ou lesividade, consubstanciada na formulação *nullum crimen sine iuria)*,[71] bem como dos pressupostos de intervenção mínima, que, em última análise, são consequência da necessária limitação do poder punitivo estatal em um Estado Democrático de Direito. Além disso, presunções absolutas afrontam o princípio da ampla defesa.

Explicam Martinelli e Schmitt de Bem que, na sociedade do risco em que vivemos, "o legislador tem se valido muito do recurso do perigo como motivo propulsor para a incriminação de novas condutas objetivando aumentar

69 HUNGRIA, Nélson. *Comentários...*, op. cit., p. 367.

70 PRADO, Luiz Régis. *Curso...*, op. cit., p. 144.

71 Nesse sentido, por todos, Luiz Flávio Gomes (A questão da inconstitucionalidade do perigo abstrato ou presumido. *Revista Brasileira de Ciências Criminais*, n. 8, out./dez. 1994).

a defesa dos interesses jurídicos fundamentais".[72] Ainda que muitas vezes o legislador brasileiro elabore normais penais com excessiva antecipação da punibilidade (como na Lei Antiterrorismo – Lei nº 13.260/2016), por vezes a formulação de crimes de perigo abstrato é imprescindível para que exista a real tutela de bens jurídicos. Limitar essa tutela aos casos de perigo concreto ou de efetiva lesão é ignorar a realidade social multifacetada. Ou alguém nega a pertinência da incriminação do porte ilegal de arma de fogo? Consequentemente, impõe-se a necessidade de adequação dogmática dos crimes de perigo abstrato, ao invés da apressada defesa da inconstitucionalidade dessa categoria de delitos. E não são poucos os esforços nesse sentido, fazendo com que existam diversas subdivisões dentro dos crimes de perigo abstrato: crimes de perigo abstrato-concreto, crimes de perigo abstrato como crimes formais, como crimes de perigo geral, como crimes de perigosidade concreta, como crimes de potencial perigo e como crimes de perigosidade real.

Entre todas as opções apresentadas, agrada-nos especificamente a que contempla os crimes de perigo abstrato como crimes de potencial perigo. Esse critério de aferição não dispensa a demonstração da potencialidade lesiva da conduta; ao contrário, pressupõe que: (a) haja bens jurídicos no raio de ação da conduta do agente, de modo que possam ser colocados em risco; (b) haja a criação de um risco proibido (no que se aproxima da teoria da imputação objetiva), com superação do risco-base que acompanha a obediência à norma de cuidado.[73] Exemplificam Martinelli e Schmitt de Bem com o caso da embriaguez ao volante (artigo 306 da Lei nº 9.503/1997), em que, para os autores, não basta que o condutor tenha realizado previamente a ingestão de álcool (comportamento desaprovado por si só, mas não necessariamente apto a superar o risco-base sem outras considerações, como a capacidade orgânica do indivíduo), exigindo-se também uma condução anormal do veículo, como dirigir em ziguezague.[74] Esses pressupostos, frise-se, são insuficientes para a transformação do delito em um crime de perigo concreto, mas conferem maior especificidade aos crimes de perigo abstrato e, principalmente, homenageiam a teoria do bem jurídico, pois deixam de lado riscos excessivamente remotos.

No que concerne aos crimes de perigo concreto, igualmente alguns elementos estruturais devem ser observados para sua configuração, a saber: (a) juízo de probabilidade próxima de lesão (quase-lesão, ou seja, por pouco o bem jurídico não foi atingido); (b) ingresso do bem jurídico no âmbito de influência de uma fonte de perigo (o perigo é derivado do comportamento típico); (c) produção ou não da lesão dependente da casualidade (se a lesão é

72 MARTINELLI, João Paulo Orsini; DE BEM, Leonardo Schmitt. *Lições Fundamentais...* op. cit., p. 140.

73 Idem, *ibidem*, p. 144.

74 Idem, *ibidem*, p. 143-144.

evitada pelo controle do risco realizado pelo autor, não há imputação do perigo à sua conduta).[75] Essas análises são realizadas *ex post*. Não há espaço para qualquer presunção (ao contrário do que falava Hungria), mas apenas para a demonstração do perigo.

4 A tentativa nos crimes de perigo

Nada obsta o reconhecimento da tentativa nos crimes de perigo concreto. Basta que o delito seja plurissubsistente, como no caso do crime de incêndio (artigo 250, CP). Se o agente, querendo produzir um incêndio de grandes proporções, inicia o fogo e o alimenta, mas a chama é extinta com a pronta resposta do corpo de bombeiros antes de provocar perigo concreto, teremos delito tentado.

A questão é mais controvertida quando trazemos à baila os crimes de perigo abstrato. Nessa categoria de delitos, há autores que negam o *conatus*, como Hungria, para quem, se a conduta é perigosa, já há consumação, ao passo em que, se o perigo ainda não foi gerado, estaremos diante de atos preparatórios. Adotamos orientação diversa. Em respeito ao escopo desta obra, não aprofundaremos o tema, muito mais complexo do que sugerem as breves linhas aqui escritas, mas, afastando a teoria formal-objetiva e reconhecendo a necessidade de dotar os crimes de perigo de periculosidade (desvalor do resultado), com o que rechaçamos as meras presunções, pensamos que o fracionamento dos atos executórios se torna possível.

75 Idem, *ibidem*, p. 139-140.

II – PERIGO DE CONTÁGIO VENÉREO (ARTIGO 130, CP)

1 Introdução

Inspirado pelo Código Penal dinamarquês (1866), o legislador pátrio importou o crime de perigo de contágio venéreo. Visando a impedir a propagação de moléstias de natureza sexual, incriminou-se o risco de contágio, isto é, para dar efetividade à tutela da saúde pública, o legislador foi além de tipificar a transmissão da doença, optando por tornar delituosa a simples probabilidade de transmissão. Portanto, ainda que classificado como crime de perigo individual (pois, de início, a pessoa exposta ao contágio é determinada), é nítido o caráter coletivo da norma, como demonstra a Exposição de Motivos do Código Penal (item 44): "O mal da contaminação (evento lesivo) não fica circunscrito a pessoa determinada. O indivíduo que, sabendo-se portador da moléstia venérea, não se priva do ato sexual, cria conscientemente a possibilidade de um contágio extensivo".

A relevância do dispositivo, que era notória no passado, em vista da disseminação de doenças tidas como de extrema gravidade (como a sífilis), hoje é atenuada, já que a evolução das ciências médicas permite um tratamento eficaz das moléstias desta natureza, carecendo de sentido a manutenção do tipo autônomo. O Anteprojeto da Parte Especial do Código Penal exclui a tipificação do crime em apreço.

2 Objetividade jurídica

Tutelam-se a incolumidade física e a saúde da pessoa natural, ameaçadas pelo risco de contágio da moléstia venérea (crime de perigo individual). Não é tutelada de forma específica a vida do indivíduo, pois não há previsão do resultado morte no tipo penal, sequer como condição de maior punibilidade.[76] Apesar da intenção legislativa em conter a disseminação das doenças sexuais, não se exigiu a exposição da coletividade à situação de perigo para a

---

76 Nesse sentido, Cezar Roberto Bitencourt (*Código penal...*, op. cit., p. 463).

concretização da figura delituosa, perfazendo-se o crime mesmo com a exposição de uma única e determinada pessoa.

Embora se diga que é irrelevante o consentimento da vítima, dada a indisponibilidade do bem jurídico tutelado (assertiva da qual discordamos, como já exposto nos crimes contra a vida e no crime de lesão corporal), deixou-se ao arbítrio do sujeito passivo a verificação da conveniência da ação penal, pois o § 2º do artigo 130 exige a representação do ofendido como condição de procedibilidade.[77] Evita-se, assim, o *strepitus judicii*, já que muitas vezes a notoriedade dada ao fato pela ação penal poderia trazer à vítima inconvenientes maiores do que o próprio delito, expondo de forma insuportável a sua intimidade através dos processos de vitimização secundária e terciária.

Tem-se como objeto material do delito a pessoa exposta ao perigo de contágio venéreo.

3 Sujeitos do delito

O sujeito ativo do crime de perigo de contágio de moléstia venérea pode ser qualquer pessoa (crime comum), homem ou mulher, desde que esteja contaminado pela doença. Não há restrições, da mesma forma, quanto ao sujeito passivo (qualquer pessoa, mesmo a prostituta), desde que não se trate de pessoa já contaminada pela mesma moléstia que acomete o sujeito ativo, pois, nesse caso, o crime é impossível pela absoluta impropriedade do objeto (artigo 17, CP).

4 Elementos objetivos, subjetivos e normativos do tipo

A ação incriminada no tipo penal consiste em expor alguém a perigo de contágio de moléstia venérea por meio de relações sexuais ou qualquer outro ato libidinoso. Prescinde a conduta criminosa do efetivo contágio, conformando-se com a situação potencialmente arriscada. Basta que a vítima fique, por algum momento, exposta à transmissão da doença. Caso o sujeito ativo esteja contaminado pela moléstia venérea e a prática do ato sexual exponha a vítima a um risco proibido de contaminação, restará satisfeito o perigo abstrato exigido pela norma.

Estamos diante de um delito de forma vinculada, já que a situação de perigo deve decorrer, necessariamente, da prática da relação sexual ou de qualquer outro ato libidinoso. Relação sexual é entendida como a conjunção carnal, ou seja, a penetração do pênis na cavidade vaginal. Ato libidinoso é um termo mais amplo, que engloba todas as formas de satisfação da libido, inclusive a

---

77 Para Bitencourt, a irrelevância do consentimento do ofendido é corolário do interesse público que permeia o tipo penal, pois há interesse coletivo em evitar a descontrolada propagação das moléstias venéreas (BITENCOURT, Cezar Roberto. *Código penal*..., op. cit., p. 463).

conjunção carnal (são exemplos de ato libidinoso o coito anal, o sexo oral e a masturbação, entre outros). Como o tipo penal limita os meios de execução do crime, qualquer outra forma de contágio que não seja a atividade libidinosa importará não caracterização do delito. Assim, se a moléstia venérea é inoculada no organismo da vítima pelo uso de uma seringa, *v. g.*, não há a efetivação do delito de perigo de contágio de moléstia venérea (somente o ato sexual autoriza a adequação da conduta ao artigo 130, CP).

Se a moléstia venérea for grave e o dolo for de dano, pode ocorrer a caracterização do artigo 131 do CP (perigo de contágio de moléstia grave); se a moléstia venérea implicar enfermidade incurável, poderemos observar a materialização de uma lesão corporal qualificada (artigo 129, § 2º, II, em caso de dolo de dano).

Moléstia venérea é o elemento normativo do tipo penal, de valoração extrajurídica. O Decreto-Lei nº 16.300, de 1923, enumera como moléstias venéreas a sífilis, a gonorreia (blenorragia) e o cancro mole ou cancro venéreo simples. O rol, entretanto, não é taxativo, ficando a critério da medicina a exata definição do termo e das doenças por este abraçadas (CID 10, A50 – A64). Além das enfermidades já citadas, costuma-se indicar como moléstias venéreas o cancro misto e o linfogranuloma venéreo.[78] A AIDS (síndrome da imunodeficiência adquirida) não é uma moléstia venérea, porquanto também admita outros modos de transmissão que não os atos libidinosos.

O artigo fala do perigo de contágio de moléstia de que o agente saiba ou deva saber estar contaminado. A ciência do agente representa o dolo direto. O agente pratica o ato libidinoso sabendo da sua condição de portador da moléstia, atuando com a consciência de que está expondo a vítima a uma situação de perigo. Além do dolo direto, pode o agente atuar com dolo eventual, representado pela expressão "deva saber". Nessa situação, o agente não tem a ciência de sua contaminação, mas, pelas circunstâncias fáticas, essa é previsível (por exemplo, o sujeito que mantém relações sexuais com profissionais do sexo sem proteção ou que já se relacionou anteriormente com pessoa que sabia ser portadora de uma moléstia venérea, igualmente sem proteção). A dúvida do sujeito ativo, note-se, recai sobre o fato de estar ou não contaminado (e ele está). Mesmo desconhecendo a real condição de sua saúde, mas representando como provável a qualidade de portador da moléstia, o agente faz pouco da possibilidade de transmissão e coloca em perigo a saúde do sujeito passivo. Há quem veja na expressão "deva saber" indicativo de conduta culposa.[79] Discordamos. Haveria flagrante desproporcionalidade em se punir,

78 CROCE, Delton; CROCE JR., Delton. *Manual...*, op. cit., p. 320.

79 Nesse sentido, Capez: "A expressão 'deve saber' indica apenas que o agente desconhecia a circunstância de estar contaminado, quando devia saber. Infringiu, portanto, uma obrigação de cautela. Isso não é dolo; é culpa" (CAPEZ, Fernando. *Curso...*, op. cit., p. 157). Na mesma

da mesma forma, a conduta dolosa ("sabe") e a culposa ("deva saber"). O tipo penal, portanto, é unicamente doloso.

O dolo do agente é de perigo, ou seja, há a intenção de criar uma situação arriscada, mas não existe o intuito de efetivar a transmissão da moléstia (o crime praticado com dolo de dano está previsto no tipo qualificado do § 1°). E qual será a solução quando o agente, movido por um dolo de perigo, descuidadamente ocasionar a transmissão? Se sobrevier lesão corporal (contaminação pela doença), continua-se tipificando a conduta no artigo 130 do CP. É certo que, na hipótese, existe um dano efetivo à saúde da vítima, o que poderia constituir lesão corporal culposa. Contudo, o resultado culposo, nesse caso, será absorvido pelo crime de perigo doloso, que é mais grave, consistindo a lesão em mero exaurimento do delito. Se, todavia, a moléstia venérea provocar a morte da vítima, o crime será de homicídio culposo, já que se cuida de crime mais grave.

5 Consumação e tentativa

A consumação do crime ocorre com a prática da relação sexual (introdução do pênis na vagina) ou com a prática do ato libidinoso capaz de propiciar o contágio. Basta a exposição da vítima ao perigo de contágio por meio do ato sexual.

A tentativa é possível (já que o crime é plurissubsistente), como no caso do agente que despe a vítima para a realização da relação sexual, mas não consegue efetivar o ato em virtude da intervenção de terceiro.

6 Tipo qualificado

O artigo 130 prevê a hipótese em que o sujeito ativo age com dolo de dano, qualificando-se o delito (artigo 130, § 1º). Aqui, o agente não tem o dolo de criar uma situação de perigo. Tenciona, ao contrário, efetivar a transmissão. Assim, sempre que a intenção do agente for transmitir a moléstia que lhe aflige, pune-se mais severamente a conduta, já que sua reprovabilidade é maior. Note-se que o dolo do agente é direto: há o fim de contaminar a vítima, não bastando nem mesmo o dolo eventual para a caracterização da qualificadora. Nesta última hipótese, há crime de lesão corporal, leve (artigo 129, *caput*) ou qualificada (artigo 129, §§ 1°, 2° ou 3°, CP – se ocorre a morte da vítima e a assunção do risco abrange esse resultado, teremos crime de homicídio), consumada ou tentada.[80]

---

esteira, E. Magalhães Noronha (*Direito penal...*, op. cit., p. 86) José Frederico Marques (*Tratado...*, op. cit., p. 288) e Nélson Hungria (*Comentários...*, op. cit., p. 394).

80 Discordamos da posição esposada por Fernando Capez, segundo a qual, na eventualidade do dolo de dano, o agente deve responder pelo artigo 130, *caput*, CP. No citado dispositivo, todavia, o dolo eventual reside na criação do perigo. O agente assume o risco de criar a situação de perigo. É diversa a hipótese em que o agente assume o risco de efetivar a contaminação.

Aperfeiçoa-se o crime qualificado com a prática do ato de conteúdo sexual, independentemente da ocorrência da contaminação. Como fica a capitulação do delito, no entanto, se a transmissão da moléstia se efetiva? Caso a contaminação pela moléstia venérea imponha à saúde da vítima somente lesão corporal leve, há a absorção do artigo 129 do CP pelo tipo qualificado do perigo de contágio de moléstia venérea. Isso se dá porque a lesão corporal leve é crime menos grave, constituindo exaurimento da conduta. Entretanto, se a moléstia trouxer consequências que possam qualificar a lesão corporal como grave ou gravíssima (aceleração de parto, enfermidade incurável etc.), a conduta do sujeito ativo encontrará guarida no artigo 129, §§ 1° ou 2°. Nesse caso, o artigo 130, § 1°, seria absorvido, adotando-se o critério da subsidiariedade. O mesmo ocorre quando há o resultado morte. Se o falecimento da vítima é desejado pelo agente, caracteriza-se o crime de homicídio (artigo 121, CP), com absorção do artigo 130, § 1°. Contudo, havendo resultado morte culposo, responderá o agente por lesão corporal seguida de morte (artigo 129, § 3°), pois havia a intenção de lesionar a saúde da vítima, ocorrendo seu óbito por descuido.

7 Medicina legal

Consistindo o artigo 130 do CP em delito não transeunte, deve-se submeter tanto autor como vítima a exame médico legal, para esclarecer se: a) por ocasião da relação sexual ou do ato libidinoso o agente era portador de moléstia venérea; b) a moléstia venérea se encontrava em fase contagiante; c) a vítima, por ocasião da conduta, era isenta da moléstia venérea portada pelo agente.[81]

8 Distinção, concurso aparente de normas e concurso de crimes

O perigo de contágio de moléstia venérea, em razão do princípio da especialidade, prevalece sobre o delito insculpido no artigo 132 do CP (perigo para a vida ou saúde de outrem). Pelo mesmo princípio, em regra prevalece sobre o crime de perigo de contágio de moléstia grave (artigo 131, CP).

9 Confronto com os crimes sexuais

A Lei nº 12.015/09 inseriu no texto do Código Penal o artigo 234-A, dispositivo que traz majorantes aplicáveis aos crimes contra a dignidade sexual. O inciso IV deste artigo menciona que a pena é aumentada "de um sexto até a metade, se o agente transmite à vítima doença sexualmente transmissível de que sabe ou deveria saber ser portador". Ou seja, se ocorre o efetivo contágio

---

O dolo é de dano, embora eventual, não podendo o sujeito ativo responder pelo crime de perigo, razão pela qual entendemos equivocada a tipificação defendida pelo professor.

81 CROCE, Delton; CROCE JR., Delton. *Manual...*, op. cit., p. 320.

(independentemente do dolo do agente em transmitir a doença, bastando a consciência ou a previsibilidade de estar contaminado), caracterizar-se-á crime sexual circunstanciado, não havendo se falar na concretização do artigo 130 (para se evitar o *bis in idem*). Todavia, existindo mero risco de contágio, sem a efetiva transmissão, teremos concurso formal de delitos entre o artigo em estudo e os crimes contra a dignidade sexual (estupro, por exemplo).

10 Pena e ação penal

A pena em abstrato estipulada para a forma simples do artigo 130 consiste na detenção, de 3 meses a 1 ano, ou multa. Verifica-se, portanto, que se trata de infração de menor potencial ofensivo, sujeita ao império da Lei n° 9.099/95.

O tipo qualificado é apenado com 1 a 4 anos de reclusão. A pena mínima permite a aplicação da suspensão condicional do processo (artigo 89, Lei n° 9.099/95).

Em qualquer caso, a ação penal será pública condicionada à representação do ofendido, de acordo com a redação do § 2°.

III – PERIGO DE CONTÁGIO DE MOLÉSTIA GRAVE (ARTIGO 131, CP)

1- Introdução

O artigo 131 do Código Penal descreve a conduta daquele que, estando contaminado por uma moléstia grave, pratica qualquer ato capaz de transmiti-la, tendo, por finalidade, a contaminação da vítima.

Difere do delito anterior, primeiramente, por ser um crime de dano, no qual o agente tem a intenção de lesionar a saúde da vítima. Há distinções, outrossim, no que tange aos meios executórios (que aqui são livres) e ao tipo de moléstia transmitida, que não precisa ser venérea, bastando que seja grave. Todos esses elementos serão vistos com mais profundidade adiante.

2 Objetividade jurídica

A par do ensinado no crime de perigo de contágio venéreo, o tipo penal tutela a integridade física e a saúde do indivíduo. Não é possível arrolar a vida como bem jurídico tutelado, já que não há previsão no artigo 131 do resultado morte, nem mesmo como condição de maior punibilidade. O consentimento do ofendido, para a posição majoritária, é irrelevante, já que o bem jurídico é indisponível, embora discordemos desta orientação.

A pessoa exposta à contaminação pela moléstia grave é o objeto material do delito.

3 Sujeitos do delito

Classificado como crime comum, o perigo de contágio de moléstia grave pode ter qualquer pessoa figurando como sujeito ativo, desde que esteja contaminada pela moléstia, por exigência do tipo penal.

O sujeito passivo também pode ser qualquer pessoa que não esteja contaminada pela mesma moléstia que o agente pretende transmitir, pois, nesse caso, haveria crime impossível (artigo 17, CP).

4 Elementos objetivos, subjetivos e normativos do tipo

A conduta incriminada tem como núcleo o verbo praticar, pressupondo uma postura comissiva. Não há o delito na modalidade omissiva. O sujeito ativo pratica qualquer ato capaz de transmitir a moléstia de que é portador. O crime, assim, é de forma livre, admitindo qualquer meio executório, inclusive o ato sexual (desde que a moléstia não seja venérea, pois estaria caracterizado o crime do artigo 130, § 1º, CP). Assim, pode-se praticar o crime pelo simples contato entre autor e vítima, pela inoculação de germes patogênicos no organismo da vítima, pelo uso comum de objetos etc.

O termo moléstia grave constitui elemento normativo do tipo, de valoração extrajurídica, já que se cuida de um conceito médico. Não é necessário que sejam anotadas todas as moléstias graves em regulamentos de saúde pública para a integração da norma penal, já que o conceito é muito fluido, sendo suficiente que a perícia médica determine a gravidade do mal. São consideradas moléstias graves a febre amarela, a malária, a tuberculose, a meningite, a lepra e outras tantas. Não integram a definição as moléstias não transmissíveis, como o câncer, e as hereditárias, como a epilepsia.

É mister que o agente esteja acometido pela moléstia que tenciona transmitir. Não perfaz o tipo penal em apreço, por exemplo, a conduta da pessoa que colhe germes patogênicos em um laboratório e os inocula em outrem. Nesse caso, há crime de lesão corporal (artigo 129, CP).

O tipo subjetivo é composto pela intenção de contaminar a vítima, existindo, assim, dolo de dano. Não temos, portanto, no artigo 131, um crime de perigo, como sugere a sistemática do Código Penal, mas simplesmente um crime formal (de consumação antecipada). O dolo do agente pode ser classificado, ainda, como dolo direto, uma vez que o especial fim de agir, previsto na redação legal, impõe a vontade dirigida à finalidade de conquistar a transmissão. Havendo dolo eventual, o crime será de lesão corporal (tentada ou consumada).[82] Não há previsão da modalidade culposa.

5 Consumação e tentativa

Verifica-se a consumação do crime de perigo de contágio de moléstia grave com a prática do ato direcionado ao contágio, ainda que a transmissão não ocorra (crime formal).

A tentativa é admissível, por se tratar de crime plurissubsistente.

---

82 Para Fernando Capez (*Curso...*, op. cit., p. 163), há a possibilidade da conduta ser tipificada como perigo para a vida ou saúde de outrem (artigo 132, CP), lição da qual discordamos, pois tal delito exige dolo de perigo.

6 Distinção, concurso aparente de normas e concurso de crimes

Por ser um crime de dano, o perigo de contágio de moléstia grave não conflita com o *caput* do artigo 130 (perigo de contágio venéreo), que é um crime de perigo. Todavia, o § 1° do artigo 130 é crime de dano e prevalece sobre o artigo 131 em face do princípio da especialidade.

Em relação aos crimes de lesão corporal qualificada e homicídio, há subsidiariedade, sendo absorvido o perigo de contágio de moléstia grave. Assim, sempre que houver a prática do ato capaz de transmitir a doença e a contaminação se efetivar, importando em lesão grave, gravíssima ou morte, subsome-se a conduta ao artigo 129, §§ 1°, 2° ou 3°, ou ao artigo 121 do CP. Tal não ocorre no tocante à lesão corporal leve, que, por ser crime menos grave, não pode prevalecer sobre o perigo de contágio.

7 AIDS

A síndrome da imunodeficiência adquirida (AIDS), extreme de qualquer dúvida, é uma moléstia grave. Entretanto, pode ser considerada, também, como uma enfermidade incurável (inexoravelmente mortal, para alguns). Assim, a exposição da vítima ao contágio pela AIDS, havendo o dolo de transmitir a moléstia, configura lesão corporal gravíssima (para aqueles que a tem somente como enfermidade incurável) ou tentativa de homicídio (para quem considera a moléstia mortal), caso haja o efetivo contágio. Não ocorrendo a contaminação, há tentativa criminosa.[83]

83 Novamente deve ser consignada a discussão que vem sendo travada no STF, em que se pretende a aplicação, para nós absurda, do artigo 131 à tentativa de transmissão do vírus da AIDS. Argumentou-se, na Corte, que deve ser homenageado o princípio da especialidade, o que não passa de uma avaliação rasa das regras atinentes ao conflito aparente de normas, relegando-se ao total esquecimento a interpretação sistemática dos tipos penais. Segue o texto tal qual veiculado no Informativo n° 584: "A Turma iniciou julgamento de habeas corpus em que se discute se o portador do vírus HIV que, tendo ciência da doença e deliberadamente a ocultando de seus parceiros, pratica tentativa de homicídio ao manter relações sexuais sem preservativo. Trata-se de writ impetrado contra o indeferimento, pelo STJ, de liminar em idêntica medida na qual se reitera o pleito de revogação do decreto de prisão preventiva e de desclassificação do delito para o de perigo de contágio de moléstia grave (CP: 'Art. 131 Praticar, com o fim de transmitir a outrem moléstia grave de que está contaminado, ato capaz de produzir o contágio: ...'). Preliminarmente, o Min. Marco Aurélio, relator, salientando a existência de sentença de pronúncia e aduzindo que, em prol de uma boa política judiciária, a situação em tela estaria a ensejar a manifestação do STF, conheceu do writ. No mérito, concedeu, em parte, a ordem para imprimir a desclassificação do crime e determinar o envio do processo para distribuição a uma das varas criminais comuns do Estado-membro. Em interpretação sistemática, reputou descabido cogitar-se de tentativa de homicídio, porquanto haveria crime específico, considerada a imputação. Registrou, relativamente ao tipo subjetivo, que se teria no art. 131 do CP a presença do dolo de dano, enquanto que no art. 121 do CP verificar-se-ia a vontade consciente de matar ou a assunção do risco de provocar a morte. Afirmou não ser possível potencializar este último tipo a ponto

O que ocorre, entretanto, se o agente, contaminado pelo vírus da AIDS, pratica ato capaz de transmitir a doença, mas sem a intenção de efetivar o contágio, ou seja, agindo apenas com dolo de perigo? Havendo a contaminação pelo vírus, caracteriza-se o crime de lesão corporal culposa (ou homicídio culposo, em caso de falecimento da vítima). Não ocorrendo a contaminação, a única hipótese de capitulação é no artigo 132 do CP (perigo para a vida ou saúde de outrem). Inexistindo dolo de dano, não há como se aplicar os artigos 121, 129 ou 131, todos do CP. Também não é possível a caracterização do artigo 130, pois a AIDS não é moléstia venérea.

8 Pena e ação penal

É estipulada em abstrato, para o artigo 131 do CP, pena de reclusão, de 1 a 4 anos, e multa. A suspensão condicional do processo (artigo 89, Lei nº 9.099/95), assim, é possível, uma vez que a pena mínima não ultrapassa um ano de privação da liberdade.

A ação penal será pública incondicionada, já que não há previsão expressa em contrário.

de afastar, tendo em conta certas doenças, o que disposto no aludido art. 131 do CP. Após os votos dos Ministros Dias Toffoli e Cármen Lúcia acompanhando o relator, pediu vista o Min. Ayres Britto" (HC nº 98.712/SP, Primeira Turma, rel. Min. Marco Aurélio). Já vimos, quando do estudo da lesão corporal qualificada, que a maioria dos ministros refutou a tese, ora pendendo para a lesão com resultado enfermidade incurável, ora para o crime de homicídio, na forma tentada.

IV – PERIGO PARA A VIDA OU SAÚDE DE OUTREM (ARTIGO 132, CP)

1 Introdução

No intuito de salvaguardar a vida e a saúde da pessoa natural, protegendo-as de todos os perigos de lesão, criou-se o crime de perigo para a vida ou saúde de outrem, de formulação bastante genérica, o que reforça seu caráter subsidiário.

O perigo de acidentes de trabalho a que ficavam expostos operários de construções devido às parcas medidas de segurança proporcionadas pelos empreiteiros foi a motivação para a tipificação da conduta. Optou-se, no entanto, a estender a incriminação a qualquer conduta arriscada, não somente as oriundas dos perigos da construção civil, no que agiu certo o legislador, evitando lacunas que beneficiassem comportamentos assemelhados. Critica-se, contudo, a ordenação dos artigos, pois o perigo para a vida ou saúde de outrem, consistindo no crime de perigo menos específico, deveria preceder a todos os demais, posicionando-se a frente de perigo de contágio venéreo e do perigo de contágio de moléstia grave.

2 Objetividade jurídica

A proteção do direito penal recai, neste delito, não apenas sobre a saúde do indivíduo, mas também sobre sua vida, por expressa previsão legal. No último caso, em se tratando – para a doutrina majoritária no Brasil – de bem jurídico indisponível, o consentimento do ofendido teoricamente não produz qualquer efeito. Como já deixamos claro anteriormente, discordamos. A heterocolocação em risco – hipótese na qual uma pessoa voluntariamente se coloca no raio de ação de uma conduta perigosa praticada por outrem – afasta o caráter criminoso do comportamento, desde que a vítima esteja suficientemente bem informada sobre as possíveis consequências de sua opção.

O tratamento punitivo idêntico dado ao perigo à vida e ao perigo à saúde é justificado pela impossibilidade prática de se determinar quando ocorre o perigo para um ou outro dos bens jurídicos tutelados.[84]

84 Assim expõe Álvaro Mayrink da Costa (*Direito penal...*, op. cit., p. 288).

O objeto material do delito é a pessoa sujeita ao risco de lesão.

3 Sujeitos do delito

Qualquer pessoa pode praticar o crime do artigo 132, não se exigindo nenhuma qualidade especial do sujeito ativo. Cuida-se, portanto, de crime comum.

O sujeito passivo, igualmente, pode ser qualquer pessoa, desde que seja determinada, pois o crime é de perigo individual. Não ocorre o delito se a pessoa exposta ao perigo tem o dever de enfrentá-lo (um salva-vidas, por exemplo) ou se o risco é inerente à atividade desempenhada (um piloto de corridas automobilísticas, um adestrador de animais, a parceira de palco de um atirador de facas etc.), desde que o perigo não seja incrementado de forma injustificada. Como ensina Hungria, para que haja o crime, "é preciso que o perigo se apresente como uma anormalidade, como uma ação desaprovada pela moral jurídica ou pela moral prática".[85]

4 Elementos objetivos, subjetivos e normativos do tipo

O artigo 132 prevê a conduta daquele que expõe a vida ou a saúde de outrem a perigo direto e iminente. Os meios executórios não são vinculados. O crime é classificado como delito de forma livre.

Imprescindível a efetivação da situação de perigo (crime de perigo concreto). O próprio tipo penal exige que haja a produção de perigo direto e iminente, isto é, que o risco seja direcionado ao sujeito passivo e que esteja próximo de causar uma lesão ao bem jurídico.

A exposição a perigo pode ser comissiva (arremessar um veículo contra alguém para lhe dar um "susto", por exemplo) ou omissiva (deixar o empregador de fornecer aos seus subordinados os meios de proteção adequados à atividade desempenhada, o que poderia evitar a exposição do bem jurídico ao perigo concreto).

A conduta é sempre dolosa (dolo direto ou eventual), não havendo previsão da modalidade culposa. Age o sujeito ativo com dolo de perigo. Não há o intuito de lesionar a vida ou a saúde da vítima, mas somente a ideia de gerar uma situação de dano potencial. É o elemento subjetivo que diferirá o crime de perigo para a vida ou saúde de outrem dos crimes de dano na modalidade tentada. Por exemplo, se o agente arremessa uma pedra contra outra pessoa não querendo acertá-la, mas apenas criar uma situação de perigo pela proximidade do dano, há o crime do artigo 132 do CP. Entretanto, se o arremesso objetivar a produção de uma lesão corporal, errando o alvo por circunstâncias alheias à vontade do autor, há crime de lesão corporal tentada. Presente o dolo de perigo, nenhum outro elemento subjetivo precisa ser aditado para a caracterização do delito. Prescinde-se de uma finalidade especial, pouco

85 HUNGRIA, Nélson. *Comentários...*, op. cit., p. 420.

importando se a conduta teve por motivação a intenção de lucro, um desejo de vingança ou, mesmo, uma simples brincadeira.

5 Consumação e tentativa

Consuma-se o delito com a instalação da situação de efetivo perigo para o bem jurídico, ainda que nenhum resultado lesivo venha a ser produzido.

Não há óbice ao reconhecimento da tentativa, por ser possível o fracionamento da execução (crime plurissubsistente).

6 Causa de aumento de pena

A causa de aumento de pena prevista no parágrafo único do artigo 132 estabelece que a sanção é exasperada quando a situação de perigo decorre do transporte de pessoas para a prestação de serviços em estabelecimentos de qualquer natureza, em desacordo com a regulamentação legal (redação dada pela Lei nº 9.777/1998). A norma, que constitui lei penal em branco por exigir a regulamentação do transporte de trabalhadores, foi criada para reduzir o alto índice de acidentes no transporte de "boias-frias" para o serviço em propriedades rurais. Todavia, a se adotar a doutrina de Luiz Régis Prado, tal finalidade não foi atingida, pois, para o autor, propriedades rurais e congêneres não integram o conceito de estabelecimento citado no dispositivo.[86] Preferimos a posição esposada por Damásio de Jesus, que aceita a inclusão destes locais no conceito de estabelecimento (parece-nos que o termo tem a acepção de local de trabalho, alcançando qualquer empresa ou propriedade).[87]

Não se inclui no âmbito da norma o transporte para finalidade diversa da condução de trabalhadores ao serviço, como o transporte religioso, político ou de estudantes, entre outros.

7 Distinção, concurso aparente de normas e concurso de crimes

A simples leitura da sanção penal cominada ao crime de perigo para a vida ou saúde de outrem permite verificar que se cuida de delito subsidiário ("se o fato não constitui crime mais grave"). Destarte, só teremos a caracterização do artigo 132 quando esta for, dentre as hipóteses de subsunção, a mais gravosa.

Fazendo uso dessa regra, podemos afirmar seguramente que o homicídio culposo sempre absorverá o delito de perigo para a vida ou saúde de outrem. Se um indivíduo, querendo criar uma situação arriscada, acaba por se descuidar e provoca a morte da vítima, afigura-se como correta a capitulação da conduta no artigo 121, § 3º, do CP. Em tema de lesão corporal culposa, a subsunção é diversa, já que o crime é menos grave do que o delito de perigo. Portanto, na hipótese citada, se o descuido resulta somente em lesão corporal

86 PRADO, Luiz Régis. *Curso...*, op. cit., p. 159.0

87 JESUS, Damásio E. de. *Direito penal...*, op. cit., p. 161. No mesmo sentido, Fernando Capez (*Curso...*, op. cit., p. 170).

para a vítima, prevalece a aplicação do artigo 132 (desde que o perigo seja dolosamente criado) e a lesão constituirá exaurimento da conduta.[88]

No confronto do delito em comento com os demais crimes de perigo individual, o artigo 132 será sempre absorvido, ainda que cotejado com crimes cuja pena é menos severa (como no caso do crime de maus-tratos - artigo 133, CP), em virtude do princípio da especialidade (o artigo 132 é conduta menos específica do que todos os demais crimes do capítulo). Sempre que houver a previsão de um crime de perigo em lei especial, outrossim, a solução do conflito aparente de normas dispensa a observação da subsidiariedade, resolvendo-se a questão pela especialidade (citem-se, como exemplos, os artigos 243 e 244, Lei n° 8.069/90 - Estatuto da Criança e do Adolescente).

Em relação ao crime de disparo de arma de fogo, deve ser vista a defesa da inconstitucionalidade do artigo 15 da Lei n° 10.826/03 feita quando do estudo do crime de lesão corporal. Se o dispositivo for entendido como inaplicável, o disparo de arma de fogo em área habitada ou pública pode, no máximo, configurar o crime de perigo para a vida ou saúde de outrem, se causar perigo concreto. Todavia, uma vez admitida a constitucionalidade do dispositivo do Estatuto do Desarmamento, prevalecerá sobre o artigo 132 do CP.

Nada impede o reconhecimento do concurso formal de delitos quando várias pessoas determinadas são expostas, simultaneamente, ao mesmo perigo concreto. Suponhamos que, após a criação de uma situação de perigo direto e iminente, três pessoas tenham ficado expostas ao dano potencial. Haverá, no caso, três crimes de perigo para a vida ou saúde de outrem.

8 Pena e ação penal

Ao crime de perigo para a vida ou saúde de outrem é cominada pena de detenção de 3 meses a 1 ano, constituindo, portanto, infração de menor potencial ofensivo (Lei n° 9.099/95). Incidindo a causa de aumento de pena prevista no parágrafo único, a pena é aumentada de um sexto a um terço. Mesmo neste caso, o delito continua regido pelas disposições afeitas aos juizados especiais criminais, pois a Lei n° 10.259/01 alterou o artigo 61 da Lei n° 9.099/95, ampliando as hipóteses de aplicação da lei.

A ação penal é pública incondicionada.

88 Já foi ensinado que a pena cominada à lesão corporal culposa na direção de veículo automotor (artigo 303, CTB) padece de falta de proporcionalidade, devendo ser apenado o delito com a mesma pena cominada à lesão culposa do Código Penal. Entretanto, se superarmos essa discussão e aplicarmos o CTB tal qual foi redigido, o artigo 303 absorverá o crime de perigo para a vida ou saúde de outrem, por ser mais grave. Aliás, o CTB prevê várias hipóteses de crime de perigo (artigos 304, 306, 308, 309, 310 e 311), que prevalecerão sobre o artigo 132 por serem mais específicos (quase todos, ressalte-se, são crimes de perigo comum e não de perigo individual).

V – ABANDONO DE INCAPAZ (ARTIGO 133, CP)

1 Introdução

A tipificação dos crimes de abandono (*expositio*) tal como encontramos hodiernamente na legislação pátria é fruto de lenta evolução jurídica, com nascedouro na incriminação da exposição de infantes. Os sistemas penais antigos, ainda, condicionavam a proteção legal a certos requisitos hoje estranhos à nossa cultura: em Esparta, por exemplo, o abandono de crianças incapazes ao serviço militar era tolerado; em Roma, à época das XII Tábuas, a tutela penal era circunscrita aos filhos homens e às filhas primogênitas, desde que não fossem débeis, monstruosos ou deformes.

Coube ao direito canônico não só elevar a *expositio* à categoria de crime autônomo, como também reprimir o abandono de qualquer pessoa incapaz (equiparada ao infante), sem exigir características peculiares do sujeito ativo (crime comum).

O Código Penal da República (1890), no Brasil, foi o primeiro a tipificar o crime de abandono, após omissão do Código Penal do Império (1830). Mesmo assim, retomava os modelos clássicos, prevendo apenas a conduta de abandonar criança menor de sete anos (arrolando-o como crime contra a segurança do estado civil).[89] A atual codificação da lei penal estendeu, com propriedade, a tutela legal a quaisquer pessoas incapazes de se defenderem dos riscos do abandono, reservando dois artigos para o tema: no artigo 133 do CP, há a conduta genérica de abandono de pessoa submetida aos cuidados, guarda, vigilância ou autoridade do agente, estando a vítima incapaz de se proteger por qualquer motivo; no artigo 134 do CP, criou-se uma figura privilegiada, em que a *expositio* recai sobre recém-nascido e o delito ocorre *honoris causa*.

---

89 Dizia o artigo 292 do CP de 1890: "expor, ou abandonar, infante menor de sete annos, nas ruas, praças, jardins publicos, adros, cemiterios, vestíbulos de edificios publicos ou particulares, emfim, em qualquer logar, onde, por falta de auxilio e cuidados, de que necessite a victima, corra perigo sua vida ou tenha logar a morte. Pena – de prisão cellular por seis meses a um anno".

2 Objetividade jurídica

O escopo da norma contida no artigo 133 é a salvaguarda da integridade física, da saúde e da vida do incapaz, expostas a um perigo de lesão pelo abandono. Dispensa-se a efetivação da lesão a esses bens jurídicos para a configuração do crime. Ocorrendo, entretanto, lesão corporal de natureza grave ou morte do incapaz, o delito será qualificado. Dependendo da situação caracterizadora da incapacidade, o consentimento do ofendido se torna irrelevante, pois existirá simultaneamente a incapacidade para consentir (doença mental, tenra idade etc.).

Figura, como objeto material do crime, o próprio incapaz, exposto a um dano potencial pelo abandono suportado.

3 Sujeitos do delito

Exigindo qualidades especiais do sujeito ativo, o abandono de incapaz é classificado como crime próprio. Só podem praticar o delito aqueles que exerçam sobre a vítima dever de cuidado, guarda, vigilância ou autoridade. O dever pode derivar de imposição legal (por exemplo, artigo 1.634, II, CC), de relação contratual (por exemplo, médicos, professores, babás) ou, ainda, de uma situação de fato, lícita ou ilícita, ainda que momentânea (por exemplo, a pessoa que acolhe uma criança extraviada e outros casos). O surgimento do dever é sempre anterior ao abandono. Cuidado é a assistência oferecida a quem, embora normalmente capacitado, acidentalmente não pode se defender (por exemplo, enfermeiro em relação ao doente). Guarda é a assistência permanente a quem é incapaz de se defender (os pais, por exemplo, exercem dever de guarda no tocante aos filhos, o mesmo ocorrendo com tutores e curadores). Vigilância é o dever de zelo pela segurança pessoal de outrem, mais tênue do que a guarda (como no exemplo clássico do guia alpino em relação aos turistas guiados). Autoridade, por derradeiro, é o poder exercido por uma pessoa sobre outra, seja a relação de direito público ou privado (como no caso da autoridade exercida pelo carcereiro sobre o preso ou do professor sobre o aluno).

O sujeito passivo do abandono de incapaz é a pessoa que está sob o cuidado, a guarda, a vigilância ou a autoridade do agente e que, por qualquer motivo, não tem condições de empreender o esforço necessário para sua defesa. Existem, portanto, dois requisitos que devem ser aditados: a submissão da vítima ao agente e a sua incapacidade de defesa. A incapacidade será aferida no caso concreto, podendo ser absoluta (por exemplo, criança em tenra idade) ou relativa (quando decorrente de uma situação específica, como abandonar um ébrio à própria sorte), durável (prolongada ou permanente, como a paralisia) ou transitória (fugaz, como o sono ou a embriaguez). Conforme assinala Hungria, o termo incapaz "não tem o mesmo sentido que em direito privado, isto é, a pessoa inapta para os atos da vida civil: significa a pessoa que, por qualquer motivo, não pode preservar-se do perigo a que fica exposta pelo abandono (impossibilidade de proporcionar-se alimento, de invocar ajuda, de mover-se, de orientar-se etc.)".[90] O consentimento da vítima é irrelevante quando a incapacidade afeta a autonomia de sua vontade (crianças, por exemplo). Se, no entanto, a incapacidade não afeta a formação da vontade da vítima, como no caso da paralisia, o consentimento afastará o caráter criminoso da conduta.

4 Elementos objetivos, subjetivos e normativos do tipo

O verbo que exprime a conduta incriminada no artigo 133 do CP é abandonar, significando desamparar, largar à própria sorte, não oferecer a assistência adequada. O delito pode ser comissivo (conduzir a vítima a determinado local e dela se afastar) ou omissivo (deixar de procurar a vítima no local onde ela se encontra). A omissão, saliente-se, será imprópria, haja vista a necessidade de um vínculo especial de assistência entre autor e vítima. É mister que o sujeito ativo se afaste (ou mantenha-se afastado) da vítima para caracterizar o abandono (afastamento espacial ou físico). Caso seja o próprio incapaz quem evita o recebimento da assistência, subtraindo-se à proteção oferecida por quem está obrigado, não há crime de abandono (por exemplo, se um paciente gravemente enfermo foge da clínica onde está sendo tratado, não se caracteriza o artigo 133).

O desamparo a que é submetida a pessoa pode ser total (a vítima é deixada sem qualquer assistência) ou parcial (a vítima é deixada com pessoa que não pode lhe proporcionar a assistência adequada). Sendo crime de perigo concreto, exige-se que o abandono persista por tempo hábil à criação da situação de efetivo perigo (risco iminente de lesão). Contudo, não se exige que o perigo persista por longo período, aperfeiçoando-se a conduta delitiva ainda que o risco seja breve. Não há abandono de incapaz, portanto, quando o sujeito passivo é deixado em um local onde receberá pronta assistência (criança abandonada em um orfanato, por exemplo) ou se o agente mantém a vigilância sobre a vítima até que outrem lhe preste socorro, pois o perigo não se materializa.

Não se caracteriza o delito, outrossim, se a vítima não se apresenta como incapaz, mesmo que haja o abandono por quem exerce o dever de cuidado, guarda, vigilância ou autoridade. A incapacidade é elementar do crime e deve ser demonstrada para a adequação da norma ao artigo em comento.

Também não ocorre o crime de abandono de incapaz se inexiste para o agente um dos deveres indicados no dispositivo. Em tal hipótese, contudo, é possível o reconhecimento de crime de omissão de socorro (artigo 135, CP).

Por óbvio, não existe crime quando sujeito ativo é movido pelo estado de necessidade. Hungria dá o exemplo do pai que é atacado por queixadas

90 HUNGRIA, Nélson. *Comentários...*, op. cit., p. 433.

durante uma caçada que fazia em companhia do filho menor, subindo em uma árvore para se livrar do perigo, mas deixando a criança sem assistência. Afirma o autor que "o dever de assistência, por mais imperioso que seja, não sobreleva o instinto de conservação".[91] Impõe-se ressaltar, contudo, que o agente garantidor possui o dever de enfrentar o perigo, de modo que, no exemplo dado pelo autor, essa circunstância deve ser levada em consideração, salvo se o enfrentamento ao ataque animal for, à evidência, ineficaz.

Só existe o abandono de incapaz na modalidade dolosa. O dolo em questão é classificado como dolo de perigo. Não há a intenção de causar à vítima qualquer lesão à sua saúde ou à sua vida, somente a intenção de expor ao perigo criado (o dolo de dano importa em deslocamento da conduta para outro tipo penal, como o homicídio ou a lesão corporal). Sobrevindo, por culpa, o resultado lesão corporal grave ou o resultado morte, contudo, o tipo passa a ser qualificado, como veremos adiante. Não havendo o dolo de abandonar a vítima, não se configura o crime do artigo 133 do CP.[92] Circunstâncias socioeconômicas podem descaracterizar o dolo de abandono. A realidade exige de algumas pessoas maior dedicação à garantia da subsistência familiar do que de outras.[93] Portanto, não existe um parâmetro comum através do qual o dolo de abandonar (e, consequentemente, de gerar uma situação de risco) deva ser aferido, sendo necessária a análise dos elementos objetivos do caso concreto.

5 Consumação e tentativa

Consuma-se o delito com a instalação da situação de perigo resultante do abandono. Cuida-se de crime instantâneo, já que a consumação ocorre em um momento único, sendo irrelevante o prolongamento no tempo da atividade executória.

A retomada da assistência à vítima pelo agente, após o abandono, não impede a consumação, se já ocorrida a situação perigosa. Se o arrependimento do sujeito ativo, contudo, se der antes da realização do perigo, não há se mencionar abandono de incapaz (arrependimento eficaz - artigo 15, CP).

---

91 HUNGRIA. *Comentários...*, op. cit., p. 435.

92 Nesse sentido, TJMG: "(...) Não há crime se não comprovada a intenção de abandonar" (APR nº 10556140005803001, julg. em 03.04.2019).

93 TJSP: "ABANDONO DE INCAPAZ. Conduta da genitora que deixou a filha de 5 anos sozinha em casa, em péssimas condições de higiene. Condenação. Inadmissibilidade. (...) Insuficiência de prova do elemento subjetivo da conduta. Negativa da acusada. Alegação de que fora buscar leite e deixou a filha sozinha porque estava dormindo. Versão parcialmente confirmada pelo policial militar. (...) Consideração da precária condição social e da deficiência física suportada pela acusada. Absolvição com fulcro no artigo 386, inciso VII, do CPP. Provimento do apelo defensivo" (APL nº 0004071-27.2015.8.26.0323, julg. em 29. 01.2019). No caso julgado, também não houve perigo concreto, o que corrobora a tese da atipicidade.

É possível a forma tentada no artigo 133. O crime é plurissubsistente e, como tal, admite fracionamento dos atos executórios. Há tentativa, por exemplo, quando a babá deixa a criança sob os seus cuidados em local distante, sozinha, com o dolo de colocá-la em perigo, mas é abordada por transeuntes antes que o perigo se instale.

6 Tipos qualificados

Ocorrendo lesão corporal grave ou morte da pessoa abandonada, o crime é considerado qualificado, havendo previsão do primeiro resultado no § 1° do artigo 133 e, do segundo, no § 2°.

Ambos os dispositivos tratam de hipóteses de preterdolo, havendo, portanto, culpa no tocante aos danos suportados pela vítima. Os resultados, assim, devem ser objetivamente previsíveis e derivar da falta de um cuidado exigível. Se desejados, cambia-se a capitulação para um crime de dano (lesão corporal ou homicídio, provavelmente).

7 Causas de aumento de pena

O § 3° do artigo 133 prevê três causas de aumento de pena: se o abandono ocorre em lugar ermo (I); se o agente é ascendente, descendente, cônjuge, irmão, tutor ou curador da vítima (II), ou se a vítima é maior de sessenta anos (III).

A primeira causa de aumento (I) refere-se ao local habitualmente ermo, isolado, redundando o abandono em maior perigo para a vítima pela menor probabilidade de socorro. Não incide a majorante se o local se encontra ocasionalmente solitário, sendo normalmente movimentado. De igual forma, se o lugar, embora normalmente ermo, é frequentado por pessoas diversas no momento do abandono (em uma área isolada do município ocorre um festival de música, por exemplo), não há o aumento de pena. Ocorrendo o abandono em local deserto, onde é pouco provável a superveniência de socorro, há dolo de dano, como no caso do acompanhante que abandona um cego embrenhado em mata fechada (caracteriza-se crime de homicídio na forma tentada, mesmo que a vítima seja recolhida por outrem sem qualquer ferimento).

A qualidade de ascendente, descendente, cônjuge, irmão, tutor ou curador da vítima, ostentada pelo agente, também majora a pena (II). O dever de assistência, para essas pessoas, é incrementado, havendo maior repulsa na eventualidade de um abandono. A enumeração legal é taxativa, não sendo possível ampliar o rol de agentes. Entendemos que nem mesmo a qualidade de companheiro pode se prestar ao aumento de pena, sob pena de admissão de analogia *in malam partem*. Não é correta a afirmação de que a norma pode alcançar os casos de união estável, em virtude da equiparação constitucional deste instituto ao casamento. Em verdade, em momento algum houve equiparação entre os institutos pelo constituinte, tanto assim que o artigo 226, § 3º, da CRFB/88 informa que a lei deve facilitar a conversão da união estável em casamento. O que temos no ordenamento jurídico pátrio, hoje, é a concessão de alguns direitos, antes afetos exclusivamente ao casamento, à união estável. A esse respeito se manifesta J. M. Leoni Lopes: "a Lei Maior, ao dizer que a lei facilitará a sua conversão em casamento, firmou o princípio de que não são idênticos o casamento e a união estável".[94] Destarte, se os institutos não são iguais, abrir um precedente para a analogia tão apenas pela *ratio* da norma (a reprovabilidade da conduta, afinal, seria a mesma) é contrariar a boa técnica jurídica. A situação é diversa no crime praticado por ascendente ou descendente, no caso particular da filiação natural ou adotiva. Aqui, em tudo são idênticos os filhos (artigo 227, § 6º, CRFB/88), não havendo óbice ao reconhecimento da majorante a qualquer hipótese de filiação. Incidindo a causa de aumento de pena prevista nesse inciso, não terá aplicação a agravante genérica do artigo 61, II, *e*, do CP.

A terceira e última causa de aumento de pena (III) diz respeito ao abandono de pessoa maior de sessenta anos, preceito incluído no Código Penal pela Lei nº 10.741 (Estatuto do Idoso). Aqui, valem as mesmas regras já defendidas quando do estudo do homicídio.

8 Distinção, concurso aparente de normas e concurso de crimes

No confronto entre os artigos 133 e 134 do CP, prevalece o segundo, em virtude do critério da especialidade. Também prevalece sobre o artigo 133 a conduta prevista no artigo 244 do CP, igualmente de perigo concreto e com meios executórios mais específicos. Frise-se que nem todo abandono do artigo 244 corresponde ao ato de abandonar do artigo 133, que pressupõe afastamento entre autor e vítima, situação que não é exigida no artigo 244, embora nele também possa ocorrer.

O Estatuto do Idoso (Lei nº 10.741/03) contemplou, no artigo 98, uma hipótese de abandono, em que a vítima é pessoa com idade igual ou superior a sessenta anos. São duas as condutas previstas no dispositivo: abandonar o idoso em hospitais, casas de saúde, entidades de longa permanência ou congêneres, ou não prover as suas necessidades básicas (o que aproxima muito a conduta ao tipo penal do artigo 244 do CP – abandono material). Em ambos os casos, é necessário que haja um dever de assistência ditado por lei ou mandado. Trata-se de norma especial, que absorve o artigo 133 do CP. Adite-se que a pena cominada ao artigo 98 é mais gravosa do que aquela cominada ao artigo 133, desde que desconsideradas as formas majoradas e qualificadas. Isso porque, embora a sanção privativa de liberdade seja a mesma quantitativa

94 LOPES DE OLIVEIRA, J. M. Leoni. *Alimentos e sucessão no casamento e na união estável*. 5. ed. Rio de Janeiro: Lumen Juris, 1999. p. 82.

e qualitativamente, o artigo 98 também prevê a pena de multa, inexistente no artigo 133. A situação é idêntica no artigo 90 da Lei nº 13.146/2015 (Estatuto da Pessoa com Deficiência).

No abandono material e condutas afins (artigos 98 do Estatuto do Idoso e 90 do Estatuto da Pessoa com Deficiência), caso do abandono resulte morte ou lesão corporal de natureza grave (resultados culposos), retorna-se ao artigo 133, que restará caracterizado em suas modalidades qualificadas (§§ 1º e 2º). Explica-se: normalmente, os tipos penais citados são apenados de forma mais severa do que o artigo 133, ou seja, entendeu o legislador que são condutas dotadas de maior reprovabilidade. Todavia, nenhuma delas prevê os resultados morte e lesão corporal grave como hipóteses de maior punibilidade, embora sejam consequências possíveis dessas condutas. Assim, surgiriam duas alternativas: (a) o crime de perigo seria absorvido pelo crime culposo de dano (artigos 121, § 3º e 129, § 6º, ambos do CP); (b) haveria concurso de crimes entre o delito de perigo e o crime culposo de dano dele decorrente. Em ambas as hipóteses, a sanção penal fica situada em patamar inferior daquele previsto nas modalidades qualificadas do artigo 133. Surge, então, o seguinte paradoxo: quem pratica abandono de incapaz comete um crime menos grave do que o abandono material, por exemplo; mas se em ambos há o resultado morte (ou lesão grave), o primeiro crime se torna mais grave que o segundo, ainda que os resultados em nada difiram entre si. Fica patente a desproporcionalidade. A única solução é a desclassificação – nos casos dos artigos 244, 98 e 90 – para as formas qualificadas do artigo 133, ainda que tal providência pareça um tanto estranha.

Não há concurso de crimes quando o abandono de incapaz resulta em lesão corporal grave ou morte para a vítima. Se os resultados forem culposos, configuram-se os tipos qualificados preterdolosos do artigo 133. Se dolosos, somente o crime correspondente ao resultado (homicídio, lesão corporal) será verificado, sendo o abandono somente o meio de que se vale o agente para alcançar o fim almejado.

9 Pena e ação penal

Pune-se o abandono de incapaz com pena de detenção, de 6 meses a 3 anos. Ocorrendo lesão corporal grave, a pena será de reclusão, de 1 a 5 anos. Dando-se a morte da vítima, reclusão, de 14 a 12 anos. Há o incremento dessas penas em um terço se presente qualquer uma das causas previstas no § 3º.

É cabível a suspensão condicional do processo (artigo 89, Lei nº 9.099/95) tanto à conduta do *caput* do artigo 133 quanto à prevista no § 1º.

A ação penal, em qualquer caso, é pública incondicionada.

VI – EXPOSIÇÃO OU ABANDONO DE RECÉM-NASCIDO (ARTIGO 134, CP)

1 Introdução

À semelhança do artigo anterior, o crime de exposição ou abandono de recém-nascido contempla o abandono de um incapaz, no caso o próprio filho neonato. Trata-se de crime cometido *honoris causa*, razão da tipificação autônoma (em verdade, desconsiderando o rigorismo técnico, o artigo 134 pode ser considerado como forma privilegiada do abandono de incapaz - artigo 133 - contudo previsto em apartado).

O motivo de honra justificador do privilégio concedido ao agente é de natureza sexual, podendo alegá-lo, *v. g.*, o cônjuge adúltero ou o ascendente incestuoso. Naturalmente, a evolução dos costumes sexuais conduz a um debate sobre a pertinência da ocultação de desonra própria como circunstância que torna menos severa a sanção, mormente quando se nota que a maioria dos casos de abandono de recém-nascido tem por motivação aspectos econômicos (impossibilidade de sustento do filho, que, ao nosso sentir, não torna menos reprovável a conduta, porém a torna mais compreensível) ou sentimentais (quase sempre de extrema reprovabilidade, como na conduta da mãe que abandona o filho pela ameaça de perder a companhia do namorado). Causa-nos espécie a manutenção do "privilégio sexual", pois consideramos incompreensível expor uma criança na aurora da vida a toda sorte de perigos, somente com o objetivo de preservação da boa fama junto à sociedade. Urge que seja revista a tipificação da conduta, compatibilizando o texto penal com a evolução dos costumes.

2 Objetividade jurídica

São tuteladas, no tipo penal, a integridade corporal, a saúde e a vida do recém-nascido, como pode ser facilmente observado nos §§ 1º e 2º do artigo 134.

O objeto material do delito é a criança recém-nascida.

3 Sujeitos do delito

O sujeito ativo do crime em questão pode ser tanto a mãe quanto o pai da criança recém-nascida. A descrição típica exige que a exposição ou o abandono do neonato vise à ocultação de desonra própria, não de desonra alheia, não se estendendo, assim, aos parentes próximos.[95] Parte da doutrina prefere uma interpretação mais restritiva da norma, considerando apenas a mãe como pessoa capaz de praticar o ilícito penal.[96]

Verifica-se que temos uma hipótese de crime próprio, exigindo uma característica peculiar do sujeito ativo. Em caso de coautoria ou participação em sentido estrito, aplicar-se-á a regra inscrita no artigo 30 do CP, ou seja, o motivo de honra será comunicado a todos os participantes do evento, que responderão pelo mesmo delito. Portanto, se a parteira auxilia a mãe a abandonar o filho que acabou de nascer, responderá também pelo delito de exposição ou abandono de recém-nascido. E se a parteira executa o crime sozinha, atendendo a um pedido da mãe? Pensamos que a solução deve ser a mesma já exposta quando do estudo do crime de infanticídio (pela necessidade de se dotar a interpretação da norma de proporcionalidade, a babá responderia por abandono de incapaz – artigo 133 – e a mãe pelo artigo 134 do CP, por força do artigo 29, § 2º, CP), razão pela qual remetemos o leitor ao capítulo referente a este crime. Importa salientar que a mãe, desde que não exerça qualquer ato de contribuição funcional, limitando-se à mera instigação, não é coautora, afirmação com a qual corrigimos um equívoco constante da primeira edição deste livro.

Não pode ser autor do delito o indivíduo de honra rasteira, cuja moral sexual já se encontre publicamente maculada, pois, nesse caso, não há desonra a ser ocultada, salvo se a conduta for apta a aumentar essa apreciação social negativa.

---

95 Assim leciona E. Magalhães Noronha (*Direito penal...*, op. cit., p. 97).

96 Nesse sentido, ensina Celso Delmanto que somente a mãe que concebeu ilicitamente pode figurar como agente do crime (*Código penal...*, op. cit., p. 230). Na mesma direção aponta Ney Moura Teles, escrevendo que "a vontade da norma é a de considerar privilegiado apenas esse abandono por parte da mãe" (*Direito penal...*, op. cit., p. 238). Galdino Siqueira, ao seu turno, informa que "não gozará da minoração da pena o marido que abandonar o recém-nascido adulterino, pois a desonra, em tal caso, não é dele, mas da esposa" (*Tratado...*, op. cit., p. 108), complementando que a legislação anterior previa o crime para salvar a honra própria, da mulher, da mãe, da filha adotiva ou de irmã, redação que não foi repetida na atual legislação. Ainda que sejamos contrários ao motivo de honra como privilégio do abandono, discordamos da posição dos citados mestres, pois conduz a um entendimento de que apenas a mulher pode ter uma honra sexual a ser violada. Ao contrário, também o homem pode ter sua imagem conspurcada por filhos advindos de relações ilegítimas. Portanto, o pai também pode praticar o abandono para ocultar desonra própria. Nesse sentido se pronunciam, entre outros, Heleno Cláudio Fragoso (*Lições...*, op. cit., p. 113), Nélson Hungria (*Comentários...*, op. cit., p. 437) e Luiz Régis Prado (*Curso...*, op. cit., p. 174). Esse último, inclusive, ensina que não pode ser sujeito ativo do delito o marido da mulher adúltera, pois, nesse caso, a desonra é da esposa e não própria.

Só pode ser vítima do crime o recém-nascido. Começa a existência da criança recém-nascida com a expulsão da placenta do corpo materno (momento em que se encerra o parto). Causa celeuma, todavia, a duração da qualidade de recém-nascido. Delton Croce e Delton Croce Jr. sustentam que persiste a condição de recém-nascido até a queda do cordão umbilical e a cicatrização da ferida do coto umbilical, o que ocorre, normalmente, entre o 3° e o 7° dia após o nascimento. Ocorrendo a cicatrização, a criança deixa de ser recém-nascida. Esclarecem, entretanto, que a pediatria admite que o período de queda do coto pode se estender por até trinta dias após o parto.[97] Concordamos com a posição, pois, não existindo conceituação legal acerca de quem é o neonato, deve-se buscar a exata definição do tema na medicina (no caso, nos compêndios de medicina legal). Fragoso ensina que recém-nascido é a "pessoa nascida há pouco, dentro do primeiro mês de vida, no máximo", compatibilizando-se com o critério pediátrico já exposto.[98] Magalhães Noronha informa que é a pessoa que nasceu há poucos dias, citando Flamínio Fávero, para quem é a pessoa com até sete dias de vida.[99] De todas as posições, a mais destoante é a abraçada por Hungria, lecionando que recém-nascido é a criança cuja existência ainda não é conhecida por ninguém alheio ao círculo familiar. Explica-se: como a razão para a conduta é a ocultação de desonra própria, somente há que se falar em recém-nascido quando a desonra ainda não se tornou pública.[100] Há que se asseverar, contudo, que um nascimento pode ser ocultado por longo espaço de tempo, o que permitiria que o abandono ocorresse muito após o nascimento, contrariando o sentido da palavra recém-nascido. Ademais, a ocultação da desonra, embora faça parte da descrição típica, não integra o conceito de recém-nascido, devendo ser observada somente como elemento do tipo, não como norte para a interpretação do termo. Por derradeiro, é interessante consignar a posição conciliadora de Luiz Régis Prado, admitindo na definição "a criança nos primeiros dias após o parto, quando ainda se possa, pela exposição ou pelo abandono, evitar a divulgação de seu nascimento e a consequente desonra da mulher".[101]

4 Elementos objetivos, subjetivos e normativos do tipo

O legislador pátrio optou por incriminar, no artigo 134, as condutas de expor e de abandonar criança recém-nascida, diversamente do que fez na redação do abandono de incapaz, na qual apenas a conduta de abandonar era

97 CROCE, Delton; CROCE JR., Delton. *Manual...*, op. cit., p. 476. Damásio E. de Jesus adere à tese da queda do cordão umbilical (*Direito penal...*, op. cit., p. 170). Nesse sentido, ainda, Ney Moura Teles.

98 FRAGOSO, Heleno Cláudio. *Lições...*, op. cit., p. 113.

99 MAGALHÃES NORONHA, E. *Direito penal...*, op. cit., p. 98.

100 HUNGRIA, Nélson. *Comentários...*, op. cit., p. 438.

101 PRADO, Luiz Régis. *Curso...*, op. cit., p. 175.

prevista. Expor e abandonar, entretanto, foram verbos utilizados como sinônimos, já que expor, verbo transitivo indireto, foi utilizado sem o respectivo complemento (expor a alguma coisa), logo seguido do verbo abandonar, inferindo-se que se tencionou dar à exposição o mesmo sentido do abandono.[102] Não prospera, portanto, a doutrina de Galdino Siqueira, para quem exposição é a colocação da criança em local público, mantendo-se a vigilância até que alguém a acolha, e abandono é a colocação da criança em local onde lhe falte qualquer assistência.[103] Ora, se assim fosse, não seria possível arrolar o abandono de recém-nascido como crime de perigo concreto, pois a vigilância impediria o surgimento do risco. Damásio de Jesus adota a lição defendida por Magalhães Noronha, dizendo que o abandono é expressão mais ampla, significando a omissão da assistência devida à vítima, que engloba a exposição (remoção da vítima para local diverso daquele em que lhe é prestada assistência).[104]

A conduta pode ser comissiva ou omissiva, tal qual o abandono de incapaz. O abandono pode ocorrer no próprio local onde se encontra o recém-nascido, com os pais deixando-o ao desamparo (conduta omissiva), ou pode a vítima ser conduzida ao abandono, isto é, ser levada a um local onde haverá a separação física entre ela e o agente (conduta comissiva). A separação física entre autor e vítima, aliás, sempre se fará presente.

É imprescindível para a configuração do ilícito penal que haja a produção de uma situação de perigo efetivo (concreto). Sem a ocorrência do dano próximo, não se verifica o crime. Ainda que a impossibilidade de defesa do recém-nascido seja total, pode ocorrer alguma circunstância que impeça a criação do perigo, como o recolhimento imediato da vítima por autoridade pública que passava, ao acaso, no local do fato (lembrando-se que nem todas as hipóteses de ausência de perigo caracterizarão atipicidade; algumas podem significar a ocorrência de crime na forma tentada). Cuidando-se de crime de perigo, não se exige a produção de um resultado lesivo à integridade corporal, à saúde ou à vida da criança, mas, caso estes sejam produzidos (culposamente), haverá delito qualificado (§§ 1º ou 2º).

O tipo subjetivo é composto pelo dolo (não há forma culposa no crime em comento), associado a um elemento subjetivo especial, a finalidade de ocultar desonra própria (fim especial de agir). O dolo será de perigo, ou seja, terá o agente a intenção única de criar uma situação de risco para os bens jurídicos tutelados, mas não a vontade de perpetrar uma efetiva lesão. A ocultação de desonra própria (especial fim de agir), ao seu turno, é a justificativa para a sanção mais suave em relação ao artigo anterior. A honra a ser preservada é

102 Nesse sentido, Ney Moura Teles (*Direito penal...*, op. cit., p. 239).

103 SIQUEIRA, Galdino. *Tratado...*, op. cit., p. 107.

104 JESUS, Damásio E. de. *Direito penal...*, op. cit., p. 165.

de cunho sexual, praticando o agente o delito pela possibilidade de ver sua reputação conspurcada, com o que poderia perder a consideração de seus pares, fato que em tese atenua a sua culpabilidade. Há, por exemplo, a justificação *honoris causa* na prole adulterina e nas relações incestuosas. Mister que o fato desonroso não seja de domínio público, ou seja, que possa ser ocultado. Não se exige, no entanto, sigilo absoluto, pois é improvável a manutenção de uma gestação sem que qualquer pessoa tenha ciência do nascimento próximo. Assim, mesmo que poucas pessoas conheçam o fato, como familiares mais próximos, é possível a invocação do motivo de honra se o abandono impedir o extravasamento da notícia desairosa para fora do círculo familiar. Em outras palavras: ou apenas a pessoa que pode ter a honra afetada sabe do fato, ou um grupo distinguível por alguma característica especial (amigos, família etc.) também o conhece, mas jamais o fato poderá ser público.

Em caso de pluralidade de recém-nascidos (gêmeos, trigêmeos etc.) somente o abandono de todos os irmãos pode configurar o motivo de honra. O abandono de apenas um deles caracterizará abandono de incapaz.

5 Consumação e tentativa

A consumação do crime ocorre com a instalação da situação de perigo decorrente da exposição ou do abandono. A tentativa é plenamente possível, desde que se dê na conduta comissiva (crime plurissubsistente), pois o *iter criminis* pode ser fracionado.

6 Medicina Legal

O exame médico-legal a ser realizado deve provar a condição de recém-nascida da vítima. Podem ser observados, no exame, a presença de bossa sero-sanguinolenta (também chamada de tumor do parto), que desaparece ao fim do terceiro dia após o nascimento; de induto sebáceo sobre a pele (que pode ser removido pela higienização); do mecônio (conteúdo intestinal do recém-nascido), cuja expulsão ocorre entre o primeiro e o terceiro dia após o nascimento; do coto do cordão umbilical (cuja queda se dá até o sétimo dia depois do nascimento); de descamação epidérmica (atinge grau-máximo em torno do décimo dia e é toracoabdominal); de mielinização do nervo óptico (que se finda por volta do quarto ou do quinto dia); e de obliteração dos vasos umbilicais (oitavo dia em diante). Caso a vítima faleça em razão do abandono, deve ser provada a existência de vida extrauterina, via de regra pela utilização das docimásias (de Galeno, de Breslau e outras).[105]

---

105 A respeito, ver GOMES, Helio. *Medicina legal...*, op. cit., p. 317-372, e CROCE, Delton; CROCE JR., Delton. *Manual...*, op. cit., p. 476-477.

7 Tipos qualificados

A exposição ou abandono de recém-nascido é qualificado quando, ao abandono, sobrevém lesão corporal grave (§ 1°) ou morte (§ 2°). Somente se qualifica o crime quando os resultados ocorrem culposamente, ou seja, quando o agente, querendo gerar uma situação de perigo, age com falta de cuidado objetivo e provoca a efetiva lesão.

Caso haja dolo quanto à lesão grave ou quanto à morte, o crime passa a ser de dano, deslocando-se a capitulação para o artigo 129, §§ 1° ou 2°, do CP ou para o artigo 121 do CP.

8 Distinção, concurso aparente de normas e concurso de crimes

O artigo 134 é especial em relação ao abandono de incapaz, prevalecendo sobre este. Se, contudo, não estiver presente o motivo de honra, ou se o incapaz não for recém-nascido, ou, ainda, se o sujeito ativo não for um dos pais, a capitulação do delito é deslocada para o artigo 133. Aliás, a peculiaridade do crime praticado *honoris causa* faz com que o artigo 134 do CP seja especial até mesmo em relação ao abandono material (artigo 244, CP).

Havendo pluralidade de recém-nascidos (como no caso de irmãos gêmeos), o abandono de todos caracteriza concurso de crimes (concurso formal - artigo 70, CP - ou crime continuado - artigo 71, CP -, dependendo das circunstâncias).

9 Pena e ação penal

O tipo fundamental do artigo 134 é sancionado com detenção, de 6 meses a 2 anos. Ocorrendo lesão corporal de natureza grave (§ 1°), a pena é de detenção, de 1 a 3 anos. Resultando morte, reclusão, de 2 a 6 anos.

No primeiro caso (tipo fundamental), a infração é de menor potencial ofensivo (pena máxima não superior a dois anos). Assim, são aplicáveis os institutos previstos na Lei n° 9.099/95.

A suspensão condicional do processo (artigo 89, Lei n° 9.099/95) é possível na qualificação pelo resultado lesão corporal grave (pena mínima igual a um ano).

Em qualquer dos casos, a ação penal é pública condicionada.

VII – OMISSÃO DE SOCORRO (ARTIGO 135, CP)

1 Introdução

A omissão de socorro, tal como está tipificada no artigo 135 do atual Código Penal, não encontra paralelo na legislação pátria pretérita. As Ordenações Filipinas determinavam que todo aquele que concedesse abrigo à pessoa que pretendesse cometer um delito e viesse a ter conhecimento posterior da sua intenção criminosa, deveria denunciá-lo às autoridades competentes (Livro V, Título CV).[106] Silenciando o Código do Império (1830) a respeito do tema, somente houve nova manifestação no Código republicano (1890), que dispunha, em seu artigo 293, § 2º, constituir crime a omissão de socorro a recém-nascido exposto ou menor de sete anos abandonado em lugar ermo.[107] A norma, entretanto, excessivamente restritiva, tinha fundamento diverso da tipificação hodierna, já que incluída entre os Crimes Contra a Segurança do Estado Civil.

Tomando-se a solidariedade como um dos deveres coletivos e privilegiando-se o bem-estar social, o legislador optou por aumentar o alcance da omissão de socorro para a salvaguarda de crianças abandonadas ou extraviadas, ou de pessoa inválida ou ferida, ao desamparo, ou em grave e iminente perigo. Não se trata de um dever imposto por um ato ilícito anterior. Longe disso, toca a qualquer pessoa que se encontre em condições de prestar auxílio à pessoa necessitada. Consoante Hungria, "tornou-se obrigatória a ajuda aos que,

106 "Mandamos, que ninguem tenha, ou encubra em sua caza, ou em outro lugar pessoa alguma, que queira matar, ou fazer outro mal a outrem em nossos Reynos, e Senhorios; e se alguns pousarem, ou se acolherem encubertamente em alguma caza, ou em outro lugar, o senhor della, ou quem em ella morar, sendo disso sabedor, os deite logo fóra, e faça-o saber á Justiça da terra, antes que se o mal faça."

107 "Art. 293. Incorrerão em pena de prisão cellular por um a seis meses: [...] § 2º. Aquelle que, encontrando recém-nascido exposto, ou menor de 7 annos abandonado em logar êrmo, não o apresentar, ou não dér aviso, á autoridade publica mais próxima."

embora sem nossa culpa, se encontrem em situação de perigo, de que não podem defender-se".[108]

Temos, no artigo 135 do CP, o exemplo mais lídimo de omissão própria. Como é sabido, a omissão (*non facere*) é o contraponto da ação (*facere*). É a abstenção, a conduta negativa, o nada. A omissão não guarda nexo causal com qualquer resultado naturalístico, pois, se não existe um fazer, nada pode ser produzido. Entretanto, mesmo não dando azo ao resultado, diante da reprovabilidade da inação, o legislador incrimina a conduta do omitente. Ressalte-se: não se imputa o resultado ao omitente, mas somente se incrimina a sua abstenção. É diferente a situação na omissão imprópria, na qual se impõe, pela norma penal, um dever jurídico especial de agir, de buscar impedir a produção do resultado. Nesse caso, o agente responde pela lesão que sobrevier, pelo descumprimento de seu dever. A omissão de socorro não contempla a omissão imprópria. No mesmo sentido se pronuncia Rogério Greco: "Os crimes omissivos próprios são aqueles cuja omissão vem narrada expressamente pelo tipo penal incriminador. No caso da omissão de socorro, trata-se de vala comum, ou seja, um lugar onde se amoldarão os comportamentos, como regra geral, de todos aqueles que não gozarem do status de garantidores".[109]

2 Objetividade jurídica

Busca-se a tutela da vida, da saúde e da integridade corporal da pessoa natural, impondo-se um dever jurídico (e não apenas ético) de assistência. Não há a salvaguarda de outros bens jurídicos, de modo que não existe omissão de socorro, *v. g.*, quando o sujeito ativo deixa de prestar assistência à pessoa cujo patrimônio se encontra ameaçado (note-se que a omissão de socorro é um crime de periclitação da vida e da saúde). Assim, se um indivíduo repara que criminosos subtraem bens da residência vizinha se aproveitando da ausência do proprietário e não comunica o fato à polícia, não existe omissão de socorro. Contudo, é forçoso admitir que, se em determinado contexto, estiverem ameaçados uma pluralidade de bens jurídicos, dentre eles os tutelados pela norma em apreço, a omissão encontrará guarida no artigo 135. Por exemplo, se em um roubo há, além da ameaça patrimonial, evidente perigo à incolumidade física da vítima, a negativa de socorro importará em omissão criminosa.[110]

Há, contudo, que se ter cautela na aplicação da norma, pois não é exigível o sacrifício da incolumidade própria para salvar o bem jurídico de outrem. Nas

---

108 HUNGRIA, Nélson. *Comentários...*, op. cit., p. 440.

109 GRECO, Rogério. *Curso...*, op. cit., p. 409.

110 Luiz Regis Prado, embora tratando do tema de forma diversa, compartilha deste entendimento, ao tratar da omissão de socorro nos crimes contra a liberdade individual. Leciona o autor que, se da privação da liberdade, que é um bem jurídico pessoal, resultar perigo à vida ou à saúde da vítima, aperfeiçoa-se a omissão de socorro (*Curso...*, op. cit., p. 183-184).

impecáveis palavras de Paulo José da Costa Jr., "o mandamento determinou fosse feito aquilo que é possível esperar do ser humano, já que o direito penal é feito de homens médios, não de super-homens, corajosos e altruístas, prestativos e piedosos, que amam o próximo como a si mesmos, em atendimento ao ensinamento cristão".[111]

A indisponibilidade dos bens jurídicos protegidos, defendida pela doutrina majoritária (em lição da qual discordamos, como já visto), impede que o consentimento do ofendido torne lícita a conduta do omitente. Assim, existe o crime – para essa posição dominante – ainda que a vítima recuse o socorro (em sentido contrário, sustentamos que, se a vítima pode se pronunciar validamente, não há omissão em caso de recusa ao socorro).

O objeto material do crime é a pessoa exposta ao perigo e que possua uma das características indicadas no artigo.

3 Sujeitos do delito

Qualquer pessoa pode cometer o crime de omissão de socorro, tratando-se, portanto, de crime comum. Questiona-se se é necessário que o sujeito ativo esteja na presença da vítima para a existência do crime. Para Magalhães Noronha, estando ausente o sujeito ativo, não há o delito, ainda que se venha a ter ciência da situação de perigo suportada por outrem.[112]

Não nos parece a melhor solução, uma vez que, se alguém tem a ciência da situação de risco a que outrem se submete e, mesmo sabendo da utilidade de seu socorro, fica inerte, a omissão caracteriza justamente o egoísmo guerreado pelo dever de solidariedade que norteia a incriminação. Nesse sentido se pronuncia Álvaro Mayrink, citando, entre outros exemplos, aquele fornecido por João Bernardino Gonzaga, no qual o sujeito ativo, instado por policiais a socorrer em seu automóvel uma pessoa que se encontra acidentada nas proximidades, nega o transporte.[113] Sobre a acepção do termo "presença", parece-nos que comporta tanto a física, como a virtual, interpretação que se mostra consentânea com o disposto no artigo 121, § 7º, III, CP, cuja exegese passa a nortear todo o sistema jurídico-penal.

Fragoso assume uma posição intermediária, afirmando que só há o crime se o sujeito ativo estiver na presença da vítima ou no mesmo local em que ela se encontra, tomando ciência visual ou auditiva do fato, salvo quando houver "absoluta necessidade do socorro por parte da pessoa a quem é solicitado".[114]

---

111 COSTA JR., Paulo José da. *Comentários*..., op. cit., p. 409.

112 MAGALHÃES NORONHA, E. *Direito penal*..., op. cit., p. 99.

113 Esposam a mesma posição Luiz Regis Prado (*Curso*..., op. cit., p. 184) e Paulo José da Costa Jr. (*Comentários*..., op. cit., p. 410).

114 FRAGOSO, Heleno Cláudio. *Lições*..., op. cit, p. 116.

É imperioso consignar que a situação de perigo suportada pela vítima não pode ter sido causada dolosamente pelo sujeito ativo. Aliás, seria de todo incoerente exigir que, *v. g.*, o agente socorresse a pessoa em quem quis causar uma lesão corporal (pessoa ferida). Mesmo no caso da criação culposa do perigo, o agente não responderá pela omissão de socorro, servindo tal circunstância, contudo, como condição de maior punibilidade (o agente que fere outrem culposamente e não o socorre, por exemplo, não responde pela omissão de socorro, somente pela lesão corporal culposa, com a pena incrementada, todavia, pela falta de assistência - artigo 129, § 7º). Entretanto, sobrevindo situação de perigo à vítima causada pelo agente sem culpa ou dolo, a falta de assistência implicará omissão de socorro (essa lógica pode ser aplicada tanto ao artigo 135 do CP, quanto ao artigo 304 do CTB).

O concurso de pessoas na omissão de socorro é tema instigante. Primeiramente, importa ressaltar que não existe coautoria, já que não há a possibilidade de uma divisão de trabalhos,[115] embora o tema esteja longe de ser pacificado.[116] Havendo, em uma mesma situação, a omissão de várias pessoas, cada qual responderá pelo próprio delito de forma autônoma. Importa ressaltar que, na omissão própria, classificada como delito de dever, não incide a teoria do domínio do fato.

Há, na omissão de socorro, o que se chama de obrigação penal solidária. Se, em um evento em que várias pessoas têm condições de socorrer a vítima exposta ao perigo, só uma delas o faz, o cumprimento do dever de assistência por essa pessoa desobriga as outras, desde que seja suficiente para afastar o risco. Se insuficiente, continuam as demais obrigadas à prestação do socorro e, se não cumprirem o dever, sujeitar-se-ão à imputação do artigo 135. A obrigação solidária, entendemos, só existirá quando o socorro for prestado imediatamente por uma das pessoas presentes, tornando irrelevante o auxílio das demais. O socorro prestado por outrem não excluirá a tipicidade da conduta do omitente, se posterior à omissão. Se alguém recusa ajuda a uma pessoa acidentada, e, posteriormente à negativa, surge a solidariedade de terceiro, persiste o crime para o indivíduo que se omitiu.

---

115 Nesse sentido, por todos, Nilo Batista: "o dever de atuar a que está adstrito o autor do delito omissivo é infracionável" (*Concurso de agentes*. 2. ed. Rio de Janeiro: Lumen Juris, 2004. p. 86). O autor cita o exemplo dado por Kaufmann, no qual cinquenta nadadores assistem passivamente ao afogamento de um menino, existindo, destarte, cinquenta crimes de omissão de socorro autônomos.

116 Pugnando pela possibilidade de coautoria, Fernando Capez: "é possível a coautoria no crime omissivo próprio, desde que haja a adesão voluntária de uma conduta a outra" (*Curso...*, op. cit., p. 195).

A participação em sentido estrito também não é possível no delito em tela. Chamada de dissuasão por Nilo Batista,[117] cuida-se de uma conduta positiva que influi na omissão de outrem, mas que caracteriza, por si só, crime comissivo autônomo. Pronuncia-se Bacigalupo: "A instigação ou indução não é uma forma admissível de participação em um crime omissivo. Na verdade, dadas as particularidades que foram vistas a seu respeito, aquilo que deveria ser considerado como indução é a dissuasão de agir em cumprimento do dever; em outras palavras, a neutralização de uma ação positiva que impediria a produção do resultado. Esse fato é equivalente à ação típica de um crime comissivo".[118] Quem convence outrem a descumprir o dever de socorrer uma pessoa ferida, a qual vem a óbito, responde, portanto, por homicídio. Mas e a necessária relação de causalidade? Citando Bacigalupo, esclarece Nilo Batista que a dissuasão corresponde a algo efetivamente ocorrido e, a partir dessa ótica, temos uma condição positiva que neutraliza a ação devida, a qual teria evitado o resultado. Portanto, a dissuasão ingressa na linha de acontecimentos causais que culmina no evento morte, o que poderia ser comprovado pelo critério da eliminação hipotética.[119]

Existe posição doutrinária (à qual nos filiávamos, embora não mais), todavia, defendendo a possibilidade da participação. Vejamos o exemplo: dois nadadores observam uma criança se afogando, em local onde é impossível se recorrer a qualquer autoridade. Um deles se propõe a agir, mas o outro, que não pode prestar o socorro diretamente por estar convalescendo de uma fratura na perna, o convence a se omitir, com o que anui o primeiro. Para os defensores da corrente em estudo, há uma conduta principal, consistente na omissão de socorro pelo nadador sadio, e uma conduta acessória, correspondente à dissuasão realizada pelo nadador ferido.[120]

Somente as pessoas arroladas no texto do artigo 135 podem ser vítimas do crime de omissão de socorro. Criança abandonada é aquela propositalmente deixada ao desamparo. O sujeito ativo da omissão de socorro não abandona a criança (nesse caso haveria abandono de incapaz), mas sim a encontra na situação de abandono e não lhe presta socorro. Criança extraviada é a criança perdida, que não sabe como retornar ao convívio com seus responsáveis. Optou o legislador por não indicar o limite etário na norma. Assim, Fernando Capez afirma que criança é aquela que não tem autodefesa, sendo

---

117 BATISTA, Nilo. *Concurso de agentes...*, op. cit., p. 88-94. Nesse diapasão, Luiz Régis Prado (*Curso...*, op. cit., p. 185-186).

118 BACIGALUPO, Enrique. *Direito Penal*. São Paulo: Malheiros, 2005. p. 515.

119 BATISTA, Nilo. *Concurso de agentes...*, op. cit., p. 90.

120 Assim entendem, entre outros, Cezar Roberto Bitencourt (*Manual...*, op. cit., p. 444) e Fernando Capez (*Curso...*, op. cit., p. 195).

acompanhado por Damásio de Jesus.[121] Com o advento do Estatuto da Criança e do Adolescente, entretanto, que em seu artigo 2º conceituou criança como a pessoa com até doze anos de idade, preferimos seguir a lição de Moura Teles e adotar esse limite como margem etária máxima para que a pessoa possa ser chamada de criança.[122]

Também há o crime quando se descumpre o dever de assistência em face de pessoa inválida ou ferida, desde que esteja ao desamparo. Pessoa inválida é aquela que, por uma condição biológica (física ou psíquica), não pode arrostar uma situação de perigo, como no caso dos anciãos. Ferida é a pessoa que padece de uma lesão corporal, mesmo que não seja grave (bastando que não seja insignificante), independentemente de sua causa. Não basta, contudo, que a pessoa seja inválida ou esteja ferida. É necessário o desamparo (abandono), e isso se depreende da redação do dispositivo, já que tal condição não é colocada como alternativa ao ferimento ou à invalidez (fosse outra a intenção, referir-se-ia o texto à pessoa inválida ou ferida ou ao desamparo, sendo que essa última conjunção alternativa inexiste).

Por fim, pode ser vítima do crime em apreço a pessoa em grave e iminente perigo. Aqui, pouco importa que haja ferimento ou invalidez, bastando que a vítima esteja ameaçada por um perigo sério e próximo à sua vida, sua integridade corporal ou sua saúde, como no caso da pessoa prestes a cair em um abismo.[123] Somente nessa hipótese teremos a exigência de perigo concreto. Nas demais, o perigo é abstrato.

4 Elementos objetivos, subjetivos e normativos do tipo

A omissão de socorro só admite a conduta omissiva própria. Jamais poderá haver a forma omissiva imprópria ou, por óbvio, uma conduta comissiva. O dever de assistência, aqui considerado como elemento do tipo, não impõe ao destinatário da norma a posição de agente garantidor. Ao contrário, cuida-se de um dever genérico, que afeta a todos aqueles que não possuam o dever especial de agir caracterizador da omissão imprópria. Assim, cumpre estabelecer os requisitos de configuração dos crimes omissivos: existência da situação típica; ausência de ação devida; e capacidade de atuação.[124] O primeiro

121 CAPEZ, Fernando. *Curso...*, op. cit., p. 194; JESUS, Damásio E. de. *Direito penal...*, op. cit., p. 176. Nesse sentido também se manifesta Julio Fabbrini Mirabete (*Manual...*, op. cit., p. 137).

122 MOURA TELES, Ney. *Direito penal...*, op. cit., p. 244.

123 Assim ensina E. Magalhães Noronha (*Direito penal...*, op. cit., p. 101). Contra, Aníbal Bruno (apud MIRABETE, Júlio Fabbrini. *Manual...*, op. cit., p. 138), afirmando que, tal qual o desamparo, o grave e iminente perigo é condição que qualifica a pessoa inválida ou ferida. Nesse sentido, Galdino Siqueira (*Tratado...*, op. cit., p. 147) e Nélson Hungria (*Comentários...*, op. cit., p. 442).

124 MARTINELLI, João Paulo Orsini; DE BEM, Leonardo Schmitt. *Lições Fundamentais...*, op. cit., p. 499-500.

requisito se revela na existência de perigo para o bem jurídico-penal, previsto na estrutura típica da norma mandamental (crimes omissivos próprios). A esse perigo se segue a ausência da ação devida, estipulada na norma, que caracteriza o descumprimento do dever. Por fim, deve ser possível (capacidade física, conhecimentos técnicos etc.) e exigível (não se exige que o destinatário do dever seja um herói, enfrentando indistintamente qualquer tipo de perigo) agir para arrostar o resultado (capacidade de atuação). A esses requisitos, nos crimes omissivos próprios, deve ser somado o incremento do risco que paira sobre o bem jurídico tutelado.[125]

Realiza-se a postura incriminada quando o sujeito ativo se abstém de prestar socorro a quem se encontra com a vida, a integridade corporal ou a saúde ameaçada ("deixar de prestar assistência [...]"), ou quando deixa de solicitar a intervenção de autoridade pública ("[...] ou não pedir, nesses casos, o socorro da autoridade pública"). Há, portanto, duas formas distintas de prestação de socorro previstas na norma: o socorro direto, efetuado pela pessoa que toma ciência da situação de perigo, e o pedido de auxílio (socorro indireto), no qual aquele que teve ciência do perigo comunica o fato à autoridade.

Impõe-se o dever de socorro direto imediato à pessoa que, sabendo do risco suportado pela vítima, tem a possibilidade e a capacidade pessoal de enfrentar o perigo. O indivíduo que, *v. g.*, vendo outrem se afogar, não procede ao salvamento, comete omissão de socorro. Mesmo ocorrendo o salvamento, se esse foi injustificadamente retardado, incrementando o perigo, persiste a capitulação. Entretanto, se esse indivíduo não sabe nadar, não possui a capacidade pessoal de auxílio, não cometendo o delito ao deixar de se lançar à água. De igual forma, se o sujeito, mesmo sabendo nadar, encontra-se impossibilitado de efetuar o resgate (o mar, *v. g.*, no local onde a vítima se afoga, está extraordinariamente revolto), não há o crime. Pode-se sintetizar a incapacidade pessoal e a impossibilidade de assistência sob a rubrica do risco pessoal, elementar do tipo em estudo. Não se exige heroísmo por parte do agente. Todavia, não sendo possível o socorro direto sem risco pessoal, não se desnatura o dever de solicitar a assistência da autoridade pública (a inação nesse sentido caracteriza o crime).

Quando o risco existente não é pessoal, mas de terceiro (isto é, se a prestação de socorro importar em risco a pessoa alheia ao fato principal), a omissão torna a conduta típica, mas não há o crime pela exclusão da ilicitude (estado de necessidade de terceiro).

Chama-se de supletivo o pedido de socorro à autoridade pública. Isso porque só se admitirá o socorro indireto quando não for exigível a assistência direta. A inexigibilidade pode decorrer do risco pessoal para o agente ou da eficiência do pedido de socorro. Diz Hungria que "só é excludente do crime o aviso à autoridade, quando a assistência desta possa tempestivamente conjurar

125 Idem, *ibidem*, p. 501.

o perigo".[126] Se o agente, ao ver uma pessoa se afogando, corre a avisar o fato a um salva-vidas, podendo efetuar por si só o salvamento, a demonstração de que a demora no socorro redundou em prejuízo à vítima é suficiente para caracterizar a omissão de socorro. De semelhante, se um motorista, ao cruzar com um acidente automobilístico, vê a pessoa acidentada se esvaindo em sangue e, em vez de prestar imediato auxílio, dirige até um posto policial onde comunica o fato, há omissão de socorro, pois o retardamento eleva o risco de danos para a pessoa ferida. Contudo, se justificável (razoável) o pedido de socorro, mesmo na possibilidade de auxílio direto não ocorre a omissão (por exemplo, o transeunte que deixa de socorrer a vítima de acidente automobilístico por suspeita de lesão cervical, na qual a remoção inadequada pode agravar os danos, salvo se a demora puder resultar em complicações piores, como a morte da vítima). A autoridade pública a quem se deve recorrer é aquela apta a arrostar o perigo. Não é eficiente, por exemplo, o pedido de socorro a um juiz de direito para efetuar o salvamento de pessoa presa em incêndio.

Exige o dispositivo que se preste socorro às crianças abandonadas ou extraviadas, às pessoas inválidas ou feridas, ao desamparo, ou que estejam ameaçadas por grave e iminente perigo, consoante visto no item anterior. Em quase todos os casos, há perigo abstrato. A ressalva fica por conta do grave e iminente perigo, em que, pela simples leitura da lei, pode-se afirmar que o crime é de perigo concreto, exigindo a demonstração, caso a caso, da produção de um dano próximo para os bens jurídicos tutelados.

Só existe o crime de omissão de socorro na modalidade dolosa, por falta de previsão legal da omissão culposa. O dolo (direto ou eventual), aqui, exige: (a) a consciência da situação de perigo; (b) conhecimento da possibilidade de afastar o risco; e (c) a vontade de não agir.[127] Trata-se de dolo de perigo, pois a intenção do agente reside em manter o risco a que a vítima se submete. Não há se falar em dolo de dano, já que, mesmo o agente almejando o resultado danoso, se chegaria a tal resultado pela manutenção do perigo (dolo de perigo, portanto). Ademais, caso admitamos que o agente, ao omitir o socorro desejando um dano à vítima, atua com dolo de dano, a situação criada seria esdrúxula: não se poderia imputar ao agente a omissão de socorro, que é crime de perigo; tampouco seria possível a imputação do crime referente ao dano almejado (homicídio, lesão corporal etc.), já que, sendo a omissão de socorro um crime omissivo próprio, não se pode falar que o sujeito ativo deu causa ao resultado, nem mesmo que ocupa a posição de agente garantidor; restaria o reconhecimento da atipicidade da conduta.[128]

---

126 Idem, ibidem, p. 443.

127 MARTINELLI, João Paulo Orsini; DE BEM, Leonardo Schmitt. *Lições Fundamentais...*, op. cit., p. 508.

128 Cremos equivocado, assim, o entendimento esposado por alguns juristas de renome, como Damásio E. de Jesus (*Direito penal...*, op. cit., p. 180) e Ney Moura Teles (*Direito

5 Consumação e tentativa

A consumação ocorre no momento da omissão, ou seja, quando o agente, tendo ciência do perigo, se abstém de auxiliar a vítima, descumprindo seu dever. Crime instantâneo, portanto.

Inadmissível a tentativa, já que os crimes omissivos não permitem o fracionamento do *iter criminis*. Cuida-se de delito unissubsistente. Só há, aqui, duas hipóteses: o agente pratica a tempo a conduta capaz de afastar o perigo, não cometendo crime, ou o agente deixa de praticar a conduta, omitindo-se. Não é possível tentar se omitir.

6 Causas de aumento de pena

A superveniência dos resultados lesão corporal de natureza grave ou morte conduz ao aumento da pena para a pessoa que se omitiu no socorro à vítima. A majorante é justificada pela maior gravidade da omissão, sendo imprescindível que a ocorrência dos resultados seja, ao menos, previsível.

Nota-se, sem dificuldade, que a redação do dispositivo é falha ao insinuar a lesão corporal grave e a morte como decorrências possíveis da omissão. Constituindo uma conduta negativa, um não fazer, a omissão não produz qualquer resultado. Não há interferência da omissão na relação de causalidade. Afirma Luiz Régis Prado, com propriedade, que "o fato de o sujeito ativo ter uma atitude passiva deixa clara a impossibilidade de originar-se qualquer processo gerador de um resultado (lesão corporal/morte), sendo este imputado sem a existência de qualquer nexo causal".[129]

Pelo exposto, entendemos equivocada a lição dos autores que veem, na omissão de socorro com aumento de pena, hipótese de crime preterdoloso.[130] Ora, se assim fosse, estaríamos admitindo o resultado majorante como consequência da conduta, o que, evidentemente, não se sustenta. Portanto, cremos ser irrelevante se o agente, ao se omitir, desejava ou não a ocorrência do resultado, ou seja, se agiu dolosa ou culposamente no tocante à lesão corporal ou à morte, já que, não interferindo no curso causal, a simples vontade do autor não pode ser punida. Prescindível, portanto, verificar-se o elemento subjetivo/normativo. A majorante passa a ser justificada apenas por demonstrar a maior reprovabilidade da omissão, já que, *v. g.*, a falta de assistência a uma pessoa próxima de alcançar o óbito é mais grave do que não auxiliar uma pessoa

penal..., op. cit., p. 244), que informam que, caso o omitente tenha a intenção de ver morta a vítima, responderá por crime de homicídio. Ora, se em momento algum houve o ingresso da conduta do autor no processo causal que culminou com o resultado morte, não pode a ele ser imputado o resultado.

129 PRADO, Luiz Regis. *Curso...*, op. cit., p. 190.

130 Nesse sentido, por todos, Guilherme de Souza Nucci (*Código...*, op. cit., p. 551) e José Henrique Pierangeli (*Manual*, op. cit., p. 103).

com um ferimento de pequena repercussão. É a mesma posição defendida por Rogério Greco: "No caso em exame, a conduta do agente diz respeito à omissão de um comportamento que, possivelmente, teria o condão de preservar a saúde ou a vida da vítima. Embora sendo cuidado como um crime de perigo, nada impede que o não fazer produza um resultado até mesmo querido pelo agente, que não foi o seu propulsionador inicial. Ou seja, o agente atua finalisticamente no sentido de omitir um comportamento, criando uma situação de risco para a saúde ou para a vida da vítima, mesmo que fosse sua vontade a produção de tais resultados".[131] O desejo em ver a afetação concreta do bem jurídico tutelado pode apenas interferir na quantificação da pena, com esteio no artigo 59 do CP.

Impende observar se a omissão teria aptidão para impedir a produção do resultado, vez que, caso o desfecho mais gravoso fosse inevitável, não se fala em maior reprovabilidade da conduta.[132]

7 Omissão no atendimento médico

Em regra, a falta de atendimento médico tempestivo, quando a atuação do profissional efetivamente teria a condição de evitar o resultado lesivo suportado pela vítima, não pode ser enquadrada como crime de omissão de socorro, vez que os profissionais da saúde (médicos, enfermeiros etc.) são agentes garantidores no tocante a seus pacientes. Havendo omissão do médico, a ele será imputado o dano sofrido pela vítima. Já decidiu o Tribunal de Justiça do Rio de Janeiro pela responsabilização por crime de homicídio culposo de um médico plantonista que deixara o hospital em horário de trabalho sem aguardar a chegada de outro médico, vindo uma criança internada a falecer em virtude de crise convulsiva.[133]

8 Distinção, concurso aparente de normas e concurso de crimes

Há leis extravagantes que preveem, de forma especial, o crime de omissão de socorro: Lei nº 9.503/97 (Código de Trânsito Brasileiro) e Lei nº 10.741/03 (Estatuto do Idoso). Ambas prevalecerão sobre o Código Penal, pelo princípio da especialidade.

No CTB, o artigo 304 dispõe que há omissão de socorro quando o condutor de um veículo envolvido no acidente de trânsito deixa de prestar auxílio

131 *Curso...*, op. cit., p. 425.

132 TAMG: "Para que se configure a omissão de socorro em sua forma qualificada, dispensável a prova do nexo causal entre a morte da vítima e a conduta do agente, bastando tão-somente a existência da possibilidade de que a atuação deste poderia evitar o evento letal, sob pena de se tornar inócuo o disposto no parágrafo único do artigo 135, do CP" (*RT* 707/345).

133 TJRJ, Ap. Crim. 2001.050.05510, 3ª Câmara Criminal, Rel. Des. Álvaro Mayrink da Costa. Frise-se que a ausência de conhecimento do perigo que acomete o bem jurídico não autoriza a punição do agente

imediato à vítima, ou, não podendo socorrê-la pessoalmente, por justa causa, deixa de solicitar a intervenção de autoridade pública. Entende a doutrina que a pessoa que omite o socorro não pode ser a causadora do acidente. Cuida-se de condutor que se envolveu no fato sem culpa. Correta a posição, já que a omissão de socorro para o causador do sinistro já está prevista como majorante dos artigos 302 (homicídio culposo na direção de veículo automotor) e 303 (lesão corporal culposa na direção de veículo automotor). Não se pune o agente pelo acidente em si, pois, não tendo culpa pelo fato, não pode ser responsabilizado. Pune-se, sim, a falta de solidariedade à vítima. Entende Régis Prado que o artigo 304 é inconstitucional por ferir o princípio da proporcionalidade das penas. Segundo o autor, não se justifica a tipificação especial da conduta, tampouco a elevação das margens penais em relação à omissão de socorro do Código Penal, pois, se o agente não é responsável pelo acidente, em nada difere sua conduta daquela enquadrada no artigo 135 do CP.

Causa certa perplexidade a redação do parágrafo único do artigo 304 ao determinar a responsabilização do agente mesmo quando terceiros suprirem a omissão ou quando se trate de vítima com morte instantânea ou ferimentos leves. Tencionando dar efetividade a norma, é mister que interpretemos a vontade da lei, superando o péssimo texto que, se aplicado literalmente, tornaria inócuo o mandamento. Quando se fala em suprimento da omissão por terceiros, não se trata do socorro imediato que supera em eficiência a conduta do sujeito ativo. Aqui, temos que há o crime quando o agente teve a oportunidade de atuar, mas não o fez, sendo secundado por outrem. Primeiro há uma omissão, para só após surgir o socorro. Não fosse assim, haveria, por exemplo, a estranha situação na qual o condutor, em estado de choque pelo acidente, poderia ser punido caso alguém viesse antes a auxiliar à vítima, conduzindo-a a um hospital. No tocante à vítima com morte instantânea, quis a norma obrigar o condutor a assistir ao acidentado na incerteza acerca de sua morte. Entretanto, é óbvio que não se pode punir alguém por não socorrer uma pessoa morta, já que inexiste qualquer lesividade em tal conduta. A determinação, assim, somente se presta para afastar a alegação da defesa de que o agente acreditava ser a vítima um cadáver, quando em verdade não o era.

O Estatuto do Idoso trata da omissão de socorro em dois momentos: artigos 97 e 100, inciso III. O elemento especializante fica por conta da idade elevada da vítima, maior de sessenta anos, que a torna mais suscetível ao agravamento de sua situação. A perplexidade observada quanto à lei de trânsito, aqui, é sobremaneira elevada, pois não se encontra uma explicação razoável para a sua péssima elaboração. Vejamos: o artigo 97 prevê a conduta daquele que deixa de prestar assistência a idoso em situação de iminente perigo, quando possível o socorro sem risco pessoal, ou que recusa, retarda ou dificulta a assistência à saúde do idoso, estipulando pena de detenção, de 6 meses a 1 ano para adoção de uma dessas posturas; já o artigo 100, III, determina que constitui crime recusar, retardar ou dificultar atendimento ou deixar de prestar assistência à saúde do idoso, sem justa causa, impondo pena de detenção de 6 meses a 1 ano. É flagrante a estultice na formulação do diploma, pois a segunda parte do artigo 97 é, em tudo, idêntica ao artigo 100, III. Temos condutas iguais tipificadas em duplicidade. O artigo 97, no entanto, salvo melhor interpretação, não pode ser aplicado, pois prevê o aumento de pena para o agente em caso de lesão corporal grave ou morte da vítima. Essa majorante não existe no artigo 100, III. Assim, ante a impossibilidade de se eleger um dos dispositivos para a aplicação, sendo esse último mais benéfico para o agente, deve prevalecer sobre o primeiro.

Não há hipótese de concurso de crimes entre a omissão de socorro e os crimes de homicídio culposo e lesão corporal culposa, pois, nesses casos, a omissão já é punida como condição de maior punibilidade (artigos 121, § 4º, e 129, § 7º).

9 Pena e ação penal

É apenada a omissão de socorro com detenção, de 1 a 6 meses, ou multa. Trata-se de infração de menor potencial ofensivo, sujeita à égide da Lei nº 9.099/95. Incidindo as causas de aumento de pena, continua havendo a aplicação da Lei dos Juizados Especiais Criminais se o resultado for lesão corporal grave, já que, mesmo se aumentarmos a pena máxima do crime da metade, não será ultrapassado o patamar de um ano. No caso do resultado morte, a pena máxima não ultrapassará dois anos. Assim, admitindo o alargamento do conceito de infrações pouco ofensivas, ditado pela Lei nº 10.259/01, aplicar-se-ão os institutos previstos na Lei nº 9.099/95.

A ação penal é pública incondicionada.

VIII - CONDICIONAMENTO DE ATENDIMENTO MÉDICO-HOSPITALAR DE EMERGÊNCIA

1 Introdução

A Lei nº 12.653, publicada em 29 de maio de 2012, alterou o Código Penal, disciplinando o crime de "condicionamento de atendimento médico-hospitalar de emergência", ora previsto no novo artigo 135-A e assim redigido: "exigir cheque-caução, nota promissória ou qualquer garantia, bem como o preenchimento prévio de formulários administrativos, como condição para o atendimento médico-hospitalar emergencial: pena - detenção, de três meses a um ano, e multa. Parágrafo único. A pena é aumentada até o dobro se da negativa de atendimento resulta lesão corporal de natureza grave, e até o triplo se resulta morte".

Tal prática já era repudiada não apenas pela jurisprudência, mas também pelo ordenamento jurídico. A Resolução Normativa nº 44/2003 da ANS, por exemplo, recusou validade à cobrança de cheque-caução por seguradoras e operadoras de planos de saúde. Os depósitos prévios também já haviam sido rejeitados pela Lei Municipal nº 3.359/02, do Rio de Janeiro. Os diversos julgados sobre o tema classificam a exigência como abusiva, como se extrai da seguinte decisão do Tribunal de Justiça de Santa Catarina: "CIVIL E PROCESSUAL CIVIL. RESPONSABILIDADE CIVIL. AÇÃO INDENIZATÓRIA MOVIDA CONTRA NOSOCÔMIO. SENTENÇA DE PROCEDÊNCIA DOS PEDIDOS. APELO DA RÉ. CERCEAMENTO DE DEFESA NÃO CARACTERIZADO. MÉRITO. EXIGÊNCIA DE EMISSÃO DE CHEQUE CAUÇÃO PARA INTERNAÇÃO DE PACIENTE. PRÁTICA MANIFESTAMENTE ABUSIVA. CARACTERIZAÇÃO DO ESTADO DE PERIGO (CC, ART. 156). APRESENTAÇÃO DO TÍTULO PARA DESCONTO NA REDE BANCÁRIA. POSTERIOR APURAÇÃO DAS DESPESAS MÉDICAS EM VALOR MUITO INFERIOR AO DA GARANTIA PRESTADA PELO CONSUMIDOR. SENTENÇA DE PROCEDÊNCIA DOS PEDIDOS MANTIDA. RECURSO DA RÉ CONHECIDO E DESPROVIDO."[134] Não é outra a posição da 2ª Câmara Cível de Natal/RN: "CÍVEL E CONSUMIDOR. APELAÇÃO CÍVEL.

134 AC nº 2009.043712-5, rel. Des. Luiz Carlos Freyesleben, julg. em 29/06/2010.

AÇÃO ORDINÁRIA C/C DANOS MORAIS. ATENDIMENTO HOSPITALAR EM INSTITUIÇÃO PARTICULAR. PACIENTE COM DIAGNÓSTICO DE INFARTO. RISCO DE MORTE. NECESSIDADE DE ATENDIMENTO DE URGÊNCIA. PRÉVIA EXIGÊNCIA DE CHEQUE-CAUÇÃO. AFRONTA AO DISPOSTO NO ART. 1º DA LEI MUNICIPAL Nº 5.280/2001. LITIGÂNCIA DE MÁ-FÉ DO NOSOCÔMIO APELANTE. DANOS MORAIS CONFIGURADOS. CONHECIMENTO E DESPROVIMENTO DO APELO".[135] No mesmo diapasão, o Tribunal de Justiça do Estado de São Paulo: "Plano de Saúde. Corré que se recusou a cobrir as despesas de internação do autor, sob o fundamento de descredenciamento do hospital. Falta de comunicação do associado quanto ao descredenciamento. Recusa que causou danos morais ao autor, que era idoso e estava com a saúde debilitada. Fixação em R$ 9.000,00. Razoabilidade. Exigência de cheque caução pela corré para prestar atendimento médico. Danos morais. Ocorrência. Fixação em R$ 2.000,00. Recurso do autor provido em parte, improvido o do réu. (...) Ao que tudo indica, o hospital condicionou a prestação de serviço médico à emissão de cheque caução, o que configura prática abusiva e, em face das circunstâncias, notadamente o fato de que paciente era idoso e sua internação era emergencial, acarretou danos morais".[136]

Decerto, a exigência de cheque-caução é costumeiramente usada como condição para o atendimento emergencial de saúde, sendo muitas vezes disfarçada de pagamento prévio das despesas médico-hospitalares. Em verdade, ocorre um aproveitamento da situação de tensão emocional suportada pelos familiares ou amigos do paciente, para impeli-los à concordância para com o ato, o que denota a reprovabilidade da conduta e sua correta incriminação. Essa situação não escapou a Thales Pontes Batista, que assim escreve: "Não se quer aqui sobremaneira defender que o atendimento nos hospitais da rede privada seja feito indiscriminadamente devendo o hospital arcar com o ônus caso o paciente não tenha como pagar o atendimento e a internação hospitalar, até porque para esses casos existem os hospitais públicos. Todavia o que se tem percebido são abusos praticados contra pacientes que, em alguns casos, por toda uma vida, poucas vezes precisaram de atendimento de urgência e emergência, muitos deles idosos, que dada sua condição, pagam prestações altíssimas aos famigerados e insaciáveis Planos de Saúde e quando realmente vêm a precisar do atendimento efetivo, muitas vezes em situações de extrema gravidade, encontram obstáculos burocráticos, dada a relação 'capenga' e de desconfiança existente entre a Rede de Hospitais Privados e a de Planos de Saúde, o que, diga-se de passagem, nada tem o consumidor, adimplente com as prestações de seu Plano de Saúde, a ver com isso, uma vez que quer apenas ver respeitado o seu direito sagrado de ser atendido. Tal problema surge do receio dos hospitais privados em não verem

135 AC nº 40201 RN 2010.004020-1, rel. Des. Aderson Silvino, rel. para o acórdão Juiz Claus Cleber Morais de Mendonça, julg. em 26/10/2010.

136 AC nº 0131319-87.2006.8.26.0000, rel. Des. Jesus Lofrano, julg. em 08/02/2011.

repassados os custos, que tiveram com o paciente, pelo Plano de Saúde respectivo. Assim, na prática, para que o consumidor venha a ser efetivamente atendido, mesmo em situações de urgência e emergência, terá que desembolsar um '*cheque-caução*' que antes de garantir uma despesa sua, na verdade está a garantir o repasse que deveria ser feito pelo fornecedor do Plano de Saúde que com ele contratou. Assim não se vê outra saída ao consumidor lesado, a não ser pagar a quantia como atendimento particular e depois se ver ressarcido pelo Plano de Saúde, sabe-se quando; desembolsar depósito ('cheque-caução') para liberar seu atendimento; ou, não querendo se sujeitar a veemente abusividade, procurar o Judiciário (e isso quando tratar-se de caso em que haja tempo hábil para o paciente), como se tem verificado através da enxurrada de Ações de Obrigação de Fazer com pedido liminar e Alvarás Judiciais, visando compelir os hospitais privados e os respectivos Planos de Saúde a cumprir aquilo que é de direito ao consumidor".[137]

2 Objetividade Jurídica

Tutelam-se, na norma, a vida, a integridade corporal e a saúde do paciente, colocados em risco pela demora ou recusa na prestação do atendimento médico-hospitalar. Essa conclusão se torna facilitada pela topologia do dispositivo em comento, alocado dentre os crimes de periclitação da vida e da saúde.

Pelo mesmo motivo, é possível classificar o delito como crime de perigo, ou seja, a incriminação da conduta se conforma com a simples produção de uma situação de risco para os bens jurídicos tutelados, ainda que nenhum resultado lesivo seja efetivamente verificado. Aliás, caso haja o resultado ocorra em sendo ele doloso, o crime restará afastado, respondendo o responsável pela lesão observada. Em caso de resultado lesivo culposo, serão aplicadas as formas qualificadas do parágrafo único. O perigo aludido pela norma é indubitavelmente concreto. Isso se extrai da própria redação típica, que menciona unicamente o atendimento hospitalar de emergência como fato gerador para a exigência ilegal. Ou seja, são casos que impõem uma rápida intervenção médica, a fim de evitar a piora no estado de saúde geral da vítima, restando patente a iminência de uma lesão.

3 Sujeitos do delito

No polo ativo da conduta incriminada estão quem deu a ordem para a exigência (por exemplo, diretor do hospital), assim como o funcionário que pratica o núcleo do tipo[138] e eventuais pessoas que participem do evento. Cuida-

137 BATISTA, Thales Pontes. *Cheque-caução para Atendimento Hospitalar é Inconstitucional.* Disponível em <http://www.conjur.com.br/2009-jan-16/cheque_caucao_atendimento_hospitalar_inconstitucional?pagina=2>. Acesso em 31/07/2012.

138 Cezar Roberto Bitencourt: "temos dificuldade em admitir que o empregado, encarregado ou atendente (simples funcionário administrativo), que cumpre as ordens determinadas pela

se, portanto, de crime comum. Assim também se pronuncia Cezar Roberto Bitencourt: "Sujeito ativo pode ser qualquer pessoa, não sendo necessário a presença de qualidade ou condição especial para esse fim; contudo, normalmente, deve figurar como sujeito ativo desta infração penal quem determina a necessidade de atendimento das condições relacionadas no tipo penal sub examine, seja diretor do estabelecimento de saúde, seja gestor, gerente ou encarregado do departamento responsável".[139] O sujeito passivo será tanto o paciente que necessita de atendimento, quanto aquele de quem é feita a exigência descabida (caso não seja o próprio paciente).

4 Elementos objetivos, subjetivos e normativos do tipo

O núcleo do tipo penal é composto pelo verbo exigir (significando impor, ordenar), tendo como complemento verbal o objeto da imposição, qual seja, a emissão cheque-caução, nota promissória ou qualquer outra garantia, bem como o preenchimento de formulários administrativos. Essa exigência tem como finalidade permitir o acesso do paciente ao atendimento médico hospitalar emergencial. Ou seja, resta implícito que, em não havendo a satisfação daquilo que se exige, o atendimento será negado. Verifica-se, pois, que a reprovabilidade do comportamento reside não apenas no aproveitamento de uma situação de angústia do paciente, ou de qualquer pessoa que lhe preste auxílio, para uma imposição descabida, mas com muito mais intensidade na omissão simultânea. Justamente por isso, Rogério Sanches, em artigo digital, anota que a conduta incriminada "consiste em negar atendimento emergencial (...)".[140] Estamos diante de uma norma que não se basta na mera exigência para que

---

direção, responda como coautor desse crime. Na verdade, esse simples funcionário não passa de *longa manus* de quem detém o poder de decisão, isto é, daquele que tem o domínio do fato, que mantém o controle final; ora, o funcionário-atendente não passa de mero executor de ordem superior, ou cumpre as ordens ou perde o emprego! Na realidade quem detém o *domínio final do fato*, nessas hipóteses, é o verdadeiro autor, ou seja, *autor mediato*, o atendente não é autor, mas mero executor. Poderá, no máximo, ser um mero partícipe, com participação de menor importância, respondendo na medida de sua culpabilidade" (*op. cit.*). Não há, todavia, como se excluir de plano a possibilidade de vir o empregado a figurar como autor do crime, embora aceitemos eventual exclusão da culpabilidade por inexigibilidade de conduta diversa, dependendo das circunstâncias do caso.

139 BITENCOURT, Cezar Roberto, *op. cit.* Nesse sentido, David Pimentel Barbosa de Siena (http://www.boletimjuridico.com.br/doutrina/texto.asp?id=2575, acessado em 31/07/2012) e Valter Kenji Ishida (http://cartaforense.com.br/conteudo/artigos/crime-de-condicionamento-de-atendimento-medico-hospitalar-emergencial-art-135-a-do-cp/8835, acessado em 31/07/2012). Contrariamente, sustentando a natureza de crime próprio, Rogério Greco (*op. cit.*) e Eduardo Luiz Santos Cabette (http://jus.com.br/revista/texto/21929/primeiras-impressoes-sobre-o-novo-artigo-135-a-do-codigo-penal-criado-pela-lei-no-12-653-12, acessado em 31/07/2012).

140 CUNHA, Rogério Sanches. *Novo Artigo 135-A: Condicionamento de Atendimento Médico Hospitalar Emergencial.* Disponível em <...>. Acesso em 16/08/2012.

tenha caráter criminoso. Além da conduta comissiva, mister a omissiva. Por conseguinte, se, depois de encaminhar o paciente a atendimento, o estabelecimento (leia-se, as pessoas naturais que lá prestam serviço) exige a garantia ou o preenchimento dos papéis mencionados no dispositivo, ou ainda, se a exigência é prévia, mas sem a intenção de negar assistência posterior, não há se falar na incidência do artigo 135-A. Nesse mesmo diapasão se pronuncia Cezar Roberto Bitencourt: "Por fim, apenas para esclarecer, a solicitação de garantia, sem, contudo, condicionar o atendimento, constitui conduta atípica, exatamente pela ausência dessa elementar normativa, que é ao mesmo tempo elementar típica".[141]

Cheque-caução, nota promissória e formulários administrativos são elementos normativos do tipo penal. O primeiro é o cheque emitido como forma de assegurar o pagamento posterior de dívida contraída. Cheque, como se sabe, consiste em título representativo de um direito de crédito, concretizado em ordem de pagamento à vista. Assim, o título pós-datado não é um cheque na real acepção da palavra. Mas mesmo ele serve para integrar a redação típica, pois não perde sua natureza de título cambialiforme ou de título executivo extrajudicial, servido à expressão genérica "qualquer garantia". Nota promissória é uma promessa de pagamento, consistindo em um título em que o criador assume a obrigação direta e principal de adimplir para com o valor nela constante, obedecendo aos requisitos dos artigos 75 e 76 da Lei Uniforme. Tanto a expressão "cheque-caução", quanto "nota promissória", são fórmulas casuísticas, às quais se segue a formulação genérica "qualquer garantia", em verdadeira técnica de interpretação analógica. Por formulários administrativos temos os cadastros prévios, formulários de planos de saúde ou qualquer papel ou base de dados que exija a prestação de informações em oposição à imediata prestação de auxílio.

A conceituação do termo "atendimento médico-hospitalar emergencial" é encontrada na Resolução nº 1451/95 do Conselho Federal de Medicina, razão pela qual podemos classificar o artigo 135-A como norma penal em branco heterogênea. O mencionado ato normativo distingue o atendimento de urgência do atendimento de emergência em seu artigo 1º, assim redigido: "Os estabelecimentos de Prontos Socorros Públicos e Privados deverão ser estruturados para prestar atendimento a situações de urgência-emergência, devendo garantir todas as manobras de sustentação da vida e com condições de dar continuidade à assistência no local ou em outro nível de atendimento referenciado. Parágrafo Primeiro – Define-se por URGÊNCIA a ocorrência imprevista de agravo à saúde com ou sem risco potencial de vida, cujo portador necessita de assistência médica imediata. Parágrafo Segundo – Define-se por EMERGÊNCIA a constatação médica de condições de agravo à saúde que

141 BITENCOURT, Cezar Roberto, *op. cit.*

impliquem em risco iminente de vida ou sofrimento intenso, exigindo, portanto, tratamento médico imediato".

Para Cezar Roberto Bitencourt, ambos os atendimentos, emergencial ou de urgência, se prestam à conformação do tipo penal. Assim escreve: "Na verdade, situação de urgência ou de emergência demandam atendimento imediato, não podem esperar e devem ser atendidas com rapidez, pois qualquer demora pode significar o agravamento da situação ou até mesmo a perda de uma vida, intolerável em Pronto Socorro ou Hospitais de emergências. (...) Aliás, não nos parece recomendável manter uma distinção de significados entre urgência e emergência, sob pena de corrermos o risco de cometermos erronias interpretativas, mas especialmente permitir atendimento equivocado de pacientes pelos destinatários da norma."[142]

Concordamos: apenas o atendimento emergencial, excluído o de urgência, tem por objeto o risco iminente de morte. Todavia, mesmo no atendimento de urgência há risco de prejuízo à saúde do paciente. Ainda que afastado o risco imediato de morte, não se afasta a possibilidade do agravamento do malefício suportado pela vítima. Ou seja, fica preservado o escopo da norma, reservada às hipóteses de perigo mais intenso aos bens jurídicos tutelados, contudo não se bastando na vida. E nem se fale que tal raciocínio implica integração da norma por analogia: trata-se de interpretação teleológica com resultados extensivos, já que evidente, no caso, a finalidade da lei. Ressalte-se que, no parecer do Deputado Federal Amauri Teixeira, quando da tramitação do Projeto de Lei nº 3.331/12 (que deu origem ao crime) pela Comissão de Seguridade Social e Família da Câmara dos Deputados, há referência às situações de urgência e emergência como favorecidas pela norma.

Da mesma forma se pronuncia Rogério Greco, *verbis*: "Como se percebe, em ambas as hipóteses existe a necessidade de tratamento médico imediato, razão pela qual, embora o tipo penal do art. 135-A faça menção somente ao atendimento médico-hospitalar emergencial, devemos nele também compreender o atendimento médico de urgência. Corroborando nosso raciocínio, faz-se mister ressaltar as orientações contidas no Manual de Regulação Médicas das Urgências, que faz menção à necessidade de um conceito ampliado de urgência, dizendo: 'Segundo Le Coutour, o conceito de urgência difere em razão de quem a percebe ou sente: para os usuários e seus familiares, pode estar associada a uma ruptura de ordem do curso de vida. É do imprevisto que tende a vir a urgência: 'eu não posso esperar'. Para o médico, a noção de urgência repousa não sobre a ruptura, mas sobre o tempo, relacionado com o prognóstico vital em certo intervalo: 'ele não pode esperar'. Para as instituições, a urgência corresponde a uma perturbação de sua organização, é 'o que não pode ser previsto'. No dicionário da língua portuguesa, lê-se que emergência é

142 *Op. cit.*

relativo a emergir, ou seja, alguma coisa que não existia, ou que não era vista, e que passa a existir ou ser manifesta, representando, dessa forma, qualquer queixa ou novo sintoma que um paciente passe a apresentar. Assim, tanto um acidente quanto uma virose respiratória, uma dor de dente ou uma hemorragia digestiva, podem ser consideradas emergências. Esse conceito de emergência difere do conceito americano, que tem permanentemente influenciado nossas mentes e entende que uma situação de 'emergência' não pode esperar e tem de ser atendida com rapidez, como incorporado pelo próprio CFM. Inversamente, de acordo com a nossa língua, urgência significa aquilo que não pode esperar (tanto que o Aurélio apresenta a expressão jurídica 'urgência urgentíssima'). Assim, devido ao grande número de julgamentos e dúvidas que essa ambivalência de terminologia suscita no meio médico e no sistema de saúde, optamos por não fazer mais este tipo de diferenciação. Passamos a utilizar apenas o termo 'urgência' para, para todos os casos que necessitem de cuidados agudos, tratando de definir o 'grau de urgência', a fim de classificá-las em níveis, tomando como marco ético de avaliação o 'imperativo da necessidade humana'".[143]

O crime é doloso, sendo à exigência conjugada a intenção de negar o necessário atendimento médico. Pode ocorrer erro de tipo quando não reconhecida, embora existente, a situação de urgência ou emergência. Não há previsão da modalidade culposa.

5 Consumação e tentativa

Consuma-se o crime com a exigência, que se presta também à caracterização da omissão, havendo simultaneidade entre esses eventos (o crime contempla omissão – negativa de atendimento – condicionada à verificação de uma conduta comissiva – exigir garantia ou preenchimento de formulários). Conquanto os crimes omissivos sejam classificados como delitos de mera conduta, dada a impossibilidade de produção de resultados naturalísticos, no artigo em apreço, tratando-se de uma forma incomum de omissão condicionada (a uma conduta comissiva), defendemos a natureza de crime formal, já que não se exige a consecução da garantia ou o efetivo preenchimento dos formulários para a conformação do tipo penal.

A tentativa é inadmissível (delito unissubsistente).

6 Formas majoradas

O artigo 135-A contempla duas majorantes, a saber: resultados lesão corporal de natureza grave e morte (parágrafo único). Versando a norma sobre crime de perigo concreto, evidentemente tais resultados só se operam a título de culpa. A intenção de agravar o estado de saúde do paciente, levando-o à

143 GRECO, Rogério. *Op. cit.*

morte ou ao quadro de lesão qualificada (ou mesmo leve) impõe o reconhecimento dos crimes previstos nos artigos 121 e 129 (este nas formas qualificadas). A lesão leve que se opera culposamente é absorvida pelo dispositivo.

7 Concurso aparente de normas

O artigo 97 (ou o artigo 100, III) do Estatuto do Idoso (Lei 10.741/03, especificamente no que tange às condutas de recusar, retardar ou dificultar o acesso de idoso a assistência à saúde) tem prevalência sobre o artigo 135-A. Isso porque, se assim não fosse, estaríamos diante de uma situação de desproporcionalidade. Vejamos: o crime do Estatuto assinala pena mínima de seis meses de detenção, ou seja, duas vezes maior do que a sanção cominada ao crime do Código Penal, ainda que as margens penais máximas de ambos os crimes sejam equiparadas. Todavia, enquanto o crime contra pessoa idosa menciona genericamente o acesso a tratamento de saúde, qualquer que seja sua natureza, o artigo 135-A fala no atendimento médico hospitalar emergencial. Caso entendêssemos que este prevalece sobre aquele, surgiria um anacronismo: a omissão de tratamento de saúde, mesmo que não-emergencial (teoricamente menos grave, por não exigir a iminência de uma lesão), seria punida com maior severidade do que a omissão de tratamento emergencial. Deve ser reparado que o artigo 97 (mas não o artigo 100, III), inclusive, prevê as mesmas majorantes que o crime de condicionamento de atendimento médico-hospitalar emergencial. Ocorrendo a morte do paciente, a sistemática se mantém, pois, no artigo 97 a pena é triplicada (no artigo 135-A ela é aumentada em "até" o triplo). No que concerne ao resultado lesão grave, contudo, a pena é aumentada de metade (no Código Penal, ela é aumentada em "até" o dobro). Ou seja, a pena mínima do artigo 97 continua em patamar mais elevado, mas a pena máxima curiosamente pode ser superada pela do artigo 135-A, o que consideramos um equívoco do legislador, embora continuemos defendendo a prevalência do artigo 97.

8 Pena e ação penal

A pena cominada ao artigo 135-A do Código Penal se situa entre os limites de três meses a um ano de detenção, além de multa cumulativa. Em caso de resultado lesão corporal grave culposo, a pena pode ser aumentada em até o dobro (e não necessariamente dobrada, havendo uma margem de discricionariedade para o julgador) e, em caso de morte culposa, em até o triplo (não será obrigatoriamente triplicada). Nos dois primeiros casos, a infração é classificada como de menor potencial ofensivo (aplica-se a Lei nº 9.099/95), não o sendo na última forma.

A ação penal é pública incondicionada.

IX – MAUS-TRATOS (ARTIGO 136)

1 Introdução

A disciplina do crime de maus-tratos busca suas raízes no Direito Romano, no qual o *pater familias* tinha o poder de coação doméstica sobre todos aqueles submetidos à sua autoridade, como filhos, esposa e escravos. Cuidava-se, de início, do *vitae necisque potestas* (poder de vida e morte). Embora abrandado paulatinamente, foi com o cristianismo que se elaborou a ideia da *vis modica*, limitadora dos excessos empregados nos meios correcionais. A formulação de uma disciplina doméstica moderada foi o norte para a tipificação dos maus-tratos, que encontrou abrigo pela primeira vez no Código Penal sardo (artigo 514), de 1859, ao ser incriminado o abuso do poder disciplinar.

No Brasil, não cuidaram do delito os códigos penais pretéritos. O Código imperial (1830) tratou de justificar a imposição de castigos corporais moderados, impostos pelos pais aos filhos, pelos senhores aos escravos ou pelos mestres aos discípulos (artigo 14, nº 6, situado no capítulo referente aos crimes justificáveis, para os quais não havia qualquer punição). O Código republicano (1890), apesar de não admitir a conduta, como fez o diploma anterior, silenciou sobre a incriminação, que somente veio a ser realizada pelo Código de Menores de 1927 (artigos 137 a 140). O delito não passou despercebido ao atual Código Penal, que, em sua concepção, extrapolou as relações domésticas, alcançando quaisquer relações de autoridade, guarda ou vigilância, para fim de educação, ensino, tratamento ou custódia.

2 Objetividade jurídica

São tutelados os bens jurídicos incolumidade pessoal (integridade corporal e saúde) e vida, expostos a um perigo de lesão, tal qual nos artigos antecedentes. A previsão dos tipos qualificados pelos resultados lesão corporal grave e morte demonstra claramente essa proteção.

3 Sujeitos do delito

Só pode praticar o crime de maus-tratos aquele que tem a vítima sob sua guarda, vigilância ou autoridade, para fim de educação, ensino, tratamento ou custódia. O delito, assim, é próprio, exigindo uma característica especial do sujeito ativo. As relações de guarda, autoridade e vigilância já foram explicadas no item referente aos sujeitos do crime de abandono de incapaz. Finalidade de educação, como expõe Hungria, é "toda atividade docente destinada a aperfeiçoar, sob o aspecto intelectual, moral, técnico ou profissional, a capacidade individual".[144] Já o ensino é definido pelo autor como "a ministração de conhecimentos que devem formar o fundo comum de cultura (ensino primário, ensino propedêutico)".[145] Tratamento é qualquer forma de abordagem curativa, bem como o provimento da subsistência alheia. Custódia é a detenção lícita, como na relação entre carcereiro e preso.

Sujeito passivo do crime de maus-tratos é a pessoa que se encontra subordinada à autoridade, à guarda ou à vigilância do agente, para uma das finalidades arroladas no dispositivo. Há sempre uma relação subordinativa. Justamente por isso, não se pode falar em crime de maus-tratos entre cônjuges, já que inexiste subordinação. Igualmente, não há relação subordinativa entre pais e filhos maiores. Nesses casos em que não existe o exercício de autoridade, guarda ou vigilância, o crime será diverso (possivelmente artigo 132, CP), ou a conduta será atípica.

4 Elementos objetivos, subjetivos e normativos do tipo

Consoante Mirabete, "a conduta típica é expor a perigo a vida ou a saúde da vítima pelo abuso voluntário do agente, que deve exercer sua autoridade ou poder de correção e disciplina com prudência e moderação".[146] Há, no dispositivo, o arrolamento dos meios executórios (crime de ação múltipla ou de conteúdo variado, pois há a tipificação de várias condutas que podem ser praticadas contra a mesma vítima, caracterizando verdadeiro tipo misto alternativo), consubstanciados na privação de alimentos, na privação de cuidados indispensáveis, na sujeição a trabalho excessivo ou inadequado ou no abuso dos meios corretivos ou disciplinares. Em regra, é irrelevante o *animus corrigendi vel disciplinandi*, só exigível no abuso dos meios de correção ou de disciplina. A relação subordinativa, aliada à prática de uma das formas de maus-tratos

---

144 HUNGRIA, Nélson. *Comentários...*, op. cit., p. 450.

145 Idem, ibidem. Heleno Cláudio Fragoso, ao seu turno, não traça distinções entre educação e ensino, explicando-os como "a atividade pedagógica ou docente exercida por pais, professores ou instrutores de qualquer espécie" (*Lições...*, op. cit., p. 120). Já José Frederico Marques vê na educação o aperfeiçoamento moral e cultural do indivíduo, ao passo que a atividade docente definiria o ensino (*Tratado...*, op. cit., p. 337).

146 MIRABETE, Julio Fabbrini. *Manual...*, op. cit., p. 142.

previstas no artigo 136, é suficiente para a caracterização do delito. No mesmo sentido é a lição de Aníbal Bruno: "O que dá a essa figura punível a nota característica, que a distingue do tipo simples da periclitação da vida e da saúde, é a relação que prende o ofendido ao ofensor, relação de Direito público ou privado, de contratos ou de certas atitudes que importam para quem as assumiu no dever de guarda ou vigilância para com outrem".[147] Assim, por exemplo, se o pai impõe trabalho excessivo a seu filho, ainda que não tenha o propósito de corrigi-lo ou discipliná-lo, caracterizar-se-á o crime em comento.

A privação de alimentos é conduta omissiva e pode ser parcial ou total (relativa ou absoluta, normalmente a primeira). Antecipando a discussão sobre o tipo subjetivo, o dolo do agente reside na criação de uma situação de perigo para a vítima, não havendo o dolo de perpetrar uma efetiva lesão. Presente o dolo de dano, o crime é diverso, como homicídio (tentado ou consumado), no caso de vontade dirigida à morte do sujeito passivo, ou lesão corporal (tentada ou consumada), na intenção única de causar um prejuízo corporal ou à saúde da vítima.

Semelhante ao primeiro meio executório, a privação dos cuidados indispensáveis também constitui crime omissivo. São indispensáveis os cuidados necessários à preservação da saúde ou da vida da vítima, como habitação, vestuário, medicamentos. O exemplo clássico é o do pai que nega abrigo ao filho em dia de tempestade.

A sujeição a trabalho excessivo ou inadequado se revela na imposição de uma tarefa extraordinariamente cansativa ou que supere a condição física da vítima (trabalho excessivo), ou incompatível com as características peculiares do sujeito passivo (sexo, idade, aptidão etc.). A vítima, aqui, é compelida ao trabalho, ciente o sujeito ativo de que a expõe ao perigo pela tarefa determinada. Cita-se como exemplo a utilização de pessoa franzina na atividade de estiva.

Há, ainda, maus-tratos no abuso dos meios de correção e disciplina. Nessa forma de execução, a finalidade especial é cumprida pela imposição de castigos imoderados. O poder corretivo ou disciplinar, usado de forma moderada e educacional, é lícito como exercício regular de um direito. Não se imputa, *v. g.*, uma conduta criminosa ao pai que, tencionando a educação do filho, dá-lhe um tapa nas nádegas ou que o sujeita a curta detenção. O delito é configurado quando, pelo excesso, dá-se causa à instalação de uma situação de perigo para a integridade corporal, para a saúde ou para a vida da vítima. Portanto, são penalmente irrelevantes as medidas adequadas e necessárias ao fim colimado, desde que não sejam aptas a causar lesões e não importem riscos exagerados, enquanto são criminosas as condutas que extrapolam a concepção de moderação, ainda que a intenção do agente seja nobre.

---

147 *Crimes...*, op. cit., p. 247.

Caracteriza-se o crime na conduta da mãe que, querendo punir a desídia do filho nos afazeres domésticos, submete-o a trabalho intensivo, ou do carcereiro que, desejando castigar detentos por uma tentativa de fuga, retira das celas, em dia frio, os seus agasalhos, ou, ainda, no comportamento do professor que, para obrigar o aluno a fazer silêncio, tranca-o no armário. Em todas essas hipóteses, saliente-se, só há maus-tratos na criação de um perigo concreto. A não demonstração do risco iminente a que esteve exposta a vítima conduz à atipicidade da conduta.

O tipo subjetivo é composto pelo dolo, direto ou eventual. Inexiste a forma culposa, por ausência de previsão legal. O dolo é de perigo, afastando-se o crime de maus-tratos na presença do dolo de dano. Modificando nosso entendimento anterior, entendemos que sequer no abuso dos maios de correção ou de disciplina há o dolo de dano. Alocados entre os crimes de perigo, os maus-tratos só perderiam essa qualidade por expressa exigência do tipo penal (como no artigo 131 do CP) ou por imposição de lógica hermenêutica. Assim, se o autor castiga a vítima com o objetivo de lesioná-la em sua constituição físico-psíquica, poderá existir crime de lesão corporal, de violência doméstica, de tortura-castigo, mas não de maus-tratos.

Não há qualquer elemento subjetivo especial, salvo no abuso dos meios de correção ou disciplina, em que o *animus corrigendi* ou *disciplinandi* configura o especial fim de agir, conforme leciona Hungria: "Nas hipóteses anteriores, o agente procede por grosseria, irritabilidade, espírito de malvadez, prepotência, ódio, cupidez, intolerância; mas nesta última hipótese tem ele um fim em si mesmo justo, isto é, o fim de corrigir ou de fazer valer a sua autoridade".[148]

5 Maus-tratos e "Lei da Palmada"

A Lei nº 13.010, de 2014, que ficou popularmente conhecida como "Lei da Palmada", modificou o Estatuto da Criança e do Adolescente, ao qual foram acrescentados alguns dispositivos, entre eles os artigos 18-A e 18-B. O artigo 18-A estabelece o direito de crianças e adolescentes à educação e cuidados sem o uso de castigo físico ou de tratamento cruel ou degradante. O inciso I do mesmo artigo conceitua castigo físico como a ação de natureza disciplinar ou punitiva aplicada com o uso de força física sobre a criança e o adolescente que resulte em sofrimento físico ou lesão. O inciso II conceitua tratamento cruel ou degradante como aquele que humilha, ameaça gravemente ou ridiculariza o castigado. Caso os castigos físicos ou o tratamento cruel ou degradante sejam aplicados, o artigo 18-B prevê a sujeição do responsável a uma série de medidas, como encaminhamento a cursos ou programas de orientação (inciso III) e advertência (inciso V), entre outras.

148 *Comentários*, op. cit., p. 451.

É fácil perceber que o diploma legal proíbe os castigos excessivos, assim como qualquer hipótese de intervenção física sobre a criança ou o adolescente que importe sofrimento ou lesão. Isso não significa que, caso uma pessoa infrinja a Lei nº 13.010, necessariamente cometerá maus-tratos. Há hipóteses em que a própria "Lei da Palmada" é suficiente para punir o responsável, o que, ao invés de determinar a intervenção penal, apenas evidencia seu caráter subsidiário. Assim, o crime do artigo 136 deverá ser reservado àquelas hipóteses em que sua aplicação for estritamente necessária. Quando houver a intenção de provocar lesões, outrossim, já deixamos consignada nossa posição sobre a não incidência do artigo 136, que cederá lugar a outros tipos penais. Apenas eventualmente, portanto, existirá uma correlação entre a Lei nº 13.010 e o crime de maus-tratos.

6 Consumação e tentativa

A consumação do delito ocorre com a instalação da situação de perigo decorrente da conduta definida como maus-tratos. Não se exige a habitualidade da conduta, desde que a prática isolada seja suficiente para a produção do perigo.[149] Destarte, a reiteração de condutas pode importar continuidade delitiva.

Alguns dos meios executórios previstos constituem crime permanente, como a privação de alimentos e cuidados indispensáveis e a sujeição a trabalho inadequado ou excessivo. Protrai-se no tempo, portanto, a consumação do delito, cessando a permanência com a cessação da exposição da vítima. O abuso dos meios de correção ou disciplinares pode ser instantâneo ou permanente (será permanente, por exemplo, na excessiva detenção da vítima com finalidade corretiva).

Nas condutas omissivas, não é admitida a tentativa, pois o crime é unissubsistente. Já nas demais hipóteses, a tentativa é facilmente reconhecida (crime plurissubsistente).

7 Tipo qualificado

Qualifica-se o crime de maus-tratos sempre que, da conduta principal, decorrer lesão corporal de natureza grave (§ 1º) ou morte (§ 2º). A hipótese

---

149 Em sentido contrário, Ney Moura Teles (*Direito penal...*, op. cit., p. 250), Fernando Capez (*Curso...*, op. cit., p. 203) e Paulo José da Costa Jr. (*Comentários...*, op. cit., p. 413), para quem a privação de alimentos ou de cuidados indispensáveis deve ser habitual, não vislumbrando a possibilidade de criação de um perigo na conduta isolada. Discordamos. A negação de alimentos a um doente, por exemplo, pode, isoladamente, oferecer riscos à sua saúde. Na retirada de agasalhos da vítima em dias de frio intenso, também não é difícil visualizarmos o risco instalado. A habitualidade só é exigida quando necessária à observância do perigo (privação de alimentos a uma criança saudável, *v. g.*, em que a negação de uma única refeição não redunda em perigo para a sua saúde).

é de delito preterdoloso, em que existe dolo na conduta antecedente (maus-tratos) e culpa no resultado, desde que este seja objetivamente previsível. Resultando a conduta em lesão corporal leve (culposa), há a absorção da lesão pelos maus-tratos.

Como o artigo 136 constitui um crime de perigo, jamais poderá haver a intenção do agente em causar a lesão grave ou a morte, pois o dolo é de perigo.

8 Causa de aumento da pena

Aumenta-se a pena dos maus-tratos sempre que o delito for praticado contra pessoa menor de quatorze anos, excluída a data em que completa essa idade. A majorante, prevista no § 3°, foi incluída no texto legal por força do Estatuto da Criança e do Adolescente (Lei n° 8.069/90).

9 Distinção, concurso aparente de normas e concurso de crimes

O artigo 1°, II, da Lei n° 9.455/97 (Lei de Tortura) traz, em sua redação, a seguinte figura típica: "submeter alguém, sob sua guarda, poder ou autoridade, com o emprego de violência ou grave ameaça, a intenso sofrimento físico ou mental, como forma de aplicar castigo pessoal ou medida de caráter preventivo". Cuida-se da chamada tortura-castigo, importando verificar no que essa figura típica se diferencia do crime de maus-tratos, uma vez que ambos os dispositivos, da forma como redigidos, são bastante parecidos.

É vasta a jurisprudência sobre o assunto, majoritariamente usando o elemento subjetivo especial como traço distintivo entre as infrações penais. Assim se pronuncia o Tribunal de Justiça do Rio de Janeiro: "Crime de tortura. Artigo 1º, inciso II, e § 4º, inciso II, da Lei nº 9.455/97, c/c artigo 61, inciso II, letra 'f', Código Penal. Pena: 5 anos, 7 meses e 6 dias de reclusão, regime inicial fechado, e 27 dias-multa, no valor unitário mínimo legal. Apelo do Ministério Público: desclassificação para o crime do artigo 136, *caput*, c/c seu § 3º, do Código Penal. Apelo da ré: absolvição, com base o artigo 386, inciso VI, Código de Processo Penal. Após ser informada por terceiras pessoas de que seu filho não era bem tratado pela babá, a mãe da vítima instalou uma câmera de vídeo no apartamento, e durante algumas horas o que acontecia na sala foi filmado, ficando evidente que a babá-ré, de forma livre e consciente, infligia à vítima intenso sofrimento físico e mental, como forma de aplicar castigo pessoal, movida por pura crueldade e insensibilidade. A vítima era uma criança de 6 anos de idade, portadora de neuropatia crônica (displasia cortical não lisencefálica), necessitando de cuidado e atenção durante as vinte e quatro horas do dia, porque não tinha a menor condição de sequer solicitar água, comida ou informar sobre as necessidades fisiológicas.No crime de maus tratos, o objetivo do agente é a correção, educação ou disciplina da vítima e comete o delito ao abusar, dolosamente, dos meios utilizados para tanto, o que não era a finalidade buscada pela ré, considerando que a vítima era doente mental, não sendo passível de correção ou disciplina, e, assim, absurda a isolada pretensão de um dos membros do Parquet de ser o crime desclassificado para o do artigo 136 do Código Penal.Apelos improvidos, e, de ofício, é decotada da condenação a pena pecuniária, por falta de previsão legal" (Ap. Crim. nº 2008.050.05432, Oitava Câmara Criminal, rel. Des. Marcos Quaresma Ferraz, julg. em 17/11/2008). No mesmo sentido, o Tribunal de Justiça de Minas Gerais: "TORTURA - MAUS TRATOS - DIFERENCIAÇÃO - ELEMENTO VOLITIVO - DESCLASSIFICAÇÃO - NOVA DOSIMETRIA - SUBSTITUIÇÃO DA PENA - IMPOSSIBILIDADE. 1. A retratação, que destoa frontalmente do conjunto da prova colhida nos autos, apoiando-se em evasivas sem qualquer consistência, não pode ser acolhida. 2. Como se sabe, 'a questão dos maus tratos e da tortura deve ser resolvida perquirindo-se o elemento volitivo - se o que motivou o agente foi o desejo de corrigir, embora o meio empregado tenha sido desumano e cruel, o crime é de maus tratos. Se a conduta não tem outro motivo senão o de fazer sofrer por prazer, ódio ou qualquer sentimento vil, então pode ela ser considerada tortura' (JTJ 148/280). 3. A falta de zelo ou cuidado da ré não indica, necessariamente, que a criança tenha sido torturada, pois para que se configure este delito, faz-se necessário a análise do sofrimento causado à vítima, aliado à real intenção de seu sujeito ativo, tomado por ódio ou sadismo, o que não se apresenta na hipótese em julgamento. 4. Quanto às lesões resultantes dos maus tratos, caso estas fossem comprovadas, por se tratarem de lesões corporais de natureza leve, se encontrariam absorvidas pelo delito capitulado no artigo 136, '*caput*', do mesmo diploma legal. 5. No que diz respeito ao benefício de substituição da pena privativa de liberdade por restritiva de direitos, entendo não ser possível a sua concessão, ante a expressa restrição imposta pelo inciso I do art. 44 do Código Penal, em razão da violência contra a criança. Pelas mesmas razões, inviável a concessão da suspensão da pena, prevista no art. 77 do CPB. 6. Recurso Parcialmente provido" (Proc. nº 1.0702.06.321098-4/001, rel. Des. Antônio Armando dos Anjos, julg. em 17/07/2007). TJSP: "A questão dos maus-tratos e da tortura deve ser resolvida perquirindo-se o elemento volitivo. Se o que motivou o agente foi o desejo de corrigir, embora o meio empregado tenha sido desumano e cruel, o crime é de maus-tratos. Se a conduta não tem outro móvel senão o de fazer sofrer, por prazer, ódio, ou qualquer outro sentimento vil, então pode ela ser considerada tortura" (AP, rel. Des. Canguçu de Almeida, JTJ-LEX 148/280). Consignamos, por fim, decisão do Tribunal de Justiça do Distrito Federal, *verbis*: "APELAÇÃO CRIMINAL - PAI TORTURA FILHA DE 11 ANOS - MÃE AUXILIA - DESCLASSIFICAÇÃO PARA MAUS TRATOS - IMPOSSIBILIDADE. I. As agressões físicas, abusivas e cruéis, perpetradas pelo pai à filha de 11 anos, com ajuda e anuência da mãe, ultrapassam todos os limites do *animus corrigendi*. II. Desclassificação para maus-tratos incabível. O excesso foi além do ato de correção, como ficou claro pelo laudo de lesões corporais. III. Apelo improvido" (20040110488572APR, rel. Des. Sandra de Santis, 1ª Turma Criminal, julg. em 17/09/2009).

Há julgados vinculando a diferença entre os delitos à intensidade do sofrimento: "Apelação-crime. Tortura. Vítima criança sob poder e autoridade do pai. Pedido de desclassificação para o crime de maus-tratos. Impossibilidade. Uma vez fartamente demonstrado nos autos que o agente causou profundo sofrimento físico e psíquico na vítima, na medida em que as lesões apresentadas pelo menor, descritas no auto de exame de corpo de delito, bem como visualizadas parcialmente nas fotografias, impossível prevalecer a tese de que houve apenas excesso nos atos de correção e educação. (...)" (TJRS, AP 70008848517, rel. Des. Marcel Esquivel Hoppe, julg. em 15.09.2014).

Pensamos que deve ser buscado o dolo do agente, que, se de dano, já afasta desde logo o crime de maus-tratos. Caso o agente pretenda lesionar a vítima, teremos lesão corporal, violência doméstica ou tortura, a depender da intensidade do sofrimento (que caracteriza tortura). Existindo dolo de perigo – aliado, nos castigos não moderados, à intenção de disciplinar ou corrigir – o crime passa a ser de maus-tratos.

Não escaparam ao Estatuto do Idoso (Lei n° 10.741/03) os maus-tratos praticados contra pessoa maior de sessenta anos (artigo 97). Por tratar de forma ampla do tema e por conter um elemento especializante, o dispositivo tem prevalência sobre o artigo 136 do CP.

Impõe-se, por fim, o confronto entre os maus-tratos e a Lei de Abuso de Autoridade (Lei nº 4.898/65). No diploma extravagante, há o artigo 4º, alínea "b", que dispõe constituir abuso de autoridade a submissão de pessoa sob sua guarda ou custódia a vexame ou a constrangimento não autorizado em lei. Entendemos não ser possível o concurso de infrações penais com o artigo 136, pois a objetividade jurídica destes crimes é a mesma (na lei de abuso de autoridade, tutela-se também, de forma primária, o dever de lealdade para com a administração pública, além da incolumidade física e psicológica do indivíduo). O reconhecimento conjunto destes crimes importaria *bis in idem*. Assim, havendo dolo de perigo e *animus corrigendi vel disciplinandi* (no que tange aos castigos abusivos), caracterizam-se os maus-tratos. Inexistindo tal intenção específica, o crime será de abuso de autoridade (ressalvado possível reconhecimento de tortura). No caso da privação de alimentos, de cuidados indispensáveis e na submissão a trabalho excessivo ou inadequado, em que a intenção de corrigir ou de disciplinar é dispensável, parece-nos sempre restar configurado o artigo 136, mais específico no que concerne aos meios executórios do que a Lei nº 4.898/65.

O crime de maus-tratos previsto no Código Penal Militar (artigo 213) prevalece sobre o tipo penal mais genérico do artigo 136 do CP.

10 Pena e ação penal

Comina-se abstratamente pena de detenção de 2 meses a 1 ano ou multa ao tipo fundamental dos maus-tratos. Ocorrendo lesão corporal grave culposa, a pena passa a ser de reclusão, de 1 a 4 anos (§ 1°). Resultando morte, reclusão, de 4 a 12 anos (§ 2°). Aplica-se ainda o aumento de pena em um terço quando o crime é cometido contra menor de quatorze anos.

As agravantes genéricas previstas no artigo 61, II, alíneas *e* (somente quando houver o dever de guarda), *f* (no que toca ao abuso de autoridade) e *h* (no que se refere às crianças), do CP não são aplicáveis à espécie. As duas primeiras, por se referirem a circunstâncias que servem como elementares do crime (relações de parentesco e autoridade). A segunda, por integrar a causa de aumento de pena do § 3° do artigo 136 (pessoa menor de quatorze anos).

A ação penal é pública incondicionada. Aplica-se a Lei n° 9.099/95 ao tipo simples (pena máxima fixada dentro dos limites legais), podendo-se afirmar que o crime de maus-tratos é de menor potencial ofensivo mesmo na aplicação da causa de aumento de pena (a sanção máxima não ultrapassaria o patamar de dois anos, quedando-se dentro do limite estabelecido pelo artigo 61 da Lei n° 9.099/95). Para a qualificadora do § 1°, é possível a suspensão condicional do processo, consoante o artigo 89 da Lei n° 9.099/95, salvo quando houver a incidência do aumento de pena (o acréscimo de um terço na pena implicaria elevação da pena mínima para além do teto de um ano).

DA RIXA
(TÍTULO I, CAPÍTULO IV)

I – RIXA (ARTIGO 137, CP)

1 Introdução

Para o início do estudo do crime de rixa, faz-se necessária a exata compreensão do significado do termo eleito como *nomen juris* do delito. Por rixa, entende-se a troca de agressões físicas desordenadas e recíprocas entre grupos de contendores, disseminada a todos a vontade de entrar em combate. Hungria define o crime como "uma briga entre mais de duas pessoas, acompanhada de vias de fato ou violência recíprocas, pouco importando que se forme *ex improviso* ou *ex proposito*".[150] No irretocável conceito, podemos notar claramente dois dos elementos que caracterizam a rixa: a pluralidade de autores e as agressões físicas mútuas.

Não se pode prescindir da presença de vários autores em combate, pois é da essência da rixa o tumulto, que torna difícil a individualização da conduta de cada participante da briga. A doutrina costuma exigir, nesse diapasão, a participação de três ou mais pessoas no evento.[151] Também é característica da rixa o emprego de violência material (ou "atos de militante hostilidade", segundo Hungria[152]), pouco importando a efetiva produção de lesões.

Marcará a rixa, ainda, o *animus rixandi*, isto é, a intenção prévia de ingresso em um combate grupal. Não há, ao contrário das agressões delineadoras da lesão corporal, das vias de fato e da tentativa de homicídio, um ataque que pode se transformar em embate pela defesa empreendida, mas uma refrega em que todos os envolvidos desejam, desde logo, digladiar.

A incriminação da rixa, como crime autônomo, é um fenômeno recente e só foi adotada no Brasil pelo atual Código Penal. Deu-se preferência ao sistema em que a rixa simples é incriminada, funcionando os resultados lesão corporal e morte como condição de maior punibilidade, ao contrário do sistema

150 HUNGRIA, Nélson. *Comentários...*, op. cit., v. 6, p. 14.

151 Há quem sustente que apenas duas pessoas em combate já poderiam praticar crime de rixa. Nesse sentido, SZNICK, Valdir, apud PRADO, Luiz Régis. Op. cit., p. 207.

152 HUNGRIA, Nélson. *Comentários...*, op. cit., v. 6, p. 20.

adotado em codificações alienígenas (Holanda e Itália, por exemplo), no qual só se pune a rixa quando dela resultar lesão corporal ou morte.

2 Objetividade jurídica

A integridade física, a saúde e a vida, novamente, são os bens jurídicos tutelados. O conflito que caracteriza o delito propicia condições para o surgimento de danos à incolumidade pessoal dos envolvidos (delito de perigo abstrato), não se cuidando, destarte, de crime contra a paz pública, que sequer pode ser considerado um bem jurídico penalmente tutelável, dado seu alto grau de abstração conceitual, naquilo que chamamos de bem jurídico oco (é de se notar, nesse compasso, a orientação do legislador, ao situar a rixa entre os crimes contra a pessoa, de modo que a questionável tutela da "paz pública" resta alijada do tipo penal).

O objeto material do delito é o indivíduo que fica exposto ao perigo pela rixa, seja ele envolvido ou não na contenda.

3 Sujeitos do delito

A rixa é um crime *sui generis*, no qual todos os participantes, simultaneamente, são autores e vítimas do ilícito penal. Todavia, como bem ressalva Bitencourt, "ninguém pode ser, ao mesmo tempo, sujeito ativo e passivo do crime de sua própria conduta".[153] O rixento é sujeito ativo em relação aos demais participantes do conflito, mas é passivo no tocante à conduta dos outros rixentos.

Temos, assim, um crime plurissubjetivo, de concurso necessário. Mister o envolvimento de no mínimo três rixentos, como visto alhures, pois a dificuldade em se individualizar condutas define a rixa (a briga entre duas pessoas, assinale-se, não traz maiores problemas na análise das posturas, já que as posições são bem destacadas). Não há a exigência de condições especiais do sujeito ativo (crime comum). O número mínimo de rixentos pode ser alcançado com a presença de inimputáveis, que, embora não possam ser responsabilizados pelo delito, prestam-se à instalação do tumulto. Também não é exigível que todos os rixentos sejam identificados, bastando a certeza de que três ou mais pessoas participavam do embate. Não é contabilizado, entretanto, o indivíduo que entra na rixa para fazer cessar a briga, consoante redação do próprio artigo 137, salvo se houver excesso na separação dos participantes. Assim também ocorre com aquele que é envolvido involuntariamente na briga e apenas se defende das agressões.

Mencionar que o rixento é sujeito ativo do delito em relação a todos os demais participantes não implica entender que as agressões ocorrem indistintamente. Não é necessário que todos briguem contra todos, sem adversários

153 Cezar BITENCOURT, Roberto. *Tratado...*, op. cit., v. 2, p. 317.

definidos, bastando a dificuldade em se distinguir os grupos de combatentes. Em verdade, a autoria do crime de rixa quanto aos demais participantes é derivada da criação do perigo (ainda que abstrato), que ameaça a todos. Assim, a chamada "briga de galeras", outrora comum nos bailes *funk* é rixa, pois há uma troca de agressões físicas recíprocas entre várias pessoas (normalmente entre grupos determinados), com *animus rixandi* e grande desorganização, em que cada qual dos participantes será sujeito ativo em relação aos demais, não porque agrida a todos, mas em virtude de ser responsável pela criação e manutenção do risco que a todos se espalha, sejam aliados ou adversários.

O momento de ingresso na rixa é irrelevante para a responsabilização do agente: ingresse *ab initio* ou durante a confusão (*in medias res*), será considerado autor do delito.

A participação em sentido estrito é possível no delito em questão. Costuma distinguir a doutrina clássica a participação na rixa da participação no crime de rixa. Naquele, a participação é direta, ou seja, o rixento efetua atos de agressão, ao passo que neste há apenas uma conduta acessória, moral ou material (instigação, induzimento ou auxílio), observando-se a figura do partícipe (o sujeito que estimula o ingresso de outrem na refrega, *v. g.*, será partícipe da rixa). Contudo, seja o indivíduo autor ou partícipe do delito, responderá pela rixa, por força da norma de extensão contida no artigo 29 do CP, na medida de sua culpabilidade.

Os sujeitos passivos da rixa serão todos aqueles que se envolverem na contenda, pois têm a incolumidade pessoal ameaçada pelo perigo de lesão. Também serão vítimas aqueles que, embora sem participar na rixa, ficarem expostos ao perigo.

4 Elementos objetivos, subjetivos e normativos do tipo

Incrimina-se a conduta de participar de rixa. A participação a que se refere o tipo penal é caracterizada pela violência material (vias de fato, lesões corporais etc.), não havendo o delito no mero combate moral, isto é, na troca de ofensas verbais ou simbólicas (nesse caso, possivelmente estaríamos diante de um crime contra a honra), pois, considerando que a rixa é crime de perigo contra a incolumidade pessoal (integridade corporal e saúde) ou contra a vida, as ofensas morais não teriam o condão de periclitar esses bens. Ainda que se exija o combate violento, não é essencial o contato físico entre os participantes, vez que as agressões podem ocorrer à distância, como no arremesso de objetos.

Pouco importa se a rixa é inopinada (*ex improviso*) ou preordenada (*ex proposito*). O improviso do conflito não é traço característico da rixa, malgrado a opinião de alguns juristas.[154] Ainda que, no mais das vezes, surja de rompante, o delito pode ser preordenado.

Rixa, como já visto, é a briga generalizada e desorganizada, dificultando a individualização das condutas, com agressões recíprocas, na qual os participantes agem com *animus rixandi*. A desorganização do combate não implica afirmar que grupos definidos não possam digladiar em rixa. Afirma Régis Prado que "a briga conduzida por dois grupos rivais, cujos integrantes apenas agridem os componentes da equipe adversária - e não os membros do próprio grupo -, nada mais é do que troca de lesões corporais, e não rixa",[155] assertiva da qual discordamos. A existência de grupos determinados em conflito não impede que seja difícil a verificação da conduta de cada participante ou que exista desorganização na contenda. Imaginemos uma briga entre torcedores de clubes de futebol rivais: quem já viu esse tipo de conflito sabe que é extremamente difícil a determinação das condutas, embora se saiba que os torcedores de um time agridem os torcedores adversários e não aqueles que compartilham da mesma paixão. Seguimos, assim, a lição esposada por Hungria (exemplifica o autor com o encontro corpo a corpo entre grupos de *foot-ballers*)[156] e Fragoso ("não se exclui, no entanto, que possa configurar-se o crime na luta generalizada entre dois grupos de contendores").[157] Assim não fosse, dificilmente veríamos a concretização do delito, especialmente em se tratando de rixa preordenada. Acerca do tema, falaremos mais ao tratarmos da distinção entre a rixa e o crime de lesões corporais.

O tipo subjetivo é composto pelo dolo (direto ou eventual), denominado *animus rixandi*, significando a vontade de ingressar em uma briga na qual haja agressões recíprocas, qualquer que seja o motivo de surgimento desse ânimo (vingança, ira, prazer pelo combate etc.). Não há rixa, por conseguinte,

---

154 Por todos, Galdino Siqueira, para quem a rixa "rompe subitamente, por efeito de um movimento impetuoso de cólera, e, pois, sem concerto prévio, sem união de vontades e de ação para atingir um fim comum, e é exatamente por essa atuação desordenada, ditada pela cólera, que o rixento não se confunde com o delinqüente habitual, frio" (*Tratado*..., op. cit., p. 130).

155 PRADO, Luiz Régis. *Curso*..., op. cit., p. 210. Na mesma esteira se pronuncia Damásio E. de Jesus: "desde que se reconheça a existência de dois grupos antagônicos, que lutem contra si, não há rixa, mas delito de lesão corporal ou homicídio" (*Direito penal*..., op. cit., v. 2, p. 190). No mesmo sentido, TJSP: "[...] Conflito com dois grupos rivais bem delimitados e restrito a algumas pessoas. Delito de rixa não configurado [...]" (Ementa nº 243397). Ver, ainda, TJSP, *RT* 593/325.

156 HUNGRIA, Nélson. *Comentários*..., op. cit., v. 6, p. 18.

157 FRAGOSO, Heleno Cláudio *Lições*..., op. cit., p. 123. Nesse sentido, colhemos jurisprudência do STF: "Rixa, homicídio e tentativa de homicídio. 1. Não tendo sido apurado o autor do tiro causador do homicídio, não é admissível que por ele respondam todos os participantes da rixa, que pressupõe grupos opostos. [...]" (AP 196/PB, Tribunal Pleno, Rel. Min. Aliomar Baleeiro, J. 10.06.1970).

na conduta da pessoa que somente se defende de uma agressão (pois não há a vontade prévia de ingressar em uma rixa), ou na simulação de uma briga, realizada com *animus jocandi* (intenção de fazer um gracejo), ainda que resulte lesão corporal ou morte (nesse caso, haveria crime de lesão corporal culposa ou homicídio culposo).

Questiona-se se é possível o reconhecimento da exclusão da antijuridicidade do comportamento do rixento pela legítima defesa. Consistindo a legítima defesa, segundo Bettiol, em "um instinto que leva o agredido a repelir a agressão a um seu bem tutelado, mediante a lesão de um do agressor",[158] a resposta aparentemente é positiva, já que, na rixa, o participante, a despeito de também ser um agressor, é simultaneamente agredido. Todavia, segundo adita Wessels, com a concordância da doutrina nacional, "quem provoca intencionalmente uma agressão, para poder lesar outrem sob o manto protetor da legítima defesa, atua abusivamente e não pode dela se socorrer".[159] O participante de uma rixa, como visto, age com *animus rixandi*, com a vontade prévia de ingressar em um conflito em que há agressões recíprocas. Assim, não se pode negar a existência de uma provocação, que impede o reconhecimento da causa de exclusão da antijuridicidade se serve como pretexto para a legítima defesa ou se constitui uma agressão (o que se verifica na rixa). Há situações, contudo, em que é possível vislumbrarmos a legítima defesa, bastando que haja um agravamento da conduta inicial, com a possibilidade de um resultado gravoso. Suponhamos que, durante a briga, inicialmente caracterizada pelas vias de fato ou pela imposição de lesões leves, um dos contendores empunhe uma arma de fogo, criando um risco iminente para os demais participantes. É possível que os demais rixentos repilam, acobertados pela excludente de antijuridicidade, o incremento da agressão. Não se afasta o crime de rixa, ressalte-se. O participante que combateu a pessoa que portava a arma continua sendo responsável pelo delito. A legítima defesa se prestará para tornar lícita a reação àquela pessoa que tentou uma agressão mais reprovável. Se, no exercício da legítima defesa, por exemplo, o participante mata o agressor, não será punido pelo homicídio, mas continuará sendo autor da rixa. Ao terceiro que ingressa na confusão para separar os contendores é perfeitamente alegável a legítima defesa, já que não participa da contenda. Também podem invocar a excludente terceiros que, alijados do embate, vierem a ser por ele atingidos.

5 Consumação e tentativa

Instalando-se a rixa, é reputado consumado o delito. Se o agente não se faz presente na briga desde o início, a consumação do delito, exclusivamente

158 BETTIOL, Giuseppe. *Direito penal*. São Paulo: Revista dos Tribunais, v. 1, 1966. p. 369.

159 WESSELS, Johannes. *Direito penal* – parte geral. Porto Alegre: Sergio Antonio Fabris, 1976. p. 73.

para ele, ocorre no momento de seu ingresso. Não merece prosperar a opinião de Magalhães Noronha, para quem o delito é consumado "no momento e no lugar onde cessou a atividade dos contendores".[160] Ora, sendo um delito de perigo abstrato, basta a produção do perigo potencial e temos o aperfeiçoamento do tipo penal.

A tentativa é possível (crime plurissubsistente), embora de difícil concretização, como no caso em que os contendores, prestes a iniciar o conflito, são impedidos por terceiros.[161]

6 Tipo qualificado

A forma qualificada do crime de rixa está no parágrafo único do artigo 137, que prevê a ocorrência dos resultados lesão corporal de natureza grave ou morte. Incorrem na punição todos aqueles que participaram do evento em que alguém se feriu gravemente ou morreu (o parágrafo único é claro ao mencionar a punição "pelo fato da participação na rixa"). Não se dirige a qualificadora, por conseguinte, àquele que provocou diretamente o resultado, mas a todos os demais contendores. Vejamos o seguinte exemplo: durante uma briga generalizada, um dos participantes da contenda se excede no seu ímpeto e, com uma agressão mais severa, fere mortalmente um dos combatentes. Todos aqueles que ingressaram na briga serão punidos pela rixa qualificada, desejassem ou não o resultado, salvo o rixento que causou a morte da vítima, que responderá por homicídio (doloso ou culposo).

Discute-se se tal disposição consagraria a responsabilidade objetiva, o que é refutado pela doutrina majoritária. Expõe Magalhães Noronha que "falta ao rixosos a ação causal do evento mais grave, certo sendo que foi só um ou alguns deles que a praticaram", complementando que "não há, porém, responsabilidade objetiva, devido à previsibilidade".[162] Régis Prado, concordando com a lição, lança a ressalva do participante que abandona a rixa antes da produção do resultado agravador, concluindo que deve ser observada a regra do artigo 19 do CP, ou seja, mesmo este será punido pelo crime qualificado, desde que tenha contribuído para a produção do resultado, agindo ao menos com culpa inconsciente.[163] Justifica-se a posição pelo fato de que, ao ingressar na rixa, insuflando o conflito, o participante agiu com falta de cuidado objetivo, sendo responsável pelas suas consequências, ainda que posteriormente abandone o

160 MAGALHÃES NORONHA, E. *Direito penal...*, op. cit., p. 113.

161 Contra, Álvaro Mayrink da Costa, para quem só é possível a tentativa na rixa preordenada, já que o improviso impediria o fracionamento do *iter criminis* (*Direito penal...*, op. cit., p. 355).

162 MAGALHÃES NORONHA, E. *Direito Penal...*, op. cit., v. 2, p. 115-116. Nesse diapasão se pronuncia Nélson Hungria: " todos os participantes quiseram a rixa, isto é, o fato que, segundo *id quod plerumque accidit*, podia ser, como realmente foi, causa de crimes de sangue" (*Comentários...*, op. cit., v. 6, p. 23).

163 PRADO, Luiz Régis. *Curso...*, op. cit., p. 214.

evento. Todavia, se as circunstâncias não autorizassem a previsibilidade objetiva do resultado (por exemplo, até o momento da retirada do participante, a rixa consistia em mera troca de empurrões, agravando-se posteriormente), não há como ser imputada a forma qualificada ao participante que se retirou, que responderia somente por rixa simples. Busato, discorrendo acerca do elemento subjetivo, o autor reconhece na rixa qualificada de fato um exemplo de responsabilidade penal objetiva, como resquício do sistema de cumplicidade correlativa.[164] Esse sistema, em que a rixa em si não era punida, senão quando resultasse em morte ou lesões graves imputáveis a todos os rixentos, vigorava no direito penal da antiguidade e inspirou a atual formulação legislativa.[165] Esclarece Busato que o agravamento fere o princípio da culpabilidade (na acepção de responsabilidade penal subjetiva), pois a imputação se dá ainda que o rixento não tenha efetivamente contribuído para com o resultado.[166] Estamos de acordo com essa posição, mudando nossa orientação anterior. Frise-se que, como já dito, não concordamos com a alocação da paz e da ordem públicas como bens jurídicos tutelados na rixa, uma vez que são conceitos vagos, impedindo que a teoria do bem jurídico-penal cumpra sua finalidade limitadora. Assim, não cremos válida a solução dada por Busato para legitimar a qualificadora (os resultados autorizariam o aumento da pena por representarem maior risco à paz e à ordem públicas, expondo, consequentemente, os bens jurídicos coletivos).[167]

Caso se admita a legitimidade dos resultados especialmente agravadores e a concepção segundo a qual a rixa qualificada tem suas margens penais elevadas em virtude da maior intensidade do confronto, mesmo o ferido, se participante da rixa, será responsabilizado pelo crime qualificado, já que não se pune o mal causado, mas sim a mera participação no evento. Assim, o ferido não estaria sendo punido pela lesão que ele mesmo suportou, pois, o resultado, da mesma forma que nele se produziu, poderia ter ocorrido em outrem.

Ainda na esteira da admissão da legitimidade da qualificadora, ao participante de rixa que causou a lesão grave ou a morte, se for possível determinar a sua identidade, imputa-se crime de lesão corporal (artigo 129, §§ 1° ou 2°, se dolosa, ou § 6°, se culposa) ou de homicídio (artigo 121, incidindo no § 3° em caso de culpa). Assim, haverá concurso material desses delitos com o crime de rixa simples. Os demais participantes da rixa, que não causaram diretamente o evento agravador, continuarão respondendo por rixa qualificada. Por que o participante que causou o resultado responde por rixa simples? Ora, sendo-lhe imputada a prática da lesão corporal ou do homicídio, a responsabilização

164 Idem, *ibidem*, p. 219.

165 Idem, *ibidem*, p. 209.

166 Idem, *ibidem*, p. 219-220.

167 Idem, *ibidem*, p. 220.

também pela rixa qualificada redundaria em dupla punição pelo mesmo fato (*bis in idem*), pois é a lesão corporal ou a morte que qualificará o delito.[168] Saliente-se, uma vez mais, que não concebemos a tutela dos supostos bens jurídicos paz pública e ordem pública como correta, de modo que outra solução não é defensável (por exemplo, a punição do rixento que provocou o resultado pelo crime de lesão corporal e homicídio e, ainda, pelo crime de rixa qualificada, pois a maior intensidade punitiva derivaria do risco causado à paz e à ordem).

Se desconhecida a autoria do resultado qualificador, é forçoso admitirmos que ficará impune a provocação da lesão ou da morte, pois a todos, igualmente, será imputada a rixa qualificada (se superada a – para nós existente – responsabilidade penal objetiva). Não se trata de autoria incerta, mas de autoria desconhecida.

Ocorrendo mais de uma lesão grave ou morte no mesmo evento, persiste a punição dos participantes da contenda por um único crime de rixa qualificada. Não há relevo nesse dado para a responsabilização dos rixentos, já que a circunstância qualificadora não contempla qualquer alteração na punição havendo pluralidade de resultados. De igual forma, pouca importância tem a intenção do causador da lesão ou da morte, se agia com culpa ou com dolo, justamente porque ao tipo qualificado basta a verificação do resultado. Se, entretanto, o ataque à integridade física ou à vida da vítima não ultrapassar a seara da tentativa, não se configura o parágrafo único. O argumento é o mesmo: exigindo o tipo penal a produção de um resultado, a não ocorrência deste desautoriza o agravamento da pena. Assim, todos os rixentos seriam responsabilizados por rixa simples, inclusive o que tentou produzir o resultado, que responderia, em concurso material, por tentativa de homicídio ou de lesão corporal grave.

7 Distinção, concurso aparente de normas e concurso de crimes

As vias de fato (artigo 21, LCP), bem como as ameaças proferidas (artigo 147, CP), são absorvidas pela rixa, já que inerentes ao conflito, não havendo concurso de crimes. Ocorrendo lesão corporal grave ou morte, como estudado, aquele que causou os resultados responde em concurso material por rixa simples e homicídio (doloso ou culposo) ou lesão corporal (grave, gravíssima ou culposa). Os demais participantes, somente por rixa qualificada.

Outros delitos que, porventura, vierem a ser verificados durante a refrega (por exemplo, lesão corporal leve - artigo 129, CP –, CP –, resistência – artigo

168 Nesse sentido, Luiz Régis Prado (*Curso*..., op. cit., p. 214). Em sentido contrário, Nélson Hungria (*Comentários*, v. 6, p. 24), Damásio E. de Jesus (*Direito penal*..., op. cit., v. 2, p. 193-194), Fernando Capez (*Curso*..., op. cit., p. 213) e Cezar Roberto Bitencourt (*Tratado*..., op. cit., p. 323), defendendo que há concurso com o crime de rixa qualificada, pois nessa o que se pune é a simples participação na briga.

329, CP –, furto – artigo 155, CP) serão imputados de forma autônoma ao seu autor, se possível sua identificação, em concurso material ou formal com a rixa, a depender do caso concreto.[169]

Importa ainda observarmos o Estatuto do Torcedor (Lei nº 10.671, de 2003) e seu artigo 41-B, que contempla a conduta de "promover tumulto, praticar ou incitar a violência, ou invadir local restrito aos competidores em eventos esportivos" (*caput*). O § 1º, I, incrimina a mesma conduta em relação ao torcedor que age em um raio de cinco quilômetros a contar do local em que ocorre o evento esportivo, ou no trajeto de ida para ou volta do local do evento. A conduta de praticar violência prevalece sobre o crime de rixa, por ser mais específico (seja no que concerne ao sujeito ativo da conduta, seja no que tange ao local em que a violência ocorre). A rixa entre torcedores de futebol, não obstante, pode ensejar a aplicação do artigo 137 do CP, desde que ausentes as elementares do tipo penal do Estatuto do Torcedor. Isso ocorre, por exemplo, nas brigas marcadas pela internet entre torcidas rivais, as quais ocorrem muitas vezes em municípios distintos do lugar do evento, com o que os torcedores evitam o policiamento intensificado nas imediações da arena esportiva.

8 Pena e ação penal

A rixa simples é apenada com detenção, de 15 dias a 2 meses, ou multa. Cuidando-se de infração de menor potencial ofensivo, são aplicáveis os dispositivos da Lei nº 9.099/1995.

À rixa qualificada é cominada pena de detenção, de 6 meses a 2 anos, mantendo-se a característica de infração de menor potencial ofensivo. Assim, mesmo a forma qualificada estará sujeita à égide da Lei dos Juizados Especiais Criminais.

---

169 Para Celso Delmanto, o concurso é formal (*Código penal comentado...*, op. cit., p. 235). Para E. Magalhães Noronha, concurso material: "trata-se de delito coletivo e que só se consuma com o fim da atividade dos rixosos, de modo que outro delito praticado por um deles, durante a rixa, concorrerá materialmente com esta" (*Direito penal...*, op. cit., p. 115).

DOS CRIMES CONTRA A HONRA
(TÍTULO I, CAPÍTULO V)

I – GENERALIDADES

1 Honra: conceito

Parte integrante da personalidade humana, a honra pode ser definida como o "complexo ou conjunto de predicados ou condições da pessoa que lhe conferem consideração social e estima próprias".[1]

Tida como um dos direitos da personalidade, na categoria dos direitos à integridade moral (que também compreende os direitos à liberdade, ao recato, à imagem, ao nome e o direito moral do autor),[2] a honra foi abraçada pela Constituição Federal de 1988 como um direito individual (artigo 5º, X, CRFB/88), inviolável. O amparo constitucional exige que se confira ao patrimônio moral ampla proteção, salvaguardando-o de ataques externos, razão da previsão do direito de resposta e do direito à indenização por dano moral, constantes do dispositivo da Carta Magna.

De fato, é a reputação do indivíduo, incontestavelmente, que permitirá a sua aceitação em determinados círculos sociais ou, mesmo, seu êxito profissional. Camargo Aranha afirma que "o homem, analisado sob o prisma ético de sua conduta, é repudiado ou aceito dentro de um círculo social, na conformidade de seu proceder, representando sua própria honra".[3] Aliás, a preocupação com a imagem não é um fenômeno recente. Caio Júlio César, ao testemunhar contra Público Clódio, acusado de ser amante de sua mulher Pompéia, disse nada saber sobre o fato. Questionado, então, sobre a razão de rejeitar sua esposa, teria dito: "porque os meus devem estar isentos não só do crime, mas também da suspeita".[4] Hodiernamente, em uma época em que o trânsito da informação se torna cada vez mais veloz, a preocupação com a honra deve ser reforçada, pois a difusão das ofensas pode atingir um número muito maior de pessoas, incrementando o dano.

---

1 MAGALHÃES NORONHA, E. *Direito penal*..., op. cit., p. 118.

2 GOMES, Orlando. *Introdução*..., op. cit., p. 153.

3 CAMARGO ARANHA, Adalberto José Q. T. de. *Crimes contra a honra*. 2. ed. São Paulo: Saraiva, 2000. p. 03.

4 SUETÔNIO. *A vida dos doze Césares*. São Paulo: Ediouro, 2002. p. 73.

Desde a antiguidade, as leis penais já previam os crimes contra a honra. O Código de Manu punia a imputação difamatória e as expressões injuriosas. Também na Grécia e em Roma eram criminosos os ataques à honra alheia. Preocuparam-se com o tema o direito canônico e o direito germânico. Somente com o Código de Napoleão, todavia, iniciou-se a dar contornos próprios a cada subespécie de lesão à honra, com a distinção entre a injúria e a calúnia (abrangendo esta a imputação de fato delituoso ou difamatório falso). Com a Lei de Imprensa de 1819, cambiou-se a expressão calúnia pela difamação, eliminando-se o requisito da falsidade. A tríplice partição dos crimes contra a honra encontra repouso no Código Alemão de 1870, que tipificava a injúria, a calúnia e a difamação, consistindo a diferença entre os últimos na comprovação da veracidade do fato imputado, objetivamente e subjetivamente falso na calúnia e não comprovadamente verdadeiro na difamação.

No Brasil, o Código Penal de 1830 previa os crimes contra a honra seguindo a classificação bipartida da lei napoleônica, incriminando a calúnia e a injúria nos artigos 229 e 236.[5] A injúria abrigava em sua definição condutas hoje tidas como difamatórias e, mesmo, alguns casos de imputação criminosa. Em 1890, mantendo-se a divisão anteriormente esposada, modificou-se bastante a tipificação da injúria. Além de alijar de seu conceito as imputações criminosas (restritas, agora, à calúnia), passou-se a distinguir de forma mais clara as lesões à honra subjetiva e à honra objetiva.[6] A classificação dos crimes contra a honra em três tipos autônomos (calúnia, difamação e injúria) só surgiu, no direito brasileiro, com o atual Código Penal (artigos 138, 139 e 140).

2 Honra objetiva e subjetiva

É costumeira e relevante a divisão do bem jurídico honra em dois aspectos: objetivo e subjetivo. Não há que se falar em dois tipos de honra, pois essa é única. Existem, sim, diferentes ângulos de um mesmo bem, que toma

---

5 "Art. 229. Julgar-se-ha crime de calumnia, o attribuir falsamente a alguem um facto que a lei tenha qualificado criminoso, e em que tenha lugar a acção popular, ou procedimento de official de justiça."

"Art. 236. Julgar-se-ha crime de injuria: 1º Na imputação de um facto criminoso não comprehendido no artigo duzentos e vinte e nove. 2º Na imputação de vicios ou defeitos, que possão expôr ao odio, ou desprezo publico. 3º Na imputação vaga de crimes, ou vicios sem factos especificados. 4º Em tudo o que pode prejudicar a reputação de alguém. 5º Em discursos, gestos ou signais reputados insultantes na opinião publica."

6 "Art. 315. Constitue calumnia a falsa imputação, feita a alguém, de facto que a lei qualifica crime."

"Art. 317. Julgar-se-á injuria: a) a imputação de vicios ou defeitos, com ou sem factos especificados, que possam expor a pessoa ao ódio ou desprezo publico; b)a imputação de factos offensivos da reputação, do decoro e da honra; c) a palavra, ou gesto, ou signal reputado insultante na opinião publica."

contornos peculiares dependendo de quem o aprecia, seja o próprio indivíduo, seja a sociedade que o cerca.

Assim, é definida a honra, em seu aspecto objetivo, como a imagem que a pessoa tem perante a sociedade, isto é, a sua reputação. Há a apreciação da honra por terceiros, não pelo próprio indivíduo, razão pela qual a honra objetiva também é chamada de honra externa. Subjetivamente, a honra pode ser conceituada como o amor-próprio, observando-se, portanto, o aspecto íntimo do bem jurídico (honra interna). Trata-se, enfim, de um conceito do indivíduo acerca da dignidade (atributos morais, como honestidade e retidão de caráter) ou do decoro próprios (este último englobando os dotes e as qualidades, como aparência física, aptidão esportiva, inteligência, ou seja, atributos físicos, intelectuais e sociais).[7]

O Código Penal reserva à honra objetiva um valor maior do que aquele conferido à honra subjetiva, o que pode ser facilmente constatado quando se analisa as penas dos crimes contra a honra, superiores nos crimes que possuem a honra objetiva como objeto de tutela (calúnia e difamação). Anteriormente, considerávamos inexistente a maior ou menor relevância no ataque a um ou outro dos aspectos da honra. Alterando nossa ótica, passamos a considerar a honra objetiva como a única penalmente relevante. Isso porque o ataque à honra subjetiva nada mais é do que a mera afetação a um sentimento. A tutela dos sentimentos, por sua vez, é repudiada pela concepção mais moderna sobre teoria do bem jurídico, com a qual concordamos.[8]

Verifica-se a importância prática da dicotomia ora em comento quando do estudo específico dos crimes contra o patrimônio moral. Tutelando cada crime um aspecto distinto da honra, diferenças podem surgir quanto ao momento consumativo do delito, quanto ao sujeito passivo do crime, entre outras, que serão vistas detidamente no momento apropriado. Por enquanto, basta sabermos que a calúnia e a difamação visam a salvaguardar a honra objetiva, ao passo que a honra subjetiva é protegida na injúria.

---

7 Há, ainda, a classificação da honra em comum (ou privada) e especial (ou profissional). Esta guardaria relação com os dotes profissionais do indivíduo, constituída, segundo Hungria, por "peculiares pontos de honra" (*Comentários...*, op. cit., p. 41). Aquela seria a honra atribuída a todos os cidadãos. Afirma Camargo Aranha que a distinção é importante porque certas ofensas somente atingem determinada categoria de pessoas, como chamar de carniceiro um médico (*Crimes contra a honra...*, op. cit., p. 5-6). Realmente, existem certas ofensas que atingem mais profundamente alguns indivíduos do que outros, pois a sua atuação profissional eleva sua sensibilidade. Todavia, as condições pessoais do ofendido sempre deverão ser aferidas nos crimes contra a honra, tornando a classificação, embora interessante, de pouca relevância prática.

8 Concordamos com Florian, que só admitia a incriminação dos crimes contra a honra objetiva, restando a sanção civil para punir as lesões à honra subjetiva (apud HUNGRIA. *Comentários...*, op. cit., p. 42).

3 A pessoa jurídica como ofendida nos crimes contra a honra

Embora o assunto trazido à baila deva ser repetido na análise específica de cada delito, preferimos adiantar o tema em virtude das complexas argumentações que surgirão, preservando-se os próximos capítulos de digressões que fugiriam ao detalhamento didático dos crimes.

O primeiro ponto de interesse do estudo refere-se ao seguinte questionamento: pessoa jurídica tem honra?

A personalidade jurídica é uma criação humana, em que entes abstratos, formados pelo agrupamento de homens, adquirem personalidade distinta de seus membros. Não se cuida, portanto, de um fenômeno natural, mas de um produto do intelecto humano, motivo pelo qual as pessoas físicas também são chamadas de pessoas naturais e as pessoas jurídicas, de morais.

Muitas teorias tentam explicar a personalidade jurídica, sobressaindo, entre elas, a teoria da ficção, moldada por Savigny, a da realidade objetiva, defendida, entre outros, por Giorgi, Fadda, Bensa e Gierke, e a teoria da realidade técnica (Saleilles, Geny e Michoud).[9] Independentemente da tese que se adote, observa-se com certa facilidade que, por se tratar não de um ente natural, mas do resultado da agremiação entre homens, a pessoa jurídica não tem consciência ou capacidade de reflexão. Não é dotada de vontade própria, já que são as pessoas naturais que ditarão os seus rumos, estas sim, agindo conscientemente.

Pode, então, uma entidade destituída de consciência ter amor-próprio? É evidente que não. Não pode a pessoa jurídica ser atingida intimamente por uma ofensa, simplesmente por não possuir um sentimento íntimo. Conclui-se, assim, que a pessoa jurídica não possui o aspecto subjetivo da honra. Dando-se a tutela da honra subjetiva pela injúria, é possível afirmarmos sem receio que a pessoa jurídica não pode ser injuriada.

A questão se torna mais conflituosa quando versa sobre a honra objetiva. A pessoa jurídica é dotada a pessoa jurídica de reputação? Sendo positiva a resposta, os tipos penais que tutelam a honra objetiva (calúnia e difamação) são aplicáveis à ofensa irrogada contra a pessoa jurídica?

Hungria nega a possibilidade, pois, em se tratando de uma ficção jurídica, os entes morais não teriam honra, "senão por metáfora". Citando Binding, assevera que a pessoa jurídica é estranha ao direito penal, já que oriunda do direito privado, instituída para fins patrimoniais ou econômicos, não podendo

9 A teoria da ficção ensina que a pessoa jurídica é uma ficção, uma abstração, sem existência real. A teoria da realidade objetiva expõe a personalidade jurídica como um ente real, análogo aos seres humanos. Por fim, a teoria da realidade técnica afirma que a pessoa jurídica, embora não exista objetivamente, a não ser como agrupamento de homens, ganha feições de realidade em virtude da técnica jurídica que lhes dá forma (GOMES, Orlando. *Introdução...*, op. cit., p. 187).

"ser ampliada além da utilidade prática".[10] Argumenta-se, outrossim, que a honra é um bem jurídico inerente ao ser humano, próprio da pessoa natural, não ficando impune a ofensa dirigida a uma pessoa jurídica, pois, nesse caso, estariam sendo ofendidas as pessoas naturais que a representam.[11]

Outros autores, embora admitam que a pessoa jurídica possa ser ofendida em sua reputação, argumentam que a sistemática do Código Penal impede o reconhecimento do delito, já que os crimes que tutelam a honra objetiva (calúnia e difamação) estão no título referente aos crimes contra a pessoa (Título I da Parte Especial), reservado aos delitos praticados contra as pessoas naturais. Ou seja, a pessoa jurídica tem reputação e, destarte, pode ter sua honra violada. Entretanto, a topologia do delito na lei penal, entre os crimes contra a pessoa, nega a tutela, pois pessoa, no referido título, é somente a pessoa natural. Para que houvesse a salvaguarda da honra objetiva da pessoa jurídica, imprescindível a expressa tipificação da conduta contra o ente moral. É essa a argumentação expendida por Moura Teles ao negar a figuração da pessoa jurídica como sujeito passivo do crime de difamação: "Ultimamente surgem cada vez mais opiniões no sentido de que a pessoa jurídica também pode ser sujeito passivo de difamação, sob a argumentação de que também ela possui reputação, uma honra objetiva, que deve ser protegida pelo Direito Penal. Nada obstante essas ponderações perfeitamente corretas, é de ver que os crimes contra a honra estão contidos no Título I do Código Penal - Dos Crimes Contra a Pessoa - que dizem respeito, a meu ver, exclusivamente ao ser humano. Por isso o tipo utiliza a expressão alguém, equivalente à usada no tipo de homicídio, significando ser vivo nascido de mulher. Se é verdade que a pessoa jurídica também tem honra objetiva, que precisa ser tutelada, cabe ao legislador criar o tipo incriminador, para que possa o Direito Penal estender-lhe a sua proteção, hoje apenas existente na esfera civil".[12]

---

10 HUNGRIA, Nélson. *Comentários...*, op. cit., v. VI, p. 44-45. No mesmo sentido, Heleno Cláudio Fragoso, admitindo que a pessoa jurídica tem reputação não havendo do que se falar, entretanto, em honra: "É evidente que há valores morais, relacionados com a reputação, o bom nome ou o crédito, que são aplicáveis às pessoas jurídicas e que devem ser objeto de tutela jurídica. Isso pode e deve ser feito sem que tenha de atribuir honra a empresas e organizações, que somente atuam através de pessoas físicas. A ofensa feita à pessoa jurídica reputa-se irrogada aos que a representam ou dirigem" (*Lições...*, op. cit., p. 131).

11 Segundo Berner (apud HUNGRIA. *Comentários...*, op. cit., p. 44), "as ofensas à honra de uma pessoa jurídica não são, de fato, senão ofensas à honra das pessoas físicas que a representam".

12 MOURA TELLES, Ney. *Direito penal...*, op. cit., p. 270. Nesse sentido, E. Magalhães Noronha (*Direito penal...*, op. cit., v. 2, p. 128) e Julio Fabbrini Mirabete (*Manual...*, op. cit., p. 161). Ressalte-se que todos esses autores admitem a possibilidade de incriminação das ofensas à honra objetiva da pessoa jurídica, que não ocorre, contudo, no atual Código Penal. Na jurisprudência, STJ: "A jurisprudência desta Corte, sem recusar à pessoa jurídica o direito à reputação, é firmada no sentido de que os crimes contra a honra só podem ser cometidos contra pessoas físicas" (REsp 493.763/SP, 5ª Turma, Rel. Min. Gilson Dipp); "Pela lei em vigor,

Discordamos, assim como outros juristas, das posições consignadas. A negação da honra objetiva à pessoa jurídica, defendida por Hungria, dá-se por força da adoção da teoria ficcionista, pois, não existindo a pessoa jurídica, a não ser como abstração, quaisquer ofensas a transcenderiam, atingindo os seus representantes. A doutrina moderna, entretanto, tem privilegiado a teoria da realidade técnica (organicista), na qual a pessoa jurídica tem existência real, possuindo, por conseguinte, boa fama. Em uma época em que o poder econômico se agiganta, em que a competição empresarial ocupa um papel de destaque, o nome de uma empresa goza de importante posição, não podendo ser confundido com a reputação dos administradores. Tem a pessoa jurídica, e isso nos parece claro, honra objetiva. Entendemos, outrossim, que a topologia dos crimes contra a honra no Título I (Dos Crimes Contra a Pessoa) não é suficiente para afastar a pessoa jurídica da tutela penal. Os crimes contra a pessoa não se circunscrevem ao ser humano, como pode ser notado no artigo 152, posicionado neste título, que prevê a conduta de violar correspondência comercial, obviamente contando com a pessoa jurídica como vítima. Estamos com Damásio de Jesus, que ensina: "É certo que a definição legal do artigo 139 do CP fala em 'alguém'. Mas 'alguém' significa 'alguma pessoa', em face do que se pode entender que o tipo cuida de toda espécie de pessoa, física ou jurídica".[13]

---

pessoa jurídica não pode ser sujeito passivo dos crimes contra a honra previstos no C. Penal. A própria difamação, *ex vi legis* (artigo 139 do C. Penal), só permite como sujeito passivo a criatura humana. Inexistindo qualquer norma que permita a extensão da incriminação, os crimes contra a pessoa (Título I do C. Penal) não incluem a pessoa jurídica no pólo passivo e, assim, especificamente, só protegem a honra das pessoas físicas (precedentes)" (RHC 8859/RJ, 5ª Turma, Rel. Min. Félix Fischer); "A pessoa jurídica não pode ser sujeito passivo do crime de difamação. A conclusão não é pacífica. Doutrina e jurisprudência divergem. A difamação, como a calúnia e a injúria, são crimes contra a honra integrantes do Título Crimes Contra a Pessoa. Consiste, ademais, em imputar fato ofensivo à reputação de alguém. Alguém, em todo o Direito, notadamente no contexto legislativo, indica o ser humano. Jamais a legislação se refere à pessoa jurídica como alguém. Interpretação lógica reafirma essa conclusão. Honra, no Capítulo V dos Crimes Contra a Pessoa, significa o patrimônio moral do homem. Daí, a impossibilidade de ser ofendida em sua dignidade, decoro, ou reputação na sociedade. A pessoa jurídica tem reputação, sim, todavia, de outra espécie, ou seja, significado de sua atividade social, que se pode sintetizar no valor de seu relacionamento, dado ser titular de personalidade jurídica. Honra e reputação da empresa não se confundem. A primeira possui o homem. A segunda atividade comercial, ou industrial" (RHC 7512/MG, 6ª Turma, Rel. Min. Luiz Vicente Cernicchiaro).

13 JESUS, Damásio E. de *Direito Penal*..., op. cit., v. 2, p. 203. Nessa posição, Luiz Regis Prado (*Curso*..., op. cit., p. 236) e Fernando Capez (*Curso*..., op. cit., p. 238). Cezar Roberto Bitencourt ressalta que a Lei de Imprensa (Lei nº 5.250/67, declarada inconstitucional pelo STF), em seu artigo 23, III, previa uma majorante para os crimes contra a honra caso praticados contra *órgão* ou autoridade que exerça função de autoridade pública (*Tratado*..., op. cit., p. 355). Na jurisprudência, STF: "[...] a pessoa jurídica não pode ser sujeito passivo dos crimes de calúnia e injúria, sujeitando-se apenas à imputação de difamação" (Pet. 2491 AgR./BA, Tribunal

Chegamos, então, a duas importantes conclusões: a pessoa jurídica possui honra (objetiva), e essa honra é tutelada penalmente, independentemente de a pessoa ofendida ser natural ou moral. Assim, considerando que o crime de difamação pune toda conduta lesiva à reputação da pessoa que não seja a imputação falsa de um fato criminoso, afirmamos que a pessoa jurídica pode ser sujeito passivo do delito previsto no artigo 139 do CP. Em relação à calúnia, contudo, a resposta merece melhor elaboração. Explica-se: apesar de salvaguardar a reputação da pessoa, assim como a difamação, a calúnia consiste na imputação falsa de um fato definido como crime. Viola-se a honra objetiva mediante a atribuição da prática de uma conduta tipificada, que o ofensor sabe ou deveria saber não ter sido realizada pelo ofendido. Para que haja a imputação inverídica de um fato definido como crime, é necessário que a pessoa jurídica possa cometer crimes, afinal, só se pode atribuir um crime (ainda que falsamente) a quem tenha capacidade para os praticar. Se a pessoa jurídica pode praticar um fato definido como crime, pode também ser ofendida por uma calúnia. Ao revés, se é impossível para a pessoa jurídica a adoção da conduta típica, jamais poderá ser ofendida por uma calúnia. O debate, assim, deve ser estendido à responsabilidade criminal dos entes morais.

A responsabilidade penal da pessoa jurídica é discussão assaz tempestuosa, pelo qual não pretendemos esgotar o tema aqui, pois não é esse o objetivo da obra. Tentaremos apenas lançar algumas luzes sobre a controvérsia, consignando posições abalizadas.

Sustenta-se a possibilidade de responsabilização criminal da pessoa jurídica, no direito pátrio, com fulcro nos artigos 173, § 5º, e 225, § 3º, ambos da CRFB. O primeiro dispositivo tem a seguinte redação: "A lei, sem prejuízo da responsabilidade individual dos dirigentes da pessoa jurídica, estabelecerá a responsabilidade desta, sujeitando-a às punições compatíveis com sua natureza, nos atos praticados contra a ordem econômica e financeira e contra a economia popular". De acordo com Sérgio Salomão Shecaira, esse artigo deve ser interpretado em conjunto com o segundo, que diz: "as condutas e atividades consideradas lesivas ao meio ambiente sujeitarão os infratores, pessoas físicas ou jurídicas, a sanções penais e administrativas,

Pleno, Rel. Min. Maurício Corrêa); "A pessoa jurídica pode ser sujeito passivo do crime de difamação, não, porém, de injúria ou calúnia. Precedentes do Supremo Tribunal Federal" (Inq. 800/RJ, Tribunal Pleno, Rel. Min. Carlos Velloso). No mesmo sentido, RHC 61993/RS. No STJ: "A pessoa jurídica, no direito brasileiro, só pode dizer-se vítima de difamação, não de calúnia ou injúria" (REsp 53.761/SP, 5ª Turma, Rel. Min. Assis Toledo). TJRJ: "é também pacífico, na doutrina moderna, que a pessoa jurídica pode ser sujeito passivo do crime de difamação, 'em face de possuir, inegavelmente, reputação, boa-fama (honra objetiva)'. Daí não se pode dissociar a expressão alguém, a que se refere o artigo 139, do CP, das pessoas a quem se dirige a ofensa, sendo certo que a expressão significa 'alguma pessoa', em face do que se pode entender que o tipo cuida de toda espécie de pessoa, seja física ou jurídica" (HC 1999.059.00714,3ª Câmara Criminal, Rel. Des. Índio Brasileiro Rocha).

independentemente da obrigação de reparar os danos causados".[14] Defende-se, assim, que a Constituição de 1988 aboliu o princípio *societas delinquere non potest,* pois, primeiramente, previu a responsabilidade dos entes morais nas atividades lesivas à ordem econômica e financeira e à economia popular e, após, expressamente dissertou sobre a responsabilização penal dessas pessoas nas infrações contra o meio ambiente. A responsabilidade penal não se bastaria na tutela ambiental, podendo alcançar o artigo 173, § 5°. Contrariamente, encontramos a lição de Luiz Luisi. Informa o autor que o artigo 173, § 5º, quando elaborado na Comissão de Sistematização, possuía a seguinte redação: "a lei sem prejuízo da responsabilidade individual dos integrantes da pessoa jurídica estabelecerá a responsabilidade criminal desta [...]". O texto não foi aprovado pela Assembleia Constituinte, retirando-se a referência à responsabilidade criminal. Conclui o autor que "o Constituinte, ao não aprovar a redação que expressamente estabelecia e responsabilidade penal da pessoa jurídica, a repeliu".[15] Ressalte-se que, no texto aprovado, há menção à aplicação de sanções compatíveis com a natureza da pessoa jurídica, mas sem vinculação à ideia de sanção penal. O legislador constituinte, entendemos, ao retirar do artigo 173, § 5º, a referência à responsabilidade penal dos entes coletivos, demonstrou clara intenção de negar tal imputação. Não merece prosperar a alegação de que o legislador quis deixar em aberto a questão da responsabilidade penal naquele artigo, pois a relevância do tema, que importa na negação de princípios penais há muito sedimentados (culpabilidade e personalidade das penas), não permitiria que se deixasse sua regulamentação ao alvedrio do legislador infraconstitucional.

Se naquilo que concerne ao artigo 173, § 5°, a resposta nos parece óbvia, o artigo 225, § 3°, abre efetiva margem para a defesa da responsabilização criminal da pessoa jurídica. A redação da norma é totalmente imprecisa, pois mescla, no texto referente à tutela ambiental, pessoas físicas e jurídicas, sanções penais e administrativas. Isso faz com que admita interpretações diversas.

Sobre o texto do dispositivo em apreço, comenta Reale Jr.: "o artigo 225, § 3º, acima transcrito, deve ser interpretado no sentido de que as pessoas físicas ou jurídicas sujeitam-se respectivamente a sanções penais e administrativas".[16] Isto é, às pessoas jurídicas estariam reservadas somente as sanções administrativas. Há lógica no ensinamento. Em uma primeira análise, a norma constitucional deve ser compatibilizada com os princípios norteadores do direito penal (culpabilidade e personalidade das penas), que também têm guarida

14 SHECAIRA, Sérgio Salomão. *Responsabilidade penal da pessoa jurídica.* 2. ed. São Paulo: Método, 2002. p. 132.

15 LUISI, Luiz. Notas sobre a responsabilidade penal da pessoa jurídica. In: PRADO, Luiz Régis (Coord.). *Responsabilidade penal da pessoa jurídica* – em defesa do princípio da imputação penal subjetiva. São Paulo: Revista dos Tribunais, 2001, p. 88-89.

16 REALE JR., Miguel. Op. cit., p. 138.

constitucional. É fato que regras admitem exceções, mas estas, por contrariarem o sistema, devem ser induvidosas. Se a harmonização principiológica é possível e, mais do que isso, recomendável, deve prevalecer sobre construções extravagantes. Destarte, os princípios penais invocados tornam difícil o reconhecimento da responsabilidade criminal para uma pessoa jurídica. A exigência de responsabilidade subjetiva (como uma das emanações da culpabilidade), primeiramente, é resultado do processo de maturação dos direitos do homem, encontrando-se em nossa constituição implícita nos artigos 1º, III; 4º, II, e 5º, *caput* e XLVI. Ensina Luiz Flávio Gomes que "está extinta no Direito penal a responsabilidade objetiva (a *versari in re illicita*: quem pratica um ato ilícito deve ser responsabilizado por todas as suas consequências, independentemente de serem previsíveis, desejadas ou fortuitas)".[17] Não existe crime sem culpa em sentido amplo. A migração do dolo e da culpa da culpabilidade para a conduta, em movimento ditado pela teoria normativa pura, fez com que qualquer ação ou omissão passasse a exigir um conteúdo psicológico (ou normativo, dependendo da ótica). Só existe a conduta penalmente relevante quando consciente e voluntária, atributos exclusivamente humanos. Faltam tais capacidades à pessoa jurídica, de modo que ela não pode praticar a conduta penalmente relevante. Por conseguinte, a pessoa jurídica não pode cometer crimes, ao contrário de seus representantes, estes sim humanos, passíveis de fraquezas e desvios morais. Os representantes da pessoa jurídica podem até agir em seu nome, mas não podem dotá-la de vontade, razão pela qual Régis Prado assevera com propriedade que "falta ao ente coletivo o primeiro elemento do delito: capacidade de ação ou omissão (típica)".[18]

A culpabilidade, agora encarada como reprovabilidade da conduta, também se torna problemática quando analisada à luz da responsabilidade penal da pessoa jurídica. A aferição da reprovabilidade de uma conduta é pessoal, o que pode ser demonstrado pela decomposição de seus elementos: imputabilidade, potencial consciência da ilicitude e exigibilidade de conduta diversa. Dotar de culpabilidade a pessoa jurídica é emprestar a reprovabilidade da conduta de outrem a uma entidade incapaz de agir. Ou seja, a culpabilidade não é própria da pessoa jurídica, mas alheia.[19] Sendo a culpabilidade o norte da

17 GOMES, Luiz Flávio. *Direito penal*: parte geral, introdução. São Paulo: Revista dos Tribunais, v. 1, 2003. p. 114.

18 PRADO, Luiz Régis. *Responsabilidade penal da pessoa jurídica...*, op. cit., p. 106.

19 Carnelutti, versando sobre a incidência dos princípios penais, manifestou-se da seguinte forma: "O delito é, portanto, um fato estritamente pessoal; usando com rigor as palavras, ao delito pode ser estranho o homem, não a pessoa. Se ninguém pode ser castigado por um fato ao que não se tenha aderido espiritualmente, e se a adesão espiritual aponta a pertinência de um fato à pessoa, ninguém pode ser castigado pelo fato de outro. É esta uma diferença destacada entre a responsabilidade civil e a penal: pode ser devido o ressarcimento do dano (artigos 2.047 e ss., Cód. Civil), mas não se pode sofrer a pena por um fato alheio. Nesse princípio está a razão de que se exclua a responsabilidade penal das pessoas jurídicas (ou

individualização da pena (ver os artigos 29 e 59, CP), é pertinente a questão: como aplicar uma sanção a quem não tem culpabilidade?

A personalidade das penas (artigo 5º, XLV), por fim, também é arrolada como argumento para a não responsabilização penal da pessoa jurídica, pois, consoante dicção constitucional, "nenhuma pena passará da pessoa do condenado". Segundo a doutrina, o sancionamento da pessoa jurídica atingiria também bens dos seus sócios, transbordando de seus limites constitucionais. Parece-nos que este é o argumento mais frágil, vez que, em situações diversas, bens jurídicos de terceiros são atingidos de forma reflexa pela condenação de um indivíduo, como no caso da família exposta a necessidades pela prisão de seu provedor. Ademais, se o patrimônio societário é destacado do patrimônio pessoal dos sócios, não nos parece que haveria o extravasamento da sanção. Entretanto, se observarmos as funções da pena, fica claro que qualquer sanção imposta aos entes coletivos não cumpre a sua finalidade. Justifica-se, ao menos para importante parcela da doutrina, a imposição da pena não só pela retribuição, mas também pela prevenção, seja geral ou especial (como decorrência do pensamento utilitarista). Essa dupla função da pena criminal aparentemente seria consagrada pelo artigo 59 do Código Penal. No que tange à pena aplicada a uma pessoa jurídica, falta a utilidade do provimento, já que, genericamente, entes desprovidos de razão não podem se sentir ameaçados pela possibilidade de uma sanção, pois o efeito é exclusivamente psicológico, só atingindo pessoas naturais. De semelhante, também não há a prevenção específica, pois não se pode ressocializar quem não tem vontade. Agir em conformidade ou em desconformidade com as regras de convívio social é uma postura voluntária. Afinal, de que valeria a pena se aplicada a uma pessoa jurídica? Se algum efeito produzisse em seu órgão diretor (e possivelmente produziria), não se quedaria inútil quando cambiados os representantes da empresa? A prevenção não recairia sobre a pessoa jurídica, mas sim sobre pessoas naturais, o que invoca o caráter subjetivo do direito penal.

A Lei de Crimes Ambientais (Lei nº 9.605/98), em seus artigos 3º, 21 e 23, contemplou a responsabilidade criminal da pessoa jurídica, esposando a tese que reconhece tal imputação. Para muitos autores, o diploma legal só reforça a possibilidade de responsabilização do ente coletivo na esfera criminal, agora não deixando qualquer dúvida a respeito. Entretanto, como asseveramos, se adotada a tese segundo a qual a Constituição de 1988 não autoriza a responsabilização penal da pessoa jurídica, a Lei nº 9.605 contemplaria inconstitucionalidades em seu texto.

---

melhor, pessoas complexas), a qual não teria sentido senão enquanto se castigaram membros da *universitas* que não participaram espiritualmente do dano" (CARNELUTTI, Francesco. *O delito...*, op. cit., p. 81-82).

A respeito da pessoa jurídica figurando como sujeito ativo do crime, escreveu João Mestieri: "a pessoa jurídica não pode ser sujeito ativo por ser incapaz de ação e ainda incapaz de culpabilidade".[20] Mayrink: "A nossa posição é no sentido de que as pessoas jurídicas não possuem capacidade de conduta, visto que o ilícito da ação se elabora sobre a conduta humana individual, o que é um fenômeno psíquico inconcebível à pessoa jurídica. Correta a posição de Jescheck de que as sanções aplicadas à pessoa jurídica são penas administrativas".[21]

Certo é, contudo, que existem posições contundentes em sentido contrário. Afirma Capez: "O princípio *societas delinquere non potest* não é absoluto. Há crimes que somente poderão ser praticados por pessoas físicas, como homicídio, estupro, roubo etc. Mas há outros que, por suas características, são cometidos quase que exclusivamente por pessoas jurídicas e, sobretudo, no exclusivo interesse delas".[22] A responsabilidade penal da pessoa jurídica é uma consequência dos novos riscos sociais reconhecidos na pós-modernidade, que, na seara do direito penal, determinam a questionável administrativização do direito penal; a existência de bens jurídicos desmaterializados, mas não por isso de menor relevância, como a ordem econômica e a higidez de biomas e da biodiversidade; e a percepção sobre a atuação de novos protagonistas na gestão desses riscos, como as pessoas jurídicas. Essa "sociedade de risco" – na feliz expressão de Ulrich Beck –,[23] em que os perigos transcendem a esfera individual para uma escala global, tem o risco como produto da atividade empresarial, sobretudo. Importaria, por conseguinte, formular um novo estatuto penal para as pessoas jurídicas, desapegado das bases clássicas estabelecidas quando os perigos acometiam apenas os bens jurídicos clássicos, como a vida e o patrimônio, em uma vertente estritamente individualista. Em Espanha, como adverte Silva Sanchez, a doutrina dominante percebe a necessidade de sancionamento penal na criminalidade de empresa: "(...) Por un lado, de conformidad con la tradición continental europea, acogida también en nuestra jurisprudencia, y, según parece, en el Código Penal, estima que las agrupaciones de personas, aun cuando gocen de personalidad jurídica, no pueden ser sujetos activos de delito. (...) Ello significa que de los delitos cometidos en el ámbito de una empresa, sólo responden penalmente las personas individuales a las que puedan imputárseles, y en la medida que puedan imputárseles, mientras que la

20 MESTIERI, João. *Teoria elementar do direito criminal*. Rio de Janeiro: Alba, t. I, 1971. p. 240.

21 MAYRINK DA COSTA, Álvaro. *Direito penal...*, op. cit., p. 386.

22 CAPEZ, Fernando. *Curso...*, op. cit., p. 225.

23 Sobre o tema: BECK, Ulrich. *Sociedade de Risco*: rumo a uma outra modernidade. 2. ed. São Paulo: Editora 34, 2011.

corporación en sí, no puede ser sometida a ninguna pena criminal. Sin embargo, por otro lado, la misma doctrina dominante en España parece apreciar la existencia de una necesidad político-criminal de sancionar directamente a las agrupaciones o colectivos de personas, es decir, a la empresa en cuanto a tal, en caso de cometerse un delito en su ámbito. (...)".[24] O ordenamento jurídico espanhol acabou por admitir a responsabilidade penal da pessoa jurídica em 2010, no artigo 31 bis do Código Penal Espanhol (incluído pela Lei Orgânica nº 5/2010, antes portanto, da reforma de 2015), após a Recomendação R (88) 18 do Comitê de Ministros do Conselho da Europa em Matéria Jurídica.

Concorde-se ou não com ela, parece-nos que a responsabilidade penal da pessoa jurídica é uma realidade inescapável, de modo que a argumentação contrária à sua existência, ainda que válida, tende a ser superada. Mister, então, tentarmos compatibilizá-la com a teoria do crime. Nessa esteira, mantém-se a restrição sobre a capacidade de conduta das pessoas jurídicas, ou seja, os entes morais não podem cometer crimes. A responsabilização, contudo, é matéria distinta. Admitida, forçoso reconhecer que a Constituição estabeleceu, em seu artigo 225, § 3º, uma exceção constitucional ao princípio da personalidade das penas. Em outras palavras: são as pessoas naturais que cometem a infração penal, mas a sanção poderá recair sobre o ente moral.

O STJ, desde 2005, adota entendimento no sentido da possibilidade de responsabilização penal das pessoas jurídicas. É o teor do acórdão de lavra do Min. Gilson Dipp, *verbis*: "Criminal. Crime ambiental praticado por pessoa jurídica. Responsabilização penal do ente coletivo. Possibilidade. Previsão constitucional regulamentada por lei federal. Opção política do legislador. Forma de prevenção de danos ao meio-ambiente. Capacidade de ação. Existência jurídica. Atuação dos administradores em nome e proveito da pessoa jurídica. Culpabilidade como responsabilidade social. Corresponsabilidade. Penas adaptadas à natureza jurídica do ente coletivo. Recurso provido. I. Hipótese em que pessoa jurídica de direito privado, juntamente com dois administradores, foi denunciada por crime ambiental, consubstanciado em causar poluição em leito de um rio, através de lançamento de resíduos, tais como, graxas, óleo, lodo, areia e produtos químicos, resultantes da atividade do estabelecimento comercial. II. A Lei ambiental, regulamentando preceito constitucional, passou a prever, de forma inequívoca, a possibilidade de penalização criminal das pessoas jurídicas por danos ao meio-ambiente. III. A responsabilização penal da pessoa jurídica pela prática de delitos ambientais advém de uma

24 SÁNCHEZ, Jesús-María Silva. Responsabilidad Penal de Las Empresas y de sus Órganos en Derecho Español. In *Responsabilidade Penal da Pessoa Jurídica*. São Paulo: Editora Revista dos Tribunais, 2001.

escolha política, como forma não apenas de punição das condutas lesivas ao meio-ambiente, mas como forma mesmo de prevenção geral e especial. IV. A imputação penal às pessoas jurídicas encontra barreiras na suposta incapacidade de praticarem uma ação de relevância penal, de serem culpáveis e de sofrerem penalidades. V. Se a pessoa jurídica tem existência própria no ordenamento jurídico e pratica atos no meio social através da atuação de seus administradores, poderá vir a praticar condutas típicas e, portanto, ser passível de responsabilização penal. VI. A culpabilidade, no conceito moderno, é a responsabilidade social, e a culpabilidade da pessoa jurídica, neste contexto, limita-se à vontade do seu administrador ao agir em seu nome e proveito. VII. A pessoa jurídica só pode ser responsabilizada quando houver intervenção de uma pessoa física, que atua em nome e em benefício do ente moral. VIII. '*De qualquer modo, a pessoa jurídica deve ser beneficiária direta ou indiretamente pela conduta praticada por decisão do seu representante legal ou contratual ou de seu órgão colegiado.*'. IX. A atuação do colegiado em nome e proveito da pessoa jurídica é a própria vontade da empresa. A coparticipação prevê que todos os envolvidos no evento delituoso serão responsabilizados na medida se sua culpabilidade. X. A Lei Ambiental previu para as pessoas jurídicas penas autônomas de multas, de prestação de serviços à comunidade, restritivas de direitos, liquidação forçada e desconsideração da pessoa jurídica, todas adaptadas à sua natureza jurídica. XI. Não há ofensa ao princípio constitucional de que '*nenhuma pena passará da pessoa do condenado...*', pois é incontroversa a existência de duas pessoas distintas: uma física - que de qualquer forma contribui para a prática do delito - e uma jurídica, cada qual recebendo a punição de forma individualizada, decorrente de sua atividade lesiva. XII. A denúncia oferecida contra a pessoa jurídica de direito privado deve ser acolhida, diante de sua legitimidade para figurar no polo passivo da relação processual-penal. XIII. Recurso provido, nos termos do voto do Relator".[25]

Verifica-se que nessa decisão o STJ sufragou a tese de que a pessoa jurídica não apenas pode ser penalmente responsabilizada, como pode praticar crimes, fazendo-o através dos seus representantes que agem em seu nome. A conduta desses representantes, portanto, é a conduta da empresa (do que discordamos enfaticamente). Adotou-se, de início, a teoria da dupla imputação, ou seja, a pessoa jurídica só pode ser penalmente responsabilizada quando houver o sancionamento conjunto da pessoa natural que praticou a conduta criminosa. Posteriormente, o STJ alterou seu entendimento quanto à teoria da dupla imputação, negando-a no julgamento do Recurso em Mandado de

25 STJ, REsp. 564.960/SC, Quinta Turma, julg. em 02/06/2005

Segurança nº 39.173-BA. Com isso, acompanhou a jurisprudência do STF (RE nº 548.181-PR).

Retornando à calúnia: para que haja a imputação falsa de um fato definido como crime a uma pessoa jurídica, imprescindível o reconhecimento de sua capacidade de conduta, pois só pode praticar o fato tipificado em lei aquele que possui tal capacidade; consequentemente, a imputação, mesmo falsa, é vinculada a esse reconhecimento. Assim, apenas as pessoas naturais que representam a pessoa jurídica poderiam ser caluniadas. Contudo, para os que creem na pessoa jurídica como verdadeira praticante de crimes, nada impede o reconhecimento do crime de calúnia contra ela, desde que a imputação falsa seja de crime ambiental (crimes da Lei nº 9.605/1998).

4 Meios e modos de execução dos crimes contra a honra

Por serem crimes de forma livre, os crimes contra a honra admitem uma variada gama de meios de execução, desde que idôneos ao fim de ofender. A verbalização da ofensa (ofensa oral), malgrado seja o veículo mais comum de expressão, não é a única, uma vez que a ofensa pode se dar por escrito (ofensa gráfica), por meio de gestos ou alegorias (ofensa simbólica) ou por meio de violência ou vias de fato (ofensa real).[26] Não é necessário que a ofensa seja proferida na presença do ofendido, sendo possível a ofensa à distância, tal qual ocorre nos crimes praticados pela rede mundial de computadores. Nessas hipóteses, a maior dificuldade reside em estabelecer o juízo competente para processo e julgamento.[27]

---

26 Na ofensa oral, utiliza-se a palavra falada. Discute-se, aqui, se a hipótese é de crime unissubsistente, que não admitirá a forma tentada. Nas demais hipóteses, a conduta é, em regra, plurissubsistente. A ofensa gráfica é a reprodução da palavra escrita, ainda que não se tenha a expressão de um idioma (notas taquigráficas, por exemplo). A ofensa simbólica permite uma infinidade de meios, como gestos ofensivos, desenhos, atos simbólicos (colocar orelhas de burro na pessoa, por exemplo), gravações e quaisquer outros imagináveis. Hungria (*Comentários...*, op. cit.) dá o exemplo do ofensor que ensina um papagaio a propalar ofensas contra determinada pessoa. Na ofensa real, que tem expressa previsão na injúria real (artigo 140, § 2º, CP), o agente lança mão de atos de violência para humilhar a vítima (como nos tapas de desprezo dados na face do ofendido).

27 STJ, Informativo nº 469: "Trata-se de conflito de competência em que se busca determinar o juiz que processará e julgará a ação penal na qual se imputa crime de calúnia em razão de ser publicada carta encaminhada por pessoa que usava pseudônimo em blog de jornalista, na *internet*. A Turma, por maioria, aplicou o art. 70 do CPP e afastou a aplicação da Lei de Imprensa em razão de decisão do STF que declarou não recepcionados pela CF todos os dispositivos da Lei n. 5.250/1967. Daí entendeu que, tratando-se de queixa-crime que imputa a prática do crime de calúnia decorrente de carta divulgada em blog, via *internet*, o foro para o processamento e julgamento da ação é o do lugar do ato delituoso, ou seja, de onde partiu a publicação do texto, no caso, o foro do local onde está hospedado o servidor, a cidade de São Paulo. O voto vencido entendia que o ofendido poderia propor a ação onde melhor lhe

Os modos de execução dos crimes contra a honra podem ser diretos ou indiretos. Serão diretos quando atingirem a pessoa a quem a ofensa foi dirigida. Serão indiretos ou reflexos quando atingirem pessoa diversa (por exemplo, chamar um homem de "corno", ofendendo, assim, por via reflexa, sua esposa, havendo concurso formal de delitos – artigo 70, CP –, pois duas são as pessoas ofendidas).[28]

---

aprouvesse. Precedente citado: CC 102.454-RJ, DJe 15/4/2009" (CC 97.201-RJ, Rel. Min. Celso Limongi, julgado em 13/4/2011). Em que pese a competência ser determinada, em regra, pelo local onde o crime se consumou (teoria do resultado, artigo 70 do CPP), mas não nas infrações de menor potencial ofensivo, em que é determinada pelo local em que a conduta foi praticada (teoria da atividade, artigo 63 da Lei nº 9.099/1995), nos crimes virtuais a grande dificuldade é estabelecer qual é o local da consumação ou da conduta. Assim, em se tratando de crimes contra a honra de menor potencial ofensivo, parece-nos que o local da publicação (postagem, mensagem etc.) determina a competência. Naquelas hipóteses em que o crime deixa de ser de menor potencial ofensivo ⍰ e isso é possível nos crimes contra a honra, como na injúria por preconceito e na calúnia majorada ⍰ a competência é determinada pelo local em que a vítima tomou ciência do conteúdo ofensivo (na injúria) ou em que terceira pessoa soube da imputação (demais crimes). Se a ofensa caluniosa ou difamatória chegou ao conhecimento de diversas pessoas porque, por exemplo, foi publicada em um blog, sendo impossível determinar os destinatários, aplicar-se-ão as regras subsidiárias de competência dos artigos 70 a 72 do CPP.

28 Essa divisão dos modos de execução é retirada do texto de Heleno Cláudio Fragoso (*Lições...*, op. cit., p. 132). Camargo Aranha (*Crimes contra a honra...*, op. cit., p. 18-23) também divide os modos de execução em diretos (ou imediatos) e indiretos (ou mediatos), conceituando-os de forma diversa. Para o autor, os modos de execução diretos são aqueles em que o pensamento e a intenção do ofensor são expostos de forma induvidosa. Nos modos indiretos, a ofensa não é clara, exigindo uma dedução ou uma associação de ideias para se chegar à conclusão. Concede o autor, seguindo os ensinamentos de Hungria, uma pertinente subdivisão dos modos indiretos, relevante por arrolar situações obscuras. Assim, a ofensa indireta pode ser: a) por ricochete (é a ofensa reflexa, à qual já foi feita menção); b) implícita (ou subentendida, podendo ocorrer pela ocultação em uma ofensa maior, como quando se chama uma família de estelionatária, tencionando-se atingir um de seus membros, ou pelo raciocínio ao contrário, como no caso em que o agente fala que não vai a determinado lugar, frequentado pelo ofendido, por não gostar de hipócritas); c) equívoca (é a ofensa ambígua, na qual não há um pensamento ofensivo explícito, *v. g.*, dizer que não se obteve um contrato pelo surgimento de algo misterioso na concorrência); d) dubiativa (caracterizada pela vacilação, ou seja, pelo lançamento de uma suspeita contra o ofendido); e) por exclusão (declara-se a qualidade de determinado grupamento excluindo-se o ofendido, como na dicção de que apenas tais jogadores do time demonstraram amor à camisa, alijando do elogio os demais); f) interrogativa (a ofensa é irrogada por um questionamento, como perguntar ao ofendido quanto ele teve que gastar para vencer uma concorrência); g) irônica (é o sarcasmo, no qual se escarnece da vítima pela provocação do riso, havendo a intenção de ofender sua honra); h) elíptica (omite-se aquilo que se queria dizer, deixando clara, contudo, a ofensa ("não costumo ver fulano em companhia de mulheres, porque..."); i) condicionada (a qualidade depreciativa é condicionada a determinado fato que o ofensor sabe ter se dado, como falar que alguém seria velhaco caso assinasse tal contrato, que o ofensor sabe ter sido assinado); j) por fingido quiproquó (há a aparente confusão de palavras ou letras, como chamar um juiz de meretríssimo, em vez de meritíssimo); l) truncada (usa-se parte de uma palavra ou frase,

5 Tipo subjetivo nos crimes contra a honra

Em quaisquer das espécies de crimes contra a honra, admitir-se-á somente a conduta dolosa, por ausência de previsão da hipótese culposa.

Mencionar apenas o dolo do agente, entretanto, não é bastante para a caracterização desses crimes. É imprescindível que haja a intenção de ofender. Ou seja, a simples consciência do conteúdo ofensivo da conduta não é suficiente, ela deve ser praticada com o objetivo de lesionar o amor-próprio ou a reputação do sujeito passivo. A respeito, pronuncia-se Hungria: "Uma palavra ou asserção flagrantemente injuriosa ou difamatória na sua objetividade pode ser proferida sem vontade de injuriar ou difamar, sem o propósito mau de atacar ou denegrir a honra alheia. Se, por exemplo, *jocandi animo*, chamo de 'velhaco' a um amigo ou lhe atribuo a paternidade de uma criança abandonada, o fato, na sua objetividade, constitui uma injúria ou uma difamação; mas, subjetivamente, não passa de um gracejo. Não me faltou a consciência do caráter lesivo da afirmação (nem a vontade de fazer a afirmação) e, no entanto, seria rematado despautério reconhecer-se, no caso, um crime contra a honra, por isso mesmo que inexistente o *pravus animus*, o *animus delinquendi*, o *animus injuriandi vel diffamandi*".[29]

Exige-se, assim, um elemento subjetivo especial do tipo, consubstanciado no propósito de ofender (denominado *animus calumniandi*, *diffamandi* ou *injuriandi*).[30] Se diversa a intenção do agente, não há delito contra a honra.

---

não se completando a expressão, concedendo-lhe diversos significados possíveis, como falar que um homem é vi..., podendo ser virtuoso ou vigarista.

29 HUNGRIA, Nélson. *Comentários*..., op. cit., v. VI, p. 51-52.

30 Assim já decidiu o STJ: "PENAL E PROCESSUAL PENAL - CRIMES CONTRA A HONRA - MEMBROS DO MINISTÉRIO PÚBLICO. 1. Ao examinar-se a tipicidade dos delitos de difamação e injúria, é importante examinar o tempo e lugar de ocorrência dos fatos e as peculiaridades da situação de cada denunciado. 2. No teatro de disputas políticas e de espaço de poder institucional, as condutas dos envolvidos nos fatos desencadeadores da denúncia criminal tornam desculpáveis possíveis ofensas, acusações e adjetivações indesejáveis. 3. Na avaliação contextual dos fatos pertinentes, não se identifica a vontade deliberada de difamar ou injuriar. 4. As ásperas palavras dirigidas à vítima, pela denunciada, soam como indignação pelos episódios institucionais vivenciados. 5. O crime de calúnia exige imputação de crime praticado pela vítima, por fato ou fatos determinados, o que inocorreu na espécie. 6. Denúncia rejeitada" (APn nº 516/DF, Corte Especial, rel. Min. Eliana Calmon, julg. em 20/08/2008). Novamente o STJ: "Honra (crimes). Cartório judicial (serventuário). Andamento de processo (demora). Petição subscrita por advogado encaminhada a juiz (caso). Tipicidade (falta). Habeas corpus (cabimento). 1. Não procedem censuras a que se faça, no habeas corpus, exame de provas. Fundado na alegação de atipicidade, impõe-se sejam as provas verificadas. 2. No caso, na ausência de fato concreto atribuído a serventuário de cartório judicial em razão da demora em dar andamento a processo, não se verifica, em petição dirigida ao Juiz da causa, a vontade de caluniar do advogado constituído. 3. Da mesma forma, ante a falta de intenção de ofender

Citam-se, nessa esteira, os exemplos da intenção de informar (*animus narrandi*), de fazer um gracejo (*animus jocandi*), de debater ou criticar (*animus criticandi*), de aconselhar ou advertir (*animus consulendi*) etc.[31] Um caricaturista, *v. g.*, não pode ter seu desenho apontado como criminoso, porque lhe falta a vontade de ofender a pessoa reproduzida. Age, sim, com *animus jocandi*. Entretanto, há que se acautelar acerca de ofensas travestidas de críticas, brincadeiras ou qualquer outra forma. Se for possível notar a conduta ofensiva escamoteada por fingida intenção lícita, configura-se o crime contra a honra.

---

dignidade ou decoro, o que decorre da leitura da peça redigida, a conclusão a que se chega é a de que excesso de linguagem houve, isso, todavia, sem se adentrar o campo penal – recomenda-se saber, e bem, construir as frases, tal a advertência machadiana: 'A palavra destrói às vezes um mundo'. 4. Ordem de habeas corpus concedida." (HC nº 88.545/SP, Sexta Turma, rel. Min. Nilson Naves, julg. em 15/04/2008).

31 Cuida-se da teoria dos *animi*, que remonta ao direito romano, em que certas intenções do agente, por sua utilidade e pela falta do propósito de ofender, impunham a isenção penal ao sujeito ativo. O artigo 142 do CP consagra expressamente a teoria, embora não esgote o tema.

II - CALÚNIA (ARTIGO 138, CP)

1 Objetividade jurídica

A honra objetiva, conceituada como a reputação, a boa fama de que goza o indivíduo frente a seus pares, é o bem jurídico tutelado no crime de calúnia. Não há proteção à honra subjetiva. Tratando-se de objetividade jurídica disponível, o consentimento do ofendido afasta o caráter criminoso da conduta. Frise-se que, como explicado anteriormente, a honra é um bem jurídico indivisível, sendo certo que a dicotomia objetiva-subjetiva se dá apenas na construção dos tipos penais. Consequentemente, é correto afirmar que a lesão à honra objetiva também é uma lesão à honra subjetiva, mas na qual sobressai o primeiro aspecto. Essa constatação será importante na análise do concurso aparente de normas.

Na calúnia contra os mortos, o bem jurídico tutelado obviamente não é a honra, que é um direito da personalidade, uma vez que a personalidade se extingue com a morte. Em verdade, sequer se pode classificar o artigo 138, § 2º, do CP, como um crime contra a honra. Se assim fosse, seria desnecessária a especificação do § 2º e, além da calúnia, punir-se-ia a difamação contra os mortos. A calúnia contra os mortos é um crime contra o respeito aos mortos, deslocado topologicamente. E qual é o bem jurídico tutelado? Cuidando do crime de vilipêndio a cadáver, mas em ensinamento que pode ser transportado para a calúnia, uma vez que ambos os crimes são praticados contra o respeito aos mortos, Ana Elisa Bechara sustenta que a objetividade jurídica é "o interesse humano fundamental de respeito à dignidade individual", e não um sentimento de piedade ou respeito de fundo moral ou religioso.[32] Mas os mortos possuem dignidade? No direito alemão, sustenta-se doutrinariamente que sim,[33] embora o Tribunal Constitucional alemão já tenha rejeitado a ideia.[34] Não é essa a única orientação, todavia. Pensamos que o respeito aos mortos,

32 BECHARA, Ana Elisa Liberatore Silva. *Bem Jurídico*... op. cit., p. 331.

33 BARBOSA-FOHRMANN, Ana Paula. *A Dignidade Humana no Direito Constitucional Alemão*. Rio de Janeiro: Lumen Juris, 2012. p. 18.

34 BECHARA, Ana Elisa Liberatore Silva. *Bem Juridico*... op. cit., p. 331.

dado o forte influxo religioso que sustenta esse sentimento, tem como bem jurídico tutelado as liberdades de crença e de religião (não o sentimento em si, pois ao direito penal não é dado tutelar meros sentimentos desassociados de outros referenciais, mas as liberdades constitucionais). A íntima ligação entre o respeito aos mortos e os dogmas religiosos fica evidente na Exposição de Motivos da Parte Especial do Código Penal, em seu item 68. Trata-se, inclusive, em uma religiosidade que exorbita os limites das seitas e avança sobre uma consciência ético-social, de modo que nem mesmo ateus costumam negar o devido respeito. Para Busato, entretanto, o crime em estudo tem como bem jurídico tutelado a honra subjetiva-objetiva dos descendentes do morto, atingidos indiretamente em sua reputação e autoestima.[35]

Havendo pluralidade de sujeitos passivos, o consentimento de um deles não apaga o crime se não houver a mesma permissão dos demais.

O objeto material do delito é a pessoa ofendida em sua honra ou a pessoa morta, embora o sujeito passivo, na calúnia contra os mortos, seja a coletividade.

2 Sujeitos do delito

Qualquer pessoa pode cometer o crime de calúnia, não se exigindo qualidades especiais do sujeito ativo (crime comum). Cometem o delito tanto o autor original da calúnia quanto aquele que propala ou divulga a ofensa original (§ 1º).

Sujeito passivo também pode ser qualquer pessoa, pois qualquer um pode ser ofendido em sua honra, havendo casos excepcionais. São eles:

a) Pessoas jurídicas – como visto anteriormente, nas generalidades sobre os crimes contra a honra, há celeuma doutrinária e jurisprudencial acerca da possibilidade de a pessoa jurídica ser caluniada. Para alguns autores, é inviável a hipótese, pois a pessoa jurídica não possui honra, bem exclusivo das pessoas naturais. Outras correntes, embora acordando que a pessoa jurídica possui honra objetiva, divergem sobre a caracterização da calúnia. Para alguns, por se situar no título referente aos crimes contra a pessoa, reservado ao ser humano, a calúnia tutela apenas o patrimônio moral da pessoa natural. Para outra posição, é possível tutelar bens jurídicos de entes coletivos em tal

35 BUSATO, Paulo César. *Direito Penal...* op. cit., p. 231-232. Ainda que adotada a posição preconizada pelo autor, pensamos ser impossível sustentar o atingimento à honra objetiva familiar nesse caso. A afetação a um sentimento íntimo pode ocorrer, mas, nessa hipótese, não há calúnia. Outrossim, essa afetação nenhuma relação teria para com a afetação da própria dignidade ou decoro, ou seja, pensamos que não se sustenta a posição. A ofensa reflexa – quando a ofensa é aparentemente dirigida a alguém, mas com o objetivo de atingir também terceiros – pode ocorrer no caso. Por exemplo, quando alguém imputa ao morto participação em uma associação criminosa de caráter familiar. Nesse caso, contudo, o que há é concurso formal de crimes, em que todos os integrantes do núcleo familiar são sujeitos passivos de calúnias distintas.

título, não havendo, contudo, o reconhecimento da calúnia contra a pessoa jurídica por consistir, o delito, na imputação falsa de um fato definido como crime, e, não sendo possível à pessoa jurídica cometer crimes, seja por falta de capacidade de conduta, seja por ausência de culpabilidade, seja pelo caráter personalíssimo das penas, restaria impraticável a imputação criminosa falsa. Por derradeiro, a última corrente não vê óbice ao reconhecimento da calúnia praticada contra a pessoa jurídica. Os defensores desta posição admitem a responsabilidade penal dos entes morais, com base nos artigos 173, § 5°, e 225, § 3°, da CRFB/88, bem como nos artigos 3º, 21 e 23 da Lei n° 9.605/98, ora sustentando que as pessoas jurídicas podem cometer crimes, ora aduzindo uma exceção ao princípio da personalidade das penas, em que haveria punição desassociada da prática do crime. Para os defensores da responsabilidade penal da pessoa jurídica, a esta pode ser imputado falsamente um fato definido como crime e, consequentemente, ocorre a caracterização da calúnia.

b) Menores de dezoito anos e doentes mentais - embora a doutrina não seja uníssona, parece-nos indubitável que os inimputáveis (menores de dezoito anos ou doentes mentais) possuem honra objetiva. É essa a lição de Hungria: "Pouco importa, em qualquer caso, a inimputabilidade do sujeito passivo. Apesar de inimputáveis, os incapazes podem ser expostos à aversão ou irrisão pública e seria iníquo deixar-se impune o injuriador ou difamador, como se a inimputabilidade, no dizer de Altavilla, fosse uma culpa que se tivesse de expiar com a perda da tutela penal".[36] Manzini, contrariamente, alerta que os inimputáveis, por não sofrerem uma censura moral, não têm uma honra objetiva a ser lesada.[37] Consolidou-se entre os juristas pátrios a primeira posição, ou seja, mesmo os inimputáveis podem ser lesados em sua imagem.

Tal não significa, entretanto, que haja consenso quanto à possibilidade de serem ofendidos por uma calúnia. A divergência, aqui, é semelhante àquela debatida a respeito da pessoa jurídica: consistindo a calúnia na falsa imputação de um fato definido como crime, somente quem pode ser sujeito ativo de um delito pode ser caluniado. Para solucionar a questão, os autores buscam fundamento no conceito analítico de crime, que, classicamente, é definido como o fato típico, antijurídico e culpável. Considerando que a imputabilidade é um elemento da culpabilidade, logo os inimputáveis são inculpáveis. Ausente este elemento (culpabilidade), não se caracteriza, nessa vertente, o crime. Se os inimputáveis não cometem crime, é impossível a imputação criminosa inverídica, definidora da calúnia. Os inimputáveis podem, no máximo, ser difamados (pois têm honra objetiva), nunca caluniados.[38] Há autores, no entanto, que

36 HUNGRIA, Nélson. *Comentários...*, op. cit., v. VI, p. 49.

37 MANZINI, apud HUNGRIA. *Comentários...*, op. cit., p. 49.

38 Assim, por todos, E. Magalhães Noronha: "A verdade é que, diante de nossas leis, o menor de dezoito anos não pratica crime, e, portanto, este não lhe pode ser imputado. Diga-se o mesmo dos enfermos mentais. Como para aquele, falta-lhes imputabilidade

conceituam o crime como o fato típico e antijurídico (alguns aditam a punibilidade ao conceito), afastando a culpabilidade da definição. Portanto, os inimputáveis, mesmo atuando sem culpabilidade, podem teoricamente cometer crimes, não existindo obstáculo ao reconhecimento da calúnia contra essas pessoas.[39] Acordamos com uma terceira posição, defendida, entre outros, por Bitencourt. O artigo 138, ao definir o delito de calúnia, em momento algum incriminou a conduta de imputar falsamente um crime ao ofendido. A redação do tipo penal faz menção ao "fato definido como crime", ou seja, à atribuição falsa de uma conduta típica. É irrelevante a discussão acerca da conceituação do delito, pois, ainda que exista dúvida sobre o tema, é certo que inimputáveis podem praticar uma conduta incriminada na lei penal. Se um adolescente subtrai um automóvel, *v. g.*, dependendo da doutrina adotada, pode cometer ou não um delito de furto, mas é indubitável que adota uma conduta tipificada como crime, isto é, um "fato definido como crime". Manifesta-se Bitencourt: "inimputáveis, como já afirmamos, não praticam crimes, por faltar-lhes a condição de imputáveis, mas podem praticar 'fatos definidos como crime', ou seja, condutas que encontram receptividade em alguma moldura proibitiva da lei penal".[40] Por conseguinte, podem ser caluniados.

c) Desonrados – apesar da denominação doutrinária, defendemos a inexistência dos desonrados, ou seja, pessoas de má-vida tão notória que são destituídas de honra. Há, isso sim, pessoas de honra rasteira, de pouquíssima estima social, mas mesmo estas são dotadas de reputação, que pode ser aviltada pela calúnia. Como ressalta Fragoso, "ninguém fica privado do direito à honra, havendo em todos os cidadãos, pelo menos, o oásis moral, a que alude Manzini, ou seja, uma zona intacta de retos princípios morais...".[41]

d) Mortos – o § 2º do artigo 138 admite, expressamente, a calúnia contra os mortos. Todavia, apesar de a redação do tipo penal assim não transparecer, não será o morto o sujeito passivo de uma calúnia irrogada contra si, mas sim a coletividade.

e) Pessoas indeterminadas – o tipo penal exige que a calúnia seja dirigida a alguém, ou seja, a pessoa determinada ou determinável. É admissível, também, o reconhecimento da calúnia contra grupos de pessoas, desde que sejam, igualmente, determinados ou determináveis. Assim, há calúnia na afirmação de que todos os integrantes da comissão de licitações de determinado órgão público fraudam as concorrências lá elaboradas. Não existe o delito, contudo, se a conduta é imputada apenas a alguns funcionários inominados, sem qualquer dado que propicie a identificação dos ofendidos. Nesse caso, é vaga

---

penal e, consequentemente, não podem ser caluniados. O fato a eles atribuído será difamação, como ainda se verá" (*Direito penal...*, op. cit., p. 121).

39 Nesse sentido, Damásio E. de Jesus (*Direito penal...*, op. cit., p. 201-202).

40 BITENCOURT, Cezar Roberto. *Tratado...*, op. cit., p. 330.

41 FRAGOSO, Heleno Cláudio. *Lições...*, op. cit., p. 132.

a imputação, incompatível com o crime de calúnia. Portanto, seja a ofensa dirigida a um único indivíduo ou a um grupamento, é imprescindível a possibilidade de determinação do sujeito passivo.

3 Elementos objetivos, subjetivos e normativos do tipo penal

Caluniar significa imputar (atribuir, afirmar) a alguém, falsamente, um fato definido como crime, consoante redação do artigo 138 do CP.

Cuida-se de crime de forma livre, admitindo quaisquer meios executórios. A conduta é sempre comissiva.

A falsidade da imputação é elemento da calúnia, pois, se assim não fosse, haveria imenso prejuízo ao interesse público de ver apuradas as infrações penais, amordaçando vítimas e testemunhas, acuadas pela prevalência da honra do criminoso.

Pode ocorrer a falsidade na imputação ao ofendido de um crime que não ocorreu, ou, ainda que tenha ocorrido, se não foi o ofendido quem o cometeu. Mesmo existindo correta atribuição da autoria de um delito ao ofendido, haverá calúnia se modificado fundamentalmente o fato, como quando o ofensor afirma que o fato foi doloso, sabendo que, em verdade, foi culposo, ou quando atribui ao ofendido a prática de um latrocínio, sabendo que furto foi o crime praticado.[42] Se verdadeiro o fato criminoso imputado, bem como a atribuição de sua autoria, não ocorrendo, ainda, qualquer alteração na imputação, não há calúnia.

Gize-se, entretanto, que a falsidade é relativamente presumida, sendo mister a prova da veracidade da imputação, mediante a exceção da verdade (que será analisada adiante), para que seu autor não se veja punido pelo delito. A falsidade somente não será requisito da calúnia em casos excepcionais, ou seja, nas hipóteses em que a exceção da verdade não é admitida (§ 3°). Essa era a posição que adotávamos.[43] Entretanto, modificamos nosso entendimento, pois a proibição da exceção da verdade - como forma de defesa - não significa que a imputação se torne criminosa mesmo quando verdadeira. Se no curso da instrução processual, por exemplo, alguma providência probatória que não seja a exceção da verdade venha a demonstrar a veracidade da imputação (o depoimento de uma testemunha, por exemplo), a calúnia deixa de existir. Isso significa que a falsidade da imputação se mantém como elementar do delito mesmo nas hipóteses de não admissão da exceção da verdade.[44]

42 Não há crime de calúnia, saliente-se, na falta de conhecimento científico sobre o direito penal. Por exemplo, se é imputado um roubo a uma pessoa, tendo ela cometido furto, não estamos necessariamente diante de uma ofensa, pois é comum aos leigos denominar roubo qualquer crime patrimonial. Ou, ainda, chamar de homicídio um latrocínio, denominar de sequestro a subtração de incapazes etc.

43 Nesse sentido, HUNGRIA, Nélson. *Comentários*... op. cit., p. 60.

44 Adotando o mesmo raciocínio, BUSATO, Paulo César. *Direito Penal*... op. cit., p. 236.

Somente a atribuição de fato tipificado como crime enseja a punição pela calúnia, por exigência expressa do artigo 138. Se o fato não possuir caráter criminoso, como, por exemplo, quando a ofensa versar sobre contravenção penal (por exemplo, jogo do bicho) ou, mesmo, sobre fato imoral, mas atípico (incesto, p. ex.), o delito será diverso (difamação).

Não basta, contudo, a atribuição de uma conduta tipificada como crime ao ofendido, é necessário que haja um mínimo de determinação que confira verossimilhança à ofensa, tornando, por conseguinte, a imputação crível.[45] A imputação imprecisa acarreta a punição pelo crime de injúria (por exemplo, dizer que aquele indivíduo é "amigo do alheio" é crime de injúria; dizer que o mesmo indivíduo já subtraiu determinado bem de certa pessoa é calúnia).[46] Prescindível a narrativa de pormenores, sendo suficiente que se dê certa especificidade ao fato, ou seja, que se passe a impressão de um fato concreto (inexigível, por exemplo, que se diga hora, dia, modo de execução etc.). Nesse sentido é a manifestação do STF: "**Ação penal. Denúncia. Extinção da punibilidade pela prescrição da pretensão punitiva com relação aos crimes eleitorais de injúria e difamação. Condenação pelo crime eleitoral de calúnia. Recurso de apelação interposto somente pela defesa. Remessa dos autos ao Supremo Tribunal Federal em face da diplomação do réu no cargo de**

---

45 Nesse sentido, STJ, Informativo nº 443: "Cuida-se, na espécie, de queixa-crime oferecida contra conselheiro de tribunal de contas estadual pela suposta prática dos delitos tipificados nos arts. 138 (calúnia), 139 (difamação) e 140 (injúria) c/c 141, II (contra funcionário público, em razão de suas funções) e III (na presença de várias pessoas ou por meio que facilite a divulgação da calúnia, da difamação ou da injúria), todos do CP, em razão de alegadas ofensas perpetradas contra dois servidores durante sessões de julgamento realizadas naquele órgão. No tocante à calúnia, ressaltou a Min. Relatora que, para a configuração do delito, exige-se que o agente aja com o dolo específico de macular a honra alheia, tendo consciência da falsidade do fato criminoso que imputa ao ofendido. Acentuou, ademais, que a narração da prática delituosa deve ser específica e devidamente contextualizada, não bastando a simples indicação de cometimento de um determinado crime. Quanto à difamação, asseverou que sua ocorrência dá-se a partir da imputação deliberada de fato ofensivo à reputação da vítima, não sendo suficiente a descrição de situações meramente inconvenientes ou negativas. Já no que se refere à injúria, destacou que a retorsão prevista no art. 140, § 1º, II, do CP só permite que a pena não seja aplicada àquele que responde de forma injuriosa a uma injúria que lhe foi primeiramente proferida, desde que assim o faça imediatamente após ter sido ofendido. *In casu*, entendeu-se que as afrontas foram iniciadas pelo acusado e rebatidas por um dos querelantes, de forma que as palavras emitidas pelo querelado em momento posterior a essa sequência não se enquadrariam no referido dispositivo. Com essas considerações, a Corte Especial, por unanimidade, recebeu parcialmente a queixa-crime. Contudo, apesar de a maioria de seus integrantes ter entendido pelo afastamento do querelado do cargo, em aplicação analógica do art. 29 da LOMAN, o *quorum* qualificado de 2/3 não foi alcançado, motivo pelo qual o Conselheiro permanecerá no exercício de suas funções" (AP nº 574-BA, Rel. Min. Eliana Calmon, julgada em 18/8/2010).

46 Exemplos baseados na sempre pertinente lição de Hungria (*Comentários...*, op. cit., p. 66, v. VI).

Deputado Federal. Reconhecimento pelo STF, por maioria, da atipicidade da conduta do réu. (...) II. CALÚNIA – TIPICIDADE. A tipicidade própria à calúnia pressupõe a imputação de fato determinado, revelador de prática criminosa, não a caracterizando palavras genéricas, muito embora alcançando a honra do destinatário. Precedentes do STF. Atipicidade do fato. Vencido o relator, Ministro Marco Aurélio, que deu provimento ao recurso para desclassificar o crime de calúnia para o de injúria, declarando, outrossim, a prescrição deste. III. RECURSO PROVIDO. Recorrente absolvido da imputação com base no artigo 386, inciso III, do CPP".[47]

Só existe o crime de calúnia na modalidade dolosa. É necessário que o dolo do agente abranja a falsidade, seja ele direto ou eventual. Ocorrendo a imputação falsa na crença da atribuição de fato verídico, o ofensor incidirá em erro de tipo (artigo 20, CP), que exclui o dolo, se invencível. Deve-se agregar ao dolo a intenção de caluniar (fim especial de agir), que torna atípica a conduta na existência de intenção distinta (*animus jocandi, consulendi* etc.).[48]

Costuma-se refutar a calúnia nas ofensas proferidas durante exaltação de ânimo, o que é correto, embora não seja uma verdade absoluta, impondo-se a análise do caso concreto. Há acórdão do STF nesse sentido, embora tratando de crime militar: "(...) Nos delitos de calúnia, difamação e injúria, não se pode prescindir, para efeito de seu formal reconhecimento, da vontade deliberada e positiva do agente de vulnerar a honra alheia. Doutrina e jurisprudência. Não há crime contra a honra, se o discurso contumelioso do agente, motivado por um estado de justa indignação, traduz-se em expressões, ainda que veementes, pronunciadas em momento de exaltação emocional ou proferidas no calor de uma discussão. (...)".[49]

4 Consumação e tentativa

A calúnia assume o aspecto de crime formal,[50] em que a consumação é antecipada a um momento anterior à produção do resultado. Esse momento é aquele em que outras pessoas que não o próprio ofendido tomam ciência da imputação. Versando sobre a reputação do ofendido (a imagem que terceiros fazem do sujeito passivo), a imputação só se torna lesiva com sua publicidade, consumando-se o delito ainda que somente uma pessoa venha a conhecê-la.

47 AP nº 428/TO, Tribunal Pleno, rel. Min. Marco Aurélio, julg. em 12/06/2008.

48 Galdino Siqueira, citando Liszt, afirma que é dispensável qualquer outro elemento subjetivo que não o dolo, sendo suficiente, portanto, o conhecimento do caráter desonroso da imputação (*Tratado*..., op. cit., p. 165).

49 HC 71.466/DF, Primeira Turma, rel. Min. Celso de Mello, julg. em 16/08/1994.

50 Nesse sentido, Guilherme de Souza Nucci (*Código*..., op. cit, p. 562-563), André Estefam (*Direito Penal*. São Paulo: Saraiva, 2010. v. 2. p. 244) e Rogério Greco (*Curso*..., op. cit., p. 487). Não cogitamos a classificação da calúnia como crime de mera conduta porque vemos no tipo penal a descrição de um resultado, o que permite o reconhecimento do crime formal.

Diz-se que a calúnia é formal, e não material, porque é dispensável que se demonstre qualquer estrago produzido à boa fama do ofendido, conformando-se o tipo com a simples ciência de terceiros.

Busato discorda da afirmação, sustentando que a calúnia pode ser formal ou material, dependendo do modo como é executada. Em caso de calúnia proferida oralmente, de forma presencial, esclarece o autor que o resultado se opera concomitantemente à ação. Para o autor, não é a crença, por parte de terceiros, na veracidade da ofensa que macula a reputação da vítima, mas a simples ciência da ofensa, o que cremos equivocado. Todavia, se considerado correto o entendimento do autor, realmente a calúnia poderia ser, eventualmente, classificada como crime material, uma vez que não haveria um "resultado lógica e cronologicamente destacado da conduta".[51]

Cuida-se, igualmente, de crime instantâneo, dando-se a consumação em um momento único, embora a intensificação da lesão ao bem jurídico tutelado possa se protrair no tempo. Se uma calúnia é publicada em uma rede social, *v. g.*, a visualização da postagem por uma pessoa já caracteriza o crime de calúnia em sua forma consumada e ali ele se esgota, ainda que a publicação continue a ser visualizada por outras pessoas, enquanto mantida acessível, aumentando o dano à reputação do ofendido.

A tentativa é impossível na ofensa oral, quando sua prolação se dá perante o ouvinte, pessoalmente, já que ação (prolação) e consumação (conhecimento por terceiros) ocorrem em um mesmo momento (crime unissubsistente).[52] Entretanto, em outros casos, é possível que execução e consumação aconteçam em momentos diversos, caracterizando-se o delito plurissubsistente, que admite a forma tentada (por exemplo, na calúnia por escrito, se o bilhete encaminhado pelo sujeito ativo a outrem é interceptado pela vítima, não se avança à seara da consumação; aliás, mesmo nas comunicações orais em tempo real mediante o uso de aparatos tecnológicos, é possível o reconhecimento da tentativa, quando, por exemplo, em uma videoconferência a má qualidade do sinal de internet impeça o destinatário de ouvir a imputação caluniosa feita pelo autor).

5 Propalação e divulgação (§ 1°)

Dispõe o § 1° do artigo 138 que incorrerá na mesma pena cominada à calúnia aquele que a propala ou a divulga, sabendo falsa a imputação. As condutas aqui tipificadas (propalar e divulgar) não são praticadas pelo autor original da calúnia, mas por aquele que, tomando ciência da imputação falsa, cuida de transmitir a ofensa a outras pessoas.

---

51 BUSATO, Paulo César. *Direito Penal...*, op. cit., p. 245-246.

52 Nesse sentido, por todos, André Estefam (*Direito Penal*, op. cit., p. 246) e Régis Prado (*Curso...* op. cit., p. 271).

Embora, no rigorismo léxico, os verbos tenham o mesmo significado, como expõe Magalhães Noronha (citando Hungria), propalar se afeiçoa melhor ao relato oral, enquanto divulgar pressupõe a transmissão da ofensa por outros meios.[53]

A citação da fonte original da ofensa pelo agente não afasta a responsabilidade penal, pois não é a forja da imputação que se pune no § 1º, mas sim a difusão da informação. Igualmente, o uso de reticências ou o lançamento de dúvidas quanto à atribuição não elide o delito, vez que podem apenas mascarar o dolo, a vontade inequívoca de ofender a reputação alheia.

A tipicidade subjetiva do § 1º somente abraça o dolo direto, já que a norma exige que o agente saiba falsa a imputação. Ou seja, diversamente do *caput,* não há o delito na assunção do risco, no dolo indireto (eventual).

A consumação e a tentativa, na propalação ou na divulgação, seguem a regra geral da calúnia (ou seja, o delito é formal e unissubsistente ou plurissubsistente, dependendo do meio executório).

6 Exceção da verdade

A *exceptio veritatis* é uma forma de defesa concedida ao acusado de uma calúnia para que comprove a veracidade da imputação. Só existe crime de calúnia na atribuição falsa de um fato definido como crime, afirmando-se, destarte, que a imputação verdadeira conduz à atipicidade da conduta. Entretanto, a falsidade é presumida. Qualquer imputação criminosa é considerada falsa (e criminosa, se demonstrado o especial fim de agir) até que se prove a sua consonância para com a realidade.

A veracidade da imputação como descriminante remonta ao direito grego e ao direito romano, que só consideravam delituosa a ofensa inverídica. Assim também se entendeu durante a idade média, com breve parêntese feito pelo direito canônico (*veritas convicii non excusat*), escorado na tolerância e no perdão defendidos pelo cristianismo, fonte da qual bebeu o absolutismo monárquico, salvaguardando a honra dos funcionários públicos.

Dividiram-se os direitos germânico e francês quanto à admissibilidade da *exceptio veritatis.* Na Alemanha, propugnava-se a falsidade da imputação como elemento dos delitos contra a honra, o que foi repelido na França (1819). Nesse país, todavia, o que houve foi a adoção de uma doutrina mista, na qual o direito de fiscalização recaía apenas sobre as funções públicas, sendo a vida privada de toda forma inatacável.[54]

O direito pátrio expressamente consagrou a exceção da verdade no tocante à calúnia, mas o fez com ressalvas, deixando de admiti-la em casos específicos.

---

53 MAGALHÃES NORONHA, E. *Direito penal...*, op. cit., p. 124.

54 Daí surge o aforismo de Royer-Collard: "*La vie privée doit être murée aux yeux d'autrui*" (SIQUEIRA, Galdino. *Tratado...*, op. cit., p. 172).

O direito de comprovar a veracidade da imputação não é ilimitado, portanto. Ao contrário de nosso pensamento anterior, consideramos pontualmente equivocada a limitação. Não se pode conter a divulgação de fatos criminosos verdadeiros, ainda que expostos para atingimento da reputação de outrem. Ademais, a possibilidade de repúdio social muitas vezes atua como força inibidora, prevenindo a eclosão de delitos. Sendo certo que os crimes contra a honra constituem formas de restrição da liberdade de manifestação do pensamento, em regra essa liberdade constitucional deve prevalecer sobre o direito à honra (também constitucionalmente tutelado) naquelas hipóteses em que, além de não existir a propagação de uma mentira, houver imbricado um relevante interesse social (esse relevante interesse, veremos, normalmente não existe nas ofensas proferidas na qualidade de difamação). Mas certo é que o legislador adotou orientação diversa, o que faz com que consideremos o § 3º parcialmente inconstitucional.

São três as hipóteses de rechaço à exceção da verdade: se a imputação versa sobre crime de ação penal privada, e o ofendido não foi condenado por sentença irrecorrível (artigo 138, § 3º, I); se o fato é imputado a qualquer das pessoas indicadas no inciso I do artigo 141, ou seja, Presidente da República ou chefe de governo estrangeiro (II), ou se do fato imputado, embora constituindo crime de ação penal pública, o ofendido foi absolvido por sentença irrecorrível (III). As justificativas para as ressalvas nem sempre são consistentes.

No primeiro caso (I), levou-se em conta a disponibilidade da ação penal privada. Confere-se à vítima o direito de decidir sobre conveniência de tal ação, pois, muitas vezes, o esquecimento é mais salutar do que o *strepitus judicii* que se forma em torno do caso. Ou, em um gesto magnânimo, pode a vítima perdoar o autor, ou ambos se conciliarem. De qualquer forma, sendo permitido à vítima optar pela conveniência da queixa ou do prosseguimento da ação penal, seria uma incoerência a admissão da prova da verdade na calúnia. Ora, se a vítima pode renunciar à ação penal antes do trânsito em julgado da sentença condenatória, independentemente de sua motivação, a pretensão do ofensor em provar a veracidade da imputação caluniosa realizada frustraria os objetivos da disponibilidade da ação. Somente cessará a vedação à prova da verdade com a condenação irrecorrível do ofendido por aquele crime que lhe foi imputado, pois nesse momento se finda a conveniência da vítima. Consideramos correta a limitação aqui imposta, principalmente pela questão do *strepitus judicii*, que é uma forma de proteger a vítima (do crime praticado pelo ofendido, não da ofensa caluniosa) dos fenômenos da vitimização secundária e terciária.

Diferente é a segunda hipótese (II), que versa sobre a honorabilidade dos cargos ocupados pelas citadas pessoas. Qualquer imputação desonrosa ao Presidente da República ou a chefe de governo estrangeiro (rei, presidente, primeiro-ministro etc.), ainda que real, acarretaria imensa repercussão interna e externa, teoricamente prejudicial ao interesse público, restando reservada à esfera judicial a apuração de fatos criminosos relativos a tais pessoas, sem a necessidade de alarde. Explica Damásio de Jesus: "o fundamento reside na circunstância de o CP impedir que, por intermédio da prova da verdade em ações penais por delito de calúnia cometido contra o Presidente da República, pudessem terceiros interferir no exercício do cargo".[55] Cuida-se de rematado absurdo, que tem o condão unicamente de tolher críticas direcionadas a tais pessoas. A suposta honorabilidade do cargo é um termo utilizado como malabarismo hermenêutico para restringir de forma desarrazoada a livre manifestação do pensamento. Aliás, nossa legislação penal é pródiga em exemplos que visam a constranger o cidadão, protegendo o *status quo*, como ocorre no crime de desacato, já reputado inconstitucional pela Comissão Interamericana de Direitos Humanos. Pensamos que a norma contida no inciso II do § 3º não se coaduna com a ordem constitucional vigente. Cleber Masson sustenta a legitimidade da restrição, argumentando, em linhas gerais, que: (a) o Presidente da República possui foro por prerrogativa de função e só pode ser processado por infrações penais cometidas no exercício do mandato e relativas às funções desempenhadas perante o STF, após admissão da acusação pelo voto de dois terços da Câmara dos Deputados (artigos 86 e 102, I, *b*, da CRFB); (b) a exceção da verdade visaria à produção de provas contra o Presidente da República por juízo incompetente; (c) no caso de chefe de governo estrangeiro, há imunidades diplomáticas incidindo sobre o caso; (d) a exceção da verdade subtrairia do país de origem do chefe de governo a jurisdição para cuidar da hipótese.[56] Essas ponderações não se sustentam. No caso do Presidente da República, basta que o julgamento da calúnia seja remetido ao STF, o qual poderá apreciar a exceção da verdade. Essa é a solução preconizada por Busato, que tem o mérito de impedir a condenação de quem reverbera apenas fatos verdadeiros, ou seja, de um inocente.[57] De mais a mais, há outras autoridades públicas que possuem foro por prerrogativa de função (ministros do STF, senadores etc.) e, nas ofensas contra elas proferidas, é cabível a exceção da verdade. Quanto ao chefe de governo estrangeiro, a exceção da verdade não servirá para constituir prova contra ele em seu país de origem. Apenas declarará que a imputação é verídica (a decisão, na exceção da verdade, tem natureza declaratória) e com efeitos restritos ao processo de calúnia, de modo que não é ele julgado em solo brasileiro. Mantém-se íntegra, portanto, a jurisdição do Estado acreditante.

Por derradeiro, não se pode provar a veracidade da imputação se o fato atribuído ao sujeito passivo já foi definitivamente julgado, resultando em

55 JESUS, Damásio E. de. *Direito penal...*, op. cit., p. 215.

56 MASSON, Cleber. *Direito Penal...* op. cit., p. 209-210.

57 BUSATO, Paulo César. *Direito Penal...* op. cit., p. 240-241.

absolvição, ainda que o crime seja de ação penal pública (III). Protege-se, aqui, a autoridade da coisa julgada, bem como a segurança das relações jurídicas, já que, imutável a sentença, a tentativa de provar a verdade da atribuição traria desprestígio para o sistema judiciário e instabilidade social. Com a absolvição, a falsidade da imputação é presumida de forma absoluta. De fato, causa estranheza provar a verdade de um fato que não pode mais ser juridicamente debatido, fazendo com que a limitação, aqui, seja razoável.

O ônus da prova, na exceção da verdade, cabe ao querelado (ou denunciado, nas situações esporádicas em que os crimes contra a honra podem ser processados mediante ação pública), sendo submetida ao contraditório.

7 Exceção de notoriedade

Não se confunde a exceção da verdade com a prova da notoriedade do fato imputado, ou seja, a comprovação de que a conduta imputada já era de domínio público (artigo 523, CPP). Se a grande difusão do fato faz com que o agente acredite na veracidade da imputação, não há o delito de calúnia, por ausência de dolo. Ao revés, se o agente se aproveita da notoriedade para dar maior difusão ao fato, sabendo de sua falsidade e incrementando a lesão à honra, não deixa de existir o delito. Não se sustenta a alegação de que a honra, se o fato é notório, já se encontra indiscutivelmente abalada, não ocorrendo o delito em sua mera repetição. A insistência na ofensa prolonga a lesão à honra e pode levá-la a pessoas que, excepcionalmente, ainda a desconheciam, incrementando o risco de lesão.

8 Distinção, concurso de crimes e concurso aparente de normas

A calúnia difere da difamação principalmente no que concerne ao fato imputado. Enquanto naquela há a atribuição de fato definido como crime, nesta basta a imputação de qualquer fato desonroso, desde que não seja criminoso. Assim, a imputação de um fato apenas imoral, ou contravencional, por exemplo, constitui difamação. É importante assinalarmos, outrossim, que na difamação não se exige a falsidade da atribuição, podendo versar sobre fato verdadeiro. Em suma, consideradas as ofensas de forma isolada, a calúnia é mais específica do que a difamação.

Em relação ao crime de injúria, há diversidade quanto ao aspecto da honra tutelado, que, no artigo 140 do CP, é a honra subjetiva, isto é, o amor-próprio do ofendido, não a sua reputação. Ademais, a injúria, por não exigir a atribuição de um fato, pode consistir em uma ofensa vaga, como um simples xingamento, ao contrário da calúnia, na qual é mister a determinação do fato. Saliente-se que, se a imputação falsa de fato definido como crime se dá apenas entre ofensor e ofendido, sem a participação de um terceiro como destinatário da fala, o crime é de injúria, não de calúnia, pois ausente o propósito de macular a honra alheia.

Não há dificuldade no reconhecimento do concurso de delitos em crimes contra a honra, incluindo a calúnia. Tornando-se despiciendas maiores digressões sobre o concurso material, podemos enxergar com facilidade o concurso formal quando o agente, mediante uma conduta, atinge a honra de várias pessoas. Por exemplo, o ofensor afirma que todos os cinco membros de um órgão colegiado desviam irregularmente parte dos lucros da empresa em proveito próprio, lesando os acionistas. Sendo falsa a imputação, haverá cinco crimes de calúnia em concurso formal, pois a reputação de cada um dos cinco integrantes de órgão foi ofendida em um único contexto.

A continuidade delitiva é facilmente enxergada quando há, mediante mais de uma ação, várias calúnias praticadas em condições semelhantes de tempo, lugar, modo de execução etc. É o que acontece nas ofensas reiteradas, nas quais o agente não limita seu ataque a uma única imputação, repetindo-a sistematicamente ou lançando novas ofensas ao ofendido. Mais problemático é o reconhecimento do crime continuado quando as ofensas irrogadas consistem em crimes contra a honra diversos. Nesse caso, há que se adentrar na discussão acerca dos crimes da mesma espécie, se o termo diz respeito aos delitos tipificados em um mesmo artigo de lei ou se abrange crimes que atingem o mesmo bem jurídico e possuem descrição típica semelhante. Suponhamos que o ofensor, em contextos diversos, calunie a vítima por algumas vezes, obedecendo aos requisitos do artigo 71 do CP, e, em seguida, profira uma difamação contra a mesma pessoa. Se entendermos que crimes da mesma espécie são crimes idênticos, previstos no mesmo tipo penal, será forçoso reconhecermos concurso material entre calúnia e difamação. Entretanto, se adotarmos a posição menos rígida, como defendemos, calúnia e difamação são assemelhadas e atingem o mesmo bem jurídico. Assim, nada impediria o reconhecimento do crime continuado. Mesmo em relação à injúria cremos ser possível o crime continuado, pois o bem jurídico tutelado é o mesmo (honra), sendo o amor-próprio apenas um aspecto da honra.

Se, em um mesmo contexto, o sujeito ativo ofende a vítima com calúnias, difamações e injúrias, há absorção das condutas menos graves pela mais grave. Exemplifica-se: o ofensor, em um restaurante, alardeia para todos os que estão no estabelecimento que o ofendido mantém uma casa de prostituição funcionando em seu apartamento, sabendo falsa a imputação criminosa, e que também mantém relações sexuais incestuosas com a filha maior de idade, imputação difamatória. Por fim, vira-se para o ofendido e o chama de "canalha". Presentes, no contexto, uma calúnia, uma difamação e uma injúria. Camargo Aranha defende a aplicação do princípio da consunção: "se, num mesmo ato ofensivo, ocorrer a calúnia, a difamação ou a injúria, a norma a ser reconhecida será a calúnia, porque, pela progressividade, das formas de consunção, a mais grave – a calúnia – absorve as menos graves – difamação e injúria. Da mesma forma a difamação absorve a injúria".[58] Concordamos que o caso é de absorção dos crimes de difamação e injúria pela calúnia. Todavia, isso se faz ora pelo critério da subsidiariedade. Honra objetiva e subjetiva, como já visto, são aspectos de um mesmo bem jurídico (honra, genericamente considerada). Aliás, nas ofensas à honra objetiva haverá também uma lesão à honra subjetiva, sobressaindo, contudo, o aspecto externo da honra. Isso significa que calúnia e difamação representam um grau de afetação mais elevado do mesmo bem jurídico tutelado na injúria. Essa diversidade de tutelas de uma mesma objetividade jurídica exposta a diferentes graus de risco é o que caracteriza a subsidiariedade. No confronto entre calúnia e difamação, a lesão à reputação no primeiro crime é igualmente mais intensa, de modo que, se imputações difamatórias e caluniosas são proferidas em um mesmo contexto, aquela é absorvida por esta. Evidentemente, ocorrendo os crimes contra a honra em contextos diversos, nada impede o reconhecimento do concurso de crimes.

O crime de denunciação caluniosa (artigo 339, CP), assemelhado à calúnia, vai além da simples imputação criminosa, bastante para a configuração do crime contra a honra. O sujeito ativo, além de realizar a falsa atribuição, dá azo à instauração de um procedimento contra a vítima, seja uma investigação policial, uma ação penal, uma ação por improbidade administrativa e outros. Por isso, a denunciação caluniosa não é arrolada dentre os crimes contra a honra, mas sim no capítulo referente aos crimes contra a administração da justiça. Como a calúnia é etapa da execução da denunciação, será por esta absorvida.

No crime de desacato (artigo 331), o sujeito passivo é a Administração Pública, lesionada, afirma-se na doutrina, em seu prestígio, razão pela qual o delito está arrolado no capítulo referente aos crimes praticados por particulares contra a Administração Pública. Todavia, secundariamente, não deixa de existir um ataque à honra do funcionário público ofendido, mas tal ofensa teoricamente é sobrepujada por um interesse público maior, o de manter o bom funcionamento das atividades estatais.

Falamos sempre em teoria, porque, para nós, o crime de desacato é inconstitucional, tal qual preconizado pela Comissão Interamericana de Direitos Humanos (CIDH).[59] Resumidamente, a CIDH arrola as seguintes críticas à

---

58 CAMARGO ARANHA, Adalberto José Q. T. de. *Crimes contra a honra...*, op. cit., p. 200-201.

59 Sobre o tema, CIDH, Informe Anual 1994. Capítulo V: Informe sobre la Compatibilidad entre las Leyes de Desacato y la Convención Americana sobre Derechos Humanos. Título IV: Las leyes de desacato son incompatibles con el Artículo 13 de la Convención Americana sobre Derechos Humanos porque reprimen la libertad de expresión necesaria para el debido funcionamiento de una sociedad democrática. E, reforçando, CIDH, Relatório do Relator Especial para a Liberdade de Expressão de 2008.

tipificação do desacato pelas nações americanas: (a) são um meio para silenciar o debate crítico essencial ao funcionamento das instituições democráticas; (b) proporcionam um maior nível de proteção ao funcionário público do que aos particulares; e (c) dissuadem as críticas pelo temor de ações judiciais e reparações materiais. Apregoa a CIDH, ainda, que não se pode invocar a proteção à ordem pública para a limitação da liberdade de expressão no caso do desacato, pois uma democracia que funciona adequadamente é a maior garantia da ordem pública. Realmente, não há razão para a incriminação autônoma do desacato, senão como instrumento para intimidações. Os atos que servem simultaneamente como meios executórios para o desacato e para a vulneração de bens jurídicos de titularidade dos funcionários públicos (ofensas, violência física, ameaças etc.) se prestam também a caracterizar crimes contra a pessoa (crimes contra a honra, lesões corporais, crimes contra a liberdade individual), não existindo qualquer justificativa plausível para a ênfase na tutela de um bem jurídico de contestável legitimidade penal (por ser um conceito vago), que é o prestígio da administração pública. O mesmo se diga em relação a alternativas retóricas, como a ordem pública. A tutela individual ao funcionário público é suficiente para amparar todas as hipóteses caracterizadoras do desacato. Inclusive, dá-se ênfase à pessoa que de fato sente os efeitos da ação. Criminalizar os atos de menosprezo à administração pública é algo totalmente desprovido de sentido, pois é justamente ela quem deve suportar as críticas mais severas com absoluta parcimônia. Ao poder público deve interessar ouvir as reclamações dos administrados e promover um sistema permanente de evolução no desempenho dos seus poderes-deveres, o que, nem de longe, significa desproteger seus agentes. Para isso existem as demais normas penais. Em face das reflexões realizadas pela CIDH, o STJ, inicialmente, considerou o artigo 331 do CP como inconstitucional, por violação ao artigo 13 do Pacto de São José da Costa Rica (REsp. nº 1.640.084-SP, 5ª Turma), decisão com a qual concordamos. Pouco tempo depois, no entanto, o STJ modificou sua orientação e considerou a provisão do desacato constitucional (HC nº 379.269-MS, Terceira Seção). Aparentemente, essa também é a posição do STF (HC nº 141.949, Segunda Turma), sendo certo que o questionamento ficou restrito a uma das Turmas da Corte.

Caso seja adotada a posição sobre a constitucionalidade do desacato, sempre que um funcionário público for ofendido no exercício de sua função, ou se, embora não havendo o exercício da função, a ofensa for relativa a esta, haverá o crime do artigo 331 do CP, que absorverá eventuais difamação e injúria. Não resta absorvida, entretanto, a calúnia (caso a ofensa se refira a um fato criminoso), impondo-se o concurso formal entre eles.[60] Se o funcionário público

60 Essa é a lição de José Henrique Pierangeli: "O desacato absorve os delitos de lesão corporal de natureza leve, a ameaça e a injúria. Todavia, haverá concurso formal ou ideal de delitos

for ofendido fora do exercício da função, e a ofensa não se referir à atividade pública, haverá apenas crime de calúnia. O desacato exige, ainda, que a ofensa seja irrogada na presença do funcionário público. Se a ofensa for praticada de forma diversa (por escrito, por exemplo, ou por telefone), haverá crime contra a honra (calúnia, desacato e injúria), mesmo que o funcionário esteja exercendo sua função, não se falando em desacato.

Caso a imputação de um fato criminoso falso seja perpetrada por testemunha, perito tradutor ou intérprete em processo judicial, procedimento policial ou administrativo, ou em juízo arbitral, o crime é falso testemunho (artigo 342, CP) e não calúnia, consoante dicção do STJ.[61]

Nos diplomas extravagantes, podemos citar o artigo 26 da Lei nº 7.170/83 (Lei de Segurança Nacional), que prevê o delito de calúnia contra os Presidentes da República, do Senado Federal, da Câmara dos Deputados e do Supremo Tribunal Federal. Há a aplicação do referido dispositivo sempre que a ofensa contiver motivação política, ou seja, a intenção de desestabilizar a integridade territorial, a soberania nacional, o regime representativo e democrático, a Federação ou o Estado de Direito, como pode ser interpretado pela leitura dos artigos 1º e 2º da Lei. Não havendo tal motivação, ainda que a ofensa seja dirigida contra uma das citadas pessoas, o delito será aquele tipificado no artigo 138 do CP.

O artigo 324 da Lei nº 4.737/65 (Código Eleitoral) prevê o delito de calúnia realizado em propaganda eleitoral ou visando a fins de propaganda, que prevalecerá sobre o artigo 138 do CP em virtude do princípio da especialidade. Explicam Schmitt de Bem e Mariana Garcia Cunha: "A diferença entre este crime e o tipificado no Código Penal é que o presente preceito disciplina que a conduta ocorra na propaganda eleitoral, ou visando fins de propaganda. Reprisando o conceito, 'a propaganda eleitoral é a realizada pelos candidatos para que possam ganhar as eleições'. É entendida como a propaganda que acontece no período da eleição. Por sua vez, ao fazer uso da expressão 'ou visando fins de propaganda', o legislador quis salientar que a calúnia não acontece especificamente durante a propaganda eleitoral, porém, de igual modo, objetiva a divulgação de falso crime contra alguém visando alterar a regularidade do processo eleitoral. Pode-se revelar, deste modo, como mecanismo prejudicial de campanha eleitoral".[62] Frise-se que, tal qual ocorre na calúnia do artigo 138, a calúnia eleitoral também pune quem a propala ou a divulga, sabendo falsa a imputação (§ 1º).

---

quando se tratar de lesões corporais de natureza grave ou calúnia" (*Manual...*, op. cit., p. 893).

61 STJ, *RT*, 692/326.

62 DE BEM, Leonardo Schmitt; CUNHA, Mariana Garcia. *Crimes Eleitorais*. 3. ed. Belo Horizonte: Editora D'Plácido, 2018. p. 254.

A Lei de Imprensa (Lei nº 5.250/67) também tipificava o delito (artigo 20), mas, segundo o STF, não foi recepcionada por nossa ordem constitucional (ADPF 130).

9 Disposições comuns

Do artigo 141 ao artigo 145 do CP, encontramos disposições referentes a todos os crimes contra a honra: causas de aumento de pena, hipóteses de exclusão do crime, disposições sobre a retratação e sobre a ação penal. Por motivos didáticos, tais artigos serão estudados em capítulo próprio.

10 Pena e ação penal

Impõe-se ao caluniador pena de detenção, de 6 meses a 2 anos, e multa, sendo aplicável a Lei nº 9.099/95. A pena é aumentada em um terço se ocorre qualquer uma das causas de aumento previstas no artigo 141 do CP, que serão estudadas em capítulo específico. Incidindo o aumento da pena, a infração deixa de ser de menor potencial ofensivo. Entretanto, como a pena mínima continua inferior a um ano, é possível a suspensão condicional do processo (artigo 89 da Lei nº 9.099/95). O mesmo ocorrerá na incidência do parágrafo único do artigo 141, no qual a pena é aplicada em dobro.

A ação penal na calúnia é, em regra, privada, de acordo com o artigo 145 do CP. Excepcionalmente, será pública condicionada à requisição do Ministro da Justiça (quando for praticada contra o Presidente da República ou contra chefe de governo estrangeiro – artigo 141, I) ou à representação do ofendido (no caso previsto no artigo 141, II, CP), segundo o parágrafo único do artigo 145.

III - DIFAMAÇÃO (ARTIGO 139, CP)

1 Objetividade jurídica

A par da calúnia, tutela-se, na difamação, o aspecto objetivo da honra, ou seja, a reputação do ofendido, a sua imagem perante a sociedade. Não há tutela primária (apenas secundária) da honra subjetiva. Essa tutela primária será reservada à injúria. O consentimento do ofendido afastará o caráter criminal da conduta.

O objeto material do delito é a pessoa ofendida em sua honra.

2 Sujeitos do delito

Qualquer pessoa pode praticar um crime de difamação, não se exigindo qualidades especiais do sujeito ativo, sendo a calúnia classificada como crime comum.

De igual forma, qualquer pessoa pode figurar como sujeito passivo do crime de difamação, podendo, aqui, ser feito o mesmo exercício já realizado no crime de calúnia em relação a situações especiais:

a) Pessoas jurídicas – não existe óbice ao reconhecimento da pessoa jurídica como ofendida em um crime de calúnia. A despeito dos empecilhos ditados por alguns juristas, já exaustivamente debatidos anteriormente, cremos que a pessoa jurídica é um ente dotado de boa-fama e, por conseguinte, possuidora de honra objetiva (somente não possui o aspecto subjetivo da honra). O Título "Dos Crimes Contra a Pessoa", ademais, não se circunscreve às pessoas naturais, podendo haver a salvaguarda de bens jurídicos pertencentes aos entes morais.[63]

b) Menores de dezoito anos e doentes mentais – soa induvidoso que os inimputáveis possuem honra objetiva. A condição peculiar de tais pessoas não implica perda da reputação, que é inerente à personalidade humana, havendo,

63 Deve ser considerado que a Lei de Imprensa (Lei nº 5.250/67), não-recepcionada pela Constituição Federal de 1988, fazia expressa referência à difamação cometida contra órgão ou entidade que exercesse função de autoridade pública (artigo 23, III), norma que, por paridade, se estendia às entidades privadas.

assim, a possibilidade de lesão a sua honra quando proferidas imputações desairosas. Cezar Roberto Bitencourt afirma que os inimputáveis "podem ser difamados, desde que tenham capacidade suficiente para entender que estão sendo ofendidos em sua honra pessoal".[64] Não adotamos esta lição, pois entendemos que a exigência de capacidade de compreensão pressupõe a tutela primária da honra subjetiva (aspecto íntimo).

c) Desonrados - ainda que tenham a reputação rasteira, os "desonrados" são possuidores de honra objetiva, direito da personalidade inafastável. Sempre há uma reserva moral a ser ofendida.

d) Mortos - ao contrário do crime de calúnia, não há dispositivo de lei que preveja a difamação contra os mortos. Diante disso, Paulo José da Costa Jr. entende que "a difamação à memória de pessoa falecida não pode ser objeto de querela promovida por seus descendentes".[65] Somente pode ser punida a ofensa aos mortos se houver previsão expressa estendendo o alcance normativo (como ocorre na calúnia). Na omissão legislativa, queda-se impunível tal afronta, salvo como hipótese de vilipêndio (artigo 212, CP).[66] Somente será possível o reconhecimento de difamação quando a ofensa ao morto atingir, por via reflexa, pessoa viva.

e) Pessoas indeterminadas - somente existe crime de difamação quando a imputação é dirigida a pessoa ou grupo de pessoas, determinados ou determináveis. A ofensa contra pessoa indeterminada, por ser imprecisa, não constitui crime contra a honra.

3 Elementos objetivos, subjetivos e normativos do tipo

O núcleo do tipo é o verbo difamar, que pressupõe a imputação de um fato não criminoso ofensivo à reputação (fato desonroso). A imputação pode se dar por quaisquer meios executórios (crime de forma livre), como a difamação oral, a escrita, a simbólica etc.

Ao contrário do que se nota na calúnia, a difamação não pressupõe a falsidade do fato imputado. Se uma pessoa credita à outra atos de prostituição, *v. g.*, estará a difamando, ainda que o comércio sexual seja efetivamente praticado

---

64 BITENCOURT, Cezar Roberto *Tratado...*, op. cit., v. 2, p. 354.

65 COSTA JR., Paulo José da. *Comentários...*, op. cit., p. 426. Nessa esteira se pronuncia Júlio Fabbrini Mirabete: "Não repetiu a lei o dispositivo referente à punibilidade da ofensa contra os mortos, devendo concluir-se que é atípica a difamação contra pessoa morta" (*Manual...*, op. cit., p. 162).

66 Em sentido contrário se manifesta Gabriel Netuzzi Perez, asseverando que "embora não haja referência legal expressa à difamação aos mortos, esta se acha incriminada na cabeça do artigo 139 do Código Penal, portanto, qualquer denegrição à sua memória atinge a honra dos vivos, em cujo conceito se incluem as demais qualidades inerentes de sua personalidade, sendo que esta se torna também um patrimônio ético herdado dos ancestrais" (apud CAMARGO ARANHA. *Crimes contra a honra...*, op. cit., p. 53).

pelo ofendido. Consoante José Afonso da Silva, "a pessoa tem o direito de preservar a própria dignidade - adverte Adriano de Cupis - mesmo fictícia, até contra ataques da verdade, pois aquilo que é contrário à dignidade da pessoa deve permanecer um segredo dela própria".[67] Não há interesse em se revelar a veracidade do fato, pois nenhuma relevância existe em esmiuçar a privacidade de alguém, o que não ocorre na calúnia, na qual a prova da real ocorrência de um fato criminoso é pertinente para a pacificação social. Não é admitida, por conseguinte, a exceção da verdade na difamação, afora na ofensa prolatada contra um funcionário público. Tal exceção é justificada: a conduta proba e eficiente é exigência da Administração Pública, e é de todo adequado que os administrados fiscalizem as atividades estatais.

Qualquer atribuição desabonadora se presta para a configuração da difamação, mesmo o fato contravencional. Por exemplo, há difamação quando se diz que alguém se entrega com regularidade à vadiagem (artigo 59, Dec. Lei nº 3.688/1941). Somente não se incluirão no alcance da difamação os fatos definidos como crime, por integrarem o tipo penal da calúnia.

Não basta, todavia, uma imputação ofensiva à reputação para que se conforme o tipo penal. Impõe-se que se trate de fato determinado, ainda que não descrito em minúcias, para que seja possível a individualização da conduta atribuída. Chamar um advogado de incompetente é injúria (artigo 140, CP), ao passo que afirmar sua incompetência porque não soube aplicar regras comezinhas de processo civil em determinada ação configura crime de difamação. Deve o fato imputado ser pretérito ou presente. Não há difamação no levantamento da possibilidade de uma conduta futura. Ensina Régis Prado que o fato não deve se encontrar "apenas no plano do imaginário ou provável - como quando se diz que alguém é bem capaz de praticar tal conduta desonrosa".[68] Nesse caso, ainda não existe um fato, mas uma mera perspectiva. Ainda assim, a afirmação é suficiente para se trazer dúvidas quanto ao caráter do ofendido, havendo crime de injúria.

Ainda que, diversamente da calúnia, não se note dispositivo específico cuidando da propagação e da divulgação da ofensa, é certo que tais condutas também importam difamação, uma vez que os verbos são abrangidos pelo núcleo do tipo (imputar). A imputação não significa somente a atribuição original, mas qualquer forma derivada de se levar a desonra ao conhecimento de terceiros.[69] Há posição contrária, que não admite o delito na propagação

67 SILVA, José Afonso da. *Curso de direito constitucional positivo*. 15. ed. São Paulo: Malheiros, 1998. p. 212.

68 PRADO, Luiz Régis. *Curso...*, op. cit., p. 238.

69 Nesse sentido, Fernando Capez (*Curso...*, op. cit., p. 237), Luiz Regis Prado (*Curso...*, op. cit., p. 238-239) e Ricardo Antônio Andreucci (*Manual de direito penal*. 3. ed. São Paulo: Saraiva, v. 2, 2004. p. 43.). Sobre o tema, ensina Bitencourt: "Ocorre que quem propala ou divulga fato desonroso imputado a alguém difama-o, isto é, pratica nova difamação" (*Tratado...*, op. cit., p. 357).

ou na divulgação por ausência de previsão legal. Magalhães Noronha, após admitir que a tipificação é redundante, pelo alcance do verbo imputar, ressalva: "Todavia fato é que, para a calúnia, a lei taxativamente previu a espécie - achando, pois, necessária a definição - ao passo que aqui silenciou e, diante do princípio da reserva legal que ela esposou, é inadmissível a incriminação do fato".[70] Parece-nos inadequada a fundamentação na reserva legal para se excluir a responsabilização, pois, se a conduta de imputar já pressupõe os dois outros verbos, não há prejuízo à legalidade.

Assim como na calúnia, o delito é doloso, ao que se acresce a vontade de ofender (*animus diffamandi*).[71] Pela teoria dos *animi*, não há crime se a ofensa é ditada por intenção diversa, como o *animus jocandi*, ou o *animus consulendi*, entre outros. Por não existir, na difamação, a elementar da falsidade da imputação, persiste o delito ainda que o agente acredite ser verdadeiro o fato.

4 Consumação e tentativa

A difamação atinge a consumação quando a ofensa chega ao conhecimento de terceiros, pois, consistindo em uma ofensa à reputação, é imprescindível que outras pessoas, que não o ofensor e o ofendido, tomem ciência da imputação.

Cuida-se de crime formal, no qual a consumação é antecipada ao momento do conhecimento por terceiros, ainda que nenhuma lesão efetiva à reputação da vítima se produza. O resultado naturalístico, portanto, é mero exaurimento do delito. Classifica-se a difamação, ainda, como delito instantâneo, pois a consumação não se prolonga no tempo, sendo reservada a um momento único.

Acerca da tentativa, as mesmas lições já ditadas quando do estudo da calúnia aqui são válidas. A difamação pode ser unissubsistente (como quando assume a forma oral desapegada de meios tecnológicos) ou plurissubsistente (difamação por escrito). No primeiro caso, impossível a forma tentada, admitida, contudo, na segunda hipótese.

---

70 MAGALHÃES NORONHA, E. *Direito penal...*, op. cit., p. 127. Assim também é a lição de Adalberto José Q. T. de Camargo Aranha (*Crimes contra a honra...*, op. cit., p. 72-74).

71 Informativo nº 491, STJ: "O paciente responde à ação penal pelo crime de difamação, por ter afirmado, ao peticionar em processo judicial em que atuava como advogado, que a juíza do feito, ainda que temporariamente, ausentou-se do interrogatório do seu cliente, deixando de assinar o referido ato. Ciente dessa manifestação, a juíza ofereceu representação ao Ministério Público Federal, requerendo que fossem tomadas as medidas criminais cabíveis, originando-se a denúncia pelo crime de difamação. A Turma concedeu a ordem de habeas corpus para trancar a ação penal por atipicidade da conduta do paciente, por não ter sido caracterizado o animus difamandi,consistente no especial fim de difamar, na intenção de ofender, na vontade de denegrir, no desejo de atingir a honra do ofendido, sem o qual não se perfaz o elemento subjetivo do tipo penal em testilha, impedindo que se reconheça a configuração do delito. Precedentes citados: APn 603-PR, DJe 14/10/2011, e APn 599-MS, DJe 28/6/2010." (HC 202.059-SP, Rel. Min. Marco Aurélio Bellizze, julgado em 16/2/2012).

5 Exceção da verdade

A *exceptio veritatis*, forma de defesa do réu acusado de crime contra a honra, é excepcional na difamação. Ao não exigir a falsidade da imputação, o tipo penal torna dispensável a prova da veracidade do fato. Contudo, em se tratando de imputação realizada em face de funcionário público e sendo a ofensa relativa ao exercício de suas funções, o excipiente pode tentar comprovar a mácula à reputação do excepto, por ser medida salutar ao regular desenvolvimento das atividades públicas.

Poder-se-ia questionar se a ofensa irrogada contra funcionário público, relativa às funções por ele desempenhadas, não constituiria crime de desacato (artigo 331, CP), para aqueles que admitem a continuidade do desacato em nosso ordenamento jurídico, mesmo depois do posicionamento exarado pela CIDH, como já visto. Em regra, sim, já que a difamação é absorvida pelo crime contra a administração pública. Todavia, o crime contra a honra é aplicado de forma residual, *v. g.*, na hipótese em que a ofensa não é realizada na presença do funcionário (ou se entendermos pela incompatibilidade do desacato para com a ordem constitucional). Como a presença é exigida no desacato, dá-se a difamação.

Admite-se a exceção da verdade se a ofensa for irrogada contra funcionário público que não mais ocupa o cargo? Em regra, a doutrina não aceita a *exceptio* na imputação ofensiva realizada ao tempo em que o ofendido não mais exerce sua função. Assim, por exemplo, a difamação orquestrada contra um funcionário exonerado, mesmo relativa à função anteriormente desempenhada, não pode ser provada verdadeira.[72] Bitencourt sustenta que, caso a ofensa seja realizada ainda quando do exercício da função, mesmo que o funcionário deixe o cargo em seguida, permanece inalterada a possibilidade de se invocar a veracidade da imputação. Segundo o autor, com razão, a norma penal impõe dois requisitos: a relação entre a ofensa e a função pública exercida e a contemporaneidade entre a ofensa e a condição de funcionário público do ofendido. Tais requisitos devem ser preenchidos ao tempo da conduta do agente, sendo irrelevante o posterior falecimento da condição funcional. Não é pacífica a lição, vez que Magalhães Noronha e Hungria, entre outros, não agasalham a possibilidade de se lançar mão da exceção da verdade se o ofendido deixa de ser funcionário público, sob o argumento de que desaparece a *ratio essendi* da norma.[73]

---

72 Contrariamente, Bento de Faria aduz que a lei não exige o exercício funcional para a admissão da *exceptio*, somente impondo que a ofensa seja relativa ao exercício funcional (apud BITENCOURT, Cezar Roberto. *Tratado*..., op. cit., p. 361).

73 HUNGRIA, Nélson. *Comentários*..., op. cit., v. IV, p. 90; MAGALHÃES NORONHA, E. *Direito penal*..., op. cit., p. 129.

6 Exceção de notoriedade

Não há exceção de notoriedade na difamação, teoricamente, por dois motivos: a) o fato notório não perde seu caráter ofensivo, pois a sua veracidade não exclui a difamação (na exceção da notoriedade, o sujeito ativo, dada a disseminação de uma notícia, crê que ela seja verdadeira, embora não o seja); b) o artigo 523 do CPP, que prevê a exceção da notoriedade, está posicionado dentre as disposições relativas ao procedimento nos crimes de calúnia e injúria, não alcançando a difamação.[74] Há que se considerar, todavia, que a notoriedade faz com que a difusão da ofensa não tenha o condão de incrementar de forma relevante o risco que acomete o bem jurídico.

7 Distinção, concurso de crimes e concurso aparente de normas

Difere a difamação da calúnia, principalmente, no fato imputado, que, no primeiro delito, será qualquer fato desonroso, salvo o fato definido como crime, objeto de incriminação pela calúnia. Convém ressaltar que, na calúnia, a imputação deve ser falsa, exigência que não é repetida na difamação, constituindo crime a imputação verdadeira.

No que toca à injúria, primeiramente há se asseverar que os aspectos da honra tutelados nos dois crimes são diversos: na difamação, será a honra objetiva (com tutela secundária da honra subjetiva); na calúnia, exclusivamente a subjetiva. A difamação exige, ainda, a determinação do fato imputado. A imputação, na injúria, pode ser vaga, imprecisa.

Se, com uma mesma ofensa, o sujeito ativo atingir a reputação de várias pessoas, haverá tantas difamações quantos foram os ofendidos, em concurso formal. A possibilidade de continuidade delitiva no crime de difamação é evidente, desde que obedecidos os requisitos do artigo 71 do CP. Entretanto, o crime continuado envolvendo outras espécies de crimes contra a honra é divergente, porquanto haja discussão acerca da acepção do termo "crimes da mesma espécie". Entendemos que, pela identidade entre o bem jurídico tutelado e pela descrição típica assemelhada dos crimes contra a honra, a continuidade delitiva é possível (para maior detalhamento, ver notas ao crime de calúnia). Caso, em um mesmo contexto, sejam praticados crimes de calúnia, difamação e injúria, todos contra a mesma vítima, a calúnia absorverá

---

74 Cezar Roberto Bitencourt não admite a existência da exceção de notoriedade: "Nessa linha de raciocínio, convém destacar que o Código Penal, isto é, o direito material, não prevê a indigitada exceção de notoriedade, ou seja, ela não foi consagrada pelo atual direito material brasileiro; logo, não existe como instituto autônomo de prova. A simples referência à exceção de notoriedade feita pelo Código de Processo Penal não tem o condão de criá-la, pois, pela orientação adotada pelo nosso sistema repressivo, ao direito adjetivo compete somente disciplinar o uso dos institutos existentes, no caso, só existe a exceção da verdade, e, para a difamação, o Código Penal a proíbe" (*Tratado*..., op. cit., v. 2, p. 362).

os demais. Se somente houver difamação e injúria, aquela, por sua gravidade, absorverá esta.

O delito de desacato (artigo 331, CP), caso admitida sua compatibilidade para com a ordem constitucional, se configura quando a ofensa é imputada a funcionário público no exercício de sua função, ou, ainda que fora da função, se a ofensa é relativa a esta. A difamação é absorvida. Exige-se no desacato, todavia, a presença física do funcionário no momento da ofensa, razão pela qual há crime de difamação se a ofensa não é realizada na presença do funcionário público, como na imputação feita por e-mail.

Caso a ofensa seja realizada por testemunha, perito, tradutor ou intérprete em processo judicial, procedimento policial ou administrativo, ou em juízo arbitral, tipifica-se o delito de falso testemunho ou falsa perícia (artigo 342, CP), desde que a imputação seja inverídica e tenha relevância para a relação jurídica objeto do procedimento. Caso contrário, não há crime.

A legislação eleitoral (Lei nº 4.737/65) prevê o delito de difamação em seu artigo 325, se praticado em propaganda eleitoral ou para a finalidade de propaganda. Em virtude da especialidade da norma, resta absorvida a difamação do Código Penal. Para maiores detalhes, recomendamos a leitura do concurso aparente de normas no crime de calúnia.

A Lei de Imprensa (Lei nº 5.250/67) também arrolava, em seu artigo 21, a hipótese de difamação, desde que praticada pelos meios de informação e divulgação (jornais, periódicos etc.), prevalecendo sobre o Código Penal. Entretanto, o STF entendeu que o diploma legal não foi recepcionado pela Constituição Federal de 1988. Note-se que o artigo 105 da Lei nº 10.741 (Estatuto do Idoso) prevê como criminosa a exibição ou veiculação de informações ou imagens depreciativas à pessoa do idoso por qualquer meio de comunicação, dispositivo que continua em vigor.

Na Lei de Segurança Nacional (Lei nº 7.170/83), mais precisamente no artigo 26, há a previsão do crime de difamação praticado contra os Presidentes da República, do Senado, da Câmara dos Deputados ou do Supremo Tribunal Federal. Para a aplicação da lei, imprescindível que o sujeito ativo tenha por objetivo o abalo da segurança nacional, da ordem política ou da ordem social. Não havendo essa intenção, o crime será tipificado no artigo 139 do CP.

Há que se observar, outrossim, o disposto no artigo 96, § 1º, da Lei nº 10.741/03 (Estatuto do Idoso), que prevê a conduta de "desdenhar, humilhar, menosprezar ou discriminar pessoa idosa, por qualquer motivo". Incrimina-se, no dispositivo, além de outras atitudes, a ofensa à honra do idoso (pessoa com idade igual ou superior a sessenta anos). Necessário, contudo, que a ofensa tenha por base a idade avançada da vítima, já que o escopo do Estatuto do Idoso é inibir as condutas atentatórias à pessoa por motivo de idade. Não se justifica, portanto, interpretar o artigo como alcançando qualquer tipo de ofensa ao idoso.[75]

Por derradeiro, a difamação também é incriminada como delito militar no artigo 215 da legislação castrense.

9 Disposições Comuns

Do artigo 141 ao artigo 145 do CP, encontramos normas atinentes aos crimes contra a honra (incluindo-se a difamação): causas de aumento de pena, hipóteses de exclusão do crime, disposições sobre a retratação e sobre a ação penal. Por razões didáticas, os artigos serão estudados em separado.

10 Pena e ação penal

É de detenção, de 3 meses a 1 ano, a pena imposta ao difamador, consistindo assim o delito em infração de menor potencial ofensivo, sujeita aos ditames da Lei nº 9.099/95. Caso incida uma das causas de aumento de pena do artigo 141 do CP, não se objeta o caráter pouco ofensivo da infração, pois a pena máxima cominada abstratamente continua inferior a dois anos de privação da liberdade, mesmo no que tange ao parágrafo único do artigo 141 (pena aplicada em dobro).

A ação penal, em regra, é privada, de acordo com a disposição do artigo 145 do CP, salvo se a difamação for praticada contra o Presidente da República ou contra chefe de governo estrangeiro, ou se o ofendido for funcionário público no exercício de suas funções, casos em que a natureza da ação penal será pública, condicionada, no primeiro caso, à requisição do Ministro da Justiça e, no segundo, a representação do ofendido.

---

75 Nesse sentido, Marcos Ramayana (*Estatuto do idoso comentado...*, op. cit., p. 97-98).

IV – INJÚRIA (ARTIGO 140, CP)

1 Objetividade jurídica

O bem jurídico tutelado na injúria é o aspecto subjetivo da honra, ou seja, o amor-próprio, o sentimento pessoal de dignidade ou decoro. Na introdução aos crimes contra a honra, já sustentamos a inadequação da tutela de meros sentimentos, razão pela qual reputamos que a injúria não se coaduna com a constitucionalização da teoria do bem jurídico. Por dignidade, compreendem-se os atributos morais e sociais da pessoa (honorabilidade propriamente dita, ou seja, elementos formadores da personalidade do agente) e, por dignidade, têm-se os atributos físicos e intelectuais do ofendido (é dito que a ofensa ao decoro não atinge a honra da pessoa, mas sim sua respeitabilidade pessoal[76]). Chamar o indivíduo de "canalha", "pederasta", "estelionatário" etc. constitui ofensa à dignidade. Imputar-lhe a qualidade de "ignorante", "débil mental", "horripilante" etc. é uma ofensa ao seu decoro. Importa dizer que os dicionaristas citam o decoro como sinônimo de dignidade, traçando-se distinção entre os termos apenas para a finalidade da lei penal.

A injúria real, prevista no artigo 140, § 2º, do CP, na qual a ofensa é realizada por meio de uma violência, tem por escopo a salvaguarda da integridade física da pessoa, em conjunto com a proteção conferida à dignidade e ao decoro, já que se cuida de delito complexo. Já na injúria por preconceito (artigo 140, § 3º), além da honra subjetiva (bem jurídico de duvidosa elegibilidade para a salvaguarda penal), há a tutela a um direito constitucional de igualdade, que só se dá plenamente em uma sociedade livre de preconceitos. Retornaremos ao tema posteriormente.

O consentimento do ofendido quanto à ofensa injuriosa afasta o caráter criminoso da conduta.

O objeto material do delito é a pessoa ofendida.

2 Sujeitos do delito

Quaisquer pessoas podem praticar o crime de injúria, não se exigindo qualidades especiais do agente (crime comum).

76 MAGALHÃES NORONHA, E. *Direito penal...*, op. cit., p. 131.

No tocante ao sujeito passivo, qualquer um pode ser ofendido pela injúria, com algumas ressalvas:

a) Pessoas jurídicas – os entes morais, como já estudado, não podem ser injuriados, por lhes faltar o aspecto subjetivo da honra. Como a honra subjetiva é interna, ou seja, de apreciação íntima pelo sujeito passivo, é necessário que este possua aptidão para se sentir ofendido, o que não se encontra na pessoa jurídica. Somente seus representantes podem ser injuriados.

b) Menores de dezoito anos e alienados mentais – no caso dos inimputáveis, afigura-se claro que eles possuem dignidade e decoro, razão pela qual podem ser ofendidos em sua honra subjetiva. Entretanto, para a verificação do crime de injúria, é necessário que tenham a capacidade de compreender as ofensas que lhes são dirigidas. Explica-se: como a injúria tem reflexos internos, ou seja, é de apreciação subjetiva, somente seria possível injuriar aquele com a capacidade de avaliação íntima da ofensa.

c) Desonrados – mesmo que não gozem de boa reputação, os desonrados não são destituídos de amor-próprio. Assim, podem ser ofendidos na injúria.

d) Mortos – impossível a injúria contra os mortos, vez que não há expressa previsão legal da extensão do tipo incriminador, a par do que ocorre na difamação. Aliás, ainda que se vislumbre reputação no morto, sentimento de dignidade ou decoro, à evidência, inexiste. Refutou-se a disposição do Código Penal republicano, que, no artigo 324, admitia a injúria contra pessoas já falecidas[77] (devendo ser salientado que a injúria, naquele tempo, englobava condutas hoje tidas como difamatórias).

e) Pessoas indeterminadas – só é possível a injúria se dirigida a pessoa ou grupo de pessoas determinados ou determináveis. Não há crime contra a honra se o sujeito passivo é indeterminado, embora possa subsistir o crime do artigo 20 da Lei nº 7.716/1989, caso haja uma prolação preconceituosa.

3 Elementos objetivos, subjetivos e normativos do tipo

O verbo de que se valeu o legislador para tipificar a conduta é injuriar, significando a imputação ofensiva à dignidade ou ao decoro (honra subjetiva) da vítima. Tratando-se de crime de forma livre, são admitidos quaisquer meios executórios, sejam orais, escritos, simbólicos etc. (proferir xingamentos, desenhar imagens injuriosas, atirar bebida na face de alguém, entre outros exemplos). Se a ofensa ocorrer mediante um ato de violência, caracterizar-se-á o delito de injúria real, previsto no artigo 140, § 2º. Pode existir injúria até mesmo por omissão, como deixar de apertar a mão de alguém, quando se pede que sejam cumprimentados dessa forma todos os honestos presentes em um determinado recinto.

---

77 "Art. 324. Si a injuria, ou calumnia, forem commettidas contra a memoria de um morto, o direito de queixa poderá ser exercido pelo conjuge, ascendentes, descendentes ou irmãos."

Ao contrário da calúnia e da difamação, não se exige que a ofensa consista em fato determinado, bastando a imputação vaga para a caracterização do delito. Assim, por exemplo, chamar alguém de "ladrão" não é calúnia, pois não há a determinação da imputação, mas configura crime de injúria. De igual forma, afirmar que uma mulher é "meretriz" não pode ser considerado difamação, mas serve para aperfeiçoar o artigo 140 do CP. A respeito, manifesta-se com propriedade Magalhães Noronha: "ao inverso do que sucede na calúnia ou na difamação, não se imputa aqui fato determinado, mas atribuem-se qualidades negativas ou defeitos; é a exteriorização de um juízo que se faz de alguém".[78] Não se afirma, com isso, que a imputação de fatos determinados não possa ofender a honra subjetiva de alguém, mas sim que ganha vulto a ofensa à honra objetiva. Por conseguinte, se a atribuição de um fato definido como crime se faz de modo particular, somente entre autor e vítima, ou seja, sem o objetivo de macular a reputação de outrem, porém com intenção de trazer-lhe desconforto emocional, caracteriza-se a injúria, a despeito da determinação do fato ofensivo. Dispensa-se, ainda, a falsidade da ofensa, vez que, cuidando-se de tutela da honra subjetiva, a atribuição desairosa pode ter o condão de ofender o sujeito passivo, ainda que verdadeira.

O caráter ofensivo da injúria deve ser aferido de acordo com os costumes locais, considerando tempo, lugar e circunstâncias da ofensa, bem como as características pessoais da vítima. Se chamar alguém de fascista à época da 2ª Guerra Mundial poderia ser apreciado como elogio por alguns, hoje dificilmente deixará de constituir uma ofensa; imputar a outrem a qualidade de "peladeiro" pode não ser ofensivo a uma pessoa que costuma jogar futebol aos fins de semana, ao passo em que ofenderá um jogador profissional. Há que se acautelar, igualmente, quanto à excessiva suscetibilidade da vítima, devendo ser avaliado se o ato, no contexto em que é realizado, mostra-se realmente ofensivo, ou se a contrariedade do ofendido é creditada a uma sensibilidade exacerbada. Ainda, cremos ser possível a aplicação, ao delito em tela, do princípio da insignificância. Isso se dará, por exemplo, quando uma pessoa chama a outra de "boba", palavra que não é compreendida majoritariamente como uma ofensa séria. Não se deve esquecer, por fim, que expressões grosseiras nem sempre terão o condão de ofender a vítima em sua dignidade ou decoro. Se o sujeito ativo, descontente, manda seu interlocutor ir "para o inferno", ainda que a expressão demonstre uma forma de repúdio ao indivíduo, não afeta seus atributos morais, físicos ou intelectuais. Não há injúria. Isso vale também para expressões chulas que possam substituir a grosseria no exemplo dado.

Compõe-se o tipo subjetivo pela conduta dolosa, acrescida do elemento subjetivo especial (*animus injuriandi*). Só há a injúria se existente a vontade de ofender, não se perfazendo o delito em caso de intenção diversa, como

---

78 MAGALHÃES NORONHA, E. *Direito penal...*, op. cit., p. 131.

na vontade de fazer uma brincadeira (*animus jocandi*), ou de realizar simples aconselhamento (*animus consulendi*). Assim, se determinada pessoa narra a prisão de alguém pelo delito de tráfico de entorpecentes, afirmando que "o traficante X foi preso", não há delito na utilização do termo "traficante", já que não há a vontade de ofender o preso, mas sim o *animus narrandi*.

4 Consumação e tentativa

O delito se reputa consumado quando o ofendido é cientificado da imputação, ao revés do que ocorre com os demais crimes contra a honra, em que é necessário o conhecimento por terceiros. Tal ocorre pelo fato de a injúria se referir a um aspecto interno da honra (honra subjetiva). Trata-se de crime formal, já que o resultado naturalístico não é exigido para se operar a consumação, ou seja, não é necessário que o sujeito passivo se sinta efetivamente ofendido. A consumação é antecipada ao momento do conhecimento da ofensa.

A tentativa é admissível quando a conduta injuriosa é plurissubsistente, como na injúria por escrito. Se unissubsistente, não há tentativa (por exemplo, injúria oral, em regra). Para mais detalhes sobre o tema, recomendamos a leitura do capítulo referente ao crime de calúnia.

5 Exceção da verdade

Não é admissível a prova da verdade da imputação injuriosa, já que não há relevância ou utilidade pública na exposição da ofensa, corresponda ou não à realidade. Ademais, a honra subjetiva do indivíduo pode ser ofendida mesmo na imputação verídica. Inculcar a uma profissional do sexo o epíteto de prostituta, não obstante a veracidade da ofensa, pode melindrar a vítima, que não é obrigada a se orgulhar (embora o possa) da atividade desempenhada e, por conseguinte, do título imputado.

6 Exceção de notoriedade

Apesar de o artigo 523 do CPP estar posicionado dentre as disposições relativas ao procedimento nos delitos de calúnia e de injúria, a esta última não se aplica. A única função da exceção é demonstrar que, pelo conhecimento disseminado da imputação, o ofensor imaginava verídica a ofensa, incidindo em erro. Todavia, como a falsidade da imputação é irrelevante na injúria, a notoriedade não produz qualquer efeito nesse delito.

7 Perdão judicial

O instituto do perdão judicial, previsto no § 1º do artigo 140, é admitido em duas hipóteses: quando o ofendido, de forma reprovável, provoca a injúria (I) e no caso de retorsão imediata, que consista em outra injúria (II).

No primeiro caso, exige-se que o ofendido tenha agido de forma reprovável, estimulando a injúria. Não se cuida de uma injúria anterior que leva à segunda ofensa, pois tal hipótese se enquadra no inciso II. Há um fato provocativo não consistente em uma injúria, motivando a ofensa posterior. Pode-se vislumbrar a aplicação da regra, por exemplo, quando o agente dita impropérios contra determinada pessoa que tem o costume de ouvir música em volume acima do normal, durante o período de repouso do ofensor. Note-se que a provocação reprovável não afasta o caráter criminoso da ofensa, apenas tem o condão de extinguir a punibilidade do ofensor (artigo 107, IX, CP), já que a conduta deste é fruto de uma exaltação de ânimo. Por isso é exigido que a provocação seja feita diretamente ao ofensor, de forma a criar um rompante de ira. É o que se chama de *justa causa irae*, ou seja, o "irrefreável impulso defensivo" decorrente de uma "justificável irritação".[79] Embora o conceito de provocação não se confunda com o de agressão, algo mais severo, entendemos que, se o acinte resultante da provocação pode implicar perdão judicial, aquele oriundo da agressão também pode, até mesmo com mais razão. Assim, a provocação a que se refere o dispositivo pode ser uma conduta criminosa (lesão corporal, ameaça, calúnia, difamação, ato obsceno etc.), contravencional ou mesmo um fato apenas inconveniente ou inoportuno (uma "fechada" no trânsito etc.). O requisito da reprovabilidade da provocação impede o benefício se a conduta do provocador for justa (exemplo da pessoa que age em estado de necessidade, incitando a ira de outrem).

A segunda hipótese de perdão judicial é a retorsão imediata, ou seja, a *incontinenti* reação a uma injúria anterior, mediante outra injúria.[80] O agente, atacado em seu amor-próprio, retruca, ofendendo quem lhe ofendeu. Não se cuida de legítima defesa, porquanto a ofensa anterior é pretérita, ou seja, já é acabada. Não se exclui, por conseguinte, a ilicitude da conduta, operando-se somente a extinção da punibilidade pelo perdão. Justifica-se o perdão, novamente, pela exaltação de ânimo suportada pelo primeiro ofendido, que culmina com a segunda injúria. Assim, não concordamos com Camargo Aranha ao afirmar que, em caso de retorsão imediata, ambos os agentes serão beneficiados pelo perdão, mesmo o autor da primeira ofensa, o qual não retorquiu. Apesar de o dispositivo de lei não excepcionar o perdão para o autor da primeira ofensa, tal hipótese foge ao objetivo da norma, que tem por base a conduta irrefletida. Ademais, a ofensa proferida como retorsão não pode se prestar como punição para o primeiro delito (de acordo com o afirmado pelo citado autor), pois seria afastada a tutela estatal, bem como a exclusividade do poder público em aplicar sanções penais, autorizando uma suposta pena

79 PRADO, Luiz Régis. *Curso...*, op. cit., p. 251.

80 A retorsão não se confunde com as injúrias recíprocas, isto é, com a troca de ofensas, que não exige condutas sucessivas, tampouco que uma ofensa motive a outra. A reciprocidade de injúrias não permite o perdão.

privada. Somente o autor da retorsão pode ser beneficiado pelo perdão judicial.[81] Discordamos, entretanto, do argumento que afirma que o perdão para ambos os agentes importaria em compensação de culpas, instituto de índole civilista e repudiado pelo direito penal pátrio, como apregoado por Capez. O perdão judicial não afasta a conduta delitiva, excluindo somente a punibilidade por razão de política criminal.[82] A justificativa para a não concessão de um tratamento paritário a ambos os agentes reside, assim, na finalidade da norma.

Para o reconhecimento da retorsão deve haver proporcionalidade no revide. Não se cuida aqui de sopesar as diversas formas de ofensa, pois seria impossível uma perfeita gradação entre as expressões desabonadoras. Quando mencionamos a proporcionalidade, referimo-nos aos meios pelos quais a ofensa é praticada. É impossível o perdão judicial, por exemplo, quando a injúria simples é retorquida mediante uma injúria real ou uma injúria por preconceito, delitos que serão estudados a seguir e que tornam a conduta mais grave.

Deve ser salientado que o perdão judicial, uma vez satisfeitos os requisitos legais, é direito subjetivo do infrator e não mera faculdade do magistrado, em que pese o uso da expressão "pode deixar" no tipo penal.

8 Injúria real

Primeira das formas qualificadas do crime de injúria, encontrando-se tipificada no artigo 140, § 2º, do CP. A injúria real consiste na expressão de menosprezo ou menoscabo mediante ato de violência ou vias de fato. Ou seja, cuidando-se de uma forma de injúria, temos uma ofensa à honra subjetiva (dignidade ou decoro) realizada por meio de *vis corporalis*, humilhante por sua natureza ou meio empregado. Há injúria real, por exemplo, quando o agente, tencionando ferir o amor-próprio do ofendido, atira uma torta contra seu rosto, motivo de achincalhe, ou lança o ofendido em uma poça de lama etc.

O delito admite a execução mediante o uso de violência ou de vias de fato. Violência é a força física, apta a produzir uma lesão corporal, que atua sobre o corpo do ofendido, haja desprendimento de energia pelo próprio agente (socos, pontapés, lançamento de objetos etc.) ou por outro meio vulnerante (fogo, energia elétrica, entre outros). Vias de fato é um termo oriundo da Lei de Contravenções Penais (artigo 21, Decreto-Lei nº 3.688/1941), que não o conceitua. Assim, a doutrina vem definindo as vias de fato como a "prática de atos agressivos, sem *animus vulnerandi* ou *laedendi*, dos quais não resultem danos corporais".[83] Há um ato de violência (agressão), embora não se possa confundir a violência das vias de fato com o conceito de violência referido na

81 CAPEZ, Fernando. *Curso...*, op. cit., p. 248. Contra, CAMARGO ARANHA, Adalberto Q. T. de. *Crimes Contra a Honra...*, op. cit., p. 83.

82 Assim entende Paulo José da Costa Jr. (*Comentários...*, op. cit., p. 429).

83 BITENCOURT, Cezar Roberto. *Tratado...*, op. cit., p. 380.

injúria real. Isso porque, nas vias de fato, se exige que não haja a vontade de causar uma lesão (*animus vulnerandi*) e, além disso, que efetivamente não seja produzida qualquer lesão. Se o agente pratica a injúria real sem *animus vulnerandi*, mas acaba por ferir o ofendido, há o meio violento, não a utilização de vias de fato. Cuidam-se as vias de fato, portanto, da violência mínima, ou melhor, de uma antessala da violência (são exemplos de vias de fato os empurrões, bofetadas leves, beliscões etc.). A grave ameaça, também conhecida por violência moral, não se presta para caracterizar a injúria real, pois o Código Penal adota a palavra violência somente para a violência material (ver, como exemplo, artigo 157, CP).

A injúria real situa-se dentre os crimes contra a honra em virtude da intenção do agente. Este, apesar do ato violento, tem a vontade precípua de injuriar (*animus injuriandi*), não de lesionar a integridade corporal do ofendido ou de praticar vias de fato. É justamente no dolo do agente que a injúria real se distingue, portanto, do crime de lesão corporal e da contravenção penal de vias de fato. Entretanto, não deve ser olvidado que o dispositivo impõe o cúmulo material de penas quando a injúria real é praticada mediante violência ("Pena – detenção, de 3 meses a 1 ano, e multa, além da pena correspondente à violência"). Assim, sempre que o agente, para ofender a honra de outrem, se valer de meio violento, haverá concurso entre os delitos de injúria real e de lesão corporal (leve ou qualificada).[84] O mesmo não ocorre com as vias de fato, já que a lei trata estas e a violência como condutas distintas. Se o dispositivo só contempla o concurso de delitos para a violência, resta absorvida a contravenção penal sempre que a injúria for realizada por meio de vias de fato.

A legítima defesa é possível na injúria real, desde que a ofensa esteja acontecendo ou por acontecer (iminência da agressão), devendo ser verificada a necessária moderação na reação. Se a injúria for pretérita, eventual reação consistiria em retorsão (caso a reação consista em nova injúria, na forma simples), se imediata.

9 Injúria por preconceito

Cuida o § 3º do artigo 140 da injúria por preconceito, dispondo da seguinte forma: "se a injúria consiste na utilização de elementos referentes à raça, cor, etnia, religião, origem ou a condição de pessoa idosa ou portadora de deficiência: Pena – reclusão de 1 (um) a 3 (três) anos e multa". O parágrafo em apreço foi acrescido pela Lei nº 9.459/1997 e modificado pela Lei nº 10.741/2003

84 Bitencourt, com razão, afirma que o artigo 140, § 2º, do CP não obriga ao reconhecimento do concurso material, apenas impõe o sistema do cúmulo material de penas (*Tratado...*, op. cit., p. 382). Não poderia o dispositivo negar toda a teoria do concurso de crimes para criar uma exceção, até porque o texto se refere somente à soma das penas. Em verdade, há concurso formal impróprio (artigo 70, *caput, in fine*). Camargo Aranha, ao seu turno, sugere a aplicação do artigo 69 do CP, referente ao concurso material (*Crimes contra a honra...*, op. cit., p. 86).

(Estatuto do Idoso), passando a fazer referência à pessoa idosa e ao portador de deficiência.

Denominado injúria por preconceito, preconceituosa ou discriminatória, neste delito o agente visa a ofender a honra subjetiva de outrem se valendo de referências à raça (grupo de indivíduos com os mesmos característicos biológicos e psicológicos),[85] cor (coloração da pele), etnia (referência a um povo), religião (crença, fé), origem (naturalidade), idade avançada (trata-se, segundo o sistema do Estatuto do Idoso, da pessoa com idade igual ou superior a 60 anos - artigo 1º, Lei nº 10.741/2003) ou deficiência (artigo 2º da Lei nº 13.146/2015).

Não caracteriza a injúria preconceituosa qualquer expressão ofensiva lançada contra um negro, contra um muçulmano ou contra um paraplégico. É imprescindível que a ofensa tenha por base a condição peculiar da vítima, como chamar o ofendido de "negro sujo", de "muçulmano terrorista" ou de "paraplégico indolente". Ou seja, somente há a injúria preconceituosa quando o juízo depreciativo de valor for formado em virtude das características pessoais citadas no tipo penal. Deve existir, portanto, um elemento subjetivo especial do tipo, consubstanciado na finalidade discriminatória (em razão de raça, cor, etnia etc.). Não basta somente a vontade de ofender (*animus injuriandi*), que, existindo de forma isolada, caracterizará outra forma de injúria que não a preconceituosa. Entendíamos, anteriormente, que a injúria preconceituosa não se caracterizava nas referências diretas à peculiar característica do ofendido, como chamar alguém de "negrinho" ou de "macumbeiro", senão naqueles casos em que outras expressões ofensivas, calcadas no preconceito, eram a elas aderidas (por exemplo, chamar um nordestino de "paraíba ignorante", deixando parente a relação entre origem e atribuição ofensiva). Todavia, mudamos nossa concepção: as meras referências às características de etnia, religião etc. podem caracterizar injúria desde que evidente a intenção de ofender a vítima em sua dignidade ou decoro, o que é exigência do *caput* do artigo 140, ao qual se reporta o § 3º. Em outras palavras: se chamar a pessoa de "paraíba" tem por objetivo diminuí-la ou humilhá-la, ainda que restando implícita a crença do ofensor na ausência ou na diminuição das capacidades físicas, morais ou intelectuais da vítima por conta de sua origem, isso é injúria por preconceito.

Há que se adotar cautela, contudo, com as formas enraizadas e porventura externadas de preconceito, nas quais uma expressão discriminatória é usada, mas sem a intenção de ofender. Existe preconceito, mas decorrente de uma construção cultural que, muitas vezes, não permite que a pessoa perceba que age de forma discriminatória. Por exemplo, isso ocorre quando alguém, desconhecendo o nome de um árabe e a ele querendo se referir, chama-o de "Bin

---

85 SILVEIRA BUENO. *Grande dicionário etimológico prosódico da língua portuguesa*. São Paulo: Saraiva, v. 7, 1968. p. 3332.

Laden", inconscientemente reforçando um estereótipo. Nessa hipótese, se não houver a intenção de ofender, não se caracteriza a injúria, ainda que o interlocutor possa se sentir – justificadamente – ofendido.

Merece especial atenção a injúria decorrente de preconceito por orientação sexual, naquilo que se convencionou chamar de LGBTQIAfobia (ou, em expressão mais conhecida, homotransfobia). O artigo 140, § 3º, não faz referência expressa a essa espécie de preconceito entre aquelas casuisticamente arroladas. Ainda assim, será possível extraí-la de outra hipótese ali prevista?

Em 2003, o STF julgou o HC nº 82.424/RS, conhecido como Caso Ellwanger. Resumidamente, Siegfried Ellwanger, proprietário de uma editora no Rio Grande do Sul, publicou livros de caráter antissemita, razão pela qual foi denunciado pelo Ministério Público gaúcho pelo crime previsto no artigo 20 da Lei nº 7.716/1989. Nesse ponto, mister um breve parêntese: a Lei nº 7.716/1989 pune os crimes resultantes de discriminação ou preconceito de raça, cor, etnia, religião ou procedência nacional, atendendo a um mandado constitucional de criminalização decorrente da interpretação dos artigos 3º, IV, e 5º, XLII. Encontramos, nessa lei, diversas condutas discriminatórias, como "impedir o acesso ou recusar atendimento em restaurantes, bares, confeitarias, ou locais semelhantes abertos ao público", por motivo de preconceito (artigo 8º). O artigo 20 contempla uma forma genérica de preconceito: "praticar, induzir ou incitar a discriminação ou preconceito de raça, cor, etnia, religião ou procedência nacional".

Absolvido em primeira instância sob o argumento da liberdade de expressão, Ellwanger foi condenado em segunda instância. Recorreu ao STJ, mas a Quinta Turma manteve a decisão do TJRS. Dirigiu-se, então, ao STF, pugnando por sua absolvição através de dois argumentos alternativos: (a) não houve crime, mas legítimo exercício de uma liberdade constitucional (liberdade de expressão do pensamento); (b) mesmo que reconhecida a prática do crime previsto no artigo 20 da Lei nº 7.716/1989, estaria ele prescrito. É o segundo argumento, sobre a extinção da punibilidade, que nos interessará.

O artigo 5º, XLII, da CRFB estabelece a imprescritibilidade do racismo. Essa imprescritibilidade atine a todos os tipos penais da Lei nº 7.716. Argumentou a defesa de Ellwanger, contudo, que a lei prevê diversos tipos de preconceito, não apenas o racial. A vedação ao reconhecimento da prescrição, assim, incidiria unicamente quando o preconceito verificado no caso concreto fosse de raça. Nas demais hipóteses (cor, etnia, religião e procedência nacional), os crimes da Lei nº 7.716 seriam prescritíveis. Como o antissemitismo não se liga a uma questão racial, dar-se-ia a extinção da punibilidade do acusado. Em decisão majoritária (oito a três), o STF manteve a condenação, sustentando a imprescritibilidade de todas as formas de preconceito previstas no diploma legal. Em seu voto, o Min. Moreira Alves deu razão à defesa, pois os judeus não seriam uma raça, interpretando a palavra racismo restritivamente. O Min. Maurício Correa, contudo, inaugurou a divergência que acabou vencedora. Consoante o Ministro, as pesquisas sobre o genoma humano afastaram o conceito de raça. Ou seja, biologicamente, não existiriam raças humanas, senão como construção social, em uma repartição puramente arbitrária. Portanto, racismo seria qualquer forma de discriminação de grupamentos humanos negativamente valorados para justificar a superioridade de outros grupamentos sobre eles. Assim, no que concerne ao preconceito contra judeus, existiria racismo num conceito mais amplo do termo, o que corresponderia à intenção do constituinte na norma de imprescritibilidade. Em outras palavras: se a palavra racismo se resume ao preconceito racial, o artigo 5º, XLII, da CRFB se torna inaplicável, pois o conceito de raça está superado; desta forma, o uso constitucional do termo racismo deve ser compreendido de forma a contemplar as diversas formas de opressão constitucionalmente previstas.

Embora a decisão do STF sobre a imprescritibilidade tenha se dado em uma análise sobre a Lei nº 7.716, há estreita ligação entre o diploma especial e o crime previsto no artigo 140, § 3º, do CP. Isso fica claro na decisão da própria Corte, exarada no Agravo Regimental no Recurso Extraordinário nº 983.531, em que a inafiançabilidade constitucionalmente prevista foi estendida também à injúria por preconceito. Inicialmente nos posicionamos contra essa decisão, mas refletindo sobre o tema passamos a considerá-la acertada. Isso se deve principalmente a uma nova ótica sobre o bem jurídico tutelado no crime de injúria por preconceito: refutada a tutela dos sentimentos de dignidade e decoro, incompatível com a teoria do bem jurídico, resta a proteção a um direito de igualdade, negado pelas ofensas preconceituosas. Com essa constatação, passa a existir um paralelo entre o artigo 140, § 3º, e a Lei 7.716. Qual é a consequência? As diretrizes aplicadas devem ser as mesmas.

Em todo esse contexto, onde se insere a LBGTQIAfobia? Caso adotemos a posição esposada pelo Min. Maurício Corrêa, ela é uma forma de racismo, pois estamos falando de grupamentos humanos negativamente valorados para justificar a superioridade de outros grupamentos sobre eles. E, assim, a CRFB exige sua criminalização específica.

Não por outro motivo, foram oferecidos o Mandado de Injunção nº 4733 e a Ação Direta de Inconstitucionalidade por Omissão nº 26, tendentes a buscar a criminalização da LGBTQIAfobia. O STF, no julgamento, decidiu pela aplicabilidade da Lei nº 7.716/1989 à discriminação por orientação sexual. Para alcançar esse resultado, o STF poderia seguir dois caminhos, ambos polêmicos: inovar o ordenamento jurídico, inserindo por conta própria esse preconceito entre as hipóteses do artigo 1º da Lei nº 7.716, o que viola o princípio da legalidade (artigo 5º, XXXIX, CRFB); e interpretar o termo raça, contido no artigo 1º, de forma extensiva, traçando um paralelo para com a decisão exarada no Caso Ellwanger. Percebemos, no entanto, um problema nessa segunda possibilidade: a palavra racismo, no artigo 5º, XLII, da CRFB, é usada de forma genérica (consoante a decisão do STF de 2003), ao passo em que as hipóteses de preconceito da Lei nº 7.716 são casuísticas, tornando no mínimo estranho conferir à palavra raça ali contida uma acepção alargada. Ambos os caminhos são mencionados nos pedidos formulados na ADO nº 26/DF, os quais constam do voto do Min. Celso de Mello: "(...) Postula-se, ainda, em caráter subsidiário, a colmatação jurisdicional da lacuna normativa existente, conferindo-se interpretação conforme às disposições normativas previstas na Lei nº 7.716/89, em ordem a explicitar, em harmonia com o que dispõe a Constituição (CF, art. 5º, XLI e XLII), que os atos de discriminação praticados em razão da orientação sexual ou da identidade de gênero dos integrantes da comunidade LGBT acham-se compreendidos na definição ampla de racismo. Caso não prevaleça esse entendimento, requer-se que o Supremo Tribunal Federal, inovando na ordem positiva, tipifique, ainda que por decisão judicial, as condutas atentatórias aos direitos e liberdades fundamentais dos integrantes da comunidade LGBT, definindo, também, a respectiva cominação penal, superando-se, desse modo, embora em caráter absolutamente excepcional, o princípio segundo o qual *nullum crimen, nulla poena sine praevia lege.*"

Optou, o STF, pela interpretação conforme a Constituição, dando à palavra raça, contida na Lei nº 7.716/1989, a mesma definição empregada por ocasião do Caso Ellwanger. Diz a decisão: "O Tribunal, por unanimidade, conheceu parcialmente da ação direta de inconstitucionalidade por omissão. Por maioria e nessa extensão, julgou-a procedente, com eficácia geral e efeito vinculante, para: (...) d) dar interpretação conforme à Constituição, em face dos mandados constitucionais de incriminação inscritos nos incisos XLI e XLII do art. 5º da Carta Política, para enquadrar a homofobia e a transfobia, qualquer que seja a forma de sua manifestação, nos diversos tipos penais definidos na Lei nº 7.716/89, até que sobrevenha legislação autônoma, editada pelo Congresso Nacional, seja por considerar-se, nos termos deste voto, que as práticas homotransfóbicas qualificam-se como espécies do gênero racismo, na dimensão de racismo social consagrada pelo Supremo Tribunal Federal no julgamento plenário do HC 82.424/RS (caso Ellwanger), na medida em que tais condutas importam em atos de segregação que inferiorizam membros integrantes do grupo LGBT, em razão de sua orientação sexual ou de sua identidade de gênero, seja, ainda, porque tais comportamentos de homotransfobia ajustam-se ao conceito de atos de discriminação e de ofensa a direitos e liberdades fundamentais daqueles que compõem o grupo vulnerável em questão (...). Em seguida, por maioria, fixou-se a seguinte tese: 1. Até que sobrevenha lei emanada do Congresso Nacional destinada a implementar os mandados de criminalização definidos nos incisos XLI e XLII do art. 5º da Constituição da República, as condutas homofóbicas e transfóbicas, reais ou supostas, que envolvem aversão odiosa à orientação sexual ou à identidade de gênero de alguém, por traduzirem expressões de racismo, compreendido este em sua dimensão social, ajustam-se, por identidade de razão e mediante adequação típica, aos preceitos primários de incriminação definidos na Lei nº 7.716, de 08/01/1989, constituindo, também, na hipótese de homicídio doloso, circunstância que o qualifica, por configurar motivo torpe (Código Penal, art. 121, § 2º, I, "*in fine*"); 2. A repressão penal à prática da homotransfobia não alcança nem restringe ou limita o exercício da liberdade religiosa, qualquer que seja a denominação confessional professada, a cujos fiéis e ministros (sacerdotes, pastores, rabinos, mulás ou clérigos muçulmanos e líderes ou celebrantes das religiões afro-brasileiras, entre outros) é assegurado o direito de pregar e de divulgar, livremente, pela palavra, pela imagem ou por qualquer outro meio, o seu pensamento e de externar suas convicções de acordo com o que se contiver em seus livros e códigos sagrados, bem assim o de ensinar segundo sua orientação doutrinária e/ou teológica, podendo buscar e conquistar prosélitos e praticar os atos de culto e respectiva liturgia, independentemente do espaço, público ou privado, de sua atuação individual ou coletiva, desde que tais manifestações não configurem discurso de ódio, assim entendidas aquelas exteriorizações que incitem a discriminação, a hostilidade ou a violência contra pessoas em razão de sua orientação sexual ou de sua identidade de gênero; 3. O conceito de racismo, compreendido em sua dimensão social, projeta-se para além de aspectos estritamente biológicos ou fenotípicos, pois resulta, enquanto manifestação de poder, de uma construção de índole histórico-cultural motivada pelo objetivo de justificar a desigualdade e destinada ao controle ideológico, à dominação política, à subjugação social e à negação da alteridade, da dignidade e da humanidade daqueles que, por integrarem grupo vulnerável (LGBTI+) e por não pertencerem ao estamento que detém posição de hegemonia em uma dada estrutura social, são considerados estranhos e diferentes, degradados à condição de marginais do ordenamento jurídico, expostos, em consequência de odiosa inferiorização e de perversa estigmatização, a uma injusta e lesiva situação de exclusão do sistema geral de proteção do direito, vencido o Ministro Marco Aurélio, que não subscreveu a tese proposta. (...)"

A questão que se impõe é: a decisão do STF se estende à injúria por preconceito? A injúria que tem como objeto a orientação sexual da vítima também resta criminalizada após a decisão da Corte? Embora discordemos do resultado, acreditando que a decisão do STF, de uma forma ou de outra, implica a criação de tipos penais por órgão diverso do legislativo, fato é que as mesmas razões que conduzem à aplicação da Lei nº 7.716/1989 à LGBTQIAfobia impõem a extensão da decisão à injúria por preconceito. Não há como dissociar essas situações (repise-se, o próprio STF já decidiu que a injúria por preconceito é imprescritível, tal qual os crimes da Lei nº 7.716, não existindo, portanto, razão válida para se dar um tratamento diferenciado às duas hipóteses). O Projeto de Lei da Câmara dos Deputados nº 7.582/2014, aprovado pela Comissão de Direitos Humanos e Minorias logo depois da decisão do STF, inclui o manifesto preconceito contra lésbicas, gays, bissexuais, travestis, transexuais, intersexuais e demais pessoas trans como espécie de injúria preconceituosa.

O tipo objetivo e o tipo subjetivo, salvo as ressalvas já feitas, são idênticos ao tipo fundamental da injúria. Por ser mais específica e mais grave, a injúria por preconceito absorve a injúria simples, ainda que sejam, em um mesmo contexto, proferidas várias ofensas, algumas qualificadas, outras não. O mesmo acontecerá com a calúnia (artigo 138, CP) e a difamação (artigo 139, CP). Poderá aparecer em concurso de crimes com o desacato (artigo 331, CP), para aqueles que defendem sua compatibilidade para com a ordem constitucional.

Merece especial menção a celeuma envolvendo a proporcionalidade da pena estipulada em abstrato para a injúria preconceituosa. O legislador, ao criar a Lei nº 7.716/89, tencionou tipificar as condutas chamadas de "racismo" (preconceito). Para tanto, criou uma série de delitos, que vão do impedimento ou óbice ao acesso de pessoa a cargo da administração direta, indireta ou de concessionária de serviço público, em virtude de raça, cor, religião, etnia ou procedência nacional (artigo 1º), até a prática, induzimento ou incitação à discriminação ou ao preconceito em virtude dos mesmos elementos (artigo 20). Olvidou-se a lei, entretanto, de mencionar a ofensa à honra subjetiva, impondo, em tais casos, a aplicação do artigo 140 do CP. Percebendo a omissão e visando a agradar a opinião pública, criou-se o parágrafo 3º do artigo 140 do CP, cominando abstratamente pena de reclusão de 1 a 3 anos e multa. Reputávamos desproporcional a sanção, mas modificamos nossa ótica. Ainda que a pena seja a mesma do homicídio culposo (artigo 121, § 3º), do autoaborto e do aborto consentido, todos delitos contra a vida, bem jurídico teoricamente de maior relevância, é certo que não existe um critério apriorístico nessa escala de valores. Assim, nada impede que o legislador, valendo-se de ponderações político-criminais, estabeleça situações em que bens jurídicos sejam valorados de modo que subverta o senso comum. Ou seja, o controle de proporcionalidade não pode violar as prerrogativas políticas do legislador, atuando apenas quando houver absoluta violação de parâmetros lógicos. No tipo penal analisado, importa salientar, há a tutela de um bem jurídico de especial importância, a ponto de constituir um dos objetivos fundamentais da República (artigo 3º, IV, CRFB), que é a erradicação de todas as formas de preconceito.[86]

86 Informativo STF, no mesmo sentido do texto: "A 1ª Turma iniciou julgamento de habeas corpus em que se alega a desproporcionalidade da pena prevista em abstrato quanto

Ainda com referência à Lei nº 7.716/89, impõe-se a consignação da seguinte decisão do colendo STJ, *verbis*: "Processual penal. Recurso ordinário em *habeas corpus*. Art. 20, da Lei nº 7.716/89. Alegação de que a conduta se enquadraria no art. 140, §3º, do CP. Improcedência. Trancamento da ação penal. Falta de justa causa. Inocorrência. I - O crime do art. 20, da Lei nº 7.716/89, na modalidade de praticar ou incitar a discriminação ou preconceito de procedência nacional, não se confunde com o crime de injúria preconceituosa (art. 140, §3º, do CP). Este tutela a honra subjetiva da pessoa. Aquele, por sua vez, é um sentimento em relação a toda uma coletividade em razão de sua origem (nacionalidade). II - No caso em tela, a intenção dos réus, em princípio, não era precisamente depreciar o passageiro (a vítima), mas salientar sua humilhante condição em virtude de ser brasileiro, i.e., a ideia foi exaltar a superioridade do povo americano em contraposição à posição inferior do povo brasileiro, atentando-se, dessa maneira, contra a coletividade brasileira. Assim, suas condutas, em tese, subsumem-se ao tipo legal do art. 20, da Lei nº 7.716/86. (...) Writ denegado".[87] No caso em tela, um dos ofensores, comissário

---

ao tipo qualificado de injúria, na redação dada pela Lei 10.741/2003 ('Art. 140. Injuriar alguém, ofendendo-lhe a dignidade ou o decoro: ... § 3º. Se a injúria consiste na utilização de elementos referentes a raça, cor, etnia, religião, origem ou a condição de pessoa idosa ou portadora de deficiência: Pena - reclusão de um a três anos e multa'). O Min. Luiz Fux, relator, denegou a ordem, no que foi acompanhado pela Min. Rosa Weber. Destacou que o tipo qualificado de injúria teria como escopo a proteção do princípio da dignidade da pessoa humana como postulado essencial da ordem constitucional, ao qual estaria vinculado o Estado no dever de respeito à proteção do indivíduo. Observou que o legislador teria atentado para a necessidade de se assegurar prevalência desses princípios. Asseverou que o impetrante pretenderia o trancamento da ação penal ao sustentar a inconstitucionalidade do art. 140, § 3º, do CP, questão não enfrentada em recurso especial no STJ. O Min. Marco Aurélio suscitou questão de ordem no sentido de que a matéria fosse submetida ao Plenário, diante da arguição de inconstitucionalidade do preceito. Para ele, o habeas prescindiria de prequestionamento do tema constitucional. Salientou que, ainda que a matéria não estivesse veiculada nas razões do especial, aquela Corte poderia conceder a ordem de ofício. Pontuou não desconhecer que o Pleno estaria assoberbado de processos a serem julgados. Entretanto, entendeu que o articulado conflito do art. 140, § 3º, do CP com a Constituição somente poderia ser examinado pelo Colegiado maior. Por fim, aduziu que, vencido quanto à aludida remessa, indeferia o writ por não aventar inconstitucionalidade. O relator e a Min. Rosa Weber resolveram a questão de ordem para que o julgamento prosseguisse na Turma. O primeiro ressaltou que o deslocamento somente deveria ocorrer no caso de se vislumbrar inconstitucionalidade de norma, consoante interpretação do art. 97 da CF. Complementou que, para conjurar lei do cenário jurídico, impenderia levar ao órgão próprio (CPC, art. 480). No entanto, para se afirmar a sua constitucionalidade, despicienda a afetação ao Plenário, em virtude da presunção de constitucionalidade. Ademais, demonstrou preocupação em se assentar a necessidade de envio ao Pleno de todo habeas no qual postulada essa pretensão. Após, pediu vista dos autos o Min. Dias Toffoli." (HC 109676/RJ, rel. Min. Luiz Fux, 19.6.2012)

87 RHC 19.166/RJ, Quinta Turma, rel. Min. Felix Fischer, julg. em 24/10/2006.

de bordo, disse à vítima: "Amanhã vou acordar jovem, bonito, rico e sendo um poderoso americano, e você vai acordar como safado, depravado, repulsivo, canalha e miserável brasileiro". Em seu voto, o Ministro relator asseverou que "no delito de injúria preconceituosa, a finalidade do agente, a fazer uso de elementos ligados a raça, cor, etnia, origem etc., é atingir a honra subjetiva da vítima, bem juridicamente protegido pelo crime em questão. Ao contrário, o delito previsto no art. 20, da Lei nº 7716/89, na modalidade de praticar ou incitar a discriminação ou preconceito de procedência nacional, constitui manifestação de um sentimento em relação a toda uma coletividade em razão de sua origem (nacionalidade)". No crime da lei extravagante há o atingimento da honra subjetiva da vítima (e, como sustentamos, lesão a um princípio de igualdade), quando uma ofensa é a ela direcionada, mas ganha vulto a depreciação coletiva, que absorve a injúria contida no crime mais grave. O artigo 140, § 3º, do CP somente tem vez quando o único propósito do ofensor é vilipendiar a honra do ofendido com expressões de menoscabo preconceituoso, sem pretender afirmar a superioridade de um povo sobre outro.

Não há impedimento em se aplicar o disposto no § 1º (perdão judicial) à injúria preconceituosa, já que nenhuma ressalva é feita no dispositivo. A gravidade do crime, por si só, não tem o condão de afastar a causa de exclusão da punibilidade.[88]

10 Distinção, concurso de crimes e concurso aparente de normas

A injúria não se confunde com os delitos de calúnia e difamação, pois nestes, além da ofensa ao aspecto objetivo da honra, há a imputação de fato determinado. Na injúria, a imputação pode ser vaga e é tutelado o aspecto subjetivo da honra.

Se, com uma única conduta ofensiva, o sujeito ativo ofende várias pessoas, há a pluralidade de injúrias em concurso formal impróprio. Por exemplo, caso o agente diga, em um recinto ocupado por três pessoas, que "nesta sala todos são canalhas", praticará três crimes de injúria em concurso formal (artigo 70, CP). É possível também o reconhecimento da continuidade delitiva (artigo 71, CP) entre vários crimes de injúria, desde que satisfeitos os requisitos legais, salvo entre injúria simples ou por preconceito e injúria real, já que, nestes casos, o modo de execução dos delitos é diferente. A continuidade delitiva entre a injúria e o crime contra a honra diverso (calúnia ou difamação) é tema controvertido. Entendemos que é possível que tais crimes sejam praticados em continuidade, pois são crimes da mesma espécie, ou seja, atingem o mesmo

---

88 Contra, Fernando Capez, afirmando que a injúria real é revestida de maior seriedade e viola uma das metas fundamentais do Estado Democrático de Direito – CRFB, artigo 3º, IV (*Curso...*, op. cit., p. 252).

bem jurídico (honra) e têm descrição típica assemelhada, desde que a hipótese não seja de injúria real (para maior detalhamento, ver notas ao crime de calúnia). Também é possível, sem dificuldade, a admissão do concurso material entre várias injúrias e outros delitos (artigo 69, CP).

Quando várias ofensas são irrogadas em uma mesma oportunidade, não saindo do mesmo contexto fático, a existência de uma calúnia ou de uma difamação operará a absorção do crime de injúria (critério da subsidiariedade). Por exemplo, se, em um embate verbal, o agente afirma que o ofendido tem o costume de estuprar a própria filha, chamando-o, em seguida, de "canalha", a injúria verificada na última imputação é absorvida pela calúnia anterior.

No tocante ao crime de desacato (para os que admitem sua compatibilidade constitucional), há a prevalência deste sobre a injúria (salvo se a injúria for preconceituosa, hipótese de concurso de crimes), caracterizando-se o crime contra a administração pública quando a ofensa é dirigida a funcionário público no exercício da função, ou, ainda que não esteja desempenhando a atividade, se a ofensa é relativa a esta. Mister, todavia, a presença física do funcionário no momento da ofensa, aperfeiçoando-se a injúria se a imputação não se der em sua presença.

Caso a injúria seja praticada em propaganda eleitoral ou para fim de propaganda, aplica-se o disposto no artigo 326 da Lei nº 4.737/65 (Lei Eleitoral). O mesmo artigo, no § 2º, tipifica a injúria real na propaganda eleitoral, mas não faz o mesmo com a injúria por preconceito, que exige a aplicação do Código Penal.

A Lei de Imprensa (Lei nº 5.250/67) previa a injúria em seu artigo 22, mas tal diploma, de acordo com o STF, não foi recepcionado pela atual ordem constitucional.

A Lei de Segurança Nacional (Lei nº 7.170/83), ao contrário do que ocorre na calúnia e na difamação (artigo 26), não prevê a conduta injuriosa, havendo a incidência do artigo 140 do CP, mesmo que a injúria seja praticada com o fim político-subversivo.

Por fim, há previsão da injúria no Código Penal Militar (artigo 216, para a injúria simples; artigo 217 na injúria real, não existindo tipificação da injúria preconceituosa), exigindo-se que o crime seja praticado nos moldes do artigo 9º do mesmo diploma.[89]

89 STJ: "Durante uma discussão, houve a suposta prática de injúria de policial militar reformado contra dois policiais militares estaduais que exerciam o policiamento do trânsito. Quanto a isso, é certo que a competência da Justiça Militar é estrita e não suporta interpretação extensiva para acolher espécies de crimes que não estão previstas na lei. Contudo, tal como o civil, pode o militar reformado, em tese, praticar crime militar. Porém, examinado o teor do art. 9º do CPM, conclui-se que o delito de injúria praticado por militar reformado não é da competência da Justiça castrense, mas sim da comum, pois essa espécie não se enquadra no rol previsto no inciso III nem nas alíneas de a a d, todos do referido

11 Disposições comuns

As disposições comuns acerca dos crimes contra a honra estão arroladas nos artigos 141 a 145 do CP (causas de aumento de pena, exclusão da tipicidade, retratação, pedido de explicações e ação penal), abrangendo também o crime de injúria. Por razões didáticas, serão abordadas em capítulo específico mais à frente.

12 Pena e ação penal

A pena cominada abstratamente para o tipo fundamental do crime de injúria é a de detenção, de 1 a 6 meses, ou multa. Cuida-se, portanto, de infração de menor potencial ofensivo, abrangida pela Lei nº 9.099/95. Mesmo na incidência das causas de aumento da pena previstas no artigo 141, não é modificado o caráter pouco ofensivo do crime, mantendo-se a aplicação do referido diploma legal.

Em relação ao crime de injúria real, a pena cominada situa-se entre os limites de 3 meses a 1 ano de detenção e multa, constituindo, também, infração de menor potencial ofensivo. Ainda que se aplique o parágrafo único do artigo 141 à injúria real, o patamar máximo da pena não ultrapassará o limite de dois anos estipulado para a incidência da Lei nº 9.099/95.

Já no que toca à injúria por preconceito, somente é cabível a suspensão condicional do processo (artigo 89, Lei nº 9.099/95), já que a pena é a de reclusão, de 1 a 3 anos, e multa. Se, entretanto, houver o reconhecimento de uma das causas de aumento da pena do artigo 141, nem mesmo tal instituto será passível de aplicação.

A ação penal na injúria, em regra, é de iniciativa privada, consoante redação do artigo 145 do CP. Excepcionalmente, se houver injúria real, com a produção de lesões corporais, a ação será pública incondicionada (artigo 145, *in fine*). Isso se deve à redação do artigo 101 do CP, que dispõe que, na existência de um crime complexo, se uma das partes que compõem o todo for um crime de ação penal pública, o todo também o será. Já se as vias de fato forem eleitas como forma de execução da injúria real, a ação penal persistirá privada, por expressa exigência do artigo 145, *caput*, que somente excetua a injúria real praticada mediante violência.

Também será pública a ação penal quando a injúria (simples) for praticada contra o Presidente da República ou contra chefe de governo estrangeiro (condicionada à requisição do Ministro da Justiça – artigo 145, parágrafo único, 1ª parte), ou contra funcionário público, em razão das funções desempenhadas (condicionada à representação do ofendido – artigo 145, parágrafo único, 2ª

artigo. Precedentes citados: CC 55.432-RS, DJ 21/8/2006, e CC 34.028-SP, DJ 16/6/2003" (HC nº 125.582/SP, Sexta Turma, rel. Min. Celso Limongi, julg. em 27/04/2010).

parte – embora nesse caso a ação também possa se revestir da qualidade de privada, consoante a Súmula nº 714 do STF).

Finalmente, no caso de injúria preconceituosa, a ação penal é pública condicionada à representação do ofendido, de acordo com recente modificação do artigo 145 do CP, ditada pela Lei nº 12.033/09. No próximo capítulo, referente às disposições gerais atinentes aos crimes contra a honra, maior espaço será destinado ao estudo da ação penal.

V – DISPOSIÇÕES COMUNS (ARTIGOS 141 A 145, CP)

1 Causas de aumento da pena (artigo 141)

Qualquer que seja a hipótese de crime contra a honra, a pena do agente será aumentada em virtude das condições dispostas no artigo 141 do CP. São consideradas majorantes, aumentando a pena do delito em um terço: crime cometido contra o Presidente da República ou contra chefe de governo estrangeiro (I); crime cometido contra funcionário público, em razão das funções públicas a ele cometidas (II); ofensa realizada na presença de várias pessoas, ou por meio que facilite a divulgação da ofensa (III), e crime praticado contra pessoa maior de sessenta anos ou portadora de deficiência, exceto no caso de injúria (IV). O parágrafo único do mesmo artigo duplica a pena do agente se o crime é cometido mediante paga ou promessa de recompensa.

A primeira das causas de aumento (inciso I) tem por fundamento a honorabilidade do cargo ocupado pelo ofendido, seja por chefiar o governo nacional (Presidente da República) ou um governo alienígena (presidente, primeiro-ministro, rei etc.). No último caso, ainda podem ser invocadas razões diplomáticas para a elevação da pena. Mesmo havendo a divisão dos cargos diretores da nação entre chefe de Governo e chefe de Estado, como sói ocorrer nos sistemas parlamentaristas, a ofensa à honra de qualquer um dos ocupantes desses cargos exigirá a elevação da pena, pois a ambos cabe ditar os rumos da nação.

Embora haja previsão expressa da calúnia e da difamação como delitos contra a segurança nacional (artigo 26, Lei nº 7.170/03), somente será aplicado o diploma especial quando a ofensa possuir caráter político-subversivo. Se inexistente esta peculiaridade, tem normal incidência o Código Penal, com a aplicação dos artigos 138 ou 139, aumentada a pena em um terço (artigo 141, I). Já a injúria não tem paralelo na Lei de Segurança Nacional, sendo aplicado sempre o Código Penal, tenha ou não a ofensa motivação política.

A ofensa contra funcionário público é a segunda das causas de aumento da pena. Afirma Bitencourt que o desvalor da ação é maior nessa hipótese, pois a ofensa "desmerece toda a Administração Pública, e o dano decorrente dela é superior à proferida ao cidadão comum, repercutindo em toda a coletividade".[90] Todavia, para que haja o reconhecimento da majorante, é necessário que a ofensa guarde relação com a função desempenhada pelo funcionário. Sem esse nexo, não há que se falar em aumento da pena. Deve ser notado que o aumento de pena somente se refere aos crimes contra a honra, não alcançando o delito de desacato (artigo 331, CP, para os que admitem sua compatibilidade para com a Constituição Federal), que é um crime contra a Administração Pública. Para que haja o desacato, é necessário que a ofensa seja dirigida ao funcionário público no desempenho de suas funções (*in officio*), qualquer que seja seu teor, ou, estando o funcionário fora do desempenho da função pública, que a ofensa seja relativa a esta (*propter officio*), exigindo-se, em uma ou outra, a presença física do ofendido no momento da ação.

Em que pese tudo o que foi dito, discordamos da existência dessas duas majorantes. Seja o ofendido um agente político, seja um agente público, deve existir uma tolerância maior para com as supostas ofensas irrogadas, para que não seja tolhido o legítimo direito de críticas dirigidas ao poder público. Assim, apenas nas ofensas revestidas de maior seriedade deveriam ser reconhecidos os crimes contra a honra. As causas de aumento da pena seguem na contramão desse entendimento.

Tem-se, como terceira causa de aumento da pena, a ofensa realizada na presença de várias pessoas ou por meio que facilite a sua divulgação (inciso III). Nessas hipóteses, a possibilidade de a ofensa ser levada ao conhecimento de um número maior de pessoas é mais elevada, incrementando-se o dano contra a honra, justificativa da majorante. As várias pessoas a que faz referência o dispositivo são, no mínimo, três, excluídos o ofensor, o ofendido e os presentes que não tenham condições de perceber ou de entender a ofensa (crianças em tenra idade, por exemplo, ou surdos, no caso da ofensa oral). Não se aplica o dispositivo quando somente duas pessoas presenciam o ato, já que, segundo a doutrina, toda vez que o Código Penal exige a presença de, no mínimo, duas pessoas, assim o faz expressamente (artigo 150, § 1º; 157, § 2º etc.).[91] Os meios que facilitam a divulgação da ofensa, segundo a lição de

90 BITENCOURT, Cezar Roberto. *Tratado*..., op. cit., p. 395.

91 Nesse sentido, Luiz Regis Prado (*Curso*..., op. cit., p. 254), E. Magalhães Noronha (*Direito penal*..., op. cit., p. 140) e Nélson Hungria (*Comentários*..., op. cit., v. IV, p. 113). Camargo Aranha (*Crimes contra a honra*..., op. cit., p. 116), abraçando a posição anteriormente esposada por Bento de Faria, afirma que se a ofensa for irrogada na presença de apenas duas pessoas, já está caracterizado o aumento da pena, pois o termo várias, do latim *variu*, significa diversificação e, ao se contar com duas pessoas, já existiria a diversidade explicitada pela palavra.

Camargo Aranha, são aqueles que garantem a "maior difusibilidade da ofensa e a possibilidade de permanência no tempo", [92] sendo o meio apto a levar a ofensa ao conhecimento de pessoas indeterminadas, como um grafite em um muro. Podemos citar, ainda, o *outdoor* ofensivo, o uso de carros de som etc.

A paga e a promessa de recompensa (parágrafo único) obedecem às mesmas lições já ditadas quando do crime de homicídio. Paga é o recebimento prévio de uma vantagem econômica, enquanto a promessa de recompensa é a estipulação de uma vantagem futura, posterior ao delito. Revela-se, aqui, a torpeza na motivação, já que se cuida de um crime mercenário, no qual o agente prefere o lucro à preservação da honra do ofendido.

2 Exclusão do crime (artigo 142)

Sob a rubrica em epígrafe, o Código Penal arrola hipóteses em que a injúria e a difamação não são puníveis: a ofensa irrogada em juízo, na discussão da causa, pela parte ou por seu procurador (I); a opinião desfavorável da crítica literária, artística ou científica, salvo quando inequívoca a intenção de injuriar (II), e o conceito desfavorável emitido por funcionário público, em apreciação ou informação que preste no cumprimento do dever de ofício (III).

Muito se discute sobre a natureza jurídica das causas de "exclusão do crime", expressão pouco técnica utilizada pelo texto legal. Há doutrinadores entendendo que constituem causas de exclusão da punibilidade, já que o dispositivo menciona que a injúria e a difamação não são puníveis. Ou seja, a norma reconhece a existência do delito, criando simultaneamente hipóteses de isenção da pena. Outra vertente afirma que se tratam de causas de exclusão da antijuridicidade, pois ocorreria a particularização das causas gerais em que a ilicitude da conduta é afastada.[93] Corrente doutrinária diversa assevera que são causas de exclusão da tipicidade, pois o dolo do agente, nas situações dispostas, não abrangeria a ofensa à honra, ou seja, não existiria o *animus injuriandi vel diffamandi*. Bitencourt adota uma posição mista: ora haveria causas de exclusão da tipicidade (pela falta do *animus ofendendi*), ora causas de exclusão da antijuridicidade (excepcional autorização da prática de uma conduta típica, para preservar interesse social relevante).[94] Assiste razão ao autor, vez que, embora estejam presentes duas causas de atipicidade (incisos II e III), por absoluta falta da finalidade de ofender, o mesmo não ocorre no inciso I, no qual há o exercício da ampla defesa, um direito sendo regularmente exercitado (causa de exclusão da antijuridicidade).

A norma permissiva não menciona a calúnia, "excluindo o crime" apenas se a ofensa constituir difamação ou injúria. Explica-se: de acordo com a

---

92 CAMARGO ARANHA. *Crimes contra a honra*..., op. cit., p. 117.

93 Nesse sentido, Celso Delmanto (*Código penal comentado*..., op. cit.).

94 BITENCOURT, Cezar Roberto. *Tratado*..., op. cit., v. 2, p. 399-400.

posição dominante, à imunidade se sobrepõe o interesse público na apuração do fato imputado na calúnia, não se impondo qualquer óbice a sua elucidação. Sendo verídica a ofensa, recomenda-se o uso da exceção da verdade, com a consequente prova da real ocorrência do crime imputado.[95] Entrementes, entendemos que a calúnia não pode restar totalmente alijada do âmbito do artigo 142. No inciso I, é razoável se manter a possibilidade de punição pela calúnia, pois o direito de defesa não comporta o direito a imputações criminosas sabidamente falsas. Nos demais incisos, se ausente o fim de ofender, haverá atipicidade qualquer que seja o teor da imputação (se teoricamente caluniosa, difamatória ou injuriosa). Isso porque em todos dos crimes contra a honra se exige o especial fim de agir. Se o sujeito age com *animus narrandi* ou *criticandi*, entre outras hipóteses, não há que se cogitar de ofensa caluniosa.

A primeira situação de "exclusão do crime" é a ofensa ditada em discussão de causa levada à apreciação do poder judiciário. Fala-se na imunidade judiciária, com amparo no princípio da ampla defesa, de índole constitucional (artigo 5º, LV, CRFB). O verbo proferir, utilizado pela norma, embora tenha a acepção de "pronunciar em voz alta", aqui deve ser entendido em sentido amplo, abarcando não só a imputação oral, mas também a feita pela forma escrita (ofensa citada em peça processual, como o arrazoado de um recurso, por exemplo).

Exige-se que a ofensa seja realizada em juízo. Por juízo, entende-se, normalmente, um órgão do poder judiciário. Assim, segundo Camargo Aranha, somente a ofensa proferida em procedimento de jurisdição contenciosa ou voluntária poderia ser afastada pela imunidade judiciária. Por conseguinte, o procedimento administrativo estaria alijado do âmbito de incidência da imunidade.[96] Discordamos, pois, para que se confira efetividade à ampla defesa, deve-se admitir a imunidade em todos os feitos em que esse princípio se fizer presente. Já dizia Hungria que há a extensão da norma a todas as espécies de juízo, ainda que restrito o poder decisório à esfera administrativa, bem como ao Tribunal Marítimo, às auditorias ou tribunais militares, ao juízo arbitral etc.[97] Incluímos nesse raciocínio todas as espécies de investigação policial. Importa somente conferir amplitude de defesa às partes em conflito.

Apenas as partes e seus respectivos procuradores podem ser beneficiados pela imunidade judiciária. Incluem-se, no conceito de parte, os litigantes, os litisconsortes, os intervenientes, os assistentes, os chamados à autoria, os opoentes, os terceiros prejudicados que recorrem, os credores habilitados na falência e na recuperação judicial, os interessados no inventário etc. Mesmo o membro do Ministério Público pode fazer jus ao beneplácito legal, desde que

95 Nesse sentido, por todos, Paulo César Busato (*Direito Penal...*, op. cit., p. 270-271).

96 CAMARGO ARANHA, Adalberto José Q. T. de. *Crimes contra a honra...*, op. cit., p. 122.

97 HUNGRIA, Nélson. *Comentários...*, op. cit., v. VI, p. 118.

atue na condição de parte, não como fiscal da lei (*custos legis*). Os procuradores são aqueles que atuam profissionalmente na defesa dos interesses em conflito, como os defensores públicos e os advogados. Em relação aos últimos, há que se observar o artigo 1º do Estatuto da Advocacia (Lei nº 8.906/94), que permite a extensão da imunidade para os advogados dativos ou *ad hoc*, bem como aos estagiários e provisionados. Todas as demais pessoas que forem instadas a se manifestar em um procedimento, não integrando o conceito de parte ou de procurador, não podem ser protegidas pela imunidade judiciária (delegados de polícia, peritos etc.). Entretanto, o artigo 142, III, do CP ampara as manifestações regulares de funcionários públicos que agem no cumprimento de dever de ofício, tornando a conduta atípica pela ausência do propósito de ofender. Pode, ainda, ser invocada a regra do artigo 23, III (exercício regular do direito).

Além dos já citados, deve ser preenchido outro requisito para o reconhecimento da imunidade judiciária, qual seja, a relação entre a ofensa e a causa discutida. É criminosa a ofensa irrogada sem que qualquer nexo lógico guarde com o debate, pois o dispositivo é cristalino ao afirmar que da discussão da causa deve eclodir a ofensa. Ou seja, a imputação ofensiva, para que não seja criminosa, deve ser necessária e útil à defesa da parte. Afirmar, em uma ação indenizatória em que se discute o dano resultante do rompimento de uma tubulação de água, que o estrago foi provocado em virtude da indolência de uma das partes, que não adotou as cautelas devidas tempestivamente, não constitui difamação, ao passo que tecer comentários sobre a conduta sexual pouco recatada da parte configura o crime citado, vez que nenhuma relevância teria para a causa tal imputação.

Nesse diapasão, é importante a pergunta: se a ofensa for direcionada a pessoa que não seja a parte contrária, persiste íntegra a excludente de ilicitude? Suponhamos que, no plenário de certo Tribunal do Júri, o patrono do réu insista na desconsideração de determinado laudo pericial, por afirmar a inaptidão técnica do perito. Se necessária ao exercício do direito de defesa, a imputação seria alcançada pela imunidade judiciária? Resta induvidoso que sim, já que a norma permissiva apenas impõe que o ofensor seja a parte ou seu procurador, não exigindo que somente essas pessoas figurem como ofendidas. Nessa esteira se manifesta Régis Prado: "Ante a ausência de expressa limitação da imunidade à ofensa irrogada à parte contrária, conclui-se ser possível que a expressão ultrajante seja endereçada a terceiro, desde que guarde conexão com a causa em discussão".[98] Assim, as ofensas dirigidas ao oficial de justiça, à

98 PRADO, Luiz Régis. *Curso...*, op. cit., p. 256. No mesmo sentido firmou jurisprudência o TJRJ: "Se as críticas ofensivas à honra, proferidas por advogado sobre o laudo pericial confeccionado por perito oficial, foram realizadas em juízo, guardando relação com a discussão da causa, destituídas, portanto, de caráter contumelioso, incide a imunidade

autoridade policial que presidiu o inquérito policial, à testemunha, ao perito, entre outros, não são consideradas criminosas, desde que necessárias e úteis ao debate.[99] Entendemos que mesmo as ofensas direcionadas ao juiz da causa podem ser abrangidas pela imunidade judiciária, embora haja divergências. Nélson Hungria, descartando a exclusão do crime, assim escreveu: "Cumpre, porém, notar que as partes ou respectivos patronos não podem ofender impunemente a autoridade judiciária ou aqueles que intervêm na atividade processual em desempenho de função pública. Acima do interesse da indefinida amplitude de defesa de direitos em juízo está o respeito devido à função pública, pois, de outro modo, estaria implantada a indisciplina no foro e subvertido o próprio decoro da justiça. A ofensa *verbis* ou *factis* ao magistrado ou ao serventuário, ainda que em razão da lide e na discussão dela, pode constituir até mesmo o crime de desacato, como quando ocorre em audiência aberta, presente o ofendido. Se se trata de ofensa escrita, será injúria ou difamação qualificada (artigo 141, II). Notadamente os juízes devem ficar resguardados dos convícios e baldões dos que pleiteiam perante eles. Se erram ou cometem abusos, sejam submetidos a processo disciplinar ou penal; mas é de todo intolerável que a majestade da toga seja conspurcada pelas diatribes inspiradas, na quase totalidade dos casos, pelo unilateralismo interesseiro de litigantes e advogados. Podem estes usar de linguagem vivaz para com o juiz, mas não ofensiva de sua dignidade ou reputação".[100] O mesmo caminho trilha Magalhães Noronha, afirmando que "tal liberdade não vai ao ponto de permitir a ofensa a quem, na lide, exerce função pública, como se dá com o juiz, podendo o fato ser desacato, difamação ou injúria qualificadas (artigos 331 e 141, II)".[101] Capez também opta por esta linha de raciocínio: "Para defender uma ideia, por mais importante que seja, não é preciso envolver na discussão o órgão jurisdicional, que, pela própria natureza da função, fica afastado, equidistante dos debates, não podendo ser envolvido". O autor vai além, firmando que nem mesmo a ofensa irrogada contra o promotor de justiça, ao atuar como fiscal da lei, é acobertada pela imunidade judiciária.[102] Já Camargo Aranha

judiciária prevista no artigo 133 da CF, motivo pelo qual deve ser trancada a ação penal por falta de justa causa pelo crime de injúria" (*RT* 768/668).

99 Não é pacífica a posição, como pode ser notado na jurisprudência do colendo TACrimSP: "Em tema de crime contra a honra, a imunidade judiciária somente prevalece entre as partes litigantes, não alcançando a autoridade judiciária nem aqueles que intervêm na atividade processual em desempenho de função pública, entre os quais os delegados de polícia, ainda que focalizados como autoridades coatoras em sede de *habeas corpus*" (*JTACRIM* 50/118). No mesmo sentido, TACrimSP: *RT* 673/329 e *RT* 556/320.

100 HUNGRIA, Nélson. *Comentários*..., op. cit., v. VI, p. 122.

101 MAGALHÃES NORONHA, E. *Direito penal*..., op. cit., p. 139.

102 CAPEZ, Fernando. *Curso*..., op. cit., p. 257-258. O autor é amparado por jurisprudência do STF e do STJ: " Imunidade judiciária (artigo 142, I, CP). Não opera essa excludente de criminalidade quando se trata de ofensa praticada por advogado de uma das partes contra

(citando Serrano Neves) prefere um entendimento temperado, sustentando que somente há a imunidade judiciária quando é arguida exceção de suspeição contra o magistrado ou quando este ultrapasse os limites do dever legal.[103] Não vemos qualquer discrepância entre a lição do autor e a posição esposada nesta obra, vez que apenas nos citados casos a ofensa contra o magistrado pode se revestir de alguma utilidade, exigência da excludente ora estudada. Ora, se a ofensa é desnecessária e inútil, há excesso na manifestação da parte ou de seu procurador, o que não afasta nem a tipicidade da conduta, tampouco seu caráter antijurídico. Por derradeiro, trazemos à colação a doutrina de Bitencourt: "O Poder Judiciário tem demonstrado ao longo do tempo grande dificuldade em absorver a imunidade do advogado, quando, no exercício da profissão, profere ofensa dirigida ao magistrado, embora o Supremo Tribunal Federal tenha recomendado tolerância dos juízes (STF, *RTJ*, 87:54). [...] A partir da Constituição de 1988 e da edição da Lei nº 8.906/94, finalmente, esse ranço corporativo jurisprudencial, que foi proscrito pela nova ordem constitucional, não tem mais razão de ser. Na realidade, a Constituição Federal assegura ao advogado, no exercício profissional, não apenas a imunidade material contida no artigo 142, I, do CP, mas verdadeira inviolabilidade profissional, em juízo ou fora dele".[104]

---

o representante do Ministério Público, este atuando em processo cível como *custos legis*. Precedentes" (STF, *RT* 620/386); "Não incide a norma do artigo 142, I, do CP quando a ofensa é endereçada a promotor que atua no processo como *custos legis*, não como parte" (STJ, *RT* 668/351). No entanto, o STJ já decidiu de forma contrária, *verbis*: "Trata-se de REsp em que a questão cinge-se em saber se os advogados, respectivamente presidente de seccional da OAB e presidente da comissão de defesa, assistência e prerrogativas da mesma entidade, cometeram crime contra a honra (calúnia) ao promoverem, perante a corregedoria do TRF, representação contra a juíza federal que determinara, mediante portaria, a atualização das procurações dos advogados para que lhes fosse possível receber precatórios em favor de seus clientes. Note-se que nessa representação foi atribuída à referida magistrada a prática do crime de abuso de autoridade. A Turma entendeu, entre outras questões, que, na hipótese, os acusados atuaram na defesa de sua classe profissional e utilizaram o instrumento cabível, qual seja, representação junto à corregedoria do referido tribunal, com base em argumentos que, embora exacerbados, não extrapolaram os limites legais para o exercício do direito de petição, o que conduz à atipicidade das condutas ante a inexistência de justa causa para a ação penal. Ademais, os recorridos agiram no exercício de suas atribuições conforme previsto nos arts. 5º, § 2º, e 49 da Lei n. 8.906/1994 (Estatuto da Advocacia). Assim, negou-se provimento ao recurso especial. Precedentes citados: HC 96.763-RS, DJe 12/5/2008, e APn 348-PA, DJ 20/6/2005" (Informativo nº 458, REsp 883.411-RJ, Rel. Min. Laurita Vaz, julgado em 2/12/2010).

103 CAMARGO ARANHA, Adalberto Q. T. de. *Crimes contra a honra...*, op. cit., p. 126. Interessa notar que o magistrado, quando arguida a sua suspeição, atua na exceção como parte, podendo invocar a imunidade judiciária sempre que proferir uma ofensa em sua defesa.

104 BITENCOURT, Cezar Roberto. *Tratado...*, op. cit., p. 403-404. No mesmo sentido, Paulo José da Costa Jr. (*Comentários...*, op. cit., p. 431) e Heleno Cláudio Fragoso (*Lições...*,

A jurisprudência, antes inequívoca no sentido de incriminar ofensas proferidas na discussão da causa contra magistrados, vem se tornando mais flexível, como se observa no Informativo nº 549 do STF, cuja redação é consignada a seguir: "Por falta de justa causa para a persecução penal, a Turma, em votação majoritária, deferiu habeas corpus para trancar ação penal instaurada em desfavor de advogado acusado pelo crime de calúnia. No caso, o processo-crime se originara de exceção de suspeição apresentada pelo paciente, perante tribunal de justiça local, contra magistrado de determinada comarca, imputando-lhe a prática dos delitos de prevaricação e de advocacia pública, ao argumento de parcialidade deste no julgamento de mandado de segurança no qual aquele atuara como patrono. De início, salientou-se a excepcionalidade do trancamento de ação penal por meio habeas corpus, bem como a jurisprudência do STF no sentido de a inviolabilidade constitucionalmente assegurada ao advogado não se estender ao crime de calúnia. Entretanto, na hipótese dos autos, considerou-se que a denúncia apresentaria deficiência material, porquanto não descreveria os fatos integralizadores dos elementos objetivos e subjetivos do tipo penal em questão. Reputou-se que a peça processual oposta pelo paciente — embora contivesse certo exagero nas indagações formuladas — indicaria o objetivo de levar ao conhecimento da Corte estadual o que lhe parecera uma postura heterodoxa de um membro da magistratura. Desse modo, concluiu-se que a atuação profissional do paciente não teria transbordado a busca da prevalência dos interesses da parte que ele representava. Vencido o Min. Ricardo Lewandowski que, ao enfatizar que a calúnia não estaria inserida dentre as causas de exclusão de crime dispostas no art. 142, I, do CP, denegava o writ por entender configurado, em princípio, o fato delituoso (CP: 'Art. 142 - Não constituem injúria ou difamação punível: I - a ofensa irrogada em juízo, na discussão da causa, pela parte ou por seu procurador')" (HC 98.631/BA, Primeira Turma, rel. Min. Carlos Ayres Brito, julg. em 02/06/2009). Embora o julgado, em uma análise preliminar, pareça corroborar a posição clássica, em verdade ele se distancia daquilo que era defendido alhures. Quando se menciona que a atuação do profissional não transbordou a defesa do interesse da parte que ele representa, apregoa-se a prevalência da ampla defesa, desde não haja excesso na manifestação.

Defender a imunidade das partes e dos procuradores, aliás, não significa a admissão dos excessos. De tudo o que foi escrito, conclui-se que é imprescindível, para que haja a proteção da imunidade judiciária, a moderação no uso dos meios defensivos. O beneplácito não é um salvo-conduto para que partes e procuradores, abusando do direito que lhes é constitucionalmente deferido, distorçam a ordem jurídica, lançando mão de toda a sorte de ofensas, mascaradas por um propósito duvidoso de defesa. Aliás, deve ser condenada a

---

op. cit., p. 143).

atividade defensiva que, na falta de capacitação técnica, tem nos impropérios um substitutivo para os parcos conhecimentos jurídicos.

A imunidade judiciária, com a edição da Lei nº 8.906/94 (Estatuto da OAB), deve ser confrontada com a criada inviolabilidade profissional (artigo 7º, § 2º, do citado diploma). A CRFB/88 já previa, em seu artigo 133, a inviolabilidade do advogado por seus atos e manifestações durante o exercício profissional. A regulamentação veio com a edição do Estatuto da OAB, segundo o qual "o advogado tem imunidade profissional, não constituindo injúria, difamação ou desacato puníveis qualquer manifestação de sua parte, no exercício de sua atividade profissional, em juízo ou fora dele [...]". A inviolabilidade profissional, conferida somente ao procurador, não à parte, não limita sua extensão à parte contrária, abrangendo as ofensas manifestadas contra quaisquer pessoas no exercício da atividade profissional. Embora a lei não faça qualquer ressalva, é implícito que a conduta, para que se goze do benefício, deve guardar relação estreita com a causa defendida. Assim, não se pode admitir a inviolabilidade para o advogado que, destemperado, xinga um magistrado nos corredores do fórum em virtude da derrota em um processo. O estatuto menciona que os excessos cometidos pelos advogados serão punidos disciplinarmente pela OAB, o que, cremos, não afasta a possibilidade de imputação de uma conduta delituosa, pois a inviolabilidade profissional, atuando como uma excludente de antijuridicidade, deve se calcar nas regras atinentes a estas, que repudiam a imoderação.[105] A inviolabilidade profissional alcançou, outrossim, o delito de desacato, que restara afastado da imunidade judiciária. Entretanto, o Supremo Tribunal Federal declarou inconstitucional a referência ao delito contra a administração pública.[106]

O artigo 142, em seu inciso II, versa sobre a crítica literária, artística ou científica. Trata-se de causa de exclusão da tipicidade, por ausência da finalidade especial de agir (*animus diffamandi vel injuriandi*). É a própria norma que conduz a tal conclusão, já que o texto impede a sua aplicação quando "inequívoca a intenção de injuriar ou difamar". Crítica é o julgamento sobre o mérito de uma obra e de seu criador. Pode ser a crítica ferina, mordaz, contundente, mas não será criminosa se inexistente o propósito de ofender. Quem expõe uma obra se sujeita a toda espécie de opiniões, sejam positivas ou negativas, arriscando-se a melindres. Entretanto, a ofensa velada, travestida de crítica, é criminosa, enquadrando-se na ressalva do artigo, desde que evidente o ânimo ofensivo. Ou seja, presume-se o *animus criticandi*, que somente cede ante a indubitável infâmia.

---

105 Em sentido contrário, Cezar Roberto Bitencourt, para quem somente a OAB pode punir, administrativamente, o advogado, restando afastada qualquer responsabilidade penal (*Tratado...*, op. cit., p. 405).

106 ADI nº 1.127-8.

A derradeira causa de "exclusão do crime" é relativa ao conceito desfavorável emitido por funcionário público, no exercício da função pública. A par da causa anterior, o inciso III também exclui a tipicidade da conduta pela ausência do *animus diffamandi vel injuriandi*. Em verdade, tanto em um como em outro dos citados incisos, ainda que a lei fizesse silêncio, não existiria tipicidade na conduta. Preferiu o legislador, todavia, constar expressamente tais hipóteses, o que não impede o reconhecimento de outras causas de exclusão da tipicidade, tampouco sua extensão a casos não previstos. É o que se dá, *v. g.*, quanto ao crime de calúnia, não caracterizado se ausente a intenção de caluniar. Mesmo que o artigo 142, III, somente tenha aplicação aos casos de difamação e injúria, é atípica a conduta do funcionário que imputa um delito a outrem em cumprimento ao dever de ofício. Se um delegado de polícia, ao relatar um inquérito policial, ressalta as evidências de autoria de um crime, não significa que caluniará o indigitado autor, ainda que, em juízo, se comprove falsa a imputação. Não se diga que, na hipótese, há exclusão da antijuridicidade por estrito cumprimento do dever legal, pois sequer se vislumbra uma conduta típica, dada a falta do elemento subjetivo especial do tipo (fim especial de agir). Nesse sentido é a decisão do STJ publicada no Informativo nº 336 do órgão: "Trata-se de queixa-crime em que o querelante, advogado, imputou ao querelado, desembargador relator de exceções de suspeição, a ofensa em sua honra objetiva e subjetiva ao afirmar, no exercício de suas funções, em sessão de julgamento, que 'o causídico que patrocinava o excipiente tenta induzir em erro este Tribunal, suscitando alegações infundadas e omitindo a realidade dos fatos'. Ressaltou o Min. Relator que, no exercício da função jurisdicional e como fundamento de decisão, o desembargador atentou para a conduta do causídico porque os argumentos utilizados não se sustentavam na exceção de suspeição. Ademais, não se pode inferir das expressões utilizadas pelo querelado, relacionadas com o mérito da decisão, a vontade de injuriar ou difamar o querelante. O querelado, no estrito cumprimento do dever legal, a teor do art. 41 da Loman, não pode ser punido ou prejudicado pelas opiniões que manifestar ou pelo teor das decisões que proferir. No caso concreto, nem houve excesso de linguagem ou conduta ofensiva. Acrescentou que, nos termos do art. 142, III, do CP, não constitui injúria ou difamação punível o conceito desfavorável emitido por funcionário público, em apreciação ou informação prestada no cumprimento de dever de ofício. Diante do exposto, a Corte Especial rejeitou a queixa-crime. Precedentes citados do STF: QC 501-DF, DJ 28/11/1997; do STJ: APn 256-PE, DJ 1º/8/2006".[107] Evidente que os excessos são criminosos, bem como as ofensas mascaradas.

107 APn nº 482/PA, Corte Especial, rel. Min. Humberto Gomes de Barros, julg. em 17/10/2007.

O parágrafo único do artigo 142 informa que responde por crime de injúria ou difamação aquele que, nos casos dos incisos I e III, lhe dá publicidade. Ainda que o autor da ofensa esteja acobertado pelas "causas de exclusão do crime" citadas (imunidade judiciária e conceito emitido por funcionário público), aquele que as divulga comete delito contra a honra. Entretanto, não devem ser olvidadas as regras gerais referentes à difamação e à injúria, isto é, mesmo aquele que dá publicidade à ofensa deve ser movido pelo *animus injuriandi vel diffamandi.*

3 Imunidade parlamentar

A Constituição Federal, no artigo 53, previu a inviolabilidade de deputados e senadores por suas opiniões palavras e votos. Ensina José Afonso da Silva: "A inviolabilidade é a exclusão de cometimento de crime por parte de deputados e senadores por suas opiniões, palavras e votos. Ela, que, às vezes, também é chamada de imunidade material, exclui o crime nos casos admitidos; o fato típico deixa de constituir crime, porque a norma constitucional afasta, para a hipótese, a incidência da norma penal".[108] A inviolabilidade (imunidade material) alcança tanto os deputados estaduais como os vereadores, consoante o artigo 27, § 1º, da CRFB, sendo que os últimos, para gozarem do benefício, devem estar no exercício do mandato e na circunscrição do município (artigo 29, VIII). Os crimes de calúnia, difamação e injúria são abrangidos pela inviolabilidade, que constitui causa de exclusão da antijuridicidade.

A prerrogativa funcional ora em comento somente protege o parlamentar quando a exposição ofensiva guarda liame com mandato legislativo, referindo-se a um tema de interesse público. Assim ensina Luiz Flávio Gomes: "é absolutamente imprescindível, no entanto, que a manifestação do parlamentar (opinião palavra e voto) tenha nexo funcional com o cargo que desempenha. Manifestações da vida exclusivamente privada do parlamentar (numa reunião de condomínio, num estádio de futebol etc.) ou que venha a atingir a vida privada das pessoas (se nenhum nexo com o interesse público) não estão acobertadas pela inviolabilidade penal constitucional do art. 53".[109] Para que incida a prerrogativa, basta que a manifestação seja feita em razão do mandato, ainda que alijada do seu efetivo exercício, como no caso de uma entrevista cedida a um órgão de imprensa.[110]

---

108 SILVA, José Afonso da. *Curso...*, op. cit., p. 532.

109 GOMES, Luiz Flávio. *Direito...*, op. cit., p. 132.

110 "*In casu,* (i) o parlamentar é acusado de incitação ao crime de estupro, ao afirmar que não estupraria uma deputada federal porque ela 'não merece'; (ii) o emprego do vocábulo 'merece', no sentido e contexto presentes no caso sub judice, teve por fim conferir a este gravíssimo delito, que é o estupro, o atributo de um prêmio, um favor, uma benesse à mulher, revelando interpretação de que o homem estaria em posição de avaliar qual mulher 'poderia' ou 'mereceria' ser estuprada. (...) *In casu,* (i) a entrevista concedida a veículo de imprensa não atrai a imunidade parlamentar, porquanto as manifestações se revelam estranhas ao exercício

Defendemos que, mesmo se dando a ofensa no desempenho da função parlamentar, é imprescindível a moderação, ou seja, para que não haja crime a manifestação deve ser útil e necessária ao desempenho da atividade, sendo criminosos os abusos.[111]

do mandato legislativo, ao afirmar que 'não estupraria' deputada federal porque ela 'não merece'; (ii) o fato de o parlamentar estar em seu gabinete no momento em que concedeu a entrevista é fato meramente acidental, já que não foi ali que se tornaram públicas as ofensas, mas sim através da imprensa e da internet; (...) (i) A imunidade parlamentar incide quando as palavras tenham sido proferidas do recinto da Câmara dos Deputados: 'Despiciendo, nesse caso, perquirir sobre a pertinência entre o teor das afirmações supostamente contumeliosas e o exercício do mandato parlamentar' (Inq 3.814, Primeira Turma, rel. min. Rosa Weber, unânime, j. 7-10-2014, DJE de 21-10-2014). (ii) Os atos praticados em local distinto escapam à proteção da imunidade, quando as manifestações não guardem pertinência, por um nexo de causalidade, com o desempenho das funções do mandato parlamentar. (...)" (Inq 3.932 e Pet 5.243, rel. min. Luiz Fux, j. 21-6-2016, 1ª T, DJE de 9-9-2016).

111 O STF já decidiu de forma contrária: "INQUÉRITO. DENÚNCIA QUE FAZ IMPUTAÇÃO A PARLAMENTAR DE PRÁTICA DE CRIMES CONTRA A HONRA, COMETIDOS DURANTE DISCURSO PROFERIDO NO PLENÁRIO DE ASSEMBLÉIA LEGISLATIVA E EM ENTREVISTAS CONCEDIDAS À IMPRENSA. INVIOLABILIDADE: CONCEITO E EXTENSÃO DENTRO E FORA DO PARLAMENTO. A palavra 'inviolabilidade' significa intocabilidade, intangibilidade do parlamentar quanto ao cometimento de crime ou contravenção. Tal inviolabilidade é de natureza material e decorre da função parlamentar, porque em jogo a representatividade do povo. O art. 53 da Constituição Federal, com a redação da Emenda nº 35, não reeditou a ressalva quanto aos crimes contra a honra, prevista no art. 32 da Emenda Constitucional nº 1, de 1969. Assim, é de se distinguirem as situações em que as supostas ofensas são proferidas dentro e fora do Parlamento. Somente nessas últimas ofensas irrogadas fora do Parlamento é de se perquirir da chamada 'conexão com o exercício do mandato ou com a condição parlamentar' (INQ 390 e 1.710). Para os pronunciamentos feitos no interior das Casas Legislativas, não cabe indagar sobre o conteúdo das ofensas ou a conexão com o mandato, dado que acobertadas com o manto da inviolabilidade. Em tal seara, caberá à própria Casa a que pertencer o parlamentar coibir eventuais excessos no desempenho dessa prerrogativa. No caso, o discurso se deu no plenário da Assembleia Legislativa, estando, portanto, abarcado pela inviolabilidade. Por outro lado, as entrevistas concedidas à imprensa pelo acusado restringiram-se a resumir e comentar a citada manifestação da tribuna, consistindo, por isso, em mera extensão da imunidade material. Denúncia rejeitada." (RTJ 194/56, Pleno, Rel. p/ o acórdão Min. Carlos Ayres Brito). Todavia, a mesma Corte já se pronunciou no sentido do texto, em decisão mais recente: "*In casu*, o querelado é acusado de ter publicado, através do Facebook, trecho cortado de um discurso do querelante, conferindo-lhe conotação racista. É que, no trecho publicado, reproduz-se unicamente a frase 'uma pessoa negra e pobre é potencialmente perigosa'. Ocorre que, ao conferir-se a íntegra do discurso no site do Congresso Nacional, verifica-se que o sentido da fala do querelante era absolutamente oposto ao veiculado pelo querelado, conforme se extrai do seguinte trecho: 'há um imaginário impregnado, sobretudo nos agentes das forças de segurança, de que uma pessoa negra e pobre é potencialmente perigosa'. (...) a) A imunidade parlamentar material cobra, para sua incidência no momento do recebimento da denúncia, a constatação, *primo ictu occuli*, do liame direto entre o fato apontado como crime contra a honra e o exercício do mandato parlamentar, pelo ofensor. A liberdade de opinião e manifestação do parlamentar, *ratione muneris*, impõe contornos à imunidade material, nos limites estritamente necessários à defesa do mandato contra o arbítrio, à luz do princípio

Consoante a Súmula nº 245 do STF, "a imunidade parlamentar não se estende ao corréu sem essa prerrogativa".

4 Retratação (artigo 143)

Causa de extinção da punibilidade (artigo 107, VI, CP), a retratação é o ato de se desdizer. O agente não nega o fato ou a autoria, mas sim retira o que disse, modifica a opinião expressada.[112] Somente pode ocorrer nos crimes de calúnia e difamação, que tutelam a honra objetiva de forma primária, pois a imagem do indivíduo, vilipendiada pela ofensa, pode ser reparada pela retratação. Na injúria, por se tratar de um aspecto íntimo da honra, a retratação não isenta de pena o agente.

Para que seja eficaz, a retratação deve ser cabal, ou seja, deve abranger todo o conteúdo da ofensa, e deve ser incondicional. Além disso, por exigência da norma, deve anteceder à sentença de primeira instância. Assim, inexistindo decisão de mérito, não se operam quaisquer efeitos penais decorrentes da ofensa, não sendo elidida, todavia, a responsabilidade civil pelo dano provocado.

A retratação é ato unilateral do agente, independendo de aceitação pelo ofendido (justamente por isso é incondicional). Se houver concurso de crimes, o ato pode ser realizado em relação a apenas um ou alguns dos delitos, produzindo efeitos, todavia, restritos à ofensa retratada. Continua punível a ofensa que não foi objeto da retratação.

Existindo concurso de pessoas, a retratação de um dos agentes não aproveita aos demais, persistindo sua punibilidade, pois a causa de extinção em comento tem caráter pessoal.

---

republicano que norteia a CF. A imunidade parlamentar material, estabelecida para fins de proteção republicana ao livre exercício do mandato, não confere aos parlamentares o direito de empregar expediente fraudulento, artificioso ou ardiloso, voltado a alterar a verdade da informação, com o fim de desqualificar ou imputar fato desonroso à reputação de terceiros. Consectariamente, cuidando-se de manifestação veiculada por meio de ampla divulgação (rede social), destituída, ao menos numa análise prelibatória, de relação intrínseca com o livre exercício da função parlamentar, deve ser afastada a incidência da imunidade prevista no art. 53 da CF" (Pet 5.705, rel. min. Luiz Fux, j. 5-9-2017, 1ª T, DJE de 13-10-2017).

112 Informativo nº 657, STF: "A 2ª Turma indeferiu habeas corpus em que alegada ausência de justa causa para a ação penal em virtude de retratação por parte do acusado, nos termos do art. 143 do CP. Na espécie, o paciente fora denunciado pela suposta prática do crime de calúnia (CP, art. 138), com a causa de aumento de pena prevista no art. 141, II, do CP ('contra funcionário público, no exercício das funções'), porquanto imputara a magistrado o delito de advocacia administrativa ao deferir reiterados pedidos de dilação de prazo à parte contrária. Salientou-se que a retratação seria aceitável nos crimes contra a honra praticados em desfavor de servidor ou agentes públicos, pois a lei penal preferiria que o ofensor desmentisse o fato calunioso ou difamatório atribuído à vítima à sua condenação. Porém, reputou-se que, no caso, não houvera a retratação, uma vez que o paciente apenas tentara justificar o seu ato como reação, como rebeldia momentânea, ao mesmo tempo em que negara ter-se referido ao juiz em particular." (HC 107206/RS, rel. Min.Gilmar Mendes, 6.3.2012).

O artigo 143, ao dispor sobre a retratação, utilizou a expressão "querelado", induzindo o entendimento de que a extinção da punibilidade somente pode ocorrer nos crimes cuja ação penal seja de iniciativa privada. Esse entendimento é esposado, entre outros, por Damásio de Jesus, Celso Delmanto[113], Mirabete, Regis Prado e Capez. Em sentido contrário, admitindo a retratação mesmo nos casos de ação penal pública condicionada, manifesta-se Bitencourt: "Em primeiro lugar, deve-se ter presente que os crimes contra a honra, ao contrário do que ocorre com todo o Código Penal, são, regra geral, de exclusiva iniciativa privada (artigo 145, *caput*), enquanto em todos os demais capítulos do Código Penal os crimes são, regra geral, de ação pública (artigo 100, *caput*). Essa inversão da regra pode ter levado o legislador a equívoco, falando em 'querelado' como se esse pudesse ser o único sujeito ativo desses crimes, quando teria pretendido referir-se a acusado ou ofensor. Em segundo lugar, como afirmava Hungria, 'a retratação é mesmo mais útil ao ofendido do que a própria condenação penal do ofensor, pois esta, perante a opinião geral, não possui tanto valor quanto a confissão feita pelo agente, *coram judice*, de que mentiu'. Ora, se é tão útil na ação de exclusiva iniciativa privada, não pode ser menos útil e proveitosa nos crimes de ação pública, onde a repercussão na opinião pública é mais relevante, exatamente pela importância do prestígio dos órgãos públicos; em terceiro lugar, finalmente, não é verdadeiro o argumento de que, quando a ofensa for irrogada a 'funcionário público, em razão de suas funções', o sujeito passivo não será o indivíduo, mas o Estado ou Administração Pública, e não se objetiva a proteção imediata de sua incolumidade pública, mas a do Estado, 'para preservar a integridade de seus órgãos e funções'. Se essa assertiva fosse verdadeira, a ação penal não poderia ser pública condicionada à representação, mas deveria ser pública incondicionada, e, *ad argumentandum*, sendo condicionada, a representação do funcionário público deveria ser *sui generis*, isto é, irretratável; no entanto, não há nenhuma ressalva nesse sentido".[114] Assiste razão ao autor. Afinal, qual seria a razão em admitir a retratação na ação penal de iniciativa privada e negar na ação condicionada? O único argumento que poderia ser erigido – a prevalência do interesse da Administração Pública em punir o ofensor sobre o interesse particular do funcionário em ver a restauração do dano a sua honra – falece diante do direito concedido ao funcionário de decidir sobre a conveniência da ação penal. Ademais, também seria de todo útil para a Administração Pública que seu prestígio fosse reparado pela confissão da ofensa. Insta salientar que a Lei de Imprensa, não recepcionada pela Constituição Federal, em seu artigo 26, § 1º, falava na retratação do ofensor, não do querelado.

---

113 JESUS, Damásio E. de. *Direito penal...*, op. cit., p. 230; DELMANTO, Celso. *Código penal comentado...*, op. cit., p. 246; MIRABETE, Júlio Fabbrini. *Manual...*, op. cit., p. 175; PRADO, Luiz Régis. *Curso...*, op. cit., p. 258; CAPEZ, Fernando. *Curso...*, op. cit., p. 263-264.

114 BITENCOURT, Cezar Roberto. *Tratado...*, op. cit., p. 413-414.

5 Pedido de explicações (artigo 144)

Dispõe o artigo 144 do CP da seguinte forma: "Se, de referências, alusões ou frases, se infere calúnia, difamação ou injúria, quem se julga ofendido pode pedir explicações em juízo. Aquele que se recusa a dá-las ou, a critério do juiz, não as dá satisfatórias, responde pela ofensa". Cuida-se, aqui, do pedido de explicações em juízo, instituto de índole processual, pois, como afirma Guilherme de Souza Nucci, "o crime contra a honra existe ou não existe - o que não se pode admitir é o meio termo".[115] Não é a explicação do agente que determinará a existência ou não do delito, pois a medida se presta para esclarecer ambiguidades, não para excluir algum elemento do crime. Nem mesmo a punibilidade da conduta é extinta pelas explicações, ao contrário do que ocorre na retratação do agente. Cuida-se somente de uma providência (interpelação judicial) preparatória da ação penal, daí a natureza processual do instituto. Em síntese, o pedido de explicações é o instrumento de que se vale o ofendido para esclarecer imputações ou expressões dúbias. Note-se que o dispositivo utiliza o verbo inferir, que indica uma dedução. Não há a certeza da ofensa, essa é apenas inferida.

Realizada a interpelação judicial e instando o agente a fornecer explicações, três podem ser as hipóteses: a) o agente presta as explicações de forma satisfatória, demonstrando que não houve o propósito de ofender, o que caracteriza a atipicidade da conduta, falecendo justa causa para a ação penal; b) as explicações do agente, embora prestadas, são insatisfatórias, ou seja, o agente não é convincente, ficando sujeito a uma ação penal; c) o agente não presta as explicações, ficando sujeito à ação penal. Ainda que não haja as explicações solicitadas, ou se, embora prestadas, são insatisfatórias, o ofensor não é, desde logo, condenado por crime contra a honra. Somente após a ação penal pelo delito supostamente praticado é que se poderá cogitar em condenação, devendo, no curso do procedimento, ser arrecadado suporte probatório que justifique o decreto condenatório. Não há julgamento de mérito no pedido de explicações. Apenas se oferecida a denúncia ou a queixa é que serão analisadas judicialmente as explicações, se existentes ou não, se satisfatórias ou não (influenciará, assim, a decisão sobre o recebimento da denúncia ou da queixa, verificando-se a justa causa para a ação penal).

6 Ação penal (artigo 145)

A ação penal nos crimes contra a honra, em regra, é de iniciativa privada. Excepcionalmente, poderá ser pública, condicionada ou incondicionada, consoante redação do artigo 145 do CP. A respeito do tema, já foram tecidos comentários quando do estudo em separado de cada delito, razão pela qual é recomendada a leitura dos capítulos anteriores. Convém ressaltar, todavia,

---

115 SOUZA NUCCI, Guilherme de. *Código penal comentado...*, op. cit., p. 477.

a modificação legislativa promovida pela Lei nº 12.033/09, incidente sobre o artigo 145 do CP, que transformou a injúria preconceituosa em crime de ação pública incondicionada.[116]

7 Lei de Imprensa (Lei nº 5.250/67)

A Lei de Imprensa tipificava os crimes contra a honra praticados com abuso no exercício da liberdade de manifestação do pensamento e informação, ou seja, ofensas veiculadas através de jornais e outras publicações periódicas, serviços de radiodifusão ou serviços noticiosos (meios de informação e divulgação).

Há muito se contestava a adequação constitucional da lei, razão pela qual uma Arguição de Descumprimento de Preceito Fundamental foi impetrada por um partido político junto ao STF (ADPF nº 130/DF). No julgamento, "prevaleceu o voto do Min. Carlos Britto, relator, que entendeu, em síntese, que a Constituição Federal se posicionou diante de bens jurídicos de personalidade para, de imediato, fixar a precedência das liberdades de pensamento e de expressão lato sensu as quais não poderiam sofrer antecipado controle nem mesmo por força do Direito-lei, inclusive de emendas constitucionais, sendo reforçadamente protegidas se exercitadas como atividade profissional ou habitualmente jornalística e como atuação de qualquer dos órgãos de comunicação social ou de imprensa".[117] Isto é, decidiu-se que não houve a recepção da Lei de Imprensa pela ordem constitucional vigente.

Isso não significa, contudo, que foram permitidos os abusos praticados por meio da imprensa, instituindo-se uma "anarquia da informação". Haverá crime contra a honra sempre que ocorrer a publicação ou a veiculação de notícias ofensivas à imagem ou ao amor-próprio de outrem, se comprovado o desiderato de vilipendiar o bem jurídico tutelado.

---

116 Em caso de crime praticado através da rede mundial de computadores, a competência é fixada no local em que se encontra o responsável pela publicação. Essa é a posição esposada pelo STJ, exposta no Informativo nº 434, conforme transcrição que se segue: "A Seção entendeu, lastreada em orientação do STF, que a Lei de Imprensa (Lei n. 5.250/1967) não foi recepcionada pela CF/1988. Assim, nos crimes contra a honra, aplicam-se, em princípio, as normas da legislação comum, quais sejam, o art. 138 e seguintes do CP e o art. 69 e seguintes do CPP. Logo, nos crimes contra a honra praticados por meio de publicação impressa em periódico de circulação nacional, deve-se fixar a competência do juízo pelo local onde ocorreu a impressão, uma vez que se trata do primeiro lugar onde as matérias produzidas chegaram ao conhecimento de outrem, de acordo com o art. 70 do CPP. Quanto aos crimes contra a honra praticados por meio de reportagens veiculadas na *Internet*, a competência fixa-se em razão do local onde foi concluída a ação delituosa, ou seja, onde se encontra o responsável pela veiculação e divulgação das notícias, indiferente a localização do provedor de acesso à rede mundial de computadores ou sua efetiva visualização pelos usuários. Precedentes citados do STF: ADPF 130-DF, DJe 6/11/2009; do STJ: CC 29.886-SP, DJ 1º/2/2008" (CC 106.626/DF, Terceira Seção, rel. Min. Arnaldo Esteves Lima, julg. em 12/05/2010).

117 STF, Informativo nº 544.

DOS CRIMES CONTRA A LIBERDADE INDIVIDUAL (TÍTULO I, CAPÍTULO VI)

DOS CRIMES CONTRA A LIBERDADE PESSOAL (SEÇÃO I)

I - CONSTRANGIMENTO ILEGAL (ARTIGO 146, CP)

1 Introdução

Preceitua a Constituição Federal, no artigo 5º, II, que "ninguém será obrigado a fazer ou deixar de fazer alguma coisa senão em virtude de lei". Cuida-se da liberdade geral de atuar. Segundo José Afonso da Silva, o princípio é que todos têm a liberdade de fazer ou não fazer aquilo que quiserem, salvo quando a lei determina o contrário, exatamente o oposto do que dizia Montesquieu, para quem a liberdade decorria de permissão legal.[118]

Como salvaguarda do princípio constitucional, o direito penal sancionou, sob a rubrica "constrangimento ilegal" (artigo 146, CP), a limitação da liberdade individual ao arrepio da lei. A conduta incriminada consiste em constranger alguém, utilizando violência, grave ameaça ou qualquer outro meio de redução da capacidade de resistência, a fazer o que a lei não manda ou não fazer o que ela não proíbe.

O constrangimento ilegal é meio executório ou elemento integrante de uma série de outros delitos, como o roubo (artigo 157, CP), a extorsão (artigo 158, CP) e o estupro (artigo 213, CP), razão pela qual pode ser classificado como subsidiário destes crimes. Segundo Bitencourt, o constrangimento ilegal é "eventualmente" subsidiário, pois a exigência de cúmulo material entre o delito e outros decorrentes da violência utilizada não permite a afirmação de que é "tipicamente" subsidiário.[119]

2 Objetividade jurídica

Tutela-se a liberdade pessoal, bem jurídico inerente à condição humana, uma vez que, com o constrangimento, é tolhida a possibilidade de

---

118 SILVA, José Afonso da. *Curso*..., op. cit., p. 238.

119 BITENCOURT, Cezar Roberto. *Tratado*..., op. cit., v. 2, p. 435.

autodeterminação da vítima. A capacidade de autodeterminação compreende a liberdade de pensamento, de escolha, de vontade e de ação.

3 Sujeitos do delito

O sujeito ativo pode ser qualquer pessoa, independentemente de qualquer condição especial (crime comum). Se, todavia, o delito for praticado por funcionário público no exercício da função, poderá ocorrer crime diverso (crimes previstos na Lei nº 4898/65 – abuso de poder –, adotando-se o entendimento que defende a revogação dos artigos 322 e 350 do CP).

No polo passivo da conduta criminosa, encontramos a pessoa natural com capacidade de autodeterminação. Tal capacidade é essencial para o reconhecimento do delito, já que, na sua inexistência, não há objetividade jurídica a ser lesionada. Suponhamos que a conduta recaia sobre criança na aurora da vida. Certamente ainda não existe capacidade volitiva suficientemente desenvolvida para que possa ser cerceada. Diferente é a situação da criança que, apesar de civilmente incapaz, já tem condições de manifestar suas escolhas pessoais. Se uma criança de dez anos de idade, por exemplo, é impedida de passar por determinada rua, há crime de constrangimento ilegal. Outros exemplos que podem ser citados são os do cego, do paralítico e de quaisquer outras pessoas portadoras de limitações físicas que, embora tenham dificuldade em exercer a liberdade pessoal de maneira plena, certamente a possuem, podendo figurar como vítima do crime. Em síntese, a capacidade de autodeterminação da vítima, ainda que parcial, é requisito inafastável para a configuração do delito.

4 Elementos objetivos, subjetivos e normativos

Incrimina-se a conduta de constranger (núcleo do tipo, significando obrigar, forçar, coagir) alguém, mediante violência ou grave ameaça, ou depois lhe haver reduzido, por qualquer meio, a capacidade de resistência. Constrange-se a vítima a fazer algo não permitido pela lei, ou a não fazer o que não é proibido.

A violência e a grave ameaça são correspondentes ao constrangimento físico e moral. Por violência (*vis corporalis*) entende-se a incidência de uma força física sobre o corpo da vítima, como atacá-la com socos e pontapés, imprensá-la contra uma parede ou amarrá-la. Grave ameaça (*vis compulsiva*) é a coação moral, é o tormento psicológico imposto à vítima. Não basta qualquer ameaça para a adequação da conduta ao tipo penal, mister que seja grave. A gravidade é aferida pela ponderação entre o bem ameaçado e a postura exigida pelo agente. Também deve ser a ameaça verossímil (passível de concretização) e iminente (que está para acontecer), assim como deve ser certo o bem ameaçado (não pode ser vago). Tais condições, todavia, serão avaliadas de acordo com as condições pessoais da vítima. Por exemplo, promessas de bruxarias e feitiços não intimidam a maioria das pessoas, mas podem atemorizar um indivíduo rústico. Independentemente do meio executório, violência ou grave ameaça, pode a conduta recair sobre pessoa diversa daquela à qual uma postura é exigida (meios indiretos), como no caso da violência exercida sobre uma criança para compelir seu pai a adotar determinado comportamento.

No tocante aos outros meios redutores da resistência, basta que tenham o condão de impedir uma reação séria da vítima, como a hipnose, o emprego de narcóticos ou de álcool, substâncias dislépticas etc.

A conduta dolosa exige uma finalidade especial: a de determinar a vítima a fazer (ação) o que a lei não manda ou a não fazer (abstenção) o que ela não proíbe. Verifica-se, com clareza, que somente as normas legais podem impor um comportamento, não sendo permitido ao indivíduo assumir esse poder. Citamos como exemplos o torcedor de certa agremiação de futebol, instado a enaltecer o clube rival por integrantes de torcida organizada adversária ou a pessoa que é impedida a entrar em prédio público sem motivo justificável (desde que haja o emprego de um dos meios executórios especificados na norma). Não há previsão de crime culposo.

A postura imposta pelo agente deve ser ilegítima, absoluta ou relativamente. A ilegitimidade é absoluta quando não se tem o direto de exigir o comportamento e relativa quando, embora legítima a pretensão e de exigência apenas extrajudicial, não é possível o uso de constrangimento para a sua satisfação (exigência de dívida de jogo, *v. g.*). Se a pretensão é legítima e puder ser postulada em juízo, o constrangimento para satisfazê-la configura crime de exercício arbitrário das próprias razões (artigo 345, CP). Caso o agente pretenda impedir um comportamento imoral, mas não ilegal da vítima (como a prostituição), persiste a incriminação da conduta.

Resumindo os elementos objetivos e subjetivos do crime, escreve Hungria que "são *essentialia* do constrangimento ilegal: a) imposição de fazer ou não fazer alguma coisa; b) emprego de violência, ameaça grave ou outro meio apto a reduzir a capacidade de resistência do sujeito passivo; c) ilegitimidade da imposição; d) efetiva consecução do fim do agente; e) dolo específico".[120]

5 Consumação e tentativa

Opera-se a consumação do crime quando a vítima efetivamente adota o comportamento ao qual é obrigada. Trata-se, assim, de crime material (consumação ocorre com o resultado) e de dano (exige-se uma lesão efetiva ao bem jurídico tutelado, sendo insuficiente o mero perigo). Ensina Hungria que a lei fala em "constranger a" e não em "constranger para", hipótese em que se poderia aventar a natureza formal do delito. A primeira locução indica que é

120 HUNGRIA, Nélson. *Comentários...*, op. cit., v. VI, p. 149.

necessária a efetiva coação do sujeito passivo.[121] O delito é instantâneo, já que o momento consumativo é único, não se prolongando no tempo.

A tentativa é perfeitamente admissível, bastando que o emprego dos meios executórios seja interrompido por motivos alheios à sua vontade, ou que a vítima, após ser alvo da ameaça, da violência ou de outro meio capaz de vencer sua resistência, não pratique o comportamento almejado. Classifica-se, portanto, o constrangimento ilegal como crime plurissubsistente.

6 Causas de aumento da pena

A sanção cominada ao constrangimento ilegal é majorada quando, para a execução do crime (§ 1º): (a) se reúnem mais de três pessoas; (b) há o emprego de armas.

A primeira causa de aumento da pena usa uma redação um pouco diferente de outros tipos penais previstos no Código Penal, que falam no cometimento do crime em concurso de pessoas: aqui se fala na execução do delito. Assim, não nos parece restar dúvida que o concurso deve acontecer na fase executiva, com a presença de, no mínimo, quatro coautores. Até porque o fundamento da norma é a maior periculosidade da conduta, que expõe a vítima a um elevado risco de lesão. A colocação do emprego de armas como segunda causa de aumento da pena reforça o entendimento, já que fundada na mesma premissa. Parece-nos que somente a multiplicidade de agentes durante a efetivação do constrangimento pode propiciar o reconhecimento da *ratio* da norma. Nesse sentido se pronuncia Bitencourt, ressaltando o maior desvalor da ação.[122]

O emprego de armas no constrangimento, segunda majorante, não significa apenas a presença dos artefatos, mas seu uso efetivo para materializar a violência ou a ameaça (ainda que não seja empolgada, mas apenas apresentada, como na exibição ostensiva de pistola na cintura para intimidar a vítima). O simples porte, portanto, não determina o aumento, se não há o uso efetivo.

Correta a lição de Magalhães Noronha: a lei, ao falar em armas, não exigiu a multiplicidade delas, mas sim designou um gênero.[123] Contrariamente se manifesta Bitencourt, para quem armas é plural, significando mais de uma.[124]

---

121 Idem, ibidem, p. 154.

122 BITENCOURT, Cezar Roberto. *Tratado...*, op. cit., v. 2, p. 432. Contrariamente, consignamos, por todos, a lição de Fernando Capez (*Curso...*, op. cit., p. 278): "A lei fala em reunião de mais de três pessoas para a execução do crime, portanto, inclui-se nesse cômputo tanto os co-autores como os partícipes. É que, de acordo com a redação do dispositivo legal, não é necessário que os agentes efetivamente executem o crime; basta que se reúnam para tal desiderato, ou seja, de algum modo colaborem para o resultado, através das formas de participação (mediante induzimento instigação ou auxílio)".

123 MAGALHÃES NORONHA, E. *Direito penal...*, op. cit., p. 161.

124 BITENCOURT, Cezar Roberto. *Tratado...*, op. cit., v. 2, p. 433.

Arma é todo instrumento usado para ataque ou defesa. Se fabricada especialmente para essa finalidade, a arma é própria (revólveres, punhais etc.). Se fabricada com finalidade diversa, mas com uso possível para ataque ou defesa, a arma é dita imprópria (facas, machados, porretes etc.). Independentemente da classificação, qualquer instrumento vulnerante (ou seja, dotado de potencialidade lesiva) empregado na violência ou na intimidação satisfaz o conceito da majorante.

As armas absolutamente ineficazes, obsoletas ou descarregadas e os simulacros de armas (arma de brinquedo, por exemplo) não servem para autorizar a majoração da pena. Se arma é o instrumento que possui potencialidade lesiva, caso esta inexista, não há uma arma de fato, mas algo apenas parecido com uma. Arma de brinquedo, por exemplo, é brinquedo, não é arma. A ausência de potencialidade lesiva, outrossim, faz com que a norma não cumpra sua finalidade (a justifica para a majorante deixa de existir).[125]

7 Cúmulo material

O § 2º do artigo 146 impõe a soma da pena cominada ao constrangimento ilegal a qualquer delito que decorra da violência empregada. Cremos que a exigência de aplicação do sistema do cúmulo material não obriga ao reconhecimento do concurso material de delitos. Portanto, uma vez usada violência no constrangimento, haverá um caso especial de concurso formal entre os crimes cometidos, com sanções cumuladas. Pode-se observar, por exemplo, o cúmulo material entre a pena do constrangimento e aquela reservada à lesão corporal, caso a violência produza algum tipo de lesão (seja leve, grave ou gravíssima).

Se a prática se der por grave ameaça ou por outra forma de redução da capacidade de resistência, o constrangimento ilegal absorverá o crime-meio. Todavia, se o constrangimento for elemento integrante ou etapa necessária da execução de outro crime (como o roubo), a solução se inverte, sendo absorvido o próprio constrangimento ilegal.

8 Exclusão da tipicidade

Estabelece o § 3º causas de exclusão da tipicidade do delito, que, ainda que não fossem previstas como tal, determinariam a eliminação do caráter criminoso da conduta, com natureza, todavia, de causas de exclusão da antijuridicidade.

No inciso I, há a intervenção médico-cirúrgica não consentida pelo paciente, se justificada pelo iminente perigo de vida. Normalmente entendida como exercício regular de um direito ou como estado de necessidade de terceiro,

---

125 Com o cancelamento da Súmula nº 174 do STJ (que dizia: "nos crimes de roubo, a intimidação feita com arma de brinquedo autoriza o aumento da pena"), não há mais relevância na discussão acerca de sua extensão ao crime de constrangimento ilegal.

fato é que, ao ser arrolada como hipótese que "não se compreende na disposição deste artigo", a conduta do médico que obriga o paciente a se submeter a uma prática cirúrgica para salvar sua vida foi excluída do âmbito de incidência do artigo 146 do CP. Atipicidade da conduta, portanto. Mas a questão é bem menos simples do que parece, pois exige excursão pelos princípios da bioética, em especial o princípio da autonomia, conceituado por Vicente Barretto como aquele que "estabelece a ligação com o valor mais abrangente da dignidade da pessoa humana, representando a afirmação moral de que a liberdade de cada ser humano deve ser resguardada".[126] Ainda que a bioética também seja regida pelo princípio da beneficência, impondo a maximização do bem,[127] cremos que esse paradigma somente pode ser alcançado quando respeitada a liberdade individual, o que não quer dizer que o paciente possa impor ao médico a realização de práticas contrárias à sua ética profissional (não pode o paciente exigir, por exemplo, que um médico lhe extirpe um apêndice saudável).

A questão - parece-nos - é menos tormentosa quando cotejada com a liberdade de religião, direito constitucionalmente consagrado, assim como o direito à vida. Se a crença da vítima impede a intervenção curativa e, em uma pauta pessoa de valores, seus dogmas religiosos ganham mais relevo do que a própria vida, deve prevalecer essa opção. Todavia, e se a negativa não deriva de uma crença religiosa, mas de uma ponderação racional? Por exemplo, e se um idoso, a quem é apresentada a cirurgia como a única forma de salvar sua vida, decide não a realizar, por considerar que já viveu o bastante e que as dores e limitações pós-cirúrgicas impedirão a mantença de sua dignidade? Compreendemos a vida como um direito, não como um dever. Assim, se o paciente está suficientemente bem informado sobre as consequências de sua negativa, impõe-se a preservação da autonomia da vontade. O médico não poderá compelir o paciente ao tratamento. Mas onde fica o § 3º, I, nesse contexto? O dispositivo então é inconstitucional? Não, desde que o interpretemos de forma correta. Concordamos com Flávia Siqueira e Izabele Kasecker, para quem "a constitucionalidade da interpretação paternalista atribuída pela doutrina tradicional ao art. 146, § 3º, I, do CP é certamente duvidosa, além de não se coadunar com uma leitura mais acurada do dispositivo em questão, que em nenhum momento autoriza a realização de intervenções contrárias à vontade expressa do paciente, mas somente sem o seu consentimento".[128] Em suma: (a) se o paciente possui condições para decidir sobre sua submissão ou não ao

126 BARRETTO, Vicente de Paulo. *O Fetiche dos Direitos Humanos e Outros Temas*. 2. ed. Porto Alegre: Livraria do Advogado, 2013. p.280.

127 Idem, *ibidem*, p. 280

128 SIQUEIRA, Flávia; KASECKER, Izabele. *Recusa de Transfusão de Sangue em Pacientes Menores de Idade*. Disponível em: www.jota.info/opiniao-e-analise/colunas/penal-em-foco/recusa-de-transfusao-de-sangue-em-pacientes-menores-de-idade-10062019. Acesso em 10.06.2019.

tratamento, prevalece sua vontade; (b) nessa hipótese, se o médico constrange o paciente (por exemplo, eliminando sua resistência através da aplicação de um anestésico), existirá crime de constrangimento ilegal; (c) caso o paciente não possa exprimir sua vontade (por chegar desacordado ao hospital, por exemplo), o médico deverá realizar a intervenção, mesmo sem consentimento, e isso não será considerado constrangimento ilegal; (d) porventura não agindo assim, o médico responderá por eventual prejuízo à saúde do paciente.

O mesmo raciocínio deve ser aplicado quando o paciente é incapaz de decidir sobre a conveniência do tratamento (*v. g.*, por doença mental ou pela tenra idade) e se faz representar por alguém? Os pais, por exemplo, podem negar o tratamento que salvará a vida de seu filho? Uma vez mais trazemos à baila a lição de Flávia Siqueira e Izabele Kasecker: "(...) o bem-estar do menor é o critério que limita o exercício do poder familiar, que deve ser orientado pelo princípio do melhor interesse da criança e do adolescente, assegurando-lhes proteção integral (art. 227 da Constituição da República e art. 1º do ECA). Esse paradigma protetivo é corroborado pelo disposto no art. 6º, 1, da Convenção de Direitos Humanos e Biomedicina, e no art. 7º, b, da Declaração Universal Sobre Bioética e Direitos Humanos, que estabelecem que as intervenções executadas em incapazes devem visar ao seu benefício direto. Embora se trate de um conceito amplo e indeterminado, no âmbito da medicina o bem-estar do menor está geralmente vinculado à indicação médica do tratamento. Diante disso, o representante somente poderá consentir validamente quando estiver atuando em consonância com a necessária proteção do incapaz, uma vez que a representação não transfere aos pais a titularidade do direito e, portanto, não lhes atribui a possibilidade de dispor de bens jurídicos personalíssimos de seus filhos, como a vida. Assim, a liberdade decisória dos pais será limitada quando um procedimento for indicado e o recurso a tratamentos alternativos não for possível".[129] Portanto, em caso de negativa do responsável e não existindo outras opções para a preservação da vida do paciente, a submissão forçada do incapaz ao tratamento curativo não caracteriza constrangimento ilegal por parte do médico. Registre-se que a incapacidade mencionada não se coliga com a capacidade civil. Em outras palavras, mesmo que o paciente tenha menos de 18 anos, não é necessariamente a vontade de seu representante que irá prevalecer. A capacidade para consentir (ou, inversamente, para não consentir) deve ser aferida no caso concreto.

O inciso II se refere à coação exercida para impedir um suicídio. Em que pese o suicídio não ser um ato criminoso, nossa tradição jurídica o classifica como antijurídico (assertiva que não é isenta de contestações). Perceba-se que o suicídio - desconsiderando, evidentemente, a motivação para o desejo de autoextinção - se aproxima muito da recusa a tratamentos médicos que

129 Idem, *ibidem*.

podem salvar a vida de um paciente. Há, contudo, um dado que, na prática, torna as hipóteses bastante diferentes: na iminência de um suicídio, normalmente não há como se aferir a capacidade volitiva da vítima ou mesmo se possui condições psíquicas ou intelectivas de compreender a exata extensão de seu ato, de modo que é preferível a atuação para impedir o resultado ao invés de se projetar a prevalência da autonomia da vontade. Não há, portanto, e em regra, constrangimento ilegal na atuação para impedir o suicídio de outrem.

A lei, ao mencionar, no inciso II, que a coação para impedir o suicídio não integra o tipo penal do constrangimento ilegal, excluiu a sua tipicidade.[130]

9 Distinção, concurso de crimes e concurso aparente de normas

Como visto antes, o constrangimento ilegal ora deixa de ser aplicado, ora é aplicado em concurso de delitos (admitindo-se não só o concurso material e a continuidade delitiva, mas também o concurso formal), ora absorve os delitos realizados como forma de sua execução.

A absorção do constrangimento ilegal não é difícil de ser admitida. Afinal, o constrangimento integra a descrição típica de muitos crimes, ou é meio executório de outros tantos (roubo, extorsão, estupro, violação de domicílio, extorsão mediante sequestro, atentado contra a liberdade de trabalho, favorecimento da prostituição qualificado, constrangimento de pessoa idosa – artigo 107 do Estatuto do Idoso –, entre outros). Esses crimes prevalecem sobre o constrangimento pelo critério da especialidade (a exigência de uma ação ou de uma abstenção através do constrangimento recai sobre uma finalidade específica – patrimonial, sexual etc.).

Também não causa dificuldades a admissão da absorção de crimes pelo constrangimento ilegal, como a ameaça (artigo 147), sendo certo que, nesse caso, é o constrangimento ilegal o tipo penal mais específico.

No tocante ao concurso de delitos, é a própria norma penal que impõe o concurso formal (ainda que com pena aplicada pelo sistema do cúmulo material) entre o constrangimento ilegal e os crimes decorrentes da violência empregada na sua execução (§ 2º). É possível, também, o concurso formal entre diversos constrangimentos ilegais, bastando que, em uma mesma oportunidade, várias pessoas sejam constrangidas pelo agente (como no caso do sujeito que, mediante grave ameaça, impede um grupo de adentrar em determinado recinto). Todavia, se vários meios executórios forem, em um mesmo contexto, opostos contra o mesmo sujeito passivo (como no caso em que o sujeito, além

130 Há que se consignar a posição esposada por Ney Moura Teles, que, em sua obra, afirma que a natureza das hipóteses previstas no § 3º é de causas de exclusão da antijuridicidade. Defende a sua lição colocando que o artigo 146 fala que é "proibido" constranger alguém. Portanto, o referido parágrafo, ao usar a expressão "não se compreendem na disposição deste artigo" quis dizer que a conduta não é proibida (é lícita), e não que não é típica (*Direito penal...*, op. cit., p. 290).

de ameaçado, sofre uma violência para adotar determinada postura), há um único crime de constrangimento ilegal (em concurso com o crime decorrente da violência, diga-se).

O concurso material é possível entre vários constrangimentos ilegais, ou, mesmo, entre o constrangimento e crimes diversos, mesmo aqueles dos quais o constrangimento é subsidiário, bastando que sejam praticados em oportunidades diversas (o sujeito, por exemplo, após estuprar a vítima, obriga-a, mediante grave ameaça, a não mais caminhar pela rua em que mora). Nada impede, outrossim, a continuidade delitiva, seja entre crimes idênticos ou diversos, dependendo, no último caso, do que se compreende por crimes da mesma espécie (ou seja, se crimes da mesma espécie são aqueles que atingem o mesmo bem jurídico e têm descrição típica assemelhada, seria possível a continuidade entre um constrangimento e uma ameaça, por exemplo, desde que esta não seja meio executório daquele).

Conforme já assinalado, se o constrangimento versar sobre a exigência de um comportamento devido e que pode ser objeto de tutela jurisdicional, haverá exercício arbitrário das próprias razões (artigo 345 do CP).

Merece especial menção o estudo da Lei de Tortura (Lei nº 9.455/97). O diploma extravagante, no artigo 1º, I, alínea *b*, tipifica a conduta daquele que, mediante tortura, compele alguém a praticar ação ou omissão de natureza criminosa. Há, assim, hipótese de autoria mediata, na qual a coação faz com que a pessoa coagida (autor imediato inculpável) aja em nome do coator (autor mediato, que responderá pelo delito cometido pela pessoa coagida). A responsabilização do torturador, assim, será por ambos os crimes, tanto pela tortura como pelo crime executado pela vítima. Antes da edição da lei de tortura, a situação era tipificada como concurso de delitos entre o crime de constrangimento ilegal e o crime praticado pela pessoa constrangida. Todavia, embora a maioria dos casos, hoje, receba cobertura da Lei de Tortura, há situações que fogem à incidência da lei especial. Isso porque, para que se reconheça uma tortura, é necessária a imposição de extraordinário sofrimento físico ou moral à vítima (consoante o artigo 1º, I). Não basta a mera coação para que tenhamos tortura, mas sim um constrangimento diferenciado na gravidade. Assim, se há intenso sofrimento, não restam dúvidas: concurso de delitos entre a tortura e o crime para cujo cometimento é coagida a vítima. Se, todavia, o constrangimento, embora de forma improvável, não importa severo sofrimento físico ou moral, continua sendo possível o reconhecimento do constrangimento ilegal em concurso com o crime praticado pela vítima. Segundo entendemos, cuida-se de concurso material.[131]

---

131 Isso porque, em verdade, há duas condutas, o constrangimento e a atuação posterior da pessoa coagida, que será imputada ao coator. Assim também entende Fernando Capez (*Curso*..., op. cit., p. 283). Em sentido contrário, Júlio Fabbrini Mirabete, defendendo o

Observamos, ainda, a presença de crimes assemelhados ao constrangimento ilegal em outros tipos penais e em leis especiais, conflito aparente de normas resolvido pelo princípio da especialidade. Assim é com a Lei de Abuso de Autoridade (Lei nº 4.898/65), por exemplo, ou com a Lei de Segurança Nacional (Lei nº 7.170/83), em seu artigo 26. O mesmo ocorre em relação ao Estatuto da Criança e do Adolescente (Lei nº 8.069/90, artigo 230)

10 Pena e ação penal

Ao participante de um crime de constrangimento ilegal é cominada pena de detenção, de 3 meses a 1 ano, ou, alternativamente, pena de multa. Trata-se, assim, de crime de menor potencial ofensivo, sujeito às regras da Lei nº 9.099/95.

Incidindo uma das causas de aumento de pena do § 1º, as penas são aplicadas cumulativamente e em dobro. Assim a sanção passa a ser de, no máximo, dois anos de detenção, já que é permitida a ultrapassagem dos limites cominados abstratamente para a pena nas de causas de aumento ou diminuição. Isso não impede o reconhecimento do delito como infração de pequeno potencial ofensivo.

A ação penal é pública incondicionada.

---

concurso formal (*Manual...*, op. cit., p. 183). Há, ainda, quem entenda como Ney Moura Teles, que adota a absorção do constrangimento ilegal pelo crime praticado pela vítima, por ser crime-meio (*Direito penal...*, op. cit., p. 289).

II - AMEAÇA (ARTIGO 147, CP)

1 Introdução

Diz Moura Teles: "A paz interior, a tranquilidade espiritual, é um estado da liberdade psíquica do ser humano. É bem jurídico importante que merece a proteção do direito penal. A todas as pessoas é exigido o respeito à inviolabilidade dessa liberdade interna do outro".[132] De fato, todos têm direito a uma vida tranquila, ainda que os transtornos cotidianos a impeçam. É reprovável, assim, qualquer conduta que imponha transtornos mais intensos que aqueles naturalmente surgidos em virtude das interações pessoais, molestando a paz de espírito e trazendo perturbações psíquicas várias a alguém. O autor de uma ameaça ingressa nessa seara, criando um temor na vítima capaz de tolher a sua liberdade individual.

A palavra ameaça (usada como núcleo do tipo, no verbo "ameaçar") é a promessa de imposição de um gravame, sendo desnecessária qualquer valoração aprofundada acerca de seu significado. Cuida-se de elementar de vários tipos penais (por vezes circunstância não elementar), na qualidade de meio executório.

Não é distante a origem da tipificação autônoma do delito, procedente do direito germânico moderno, já que antes a ameaça era somente tratada como elemento integrante de outro delito (e punida como tentativa, como ocorria no direito romano). No Brasil, com alguns traços distintivos, dela trataram os códigos imperial (1830) e republicano (1890). A atual legislação penal rompeu com o modelo do ordenamento anterior, não limitando a sua incidência apenas à promessa de um crime, mas alargando seu espectro a qualquer juramento de mal injusto e grave.[133]

---

132 MOURA TELES, Ney. *Direito penal...*, op. cit., p. 292.

133 O diploma em apreço somente admitia a ameaça quando o mal prometido fosse criminoso: "Art. 184. Prometter, ou protestar, por escripto assignado, ou anonymo, ou verbalmente, fazer a alguem um mal, que constitua crime, impondo, ou não, qualquer condição ou ordem: Pena – de prisão cellular por um a tres mezes. Paragrapho unico. Si o crime fôr commettido

2 Objetividade jurídica

A liberdade individual, que dá nome ao capítulo em que o delito está inserido, é, por óbvio, o bem jurídico tutelado. Evidencia-se, todavia, um dos aspectos da liberdade individual, a liberdade psíquica, ou seja, o direito de expressão livre da vontade, injustamente cerceado. Hälschner, citado por Hungria, afirmava não compreender a liberdade pessoal sem a liberdade e tranquilidade internas. Ao faltar a consciência de segurança na própria esfera jurídica, a atuação do indivíduo fica tolhida.[134] Realmente, a ameaça é um catalisador de conflitos internos, que pode conduzir à insuficiência na capacidade de autodeterminação, com reflexos na conduta exterior da vítima.

O objeto material é a pessoa a quem é dirigida a ameaça. Por ser a liberdade psíquica um bem jurídico disponível, o consentimento do ofendido afasta o caráter criminoso da conduta.

3 Sujeitos do delito

Não há qualquer menção legal a características especiais do sujeito ativo, razão pela qual o delito pode ser cometido por qualquer pessoa (crime comum). Se praticado por funcionário público no exercício da função ou em razão dela, pode ser configurado crime de abuso de poder (Lei nº 4.898/65, artigo 3º).

O sujeito passivo também pode ser qualquer pessoa, desde que manifeste capacidade de compreensão sobre o caráter ameaçador do fato. Justifica-se: se a pessoa não pode entender o teor da ameaça, não há a possibilidade de ter a sua liberdade psíquica tolhida e, por conseguinte, não pode ser ameaçada. Assim é, por exemplo, com crianças em tenra idade, ou com alienados mentais (absoluta impropriedade do objeto, resultando em crime impossível - artigo 17, CP). Suponhamos a situação: o sujeito ativo vai até um berçário e, no leito do recém-nascido, afirma que o matará. Decerto não há como se conceber o delito, já que não se vislumbra no neonato qualquer traço de entendimento da dicção. Todavia, a mesma conduta pode ser considerada como criminosa se visar não a tolher a liberdade psíquica da criança, mas sim a de seus pais. Se a incapacidade de compreensão for relativa (pessoas com os sentidos momentaneamente entorpecidos, por exemplo) persistirá a possibilidade criminosa. Também só haverá o delito se o sujeito passivo for determinado ou determinável, não se configurando a ameaça se o ato anunciado for contra a coletividade. No caso de crime cometido contra os Presidentes da República, das Casas do

---

contra corporação, a pena será applicada com augmento da terça parte". Notam-se, assim, duas outras diferenças em relação à tipificação atual, quais sejam, ficam excluídos os meios simbólicos da execução do crime, e há um misto entre ameaça e constrangimento ilegal (ameaça para impor, ou não, condição ou ordem).

134 HUNGRIA, Nelson. *Comentários...*, op. cit., v. VI, p. 182.

Congresso Nacional ou do Supremo Tribunal Federal, obrando o agente com fim político-subversivo, há crime contra a segurança nacional (artigo 28, Lei nº 7.170/83).

4 Elementos objetivos, subjetivos e normativos do tipo

O núcleo do tipo é o verbo "ameaçar", significando o constrangimento moral, a coação psíquica. Cuida-se da promessa de realização de um mal injusto para a vítima. Como especificado na norma penal, quaisquer meios são admissíveis na prática delitiva: a ameaça pode ser oral, escrita, simbólica etc. Há crime tanto na fala cara a cara, como na ameaça via telefone (casos de ameaça oral), na carta ou na mensagem de correio eletrônico (meio escrito), nos desenhos, na colocação de uma faca cravada defronte a casa da vítima (meios simbólicos), ou, ainda, na simulação de esgorjamento, em que o agente passa o dedo em torno do próprio pescoço para dizer que a vida da vítima está em perigo ou na conduta de apontar uma arma de fogo para outrem, sem a intenção de produzir o disparo, mas sim de causar temor (ameaça por gestos). Parece-nos que mesmo a omissão pode caracterizar uma ameaça, como na hipótese em que a vítima, ao solicitar que se manifestem aqueles que não tem a intenção de atentar contra a sua vida, vê um dos presentes se quedar em silêncio. O delito deve ser classificado, portanto, como crime de forma livre.

Classifica-se a ameaça em: a) direta, na qual o mal prometido versa sobre a pessoa da vítima ou seu patrimônio, e indireta, na qual a vítima é ameaçada por meio da promessa de um mal a pessoa ligada a ela; b) explícita, em que o autor deixa evidente o caráter ameaçador de sua conduta, e implícita, quando o agente realiza o delito por subterfúgios (por exemplo, afirma para a vítima que todos os que um dia o contrariaram já não podem mais se expressar); c) incondicional, quando há a promessa do mal sem qualquer adendo, e condicional, na qual a concretização da ameaça é subordinada a ocorrência de um evento (dizer para a vítima que, se ela repetir o que falou, irá morrer). Nesse último caso, não há confusão com o constrangimento ilegal (artigo 146, CP), pois a única finalidade do agente é provocar temor na vítima, deixando em segundo plano a exigência da ação ou da abstenção, que é a intenção principal no constrangimento.

A simples promessa de um mal não significa necessariamente um crime de ameaça, é mister que o mal seja injusto e grave. Levar à ciência de outrem a iminente prática de um mal a que se tem direito não configura o delito, afinal, não há reprovabilidade em prometer a alguém algo que é apoiado pelo ordenamento jurídico (advertir um empregado relapso acerca da possível demissão, afirmar a um devedor que se aproxima a execução judicial de sua dívida etc.). Só haverá crime (não de ameaça), nesse caso, se a promessa do mal justo vier acompanhada de uma exigência injusta (hipótese em que o crime será diverso, como extorsão ou constrangimento ilegal) ou se a forma de se exigir a satisfação do direito é abusiva (hipótese de exercício arbitrário das próprias razões). Segundo Bitencourt, a ameaça justa pode configurar exercício regular de um direito (caso de uma notificação destinada à vítima, por exemplo) ou estrito cumprimento do dever legal (promessa de prisão, se descoberta a autoria de um determinado delito). Contudo, ao invés de excluir a antijuridicidade da conduta, a justiça da ameaça torna-a atípica, já que se cuida de elemento normativo do tipo.[135]

Grave é a ameaça verossímil e possível, que versa sobre um bem jurídico de relevo, aferido de acordo com as condições pessoais da vítima (sexo, idade etc.), e que é capaz de lhe causar séria perturbação à tranquilidade psíquica. A exigência de relevo do bem jurídico impede que a excessiva suscetibilidade da vítima imponha a incriminação do ato. Os requisitos de verossimilhança e possibilidade fática indicam que a ameaça deve ser crível e dentro da capacidade humana de realização. Prometer a alguém que lançará relâmpagos sobre sua cabeça, por exemplo, trata-se de tarefa de impossível realização e de credibilidade nula. Entendemos que os requisitos devem sofrer avaliação subjetiva, havendo interferência do imaginário da vítima na apreciação (*v. g.*, a ameaça de lançar uma magia contra a vítima pode, na sua imaginação, ganhar contornos graves, isto é, a vítima pode entendê-la crível e factível, tendo sua liberdade individual efetivamente tolhida). Por fim, deve ser referido que circunstâncias atinentes à pessoa da vítima podem influenciar na seriedade da ameaça. A agressão física desarmada prometida por pessoa franzina, por exemplo, não se revestirá de gravidade perante pessoa de porte físico muito superior, mas causará temor em pessoa idosa.

O mal anunciado na ameaça, normalmente, será futuro, mas nada impede que seja iminente, caracterizando-se o delito na falta de sua concretização, bastando-se na promessa. Exemplificando: o sujeito ameaça de morte a vítima, mas, antes de lançar mão da arma que porta, desiste de dar ao fato o desfecho fatal. Não há como se negar a intimidação da vítima, fazendo-se presentes todos os elementos que compõem o delito.

Somente há ameaça dolosa, não sendo prevista a conduta culposa. Agrega-se ao tipo subjetivo um elemento subjetivo especial (especial fim de agir), consistente na intenção de intimidar. Não há crime, por exemplo, na praga ("quero que sua língua caia"; "desejo que seu rebanho morra") pela falta do propósito intimidativo, o mesmo ocorrendo com a conduta praticada por agente imbuído de *animus jocandi* (intenção de fazer um gracejo). Não integra o tipo

---

135 BITENCOURT, Cezar Roberto. *Tratado...*, op. cit., v. 2, p. 444. Aditamos a posição, afirmando que, em tese, a ameaça justa poderia ser considerada como legítima defesa, se proferida para fazer cessar agressão atual ou iminente, mas a atipicidade da conduta impede, no caso concreto, a análise da sua licitude.

subjetivo a intenção do agente em efetivar o mal alardeado. Assim, queria ou não o agente realizar o ato subsequente, não haverá qualquer interferência na sunsunção, salvo se concretizada a ameaça, hipótese em que restaria absorvida como crime-meio.

5 Exaltação de ânimo, embriaguez e ameaça

Afirma Hungria que não há crime de ameaça na "simples descarga de um subitâneo assomo de ira", por falecer o propósito de intimidar.[136] Nesse sentido também leciona Delmanto, afirmando que a ameaça proferida em momento de cólera ou ira não tem a seriedade exigida pela norma, já que é fruto do ânimo irrefletido.[137]

Afiliamo-nos a outra corrente doutrinária, afirmando que a ira, mesmo momentânea, não afasta o caráter criminoso do fato. Ora, a ira não elimina a capacidade de reflexão, apenas a dificulta, o que, por si só, manteria a possibilidade de caracterização do delito. Além disso, mesmo não havendo a ponderação plácida, nada impede o reconhecimento do dolo de atemorizar a vítima, devendo ser ressaltado que a exaltação de ânimo torna mais provável a concretização da promessa.[138] Da mesma forma se pronuncia Regis Prado: "Acentua-se, de um lado, que a ira ou o ímpeto de cólera não excluem a finalidade de intimidar e tampouco elidem a seriedade da ameaça feita. Argumenta-se que a ameaça, quando realizada em momentos de alteração emocional, reveste-se de maior gravidade, já que há maior probabilidade de vir a se concretizar".[139]

Se a conduta é adotada em momento de embriaguez do agente, a solução é idêntica, ou seja, não se exclui a ameaça. Também aqui vemos seriedade no ato, que se torna mais facilmente realizável, bem como compreendemos como possível a vontade de intimidar. É evidente, contudo, que se o delito for praticado durante embriaguez acidental ou patológica, não há que se falar em crime, por ausência de culpabilidade.

6 Consumação e tentativa

---

136 HUNGRIA, Nelson. *Comentários...*, op. cit., v. VI, p. 188.

137 DELMANTO, Celso. *Código penal comentado...*, op. cit., p. 250. Nesse sentido TACrimSP: "Simples manifestação de bazófia ou passageira explosão colérica suficientemente não denuncia o dolo específico do crime de ameaça" (*RT*, 381/264).

138 TACrimSP: "Em se tratando de crime de ameaça, é irrelevante que o agente não estivesse com ânimo calmo e refletido, se não há evidências que apontem a absoluta falta de intenção em prometer mal futuro e grave, sendo certo que nem sempre a explosão de ira descaracteriza o referido delito, pois que a paixão e a violenta emoção, assim como a embriaguez, não anulam a vontade, podendo, ao contrário ser poderosos veículos para extravasar séria pretensão de causar mal à vítima, a qual não pode ser obrigada a suportar eventuais espasmos coléricos do agressor" (*RJTACRIM*, 33/37).

139 PRADO, Luiz Regis. *Curso...*, op. cit., p. 284. Também é a lição de Damásio E. de Jesus (*Direito penal...*, op. cit., v. 2, p. 252).

Classificada como crime formal, a ameaça prescinde do resultado para atingir a consumação, bastando a ciência da vítima e a idoneidade da ameaça. Veja-se que a presença da vítima no momento da promessa é irrelevante, uma vez que a ciência pode ser posterior a conduta. Assim, se o sujeito ativo escreve uma carta ameaçadora para a vítima, só ocorrerá a consumação quando a vítima vier a ler a carta. Como o resultado não é exigido, a vítima não precisa se sentir efetivamente ameaçada. A promessa, isso sim, deve ter o condão de causar o temor, ainda que no caso concreto tal não se verifique.

A tentativa é admissível, desde que a conduta e a ciência pelo sujeito passivo se deem em momentos distintos (como na ameaça por escrito), caso em que o crime é classificado como plurissubsistente. Se execução e consumação são concomitantes (como no meio oral, realizado na presença da vítima), pela impossibilidade de fracionamento dos atos de execução, não há o delito tentado, em virtude da unissubsistência.

7 Distinção, concurso de crimes e concurso aparente de normas

Quando a conduta é praticada em face de várias pessoas, desde que determinadas, servindo uma única promessa para ameaçar a todas, os crimes existirão em concurso formal.

Não há dificuldade na admissão da ameaça em concurso material de delitos, desde que não seja praticada como meio executório para crime posterior, situação em que, por sua natural subsidiariedade, será absorvida pelo outro delito. Para que haja o concurso, a ameaça deve ser realizada de forma bem destacada do ilícito penal deiverso. Também é possível a continuidade delitiva, seja entre várias ameaças (por exemplo, pessoa liga regularmente para a casa de outra proferindo palavras ameaçadoras), seja entre a ameaça e crime diverso, mas assemelhado, que atinja o mesmo bem jurídico (constrangimento ilegal, *v. g.*), dependendo da acepção que se dê à expressão "crimes da mesma espécie", contida no artigo 71 do CP.

A ameaça é etapa executória de vasta gama de crimes, todos eles pressupondo um constrangimento como forma de execução. O constrangimento ilegal, por exemplo, tem a ameaça como elemento integrante, prevalecendo sobre esta. Deve ser consignado que a "grave ameaça", assim redigida em muitos tipos penais, tem um conceito mais amplo do que aquele conferido ao crime de ameaça. Neste, somente a promessa injusta realiza a subsunção da conduta à norma, ao passo que naquela é possível tanto a promessa de um mal justo quanto injusto. Isso porque a ilegitimidade da conduta reside em exigir, com a "grave ameaça" (justa ou injusta), um resultado injusto. É o que ocorre na extorsão, *v. g.*

Se a ameaça é dirigida aos Presidentes da República, do Senado Federal, da Câmara dos Deputados ou do Supremo Tribunal Federal, aplica-se o artigo

28 da Lei nº 7.170/83, em virtude do princípio da especialidade, desde que a conduta tenha por objetivo subverter a ordem política ou social.

No caso de uso de arma de fogo para intimidar a vítima, entende Fernando Capez que, caso o agente não possua autorização para portar a arma, ser-lhe-á imputado somente o crime previsto no artigo 14 ou no artigo 16 da Lei nº 10.826/03 (Estatuto do Desarmamento).[140] Acreditamos, entretanto, ser possível o concurso formal, já que há lesão a objetividades jurídicas diferentes.

8 Pena e ação penal

A pena cominada em abstrato ao delito de ameaça é de detenção, de 1 a 6 meses, ou, alternativamente, pena de multa. Assim, a ameaça pode ser classificada como infração de menor potencial ofensivo, sujeita às regras da Lei nº 9.099/95.

A ação penal, consoante redação do parágrafo único do artigo 147, é pública condicionada à representação do ofendido ou de seu representante legal.

140 CAPEZ, Fernando. *Curso...*, op. cit., p. 291, adaptando a lição ao novo diploma legal.

III - SEQUESTRO E CÁRCERE PRIVADO (ARTIGO 148, CP)

1 Introdução

O delito em apreço é tipificado como a privação da liberdade de alguém, mediante sequestro ou cárcere privado. Cuida-se de mais um dos crimes contra a liberdade pessoal, mas com especial ênfase a um dos seus aspectos, a liberdade de locomoção, de índole constitucional (artigo 5º, XV, CRFB/88).

A incriminação do cerceamento da liberdade de locomoção remonta ao direito romano, no qual o *privatus carcer* era apenado com a morte. À época de Justiniano, a sanção passou a se adequar ao sistema de Talião, ficando o condenado encarcerado pelo o mesmo tempo em que perdurou o cárcere da vítima. Dava-se ao cárcere privado a conotação de crime de lesa-majestade, ao contrário da atual proteção a um direito individual, pois se entendia que o criminoso usurpava uma prerrogativa do governante. Essa é a razão do *nomen juris* que até hoje é adotado para o delito, contrapondo o encarceramento irregular (privado) àquele considerado como legítimo (público).

Trataram do cárcere privado e do sequestro de pessoas o direito germânico antigo e o direito estatutário italiano, ou seja, abandonou-se uma fórmula restritiva, na qual se punia a retenção da pessoa ao arrepio do poder público, em casa não destinada à prisão (ou mesmo no prédio que abrigava a prisão, desde que praticado por pessoa sem autoridade), passando a adotar um conceito extensivo, abrangendo qualquer forma de retenção pessoal. Somente com o Código alemão de 1871, todavia, surgiu a fórmula genérica hoje abraçada por nosso Direito, compreendendo toda forma abusiva de supressão da liberdade de locomoção.

No Brasil, o Código Penal do Império (1830) já expressava o repúdio ao cárcere privado, bem como a diversas outras formas de restrição ao direito de locomoção (artigos 181 a 190). O artigo 189 incriminava a conduta de "prender alguém em cárcere privado, ainda que haja autoridade, ou ordem competente para se ordenar, ou executar a prisão", cominando-lhe pena de prisão, por 15 dias a 3 meses, nunca em tempo inferior à privação da liberdade do ofendido. Em seguida, o artigo 190 explicitava que constituía cárcere privado o recolhimento da pessoa em qualquer casa ou edifício que não a prisão pública, assim como o recolhimento da pessoa à prisão pública por agente sem autoridade para o fazer, deixando evidente a vontade de punir aquele que se substituísse ao poder público. Entretanto, deve ser notada a inclusão do delito dentre os crimes contra a liberdade individual, e não como afronta à administração pública. No Código Penal de 1890, já se encontra situação mais assemelhada à atual, punindo-se, no artigo 181, a privação da liberdade da pessoa em cárcere privado ou mediante sequestro por tempo inferior a 24 horas. O elemento temporal servia para distinguir o tipo simples do qualificado, arrolado no § 1º, havendo também a qualificadora do abuso de poder e do meio violento no § 2º. O grave sofrimento imposto à pessoa sequestrada importava em tipo autônomo mais gravoso (artigo 182), bem como a não-colocação da pessoa retida em liberdade, ou a não indicação de seu paradeiro (artigo 183).

2 Objetividade jurídica

A salvaguarda legal recai, outra vez mais, sobre a liberdade pessoal, especificamente no que tange à liberdade de locomoção. Como todos os outros direitos protegidos neste capítulo, a liberdade de locomoção, também chamada de *jus ambulandi* ou de "direito de ir e vir", tem guarida constitucional no artigo 5º (XV) e pode ser definida como o direito à livre movimentação, sem qualquer constrangimento que não decorra da lei.

O consentimento do ofendido, dada a disponibilidade do bem jurídico, exclui o caráter criminoso da conduta, desde que exercido de forma válida. Se viciado, como no caso da fraude, não se opera qualquer interferência na incriminação do fato. Por exemplo, se o indivíduo é mantido encarcerado porque alguém que, de forma fraudulenta, narra-lhe a necessidade da medida, inventando uma doença grave que impediria a vítima de circular entre outras pessoas, há crime de sequestro ou cárcere privado. Por ser crime permanente, é imprescindível que o consentimento persista íntegro durante todo o tempo de cerceamento da liberdade. Se o ato é inicialmente consentido, mas, em determinado momento, passa a ser dissentido, não havendo a libertação almejada pela vítima, há o delito.

O objeto material do delito é a pessoa cuja liberdade é restringida pelo ato injusto do sujeito ativo.

3 Sujeitos do delito

O crime é comum, podendo ser cometido por qualquer indivíduo, independentemente de condições pessoais especiais. Em caso de prática delitiva por funcionário público, as circunstâncias podem fazer com que o fato se amolde à Lei nº 4.898/65 (Abuso de Poder).

O sujeito passivo, de igual forma, pode ser qualquer pessoa. Mesmo aquelas que têm a locomoção naturalmente restringida podem ser vítimas do crime em tela, caso não possam exercer seu direito de forma plena (paraplégicos, por exemplo, ou então o preso que tem a sua constrição legítima incrementada de forma abusiva, como na hipótese em que é acorrentado dentro da cela; no caso de crianças em tenra idade ou de alienados mentais, pouco importa a falta de capacidade de autodeterminação, pois o direito de locomoção independe desta).[141] No caso de criança figurando no polo passivo, poderá ser configurado o delito previsto no artigo 230 ou no artigo 234 do Estatuto da Criança e do Adolescente (Lei nº 8.069/90).

4 Elementos objetivos, subjetivos e normativos do tipo

O verbo tipificado como núcleo do tipo é "privar", complementado o seu sentido pela expressão "alguém de sua liberdade". A privação a que se refere o dispositivo recai sobre a liberdade pessoal da vítima, o que é insuficiente para se entender a conduta incriminada. Somente com a revelação dos meios empregados ("mediante sequestro ou cárcere privado") é que se tem a exata extensão do tipo. Como o sequestro e o cárcere privado são medidas constritivas da locomoção do indivíduo, percebe-se que a liberdade de que trata a norma penal não poderia ser outra que não a liberdade de locomoção.

O crime pode ocorrer por meio da abdução da vítima, que é o seu arrebatamento e posterior detenção, ou da retenção, em que a vítima, por vontade própria, se encontra em determinado lugar, mas é impedida de deixá-lo. A promoção do deslocamento especial da vítima pelo autor, como se verifica, embora frequente, é dispensável.

Sequestro e cárcere privado, formas especiais de constrangimento ilegal, são os elementos normativos do tipo, de valoração extrajurídica, e apresentam diferenças entre si, apesar de assemelhados. Em verdade, o sequestro é gênero, do qual são espécies o sequestro em sentido estrito e o cárcere privado. Neste, historicamente, há a acepção de retenção em recinto fechado, pois foi

141 A esse respeito foi muito feliz a manifestação de Luiz Regis Prado. O autor, em princípio, afirma que a liberdade de locomoção não se resume na capacidade de se mover por si mesmo, mas compreende também a faculdade "de fazer-se mover ou poder ser movido com a ajuda de outrem". Em seguida, ao debater a questão das pessoas que são destituídas de capacidade de entendimento, diz: "Salta à evidência que, ao proteger a liberdade pessoal, no particular aspecto da liberdade de locomoção, não se preocupou a lei com o fato de não ter o sujeito passivo condições de compreender o constrangimento que lhe é imposto. Demais disso, quando se retira a possibilidade de ser a vítima auxiliada ou socorrida por outrem, não há negar que está sendo eliminada ou restringida a sua liberdade pessoal, ainda que não apresente aquela consciência da privação de liberdade de movimento" (*Curso*..., op. cit., p. 291).

concebido para punir a "prisão particular". É, inclusive, essa a ideia passada pelo termo cárcere, ligado ao enclausuramento da pessoa. Assim, se o cárcere privado é a manutenção da pessoa, contra a sua vontade, em local fechado, resta ao sequestro a restrição da liberdade em local aberto, mas do qual, igualmente, não pode sair (*v. g.*, um sítio, onde a vítima, embora possa transitar pela propriedade, não pode ultrapassar os seus limites, pois capatazes obstam seu caminho, ou, adotando o exemplo dado por Busato, quando uma pessoa é algemada ao banco de uma praça[142]). Essa é a posição de Hungria, contrariando Romeiro, para quem o sequestro é espécie do gênero cárcere privado: "Parece-nos, entretanto, mais acertado dizer que o sequestro é que é o gênero e o cárcere privado a espécie, ou, por outras palavras, o sequestro (arbitrária privação ou compressão da liberdade de movimento no espaço) toma o nome tradicional de cárcere privado quando exercido *in domo privata* ou em qualquer recinto fechado, não destinado a prisão pública".[143] Independentemente do tipo de constrição da liberdade, contudo, a capitulação do delito e a pena serão idênticas.

Caracteriza-se o sequestro (em sentido amplo) mormente pela impossibilidade de a vítima conquistar voluntariamente a liberdade sem grandes riscos à sua incolumidade pessoal. Essa é a lição de Regis Prado, para quem é suficiente que a vítima não possa se afastar do local em que se encontra ou transportar-se para lugar distinto sem grave risco pessoal ou sem que empregue energia superior às suas forças. Como exemplos, cita a vítima que, para empreender fuga, é obrigada a transpor um alto muro, saltar de janela elevada ou, ainda, enfrentar um ataque de cães.[144] Se o obstáculo a ser superado pela vítima é de fácil transposição, não se sustenta a alegação de cerceamento do direito ambular (muros baixos, um pequeno córrego etc.).

O meio violento, físico ou moral, é desnecessário para a subsunção da conduta ao tipo penal, embora seja frequente. A fraude, o uso de narcóticos para enfraquecer a vontade da vítima ou de anestésicos para mantê-la desacordada, a hipnose e tantos outros também podem se prestar à consecução do sequestro ou cárcere privado, que, por isso, é considerado como de forma livre.

A conduta omissiva pode ensejar a caracterização do delito, como no caso da pessoa que, ao tentar sair de seu escritório, tem a chave quebrada na fechadura e, ao solicitar ao sócio que abra a porta pelo lado de fora, vê negado o seu pedido. Ou, ainda, no caso do médico que deixa de dar alta ao paciente já curado de sua moléstia, mantendo-o no hospital injustificadamente.

Não há o crime, como é óbvio, se presente uma causa de justificação, como o estado de necessidade, o estrito cumprimento do dever legal ou o exercício

---

142 BUSATO, Paulo César. *Direito Penal...* op. cit., p. 313.

143 HUNGRIA, Nelson. *Comentários...*, op. cit., p. 192

144 PRADO, Luiz Regis. *Curso...*, op. cit., p. 293.

regular de um direito. Caso haja a prisão lícita de um criminoso, por exemplo, será de todo absurda a alegação de cárcere privado, o mesmo ocorrendo na internação de pessoa mentalmente enferma, quando não for recomendável o tratamento ambulatorial. O excesso, todavia, pode se prestar à caracterização do delito.

Questiona-se se o sequestro deve ter uma duração mínima para que se dê sua caracterização. Pronuncia-se Magalhães Noronha: "É ínsito no conceito de sequestro ou cárcere privado que a privação da liberdade deve ter certa duração. Uma privação rápida, instantânea ou momentânea configuraria antes a tentativa ou o constrangimento ilegal, o que, no entanto, não significa que o delito se completa somente quando ela se prolonga por horas e horas ou dias".[145] Cremos que o sequestro exige, de fato, duração relevante. Trancar alguém por um breve minuto em um armário para dar um susto na vítima não parece uma conduta que se subsoma ao artigo 148 do CP. Contudo, essa duração relevante – que deverá ser aferida no caso concreto – impõe a observância do propósito do agente. Considerando que, consoante nossa posição, o crime se consuma com a completa submissão da vítima, nada impede que essa submissão ocorra por tempo breve, mas tendo o agente a intenção – não verificada na prática – que se prolongue a restrição da liberdade, a hipótese é de sequestro consumado; ou, ainda, é possível que o agente tenha a intenção de restringir a liberdade da vítima por tempo relevante, mas sequer consiga sua completa submissão, caso que caracterizará crime tentado; ou, por fim, pode ser que o agente não tenha o propósito de restringir a liberdade da vítima por tempo juridicamente relevante, o que sequer caracterizará o crime do art. 148 do CP na forma tentada, mas possivelmente outro crime, ou a conduta será atípica.

A conduta sempre será dolosa, não havendo previsão expressa do tipo culposo. Não se exige qualquer outro elemento subjetivo que não o dolo de privar alguém de sua liberdade de locomoção. Ao contrário, na existência de finalidade especial de agir, o crime pode ser diverso, como na extorsão mediante sequestro (artigo 159 – finalidade de auferir vantagem econômica indevida).

5 Consumação e tentativa

Consuma-se o sequestro com a completa submissão da vítima ao poder do agente, ou seja, quando a sua custódia sobre a vítima deixa de ser molestada (seja pela própria vítima ou por terceiros). Nesse momento é que se tem a privação de liberdade. Não fosse assim, haveria crime consumado quando o agente lança a vítima dentro de um veículo e assume a sua direção, sendo surpreendido pela polícia antes de começar o deslocamento, hipótese em que a doutrina é unânime em afirmar como crime tentado.

---

145 NORONHA, E. Magalhães. *Direito Penal*... op. cit., p. 170.

Como estamos diante de um crime permanente, a consumação do delito é temporalmente diferida, iniciando-se com a privação da liberdade de locomoção da vítima e perdurando durante todo o tempo de sua constrição. A permanência só cessa quando a vítima é posta em liberdade (ou se a vítima morre durante a privação). Portanto, durante esse lapso temporal, é possível a prisão do autor em flagrante delito a qualquer momento.

A tentativa, como visto, é possível, desde que iniciados os meios executórios, não ocorrendo a efetiva privação da liberdade de locomoção por motivos alheios à vontade do agente, como no exemplo do parágrafo anterior. Trata-se, portanto, de crime plurissubsistente. Também é classificado como crime material (exige o resultado para a sua consumação) e de dano (o tipo não se satisfaz com a criação de uma situação de risco).

6 Sequestro qualificado

Os §§ 1° e 2° do artigo 148 contêm as circunstâncias qualificadoras do sequestro ou cárcere privado, já alteradas em relação à sua redação original.

Prevê o inciso I do § 1° a conduta cometida contra ascendente, descendente, cônjuge ou companheiro do agente, ou se a vítima é maior de sessenta anos. As relações de parentesco entre autor e vítima exacerbam a reprovabilidade da conduta, tornando a sanção mais gravosa. Todavia, há se tratar de parentesco em linha reta (pais, avós, bisavós, filhos, netos bisnetos etc.), excluído do âmbito da norma o parentesco colateral. No caso do crime praticado contra cônjuge, o termo se refere unicamente à pessoa casada. Antes da alteração legislativa promovida pela Lei n° 11.106/05, não havia como se impor a figura qualificada àquele que praticava o delito em face do companheiro, vez que a Constituição Federal apenas concedeu alguns direitos antes reservados ao matrimônio à união estável, não equiparando os institutos. Hoje, todavia, o artigo 148 faz expressa referência à união, qualificando-se o delito também nessa hipótese. Já o crime praticado contra vítima maior de sessenta anos foi uma inovação trazida pela Lei n° 10.741/03 (Estatuto do Idoso). Se o crime for cometido contra pessoa menor de sessenta anos, mas que venha a completar tal idade ainda durante a privação de sua liberdade, incide a circunstância ora estudada, já que estamos diante de um crime permanente.

No inciso II, a qualificadora versa sobre a internação da vítima em casa de saúde ou hospital. Diz Hungria que, nessa hipótese, "há o emprego de requintado meio fraudulento, que aumenta a quantidade subjetiva e política do crime".[146] A fraude dificulta a defesa da vítima, possibilitando maior sucesso do delito. Tanto faz se a internação era, desde logo, irregular, ou se, embora justificável inicialmente, torna-se ilegítima pela desnecessidade de seu prosseguimento, incidindo a circunstância em ambas as hipóteses. Todos aqueles

146 HUNGRIA, Nelson. *Comentários...*, op. cit., v. VI, p. 197.

que participam dolosamente do evento criminoso, como o médico e o diretor do estabelecimento de saúde, respondem pelo crime. Entretanto, quando o agente supõe justificada a retenção da vítima, incorrendo em erro de tipo, não será delituosa a sua conduta, seja o equívoco vencível ou invencível. Deve ser ressaltado que a Lei das Contravenções Penais (Dec. Lei nº 3.688/41) arrola hipóteses assemelhadas em seus artigos 22 e 23 (respectivamente, internação irregular em estabelecimento psiquiátrico e indevida custódia de doente mental[147]). As referidas contravenções só serão aplicadas se a hipótese não se amoldar ao sequestro qualificado (por exemplo, quando pessoa mentalmente enferma, que efetivamente necessita da intervenção, é internada sem ordem médica).

A qualificadora do § 1° (III) tem relação com o tempo de permanência do constrangimento. Se a retenção ou a detenção dura mais de quinze dias, será o agente responsabilizado pelo sequestro qualificado. A longa privação da liberdade de locomoção aumenta o dano suportado pela vítima, bem como demonstra maior periculosidade do agente. Entendemos que o artigo 10 do CP não tem incidência nessa hipótese, pois a regra de contagem de prazo ali contida tem o objetivo de privilegiar o *status libertatis*, não de incrementar o espectro punitivo, o que ocorreria caso o dispositivo fosse aplicado à forma qualificada. Ensina Basileu Garcia: "(...) no tocante aos prazos que o Código Penal objetiva, com intuito restritivista, ao fazer computar o dia do começo, o sistema rigoroso de contagem beneficia sempre ao acusado, em favor de quem se contarão, por exemplo, no cumprimento da pena, como um dia todo, algumas horas do primeiro dia".[148] Seguindo a lógica do sistema, se o dispositivo visa a beneficiar o suspeito, não pode simultaneamente prejudicá-lo, facilitando o reconhecimento da qualificadora. A contagem do prazo, portanto, terá como base o artigo 4º do CP, mas não poderá se valer do artigo 10.

O inciso IV, inovação promovida pela Lei nº 11.106, estipula outra circunstância qualificadora com base na idade da vítima. Ao contrário do inciso I, que cuida da maioridade senil, aqui há a exasperação das margens penais em razão da menoridade do sequestrado, que, antes de completar dezoito anos de idade, imagina-se pessoa menos apta a se defender dos riscos da privação de liberdade. Ainda que a vítima complete a maioridade no cárcere, não se altera a capitulação do crime, uma vez que a ação foi praticada quando ela contava com menos de dezoito anos.

---

147 Explica Ricardo Antônio Andreucci, comentando a Lei das Contravenções Penais: "se a pessoa for mentalmente sã, e o agente conhecer essa situação, a conduta poderá configurar o crime de sequestro ou cárcere privado (art. 148, § 1°, II, CP)". (*Legislação Penal Especial*, 2. ed., São Paulo: Saraiva, 2006. p. 511.

148 GARCIA, Basileu. *Instituições de Direito Penal*. 3. ed. São Paulo: Max Limonad, 1956. Tomo I, p. 190.

Encerra-se o § 1º com a previsão do sequestro para fim libidinoso (V). Antes tratada como crime autônomo de rapto violento, mediante fraude (artigo 219, CP) ou consensual (artigo 220), a privação da liberdade para a satisfação da lascívia foi transportada para o artigo 148 do CP por obra da Lei nº 11.106/05, atendendo a antiga reivindicação da doutrina, sendo revogados os dispositivos que anteriormente versavam sobre o tema.[149] Para que o delito atinja a consumação, é bastante que a vítima seja completamente submetida ao poder do agente, mesmo que nenhum ato sexual venha a ser praticado com ela. Note-se que a lei exige a finalidade, a intenção libidinosa, seja do próprio sequestrador, seja de terceiros, mas não se refere ao ato sexual propriamente dito. Se este vier a ser praticado, é possível o concurso material de delitos entre o sequestro e o estupro (artigo 213) ou o estupro de vulnerável (artigo 217-A).

No § 2º, o delito é qualificado pelo resultado, isto é, as margens penais são aumentadas se grave sofrimento físico ou moral for imposto à vítima em virtude de maus-tratos ou da natureza da detenção. Maus-tratos significam "qualquer ação ou omissão que cause ou possa causar dano ao corpo ou saúde da vítima, ou vexá-la moralmente (exercer contra ela violências, privá-la de alimentos ou da possibilidade de asseio, sujeitá-la a zombarias cruéis, não lhe dar agasalho contra o frio etc.)".[150] A natureza da detenção, entendida como o modo pelo qual o sequestro é executado, considerando a ação desde o seu início até a cessação da permanência, também é meio apto a causar sofrimento à vítima. São exemplos manter a vítima em um poço, amarrá-la em uma cadeira, entre outros. É analisada a forma de acautelamento da vítima em si mesma (condições objetivas da detenção). Seja em um caso ou no outro, é necessário que a aflição suportada pela vítima, física ou moral, seja grave, já que dificilmente um sequestro deixará de causar certo sofrimento. Trata-se, assim, de um sofrimento extraordinário. Sobrevindo o resultado lesão corporal ou morte (culposo ou doloso), o sequestro ou cárcere privado será cumulado com o crime de lesão corporal ou homicídio.

---

149 STF, Informativo nº 606: "A 2ª Turma indeferiu habeas corpus impetrado em favor de condenado pela prática do crime de rapto (CP, art. 219). A defesa sustentava a ocorrência de abolitio criminis, em razão da superveniência da Lei 11.106/2005, que revogou os artigos 219 a 222 do CP, e pleiteava a consequente extinção da pretensão executória. Aduziu-se que, muito embora o referido dispositivo tenha sido revogado com o advento da supracitada lei, a restrição da liberdade com finalidade libidinosa teria passado a figurar — a partir da entrada em vigor desta mesma norma — entre as possibilidades de qualificação dos crimes de sequestro ou cárcere privado (CP, art. 148, § 1º, V). Reputou-se que a mera alteração da norma, portanto, não haveria de ser entendida como abolitio criminis, por ter havido continuidade normativa acerca do tipo penal." (HC101035/RJ, rel. Min. Gilmar Mendes, julg. em 26.10.2010).

150 HUNGRIA, Nelson. *Comentários...*, op. cit., v. IV, p. 197.

7 Distinção, concurso de crimes e concurso aparente de normas

Havendo a privação da liberdade, em uma única conduta, de mais de uma pessoa, existirão sequestros em concurso formal. Não há óbice, contudo, ao reconhecimento do concurso material no crime em estudo, tampouco da continuidade delitiva. Nessa, é bom ressaltar que, mesmo para quem entende a expressão "crimes da mesma espécie" de forma ampla, não será possível a sua configuração entre os crimes de sequestro e extorsão mediante sequestro (artigo 159), que possui objetividade jurídica diversa da liberdade individual (o patrimônio).

Note-se que todos os crimes que têm um constrangimento como meio executório pressupõem certa restrição da liberdade de locomoção, ainda que momentânea (roubo, estupro etc.). Assim, quando o ato for praticado apenas pelo tempo necessário para a realização do delito, não há sequestro ou cárcere privado.

Sempre que o sequestro ou cárcere privado for etapa da execução de outro delito (como no caso da extorsão mediante sequestro ou no sequestro relâmpago), será por este absorvido.

Se houver a privação da liberdade de locomoção da vítima por pessoa que exerce sobre ela dever de autoridade, guarda ou vigilância, para fins de educação, ensino, tratamento ou custódia, o crime será de maus-tratos (artigo 136), desde que haja, também, a finalidade corretiva ou disciplinar.

No caso da Lei de Tortura (Lei nº 9.455/97), informa o artigo 1º, § 4º, III, que o crime de tortura terá sua pena aumentada de um sexto a um terço se cometido mediante sequestro. Para que a norma seja aplicada, é mister a conjugação dos requisitos do artigo 1º (intenso sofrimento físico ou mental e finalidade especial de agir) com a desnecessária retenção da vítima. Observe-se que o agente tem a intenção de torturar a vítima, o que torna distinta a hipótese do sequestro qualificado prevista no artigo 148, § 2º, CP, onde existe a vontade principal de restringir a liberdade de locomoção.

Não podem ser confundidas as condutas previstas nos artigos 148 e 249 (subtração de incapazes), ambas do Código Penal. Nesta, não há a privação da liberdade de locomoção do incapaz, mas somente a sua retirada ilegítima de seu núcleo familiar. Isso porque o artigo 249 é expressamente subsidiário ("se o fato não constitui elemento de outro crime") e tem a pena mais branda (detenção, de 2 meses a 2 anos) do que a do sequestro. Assim, se o desejo do agente for suprimir a liberdade de locomoção da vítima incapaz, dar-se-á crime do artigo 148.

Em se tratando do Estatuto da Criança e do Adolescente (Lei nº 8.069/90), os artigos 230 e 234 também arrolam condutas assemelhadas às previstas no artigo 148, com pena de detenção, de 6 meses a 2 anos. Em ambos os casos, o legislador criou figuras estranhas, de sanção menos severa do que o delito do

Código Penal, apesar da conduta teoricamente mais grave. Ora, no primeiro caso, o agente se vale da função pública que exerce para o cometimento do crime, violando não só a liberdade individual da vítima, mas atentando contra o prestígio da administração pública. No segundo, há uma característica pessoal da vítima, qual seja, a sua menoridade penal, que torna a conduta criminosa ainda mais reprovável, pois se imagina sua menor capacidade de defesa. Não pode prosperar, assim, a posição ditada por Antônio Cezar da Fonseca ao comentar o Estatuto da Criança e do Adolescente, para quem "a restrição do direito de ir e vir de outra pessoa, com idade igual ou superior a dezoito anos de idade, pode configurar outros crimes (artigo 148 do CP, *v. g.*) e não o sob comento".[151] Se a intenção do Estatuto foi conferir à criança e ao adolescente uma proteção mais efetiva do que aquela realizada pelo Código Penal, é ilógico que atenue a pena de dispositivo parelho a um crime dessa codificação. No que tange ao artigo 230, pensamos que o ECA se aplica apenas às privações brevíssimas da liberdade, como no caso de condução injustificada da criança ou adolescente a uma delegacia de polícia para averiguação, mas sem o seu subsequente encarceramento (que configuraria crime do artigo 148 do CP). O mesmo se dá no artigo 234, em que o agente posterga a liberação injustificadamente, mas sem a intenção de suprimir sua liberdade de locomoção por tempo relevante.

Na Lei de Abuso de Poder (Lei nº 4.898/65), há condutas parecidas com o sequestro ou cárcere privado em seu artigo 4º, alíneas *a*, *d* e *e*, cominando pena de detenção de 10 dias a 6 meses.

Se o agente, ao sequestrar, é movido por propósito político-subversivo, aplica-se o artigo 20 da Lei nº 7.170/83, em razão do princípio da especialidade.

8 Pena e ação penal

Impõe-se ao sequestro ou cárcere privado pena de reclusão, de 1 a 3 anos. É possível, em virtude do limite mínimo cominado em abstrato, a suspensão condicional do processo, de acordo com o artigo 89 da Lei nº 9.099/95. O tipo qualificado arrolado no § 1º prevê pena de reclusão, de 2 a 5 anos. Já a qualificação pelo grave sofrimento físico ou moral exige pena de reclusão, de 2 a 8 anos. Ocorrendo a qualificadora do § 1º, inciso I, não será aplicada ao delito a agravante genérica prevista no artigo 61, II, *e*, do CP.

A ação penal é pública incondicionada.

151 O autor se refere ao artigo 230 do ECA (LIMA DA FONSECA, Antonio Cezar. *Crimes contra a criança e o adolescente*. Porto Alegre: Livraria do Advogado, 2001. p. 41).

IV – REDUÇÃO A CONDIÇÃO ANÁLOGA À DE ESCRAVO (ARTIGO 149, CP)

1 Introdução

Têm-se, no artigo 149 do CP, raízes remotas que buscam a antiguidade clássica. Conhecida no direito romano por *plagium*, a conduta consistia em escravizar um homem livre, ou, então, na compra e venda ou em assenhoramento de escravo alheio. Ainda existia a escravidão de direito, posteriormente extinta. Continuou-se utilizando, entretanto, o mesmo *nomen juris*, o qual chegou à época contemporânea para designar a escravidão de fato. Hoje, apesar de ter aplicação correta ao crime em estudo, o termo "plágio" ganhou significado corrente diverso, passando a denominar a usurpação de obra intelectual alheia (crime contra a propriedade imaterial).

O delito consiste em submeter a vítima à situação semelhante à escravidão, e não à escravidão propriamente dita, já que esta foi, há muito aniquilada do ordenamento jurídico.[152] Não se cuida de figura estranha aos tribunais pátrios, vez que é de assustadora constância a ocorrência do crime em nosso País, principalmente nas áreas rurais. Aliás, a Exposição de Motivos do Código Penal, nos idos de 1940, já dizia que "não é desconhecida a sua prática entre nós, notadamente em certos pontos remotos do nosso *hinterland*". Não por outro motivo, o Brasil foi condenado pela Corte Interamericana de Direitos Humanos (OEA) no Caso Trabalhadores da Fazenda Brasil Verde vs. Brasil (2016). Anteriormente, no Caso José Pereira, ocorrido em 1989, o Brasil reconhecera a existência do trabalho análogo à escravidão em suas fronteiras e, pressionado pelo direito internacional, em uma conciliação realizada em

152 Como curiosidade, há que se observar o artigo 179 do Código Penal imperial (1830), que considerava crime a redução à escravidão de pessoa que se achasse em posse de sua liberdade. José Henrique Pierangeli (*Códigos penais do Brasil...*, op. cit., p. 257) afirma que, após portaria datada de 21 de maio de 1831, a norma se estendia aos que introduzissem no Brasil, por contrabando, negros africanos, bem como aqueles que usurpassem sua liberdade. Percebe-se que a norma não se refere à condição análoga a escravidão, uma vez que esta ainda era legítima no País.

2003, comprometeu-se a adotar medidas mais eficazes de prevenção, fiscalização e punição ao fenômeno. Contudo, isso não aconteceu na dimensão que se pretendia, dando-se a condenação posterior em caso diverso. Ainda hoje, por mais notória que seja a prática em território brasileiro, é possível ouvir vozes de governantes minimizando o problema, como se o combate à sujeição laboral fosse um entrave ao crescimento econômico e não um crime contra a humanidade.

2 Objetividade jurídica

Protege-se, nesse delito, o *status libertatis* do indivíduo, isto é, não há um ou outro aspecto da liberdade individual tutelado de forma específica, mas um feixe deles, dentre os quais a dignidade da pessoa humana, um dos princípios fundamentais da República Federativa do Brasil (artigo 1°, III, CRFB/88). A escravidão implicava a total submissão de uma pessoa a outra, com supedâneo legal. Cuidava-se de coisificar o indivíduo, retirando, em última análise, aquilo que lhe é mais importante: a sua condição humana. Ainda que relegada às prateleiras da história (como conduta legalmente respaldada), a escravidão ainda inspira a atitude de pessoas degeneradas, que insistem em negar aos seus semelhantes os direitos inerentes à humanidade. Ao menos, agora, ao arrepio da lei. Como expõe Capez, na redução à condição análoga à de escravo, o *status libertatis* permanece inalterado como estado de direito (e assim não poderia deixar de ser, já que é inseparável da pessoa), mas, de fato, é suprimido.[153]

A Convenção Americana sobre Direitos Humanos (Pacto de São José da Costa Rica), de forma expressa, considerou como violação aos direitos humanos toda sorte de escravidão ou servidão (artigo 6.1). O Brasil é signatário desse tratado, cujos dispositivos são recepcionados pelo nosso ordenamento jurídico com *status* de normas constitucionais.[154] Valério Mazzuoli explica que servidão é "a prática de trabalhos forçados de trabalhadores rurais (servos) nos campos dos senhores de terras em troca de pseudo vantagens, como moradia e direito ao arrendamento de terras para sua subsistência", traçando, em seguida, a diferença estre esta e a escravidão: "A diferença entre escravos e servos reside no fato destes últimos não serem 'propriedade' de ninguém, não podendo ser vendidos ou trocados por outro, salvo se em conjunto com a própria terra onde trabalham".[155] No artigo 149 são incriminadas todas as formas

153 CAPEZ, Fernando. *Curso...*, v. 2, p. 329.

154 Essa é a posição esposada por Valério Mazzuoli (MAZZUOLI, Valério de Oliveira; GOMES, Luiz Flávio. *Comentários à Convenção Americana sobre Direitos Humanos*. 2. ed. São Paulo: Editora Revista dos Tribunais, 2009. p. 15). O STF já consagrou essa tese no voto proferido pelo Min. Celso de Mello no HC 87.585-8/TO. O mesmo tribunal já consagrou entendimento diverso no RE 466.343/SP, em que o Min. Gilmar Mendes afirmou o caráter supralegal do tratado.

155 Idem, *ibidem*, p. 46.

de submissão, envolvam trabalhadores urbanos ou rurais, independentemente da denominação dada à situação de fato.[156]

Afirma a doutrina majoritária que consentimento do ofendido não opera qualquer efeito no crime em apreço, pois jamais alguém poderia ser voluntariamente privado da sua personalidade. O *status libertatis* é indisponível, portanto, não havendo relevância na aceitação das pessoas que, por necessidade, se entregam aos estados assemelhados à escravidão. Pensamos que a redução a condição análoga à escravidão é forma de aproveitamento de uma vulnerabilidade, na qual o trabalhador não se encontra em posição de negociar, mas unicamente de anuir para com as imposições de seu empregador. Não há, portanto, a expressão de uma vontade isenta de vícios. E, em boa parte dos casos, a uma concordância inicial se segue o constrangimento. Nessas condições, de uma forma ou de outra não há como se vislumbrar o despojamento de um direito como expressão livre da autonomia da vontade.

O objeto material da conduta é a pessoa que tem o seu *status libertatis* afrontado pela conduta do agente.

3 Sujeitos do delito

Qualquer pessoa pode figurar como sujeito ativo do delito. De igual forma, qualquer indivíduo pode ser sujeito passivo da redução, independentemente de sexo, raça, cor origem, idade, etnia etc., pois o *status libertatis* toca a todos.

4 Elementos objetivos, subjetivos e normativos do tipo

O artigo 149 do CP utiliza, como expressão da conduta incriminada, o verbo "reduzir", significando converter, submeter. A vítima é sujeitada ao poder do agente, que a coloca em situação semelhante à da escravidão. Pouco importa o meio executório que o agente usa para conquistar seu intento, podendo ser exercido o crime por violência, por grave ameaça, por fraude etc. Classifica-se o delito, assim, como de forma livre. Tem-se a sua configuração, *v. g.*, quando a vítima é ameaçada de perseguição caso deixe seu local de trabalho, ou se ludibriada pela assinatura de um contrato abusivo, em que "dispõe" dos seus direitos, ou, ainda, na constituição de dívidas insolúveis da vítima para com o empregador, fornecedor exclusivo de gêneros que atendem

156 A Convenção Americana sobre Direitos Humanos, no artigo 6°, afirma que não constituem trabalhos forçados ou obrigatórios: (a) os trabalhos exigidos de pessoa reclusa em cumprimento de sentença ou resolução formal expedida por autoridade judiciária competente (como a prestação de servidos à comunidade ou a entidades públicas); (b) o serviço militar obrigatório e o serviço nacional nos países em que se admite a isenção do serviço militar por motivos de consciência; (c) o serviço exigido em casos de perigo ou calamidade que ameacem a existência ou o bem-estar da comunidade; (d) o trabalho ou serviço que faça parte das obrigações cívicas normais.

às suas necessidades primárias (como alimentação), fazendo com que trabalhe somente para saldar seu débito, que só é majorado, nunca reduzido.

A Lei nº 10.803/03 modificou o *caput* do artigo 149, antes mais genérico.[157] Há, hoje, referência às formas pelas quais pode ser verificado o crime, demonstrando-se que sua realização é ligada às relações de trabalho. Anteriormente à modificação da norma, parte da doutrina sustentava que o dispositivo era atinente a qualquer forma de dominação de uma pessoa por outra. Magalhães Noronha afirmava que "quase sempre o fim será a prestação de trabalhos", para, ao final, ensinar que "mesmo a vida de conforto e ócio pode concretizar o delito (por exemplo, a venda da filha ao harém de um sultão)".[158] A nova redação do artigo 149 menciona expressamente a ocorrência do crime na submissão da vítima a trabalhos forçados ou a jornada exaustiva, na sua sujeição a condições degradantes de trabalho, ou na restrição da locomoção em razão de dívida contraída com o empregador ou preposto. Fica evidente, portanto, a relação da conduta com a exploração ilegal do trabalho do sujeito passivo.

Na submissão a trabalhos forçados, é suprimido o direito de escolha da vítima entre trabalhar ou não. Nenhuma outra opção lhe é oferecida, senão a execução do serviço. A jornada exaustiva é configurada quando a exigência do serviço vai além das forças da vítima, que se encontra submetida ao agente.

Há sujeição a condições degradantes de trabalho quando o sujeito passivo é atacado em sua dignidade, em circunstâncias excepcionalmente aviltantes ou humilhantes (como no caso de castigos corporais pela má execução de uma tarefa, ou o alojamento em ambiente insalubre). Não basta a simples violação de normas trabalhistas, sendo necessário que as condições degradantes decorram da subjugação da vítima.[159]

A restrição da liberdade de locomoção da vítima, que pressupõe um sequestro ou cárcere privado, tem normalmente por base a constituição de uma

157 A redação original do dispositivo era tipificada da seguinte forma: "Reduzir alguém a condição análoga à de escravo. Pena – reclusão, de dois a oito anos". Hoje, tem-se a norma redigida da seguinte forma: "Reduzir alguém a condição análoga à de escravo, quer submetendo-o a trabalhos forçados ou a jornada exaustiva, quer sujeitando-o a condições degradantes de trabalho, quer restringindo, por qualquer meio, sua locomoção em razão de dívida contraída com o empregador ou preposto. Pena – reclusão, de dois a oito anos, e multa, além da pena correspondente à violência".

158 MAGALHÃES NORONHA, E. *Direito penal...*, op. cit., p. 174.

159 TRF 3ª Região: "Reduz a condição análoga à de escravo aquele que mantém 16 (dezesseis) bolivianos em condições indignas de acomodação, alimentação e trabalho, tornando-os totalmente dependentes de sua pessoa porque sem o recebimento ainda que de minguados salários, sem a posse de seus documentos e vivendo irregularmente no país, estão impossibilitados de circular livremente, de buscar outro emprego e até mesmo de procurar o socorro das autoridades" (AP 10.410, 1ª Turma, Rel. Juiz Johonsom Di Salvo, J. 02.09.2003).

dívida da vítima para com o agente. A dívida é meramente um pretexto para que o credor imponha a permanência do sujeito passivo no local de trabalho. Para tanto, pode ocorrer o uso de violência, grave ameaça, ou qualquer outra forma de agir, até mesmo o abuso da boa-fé do devedor. É necessário que haja uma relação trabalhista entre os sujeitos ativo e passivo, aproveitada por aquele. Ausente essa relação ou a dívida, o crime será tipificado no artigo 148 do CP.[160]

É indiferente que a vítima tenha sido arrebatada para o local de trabalho ou que para lá tenha se deslocado e postulado voluntariamente o trabalho. Ainda que já constituída a relação empregatícia, o abuso posterior também se presta a caracterização da infração.

O delito sempre será doloso, inexistindo previsão da modalidade culposa. Não há qualquer elemento subjetivo especial. Na última hipótese do artigo, a dívida do trabalhador é um pretexto, não a motivação para o crime.

5 Condutas equiparadas

Outra inovação legislativa trazida pela Lei nº 10.823/03 foi a equiparação ao tipo fundamental de condutas assemelhadas, consoante dicção do artigo 149, § 1º. Assim, incorre nas penas cominadas ao *caput* quem: (I) cerceia o uso de qualquer meio de transporte por parte do trabalhador, com o fim de retê-lo no local de trabalho; (II) mantém vigilância ostensiva no local de trabalho ou se apodera de documentos ou objetos pessoais do trabalhador, com o fim de retê-lo no local de trabalho.

No inciso I, a submissão do trabalhador se dá pelo impedimento do uso de meios de transporte para deixar o local de trabalho, não bastando o mero impedimento eventual para a caracterização da conduta. É mister que haja um cerceamento constante, derivado das relações trabalhistas. De igual modo deve ser entendido o inciso II, que prevê a vigilância sobre o trabalhador e a retenção de seus documentos, como forma de retê-lo no local de trabalho. Aqui também é imprescindível a permanência da conduta, não sendo responsabilizado pelo delito aquele que a realiza eventualmente. Nesse caso, resta configurado o crime previsto no artigo 203, § 1º, II, do CP.

6 Causas de aumento da pena

A pena do delito é aumentada da metade se o crime é praticado contra criança ou adolescente (§ 2º, I), entendido como criança o indivíduo com até doze anos incompletos de idade e como adolescente aquele que tem entre doze

160 Exemplifica Ney Moura Teles: "Cuida aqui a norma das práticas impostas por fazendeiros da Amazônia que, após compelirem seus empregados a adquirirem gêneros de primeira necessidade em armazéns do próprio estabelecimento agropecuário ou de prepostos seus, coloca-os em situação de devedores para, ao depois, exigirem sua permanência até a liquidação da dívida" (*Direito penal*..., op. cit., p. 302).

e dezoito anos incompletos de idade, consoante o artigo 2º do Estatuto da Criança e do Adolescente (Lei nº 8.069/90), ou se é cometido por motivo de preconceito de raça, cor, etnia, religião ou origem (II). Considerando a decisão do STF exarada no Caso Ellwanger (em que a Corte deu ao termo "racismo", contido no artigo 5º, XLII, CRFB, acepção ampla, contemplando diversas formas de opressão preconceituosa) e os fundamentos expostos por ocasião da criminalização da LGBTQIAfobia (já estudados no capítulo referente à injúria por preconceito), pensamos que a compreensão deva ser estendida ao artigo 149, § 2º, II, CP. Já expusemos nossa contrariedade em relação à posição assumida pelo STF. Todavia, caso a tenhamos como a interpretação constitucional correta, seus efeitos não podem se limitar à Lei nº 7.716/1989, aproveitando outros dispositivos que cuidam do preconceito como crime ou como hipótese de reprovabilidade intensificada da conduta (como no caso em apreço). A majorante, portanto, incidiria em caso de preconceito de gênero, de orientação sexual, ou mesmo da condição de pessoa deficiente, por exemplo.

Em ambos os casos, avulta a reprovabilidade do comportamento do agente, já que, no inciso I, a capacidade de defesa do sujeito passivo é diminuta, ao passo que, no inciso II, a motivação é torpe.

7 Consumação e tentativa

Consuma-se o delito com a total submissão da vítima, o que se dá após certo tempo de constrangimento, reduzindo-a a condição análoga à de escravo. O crime é material e de dano. Também é classificado como crime permanente, razão pela qual a consumação é distendida no tempo, somente cessando a permanência com a restituição à vítima do seu *status libertatis*.

A tentativa é teoricamente possível, bastando que não se alcance o estado de sujeição da vítima, como no caso da reação que impede a concretização do propósito do agente. O crime, portanto, é plurissubsistente.

8 Prescrição

É possível a prescrição do crime de redução a condição análoga à de escravo? A questão é controversa.

O Tribunal Regional Federal da 1ª Região, no HC nº 1023279-03.2018.4.01.000, decidiu que o crime é imprescritível. A decisão se deu por ocasião da reabertura do procedimento investigativo no Caso Fazenda Brasil Verde, que, como já visto, foi objeto de análise pela Corte Interamericana de Direitos Humanos (CIDH). Nessa análise, a Corte se manifestou no sentido de que a prescritibilidade do crime do artigo 149 do CP era um obstáculo à efetiva proteção judicial às vítimas. A CIDH sustentou, ainda, que no direito internacional as violações graves aos direitos humanos não prescrevem. Em face do reinício da investigação, os investigados impetraram habeas corpus visando ao seu trancamento, o que provocou a remessa dos autos ao TRF-1. Os magistrados - assim - anuíram para com a ponderação da CIDH. O relator, Juiz convocado Saulo Casali Bahia, em seu voto, aduziu inicialmente que "a proibição de escravidão é prevista na Convenção Americana de Direitos Humanos (CADH), adotada pelo Brasil desde 1992" e que o país "se comprometeu a combater esse ilícito, como se vê também na Convenção OIT nº 105 (Convenção Relativa à Abolição do Trabalho Forçado), adotada em 25 de junho de 1957, e que teve sua entrada em vigor em 17 de janeiro de 1959, sendo que o Estado brasileiro ratificou a convenção em 18 de junho de 1965". Essas convenções, assim como a Convenção sobre a Escravatura, de 1926, e a Convenção Suplementar sobre a Abolição da Escravatura, de 1956, das quais o Brasil também é parte, vedam a escravidão e são consideradas normas imperativas de direito internacional.

Prosseguiu o relator defendendo que não apenas as normas sobre direitos humanos possuem status supralegal no ordenamento jurídico brasileiro, mas também os princípios gerais e costumes internacionais de natureza cogente, quando versam sobre direitos humanos. Desses princípios se extrai a imprescritibilidade das infrações muito graves aos direitos humanos, de modo que a legislação infraconstitucional (Código Penal), com suas regras de extinção da punibilidade, não prevalece.

O magistrado conclui seu voto afirmando que "não há como se acolher o argumento de que a Constituição limitou os casos de imprescritibilidade aos crimes que indicou (racismo - art. 5º, XLII, e de atuação de grupos armados contra a ordem constitucional e o Estado Democrático - art. 5º, XLIV), pois tanto há a abertura constitucional para outra norma de direitos fundamentais oriundas da esfera internacional (art. 5º, § 2º: Os direitos e garantias fundamentais expressos nesta Constituição não excluem outros decorrentes do regime e dos princípios por ela adotados, ou dos tratados internacionais em que a República Federativa do Brasil seja parte) - caso da imprescritibilidade dos crimes contra os direitos humanos, quanto não deve haver a interpretação de que a imprescritibilidade prejudique direitos fundamentais e deva ser interpretada restritivamente, na medida em que a mesma é neutra em relação aos direitos individuais (já que a inocorrência da prescrição tanto limita direitos fundamentais quanto os assegura, ao garantir a prevenção e a repressão a delitos)".

Saliente-se que o Brasil internalizou o Estatuto de Roma (Decreto Legislativo nº 4.388/2002), que, em seu artigo 29, afirma que os crimes da competência do Tribunal Penal Internacional (TPI) não prescrevem. E, diz o artigo 5º.1.b, os crimes contra a humanidade são da competência do Tribunal. Já o artigo 7º.1.c coloca a escravidão entre os crimes contra a humanidade.

Em sentido contrário, poder-se-ia argumentar que a Constituição estabelece taxativamente as hipóteses de imprescritibilidade (artigos 5º, XLII e XLIV, CRFB), as quais, caracterizadas como exceções a um direito de liberdade, não poderiam ser ampliadas por normas infraconstitucionais, ainda que supralegais, como os tratados que versam sobre direitos humanos. Não há dúvidas de que o constituinte deliberadamente deixou de atrelar à redução a condição análoga à de escravidão a qualidade de crime imprescritível, razão pela qual, no Brasil, não teria incidência o dispositivo do Estatuto de Roma. Cremos não ser essa a melhor interpretação, ou seja, perfilhamo-nos com o TRF-1.

9 Distinção, concurso de crimes e concurso aparente de normas

Se o agente mantém várias pessoas em estado semelhante à escravidão, não haverá crime único, mas sim vários delitos em concurso formal, caso o abuso atinja a todas as vítimas de forma indistinta (como na vigilância exercida simultaneamente sobre vários trabalhadores). Em casos específicos, se a privação da liberdade de cada trabalhador se der de forma isolada, é possível o reconhecimento da continuidade delitiva.

Havendo violência na conduta (por exemplo, se o agente pratica o crime acorrentando a vítima), haverá a imposição da sanção do artigo 149 e do crime correspondente à violência em cúmulo material.

Em tema de conflito aparente de normas, não se confunde a redução a condição análoga à de escravo com o crime previsto no artigo 99 da Lei nº 10.741 (Estatuto do Idoso), que cuida da submissão do idoso a condições degradantes ou desumanas ou à sua sujeição a trabalho excessivo ou inadequado. Nessa hipótese, há a tutela à saúde e à integridade corporal ou psíquica da vítima, expostas a perigo pela conduta. Há, em verdade, uma espécie de crime de maus-tratos, não importando supressão do *status libertatis* do idoso, tampouco havendo necessário abuso das relações trabalhistas. Temos, assim, no artigo 149, uma conduta mais específica e mais grave, o mesmo acontecendo se compararmos o dispositivo com o artigo 136 do CP.

No que se refere ao artigo 203, incisos I e II, do CP, foi visto que a redução à condição análoga à de escravo é conduta mais grave, pois pressupõe permanência, reservando ao crime contra a organização do trabalho as condutas instantâneas, sem o objetivo de suprimir o *status libertatis* da vítima.[161]

---

161 Tal assertiva não impede, contudo, a coexistência do art. 149 do CP com os crimes contra a organização do trabalho, consoante se extrai da seguinte decisão do STF, publicada no Informativo nº 603: "O Tribunal iniciou julgamento de inquérito no qual se imputa a Senador da República e a co-denunciado a suposta prática dos tipos penais previstos nos artigos 149, 203, §§ 1º e 2º e 207, §§ 1º e 2º, todos do CP, em concurso formal homogêneo. No caso, a inicial acusatória narra que, a partir de diligência realizada por grupo de fiscalização do Ministério do Trabalho e Emprego - MTE, constatara-se que os denunciados teriam, no período de janeiro e fevereiro de 2004, reduzido aproximadamente 35 trabalhadores

a condição análoga à de escravos, inclusive com a presença de menor de idade entre os trabalhadores, nas dependências de fazenda de propriedade do parlamentar e administrada pelo co-denunciado. O Ministério Público Federal atribui aos denunciados o possível aliciamento de trabalhadores rurais — em unidade da federação distante daquela em que o trabalho seria prestado — com a consequente frustração de seus direitos trabalhistas. Afirma que tais trabalhadores teriam sido reduzidos a condição análoga à de escravos, ante as condições degradantes de trabalho, a jornada exaustiva e a restrição de locomoção por dívidas contraídas. Registra, ainda, que o mencionado relatório de fiscalização detectara que o alojamento para os trabalhadores consistiria em ranchos de folhas de palmeiras, sem qualquer beneficiamento do piso, sendo que um deles levantado sobre um brejo com mau cheiro e excessiva umidade. Constatara, também, a presença de trabalhadores enfermos e com lesões nas mãos. Verificara, ainda, inexistir: a) cozinha e sim fogareiros improvisados; b) refeitório; c) sanitário e água potável; d) fornecimento de equipamento individual de trabalho e material de primeiros socorros, tendo os trabalhadores que comprá-los em armazém existente na fazenda, assim como os alimentos de que necessitavam. O parlamentar sustenta em sua defesa que: a) interpusera recurso perante a Delegacia Regional do Trabalho e, em razão disso, a punibilidade estaria condicionada à decisão administrativa; b) todos os empregados foram unânimes ao afirmar que não eram proibidos de sair da fazenda; c) o vínculo de trabalho na fazenda era temporário; d) os empregados faziam refeições sem qualquer desconto na diária; e) a venda de mercadorias pelo empregador não seria proibida e f) o fato de ser proprietário da fazenda não o vincularia criminalmente à imputação penal. O co-denunciado, por sua vez, alega que: a) o Senador apenas o nomeara como procurador para comparecer à cidade na qual arregimentados os trabalhadores, com o fim de efetivar o pagamento das verbas trabalhistas impostas pelos auditores-fiscais e b) não seria administrador da fazenda, pois, à época dos fatos, era assessor de Governador. A Min. Ellen Gracie, relatora, recebeu a denúncia por reputar preenchidos os requisitos legais (CPP, art. 41). Inicialmente, salientou que a existência de processo trabalhista não teria o condão de afastar o exame do juízo de admissibilidade da denúncia. Destacou, no ponto, o ajuizamento de recurso trabalhista pelo parquet e a independência entre a instância trabalhista e a penal. Em seguida, reiterou que a investigação fora realizada por grupo de fiscalização que contara com a atuação de auditores-fiscais do trabalho e outros servidores do MTE, de procurador do Ministério Público do Trabalho, de delegado, escrivão e agentes do Departamento de Polícia Federal. Observou que, nos últimos anos, houvera a edição de leis que alteraram a disciplina legal referente aos crimes relacionados à organização do trabalho e à liberdade pessoal no exercício de atividade laboral. Aludiu, em especial, à Lei 9.777/98 — que ampliou o rol de condutas que podem se amoldar ao crime de frustração de direito assegurado por lei trabalhista, inclusive com a previsão da prática do truck system (forma de pagamento de salários em mercadorias), mantendo armazéns na fazenda para fornecimento de produtos e mercadorias aos trabalhadores mediante desconto dos valores no salário — e à Lei 10.803/2003 — que estendeu o rol de condutas amoldadas ao delito de redução a condição análoga à de escravo. Citou, também, que o único instrumento internacional a conceituar a escravidão seria o Tratado de Roma (art. 7º). Enfatizou que as condutas descritas nos referidos tipos penais atentariam contra o princípio da dignidade da pessoa humana sob o prisma tanto do direito à liberdade quanto do direito ao trabalho digno. Aduziu, ademais, a possibilidade de coexistência dos crimes dos artigos 149, 203 e 207, todos do CP, sem que se cogitasse de consunção. Relativamente ao delito de redução a condição análoga à de escravo (CP, art. 149), consignou que a fiscalização do MTE demonstrara as péssimas condições de alojamento, fornecimento de água, jornada diária superior ao limite de 2 horas excedentes (12 horas-diárias, salvo nos domingos em que seria de 6 horas-diárias) e ausência de repouso

Bitencourt indica ainda a semelhança entre a redução à condição análoga à de escravo com os delitos previstos nos artigos 238 e 239 do Estatuto da Criança e do Adolescente (Lei nº 8.069/90). Sugere o doutrinador que tais figuras representam espécies *sui generis* de redução, vez que indicam a venda da vítima como se fosse uma mercadoria.[162] Decerto, as condutas parecem indicar atitude paralela à escravidão, não contempladas, todavia, pelo artigo 149 do CP. Assim, tais atos de "mercancia", configuram somente crime do ECA, não encontrando alicerce no crime em estudo.

Por derradeiro, o crime de tráfico de pessoas (artigo 149-A, CP) pode ser um antecedente do crime de redução a condição análoga à de escravo, contudo punido de forma mais severa (o que é ilógico). Rompendo com o sistema monista preconizado no artigo 29 do CP, o traficante será responsabilizado pelo crime do artigo 149-A e aquele que efetivamente submete a pessoa traficada ao regime semelhante à escravidão, pelo artigo 149.

10 Pena e ação penal

Na redução a condição análoga à de escravo, a sanção é de reclusão, de 2 a 8 anos, além da aplicação cumulativa de multa. Refere-se o tipo penal, ainda, ao cúmulo material entre o crime em estudo e a pena estipulada para o crime decorrente da violência.

Verificando-se uma das causas de aumento da pena do § 2º (crime contra criança ou adolescente, ou crime praticado por preconceito), a sanção é aumentada da metade. Se cometido contra criança, fica afastada a agravante genérica prevista no artigo 61, II, alínea *h*.

Em qualquer hipótese, a ação penal é pública incondicionada.[163]

---

semanal remunerado. Haveria, ainda, cópias de lançamentos contábeis acerca das dívidas assumidas por vários trabalhadores no armazém informalmente mantido na fazenda. Considerou que a imputação referente ao possível cometimento do crime do art. 207 do CP, na modalidade de recrutamento de trabalhadores fora da localidade de execução do trabalho, não assegurando condições de seu retorno ao lugar de origem, também encontraria substrato probatório produzido durante as investigações. Assinalou que a fraude descrita consistiria em promessas de salários e outros benefícios trabalhistas por ocasião da contratação. No que concerne ao crime do art. 203 do CP, referente à frustração, mediante fraude, de direitos assegurados pela legislação trabalhista, ressaltou a lavratura dos autos de infração por parte dos auditores do MTE, em face da não formalização de contrato de trabalho. (...) Após, pediu vista dos autos o Min. Gilmar Mendes" (Inq 2131/DF, rel. Min. Ellen Gracie, 7.10.2010).

162 BITENCOURT, Cezar Roberto. *Tratado...*, op. cit., v. 2, p. 467.

163 No que tange à competência, embora deve ser ressaltada a existência de divergências, vale consignar a seguinte decisão do STF: "DIREITO PROCESSUAL PENAL. RECURSO EXTRAORDINÁRIO. COMPETÊNCIA DA JUSTIÇA FEDERAL. CRIMES DE REDUÇÃO À CONDIÇÃO ANÁLOGA À DE ESCRAVO, DE EXPOSIÇÃO DA VIDA E SAÚDE DESTES TRABALHADORES A PERIGO, DE FRUSTRAÇÃO DE DIREITOS TRABALHISTAS E OMISSÃO DE DADOS NA CARTEIRA DE TRABALHO E PREVIDÊNCIA SOCIAL. SUPOSTOS CRIMES CONEXOS. RECURSO PARCIALMENTE CONHECIDO E,

NESTA PARTE, PROVIDO. 1. O recurso extraordinário interposto pelo Ministério Público Federal abrange a questão da competência da justiça federal para os crimes de redução de trabalhadores à condição análoga à de escravo, de exposição da vida e saúde dos referidos trabalhadores a perigo, da frustração de seus direitos trabalhistas e de omissão de dados nas suas carteiras de trabalho e previdência social, e outros crimes supostamente conexos. (...). 4. O acórdão recorrido manteve a decisão do juiz federal que declarou a incompetência da justiça federal para processar e julgar o crime de redução à condição análoga à de escravo, o crime de frustração de direito assegurado por lei trabalhista, o crime de omissão de dados da Carteira de Trabalho e Previdência Social e o crime de exposição da vida e saúde de trabalhadores a perigo. No caso, entendeu-se que não se trata de crimes contra a organização do trabalho, mas contra determinados trabalhadores, o que não atrai a competência da Justiça federal. 5. O Plenário do Supremo Tribunal Federal, no julgamento do RE 398.041 (rel. Min. Joaquim Barbosa, sessão de 30.11.2006), fixou a competência da Justiça federal para julgar os crimes de redução à condição análoga à de escravo, por entender *"que quaisquer condutas que violem não só o sistema de órgãos e instituições que preservam, coletivamente, os direitos e deveres dos trabalhadores, mas também o homem trabalhador, atingindo-o nas esferas em que a Constituição lhe confere proteção máxima, enquadram-se na categoria dos crimes contra a organização do trabalho, se praticadas no contexto de relações de trabalho"* (Informativo nº 450). 6. As condutas atribuídas aos recorridos, em tese, violam bens jurídicos que extrapolam os limites da liberdade individual e da saúde dos trabalhadores reduzidos à condição análoga à de escravos, malferindo o princípio da dignidade da pessoa humana e da liberdade do trabalho. Entre os precedentes nesse sentido, refiro-me ao RE 480.138/RR, rel. Min. Gilmar Mendes, DJ 24.04.2008; RE 508.717/PA, rel. Min. Cármen Lúcia, DJ 11.04.2007. 7. Recurso extraordinário parcialmente conhecido e, nessa parte, provido" (RE 541.627/PA, rel. Min. Ellen Gracie, julg. em 21/11/2008).

V – TRÁFICO DE PESSOAS (ARTIGO 149-A, CP)

1 Introdução

Incluído no Código Penal pela Lei nº 13.344/2016, o crime de tráfico de pessoas não é uma figura estranha ao ordenamento jurídico pátrio. Todavia, outrora não possuía sua atual extensão. Na configuração original do Código Penal, o artigo 231 contemplava uma figura típica mais tímida em sua abrangência e mais criticável: o tráfico de mulheres (para fim de prostituição). Modificado pela Lei nº 11.106 de 2005, o artigo 231 passou a versar sobre o tráfico internacional de pessoas (novamente, para fim de prostituição). Essa mesma lei criou o artigo 231-A, que disciplinou uma conduta de incriminação até então inédita, denominada tráfico interno de pessoas (para fim de prostituição). Posteriormente, a Lei nº 12.015/2009 alterou os dois artigos (231 e 231-A), conferindo-lhes nova denominação (respectivamente, tráfico internacional de pessoa para fim de exploração sexual e tráfico interno de pessoa para fim de exploração sexual). Ademais, o propósito do tráfico deixou de ser apenas a prostituição, passando a englobar qualquer outra forma de exploração sexual. A Lei nº 13.344, por sua vez, revogou ambos os artigos, mas sem descontinuidade típico-normativa: as normas penais continuam existindo, agora sob a roupagem do artigo 149-A. Outrossim, retirou-se do tráfico de pessoas a característica de crime contra a dignidade sexual (embora esta possa ser eventualmente violada), conferindo-lhe classificação entre os crimes contra a liberdade individual. Contudo, há se aprofundar essa análise, pois não apenas as sucessivas alterações da lei brasileira influenciarão na interpretação do tipo penal em apreço, mas também as normas de direito internacional, como veremos.

"Em meados do século XIX, rejeições ao tráfico de pessoas negras africanas para práticas escravistas tomaram fôlego. Junto a essa urgência, não mais humanitária que econômica, agregou-se a preocupação com o tráfico de mulheres brancas para prostituição. Apesar de podermos estabelecer relações entre tais fenômenos, é preciso ficar claro que são acontecimentos distintos, pois são movidos por preocupações diversas. A elaboração da categoria tráfico de mulheres brancas, além de trazer consigo um racismo latente, se fez com base no empenho em proteger o ideal de pureza feminina."[164] O texto de Anamaria Marcon Venson e Joana Maria Pedro reflete bem o início da preocupação jurídica com o tráfico de pessoas para fim sexual, originalmente focado nas mulheres (brancas) que se deslocavam entre fronteiras para exercício da prostituição.

O Criminal Law Amendment Act, de 1885, talvez seja o primeiro diploma jurídico a se ocupar do tema, embora não de forma exclusiva. Mas apenas em 1904 (em 1902 a questão já fora abordada na Conferência de Paris) o Brasil começa a demonstrar preocupação com o fenômeno, figurando como signatário do Acordo para a Repressão do Tráfico de Mulheres Brancas, patrocinado pela Liga das Nações e internalizado em 1905, através do Decreto nº 5.591. Esse acordo visava a coibir o aliciamento de mulheres para prostituição no estrangeiro. Explicam Anamaria Venson e Joana Pedro: "Na virada do século XIX para o XX, a prostituição era considerada uma ameaça ao corpo, à família, ao casamento, ao trabalho e à propriedade, foi entendida como 'doença' e tornou-se alvo de planos de profilaxia. As prostitutas eram perseguidas por serem consideradas empecilhos à civilização, à 'limpeza moral' da cidade, e, por isso, sua circulação deveria ser controlada e suas casas deveriam ser afastadas para espaços confinados, definidos por reformas urbanas. É também dessa época a invenção da associação entre mulher e debilidade/doença. Essa noção está em jogo nas associações entre doença e passividade. A discursividade que constituiu a prostituição como um problema só foi possível mediante a medicalização e o policiamento da sexualidade, e o tráfico tornou-se dizível entrelaçado aos discursos médico e policialesco investidos no rechaço à prostituição. Prostituição e tráfico de pessoas, no modo como são reapropriados hoje, são invenções coincidentes. Ora, as inquietações a respeito de tais práticas não foram exatamente um efeito de preocupações humanitárias, afinal, a noção de direitos humanos tornou-se dizível décadas depois."[165]

A partir daí, houve vários documentos internacionais abordando o tráfico de pessoas, a saber: (a) Convenção Internacional para a Supressão do Tráfico de Escravas Brancas (1910); (b) Convenção Internacional para a Repressão do Tráfico de Mulheres e Crianças (1921); (c) Convenção Internacional para a Repressão do Tráfico de Mulheres Maiores (1933); (d) Convenção e Protocolo Final para a Repressão do Tráfico de Pessoas e do Lenocínio (1949); (e) Convenção para a Supressão do Tráfico de Pessoas e da Exploração da Prostituição de Outrem (1949). Todavia, merece análise mais detida a

164 VENSON, Anamaria Marcon; PEDRO, Joana Maria. Tráfico de Pessoas: uma história do conceito. In *Revista Brasileira de História*, São Paulo, v. 33, n. 65, 2013.

165 Idem, *ibidem*.

Convenção de Palermo (2000), que tem por objeto o crime organizado transnacional. A convenção, promulgada em território brasileiro pelo Decreto nº 5.015/2004, recebeu um protocolo adicional (Protocolo Adicional à Convenção das Nações Unidas contra o Crime Organizado transnacional Relativo à Prevenção, Repressão e Punição do Tráfico de Pessoas, em Especial Mulheres e Crianças, aprovado pelo Decreto Legislativo nº 231/2003 e promulgado pelo Decreto nº 5.017/2004). Apesar do nome, esse Protocolo Adicional não limita seu alcance às questões etárias e de gênero, tampouco tem a exploração sexual como foco. Isso fica claro na leitura do artigo 3º, a: "A expressão 'tráfico de pessoas' significa o recrutamento, o transporte, a transferência, o alojamento ou o acolhimento de pessoas, recorrendo à ameaça ou uso da força ou a outras formas de coação, ao rapto, à fraude, ao engano, ao abuso de autoridade ou à situação de vulnerabilidade ou à entrega ou aceitação de pagamentos ou benefícios para obter o consentimento de uma pessoa que tenha autoridade sobre outra para fins de exploração. A exploração incluirá, no mínimo, a exploração da prostituição de outrem ou outras formas de exploração sexual, o trabalho ou serviços forçados, escravatura ou práticas similares à escravatura, a servidão ou a remoção de órgãos."

A legislação brasileira, até então em descompasso para com o tratado internacional, foi devidamente ajustada pela Lei nº 13.344. Aliás, na primeira edição de nossa obra *Crimes Contra a Dignidade Sexual* (2014), defendíamos que a alocação do tráfico de pessoas entre os crimes contra a dignidade sexual representava "uma previsão normativa mutilada, aquém daquilo que o Brasil se obrigou internacionalmente a reprimir", e que "o melhor seria transportar a conduta para os crimes contra a liberdade individual".[166] Acertou, portanto, o legislador.

Não eram poucas, inclusive, as críticas à opção legislativa anterior. Sobre o tema, manifestou-se Paulo Queiroz: "No particular, o discurso dos penalistas mais críticos costuma ser ambíguo, porque, embora proponham a abolição dos tipos penais que criminalizam, indiretamente, a prostituição (lenocínio), em geral são favoráveis à tipificação do tráfico internacional. Alegam que, não raro, as pessoas levadas para o exterior ou trazidas para o Brasil são enganadas pelos traficantes, que ora ocultam que aqui ou lá exercerão a prostituição, ora fazem promessas de emprego e ora prometem uma vida de luxo, ostentação e riqueza. Mas a verdade é que muitas logo terão seus passaportes confiscados e serão autênticas escravas sexuais, sem dinheiro nem liberdade. Que tudo isso acontece ou pode acontecer, embora não se saiba com que frequência, é um fato. Ocorre que, quando houver, estaremos diante de crimes contra a pessoa (sequestro ou cárcere privado, redução a condição análoga a

166 GILABERTE, Bruno. *Crimes Contra a Dignidade Sexual*. Rio de Janeiro: Freitas Bastos, 2014. p. 152.

de escravo etc.), já autonomamente punidos, os quais poderão ser qualificados ou terem suas penas aumentadas nesses casos (exploração da prostituição e afins)."[167] Nucci endossava a posição: "O título do crime é mais adequado do que o conteúdo do tipo penal. Traficar pessoas é um mal quando se destina à exploração sexual, em autêntica forma de escravidão humana. Porém, auxiliar de qualquer maneira uma pessoa a ir para o exterior, para o exercício da prostituição individual - atividade lícita - não deveria ser objeto de incriminação. Tampouco facilitar a entrada de qualquer um que queira se dedicar à prostituição. Encaixem-se essas duas hipóteses em acordos consensuais entre o favorecedor e o viajante, que pretende prostituir-se, lá ou aqui. São maiores, capazes, inexiste fraude, abuso ou qualquer espécie de violência ou ameaça. Não se vislumbra qualquer lesão à dignidade sexual."[168] Não era outra nossa posição: "É evidente que o tráfico de pessoas pode ser extremamente pernicioso, uma vez que pressupõe o afastamento da pessoa traficada da sua esfera habitual de convivência, reduzindo sua capacidade de defesa. É evidente, também, que em inúmeros casos de tráfico de pessoas as vítimas são compelidas aos atos sexuais mediante violência ou grave ameaça ou obrigadas ao trabalho extenuante, auferindo apenas parcela diminuta da remuneração, ao invés de perceberem os vultosos pagamentos prometidos por traficantes. Mas é igualmente certo que nem sempre a situação ocorre desta forma. Muitas vezes há natural troca de interesses entre ambas as partes. Não chegamos ao ponto de, como Paulo Queiroz, defendermos que nossa legislação, em artigos tantos, cobre todas as hipóteses em que o tráfico de pessoas pode se mostrar criminalmente relevante, dispensando-se a tipificação autônoma. Entendemos, no entanto, que o tipo penal deveria ser deslocado para os crimes contra a liberdade individual, aumentando seu espectro por um lado - isto é, livrando-se das amarras da criminalização da sexualidade, encampando outras hipóteses, tal qual proposto no Protocolo Adicional - e restringindo sua aplicabilidade apenas às hipóteses verdadeiramente restritivas da liberdade, que atingirão a vítima em sua dignidade. O mero deslocamento de pessoas para finalidade sexual, quando ambas as partes estão de acordo e respeitam os interesses recíprocos, ao contrário de atingir a pessoa em sua liberdade, reafirma-a."[169]

Obviamente, não faltavam vozes dissonantes, que compunham inclusive a parcela majoritária da doutrina. Apregoava-se, em síntese, que o tráfico de pessoas atinge vítimas que, em regra, estão em situação de vulnerabilidade socioeconômica, o que afeta sua capacidade de resistência; que os meios

167 QUEIROZ, Paulo de Souza. *Curso de Direito Penal*: parte especial. Salvador: Jus Podivm, 2013. v. 2. p. 573-574.

168 NUCCI, Guilherme de Souza. *Prostituição, Lenocínio e Tráfico de Pessoas*: aspectos constitucionais e penais. São Paulo: Editora Revista dos Tribunais, 2014. p. 189-190.

169 GILABERTE, Bruno. *Crimes*... op. cit., p. 152-153.

executórios usados pelos traficantes – ardis, constrangimento etc. – afetam a autonomia de vontade da vítima; que ocorre um processo de "coisificação" da pessoa traficada, tratada como mercadoria por aqueles que integram a atividade criminosa; que o tráfico de pessoas é praticado por verdadeiras organizações criminosas, que auferem lucros não apenas com a exploração sexual, mas que se dedicam a diversos outros ilícitos e devem ser combatidas etc. Argumentos irrefutáveis, mas que em nada contradiziam as críticas expostas. Desde antes da Lei nº 13.344 defendíamos que a melhor intepretação dos dispositivos então concernentes ao tráfico de pessoas era aquela que vinculava sua aplicabilidade ao reconhecimento de efetiva lesão à liberdade da vítima.

É claro que agora não se pode mais vincular a crítica ao tráfico de pessoas como conduta tipificada ao seu aspecto puramente sexual. Essa abordagem foi superada. Mas muitas das razões invocadas anteriormente permanecem válidas, desde que atualizadas de acordo com a nova realidade legislativa.

2 Objetividade jurídica

Imaginamos o tráfico de pessoas como uma forma especial de redução a condição análoga à de escravidão, todavia desapegada das relações laborais, de modo que aqui também o bem jurídico tutelado de forma primária é o *status libertatis* da vítima, cujo conceito deve ser buscado nas anotações que fizemos ao crime anterior. Em outras palavras, cremos que a existência do crime decorra da "coisificação" da vítima, do despojamento de direitos inerentes à sua condição humana, o que significa o aproveitamento de uma situação de vulnerabilidade ou do emprego de coação, fraude ou qualquer outro expediente que anule ou dificulte a manifestação de vontade da vítima. Isso fica evidente, pensamos, quando o artigo 149-A arrola os meios executórios pelos quais pode ser praticado ("grave ameaça, violência, coação, fraude ou abuso"), os quais não eram especificados nas tipificações anteriores (os revogados artigos 231 e 231-A).

Registre-se, contudo, que o artigo 149-a agrega aos núcleos do tipo finalidades especiais, as quais, em alguns casos, determinação a tutela secundária de outros bens jurídicos. Na finalidade especificada no inciso I, integridade corporal e vida também aparecem como objeto de tutela; no inciso IV, eventualmente o poder familiar e o estado de filiação; e, no inciso V, a dignidade sexual.

Quanto ao consentimento da vítima, o emprego dos meios executórios enumerados no tipo penal torna a vontade viciada, de modo que ele não se presta ao afastamento do caráter criminoso da conduta. Frise-se que o Protocolo Adicional (referido na introdução), no artigo 3.b, declara ser irrelevante o consentimento dado pela vítima nas hipóteses de tráfico de pessoas.

O objeto material da conduta é a pessoa traficada.

3 Sujeitos do delito

O sujeito ativo do crime em estudo pode ser qualquer pessoa, de modo que, nesse aspecto, é um crime comum. Se o agente for funcionário público (§ 1º, I) ou se for pessoa que mantém com a vítima relação de parentesco, doméstica, de coabitação, de hospitalidade, de dependência econômica, de autoridade ou de superioridade hierárquica inerente ao exercício de cargo, emprego ou função (§ 1º, III), a pena é aumentada.

O sujeito passivo, igualmente, pode ser qualquer pessoa.

4 Elementos objetivos, subjetivos e normativos do tipo

Trata-se de crime plurinuclear, mais especificamente de um tipo misto alternativo. Os verbos incriminados são agenciar, aliciar, recrutar, transportar, transferir, comprar, alojar e acolher (a pessoa vítima do tráfico). Expõe Busato: "É fácil observar que o legislador procurou incluir como condutas incriminadas não apenas aquelas que usualmente compõem a iniciativa dos chamados traficantes de pessoas, mas também as várias condutas acessórias que costumam ser realizadas por partícipes, convertendo todas em condutas de autor. Do mesmo modo, considera também autores aqueles que, do outro lado do processo, recebem as pessoas submetidas".[170]

Agenciar significa intermediar, representar os interesses de alguém. Aliciar é atrair, seduzir com propostas. Recrutar é reunir para posterior seleção. Transportar significa conduzir uma pessoa de um local para outro, usando um meio de transporte. Esse verbo indica permanência. Transferir é deslocar, com dispensa de meios de transporte. Comprar é adquirir mediante contraprestação financeira (pagamento), não se inserindo na conceituação as permutas.[171] Alojar, abrigar, dar pouso. E acolher significa proteger, amparar. Alojar e amparar também são verbos que indicam permanência. As condutas, em regra, são comissivas, mas nada impede que possam surgir na modalidade omissiva. Por exemplo, quando uma pessoa descobre que a vítima traficada foi alojada em sua casa sem autorização prévia, mas lá permite que permaneça sem fazer qualquer oposição, anuindo tacitamente para com a constituição daquele estado de coisas.

O artigo 149-A não faz referência a qualquer critério espacial para a configuração do crime. Mesmo assim, quando se fala em tráfico de pessoas, a expressão traz implicitamente a necessidade de retirada (deslocamento) da vítima de sua esfera de proteção habitual, dificultando seu retorno à situação anterior. Por conseguinte, entendemos que a interpretação deva ser aquela que outrora norteava o crime de tráfico interno de pessoa para fim de exploração

---

170 BUSATO, Paulo César. *Direito Penal...* op. cit., p. 338.

171 MARCÃO, Renato; GENTIL, Plínio. *Crimes Contra a Dignidade Sexual*. São Paulo: Saraiva, 2011. p. 360.

sexual. Exemplificando: se uma pessoa é aliciada por outra e entregue à exploração sexual ou a condições de trabalho análogas à escravidão no mesmo bairro em que reside, o aliciamento não configurará tráfico de pessoas (mas ato de participação no crime decorrente da submissão da vítima, caso exista). Impõe-se o deslocamento relevante da vítima dentro do território nacional ou o deslocamento internacional. Mas o que seria esse deslocamento relevante? O deslocamento internacional é sempre relevante. No que concerne ao deslocamento interno, a relevância depende da inserção da pessoa em uma realidade sociodemográfica diferente.[172]

Além dos verbos erigidos à qualidade de núcleos do tipo penal, o artigo 149-A exige meios executórios específicos, a saber: grave ameaça, violência, coação, fraude ou abuso. Os conceitos de violência e grave ameaça já foram suficientemente estudados por ocasião da análise do artigo 146 do CP (constrangimento ilegal), para onde remetemos o leitor.

Coação é a imposição, o constrangimento, podendo ser física ou moral. Saliente-se, contudo, que a coação física é uma forma de violência, ao passo em que a coação moral é sinônimo de grave ameaça. Assim, fica a impressão de que esse meio executório é aparentemente redundante. Entretanto, a partir do momento em que afirmamos que coação e constrangimento são a mesma coisa, devemos interpretar o termo em consonância com o que o sistema penal autoriza. Nos crimes de constrangimento ilegal e roubo (embora não seja assim na extorsão e no estupro), o verbo constranger não pressupõe apenas violência ou grave ameaça, mas também qualquer outra forma de redução da vítima à impossibilidade de resistência, como no uso de barbitúricos e outros expedientes. Somente se justifica o uso da palavra coação em apartado da violência ou da grave ameaça se emprestamos a ela também essa conotação. Não é

172 Por ocasião do tráfico interno de pessoa para exploração sexual, a Política Nacional de Enfrentamento ao Tráfico de Pessoas, em seu artigo 2º, § 3º, estabelecia que "o tráfico interno de pessoas é aquele realizado dentro de um mesmo Estado-membro da Federação, ou de um Estado-membro para outro, dentro do território nacional". Exigindo um deslocamento espacial relevante, mas ainda sob a égide do antigo artigo 231-A do CP, decisão do Tribunal de Justiça de Rondônia, *verbis*: "Tráfico ilícito de entorpecentes. Tráfico interno de pessoas. Aplicação da *mutatio libelli* em segundo grau de jurisdição. Impossibilidade. Absolvição da imputação originária. A apreensão de várias 'parangas' de cocaína, de certa quantia de barrilha e de papelotes comumente utilizados na embalagem de drogas denota a prática do tráfico de substância entorpecente, devendo ser mantida a condenação pelo crime do art. 12 da Lei n. 6.368/76.Para que a figura típica do tráfico interno de pessoas fique configurada, prevista no art. 231-A, é imprescindível a demonstração nos autos de uma das condutas previstas naquele tipo penal, bem como a intenção do agente no sentido de dar apoio às pessoas provenientes de outras regiões do País com o fim de que se prostituam. A regra contida no art. 384 do CPP, referente ao *mutatio libelli*, não pode ser aplicada em segundo grau, já que envolve matéria fática que não foi submetida ao contraditório, de forma que a apelante deve ser absolvida na imputação originária por insuficiência de provas." (APR 10001920050008070 RO 100.019.2005.000807-0, 1ª Vara Criminal, rel. Des. Sansão Saldanha, julg. em 14/06/2006).

essa a posição adotada por Busato, que explica o termo empregado pelo legislador da seguinte forma: "Coação pretende alcançar os casos transcendentes à grave ameaça. A coação é mais concreta que a mera ameaça. Consiste, por vezes, em um desforço físico de imposição de vontade que, neste caso, não chega à violência. A coação é o passo seguinte da coerção, eventualmente infrutífera, da ameaça".[173] Cremos equivocada a lição, uma vez que a legislação penal, em nenhum trecho, dissocia a explicação dada do conceito de grave ameaça. Fosse essa postura adotada isoladamente, sem qualquer outra intenção que não a de intimidar a vítima, ninguém negaria a existência do crime previsto no artigo 147 do CP. Ou seja, a retórica não se coaduna com a sistemática do ordenamento jurídico-penal. Pensamos, assim, que coação quer significar coisa diversa. Bitencourt, ao seu turno, conclui que a palavra coação "antecedida das elementares grave ameaça e violência é absolutamente desnecessária, por sua arrogante redundância, que agride de forma reprovável o nosso vernáculo".[174]

Fraude é qualquer forma de ludibriar alguém, como o artifício, o ardil ou mesmo o silêncio fraudulento.

Abuso, por fim, é o aproveitamento de uma vulnerabilidade, seja a inexperiência, a situação de precariedade financeira, a paixão que obscurece a capacidade reflexiva etc. Bitencourt vincula a prática abusiva à indução de alguém a erro,[175] com o que não concordamos.

O tráfico de pessoas é sempre um crime doloso e, invariavelmente, exigirá um especial fim de agir. Essas finalidades especiais estão indicadas nos incisos do artigo 149-A. Frise-se que o tráfico de pessoas se configura independentemente da concretização das finalidades.

O inciso I cuida da remoção de órgãos, tecidos ou partes do corpo. Tecidos são agrupamentos de células que desempenham uma mesma função (tecido epitelial, tecido conjuntivo etc.). Órgãos, ao seu turno, são agrupamentos de diferentes tecidos, desempenhando uma determinada função dentro do organismo (ossos, pele, pulmões, testículos, olhos, esôfago, hipófise, medula, coração etc.). Partes do corpo, por fim, são pedaços da anatomia humana – sem definição de escala – que não podem ser caracterizados como órgãos ou tecidos (pois esses termos são tratados em separado). As mãos, por exemplo, como não são órgãos, mas sim estruturas formadas por órgãos diversos (ossos, pele etc.), são partes do corpo. De igual forma, células também são partes do corpo, já que, individualizadas, não podem ser caracterizadas como órgãos ou tecidos (embora estes sejam formados por células).

A Lei nº 9.434/1997 (Lei de Transplantes), em seu artigo 1º, parágrafo único, afirma que, para os efeitos específicos da lei especial, não são considerados

173 BUSATO, Paulo César. *Direito Penal*... op. cit., p. 340.

174 BITENCOURT. *Tratado*... op. cit., p. 483.

175 Idem, *ibidem*, p. 484.

tecidos o sangue, o esperma e o óvulo. Isso se deve as peculiaridades de doação e recepção dessas estruturas corporais, o que impede que a transfusão de sangue, por exemplo, seja tratada de forma idêntica ao transplante de um rim. Todavia, no que concerne à aplicação do artigo 149-A, pensamos que não há por que incidir a regra restritiva da lei especial.

Evidentemente, só haverá o tráfico de pessoas se estivermos falando dos vivos, na qualidade de sujeitos passivos em potencial. Não há tráfico se ocorre a subtração de um cadáver para a remoção de partes do corpo, por exemplo. Nessa hipótese, o crime a ser configurado é aquele previsto no artigo 211 do CP (destruição, subtração ou ocultação de cadáver).

Aquele que promove a remoção dos tecidos, órgãos ou partes do corpo poderá ser responsabilizado por lesão corporal (em qualquer uma de suas modalidades dolosas) ou por homicídio, na forma tentada ou consumada. Se a remoção se dá para a finalidade de transplante ou enxerto, o crime é o do artigo 14, *caput* e parágrafos, da Lei nº 9.434.

O inciso II trata do tráfico para submissão da vítima a trabalho em condições análogas à escravidão, ou seja, para a finalidade de prática do tipo penal previsto no artigo 149 do CP. Quem realiza a efetiva submissão da vítima responde por este crime.

No inciso III, o tráfico se volta à submissão a qualquer tipo de servidão (que não seja o trabalho em condições análogas à escravidão ou a exploração sexual). Podemos citar como exemplo a sujeição afetiva decorrente do casamento forçado, entre outras formas de dominação ou opressão. Não há um tipo penal específico que incrimine a servidão. Eventualmente, é possível a ocorrência de constrangimento ilegal.

A adoção ilegal é o especial fim de agir previsto no inciso IV. Temos aqui aquela adoção que não respeita as regras previstas nos artigos 1.618 e 1.619 do Código Civil e 39 a 52-D do Estatuto da Criança e do Adolescente, seja a adoção realizada em território nacional ou seja ela internacional. A adoção feita sem o cumprimento das formalidades legais configura, em tese, crime do artigo 242 do CP, na modalidade "registrar como seu o filho de outrem", desde que o adotante assuma a posição de genitor biológico, sem o ser.

Por fim, o inciso V traz a finalidade de exploração sexual, que já era objeto dos revogados artigos 231 e 231-A do CP. Aquele que explora sexualmente a vítima traficada pode ser responsabilizado pelo delito previsto nos artigos 218-B (se a vítima for criança ou adolescente), 228 e 229 do CP (caso efetivamente haja uma afronta à dignidade sexual da pessoa sexualmente explorada), ou, ainda, por crime sexual diverso, como estupro (artigo 213) ou estupro de vulnerável (artigo 217-A).

Caso o sujeito ativo não seja movido por nenhuma dessas finalidades, não há o crime de tráfico de pessoas. Vejamos: às margens de uma rodovia, um caminhoneiro vê determinada mulher pedido carona até São Paulo, por coincidência o mesmo destino do motorista, razão pela qual resolve auxiliá-la; durante a viagem, a mulher explica ao motorista ser oriunda do centro-oeste brasileiro e que, de carona em carona, pretende alcançar a grande metrópole nacional para ingressar na prostituição, sendo certo que o caminhoneiro, ao ter ciência do propósito de sua acompanhante, prossegue em seu caminho, satisfazendo o desejo dela. Ora, responsabilizar o motorista por tráfico de pessoas consistiria irreparável injustiça, dada a diminuta reprovabilidade de seu comportamento. É certo que transportou pessoa sabendo que ela seria inserida em situação de exploração sexual. Mas falta-lhe a intenção de participar do tráfico, de praticar um ato que esteja na cadeia de condutas que culmina na exploração. Daí porque a exigência da intenção especial se mostra relevante. No mesmo sentido, embora tratando do já revogado artigo 231 do CP, Renato Marcão e Plínio Gentil: "O agente deve promover ou facilitar a entrada ou a saída de alguém, nos termos da redação típica, com a finalidade específica de vê-la submetida à prostituição ou outra forma de exploração sexual. Na hipótese de agenciar, aliciar ou comprar a pessoa traficada, transportá-la, transferi-la ou alojá-la, também deverá ter por finalidade específica o envolvimento da vítima com as práticas proscritas."[176] Cremos que alguns verbos incriminados só conferem lógica ao tipo penal quando indubitavelmente vinculados à estrutura do tráfico de pessoas. Por exemplo, se o sujeito ativo é proprietário de uma boate em que prostitutas - oriundas daquela mesma localidade ou de outras partes do país, que para lá se deslocam por meios próprios - recebem alojamento, o que é interessante ao empresário, já que a presença delas ali incrementa o afluxo de clientes e a venda de bebidas, entendemos não ser ele responsável pelo crime previsto no artigo 149-A. Somente o seria se o alojamento tivesse o objetivo específico de acolher pessoas aliciadas, transportadas etc. por quem se dedica ao tráfico, ainda que eventualmente. Ou seja, os diversos núcleos do tipo penal compõem uma estrutura única, voltada ao tráfico de pessoas, de sorte que comportamentos estranhos a essa dinâmica não podem se prestar à configuração dos crimes.

5 Consumação e tentativa

O crime é formal, bastando a prática de uma das condutas especificadas no *caput* para que o delito se aperfeiçoe. É, portanto, dispensável a concretização do especial fim de agir.

A tentativa, embora possível (pois o tráfico de pessoas é delito plurissubsistente), é de difícil verificação prática, dada a diversidade de comportamentos incriminados, todos presentes em uma mesma linha de desdobramentos

176 MARCÃO, Renato; GENTIL, Plínio. *Op. cit.*, p. 363. Contra, exigindo apenas o dolo genérico, Damásio de Jesus (*op. cit.*, p. 171) e Fragoso (*op. cit.*, p. 73), entre outros.

causais. Pode ocorrer, por exemplo, quando o aliciamento é feito por escrito, mas a proposta destinada a seduzir a vítima é extraviada.

6 Causas de aumento da pena (§ 1º)

A pena do *caput* do artigo 149-A é aumentada de um terço até a metade nas situações previstas no § 1º do mesmo artigo. São elas: crime cometido por funcionário público no exercício das funções ou a pretexto de exercê-las (I); crime cometido contra criança, adolescente, pessoa idosa ou pessoa com deficiência (II); prevalecendo-se o agente de relações de parentesco, domésticas, de coabitação, de hospitalidade, de dependência econômica, de autoridade ou de superioridade hierárquica inerente ao exercício de cargo, emprego ou função (III); e a retirada da vítima do território nacional (IV).

O conceito de funcionário público para fins penais é aquele estabelecido pelo artigo 327, *caput*, do CP. Na majorante em estudo, não se incluem os funcionários públicos por equiparação. É necessário que o funcionário público pratique o crime no exercício das funções (desde que, é claro, a função tenha alguma relevância para a prática do tráfico de pessoas), ou, mesmo que o funcionário não esteja exercendo suas funções, que se valha de sua posição para realizar o tráfico. Por exemplo, se um conselheiro tutelar se vale de sua função para convencer os pais a venderem seu filho para a finalidade de adoção ilegal, há a majorante. Se esse conselheiro está de férias, ou de licença, mas ainda assim pratica a conduta, igualmente há a majorante. A pena não é aumentada quando o outrora funcionário, à época do crime, já se aposentara, fora exonerado, demitido, ou por qualquer outro motivo se despojara de sua condição funcional.

Criança é a pessoa com idade até doze anos incompletos; adolescente, dezoito anos incompletos (artigo 2º da Lei nº 8.069/1990). Pessoa idosa é aquela que já completou sessenta anos (artigo 1º da Lei nº 10.741/2003). Pessoa com deficiência, aquela contemplada pelo artigo 2º da Lei nº 13.146/2015. Naquelas condutas consideradas permanentes (como transportar e abrigar), se durante a permanência a pessoa teve idade inferior a dezoito anos ou se completou sessenta anos, ou se passou a apresentar alguma deficiência, incide a majorante.

As relações de parentesco, domésticas, de coabitação e de hospitalidade já foram suficientemente abordadas por ocasião do estudo do artigo 129, § 9º, para onde remetemos o leitor. Perceba-se que, no tráfico de pessoas, a mera afetividade não se presta a aumentar a pena do delito. A dependência econômica surge fora das relações anteriormente descritas. Tem-se aqui aquela situação em que uma pessoa se submete a outra porque o provimento de sua subsistência depende disso. A palavra autoridade deve ser entendida nos moldes explicitados no estudo do crime de abandono de incapaz (artigo 133 do CP). Uma vez mais, para evitar redundâncias, remetemos o leitor a esse tipo penal.

A superioridade hierárquica, por sua vez, pressupõe uma relação laboral verticalizada entre autor e vítima, sendo que o primeiro ocupa um posto mais elevado e com poder de mando sobre o segundo, a quem incumbe cumprir ordens e diretrizes do superior. Essa relação é inerente a cargo, emprego ou função. Cargo e função são referentes à esfera pública. Emprego diz respeito à uma relação trabalhista privada, ou junto ao poder público, mas regida pela CLT.

A última majorante tem por base o conceito de território nacional, em direito penal determinado pelo artigo 5º, §§ 1º e 2º, do CP. Para que a pena seja aumentada, a vítima deve ser retirada do território nacional, não sendo necessário que ingresse no território de outro país. Justifica-se o aumento da pena pela maior vulnerabilidade imposta à vítima, que tem sobremaneira dificultada a possibilidade de retorno à sua condição anterior.

7 Causa de diminuição da pena (§ 2º)

A sanção penal cominada ao tráfico de pessoas é reduzida de um a dois terços quando o sujeito ativo é primário (ou seja, não reincidente) e não integra organização criminosa. Pouco importa se integra associação criminosa (artigo 288 do CP) ou outra agremiação com finalidade criminosa. Ao especificar a organização criminosa, o legislador fez referência unicamente ao tipo associativo do artigo 1º, § 1º, da Lei nº 12.850/2013.

Parece-nos ser desnecessário que a organização criminosa se dedique especificamente ao tráfico de pessoas, bastando que o agente se valha de sua estrutura para a prática criminosa. No entanto, se a organização criminosa integrada pelo agente é totalmente alheia ao tráfico de pessoas, nada impede a redução da sanção penal. Por exemplo, se uma organização criminosa se dedica a extorsões mediante sequestro e, em uma oportunidade, realiza o tráfico de pessoas, os associados que participaram desse crime não poderão ser beneficiados pelo § 2º. Contudo, se o agente integra uma organização criminosa voltada a crimes contra o sistema financeiro nacional e, em apartado, pratica por si só o tráfico de pessoas, a participação naquela organização não terá influência sobre a sanção penal cominada a este crime.

8 Concurso aparente de normas

O tráfico de pessoas prevalece sobre o crime de sequestro ou cárcere privado (artigo 148 do CP), por ser uma forma mais específica de privação da liberdade individual. Pelo mesmo motivo, prevalece sobre o crime previsto no artigo 239 da Lei nº 8.069/1990.

Os artigos 146 e 147 do CP são etapas da execução do crime de tráfico de pessoas e, por esse motivo, são por ele absorvidos. Quando há o emprego de violência, eventual lesão leve dela decorrente não caracterizará crime do artigo 129, *caput*, do CP. Quando o crime é praticado mediante emprego de violência contra as pessoas especificadas no § 1º, II, igualmente não subsistirá o crime de violência doméstica (artigo 129, § 9º, do CP).

9 Pena e ação penal

A pena cominada ao artigo 149-A do CP é de reclusão, de quatro a oito anos, e multa. Ou seja, não incidem sobre esse delito os institutos da Lei nº 9.099/1995. Com muito mais razão, se a pena for aumentada em virtude do disposto no § 1º. Incidindo a causa de diminuição da pena ao disposto no *caput*, ainda que em seu patamar máximo (dois terços), nem assim a pena mínima fica igual ou inferior a um ano, tornando, apenas por essa análise e sem outras considerações, impossível a suspensão condicional do processo.

A ação penal é pública incondicionada.

DOS CRIMES CONTRA A INVIOLABILIDADE DO DOMICÍLIO (SEÇÃO II)

I - VIOLAÇÃO DE DOMICÍLIO (ARTIGO 150, CP)

1 Introdução

A proteção da paz domiciliar encontra alicerce no princípio da inviolabilidade do domicílio, de índole constitucional (artigo 5º, XI, CRFB/88), consistindo em uma das formas de garantia da intimidade e da privacidade do indivíduo.

Ora tutelada como local sagrado, protegido pela divindade, como nos primeiros tempos do direito romano, ora como projeção da personalidade do homem e crime contra a pessoa, como, respectivamente, no direito germânico e na *Lex Cornelia*, a inviolabilidade domiciliar foi negligenciada na Idade Média. Somente o liberalismo a trouxe de volta à discussão jurídica, primeiro na Inglaterra (*"my house is my castle"*), logo em seguida com a Revolução Francesa, quando veio a ter contornos semelhantes aos atuais. O Código Penal francês de 1810, inspirado na revolução, tipificou a invasão do domicílio por agentes do poder público. Posteriormente, em 1832, alargou-se o âmbito da norma, passando a ser contemplada também a violação por particulares, mediante violência ou grave ameaça.[177]

No Brasil, o Código Penal de 1830, uma das primeiras codificações a tratar da violação de domicílio com base nos ideais franceses, estendeu a aplicação da norma, passando a abranger não apenas os atos violentos, mas também os cometidos por qualquer meio, inculcando o delito entre os crimes contra a segurança individual.[178] O Código Penal republicano adotou semelhante orientação, prevendo o delito, todavia, dentre os crimes contra o livre gozo e exercício

177 Nelson Hungria se refere a uma vitória do individualismo liberal inglês e da Revolução Francesa sobre o hiperestatismo medieval, que omitia a violação de domicílio para privilegiar os poderes dos delegados do Príncipe (*Comentários...*, op. cit., v. VI, p. 205).

178 "Art. 209. Entrar na casa alheia de noite, sem consentimento de quem nella morar. Penas – de prisão por dous a seis meses, e multa correspondente á metade do tempo. Art. 210. Entrar na casa de dia, fóra dos casos permittidos, e sem as formalidades legaes. Penas – de prisão por um a tres mezes, e de multa correspondente á metade do tempo."

dos direitos individuais. Já se tem, então, o domicílio como esfera de intimidade e privacidade da pessoa, não como extensão da sua personalidade.[179]

A atual legislação criminal previu o crime como afronta à liberdade individual, inscrevendo-o, todavia, em uma curiosa seção, que menciona os crimes contra a inviolabilidade do domicílio. A curiosidade fica por conta da expressão utilizada no plural, pois, em seu bojo, a seção só possui um único delito, tipificado no artigo 150, embora dividido em uma forma simples e outra qualificada.

2 Objetividade jurídica

A tutela penal do artigo 150 recai sobre os direitos à intimidade e à privacidade. Não se confundem os dois conceitos, já que a própria Constituição Federal os trata de forma distinta no artigo 5º, X.[180]

A intimidade é revelada no direito à manutenção de segredos pessoais, de uma "esfera secreta da vida do indivíduo na qual este tem o poder legal de evitar os demais".[181] Privacidade (ou vida privada) é definida como a vida interior, ou seja, o círculo íntimo do indivíduo, que compreende seu ambiente familiar e as amizades mais próximas, a qual se contrapõe a vida exterior (relações sociais e atividades públicas).[182] Paz domiciliar e tranquilidade doméstica são alguns dos termos usados para definir o bem jurídico tutelado, o que não exclui a intimidade e a privacidade da salvaguarda da norma.

O consentimento do ofendido, sem qualquer dúvida, afasta a incriminação (tipicidade) da conduta, pois intimidade e privacidade são disponíveis.

O objeto material do crime é a casa alheia ou suas dependências, cuja análise será aprofundada adiante.

3 Sujeitos do delito

O sujeito ativo da infração penal poderá ser qualquer pessoa, cuidando-se de crime comum. Até mesmo o proprietário do imóvel pode cometer o crime, desde que outra pessoa o ocupe legitimamente, como no caso de locação. O ex-cônjuge, em caso de separação ou divórcio, se houver deixado o lar,

---

179 "Art. 196. Entrar á noite na casa alheia, ou em quaesquer de suas dependencias, sem licença de quem nella morar: Pena – de prisão cellular por dous a seis mezes. Art. 198. Entrar de dia na casa alheia, fóra dos casos permittidos, e sem as formalidades legaes; introduzir-se nella furtivamente ou persistir em ficar contra a vontade de quem nella morar: Pena – de prisão cellular por um a tres mezes."

180 De fato, não se adotou, no Brasil, a mesma definição do termo anglo-americano *right of privacy*, que significa o direito à vida íntima.

181 DOTTI, René Ariel, apud SILVA, José Afonso da. *Curso...*, op. cit., p. 210.

182 Consoante lição de José Afonso da Silva (*Curso...*, op. cit., p. 211).

também cometerá o delito em apreço, caso afete a paz domiciliar dos familiares que continuam usufruindo do imóvel.

No polo passivo da conduta criminosa está quem ocupa o imóvel, ou seja, a pessoa a quem assiste o direito de permitir ou de negar o ingresso de outrem no domicílio, preservando a sua intimidade e privacidade. Qualquer pessoa que exerça seus direitos íntimos no imóvel violado figurará como vítima do crime, ainda que a ocupação seja transitória (como no caso da hospedagem).

O tipo penal faz referência à pessoa que tem o poder de consentir com a conduta como titular do direito à paz domiciliar ("[...] contra a vontade expressa ou tácita de quem de direito [...]"). Segundo Hungria, "é ao morador, seja a que título for (proprietário, locatário, arrendatário, possuidor legítimo, usufrutuário, hóspede etc.), que cabe a faculdade de excluir ou admitir os *extranei*".[183] Esse consentimento, como visto, torna a conduta atípica.

Eventualmente, várias pessoas exercerão, simultaneamente, o direito de disposição da paz domiciliar no mesmo imóvel. É o que ocorre nas relações de coabitação, por exemplo. Se todos consentem com a conduta do autor, ou se são contrários a ela, não existirá grandes dificuldades em se vislumbrar a atipicidade no primeiro caso e a prática de um injusto penal no segundo, caso o agente ingresse ou permaneça na casa alheia. Havendo, entretanto, opiniões divergentes entre os titulares, como será resolvida a celeuma? A resposta passa pelo reconhecimento de uma relação de subordinação ou de igualdade entre os ocupantes do imóvel.

No primeiro caso, existe uma vontade dominante, que submete as demais. É o que ocorre, *v. g.*, na relação entre pais e filhos (prevalece a vontade dos pais, salvo se a casa pertencer ao filho maior de idade), ou entre empregadores e empregados. Não existindo mais a figura do "cabeça-do-casal", isto é, havendo isonomia entre marido e mulher (ou entre qualquer outra espécie de casal), a opinião daquele não suplanta a desta, ao contrário do defendido outrora. Nessa hipótese, serão aplicadas as regras referentes à relação de igualdade. Em pensionatos ou estabelecimentos afins de habitação coletiva, havendo a figura de um gestor, a autoridade deste sobrepujará a vontade dos demais moradores (à exceção dos compartimentos de ocupação individual).

Se a relação é de igualdade, ou seja, não existindo, desde logo, a sujeição de uma opinião à outra, prevalece aquela que nega a entrada ou a permanência do estranho, desde que não seja desarrazoada. Assim, por exemplo, se duas pessoas residem, em condições iguais, na mesma casa, ninguém poderá nela ingressar se não contar com a concordância de ambos. Como bem assevera Bitencourt, as pessoas em relação parelha têm o direito de veto, em homenagem à harmonia familiar.[184]

---

183 HUNGRIA, Nelson. *Comentários...*, op. cit., v. VI, p. 219.

184 BITENCOURT, Cezar Roberto. *Tratado...*, op. cit., v. 2, p. 477.

4 Elementos objetivos, subjetivos e normativos do tipo

São dois os verbos representativos da conduta incriminada: "entrar" e "permanecer" (em casa alheia ou suas dependências). Apesar da duplicidade de condutas, a prática de ambas não importa duplicidade de crimes, mas delito único, pois estamos diante de um tipo misto alternativo (crime de ação múltipla ou de conteúdo variado). A entrada (ingresso, introdução, penetração), conduta comissiva, ocorre quando o agente ultrapassa totalmente os limites que separam o domicílio da área vizinha. Não basta a penetração parcial, como a colocação de uma cabeça pela janela, ou de um braço por sobre o muro, sendo mister a transposição total do corpo do agente. Permanência, por sua vez, significa a recusa em deixar o imóvel, após a entrada lícita com dissenso posterior da vítima.

As condutas tipificadas podem ser efetivadas por qualquer meio, seja ele clandestino, astucioso ou ostensivo. Tem-se a clandestinidade quando o agente ingressa ou se mantém no imóvel às escondidas, sem que a vítima perceba. Pouco importa a forma pela qual é praticada a conduta (chave falsa, escalada, arrombamento – hipótese em que o crime será qualificado –, aproveitamento de uma distração etc.). A astúcia é vislumbrada no engodo de que se vale o agente para ludibriar a boa-fé da vítima, ou no afastamento malicioso da vigilância ou da possibilidade de resistência. Assim, haverá o meio astucioso tanto no uso de um disfarce, ou na utilização de uma falsa identidade, ou, ainda, na simulação de um desmaio para evitar a expulsão, quanto no alerta transmitido para afastar a vítima de seu lar, ou no uso de narcóticos que evitem a oposição. Não é necessário que o agente provoque o equívoco, sendo suficiente que se aproveite do erro do morador. O meio ostensivo (ou franco) é aquele em que o sujeito ativo atua às claras, demonstrando desde logo seu propósito criminoso e contrariando a vontade da vítima (usando, por exemplo, violência ou grave ameaça contra o morador).

É elemento necessário à integração do tipo penal que a conduta ocorra contra a vontade, expressa ou tácita, de quem de direito. Tem direito à expressão da contrariedade aquele que exerce, no domicílio, a sua intimidade ou sua privacidade. No caso de mais de um morador, será verificado se a relação entre eles é de subordinação (quando prevalecerá a vontade do subordinante) ou de igualdade (prevalecendo o veto). Quando o agente utiliza meios clandestinos ou astuciosos na execução do delito, a discordância da vítima é presumida, já que não há, de imediato, ciência acerca da violação. No caso da conduta ostensiva, deve haver dissenso real, expresso ou tácito. Será reconhecido o dissenso expresso quando a vítima manifestar, por palavras (escritas ou orais), gestos ou atos, a sua discordância. O dissenso será tácito quando os fatos demonstrarem, de forma inequívoca, a discordância. Não significa dizer, portanto, que o dissenso tácito é presumido. Ele é inferido pelas circunstâncias. São formas de dissenso tácito o uso de alarmes ou a instalação de uma campainha, por exemplo. Mesmo o silêncio pode constituir dissenso tácito, desde que a conduta do agente seja grave a ponto de impedir uma reação (ameaça feita com uma arma de fogo, *v. g.*).

O tipo penal menciona, ainda, que a entrada ou permanência ilegítima do agente deve se dar em casa alheia ou em suas dependências. De início, deve ser salientado que o conceito de domicílio a que se refere o *nomen juris* do delito não corresponde ao domicílio do direito civil. Neste ramo da ciência jurídica, domicílio é tanto o local onde a pessoa estabelece sua residência, com ânimo definitivo (artigo 70, CC), como também o lugar onde exerce sua profissão (artigo 72, CC). Em se tratando de incapazes, de servidor público, de militar, de marítimo ou de preso, o domicílio é necessário (respectivamente, consoante o artigo 76 do CC, o domicílio do representante legal ou do assistente; o local onde exerce a função pública; o local onde presta o serviço militar; o lugar onde o navio estiver matriculado, e o local de custódia). No direito penal, o significado de domicílio é dado pelo *caput* do artigo 150 do CP (casa e dependências), interpretado de acordo com os §§ 4º e 5º do mesmo dispositivo. Assim, casa, elemento normativo do tipo de valoração jurídica, é todo compartimento onde habita a pessoa, independentemente do ânimo de prolongar a sua estadia no local. Ingressam nesse conceito a residência do indivíduo ou, segundo inteligência do inciso I do § 4º, qualquer outro espaço delimitado que lhe sirva de moradia (quartos de hospedaria, *trailers*, tendas para acampamento, embarcações com dormitório ou, até mesmo, o automóvel da pessoa, desde que ocupado como local de habitação, não como meio de transporte). Também os aposentos de habitação coletiva, como albergues, participam da definição de casa, de acordo com o disposto no inciso II. O fato de não serem ocupados por uma única pessoa não afasta a preservação daqueles que lá exercem sua intimidade e privacidade contra ataques de terceiros. O inciso III estende a acepção do termo casa ao compartimento não aberto ao público, onde alguém exerce sua profissão ou atividade. É inegável que, embora alheio à definição de moradia, o ambiente profissional é também permeado por atividades íntimas. Se a entrada de pessoas indeterminadas for livremente franqueada no local de trabalho, é evidente que não será possível se cogitar uma violação de domicílio. Todavia, em se tratando de ambiente restrito, haverá o crime (um escritório de advocacia, um consultório médico, as áreas de repartições públicas restritas aos funcionários etc.). A norma penal também menciona as dependências da casa, assim entendido qualquer lugar que, sem fazer materialmente parte da casa propriamente dita, apresenta para com ela uma situação de pertinência ou conexidade, como anexos, garagens, celeiros etc. As varandas, alpendres, sacadas e afins não são dependências, mas sim partes da casa. No que tange a jardins e quintais, são considerados dependências, desde que estejam delimitados por cercas ou muros.

É bom que se informe não existir o delito quando a conduta tiver por objeto a casa desabitada ou desocupada. Não se trata, aqui, da casa momentaneamente desocupada (como no caso de viagem dos moradores ou das casas de veraneio), mas daquela que há muito não recebe os legítimos frequentadores, permitindo-se que as circunstâncias concretas do fato norteiem a apreciação caso a caso. Justifica-se: ainda que os moradores estejam afastados do lar, há vestígios de sua intimidade e privacidade no interior do imóvel, os quais devem ser preservados da indevida intromissão de terceiros, mas na casa desabitada ou desocupada já não existem fragmentos da vida privada, não ocorrendo qualquer lesão à objetividade jurídica tutelada. A invasão da casa nessas condições, todavia, poderá caracterizar crime de usurpação (artigo 161, CP), principalmente no que tange ao esbulho possessório (artigo 161, § 1º, II).

O § 5º indica os locais que não podem ser compreendidos como casa, exemplificando com situações que poderiam gerar controvérsias, a fim de espancar eventuais dúvidas. O inciso I faz menção às hospedarias, estalagens ou qualquer outra habitação coletiva, enquanto aberta, ressalvado o disposto no inciso II do § 4º. Tais estabelecimentos, se abertos ao público, dispõem de áreas comuns, que, por serem de trânsito livre, não podem ser violadas. As áreas reservadas, contudo, como os aposentos ocupados, permanecem protegidas. Exemplificando, um hotel admite livre ingresso ou permanência do público em seu saguão durante o tempo em que estiver com as portas abertas, ao passo que o quarto constitui local privativo do hóspede. Leitura paralela deve ser realizada em relação ao inciso II, que cuida das tavernas, casas de jogos e outras do mesmo gênero, como bares, boates, restaurantes etc. Também nesses locais é franqueado o livre ingresso de pessoas, razão pela qual não se pode cogitar de violação de domicílio. Entretanto, se houver locais reservados nestes estabelecimentos, como o escritório de um gerente, por exemplo, a entrada ou permanência lá constitui o delito em comento.

Somente se admite a modalidade dolosa do delito, não havendo previsão da violação de domicílio culposa. O dolo, que consiste na vontade consciente de entrar ou permanecer em casa alheia, abrangerá todos os elementos do tipo penal, inclusive o dissenso da vítima, que, se desconhecido pelo agente, poderá conduzir a um erro de tipo. Também incorrerá em erro de tipo o agente que, supondo-se o legítimo ocupante do imóvel, ingressa em compartimento alheio, como no caso do sujeito que, por equívoco, adentra no quarto de hotel alugado por outrem.

5 Consumação e tentativa

Consuma-se o crime, no caso do primeiro verbo ("entrar"), quando o agente faz seu corpo ultrapassar completamente o limite que separa a casa do mundo exterior. Assim, a presença do agente sobre o muro que ladeia o imóvel não importa consumação, mas crime tentado, se impedido o ingresso por circunstâncias alheias a sua vontade. Trata-se de crime instantâneo, que se aperfeiçoa no momento único da total transposição do obstáculo que cerca a casa. Também é classificado como crime de mera conduta.[185] Se, todavia, o ingresso é lícito, mas a permanência é contrária à vontade da vítima, o crime tem todos os seus elementos integrados quando o agente demonstra o propósito de ficar ilegitimamente no imóvel. Ou seja, não basta a simples contrariedade do sujeito passivo, é preciso que o agente tenha a intenção de permanecer, não sendo criminosa a hesitação momentânea. Nessa conduta, o delito é permanente, tendo sua consumação distendida no tempo até que haja a desocupação da casa pelo sujeito ativo.

A tentativa não é de difícil observação na entrada ilegal. Ocorrerá, por exemplo, quando o agente é surpreendido ao tentar arrombar a porta da casa, ou ao se encontrar escalando a parede de um edifício etc. Na permanência, entretanto, malgrado abalizadas opiniões em contrário, cremos não ser admissível a figura tentada. A permanência se revela não em uma conduta positiva, mas em uma abstenção, que não admite o fracionamento dos atos executórios. Das duas, uma: ou o agente contraria a vontade da vítima e permanece no imóvel e, nesse exato momento, há a consumação, ou não demonstra qualquer intenção criminosa e a conduta é atípica. Bitencourt, que admite a modalidade tentada, exemplifica a situação com o agente que, convidado a se retirar da casa alheia, mas pretendendo permanecer no interior desta, é retirado compulsoriamente do local. Contudo, o grande doutrinador, a quem se presta todas as homenagens, parece contraditório em sua lição, pois afirma que a consumação da permanência se dá "no exato momento em que a conduta do agente demonstra a sua efetiva intenção de permanecer no interior do aposento".[186] Ora, se o agente demonstrou a sua disposição em permanecer e foi expulso do local, o crime já se consumou. Todavia, se ainda não foi revelado o seu propósito, não há que se falar em tentativa, pois não saiu a conduta da ideação do agente.[187]

---

185 TACrimSP: "O que informa o delito do artigo 150 do Código Penal é a intenção de entrar ou permanecer, sem direito ou ilegitimamente, contra a presumível vontade do dono, na casa alheia, violando o objeto da tutela penal, que, na espécie, é a paz doméstica. Trata-se de infração de mera conduta, que não exige qualquer resultado danoso para se aperfeiçoar. O dolo genérico é o bastante para a sua configuração" (*RT* 419/267).

186 BITENCOURT, Cezar Roberto. *Tratado...*, op. cit., v. 2, p. 481. Concordam com a posição, majoritária, entre outros, Fernando Capez (*Curso...*, op. cit., p. 307), Luiz Regis Prado (*Curso...*, op. cit., p. 314), Ney Moura Teles (*Direito penal...*, op. cit., p. 308), Celso Delmanto (*Código penal...*, op. cit., p. 256) e Ricardo Antônio Andreucci (*Manual...*, op. cit., p. 63).

187 Defendem a impossibilidade de tentativa Álvaro Mayrink da Costa (*Direito penal...*, op. cit., p. 521) e Paulo José da Costa Jr. (*Comentários...*, op. cit., p. 446).

6 Formas qualificadas

Previstas no § 1º do artigo 150, são quatro as circunstâncias que qualificam a violação de domicílio: a) crime cometido durante a noite; b) crime cometido em lugar ermo; c) crime cometido com o emprego violência ou de arma; d) crime cometido mediante o concurso de duas ou mais pessoas.

A primeira circunstância, ao tratar da noite, refere-se ao período compreendido entre o crepúsculo e a alvorada.[188] Justifica-se a incriminação mais severa em virtude da possibilidade diminuta de defesa ou socorro contra o ato, escamoteado pela ausência de luz. Todavia, se o local da violação se encontra com iluminação suficiente para evitar a maior facilidade do agente, o crime existe na forma simples. Note-se que noite não se confunde com o termo "repouso noturno", causa de aumento de pena do crime de furto (artigo 155, § 1º), pois este é um conceito mais restrito, que pressupõe o momento em que as pessoas de determinada localidade descansam durante a noite.

Também o cometimento do delito em lugar ermo o qualifica, pelas mesmas razões acima invocadas. Esclarece Hungria que a expressão deve ser entendida no sentido material ou geográfico, ou seja, "é o lugar habitualmente (quer de dia, quer de noite), e não acidentalmente solitário". Isto é, a redução da possibilidade de socorro deve ser constante, o que não se dá quando, apenas em um momento específico, o local se encontra deserto. Se o local, normalmente ermo, é razoavelmente frequentado no momento da conduta, igualmente não incide a qualificadora.

A violência durante a execução da violação de domicílio e o emprego de arma serão tratados conjuntamente. A violência a que se refere o tipo penal é somente a violência material, podendo ser exercida contra a pessoa (chamada de imediata, se praticada em oposição ao morador, ou mediata, se imposta contra terceiro) ou contra a coisa (classificada como mediata). Assim, quer o agente utilize força contra o corpo da vítima para afastar a sua resistência, como nos casos de agressão, quer o agente danifique a coisa, por exemplo rompendo um obstáculo, teremos o delito qualificado pelo meio violento. A grave ameaça, em regra, não qualifica o crime, salvo no emprego de arma (como instrumento intimidatório, isto é, uma forma específica de violência moral), seja ela própria ou imprópria. É necessário que a arma seja efetivamente usada

---

188 Segundo Capez, noite é o período de obscuridade, caracterizado pela ausência de luz solar (*Curso...*, op. cit., p. 307). Trata-se, assim, de um fenômeno físico-astronômico, maleável, que permite a adequação do tempo noturno às peculiaridades de cada local. O Código sardo definia noite como o tempo que transcorre entre uma hora após o ocaso e uma hora antes do nascer do sol. Cuidava-se de expressa previsão legal, hoje em desuso. Saliente-se que, em processo penal, há quem defenda um critério com horários prefixados, como Marcellus Polastri Lima, para quem noite é o período compreendido entre as 18 horas e as 6 horas matinais (*A prova penal...*, op. cit., p. 176).

para constranger a vítima, não bastando o simples porte para a qualificação do delito.

A última circunstância qualificadora se refere ao crime cometido por duas ou mais pessoas. A pluralidade de agentes facilita a consecução do fim almejado e expõe a vítima a um risco maior. Já tivemos a oportunidade de defender que essa qualificadora somente tem vez quando os agentes estiverem presentes na execução do delito, agindo como coautores, pois o tipo penal fala em reunião para o cometimento da infração e só a cometem os autores. Os partícipes não cometem o crime, mas sim são apenados pela norma de extensão prevista no artigo 29 do CP.

7 Causas de aumento da pena

Se o crime é praticado por funcionário público, fora dos casos legais, ou com inobservância das formalidades estabelecidas em lei, ou com abuso de poder, a pena é elevada em um terço, de acordo com a redação do § 2º. Tal majoração pode ser aplicada tanto ao tipo simples quanto ao qualificado, indistintamente. Consoante Hungria, "na modalidade qualificada do § 2º, a violação de domicílio não é senão um crime contra a administração pública que ficou entre os crimes contra a liberdade individual, por haver o legislador considerado prevalente, na espécie, o último interesse".[189] São três as hipóteses em que a conduta do funcionário torna o delito mais grave: a) na entrada ou permanência em casa alheia fora das hipóteses legais, ou seja, o agente age sem o amparo da lei, como no caso de um oficial de justiça que ingressa na casa da vítima para penhorar seus bens, sem que haja a expedição do competente mandado judicial que tornaria legítimo o ato; b) na inobservância de formalidade legal, ou seja, quando a conduta do agente, embora permitida, deve ser acompanhada de alguma condição especial, como a apresentação do instrumento de mandado regularmente expedido, em caso de busca e apreensão; c) no abuso de poder, isto é, quando o agente conscientemente comete excessos nos casos legais, por exemplo, na hipótese do funcionário que permanece na casa por tempo superior ao necessário para a prática de um ato regular.

O artigo 3º, alínea *b*, da Lei de Abuso de Autoridade (Lei nº 4.898/1965) dispôs sobre o crime de atentado à inviolabilidade domiciliar, praticado por funcionário público. Já nos manifestamos anteriormente pela contrariedade da norma com a ordem constitucional, pois entendemos que há grave violação ao princípio da taxatividade, não apenas no que toca ao item em questão, mas atinente a todo o artigo 3º do diploma extravagante. Porém, também é certo que os tribunais vêm dando aplicação à lei. Assim, damos ao tema a mesma interpretação esposada quando do estudo da lesão corporal: temos uma hipótese de progressão na conduta criminosa, em que o crime de abuso de poder,

189 HUNGRIA, Nelson. *Comentários...*, op. cit., v. VI, p. 224.

que é um "atentado", é antecedente lógico da violação de domicílio. Se o agente não chega a conquistar seu intento, aplica-se o diploma especial. Todavia, se a violação de domicílio se efetiva, há a aplicação do Código Penal, com a majoração de pena do § 2º. Impossível a aplicação da Lei de Abuso de Autoridade e do Código Penal em concurso, pois aquela tem dupla objetividade jurídica (o prestígio da administração pública e a paz domiciliar) havendo *bis in idem* na hipótese.[190]

8 Causas especiais de exclusão da antijuridicidade

Certas circunstâncias, por sua relevância social, excluem a antijuridicidade da conduta, consoante expressa previsão do § 3º. São elas a entrada em casa alheia durante o dia, com observância das formalidades legais, para efetuar prisão ou outra diligência (inciso I), e a entrada a qualquer hora do dia ou da noite na casa de outrem, quando algum crime está ali sendo praticado ou na iminência de o ser (II).[191]

A primeira hipótese versa sobre uma forma de estrito cumprimento do dever legal, cuidada de forma especial pelo dispositivo. Não é criminosa a conduta daquele que, agindo dentro da legalidade, pretende cumprir qualquer espécie de diligência, aí englobadas as judiciais (mandado de penhora, por exemplo), as policiais (como a busca e apreensão), as administrativas (inspeção sanitária, *v. g.*) e as fiscais (como lançamentos de tributos). Em qualquer caso, mister que o responsável pelo ato esteja munido de um instrumento de mandado expedido por juiz competente. É necessário que o ingresso na casa alheia ocorra durante o período de incidência de luz solar. Caso anoiteça, somente a permissão do morador pode legitimar a entrada. Não se exige, contudo, a imediata saída do imóvel tão logo chegue a noite, podendo o agente

190 Para Fernando Capez (*Curso*..., op. cit., p. 309), o § 2º do artigo 150 foi revogado pela lei especial. Em sentido contrário opina Cezar Roberto Bitencourt, para quem o artigo 150, § 2º subsiste, já que as duas primeiras formas – "fora dos casos legais" e "com inobservância das formalidades estabelecidas em lei" – poderiam ser praticadas por funcionário público fora da função, restando derrogada a referência ao "abuso de poder", dada a sua necessária vinculação com a função pública. Em qualquer das hipóteses, todavia, se o funcionário público agir no exercício da função, o doutrinador sustenta o concurso de delitos entre a violação de domicílio, na forma simples, e o abuso de poder (*Tratado*..., op. cit., v. 2, p. 488). Discordamos da lição, pois admitir a aplicação do artigo 150, § 2º em casos dissociados da função pública exercida pelo agente é retirar o fundamento da norma. Não há lógica em punir o funcionário público somente por sua condição pessoal, sendo mister que ganhe relevo o prejuízo trazido ao prestígio da administração pública, só presente na vinculação entre o delito e a função.

191 Cezar Roberto Bitencourt menciona que três espécies de excludentes de ilicitude podem incidir sobre a violação de domicílio: as gerais (artigo 23, CP), as especiais (artigo 150, § 3º) e as constitucionais (artigo 5º, XI, CRFB/88) (*Tratado*..., op. cit., p. 492).

finalizar a diligência, desde que não exceda o tempo imprescindível para a finalização do ato.

No caso de crime sendo cometido ou na iminência de o ser, a entrada em domicílio alheio pode acontecer a qualquer momento do dia ou da noite. Portanto, não há óbice à invasão domiciliar se exercida para a prisão do agente em flagrante delito, ou para proteger a objetividade jurídica tutelada, mesmo que o criminoso não tenha iniciado a execução do crime, mas esteja na iminência de começá-la. O critério para a aferição da iminência deve ser buscado no estudo da legítima defesa, sendo certo que concordamos com aquele esposado por Kuhl e Roxin, para quem iminência é "o momento final da preparação", imediatamente anterior ao reconhecimento do crime tentado.[192]

Discute-se se a norma abraça também a entrada em casa alheia quando lá uma contravenção penal está sendo praticada ou na iminência de o ser. Hungria admite a possibilidade, assim como Magalhães Noronha, lecionando o último da seguinte forma: "Embora pudesse ser mais preciso o Código, estamos que à interpretação lexicológica deve prevalecer a teleológica; e o fim, a vontade da lei que deve predominar, já que o que se quer é excetuar quem prende em flagrante, o que tanto se pode dar no crime como na contravenção, podendo, pois, estender-se significado do termo. Aliás, a própria analogia *in bonam partem* seria aplicável".[193] Contrariamente opina Régis Prado: "Apesar de defendido, *in casu*, o emprego do argumento analógico, a fim de tornar lícita a intervenção em caso de prática de contravenção penal, cabe advertir que é vedado o recurso analógico diante de norma penal não incriminadora excepcional ou singular em relação à norma penal não incriminadora geral (artigo 23, CP), de modo que, como se trata de *jus singulare*, em princípio, não é de ser aplicado o procedimento analógico, ainda que *in bonam partem*".[194] Não há como se solucionar a questão sem o recurso às regras constitucionais. A Constituição Federal, ao cuidar da inviolabilidade domiciliar em seu artigo 5º, XI, também estabeleceu exceções à proteção da intimidade e da privacidade. Segundo o seu texto, a entrada é permitida durante o dia ou à noite em caso de flagrante delito ou desastre, ou para prestar socorro, ou somente durante o dia por determinação judicial. Vê-se, sem dificuldade, que houve um alargamento das hipóteses de exclusão do crime, agora também contemplados o desastre e o socorro a alguém. Mas nos interessa, por enquanto, a primeira situação invocada, qual seja, a entrada motivada pelo flagrante delito (sinônimo de crime). A Lei Maior, sempre que menciona a palavra crime (ou delito), o faz genericamente, sem ingressar na classificação bipartida entre crime e

---

192 CIRINO, Juarez. *Direito Penal*: parte geral. 6. ed. Curitiba: ICPC, 2014. p. 228.

193 HUNGRIA, Nelson. *Comentários...*, op. cit., v. VI, p. 225 e MAGALHÃES NORONHA, E. *Direito penal...*, op. cit., p. 183.

194 PRADO, Luiz Regis *Curso...*, op. cit., p. 314.

contravenção penal. Assim, é permissivo constitucional o ingresso em casa alheia se uma contravenção penal estiver sendo cometida em seu interior, independentemente da dicção do Código Penal. Mas fica alijada, entretanto, a contravenção penal que está na iminência de ser cometida. Nesse caso, também há uma saída constitucional: a prestação de socorro à vítima, se esta for ameaçada pela prática contravencional.

O desastre, de que trata a norma constitucional, não é só a calamidade pública, mas também o desastre pessoal, como no caso de socorro prestado a moradores de uma casa cujo teto desabou. Nessa situação, o crime não é a invasão de domicílio, mas sim a omissão de socorro (artigo 135, CP) em caso de não invasão. O horário da conduta é irrelevante, já que o socorro não pode esperar.

Por derradeiro, quaisquer das excludentes de ilicitude do artigo 23, se invocadas com base legal, podem servir para retirar o caráter criminoso da conduta (por exemplo, a pessoa que, fugindo ao ataque furioso de um animal, invade casa alheia para se proteger, atuando em estado de necessidade). Aqui também é irrelevante o horário em que o agente se vê obrigado a violar o domicílio alheio.

9 Distinção, concurso de crimes e concurso aparente de normas

A lesão aos direitos de intimidade e privacidade de várias vítimas em uma única conduta, ao contrário do que possa parecer, não importa concurso formal, mas delito único. É o que ocorre, por exemplo, quando o sujeito invade uma habitação coletiva. Não é relevante, no caso, se perquirir quantas pessoas tiveram a sua paz domiciliar molestada, pois houve apenas uma violação domiciliar e, portanto, um crime.

O concurso aparente de normas na violação de domicílio pode ser enfrentado pelo princípio da consunção. Havendo relação de crime-meio e crime-fim entre a violação de domicílio e crime de maior gravidade, o artigo 150 restará absorvido, como no caso do ingresso em casa de outrem para a prática de roubo, de furto, de estupro, de homicídio etc. Caso a invasão se dê para a prática de infração penal menos grave, como a contravenção penal vias de fato, teremos concurso de infrações penais.

Caso a violação de domicílio seja perpetrada por militar, nas circunstâncias previstas no artigo 9º do CPM, caracterizar-se-á o crime previsto no artigo 226 do mesmo diploma.

10 Pena e ação penal

A violação de domicílio é infração de menor potencial ofensivo, pois o limite máximo da pena cominada não ultrapassa dois anos (detenção, de 1 a

3 meses, ou, alternativamente, pena de multa). Assim, fica sujeita ao disposto na Lei nº 9.099/95.

O tipo qualificado a que faz referência o § 1º prevê punição de 6 meses a 2 anos, o que não exclui a natureza de infração de menor potencial ofensivo. Todavia, aplicando-se a causa de aumento de pena do § 2º (um terço de majoração), o tipo qualificado tem o limite máximo de sua sanção fixado em 2 anos e 8 meses, passando a ser considerado como infração de médio potencial, alijado do âmbito da Lei nº 9.099/95.

A agravante genérica arrolada no artigo 61, II, *g*, não pode incidir sobre a violação de domicílio, pois cuida da mesma hipótese relativa à causa de aumento da pena.

A ação penal é pública incondicionada.

DOS CRIMES CONTRA A INVIOLABILIDADE DE CORRESPONDÊNCIA (SEÇÃO III)

I – VIOLAÇÃO DE CORRESPONDÊNCIA (ARTIGO 151, CP)

1 Introdução

A Constituição Federal de 1988, como corolário à proteção da intimidade e da privacidade, arrolou, entre os direitos individuais, a inviolabilidade do sigilo de correspondência e das comunicações telegráficas, de dados e das comunicações telefônicas (artigo 5º, XII). Entretanto, como os direitos individuais podem ser excepcionados, fez-se, no último caso, ressalva à quebra de sigilo para fins de investigação criminal ou de instrução processual penal, sempre precedida de ordem judicial fundamentada. A expressão "no último caso" usada no Texto Constitucional gera discussão na doutrina acerca de sua extensão, se abrangeria apenas as comunicações telefônicas, ou também as telegráficas e de dados.[195] A despeito da discussão, o artigo 41 da Lei de

195 Sobre o tema, escreve George Marmelstein: "Há, basicamente, quatro interpretações: (a) uma restritiva, que defende que a expressão 'no último caso' somente se refere às comunicações telefônicas, sendo absoluta a proteção constitucional nas demais hipóteses; (b) uma intermediária, que sustenta que a expressão 'no último caso' se referente tanto às comunicações telefônicas quanto às comunicações de dados, não sendo possível a quebra do sigilo das demais modalidades de comunicação; (c) uma mais abrangente, que defende que a expressão 'no último caso' significa 'em situações excepcionais', autorizando, portanto, a limitação de qualquer tipo de comunicação, desde que em hipóteses extremamente necessárias e sempre com ordem judicial para fins exclusivamente penais; (d) uma teleológica, para entender que o constituinte pretendeu, na verdade, dar uma proteção maior à proteção das comunicações mais íntimas, como as realizadas via telefone, as ambientais/presenciais e as que utilizam a transmissão digital da imagem e/ou voz, por exemplo, estabelecendo critérios bem mais rígidos para a sua quebra do que nas demais hipóteses". Em seguida, conclui o autor: "A última opção parece ser a mais lógica, apesar de se chocar com literalidade do dispositivo constitucional. De fato, aparentemente, a comunicação interpessoal de 'viva voz' é, sem dúvida, a mais importante de todas as espécies de comunicação, pois é ela que mais envolve a intimidade e a privacidade das pessoas. Falar no telefone é, inquestionavelmente, um ato de intimidade muito maior do que mandar um telegrama, por exemplo. Por isso, não seria muito razoável se fosse absolutamente proibida a interceptação de uma comunicação via telégrafo e, ao mesmo tempo, fosse autorizada a interceptação das conversas telefônicas. Seria o mesmo que autorizar a entrada no quarto da casa, mas fosse proibida a entrada no gabinete" (MARMELSTEIN, George. *Existe Lógica na Loucura? O Problema do Sigilo de Dados e das Comunicações*. Disponível em <http://direitosfundamentais.net/2008/03/09/

Execuções Penais (Lei nº 7.210/84) vem sendo aplicado para restringir o direito à correspondência do preso, proporcionando aos diretores de estabelecimentos prisionais a possibilidade de conhecer o teor das missivas. O mesmo acontece em outras leis.

É imprescindível verificar, antes de qualquer outro comentário, a vigência do artigo 151 do CP, já que muitas são as opiniões a respeito. Entendemos inteiramente revogado o referido artigo, já que a Lei nº 6.538/78 (Lei de Serviços Postais), norma posterior ao Código Penal, deu novo tratamento ao tema. E assim não poderia deixar de ser, já que, de início, vemos que o *caput* do artigo 151 ("Devassar indevidamente o conteúdo de correspondência fechada, dirigida a outrem") tem redação idêntica ao artigo 40 do diploma legal especial ("Devassar indevidamente o conteúdo de correspondência fechada dirigida a outrem"). Evidente a revogação tácita da norma anterior, à qual não se levantam vozes contrárias. O problema surge quando da análise dos parágrafos atinentes ao artigo 151. Moura Teles afirma, em sua obra, que o *caput* e o § 1º, I, ambos do artigo 151, foram revogados, respectivamente, pelo artigo 40, *caput* e § 1º, da Lei nº 6.538/78. Defende, ainda, a revogação da parte final do artigo 151, § 1º, II (especificamente quando trata das comunicações telefônicas) pelo artigo 10 da Lei nº 9.296/96, bem como do § 1º, IV, pelo artigo 70 da Lei nº 4.117/62. Ensina, contudo, que permanecem vigentes a primeira parte do artigo 151, § 1º, II, e todo o inciso III. Capez segue na mesma esteira, divergindo, entretanto, no que tange ao artigo 151, § 1º, II. Entende o autor que sua parte final não foi derrogada pelo artigo 10 da Lei nº 9.296/96, pois este é um crime próprio, dirigido somente às pessoas autorizadas legalmente a participar de um procedimento de interceptação telefônica, ao passo que o dispositivo do Código Penal seria classificado como crime comum. Nessa esteira se manifestam Mirabete e Régis Prado.

Em que pese o notável conhecimento dos juristas citados, nenhuma dessas linhas é defensável, impondo-se o reconhecimento do integral desaparecimento do artigo 151. Ora, considerando que o parágrafo § 1º do dispositivo contém condutas equiparadas ao *caput*, a sua revogação indiscutível lança a seguinte questão: equiparar as condutas a quê? Poderiam ser cotejadas com uma norma inexistente? Admitindo-se o apagamento da norma, também não pode subsistir o tipo qualificado do § 3º, que remete aos delitos anteriores. Estamos de acordo, assim, com Rogério Greco, que também abraça a tese da revogação total. Diz o autor que os parágrafos do artigo 151 não podem ter vida própria, dissociada do *caput*, sabidamente revogado pela Lei de Serviços Postais. Baseia-se, em sua argumentação, na Lei Complementar nº 95/98, que estabelece regras sobre a elaboração, redação, alteração e consolidação de leis,

---

existe-logica-na-loucura-o-problema-do-sigilo-de-dados-e-das-comunicacoes/>. Acesso em 11/11/2009).

que, em duas passagens, estatui os parágrafos como desdobramentos do *caput* de um artigo (artigos 10 e 11), estabelecendo, outrossim, que determinado assunto não poderá ser disciplinado por mais de uma lei, salvo se a posterior for destinada à complementação da primeira (artigo 7º).[196] A divergência de opiniões na doutrina, contudo, exige que não se omita o estudo do artigo 151, ainda que discordando de sua vigência.

2 Objetividade jurídica

Cuida o artigo 40 da Lei nº 6.538/78 (assim como o revogado artigo 151 do CP cuidava) de delito que ofende a liberdade individual do sujeito passivo, vilipendiada pela violação de sua correspondência pessoal. É, todavia, fazer tábula rasa da norma asseverar que se protege apenas a intimidade e a privacidade, pois é a liberdade de manifestação de pensamento o bem jurídico realmente tutelado. Não pode a interferência indevida de terceiros tolher a comunicação entre pessoas, assegurada pela Constituição Federal.

O objeto material da conduta é a correspondência fechada. A própria lei especial define, no artigo 47, o que vem a ser correspondência: é toda comunicação, de pessoa a pessoa, por meio de carta, através da via postal ou por telegrama. Não se confunde com a encomenda, que é o envio, por via postal, de objeto para outrem, compreendendo somente, como visto, a "comunicação", ou seja, a transmissão pessoal de pensamento. Restam alijados do conceito, igualmente, outros meios de comunicação que não usem a via postal em seu trânsito, como as mensagens eletrônicas (*e-mail*, mensagens instantâneas e congêneres, hipóteses de comunicação telemática). Mister, ainda, que a correspondência esteja cerrada, ou seja, que tenha o seu conteúdo preservado do livre acesso por terceiros, seja por meio de lacre, cola, costura, fitas adesivas etc. Inexiste violação de correspondência aberta,[197] podendo, nesse caso, se dar outro delito (sonegação ou destruição de correspondência, supressão de documento etc.).

A devassa de correspondência alheia, quando consentida pelo ofendido, torna a conduta atípica, já que o artigo exige que a violação seja "indevida".[198] O bem jurídico tutelado é disponível.

---

196 GRECO, Rogério. *Curso de direito penal* – parte especial. Niterói: Impetus, 2005. p. 658-660.

197 Nesse sentido, STM: "Violação de correspondência: não é típica a conduta de quem toma conhecimento do conteúdo de envelope encaminhado em mãos, aberto e contendo certidões de antecedentes criminais" (HC 33891/AM, rel. Min. José Coelho Ferreira, julg. em 06/04/2004).

198 TJSC: "Apelação criminal - Violação de correspondência - Falsa identidade - Não caracterização. Não se caracteriza violação de correspondência, se o destinatário autoriza terceira pessoa a receber em seu nome. A violação deve estar cumpridamente comprovada

3 Sujeitos do delito

Não há restrições quanto ao sujeito ativo do crime tipificado no artigo 40 da Lei nº 6.538/78, salvo, é claro, as exceções óbvias do remetente e do destinatário. Remetente é quem expressa seu pensamento na correspondência, destinatário é a pessoa a quem a manifestação de pensamento é dirigida.

O crime tem dupla subjetividade passiva: tanto o remetente quanto o destinatário podem ser considerados vítimas da conduta.

4 Elementos objetivos, subjetivos e normativos do tipo

A conduta incriminada consiste em devassar indevidamente o conteúdo de correspondência fechada dirigida a outrem. "Devassar", núcleo do tipo, significa invadir, conhecer algo, total ou parcialmente. O sujeito ativo toma ciência do conteúdo de correspondência que não enviou ou a ele não endereçada. Apesar do artigo mencionar a devassa de correspondência fechada, não é necessária a abertura do invólucro para a configuração do crime. É possível, por exemplo, a visualização do seu teor mediante o uso de *sprays* que umedecem o envelope, ou colocando-o contra a luz. O delito, assim, pode ser classificado como de forma livre, isto é, são admitidas quaisquer formas de devassamento do conteúdo da missiva.

Foi utilizada, na construção do tipo, a expressão "indevidamente". Somente a devassa indevida é criminosa, não havendo punição para a violação legítima de correspondência, como no caso de autorização do destinatário para o conhecimento de seu conteúdo por outrem. Cabe verificar se o ordenamento jurídico brasileiro abre espaço para outras formas de legitimação da conduta. Como asseverado anteriormente, o artigo 5º, XII, da Constituição Federal contempla diversas espécies de sigilo, dentre eles o de correspondência, que, assim como os demais, pode ser relativizado. Alguns diplomas legais admitem a devassa da correspondência. São eles: a) o Código de Processo Penal, que, ao tratar da busca e apreensão, autoriza sejam arrecadadas cartas "abertas ou não" destinadas ao acusado ou em seu poder (artigo 240, § 1º, *f*); b) a Lei de Execução Penal (Lei nº 7.210/84), que autoriza o diretor do estabelecimento prisional a interceptar a correspondência dos detentos (artigo 41, parágrafo único); c) a Lei de Falências (Lei nº 11.101/05), que autoriza ao administrador judicial o recebimento e a abertura da correspondência dirigida ao devedor, entregando-lhe o que não for de interesse da massa (artigo 22, III, *d*). Acerca da Lei de Execução Penal, o STF já teve a oportunidade de se manifestar pela compatibilidade da norma com a CRFB: "A administração penitenciária, com fundamento em razões de segurança pública, de disciplina prisional ou de preservação da ordem jurídica, pode, sempre excepcionalmente, e desde que

---

nos autos, não bastando a simples confirmação verbal da vítima" (Ap. Crim. nº 519639, rel. Min. Solon D'Eça Neves, julg. em 27/04/1992).

respeitada a norma inscrita no artigo 41, parágrafo único, da Lei nº 7.210/84, proceder a interceptação da correspondência remetida pelos sentenciados, eis que a cláusula tutelar da inviolabilidade do sigilo epistolar não pode constituir instrumento de salvaguarda de práticas ilícitas".[199] Assim também entende Capez[200], para quem o sigilo da correspondência deve ceder diante de interesse de maior relevância. Contrariamente, posiciona-se Bitencourt[201], sustentando que, diversamente da Constituição anterior, o atual texto não admitiu exceções ao sigilo. Da mesma forma escreve Mirabete.[202] Parece-nos que, embora em hipóteses excepcionais, o sigilo pode ceder, desde que haja razoabilidade.

Discute-se se, nas relações conjugais, haveria crime na violação da correspondência de um dos cônjuges pelo outro. Para Magalhães Noronha, tratando do direito ao sigilo, "a vida conjugal estabelece comunhão tão íntima entre marido e mulher que, a bem dizer, cria um estado de renúncia permanente a esse direito, que é disponível (...)".[203] Fragoso, todavia, adota posição diametralmente oposta, aduzindo que "o casamento não confere a qualquer dos cônjuges o direito de violar a correspondência do outro".[204] Estamos com o autor, pois o casamento (servindo a lição também para a união estável) não importa em anulação da vida íntima ou privada dos cônjuges, sequer podendo se falar em presunção de consentimento. Entretanto, é certo que as circunstâncias podem conduzir o cônjuge ao erro de tipo, como, por exemplo, se supõe equivocadamente o consentimento do parceiro.

O delito é doloso, não se exigindo qualquer finalidade especial para a violação. Basta a vontade de conhecer o conteúdo da correspondência. Não existe, outrossim, a forma culposa.

5 Consumação e tentativa

Reputa-se consumado o delito quando há o conhecimento, ainda que parcial, do teor da correspondência pelo sujeito ativo. Não há a necessidade de divulgação ou utilização de seu conteúdo (caso isso ocorra, pode ser configurado outro delito, como a extorsão). A tentativa é admissível, desde que, embora violada a correspondência, não se chegue a ter ciência do seu conteúdo (por exemplo, se a pessoa, após abrir carta dirigida a outrem, é surpreendida antes de sua leitura). Classifica-se o delito, portanto, como crime instantâneo, material, de dano e plurissubsistente.

---

199 HC 70.814/SP, 1ª Turma, Rel. Min. Celso de Mello, julg. em 01.03.1994.

200 CAPEZ, Fernando. *Curso...*, op. cit., p. 320.

201 BITENCOURT, Cezar Roberto. *Tratado...*, op. cit., v. 2, p. 504-506.

202 MIRABETE, Julio Fabbrini. *Manual...*, op. cit., p. 208.

203 MAGALHÃES NORONHA, E. *Direito penal...*, op. cit., p. 189.

204 FRAGOSO, Heleno Cláudio. *Lições...*, op. cit., p. 168.

6 Apossamento de correspondência (artigo 40, § 1º, Lei nº 6.538/78)

Trata o dispositivo do apossamento indevido de correspondência alheia, fechada ou não, para fim de sonegação ou destruição, total ou parcial. Não se versa, aqui, sobre a devassa do conteúdo da correspondência, mas somente da sua retenção por quem não consta como remetente ou destinatário. O agente almeja, como especial fim de agir, a inutilização ou a ocultação da correspondência, não a ciência de seu conteúdo. O apossamento para posterior conhecimento de seu teor configura o crime do *caput* do artigo 40. Todavia, se além de devassar a correspondência, o agente a destrói ou sonega, configurar-se-á o delito do § 1º, sendo absorvida a conduta precedente.

A Lei nº 6.538/1978 inovou em relação ao artigo 151, § 1º, revogado. O dispositivo anterior mencionava o apossamento com posterior destruição ou sonegação da correspondência. Ou seja, cuidava-se de crime material, exigindo o resultado naturalístico (destruição ou sonegação) para a integração de todos os elementos do tipo penal. A lei nova, ao revés, incriminou apenas o apossamento dirigido à destruição ou à sonegação. Crime formal, portanto, pois não exige a produção do resultado naturalístico, conformando-se o delito com o simples apossamento, desde que realizado com a finalidade específica (elemento subjetivo especial do tipo). Embora de natureza formal, admite-se a tentativa, se o apossamento da correspondência for impedido por circunstâncias alheias à vontade do agente.

7 Violação de comunicação telegráfica, radioelétrica ou telefônica (artigo 151, § 1º, II e III, CP)

Como tivemos a oportunidade de consignar, cremos que os incisos ora em estudo foram revogados, pois não podem ter vida autônoma, dissociada do *caput* do artigo 151, este notoriamente substituído pelo artigo 40 da Lei nº 6.538/78. Porém, como expressiva parte da doutrina admite a vigência das referidas condutas, imprescindível fazermos, ainda que sucintamente, uma exposição sobre elas.

Prevê o inciso II a conduta daquele que indevidamente divulga, transmite a outrem ou utiliza abusivamente comunicação telegráfica ou radioelétrica dirigida a terceiro, ou conversação telefônica entre outras pessoas. O tipo penal tem por objetivo a proteção da manifestação de pensamento, transmitida, consoante a lição de Mirabete, "por telégrafo, telefone ou por meio de ondas hertzianas (rádio, televisão etc.) quando não dirigidas ao público".[205] Divulgar é difundir o conhecimento de algo a um número indeterminado de pessoas. Transmitir (a outrem) é levar a ciência de algo à outra pessoa. Utilizar é fazer uso do teor da informação para qualquer fim. Não se pune a conduta daquele que simplesmente toma ciência do conteúdo da conversação.

205 MIRABETE, Julio Fabbrini. *Manual...*, op. cit., p. 208.

O tipo penal faz referência velada a possíveis circunstâncias que tornariam a conduta atípica, ao mencionar a divulgação ou transmissão indevida e a utilização abusiva. Caso, por exemplo, do consentimento do ofendido, que legitima a prática.

O sujeito ativo, que pode ser qualquer pessoa (assim como o sujeito passivo), age dolosamente, não existindo qualquer elemento subjetivo especial do injusto.

Deve ser consignado que, mesmo superado o entendimento pugnando pela ab-rogação do artigo 151 do CP, é impossível negar que o inciso II foi derrogado pelo artigo 10 da Lei nº 9.296/96 (Lei de Interceptação Telefônica), que tem a seguinte redação: "Constitui crime realizar interceptação de comunicações telefônicas, de informática ou telemática, ou quebrar segredo da Justiça, sem autorização judicial ou com objetivos não autorizados em lei". A segunda parte da norma (quebra de segredo) é dirigida às pessoas que intercedem em um procedimento de interceptação telefônica (policiais, delegados, promotores de justiça, juízes e outros), constituindo crime próprio. Para tais agentes públicos, desde que atuem em razão de suas funções, é afastada a incidência do artigo 151 (inciso II), prevalecendo a lei peculiar. Para quaisquer outras pessoas, aplica-se o Código Penal (reafirmando-se nossa posição contrária). Importa ressaltar, pela relevância do tema, que interceptação é "a intervenção de terceiro, que grava a conversa que duas pessoas mantêm telefonicamente, informaticamente, ou, ainda, telematicamente", não se confundindo com a gravação clandestina, significando a gravação, por um dos interlocutores, da conversa do outro, sem o consentimento ou o conhecimento deste.[206] As gravações clandestinas vêm sendo admitidas pelos tribunais superiores como provas lícitas.[207]

O inciso III incrimina a conduta do agente que impede a comunicação ou a conversação referidas no inciso II (telegráfica, radioelétrica ou telefônica). Impedir é embaraçar de qualquer forma (obstar ou interromper), quer a comunicação não tenha se iniciado, impedindo o agente a sua deflagração, quer ela esteja em curso, com impedimento à sua continuação. Cuida-se de delito de forma livre, admitindo quaisquer meios executórios (fios telefônicos cortados, interferência na frequência de transmissão etc.). Acerca do delito, diz Hungria: "Cumpre notar que, se o fato assume as proporções de perigo comum ou de atentatório da incolumidade pública, passa a ser enquadrado no artigo 266 do Código". Isso porque o delito em comento tem sujeito passivo determinado, não resultando em perigo à coletividade, razão da desclassificação

---

206 Definições de Lenio Luiz Streck (*As interceptações telefônicas e os direitos fundamentais*. Porto Alegre: Livraria do Advogado, 2001. p. 107).

207 STF: RE 21.208/RO; HC 75.261/MG; HC 74.678/SP; HC 75.338/RJ. STJ: RHC 7.216/SP; HC 14.336/RJ.

mencionada pelo grande jurista. No que tange ao sujeito ativo, este pode ser qualquer pessoa, salvo autoridade pública que impede ou embaraça a liberdade de radiodifusão ou de televisão, hipótese que se enquadra no artigo 72 da Lei nº 4.117/62.

É evidente que somente será punida a conduta abusiva, não constituindo crime a postura acobertada por alguma causa de justificação. Não se exige, outrossim, qualquer elemento subjetivo que não seja o dolo, ou seja, a vontade de cumprir todos os elementos do tipo, ainda que sem finalidade especial.

8 Instalação ou utilização ilegal de telecomunicações (artigo 70, Lei nº 4.117/62)

O dispositivo em apreço revogou o crime antes tipificado no artigo 151, § 1º, IV, passando a normatizar a matéria da seguinte forma: "Constitui crime punível com pena de detenção de um a dois anos, aumentada da metade se houver dano a terceiro, a instalação ou utilização de telecomunicações, sem observância do disposto nessa Lei e nos regulamentos".

São dois os verbos presentes no núcleo do tipo: instalar, que é a montagem do equipamento necessário para a utilização de telecomunicações; e utilizar, que é o funcionamento da aparelhagem. O conceito de telecomunicações pode ser apurado na própria lei especial (Código Brasileiro de Telecomunicações), que, em seu artigo 4º, assim dispõe: "Para efeitos desta lei, constituem serviços de telecomunicações a transmissão, emissão ou recepção de símbolos, caracteres, sinais, escritos, imagens, sons ou informações de qualquer natureza, por fio, rádio, eletricidade, meios óticos ou qualquer outro processo eletromagnético". São englobadas, destarte, as emissões de rádio (incluindo o radioamador), televisivas, de telefonia, telégrafos etc. Há que se salientar, todavia, a edição da Lei nº 9.472/97, que, em seu artigo 183, incriminou a conduta de desenvolvimento clandestino de telecomunicação,[208] com pena de detenção, de 2 a 4 anos. Aparentemente conflitante com o Código Brasileiro de Telecomunicações, cremos que não houve ab-rogação deste pela lei mais recente. O desenvolvimento clandestino de telecomunicações é apenas uma das formas de ilegalidade da atividade, mas não a única (poderíamos vislumbrar, por exemplo, a operação de uma estação de rádio que não preenche todos os requisitos legais, mas que não funciona às escondidas). Portanto, sendo desenvolvida a atividade de forma escamoteada (como no caso de rádios piratas ou de centrais telefônicas que servem a práticas ilícitas, como nos acostumamos

208 STJ, Informativo nº 444: "A conduta de transmitir sinal de *internet*, via rádio, de forma clandestina, configura, em tese, o delito previsto no art. 183 da Lei n. 9.472/1997 (desenvolvimento clandestino de atividade de telecomunicações), de competência da Justiça Federal, uma vez que se trata de serviço cuja exploração é atribuída à União, ainda que se reconheça possível prejuízo a ser suportado pela empresa de telefonia" (AgRg no CC 111.056-SP, Rel. Min. Og Fernandes, julgado em 25/8/2010).

a ver hodiernamente), aplica-se a Lei nº 9.472/97. Qualquer outra forma de desenvolvimento ilegal de telecomunicações enseja a aplicação da Lei nº 4.117/62.[209]

209 Essa posição não é pacífica, consoante demonstra acórdão de lavra do TRF3: "A recente lei 9.472/97, em seu artigo 215, revoga expressamente a lei 4.117/62. Todavia, na revogação, excetua os preceitos relativos à radiodifusão, razão pela qual, no meu entender, continua em vigor a referida lei, no que diz respeito aos serviços de radiodifusão" (RHC 19528/SP, rel. Juiz Roberto Haddad, julg. em 11/11/1997). Ou seja, para o órgão julgador a Lei nº 4117/62 continua válida para qualquer forma de exploração irregular de serviços de radiodifusão, mesmo o clandestino. No mesmo sentido se pronunciou o STJ, em decisão publicada no Informativo de nº 453: "Noticiam os autos que um dos interessados neste conflito de competência foi condenado à pena de um ano de detenção em regime aberto como incurso no art. 70 da Lei n. 4.117/1962 (exploração clandestina de radiodifusão). Então, diante da condenação, a defesa do réu interpôs apelação dirigida ao TRF, o qual, acolhendo manifestação do MP, declinou de sua competência para julgar o recurso, determinando a remessa dos autos à Turma Recursal do Juizado Especial Federal. Por sua vez, o Juízo da Turma Recursal suscitou este conflito negativo de competência ao argumento de que, como o art. 70 da citada lei foi substituído pelo art. 183 da Lei n. 9.472/1997, cuja pena máxima abstratamente cominada passou a ser de quatro anos, a pena máxima encontra-se fora dos parâmetros previstos pela Lei n. 10.259/2001 (lei que criou os juizados cíveis e criminais federais). Consequentemente, o julgamento do recurso não se sujeitaria à competência da Turma Recursal dos Juizados Especiais Federais. Assevera o Min. Relator que, para este Superior Tribunal, a Lei n. 9.472/1997 não teve efeito ab-rogatório sobre a Lei n. 4.117/1962, mas apenas o derrogatório, ou seja, houve revogação apenas parcial, permanecendo inalteráveis os preceitos relativos aos delitos de radiodifusão, conforme previsto expressamente no art. 215, I, da Lei n. 9.472/1997. Diante do exposto, a Seção conheceu do conflito de competência e declarou competente para julgar a apelação o suscitado, o TRF. Precedente citado: CC 94.570-TO, DJe 18/12/2008" (CC 112.139-SP, Rel. Min. Gilson Dipp, julgado em 27/10/2010). Realmente é o que insinua o artigo 215 da Lei nº 9.472/97, pois este, depois de mencionar a vigência da lei anterior quando não conflitar com o novo texto, afirma que também se mantém íntegros os preceitos referentes à radiodifusão do diploma pretérito. Entendeu-se, assim, que essa segunda parte do artigo 215 seria desnecessária (redundante), salvo se houvesse a intenção de manter todo o tratamento anterior aos serviços de radiodifusão (inclusive no que concerne à clandestinidade). Todavia, a consagração de tal tese redundaria em quebra da isonomia, pois teríamos uma punição mais rigorosa para todos os demais serviços de telecomunicações, mas nunca para a operação de rádios. Assim, preferimos a posição esposada em acórdão do TRF2, proferido no RSE 1241 (1999.51.01.045996-5), que defende a aplicação do artigo 183 da Lei nº 9.472/97 (embora tenha reconhecido a atipicidade do caso concreto apresentado) à hipótese de exploração de "rádio-pirata". O STF, embora reconhecendo a coexistência de ambos os dispositivos, diferencia-os no que tange à habitualidade da conduta, que seria exigível para a aplicação da Lei nº 9.472/97, conforme publicado no Informativo nº 583, ora transcrito: "Em conclusão de julgamento, a Turma, por reputar escorreita a tipificação da conduta, nos termos da ação penal de origem, indeferiu habeas corpus no qual denunciado pela suposta prática do crime previsto no art. 183 da Lei 9.472/97 ('Desenvolver clandestinamente atividades de telecomunicação: Pena – detenção de dois a quatro anos, ...') alegava que o fato narrado na denúncia corresponderia, em verdade, à hipótese prevista no art. 70 da Lei 4.117/62 ['Constitui crime punível com a pena de detenção de 1 (um) a 2 (dois) anos, aumentada da metade se houver dano a terceiro, a instalação ou utilização de telecomunicações, sem observância do disposto nesta Lei e nos

Seja qual for o caso, é necessária a atuação dolosa, com a vontade de praticar todos os elementos do delito. Assim, eventual representação errônea sobre um de seus componentes (digamos, sobre a legalidade da operação, por exemplo) importa erro de tipo.

9 Causa de aumento da pena e tipo qualificado

Os §§ 2º e 3º do artigo 151 arrolam, respectivamente, uma causa de aumento de pena, referente ao dano causado a outrem pela prática abusiva, e uma forma qualificada, consistente na qualidade de funcionário de serviço postal, telegráfico, radioelétrico ou telefônico do sujeito ativo. Obviamente, só são aplicáveis aos dispositivos do artigo 151 que, para parte da doutrina, permanecem vigentes, não tendo seu alcance estendido às leis especiais. Regis Prado, todavia, mesmo admitindo a vigência de parte do artigo 151, é categórico em afirmar a revogação do § 3º. Segundo o autor, o abuso praticado por funcionário das referidas atividades ora será enquadrado no artigo 58 da Lei nº 4.117/62, ora no artigo 43 da Lei nº 6.538/78.[210] Já Mirabete admite a coexistência do § 3º com os dispositivos citados por Regis Prado, desde que a conduta do sujeito ativo não seja perfeitamente adequada a um dos tipos penais da legislação extravagante. Recusa-se, inclusive, a vislumbrar a revogação da norma pela Lei de Abuso de Poder (artigo 3º, *c*, Lei nº 4.898/65), aduzindo que nem todo funcionário é autoridade.[211] Nossa posição, anteriormente de-

---

regulamentos.']. Sustentava que deveria, pois, em razão da pena cominada, submeter-se ao rito da Lei 9.099/95, que confere vários benefícios ao acusado, dentre os quais a possibilidade de transação penal — v. Informativo 574. Ressaltou-se, inicialmente, que se tornaria necessário saber se o art. 70 da Lei 4.117/62 continuaria, ou não, em vigor, dado o disposto no art. 215, I, da Lei 9.472/97 ('Ficam revogados: I – a Lei 4.117/62, salvo quanto à matéria penal não tratada nesta Lei e quanto aos preceitos relativos à radiodifusão;'). Considerou-se que, como o próprio núcleo do tipo penal indica, desenvolver clandestinamente atividade de telecomunicações seria um crime habitual. Destarte, enfatizou-se que quem, uma vez ou outra, utiliza atividades de telecomunicações, sem habitualidade, não pratica o crime definido no art. 183 da Lei 9.472/97, mas sim o disposto no art. 70 da Lei 4.117/62. Reputou-se que a diferença entre os dois tipos penais seria esta: o crime do art. 183 da Lei 9.472/97 somente se consumaria quando houvesse habitualidade. Quando esta estiver ausente, ou seja, quando o acusado vier a instalar ou se utilizar de telecomunicações clandestinamente, mas apenas uma vez ou de modo não rotineiro, a conduta estaria subsumida no art. 70 da Lei 4.117/62, pois não haveria aí um meio ou estilo de vida, um comportamento reiterado ao longo do tempo, que seria punido de modo mais severo pelo art. 183 da Lei 9.472/97. Assim, compreendeu-se que, no caso em análise, haver-se-ia de manter hígida a decisão, pois a denúncia esclarecera que os aparelhos de telecomunicações eram utilizados de forma clandestina e habitual pelo paciente no exercício da atividade de 'lotação', com o propósito de se comunicar com colaboradores da prática de transporte clandestino de passageiros e, assim, evitar ser flagrado pela fiscalização" (HC nº 93.870/SP, rel. Min. Joaquim Barbosa, julg. em 20/04/10).

210 PRADO, Luiz Regis. *Curso*..., op. cit., v. 2, p. 330.

211 MIRABETE, Julio Fabbrini. *Manual*..., op. cit., p. 210.

fendida, pende para a total revogação do artigo 151, inclusive de todos os seus parágrafos, razão pela qual não mais subsistem a causa de aumento da pena e o tipo qualificado.[212]

10 Distinção, concurso de crimes e concurso aparente de normas

Segundo cremos e tivemos a oportunidade de defender, não há que se falar em vigência do artigo 151 do CP, pois a pacífica revogação de seu *caput*, promovida pelo artigo 40 da Lei de Serviços Postais (Lei nº6.538/78) causou o colapso de toda a estrutura do artigo, dependente da integridade do tipo fundamental. Regulam a matéria da qual antes cuidava o artigo 151 a Lei de Serviços Postais, o Código Brasileiro de Telecomunicações (Lei nº 4.117/62), a Lei de Interceptação Telefônica (Lei nº 9.296/96), a Lei nº 9.472/97 e, de forma que consideramos em desacordo com o regramento constitucional por sua imprecisão, a Lei de Abuso de Poder (Lei nº 4.898/65).

Se a violação de correspondência é praticada como meio executório de crime diverso, resta absorvida por este.[213]

Caso o crime seja praticado por militar em situação descrita no artigo 9º do CPM, ficará caracterizado o crime do artigo 227 do mesmo diploma.

11 Pena e ação penal

Comina-se ao artigo 40 da Lei nº 6.538/78 pena de detenção, de até seis meses. Não há indicação do limite mínimo do tempo de privação de liberdade, apenas da margem penal máxima. Alternativamente, é imposta pena de multa em montante que não exceda a vinte dias-multa.

---

212 Nesse sentido, a quem damos os louros pela brilhante defesa da posição, Rogério Greco (*Curso*..., op. cit., v. II, p. 668).

213 Nesse sentido, TRF4: "(...) O delito de violação de correspondência (art. 40 da Lei nº 6538/78) caracteriza-se como ante-fato impunível, pois trata-se de conduta-meio realizada tão-somente para a consecução do crime-fim (apropriação de valores - art. 312 do CP) restando por este absorvida, pela aplicação do princípio da consunção (...)" (Ap. Crim. 15143/PR, rel. Des. Élcio Pinheiro de Castro, julg. em 05/12/2007). Na mesma esteira, TRF2: "A violação de correspondência é crime-meio, através do qual o agente logra consumar o furto do conteúdo da carta remetida (...)" (RCCR 98.02.46341-8, rel. Des. Guilherme Couto, julg. em 26/04/1999). Contra, STM: "Militar que viola correspondência dirigida a colega de caserna, subtrai cartão de crédito nela contido e o utiliza para fazer compras em estabelecimento comercial, causando prejuízos à instituição bancária privada, pratica crime militar de violação de correspondência, de competência da Justiça Castrense, em concurso material com o delito de estelionato, de competência da Justiça Comum. Inaplicabilidade do princípio da consunção. Rejeitados os embargos opostos pela Defesa, confirmando-se o respeitável acórdão recorrido por seus próprios e jurídicos fundamentos. Decisão majoritária" (Embfo 49845/RJ, rel. Min. Olympio Pereira da Silva Jr., julg. em 06/03/2007).

Ao § 1º do artigo 40 do mesmo diploma legal impõe-se pena idêntica a do *caput* do dispositivo. Ambas as infrações são de menor potencial ofensivo, sujeitas às regras atinentes aos juizados especiais criminais (Lei nº 9.099/95).

Os incisos II e III do artigo 151 do CP, aos quais muitos advogam a vigência, têm pena igual àquela cominada ao *caput* do artigo (detenção, de 1 a 6 meses, ou multa), o que cria uma situação peculiar: se o *caput* foi revogado, como remeter a uma sanção que não mais existe? De qualquer forma, o exame da pena demonstra que também se cuidam de crimes de menor potencial ofensivo.

No caso da Lei de Interceptação Telefônica, a pena prevista para o artigo 10 é de 2 a 4 anos, além de multa cumulativa, impedindo a aplicação da Lei nº 9.099/95. Todavia, é possível a imposição de pena restritiva de direitos ao autor do delito.

O artigo 70 da Lei nº 4.117/62 contempla conduta apenada com detenção, de 1 a 2 anos, aumentada da metade em caso de dano a terceiro. Não havendo o aumento da pena, a infração é de menor potencial ofensivo. Incidindo o aumento, uma vez ultrapassado o limite máximo da pena, torna-se incabível o enquadramento da conduta nos ditames da Lei nº 9.099/95.

Aumenta-se de metade a pena de qualquer dos incisos do parágrafo 1º do artigo 151 se, em virtude da conduta, é produzido dano a alguém. Ainda assim as infrações continuam como de menor potencial ofensivo. Todavia, no caso de incidência da qualificadora prevista no § 3º, a pena de detenção, de 1 a 3 anos, somente admite suspensão condicional do processo (artigo 89, Lei nº 9.099/95).

A ação penal, no Código Penal, é pública condicionada à representação (§ 4º), salvo nos casos do § 1º, IV, e § 3º, onde será pública incondicionada.[214] Na Lei nº 6.538/78, a ação é pública incondicionada, o mesmo se dando na Lei nº 9.296/96. No caso da Lei nº 4.117/62, a ação penal é precedida de uma condição de procedibilidade curiosa, qual seja, a realização de busca e apreensão da estação ou aparelho ilegal (artigo 70, parágrafo único). Na Lei nº 9.472/97, o crime previsto no artigo 183 é de ação penal pública incondicionada, consoante redação do artigo 185.

---

214 Majoritariamente, entende-se que, em regra, a competência é da Justiça Estadual, conforme se extrai do seguinte acórdão do STJ: "Não cabe deslocar-se para o juízo federal o processamento de recurso em sentido estrito de decisão denegatória de habeas corpus visando trancamento de inquérito policial que apura possível delito de violação de correspondência, no qual inexistiu prejuízo a bem, serviço ou interesse da União ou mesmo da ECT. Competência do juízo estadual suscitado" (CC nº 18141/SP, rel. Min. José Arnaldo da Fonseca, julg. em 11/03/1997).

II – CORRESPONDÊNCIA COMERCIAL (ARTIGO 152, CP)

1 Introdução

O tipo penal em apreço também cuida de formas de violação do sigilo de correspondência, criando, entretanto, um delito próprio, praticado por sócios ou empregados de estabelecimentos comerciais ou industriais, que abusam de sua condição para a prática da conduta. Adota-se o princípio da especialidade para incriminar, de forma autônoma, uma conduta mais grave, já que a violação de correspondência comercial, muitas vezes permitindo o acesso a operações financeiras complexas e procedimentos das atividades desempenhadas, pode redundar em severa lesão à empresa. À exceção do objeto material e do sujeito ativo da conduta, todos os demais conceitos emitidos no estudo anterior da violação de correspondência são aqui aplicados, motivo pelo qual evitaremos a prolixidade desnecessária. Opta-se por uma apreciação sucinta, com ênfase nos elementos especializantes.

2 Objetividade jurídica

É a liberdade individual o bem jurídico tutelado neste delito, especialmente a livre manifestação de pensamento. Além disso, é acrescida a proteção a dados ou informações relevantes ao sucesso da atividade empresarial, já que a simples manifestação de pensamento já era tutelada pelo antigo artigo 151 do CP. Entretanto, não ingressam na salvaguarda do tipo penal os segredos, que são objetos dos crimes previstos nos artigos 153 e 154.

A correspondência comercial é o objeto material da conduta, englobando todas as cartas, contas, faturas, notas, avisos e instruções.[215] Deve a correspondência, obrigatoriamente, referir-se à atividade comercial ou industrial da pessoa jurídica, sendo alijadas do tipo penal as correspondências com finalidades diversas. Nesse caso, tem aplicação a Lei nº 6.538/78.

---

215 Consoante Álvaro Mayrink da Costa (*Direito penal...*, op. cit., p. 554).

3 Sujeitos do delito

Por expressa exigência do tipo penal, somente poderão ser autores do delito o sócio do estabelecimento comercial ou industrial (remetente ou destinatário), ou um de seus empregados (secretária ou gerente, por exemplo). Classifica-se o delito como crime próprio. Andou bem Bitencourt ao limitar o alcance da norma: "Nenhum outro indivíduo – acionista, investidor, colaborador, vendedor autônomo ou representante comercial – poderá ser sujeito ativo desse crime, por faltar-lhe a condição especial de 'sócio ou empregado', a não ser que aja ao abrigo do concurso de pessoas; igualmente, sócio ou empregado de qualquer outro estabelecimento que não seja comercial ou industrial, como, por exemplo, prestadores de serviços, cooperativas, sociedades civis etc., ainda que execute qualquer das condutas descritas no tipo, não infringirá a proibição nele contida: o legislador, ao nominar expressamente 'estabelecimentos comerciais ou industriais', exclui, *ipso facto*, todos os demais estabelecimentos não-contidos nessa classificação".[216]

O sujeito passivo é o estabelecimento comercial ou industrial, remetente ou destinatário.

4 Tipicidade objetiva e subjetiva

O delito consiste em "abusar da condução de sócio ou empregado de estabelecimento comercial ou industrial para, no todo ou em parte, desviar, sonegar, subtrair ou suprimir correspondência, ou revelar a estranho o seu conteúdo". O núcleo do tipo é composto por vários verbos (tipo misto alternativo): desviar (dar destinação diversa), sonegar (deixar de entregar, ocultar), subtrair (apossar-se, retirar), suprimir (eliminar) ou revelar (dar ciência) a estranho o seu conteúdo. Estas representam verdadeiramente o comportamento proibido, que somente será criminoso se exercido "abusivamente", ou seja, sem justa causa. "Abusar" significa se valer da condição peculiar dentro da empresa (agir em razão do posto ocupado).

É voz corrente na doutrina que somente haverá o crime se a conduta tiver a possibilidade de causar algum dano à empresa, seja ele patrimonial ou moral. Parece-nos que a lição é obvia: se a prática, em tese adequada ao tipo penal, não pode redundar em ofensa ao bem jurídico (que não se limita à liberdade de manifestação de pensamento, mas engloba todo conteúdo de correspondência relevante à atividade empresarial), não há sequer que cogitar de conduta delituosa, regida pelo princípio da ofensividade. Assim ocorre, por exemplo, na divulgação a terceiro do conteúdo de folheto de publicidade recebido em correspondência dirigida à empresa.

216 BITENCOURT, Cezar Roberto. *Tratado...*, op. cit., v. 2, p. 518-519.

O crime é doloso (dolo direto ou eventual), ou seja, o agente é movido pela vontade livre e consciente de integrar todos os elementos arrolados no tipo penal.

5 Consumação e tentativa

Consuma-se o delito com a realização, mesmo parcial, da conduta incriminada, ou seja, com o desvio, a sonegação, a subtração ou com a supressão da correspondência, ou com a sua revelação a qualquer pessoa que não devesse saber de seu conteúdo (crime instantâneo). A tentativa é admitida, já que os atos executórios são fracionáveis (crime plurissubsistente), como no caso do empregado que, quando tenta queimar uma carta, é surpreendido por terceiro.

6 Distinção, concurso de crimes e concurso aparente de normas

Considerando estarmos diante de um tipo misto alternativo, a prática de mais de um dos verbos tipificados sobre o mesmo objeto e em um mesmo contexto fático indica a realização de um crime único. Entretanto, nada impede o concurso de delitos se as condutas são destacadas entre si.

O objeto material da conduta (correspondência comercial), bem como as especificidades do sujeito ativo, distinguem o crime ora estudado daqueles previstos na Lei nº 6.538/78 (princípio da especialidade). A especialidade também resolve o conflito aparente de normas entre o artigo 152 e os artigos 153 e 154, que tem nos segredos o seu objeto de tutela.

7 Pena e ação penal

Comina-se isolada e abstratamente à correspondência comercial a pena de detenção, de 3 meses a 2 anos. A infração, portanto, é de menor potencial ofensivo, pois a pena não ultrapassa o teto de dois anos de privação da liberdade. A ação penal é pública condicionada à representação do ofendido, por exigência do parágrafo único do artigo 152.

DOS CRIMES CONTRA A INVIOLABILIDADE DOS SEGREDOS

I – DIVULGAÇÃO DE SEGREDO (ARTIGO 153, CP)

1 Introdução

Alinhado dentre os crimes contra a liberdade individual, o crime de divulgação de segredo visa a proteger a esfera secreta da vida a que toda pessoa tem direito. Consoante Hungria, "a todo indivíduo deve ser assegurada a faculdade de resguardar da arbitrária ou indébita indiscrição de outrem os fatos de sua vida privada que ele entende de manter secretos".[217] Para a garantia de limitação da repercussão dos segredos, o legislador incriminou, no artigo 153, a sua indevida divulgação, com a seguinte redação: "Divulgar alguém, sem justa causa, conteúdo de documento particular ou de correspondência confidencial, de que é destinatário ou detentor, e cuja divulgação possa produzir dano a outrem". Percebe-se que não foi tipificada a difusão de qualquer segredo, mas somente aquele constante de documento ou correspondência, de salvaguarda prioritária, reduzindo-se o alcance da norma.

A Lei nº 9.983/00, aproveitando a redação original do tipo penal, criou um parágrafo extra (§ 1º-A), prevendo um delito contra a administração pública ("Divulgar, sem justa causa, informações sigilosas ou reservadas, assim definidas em lei, contidas ou não nos sistemas de informações ou bancos de dados da Administração Pública"). Entretanto, em vez de inculcá-lo no Título XI, que imaginamos mais apropriado, optou-se pela criação de uma circunstância qualificadora do artigo 153.

2 Objetividade jurídica

O objeto da tutela penal, uma vez mais, é a liberdade individual, seriamente ameaçada sem a garantia de exclusividade dos segredos ou de não repercussão das confidências, afinal, mesmo os segredos são formas de manifestação de pensamento, a que o indivíduo, todavia, não deseja ver revelados.

É o segredo contido em documento particular ou em correspondência confidencial o objeto material do delito. Segredo é qualquer ato ou fato sigiloso, definição que não é suficiente para delimitar a objetividade material.

217 HUNGRIA, Nelson. *Comentários...*, op. cit., v. VI, p. 249.

Mister que o segredo tenha potencialidade lesiva, ou seja, que a sua divulgação possa acarretar danos a quem o confiou ou a terceiros. Também não são protegidas as confidências desnecessárias, pois, se o próprio confidente não cuidou de preservar o seu sigilo, não é de se exigir essa postura de quem os conheceu.

Somente os segredos contidos em documentos particulares ou em correspondências confidenciais são tutelados pela norma. Não o são, por exemplo, os segredos transmitidos pela via oral. A Exposição de Motivos da Parte Especial do Código Penal (item 54) deixa evidente o porquê da posição esposada: "Ora, é indisfarçável a diferença entre divulgar ou revelar a confidência que outrem nos faz verbalmente e a que recebemos por escrito: o primeiro caso, a veracidade da comunicação pode ser posta em dúvida, dada a ausência de comprovação material; ao passo que, no segundo, há um *corpus*, que se impõe à credulidade geral". Documento particular é qualquer escrito, instrumento ou papel que não é público (emitido por órgão público no exercício da função pública).[218] Para que se tenha algo como um documento, é mister que seu conteúdo, juridicamente relevante, seja expresso em uma linguagem (ainda que não corresponda a um idioma, como no caso da tipografia) e que possua um autor, determinado ou determinável.[219] São documentos os textos gravados em computadores, mensagens eletrônicas, microfilmagens e outros, isto é, não se exige suporte de papel. A correspondência, cujo conceito já foi estudado, "deve ser confidencial, ter um conteúdo realmente secreto, ser aquilo que se diz só para chegar ao conhecimento de determinada pessoa ou de número limitado de pessoas".[220]

Tratando-se de bem jurídico disponível, o consentimento do ofendido tem o condão de afastar o caráter criminoso da conduta.

3 Sujeitos do delito

Consoante a redação legal, poderão ser autores do delito o destinatário do documento ou da correspondência, ou qualquer outra pessoa que o detenha. No primeiro caso, o destinatário, apesar de autorizado a conhecer o teor do segredo, não tem a faculdade de revelá-lo. Na detenção, o crime será caracterizado seja o apoderamento legítimo ou ilegítimo.

O sujeito passivo é a pessoa que tem a liberdade de manifestação de pensamento violada pela conduta do agente, ainda que outrem seja o prejudicado pela divulgação.

---

218 Cezar Roberto Bitencourt (*Tratado*..., op. cit., v. 2, p. 527), escorado no artigo 232 do CPP.

219 Aníbal Bruno, ao tratar do documento particular, assevera que este deve ter caráter sigiloso, escrito, que deva ser mantido secreto e possa servir de prova em fato de importância jurídica (*Crimes contra a pessoa*..., op. cit., p. 407).

220 Idem, ibidem, p. 407.

4 Tipicidade objetiva e subjetiva

A conduta tipificada (divulgar conteúdo de documento particular ou de correspondência confidencial) corresponde à revelação de algo que deveria permanecer secreto, independente do meio utilizado (crime de forma livre, podendo a divulgação ser oral, escrita, por gestos etc.). Um número indeterminado de pessoas, consoante a doutrina majoritária, deve receber a ciência do teor do segredo, concepção mais adequada ao sentido do núcleo do delito.[221]

A lei é expressa ao afirmar a potencialidade lesiva da revelação do segredo. Isto é, não é qualquer segredo que servirá como objeto da conduta, mas apenas aquele que possa causar dano a outrem (qualquer pessoa, salvo o próprio sujeito ativo), ainda que, efetivamente, o dano não ocorra.

Infere-se da leitura do texto legal, outrossim, que a conduta justificada do agente afasta o caráter criminoso da conduta (a justa causa mencionada no texto legal é um elemento normativo, ou seja, o artigo pode ser classificado como um tipo anormal). Por exemplo, se consentida a divulgação, ou se o agente lança mão do segredo contido em correspondência para fazer prova de sua inocência em juízo, ou, ainda, na delação de um fato criminoso etc. O importante é demonstrar a razoabilidade da divulgação, caso a lei não a autorize expressamente. A justa causa, normalmente avaliada na análise da antijuridicidade, aqui é exposta como elemento integrante do tipo penal, excluindo a tipicidade da conduta.

O crime é sempre doloso, não havendo previsão legal da modalidade culposa. O dolo, fundado na vontade de revelar, injustificadamente, o segredo que pode causar dano a outrem, deve abranger todos os elementos do tipo.

5 Consumação e tentativa

Opera-se a consumação do crime com a divulgação do segredo, independentemente da produção de danos a alguém. Trata-se, portanto, de crime formal. Também é um crime instantâneo, pois a consumação ocorre em um momento único. A tentativa é possível se os atos executórios puderem ser fracionados (delito plurissubsistente), como no caso da divulgação por escrito. Suponhamos, por exemplo, que o sujeito ativo produza panfletos explicitando o segredo, mas é contido, contra a sua vontade, antes de iniciar a distribuição. Haverá o crime na forma tentada. A forma oral, todavia, pode ser unissubsistente, hipótese em que não será possível a tentativa.

6 Tipo qualificado

A Lei nº 9.983/00 acrescentou, ao artigo 153, o § 1º-A, que incrimina a conduta de "divulgar, sem justa causa, informações sigilosas ou reservadas,

221 Contra, aduzindo que o que se tem em vista é o comportamento divulgar e não o resultado da divulgação, Celso Delmanto (*Código penal*..., op. cit., p. 262).

assim definidas em lei, contidas ou não nos sistemas de informações ou bancos de dados da administração pública".

Apesar de o dispositivo figurar, por seu posicionamento legal, como hipótese qualificada do artigo 153, parece-nos que assim não pode ser considerado. Isso porque pouca ou nenhuma semelhança guarda com o tipo fundamental. Basta verificar que o *caput* do artigo tutela um bem jurídico privado, atinente ao indivíduo, ao passo que o § 1º-A protege um bem jurídico de ordem pública, qual seja, a regularidade da atividade administrativa. Ora, desta forma, melhor seria a colocação da conduta dentre os crimes contra a administração pública (preferivelmente junto às novas figuras penais dos artigos 313-A e 313-B – que, inclusive, foram criadas pela mesma lei que trouxe à baila o artigo 153, § 1º-A – ou junto ao artigo 325). Bitencourt respalda a crítica feita: "No entanto, convém registrar, a nova previsão legal cria grande desarmonia na estrutura e topografia do velho Código Penal, ao confundir bens jurídicos distintos, privados e públicos".[222] A sistemática do Código Penal, uma vez mais, foi vítima da péssima técnica legislativa que parece endêmica no Brasil. Apesar disso, elogia-se a preocupação do legislador em modernizar a lei penal, prevendo o possível armazenamento das informações em sistemas informatizados.

Novamente o verbo que norteia a incriminação é divulgar, por qualquer meio. Só que a conduta, dolosa, tem como objeto material as informações sigilosas ou reservadas, assim entendidos os dados ou notícias sobre alguma coisa ou alguém. Consistindo em norma penal em branco, o artigo 153, § 1º-A, necessita de uma lei (em sentido estrito) que defina quais são as informações de caráter sigiloso ou reservado (não é imprescindível que um diploma legal único regulamente a norma, podendo haver disposição em leis diversas, como o faz a Lei de Execuções Penais, no artigo 202). Havendo justa causa para a revelação, afasta-se o delito por atipicidade.

Trata-se de crime comum, em que qualquer pessoa pode figurar como sujeito ativo e não apenas o funcionário público. O sujeito passivo, todavia, sempre será a administração pública.

A consumação ocorre com a divulgação, ainda que nenhum resultado danoso seja produzido. Admite-se a tentativa quando a conduta é plurissubsistente.

7 Distinção, concurso de crimes e concurso aparente de normas

O artigo 325 do Código Penal, especial em relação ao artigo 153, sobre este prevalece, absorvendo-o. Na legislação extravagante, também prevalecem sobre o crime estudado os artigos 13 e 21 da Lei nº 7.170/83 (Segurança Nacional), o artigo 195 da Lei nº 9.279/96 (Concorrência Desleal), o artigo 94 da Lei nº 8.666/93 (Licitações) e o artigo 228 do CPM. Também a Lei de

222 BITENCOURT, Cezar Roberto. *Tratado...*, op. cit., v. 2, p. 533.

Falências (Lei nº 11.101/05) contemplou uma hipótese de sigilo (artigo 169) que sobrepuja a disposição do Código Penal.

8 Pena e ação penal

A pena em abstrato cominada para o crime previsto no artigo 153 do CP é de detenção, de 1 a 6 meses, ou, alternativamente, multa. Cuida-se de infração de menor potencial ofensivo, sujeita às regras da Lei nº 9.099/95. No caso do § 1º-A, a pena é sobremaneira elevada (detenção, de 1 a 4 anos, além de multa cumulativa), o que ajuda a demonstrar o seu descompasso com o *caput*. É cabível para o delito a suspensão condicional do processo (artigo 89, Lei nº 9.099/95).

A ação penal é, segundo o § 1º, pública condicionada à representação do ofendido, salvo se do fato resultar prejuízo para a administração pública, caso em que será incondicionada (§ 2º).

II - VIOLAÇÃO DE SEGREDO PROFISSIONAL (ARTIGO 154, CP)

1 Introdução

O Código Penal, no artigo 154, tutela outra forma de violação de segredo, ligada a uma condição pessoal do sujeito ativo. Para a configuração do delito, é necessário que a ciência do segredo revelado tenha se dado em virtude de atividade profissional, de função, ministério ou ofício. Em verdade, não seria um equívoco colocar a norma como uma forma qualificada do dispositivo anterior, mas a opção legislativa pela tipificação autônoma não causa inconvenientes.

Justifica-se a incriminação da conduta pela natureza sigilosa de algumas atividades. Regis Prado, ressaltando a importância do segredo profissional, rememora que, em tempos antigos, o sigilo possuía caráter sagrado, principalmente no que tange às atividades curativas, citando o juramento de Hipócrates como simbólico: "O que, no exercício ou fato do exercício (da Medicina) e no comércio da vida eu vir ou ouvir, que não seja necessário revelar, conservarei em segredo".[223] Em diversas ocasiões, para buscar assistência, o indivíduo é impelido pelas circunstâncias a revelar fatos ou informações que não gostaria de difundir. Para que o indivíduo não se sinta constrangido no exercício desse direito, aqueles que venham a ter ciência do segredo em virtude da necessidade do confessor devem privilegiar o sigilo. Cuida-se de uma relação de confiança entre os envolvidos. Assim é, por exemplo, na relação entre o advogado e seu cliente; entre o médico e o paciente; entre o padre e o fiel em confissão etc. O crime versa, exatamente, sobre a quebra da confiança.

Não só o direito penal resguarda os segredos, havendo normas protetivas em outros ramos da ciência jurídica, como, por exemplo, no artigo 207 do CPP; no artigo 406 do CPC, e no artigo 7º, XIX, do Estatuto da OAB. A violação dessas regras enseja a aplicação do dispositivo em comento.

---

223 PRADO, Luiz Regis. *Curso...*, op. cit., v. 2, p. 348.

2 Objetividade jurídica

A liberdade individual, mais especificamente inviolabilidade dos segredos, aspecto da liberdade de manifestação de pensamento, tolhida pelas inconfidências do sujeito ativo, é o bem jurídico tutelado pela norma. Segundo Hungria, "o temor da quebra dos segredos poria em xeque a liberdade de atuação da vontade".[224] Há a salvaguarda constitucional dos segredos no artigo 5º, X, da Constituição Federal.

Trata-se de bem jurídico disponível, podendo o sujeito passivo renunciar ao sigilo, o que torna legítima a divulgação. Tal assertiva é claramente demonstrada pelo artigo 207 do CPP, que, após enumerar as pessoas proibidas de depor em virtude de segredo, estabelece a legitimidade da oitiva se forem desobrigadas do dever de sigilo pela parte interessada.

O objeto material da conduta é o segredo, definido como o fato da vida privada que se quer manter oculto. Para Hungria, o segredo pressupõe dois elementos: um negativo, consistente na ausência de notoriedade do fato, e outro positivo, consubstanciado na vontade determinante de sua custódia ou preservação.[225]

3 Sujeitos do delito

Trata-se de crime próprio, pois somente poderá ser cometido por quem tenha conhecimento do fato secreto em razão do exercício de função, ministério, ofício ou profissão. Função é o encargo recebido em virtude de lei, decisão judicial ou administrativa, ou contrato (tutores, inventariantes, diretores de empresas etc.).[226] Ministério é o encargo derivado de um estado ou condição social, sem fins lucrativos (sacerdote, padre, freira etc.). Ofício é a atividade mecânica ou manual (marceneiro, serralheiro, cabeleireiro etc.). Profissão é a atividade de prestação de serviços habitual e lucrativa, de natureza pública ou privada, em regra dependente de habilitação do poder público (médico, advogado, engenheiro, farmacêutico etc.). Com a propriedade de sempre, Bitencourt afirma que tais pessoas são, pela essência da atividade desempenhada, confidentes necessários, ou seja, mantêm uma relação profissional-cliente que encerra confidências, sigilos, segredos, cuja divulgação indevida fere, ao menos, a ética profissional.[227] O Código Penal adotou um sistema aberto para a confecção da norma, apenas informando a natureza da atividade

224 HUNGRIA, Nelson. *Comentários...*, op. cit., v. VI, p. 257.

225 Idem, ibidem, p. 261.

226 Para Luiz Regis Prado (*Curso...*, op. cit., v. 2, p. 351), o conteúdo da expressão é amplo, abrangendo todas as funções específicas inerentes às atividades citadas, motivo pelo qual um estudante de medicina, por exemplo, pode exercer algumas funções típicas da profissão médica.

227 BITENCOURT, Cezar Roberto. *Tratado...*, op. cit., v. 2, p. 538.

ocupada pelo sujeito ativo, em vez de enumerar taxativamente as categorias profissionais ou permitir a interpretação analógica, por meio de uma fórmula casuística.[228] O dever de sigilo é estendido aos auxiliares do profissional (estagiários, secretárias, instrumentadores etc.).

No polo passivo, está o titular do segredo, a pessoa que confia o fato secreto ao profissional, ou seja, aquela a quem pertencem os dados. Insta salientar que nem sempre o titular do segredo corresponde ao prejudicado. É o que ocorre quando o indivíduo confia ao sujeito ativo um segredo que possa causar danos a terceiros, como no caso da mãe que procura um advogado e, tencionando a contratação de seus serviços, narra o crime cometido por seu filho.[229]

4 Tipicidade objetiva e subjetiva

A conduta incriminada consiste em revelar (transmitir, dar ciência a outrem) o teor de segredo que soube em razão da atividade desempenhada e que, uma vez posto a descoberto, possa causar dano a alguém. Admite quaisquer meios executórios (revelação oral, por escrito, por meios simbólicos etc.), razão pela qual o delito é classificado como de forma livre. A revelação, outrossim, pressupõe uma conduta comissiva. É suficiente que o segredo seja revelado a uma pessoa, ao contrário do que ocorre no delito anteriormente estudado.

Mister que o sujeito ativo tome conhecimento do segredo no exercício de sua atividade, ainda que a esta não se refira, mas seja conexo a outra revelação (como no caso do paciente que conta minúcias de sua vida sexual ao médico durante o tratamento de uma doença venérea). Todavia, não é exigido que o cliente transmita diretamente o fato ou dado secreto, podendo o agente ter a ciência por meio de um documento ou por terceiros, por exemplo. Caso o segredo seja alheio ao desempenho da atividade, não se configurará a violação de sigilo profissional, podendo, eventualmente, ser caracterizado o delito previsto no artigo 153. Mesmo diante da revelação de um segredo profissional, somente haverá o crime se este segredo tiver o condão de produzir dano a outrem, não sendo criminosa a revelação de um segredo inócuo. Deve ser ressaltado que a efetiva produção do dano não é exigida, mas somente a potencialidade danosa.

O elemento normativo do tipo é a ausência de justa causa, ou seja, se houver um motivo relevante para a revelação do segredo não existirá crime. A posição da justa causa como elementar do delito, em vez de operar a extinção da

228 PRADO, Luiz Régis. *Curso...*, op. cit., v. 2, p. 351.

229 Para Fernando Capez o sujeito passivo é a pessoa que pode sofrer um dano com a divulgação do segredo (*Curso...*, op. cit., p. 342). Na mesma esteira se manifestam E. Magalhães Noronha (*Direito penal...*, op. cit., p. 201) e Luiz Regis Prado (*Curso...*, op. cit., v. 2, p. 352).

antijuridicidade, como sói ocorrer nas causas de justificação em geral, resulta na atipicidade da conduta. Considera-se justa causa a permissão (ou exigência legal) para a revelação, o consentimento do titular do segredo ou, ainda, a atuação em estado de necessidade, legítima defesa ou exercício regular de um direito, entre outras possibilidades. No primeiro caso, como exemplo, existem várias normas que exigem do profissional médico a comunicação de informações sobre certos tipos de moléstias ou procedimentos, ou sobre delitos verificados em exames realizados. O artigo 269 do CP estabelece que certas doenças, de notificação compulsória, devem ser obrigatoriamente transmitidas pelo médico à autoridade competente. A Lei nº 9.263/1996, ao seu turno, em seu artigo 16, determina a notificação de esterilizações cirúrgicas. Também a Lei de Contravenções Penais excepciona o sigilo, tipificando a conduta do médico ou outro profissional da área sanitária que omite informações sobre crime de ação pública incondicionada de que teve ciência no exercício da profissão, se não houver exposição do cliente a procedimento criminal (artigo 66, II). O consentimento dado pelo sujeito passivo, igualmente, afasta o caráter criminoso da revelação, pois, cuidando-se de bem jurídico disponível, não há sigilo a ser preservado (a transmissão deve se ater aos estritos limites do consentimento). As pessoas que guardam o segredo nem mesmo se convocadas a depor podem quebrar o dever de sigilo, salvo se desobrigadas pela parte interessada (consentimento do ofendido), momento em que poderão optar pela revelação ou pela manutenção do sigilo (artigos 207, CPP e 406, CPC). Em virtude de estado de necessidade e de legítima defesa, nesse caso funcionando como causas de exclusão da tipicidade, há permissão para a revelação do segredo. João Bernardino Gonzaga, citado por Regis Prado, nos presenteia com alguns excelentes exemplos, como o caso do médico que, diante da recusa do paciente em se submeter a um tratamento necessário para a manutenção de sua vida, conta sobre a doença a uma pessoa capaz de convencê-lo à intervenção; ou a hipótese do advogado que revela a autoria de um crime praticado por seu cliente para evitar a condenação de um inocente.[230] Caso o advogado divulgue detalhes do seu envolvimento profissional com o cliente em ação de cobrança de honorários advocatícios, estará agindo com justa causa (exercício regular de um direito), desde que o ato seja necessário.[231]

5 Consumação e tentativa

A simples revelação do segredo profissional a uma única pessoa é suficiente para consumar o delito, ainda que nenhum prejuízo a alguém seja causado. A lei exige, somente, que a conduta tenha potencialidade danosa, dispensando

230 PRADO, Luiz Regis. *Curso...*, op. cit., p. 354-355.

231 O Código de Ética Médico (artigo 109) proíbe, mesmo no caso de cobrança de honorários, a quebra do sigilo profissional.

o efetivo dano. Trata-se, assim, de crime de mera conduta, classificado ainda como crime de perigo. Também se cuida de crime instantâneo, uma vez que a consumação não se distende no tempo.

Admite-se, sem maiores dificuldades, a tentativa, desde que a conduta seja plurissubsistente (como na revelação feita por escrito, por exemplo, em que o sujeito ativo, por circunstâncias alheias a sua vontade, não consegue fazer com que o texto chegue ao conhecimento de outrem). Se unissubsistente, como na revelação oral, a tentativa é impossível.

6 Distinção, concurso de crimes e concurso aparente de normas

Em regra, haverá paridade entre o número de crimes de violação de segredo profissional e a quantidade de fatos sigilosos revelados, qualquer que seja a espécie de concurso de delitos. Entretanto, se as revelações forem produzidas em um mesmo contexto, ainda que contra vítimas diversas, o crime será único.

Em tema de continuidade delitiva, é possível o seu reconhecimento quando as condutas envolverem o sigilo profissional e o crime de violação de segredo (artigo 153), desde que se entenda por crimes da mesma espécie como aqueles que ofendem a mesma objetividade jurídica e que tenham descrição típica assemelhada.

São especiais em relação ao artigo 154 do CP e, por isso, sobre ele prevalecem os seguintes artigos de lei: artigos 13 e 21 da Lei de Segurança Nacional (Lei nº 7.170/83); artigo 94 da Lei nº 8.666/93 (Licitações); artigo 195, XI e XIV, da Lei nº 9.276/96 (Concorrência Desleal); artigo 169 da Lei de Falências (Lei nº 11.101/05); e artigo 230 do CPM. Também prevalece sobre o artigo 154 o crime disposto no artigo 325 do CP, que cuida, especificamente, da violação praticada por funcionário público. Todavia, o crime estudado absorverá o delito inscrito no artigo 153 do CP.

7 Pena e ação penal

Comina-se abstratamente ao crime de violação de sigilo profissional pena de detenção, de 3 meses a 1 ano, ou, alternativamente, pena de multa. A pena máxima igual a um ano indica que a infração é de menor potencial ofensivo, sujeita às regras da Lei nº 9.099/95.

A ação penal é pública condicionada à representação do ofendido, de acordo com o parágrafo único do dispositivo.

III - INVASÃO DE DISPOSITIVO INFORMÁTICO (ARTIGO 154-A, CP)

1 Introdução

Criado pela Lei nº 12.737/2012, o crime ora em apreço representa uma busca pela modernização do direito penal, adaptando-o à realidade de uma sociedade conectada em redes, em que os limites da intimidade são flexibilizados - consciente ou inconscientemente - e outros aspectos das chamadas liberdades públicas se tornam passíveis de intromissão indevida por terceiros, com danos potenciais a bens jurídicos como patrimônio, honra etc. Nesse contexto, a atualização legislativa não só é desejável, mas imperiosa, já que, se as dinâmicas sociais não são estanques, o direito não pode o ser.

A conduta prevista no artigo 154-A é a de "invadir dispositivo informático alheio, conectado ou não à rede de computadores, mediante violação indevida de mecanismo de segurança e com o fim de obter, adulterar ou destruir dados ou informações sem autorização expressa ou tácita do titular do dispositivo ou instalar vulnerabilidades para obter vantagem ilícita". O § 1º equipara ao *caput* o comportamento de quem "produz, oferece, distribui, vende ou difunde dispositivo ou programa de computador com o intuito de permitir a prática da conduta definida no *caput*".

O diploma legal reformador não se limitou a incluir o artigo 154-A ao Código Penal. Ele também criou o artigo 154-B, que será objeto de comentários, mas sobre o qual já se pode dizer que trata da ação penal aplicável ao dispositivo anterior; modificou o artigo 266 do CP, que passou a abarcar a interrupção, a perturbação o impedimento e a dificultação de restabelecimento de serviço telemático ou de informação de utilidade pública; e também acrescentou um parágrafo único ao artigo 298 do CP, equiparando os cartões bancários de crédito e de débito a documentos particulares para a finalidade de caracterização do crime de falsidade documental. Nota-se, desde logo, que o artigo 154-A nenhuma relação guarda para com as demais inovações, salvo no caso do artigo 154-B, a ele conexo.

2 Objetividade jurídica

Protege-se no artigo 154-A – a par do que ocorre em todos os outros dispositivos deste Capítulo – a liberdade individual, com especial ênfase na intimidade, que, uma vez vulnerada, permite que outros bens jurídicos sejam igualmente atingidos, como a inviolabilidade dos segredos (como já dito, um aspecto da liberdade de manifestação do pensamento) e o patrimônio (quando, eventualmente, poderá restar configurado crime do Título II da Parte Especial do Código Penal, como a extorsão, o furto fraudulento, a extorsão etc.). A honra não é tutelada pela incriminação, pois sua lesão em regra determinará o reconhecimento de crime diverso (como veremos).

A intimidade é notoriamente um bem jurídico disponível, de modo que a autorização para que outrem dela compartilhe importará ausência de crime (no caso, por evidente atipicidade formal da conduta), salvo se extrapolados os limites da autorização (por exemplo, no caso em que uma pessoa recebe a senha de acesso ao telefone celular de outra para realizar uma ligação urgente, mas aproveita esse conhecimento para acessar o dispositivo em outras ocasiões, sem ter permissão para tal).

Como objetos materiais da conduta incriminada, temos os dados e as informações contidos nos dispositivos informáticos, que conceituaremos adiante.

3 Sujeitos do delito

Cuida-se de crime comum, de modo que qualquer pessoa pode praticar o comportamento delineado na norma penal.

O sujeito passivo é o titular do dispositivo informático invadido, seja pessoa física ou jurídica, que não necessariamente se confundirá com o prejudicado. Por exemplo, se alguém invade o computador de pessoa responsável por formatar a dissertação de mestrado alheia e apaga o arquivo dessa dissertação, sem que haja cópias em outros dispositivos, o prejudicado será o autor do texto, embora o sujeito passivo seja aquele profissional que trabalhava em sua formatação.

4 Elementos objetivos, subjetivos e normativos do tipo penal

São dois os núcleos encontrados no *caput* do tipo penal, correspondendo aos verbos invadir (dispositivo informático alheio) e instalar (vulnerabilidades). Invadir corresponde ao acesso não autorizado – seja clandestino, dissimulado ou ostensivo – ao dispositivo informático pertencente a outrem (ou a um setor específico deste dispositivo). Instalar significa agregar ao dispositivo algo potencialmente funcional (ainda que não seja colocado efetivamente em uso).

Dispositivo informático é um elemento normativo do tipo associado a ambos os núcleos, de modo que tanto a invasão, quanto a instalação de vulnerabilidades, recaem sobre ele. Cuida-se de todo aparelho ou mecanismo "capaz de tratar informação, diga-se, armazenar ou processar dados (cálculo, alteração, inclusão ou exclusão)".[232] Embora o artigo 154-A não conceitue o termo, é possível realizar uma valoração extrajurídica, de modo que não cremos violada a taxatividade que deve nortear a norma. Temos aqui os telefones celulares, *smartphones*, computadores portáteis ou não, discos rígidos externos, *pen drives*, aparelhos de GPS etc. Hoje, até mesmo aparelhos de TV conectados à internet e aparelhos de *videogames* funcionam como se computadores fossem, armazenando dados e informações úteis, razão pela qual ingressam na categoria de dispositivos informáticos. Não é necessário que o dispositivo esteja conectado à internet, bastando sua capacidade de armazenamento. Por exemplo, um *pen drive* desconectado de computadores mantém sua qualidade de dispositivo informático e, por isso, pode ser objeto material da conduta. Cleber Masson classifica os dispositivos da seguinte forma: (a) dispositivos de entrada, ou seja, os dispositivos que realizam a captação de dados, como microfones, teclados, webcams, câmeras fotográficas digitais e outros; (b) dispositivos de processamento, que são aqueles dedicados à análise de dados, o que gera informação a partir dos dados coletados pelos dispositivos de entrada, direcionando-a aos dispositivos de saída (placas de vídeo, processadores etc.); (c) dispositivos de saída, isto é, interfaces dedicadas ao conhecimento ou captação da informação processada, como monitores de vídeo; e (d) dispositivos de armazenamento, que são aqueles que efetuam a guarda dos dados e informações (DVDs, pen drives etc.).[233]

A invasão de dispositivo informático é sempre não autorizada, o que já fica claro pelo verbo empregado no tipo penal. A autorização que torna a conduta atípica deve partir do titular do dispositivo. É bom que se diga que, muitas vezes, dispositivos informáticos são compartilhados por duas ou mais pessoas – como estações de trabalho – mas há setores no sistema reservados a usuários específicos, inclusive protegidos por senhas. Se o ingresso nesses setores reservados – mas não no dispositivo – se dá de forma não autorizada, não temos o crime em comento. Exemplificando: dois colegas de trabalho possuem a senha de acesso ao mesmo computador da empresa e um deles consegue invadir um setor do sistema ao qual apenas a senha do outro poderia permitir o acesso. Nesse caso, não houve invasão do dispositivo, mas do sistema, conduta esta que não é contemplada na norma penal do art. 154-A.

Caso duas ou mais pessoas sejam titulares do mesmo dispositivo informático e todas elas tenham acesso às mesmas áreas reservadas, o acesso de terceiros ao dispositivo só será livre se nenhuma delas se opuser. Tomemos como

232 JESUS, Damásio; MILAGRE, José Antônio. *Manual de Crimes Informáticos*. São Paulo: Saraiva, 2016.

233 MASSON, Cleber. *Direito Penal*... op. cit., p. 360.

exemplo o caso de um núcleo familiar em que dois irmãos compartilhem o mesmo disco rígido externo; um desses irmãos pretende que um amigo tenha acesso ao dispositivo, ao passo em que o outro rejeita a ideia. Nessa hipótese, prevalece a vontade negativa, de sorte que, se esse amigo vier a invadir o dispositivo conhecendo a contrariedade de um dos titulares do bem jurídico, ele praticará o crime do artigo 154-A do CP. É evidente que não se pode esquecer a possibilidade de erro de tipo, a causar a atipicidade do comportamento.

Merece atenção a hipótese em que a autorização é obtida por meio fraudulento, como na dissimulação: uma pessoa, se passando por técnico em manutenção de computadores, sob o pretexto de realizar a manutenção de um equipamento defeituoso, obtém autorização para acesso ao dispositivo, a qual não seria concedida se o titular soubesse que a pessoa com quem lida o está enganando. A autorização viciada, parece-nos, equipara-se à ausência de autorização. Deve aqui ser aplicada a mesma lógica presente na violação de domicílio (artigo 150 do CP), em que a dissimulação é uma das formas pelas quais o crime pode ser praticado (aliás, em muitos aspectos, o crime do artigo 154-A se assemelha à violação domiciliar). Ressalte-se que o Código Penal deixa claro – em outra passagem – que a fraude afasta o reconhecimento da autorização: é o que observamos no artigo 126, p. único, que cuida do aborto provocado por terceiros com o consentimento da gestante. Ainda nessa esteira, a autorização obtida mediante coação deve igualmente ser repudiada. Por conseguinte, se uma pessoa consegue a senha alheia mediante ameaça e, na sequência, acessa o dispositivo informático, há o crime de invasão.

Não ocorrerá o crime, mesmo no acesso não autorizado, quando a invasão é acobertada por uma causa de justificação. Assim, se uma pessoa está desaparecida e, antevendo um desfecho trágico, os parentes do desaparecido conseguem acessar seu computador para a obtenção de dados que possam indicar seu paradeiro, há estado de necessidade, real ou putativo (nessa última hipótese, se houver uma falsa emergência).

A invasão de dispositivo informático somente é criminosa quando o sujeito ativo – que atua de forma não autorizada – viola mecanismo de segurança, como senhas de acesso, criptografias de arquivos, *firewalls* etc. Saliente-se que é irrelevante se o mecanismo de segurança é de fácil violação ou se exige uma habilidade superior. Ainda que a senha que protege o dispositivo seja óbvia, como a data de nascimento do titular, existe um certo nível de proteção, o qual, ao ser superado, importa violação. Entendemos que a expressão "mecanismo de segurança" não engloba as barreiras físicas de acesso ao dispositivo, pois estas são tratadas pelo Código Penal como "obstáculos", a par do que ocorre no artigo 155, § 4º, I, do CP. Nesse sentido, não há se falar em violação de mecanismo de segurança se uma gaveta é arrombada para que o sujeito ativo tenha acesso físico ao dispositivo.

Sem a violação, mesmo que o acesso seja indevido, não há o crime do artigo 154-A, eventualmente restando configurado outro tipo penal conexo ou dando-se a atipicidade formal. Se uma pessoa deixa seu *smartphone* sobre uma mesa e terceiros o manuseiam, tendo acesso ao conteúdo ali armazenado, uma vez que nenhuma senha protegia o aparelho, em princípio não há crime.

Somente se pune a invasão de dispositivo informático na forma dolosa, não existindo qualquer previsão de culpa. Ao dolo, aditam-se especiais fins de agir, sendo imprescindível a presença de ao menos um deles: obtenção, adulteração ou destruição de dados ou informações. Dados são unidades básicas de informação, ou seja, a matéria-prima de uma informação, todavia ainda sem contextualização. Dando-se a contextualização dos dados, eles se tornam informações, aptos à produção do conhecimento. Nesse sentido, Cleber Masson, para quem dados "são elementos extraídos do mundo real e alocados no dispositivo informático, representados por números, símbolos, palavras ou imagens, insuscetíveis de compreensão para quem os examina", e informações "são os dados processados e organizados de modo a apresentarem determinado significado".[234]

Quando um gaiato invade o computador alheio unicamente para fazer uma brincadeira de mau gosto, assumindo remotamente o controle do equipamento, mas sem qualquer pretensão sobre os dados e informações ali armazenados, tampouco possuindo qualquer outra intenção lesiva, não há crime.

Obtenção é a ciência, a consecução de dados ou informações não disponíveis ao invasor. Se a intenção do invasor é a obtenção de dados ou informações irrelevantes (por exemplo, a marca do *laptop* que a vítima possui) ou que podem ser facilmente conhecidos pelo uso de outras fontes (o endereço de um restaurante, *v. g.*, ou uma foto que a vítima tornou pública em redes sociais, disponibilizando-a a todos, indistintamente), e nela ele se basta, pensamos não se caracterizar o crime do artigo 154-A, pois ou a conduta é insignificante (na primeira hipótese), ou não há o atingimento da esfera íntima da vítima (na segunda). Decerto que a invasão por si só já é uma violação da intimidade. Todavia, quando o legislador exigiu no tipo penal elementos subjetivos especiais, estabeleceu uma congruência entre esses e a interpretação do tipo penal, de modo que os dados ou informações acessados também precisam fazer parte da intimidade da vítima (ou de terceiros), o que não acontece quando há notoriedade. Adulteração é a modificação de dados ou informações contidos no dispositivo informatizado. A adulteração também deve possuir alguma relevância para que seja considerada criminosa. Já destruição é a extinção do dado ou informação, que deixa de existir sob a disponibilidade de seu titular. Aqui, devem ser feitas as mesmas ressalvas pertinentes às situações anteriores.

234 MASSON, Cleber. *Direito Penal*... op. cit., p. 362.

É bom que se diga que não é necessário que o especial fim de agir se cumpra para que se repute aperfeiçoado o crime de invasão de dispositivo informático. Basta que o agente atue movido por uma das finalidades especiais. Por exemplo, há a infração penal se o invasor apaga um dado constante de certo dispositivo informático, mas não consegue destruí-lo, porque o seu titular possui *backup*; ou se a invasão se dá para a obtenção de informações, mas o agente não conquista seu intento porque uma súbita falta de energia interrompe a pesquisa que era feita.

A segunda conduta incriminada é a de instalar vulnerabilidades (em verdade, códigos ou programas capazes de explorar vulnerabilidades) em dispositivo informático alheio para a obtenção de vantagem indevida. A instalação de vulnerabilidades, frise-se, não é um especial fim de agir da invasão de dispositivo informático, mas uma conduta autônoma, de forma que algumas elementares da primeira conduta não se estendem à segunda, como a necessidade de violação de mecanismo de segurança.[235]

Vulnerabilidades são "brechas" ou falhas acessíveis a terceiros que permitem a exploração do conteúdo de um dispositivo informático. Não é necessário que o verbo seja praticado diretamente pelo autor, dando-se o reconhecimento do crime mesmo quando o meio executório é indireto (por exemplo, a hipótese em que a vítima é ludibriada para clicar em um link que instala a vulnerabilidade em seu equipamento).

A instalação de vulnerabilidades é criminosa apenas quando há a intenção de obter vantagem indevida, ainda que esta não seja auferida de fato. Não é necessário que a vantagem seja patrimonial, podendo ser de qualquer outra natureza (moral, política, afetiva etc.).

Tal qual a invasão de dispositivo informático, a instalação de vulnerabilidades também é sempre dolosa, seja o dolo direto ou eventual. Não se admite a modalidade culposa.

5 Consumação e tentativa

O artigo 154-A, em ambas as modalidades, é crime instantâneo. A conduta de invadir dispositivo informático se consuma com o acesso ao dispositivo alheio, o que ocorre em um momento único, ainda que o agente posteriormente permaneça devassando o seu conteúdo, o que seria mero exaurimento. Já o verbo instalar se consuma quando a vulnerabilidade é funcionalmente agregada ao dispositivo. Da mesma forma, se o agente explora a vulnerabilidade em um momento posterior, temos o exaurimento de um comportamento prévio.

235 Em sentido contrário, defendendo que a instalação de vulnerabilidades é um especial fim de agir vinculado à conduta de invadir dispositivo informático, por todos, Cezar Roberto Bitencourt (*Tratado...*, op. cit., p. 564).

Não é necessário que o sujeito ativo efetivamente devasse a intimidade da vítima, analisando os dados e informações contidos no dispositivo, o que faz com que as condutas sejam classificadas como formais, ou de consumação antecipada. Igualmente, não é necessário que o especial fim de agir se cumpra.

Cuidando-se de posturas plurissubsistentes, a tentativa é admissível em ambos os casos.

6 Conduta equiparada (§ 1º)

O § 1º do artigo 154-A contempla uma conduta equiparada ao *caput*, consistente em produzir, oferecer, distribuir, vender ou difundir dispositivo ou programa de computador com o intuito de permitir a prática dos comportamentos incriminados no *caput*. Pune-se, portanto, o auxílio prestado ao invasor ou instalador da vulnerabilidade, o que, em tese, poderia ser considerado um ato de participação em sentido estrito, se presentes os requisitos de configuração do concurso de pessoas, mas que aqui é transformado em tipo penal diverso. Há, portanto, uma exceção pluralística à teoria monista.

Produzir significa fabricar, criar. Oferecer é disponibilizar, ainda que gratuitamente. Distribuir é efetivamente entregar a terceiros, ou seja, um passo além da oferta. Vender é repassar mediante o pagamento de um preço. E difundir é divulgar, espalhar, conduta mais genérica e subsidiária às demais. O dispositivo e o programa de computador a que se refere o parágrafo são aqueles que permitem a invasão ou a exploração de vulnerabilidades, como aqueles usados por *hackers*.

Essas condutas, sempre dolosas, se consumam com a simples prática dos verbos arrolados, sendo desnecessário que o dispositivo ou programa seja efetivamente usado por terceiros. Todavia, é necessário que o objeto material (dispositivo ou programa) tenha potencialidade para realizar o fim a que se propõe. Se um programa é vendido a alguém sob o argumento de que possibilitará a invasão de dispositivos informáticos e, em verdade, esse dispositivo não funciona da forma apregoada, tratando-se de uma fraude, podemos ter o crime de estelionato (artigo 171 do CP), em verdadeira torpeza bilateral, mas nunca o crime do artigo 154-A, § 1º.

7 Causa de aumento da pena (§ 2º)

Classificada como crime formal, a invasão de dispositivo informático tem a pena aumentada de um sexto a um terço se a conduta resulta em prejuízo econômico, ou seja, monetariamente apreciável.

A majorante não guarda relação com a obtenção de vantagem pelo sujeito ativo, uma vez que é possível existir prejuízo sem vantagem (por exemplo, quando o sujeito ativo destrói o cadastro de clientes de uma empresa, fazendo com que a pessoa jurídica seja obrigada a despender recursos financeiros para recuperá-la).

O prejuízo pode ser provocado dolosa ou culposamente.

8 Forma qualificada (§ 3º)

A pena da invasão de dispositivo informático é duplicada em suas margens penais quando da conduta decorre a obtenção (a) do conteúdo de comunicações eletrônicas privadas; (b) de segredos comerciais; (c) de segredos industriais; (d) de informações sigilosas, assim definidas em lei; ou (e) o controle remoto não autorizado do dispositivo invadido. Nessas hipóteses, a devassa à intimidade é intensificada, pois o sujeito ativo acessa informações sensíveis, ou, no último caso, porque existe a possibilidade de controlar periféricos, como *webcams* e microfones.

No que concerne ao conteúdo de comunicações eletrônicas privadas (a), a conduta não pode caracterizar o crime do art. 10 da Lei nº 9.296/1996, que prevalece sobre o artigo 154-A do CP. Encontramos, na lei penal especial, a conduta de "realizar interceptação de comunicações telefônicas, de informática ou telemática, ou quebrar segredo da Justiça, sem autorização judicial ou com objetivos não autorizados em lei", cuja pena abstratamente cominada é de reclusão, de dois a quatro anos, e multa. A fim de se compreender o concurso aparente de normas, importa estabelecermos o que é a interceptação de comunicações de informática ou telemática. Interceptação é a captação, por terceiros, de algo que está em curso. No caso, nos interessa o fluxo de dados e informações através de redes informatizadas. Consoante André Nicolitt, "por comunicação em sistema de informática entende-se o tratamento de informações através de equipamentos e procedimentos na área de processamento de dados", ao passo em que "a telemática diz respeito à combinação entre computador e telecomunicação".[236] Em suma, se o sujeito ativo invade o computador alheio para – por exemplo – captar conversas mantidas por dois interlocutores através do sistema *WhatsApp Web* (comunicação telemática), temos o crime do artigo 10 da Lei nº 9.296, não o crime do artigo 154-A. No entanto, se o agente consegue acesso ao conteúdo da conversa através do *backup* armazenado no dispositivo, resta configurado o crime qualificado do Código Penal. O mesmo se diga em relação a mensagens transmitidas por *e-mail* ou por programas como o *Skype*.

A obtenção de segredos comerciais (b) ou industriais (c) se refere a informações sigilosas que permitem vantagens competitivas, como, por exemplo, a fórmula de produtos, os processos de manufatura, as estratégias de marketing

236 NICOLITT, André. *Manual de Processo Penal*. 5. ed. São Paulo: Editora Revista dos Tribunais, 2014. p. 822.

etc. É relevante mencionar que, ao obter os segredos, o sujeito ativo não precisa estar imbuído de qualquer outra intenção especial, como a de divulgá-los, causando dano a outrem, ou de utilizá-los em proveito próprio ou alheio, ou mesmo de vendê-los. Obtê-los é suficiente para a qualificação do crime, ainda que o agente não saiba o que fará com eles posteriormente. Não é necessário que a obtenção seja dolosa. Se o agente, por exemplo, copia para si todas as imagens armazenadas no computador de uma pessoa e, posteriormente, descobre que, em meio a elas, havia segredos industriais, há crime qualificado, salvo se a obtenção dos segredos fosse absolutamente imprevisível.

A qualificadora referente à obtenção de informações sigilosas (d) é uma norma penal em branco, uma vez que exige complemento normativo, a saber, regras legais que estabeleçam o sigilo. Um exemplo seria a consecução de informações sobre os antecedentes criminais de outrem, cujo sigilo está previsto no artigo 202 da Lei de Execução Penal.

Por fim, a circunstância concernente ao controle remoto – obviamente não autorizado – do dispositivo informático conectado à internet diz respeito ao domínio sobre o dispositivo sem que haja uma ligação física entre ele e o sujeito ativo, o qual passa a ter acesso a várias funcionalidades, como ligar a câmera do computador e filmar o ambiente em que o dispositivo informático da vítima se encontra. A conduta é praticada através de ferramentas de administração remota (RAT, em inglês, de modo que os autores de condutas como essa passaram a ser denominados *ratters*). Aqui, evidentemente, temos um comportamento doloso, não culposo.

A causa de aumento da pena prevista no § 2º, parece-nos, não tem incidência sobre o § 3º. Isso porque, no § 4º, encontraremos causas de aumento da pena exclusivamente dedicadas às formas qualificadas, as quais têm como consectário lógico, não raro, o prejuízo econômico. Explicando melhor: a divulgação dos segredos industriais ou comerciais obtidos (§ 4º), por exemplo, é conduta anterior ao prejuízo econômico decorrente da difusão dessas informações e, por si só, implica majoração superior àquela prevista no § 2º; assim, é razoável supor que, na divulgação, já esteja assimilada a maior punibilidade decorrente de eventuais prejuízos causados, o que implica reconhecer que a maior parte desses resultados lesivos está implicitamente atrelada às situações previstas no § 4º, ali se exaurindo e não existindo razão lógica para se punir outras lesões econômicas em dispositivo diverso. Portanto, ou o prejuízo ocorre por conta das condutas previstas como majorantes no § 4º e ali se basta, ou, caso o prejuízo seja provocado por outro meio, é absorvido pela pena intensificada da própria qualificadora. Por esse raciocínio, o § 2º teria incidência unicamente às hipóteses previstas no *caput* e no § 1º.

9 Causas de aumento da pena aplicáveis às formas qualificadas (§ 4º)

A sanção penal é aumentada de um a dois terços quando há divulgação, comercialização ou transmissão a terceiro, a qualquer título, das informações ou dados obtidos através da prática das condutas qualificadas do § 3º. Divulgar é levar ao conhecimento; comercializar é vender, alienar, pressupondo uma atividade empresarial, ainda que informal; transmitir é propagar, verbo que não guarda diferenças significativas para com a conduta de divulgar. As demais divagações relevantes sobre o parágrafo já foram realizadas no item anterior.

10 Causa de aumento da pena aplicável a todos os comportamentos incriminados no artigo 154-A (§ 5º)

Vimos que o § 2º do artigo 154-A incide apenas sobre o *caput* e sobre o § 1º do artigo, ao passo em que o § 4º é aplicável somente ao disposto no § 3º; já o § 5º é extensível a todas as condutas tipificadas neste artigo.

É essa diferença nas hipóteses de incidência que justifica a diversidade de parágrafos, assim como a curiosa topologia construída pelo legislador. A diversidade nos patamares de aumento da pena também justifica o tratamento em apartado conferido a cada uma das majorantes.

No § 5º, a pena é aumentada em virtude da intensidade do dano potencial, tendo em vista a honorabilidade das funções dos atingidos. Evidentemente, invadir a intimidade do Presidente da República pode permitir o acesso a dados ou informações capazes de criar o caos político, ainda que essas informações não digam respeito diretamente a função exercida. Fotos íntimas, casos extraconjugais etc. não apenas fazem parte da privacidade da vítima, como também podem ser exploradas de forma sensacionalista, afetando os rumos da Nação ou de outras esferas federativas, ou de órgãos essenciais à estabilidade política.

Nessa esteira, a pena é aumentada quando o crime é praticado contra: (I) o Presidente da República, governadores e prefeitos; (II) o Presidente do Supremo Tribunal Federal; (III) o Presidente da Câmara dos Deputados, do Senado Federal, de Assembleia Legislativa de Estado, da Câmara Legislativa do Distrito Federal, ou de Câmara Municipal; (IV) dirigente máximo da administração direta e indireta federal, estadual, municipal ou do Distrito Federal. No que tange a este último inciso, estamos falando dos diversos órgãos da administração direta, de autarquias, de fundações, de sociedades de economia mista etc.

11 Distinção, concurso de crimes e concurso aparente de normas

Como já visto, o crime do artigo 154-A cede lugar ao artigo 10 da Lei nº 9.296/1996 sempre que a invasão de dispositivo informático importar a interceptação das comunicações informáticas ou telemáticas. Da mesma forma, se, na invasão de dispositivo informático, o sujeito ativo tem acesso ao conteúdo de uma interceptação telefônica, informática ou de dados, judicialmente autorizada, em curso ou já finda, quebrando o necessário sigilo judicial, há o crime do artigo 10 da lei especial.

No confronto com os crimes da Lei nº 9.279/1996, prevalece, pensamos, o artigo 154-A do CP. O artigo 195 da Lei nº 9.279, que traz os crimes de concorrência desleal, prevê as condutas de divulgar, explorar ou utilizar-se, sem autorização, de conhecimentos, informações ou dados confidenciais, utilizáveis na indústria, comércio ou prestação de serviços, excluídos aqueles que sejam de conhecimento público ou que sejam evidentes para um técnico no assunto, a que teve acesso mediante relação contratual ou empregatícia, mesmo após o término do contrato (XI); e divulgar, explorar ou utilizar-se, sem autorização, de conhecimentos ou informações a que se refere o inciso anterior, obtidos por meios ilícitos ou a que teve acesso mediante fraude (XII). Quanto ao inciso XI, não há maiores dificuldades, pois, a hipótese não se confunde com a conduta incriminada no artigo 154-A. Como os dados e informações são obtidos em razão de relação contratual, não há a invasão indevida de dispositivo informático. Todavia, na conduta do inciso XII, a invasão pode ser uma das formas de fraude ali previstas. Assim, se o sujeito ativo divulga informações empresariais confidenciais obtidas mediante invasão de dispositivo informático, responde pelo forma qualificada do § 3º do artigo 154-A, não pelo artigo 195.

Se a invasão é meio para a prática do crime previsto no artigo 313-B do CP, o crime funcional prevalece sobre o crime contra a pessoa. Não há dificuldade em relação ao artigo 313-A do CP, pois esse delito é praticado pelo funcionário público autorizado, de modo que não há a invasão do dispositivo informático.

A relação de crime-meio e crime-fim também surge na invasão de dispositivo informático sucedida das condutas incriminadas no artigo 218-C do Código Penal, desde que a invasão seja direcionada à obtenção da fotografia, vídeo ou outro registro audiovisual. Caso a invasão seja uma finalidade em si mesma e o encontro dos arquivos mencionados se dê por uma eventualidade – ou, mesmo que seja a finalidade do agente, caso não seja o único fim – teremos concurso de crimes.

Ainda nessa esteira, o artigo 94 da Lei n° 8.666/1993 absorve a invasão de dispositivo informático, caso seja a única finalidade da conduta.

Entendemos também que o crime do artigo 153, § 1º-A, do CP prevalece sobre o artigo 154-A, uma vez que representa uma intensificação da lesão ao bem jurídico tutelado. Perceba-se que a conduta prevista no artigo 154-A começa com a invasão e pode chegar até a obtenção de informações sigilosas (§ 3º). Quando essa linha de desdobramentos causais chega à divulgação das informações, temos o ápice desses comportamentos encadeados, razão pela qual aplica-se a técnica da subsidiariedade no concurso aparente de normas.

12 Pena e ação penal

Comina-se abstratamente à invasão de dispositivo informático a pena de detenção, de três meses a um ano, e multa cumulativa. Caso incida a majorante do § 2º, a pena passa a ser de três meses e quinze dias, no mínimo, e um ano e quatro meses, em seu patamar máximo. A forma qualificada do § 3º tem pena de reclusão, de seis meses a dois anos, e multa. Até aqui, todas as condutas são de menor potencial ofensivo. Esse panorama muda quando, ao tipo qualificado, incide a majorante do § 4º, alterando-se as margens penais para oito meses, no mínimo, e três anos e quatro meses, no máximo. Ainda assim, mesmo nessa hipótese é possível a suspensão condicional do processo, mas não as demais medidas da Lei nº 9.099/1995. Quanto à majorante do § 5º, caso tenha aplicabilidade sobre o tipo penal do *caput*, a pena será de detenção, de quatro meses a um ano e seis meses, e multa. Recaindo sobre a figura qualificada, reclusão, de oito meses a três anos, e multa.

A ação penal, em regra, é pública condicionada à representação do ofendido, em virtude do disposto no artigo 154-B do CP, salvo se o crime for praticado contra a administração pública direta ou indireta de qualquer um dos entes federativos, ou contra empresa concessionária de serviços públicos. Nessas hipóteses, o crime será de ação pública incondicionada. Deve ser percebido que a norma não menciona a permissão de serviço público, de modo que, se uma empresa permissionária for vítima, a ação será pública condicionada.

QUESTÕES DE CONCURSOS PÚBLICOS

(DEIXAMOS DE REPRODUZIR O GABARITO OFICIAL PORQUE NEM SEMPRE CONCORDAMOS COM ELE, RAZÃO PELA QUAL RECOMENDAMOS QUE O EXERCÍCIO SEJA SUCEDIDO PELA LEITURA DO CAPÍTULO REFERENTE AO TEMA)

1- CRIMES CONTRA A VIDA

VUNESP – 2019 – TJ-AC – Juiz de Direito

No que se refere aos crimes contra a pessoa, é correto afirmar que

a) o homicídio funcional é aquele delito praticado contra autoridade ou agente membro das forças armadas, policiais federais em geral, policiais civis ou militares, integrantes do sistema prisional e da Força Nacional de Segurança Pública, no exercício da função ou em decorrência dela, ou, ainda, contra seu cônjuge, companheiro ou parente até o segundo grau, em razão dessa condição, incidindo pena privativa de liberdade de doze a vinte anos de reclusão.
b) a prática de feminicídio na presença de descendente, ascendente ou colateral da vítima implica no aumento da pena de um sexto a um terço.
c) é incompatível o crime de homicídio simples tentado com o caráter hediondo.
d) a pena é duplicada para crime de induzimento, instigação ou auxílio ao suicídio praticado contra vítima menor ou com diminuição da capacidade de resistência.

INSTITUTO AOCP – 2019 – PC-ES – Escrivão de Polícia

No tocante 9aos crimes contra a vida, é circunstância qualificadora do crime

a) a reincidência.
b) ser contra mulher por razões da condição de sexo feminino.
c) o abuso de poder ou violação de dever inerente a cargo, ofício, ministério ou profissão.
d) ser contra ascendente, descendente, irmão ou cônjuge.
e) o estado de embriaguez preordenada.

NC-UFPR – 2019 – TJ-PR – Titular de Serviços de Notas e Registros (Remoção)
Uma mulher que, em razão de acordo verbal com os pais, cuida de uma criança percebe que esta caiu por caso fortuito num poço profundo e, embora esteja viva, precisa ser retirada por adultos. Voluntariamente, a mulher omite dos grupos de busca que tem conhecimento de onde se encontra a criança, que é considerada desaparecida. Passadas algumas horas, a criança morre por falta de alimentação. Assinale a alternativa que identifica o crime praticado pela mulher.

a) Homicídio doloso por comissão (tipo comissivo).
b) Homicídio doloso por omissão (tipo omissivo impróprio).
c) Homicídio doloso por omissão (tipo omissivo próprio).
d) Maus-tratos com resultado morte (tipo comissivo ou omissivo preterdoloso).
e) Abandono de incapaz com resultado morte (tipo omissivo próprio preterdoloso).

INSTITUTO CIDADES - 2010 - DPE-GO - Defensor Público
O homicídio é qualificado pela conexão quando é cometido

a) mediante paga ou promessa de recompensa, ou por outro motivo torpe.
b) por motivo fútil
c) com emprego de veneno, fogo, explosivo, asfixia, tortura ou outro meio insidioso ou cruel, ou de que possa resultar perigo comum.
d) à traição, de emboscada, ou mediante dissimulação ou outro recurso que dificulte ou torne impossível a defesa do ofendido.
e) para assegurar a execução, a ocultação, a impunidade ou vantagem de outro crime.

FUNCAB – 2012 – POLÍCIA CIVIL-RJ – Delegado de Polícia
Uma jovem, ao sair da faculdade à noite, é rendida por um homem que a estupra brutalmente, proferindo-lhe várias ameaças. Aproveitando-se de uma distração do bandido e temendo por sua vida, a vítima empreende fuga correndo desesperadamente e, ao atravessar a rua, é atropelada por um veículo que passava pelo local, morrendo imediatamente. Na qualidade de Delegado de Polícia, assinale a alternativa que contempla a correta tipificação da conduta daquele que atacou a jovem.

A) Estupro.
B) Estupro qualificado pelo resultado morte.
C) Homicídio e estupro em concurso formal.
D) Homicídio e estupro em concurso material.
E) Homicídio.

MPE-SP - 2011 - MPE-SP - Promotor de Justiça
Aquele que encoraja a gestante a praticar um aborto, acompanhando-a à clínica médica, mas sem participar fisicamente das manobras abortivas, responde por:

a) participação em aborto provocado por terceiro, com o consentimento da gestante.
b) participação na modalidade própria do aborto consensual ou consentido.
c) participação na modalidade própria do chamado autoaborto.
d) participação no aborto qualificado, desde que a vítima venha a sofrer lesão grave ou morte.
e) participação em aborto provocado por terceiro, sem o consentimento da gestante.

FUNCAB - 2012 - POLÍCIA CIVIL-RJ - Delegado de Polícia

Após ter ciência da gravidez de sua namorada Silmara, Nicanor convence a gestante a abortar, orientando-a a procurar uma clínica clandestina. Durante o procedimento abortivo, praticado pelo médico Horácio, Silmara sofre grave lesão, decorrente da imperícia do profissional, perdendo, pois, sua capacidade reprodutiva. Nesse contexto, considerando que a intervenção cirúrgica não era justificada pelo risco de morte para a gestante ou em virtude de estupro prévio, Silmara, Nicanor e Horácio responderão, respectivamente, pelos crimes de:

A) consentimento para o aborto (artigo 124, 2ª parte, CP); consentimento para o aborto (artigo 124, 2ª parte, CP); e aborto praticado por terceiro com consentimento, em concurso de crimes com o delito de lesão corporal qualificada (artigo 126 c/c artigo 129, § 2º, III, ambos do CP).
B) consentimento para o aborto (artigo 124, 2ª parte, CP); aborto provocado por terceiro com consentimento especialmente agravado (artigo 126 c/c artigo 127, ambos do CP); e aborto provocado por terceiro com consentimento especialmente agravado (artigo 126 c/c artigo 127, ambos do CP).
C) consentimento para o aborto (artigo 124, 2ª parte, CP); consentimento para o aborto (artigo 124, 2ª parte, CP); e aborto provocado por terceiro com consentimento especialmente agravado (artigo 126 c/c artigo 127, ambos do CP).
D) autoaborto (artigo 124, 1ª parte, CP); aborto praticado por terceiro com consentimento, em concurso de crimes com o delito de lesão corporal qualificada (artigo 126 c/c artigo 129, § 2º, III, ambos do CP); e aborto praticado por terceiro com consentimento, em concurso de crimes com o delito de lesão corporal qualificada (artigo 126 c/c artigo 129, § 2º, III, ambos do CP).
E) autoaborto (artigo 124, 1ª parte, CP); aborto provocado por terceiro com consentimento especialmente agravado (artigo 126 c/c artigo 127, ambos do CP); e aborto provocado por terceiro com consentimento especialmente agravado (artigo 126 c/c artigo 127, ambos do CP).

NCE-UFRJ - 2007 - MPE-RJ - Analista - Processual
Rodrigo decide assassinar Reinaldo por haver este último acidentalmente pisado em seu pé durante uma micareta e, para tanto, oculta-se atrás de uma banca de jornal situada defronte à empresa em que seu desafeto trabalha, aguardando sua saída para a realização da empreitada criminosa. Ao perceber a aproximação de Reinaldo, Rodrigo subitamente deixa seu esconderijo e, com vontade de matar, efetua, contra aquele primeiro, vários disparos de arma de fogo. Por erro na execução, no entanto, erra o alvo, vindo a acertar Luciane e Eduardo que, casualmente, caminhavam pelo local, matando a primeira e causando ao último, deformidade permanente. Considerando-se NÃO haver assumido os riscos da produção dos resultados efetivamente alcançados, Rodrigo deverá responder pelos seguintes crimes, em concurso:

a) um homicídio doloso qualificado tentado, um homicídio culposo e um crime de lesões corporais culposas;
b) um homicídio culposo e um crime de lesões corporais culposas;
c) um homicídio culposo e um crime de lesões corporais gravíssimas;
d) um homicídio doloso qualificado e um crime de lesões corporais culposas;
e) um homicídio doloso qualificado e um crime de lesões corporais gravíssimas.

MPE-PR - 2011 - MPE-PR - Promotor de Justiça
Analise as assertivas relacionadas ao crime de homicídio (CP, art. 121, *caput* e §§), e assinale a alternativa incorreta:

a) o homicídio doloso praticado contra pessoa maior de 60 (sessenta) anos constitui circunstância agravante prevista no art. 61 do Código Penal, considerada na segunda fase de aplicação da pena;
b) a qualificadora da emboscada, como recurso que dificulta ou impossibilita a defesa da vítima, pode coexistir com as qualificadoras do motivo torpe e do meio cruel;
c) na condenação por prática de homicídio duplamente qualificado, uma das circunstâncias qualificadoras pode ser considerada na segunda fase de aplicação da pena, se também prevista como circunstância agravante, ou, caso não haja tal previsão, na primeira fase de aplicação da pena, por ocasião da valoração das circunstâncias judiciais do art. 59 do Código Penal;
d) a condenação por prática de tentativa de homicídio simples pode resultar, conforme a hipótese concreta, em aplicação de quantum de pena privativa de liberdade a ser cumprida no regime aberto, semiaberto ou fechado;
e) o homicídio doloso e o homicídio culposo admitem causas de aumento de pena previstas na parte especial do Código Penal, mas apenas o homicídio doloso admite a forma derivada do tipo privilegiado e apenas o homicídio culposo admite o perdão judicial.

CESPE - 2009 - TRE-MA - Analista Judiciário - Área Administrativa

Maria Paula, sabendo que sua mãe apresentava problemas mentais que retiravam dela a capacidade de discernimento e visando receber a herança decorrente de sua morte, induziu-a a cometer suicídio. A vítima atentou contra a própria vida, vindo a experimentar lesões corporais de natureza grave que não a levaram à morte.

Nessa situação hipotética, Maria Paula cometeu o crime de

a) tentativa de induzimento, instigação ou auxílio a suicídio.
b) induzimento, instigação ou auxílio a suicídio, na forma consumada.
c) lesões corporais.
d) tentativa de homicídio simples.
e) tentativa de homicídio qualificado.

CESPE - 2010 - MPE-RO - Promotor de Justiça

Assinale a opção correta acerca dos crimes contra a vida e contra o patrimônio.

a) O pai que dolosamente matar o filho recém-nascido, após instigação da mãe, que está em estado puerperal, responderá por homicídio e a mãe, partícipe, por infanticídio.
b) A conduta da gestante que, no intuito de provocar aborto, ingere substância que acredita ser abortiva, mas que não tem esse efeito, caracteriza crime impossível por absoluta impropriedade do objeto.
c) A conduta do agente que, após subtrair os pertences da vítima, dispare contra a mesma, para assegurar a posse dos bens, e fuja caracterizará roubo qualificado se a morte, em decorrência do pronto atendimento médico, não ocorrer.
d) Na hipótese de o agente, após subtrair os pertences da vítima mediante arma apontada para sua cabeça, deixá-la presa em casa abandonada, caracteriza-se crime de extorsão qualificado pela restrição da liberdade, também conhecido como sequestro-relâmpago.
e) A conduta do agente que, sob o domínio de violenta emoção, mata a esposa após flagrá-la traindo-o caracteriza homicídio qualificado por motivo fútil.

MPE-PB - 2010 - MPE-PB - Promotor de Justiça

Joana e Jasão, namorados, inconformados com o fato de suas famílias não admitirem o seu romance, resolvem fazer um pacto de morte, optando por fazê-lo por asfixia de gás carbônico. Combinam, então, que Jasão deve abrir o bico de gás, enquanto Joana se responsabiliza pela vedação total do compartimento por eles utilizado. A partir de tal caso empírico, analise as assertivas abaixo, assinalando, em seguida, a alternativa que sobre elas contém o devido julgamento:

I - Se apenas Joana sobreviver, deverá responder pelo crime de homicídio qualificado consumado.

II - Se ambos sobreviverem, deverão responder por tentativa de homicídio.

III - Se apenas Jasão tivesse vedado o compartimento e aberto o bico de gás, responderia, na hipótese de sobrevivência de ambos, por tentativa de homicídio, e Joana, nesse caso, responderia unicamente por instigação a suicídio, desde que ocorresse lesão corporal grave do namorado.

a) Todas as assertivas estão corretas.
b) Apenas as assertivas I e II estão corretas.
c) Apenas as assertivas I e III estão corretas.
d) Apenas as assertivas II e III estão corretas.
e) Não há assertiva correta.

FGV - 2010 - PC-AP - Delegado de Polícia
Carlos Cristiano trabalha como salva-vidas no clube municipal de Tartarugalzinho. O clube abre diariamente às 8hs, e a piscina do clube funciona de terça a domingo, de 9 às 17 horas, com um intervalo de uma hora para o almoço do salva-vidas, sempre entre 12 e 13 horas.

Carlos Cristiano é o único salva-vidas do clube e sabe a responsabilidade de seu trabalho, pois várias crianças utilizam a piscina diariamente e muitas dependem da sua atenção para não morrerem afogadas.

Normalmente, Carlos Cristiano trabalha com atenção e dedicação, mas naquele dia 2 de janeiro estava particularmente cansado, pois dormira muito tarde após as comemorações do réveillon. Assim, ao invés de voltar do almoço na hora, decidiu tirar um cochilo. Acordou às 15 horas, com os gritos dos sócios do clube que tentavam reanimar uma criança que entrara na piscina e fora parar na parte funda. Infelizmente, não foi possível reanimar a criança. Embora houvesse outras pessoas na piscina, ninguém percebera que a criança estava se afogando.

Assinale a alternativa que indique o crime praticado por Carlos Cristiano

a) Homicídio culposo.
b) Nenhum crime.
c) Omissão de socorro.
d) Homicídio doloso, na modalidade de ação comissiva por omissão.
e) Homicídio doloso, na modalidade de ação omissiva.

CESPE - 2010 - MPE-ES - Promotor de Justiça
Acerca dos delitos previstos na parte especial do CP, assinale a opção correta.

a) Considere a seguinte situação hipotética. Abel, com intenção apenas de lesionar, desferiu golpes de foice contra Bruno, decepando-lhe o braço esquerdo. Nessa situação, Abel cometeu o delito de lesão corporal gravíssima qualificada pela perda de membro.
b) A figura do homicídio privilegiado compatibiliza-se com as qualificadoras de cunho objetivo, ocasião em que deve ser considerada crime hediondo.

c) No homicídio, a incidência da qualificadora pelo fato de o delito ter sido praticado mediante paga ou promessa de recompensa é circunstância de caráter objetivo e, portanto, comunicável aos partícipes.
d) No delito de homicídio, a discussão anterior entre autor e vítima, por si só, não implica o afastamento da qualificadora referente ao motivo fútil, notadamente quando não restar incontroverso o verdadeiro motivo da animosidade.
e) O agente que praticar aborto ilícito consentido em mulher grávida de gêmeos responderá pelo delito de aborto em concurso formal homogêneo, ainda que desconheça que se trate de gravidez gemelar.

FCC - 2002 - MPE-PE - Promotor de Justiça
Carlos, tomado de ódio e com intuito de matar, efetuou disparo de arma de fogo contra Benedito, atingindo-o mortalmente. O projétil transfixou-lhe o coração e, acidentalmente, atingiu o filho deste, Luizinho, que estava atrás, na mesma linha de tiro, ocasionando-lhe a morte. Carlos responderá por

a) um homicídio doloso e um homicídio culposo, em concurso formal.
b) dois homicídios dolosos, em concurso formal.
c) crime único de homicídio doloso, em virtude da unidade de desígnio.
d) dois homicídios dolosos, em concurso material.
e) um homicídio doloso e um homicídio culposo, em concurso material.

CESPE - 2009 - PC-PB - Delegado de Polícia
Assinale a opção correta com relação ao crime de homicídio.

a) No homicídio qualificado pela paga ou promessa de recompensa, o STJ entende atualmente que a qualificadora não se comunica ao mandante do crime.
b) Com relação ao motivo torpe, a vingança pode ou não configurar a qualificadora, a depender da causa que a originou.
c) A ausência de motivo configura motivo fútil, apto a qualificar o crime de homicídio.
d) Para a configuração da qualificadora relativa ao emprego de veneno, é indiferente o fato de a vítima ingerir a substância à força ou sem saber que o está ingerindo.
e) A qualificadora relativa ao emprego de tortura foi tacitamente revogada pela lei específica que previu o crime de tortura com resultado morte.

CESPE – 2019 – TJ-PR – Juiz Substituto
A respeito de crimes contra a pessoa, é correto afirmar que

a) responderá pela prática de crime contra a vida o agente que anuncia produtos ou métodos abortivos.
b) responderá por homicídio qualificado o agente que matar para assegurar a execução, ocultação, impunidade ou vantagem de uma contravenção penal.

c) o crime de homicídio admite interpretação analógica no que diz respeito à qualificadora que indica meios e modos de execução desse crime.
d) o agente que matar sua empregadora por ter sido dispensado sem justa causa responderá por feminicídio, haja vista a vítima ser mulher.

VUNESP – 2018 – TJ-MT – Juiz Substituto
Em conversa reservada, José expõe a João o desejo de acabar com a própria vida, no que recebe o apoio e incentivo de João à empreitada. Posteriormente, José tenta se suicidar, mas é socorrido por sua mãe e sobrevive com lesões corporais leves. Considerando a situação hipotética, assinale a alternativa correta.

a) João responderá por lesões corporais leves.
b) João responderá por tentativa de instigação a suicídio.
c) João responderá por tentativa de homicídio.
d) João responderá por instigação a suicídio.
e) João não responderá por crime por ser o fato atípico.

2- LESÕES CORPORAIS

INSTITUTO AOCP – 2019 – PC-ES – Médico Legista
Um indivíduo sofreu uma lesão e teve a capacidade de movimentar a perna direita reduzida em 95%. De acordo com o art. n° 129 do Código Penal Brasileiro, em qual classificação o caso se encaixa mais especificamente?

a) Debilidade permanente de membro, sentido ou função.
b) Deformidade permanente.
c) Perigo de vida.
d) Lesão corporal grave.
e) Perda ou inutilização de membro, sentido ou função.

TJ-RS - 2009 - TJ-RS - Juiz
Considere as assertivas abaixo sobre lesão corporal, penas restritivas de direitos e medidas de segurança.

I- A condenação do acusado por lesão corporal leve não admite a substituição da pena privativa de liberdade por pena restritiva de direitos.
II- A perda de um dos rins, pelo ofendido, decorrente da agressão praticada pelo agente, constitui lesão grave, e não lesão gravíssima.
III - Comprovada a presença de doença mental na pessoa do acusado do delito de lesão corporal, fica o réu isento de pena caso inteiramente incapaz de entender o caráter ilícito do fato, devendo ficar sujeito, no entanto, à internação ou a tratamento ambulatorial pelo tempo correspondente ao máximo da pena privativa de liberdade cominada ao crime que lhe foi atribuído.

Quais são corretas?

a) Apenas I
b) Apenas II

c) Apenas III
d) Apenas I e III
e) I, II e III

FCC - 2011 - TJ-PE - Juiz
No crime de lesão corporal praticado no contexto de violência doméstica (art. 129, § 9º, do Código Penal),

a) o sujeito passivo é sempre a mulher.
b) é necessário que a vítima conviva com o agente.
c) não incide a agravante de o crime ser cometido contra cônjuge, se a ofendida é casada com o autor.
d) a pena é aumentada de 1/6 (um sexto) se o crime for cometido contra pessoa portadora de deficiência.
e) não basta que se prevaleça o agente de relação de hospitalidade.

UPENET - 2010 - SERES-PE - Agente Penitenciário
"A", Agente Penitenciário, limpava uma arma que legitimamente possuía em sua residência, quando, imprudentemente, acionou um mecanismo que produziu um disparo que veio a atingir a mão de sua empregada doméstica "B", que ficou permanentemente debilitada na sua função prensora. Diante dessa situação, "A" responderá por

a) lesão corporal culposa.
b) lesão corporal culposa grave.
c) lesão corporal culposa gravíssima.
d) porte ilegal de arma de fogo.
e) posse ilegal de arma de fogo e lesão corporal culposa.

CESPE - 2010 - DPU - Defensor Público
Para a configuração da agravante da lesão corporal de natureza grave em face da incapacidade para as ocupações habituais por mais de trinta dias, não é necessário que a ocupação habitual seja laborativa, podendo ser assim compreendida qualquer atividade regularmente desempenhada pela vítima.

( ) Certo ( ) Errado

FGV - 2008 - TJ-PA - Juiz
Maria da Silva, esposa do Promotor de Justiça Substituto José da Silva, mantém um caso extraconjugal com o serventuário do Tribunal de Justiça Manoel de Souza. Passado algum tempo, Maria decide separar-se de José da Silva, contando a ele o motivo da separação. Inconformado com a decisão de sua esposa, José da Silva decide matá-la, razão pela qual dispara três vezes contra sua cabeça. Todavia, logo depois dos disparos, José da Silva coloca Maria da Silva em seu carro e conduz o veículo até o hospital municipal. No trajeto, José da Silva imprime ao veículo velocidade bem acima da permitida e "fura" uma barreira policial, tudo para chegar

rapidamente ao hospital. Graças ao pouco tempo decorrido entre os disparos e a chegada ao hospital, os médicos puderam salvar a vida de Maria da Silva. Maria sofreu perigo de vida, atestado por médicos e pelos peritos do Instituto Médico Legal, mas recuperou-se perfeitamente vinte e nove dias após os fatos. Qual crime praticou José da Silva?

a) Tentativa de homicídio.
b) Nenhum crime, pois agiu em legítima defesa.
c) Lesão corporal grave.
d) Lesão corporal leve.
e) Lesão corporal seguida de morte.

FUNCAB - 2012 - POLÍCIA CIVIL-RJ - Delegado de Polícia
Osvaldo, desejando matar, disparou seu revólver contra Arnaldo, que, em razão do susto, desmaiou. Osvaldo, acreditando piamente que Arnaldo estava morto, colocou-o em uma cova rasa que já havia cavado, enterrando-o, vindo a vítima a efetivamente morrer, em face da asfixia. Assim, Osvaldo praticou:

A) homicídio qualificado pela asfixia e homicídio culposo, bem como ocultação de cadáver.
B) homicídio qualificado pela asfixia e ocultação de cadáver.
C) homicídio simples e ocultação de cadáver.
D) homicídio culposo.
E) homicídio simples.

FUNCAB - 2012 - POLÍCIA CIVIL-RJ - Delegado de Polícia
Maria é amiga e "cunhada" de Paula, pois namora Carlos, o irmão desta. Maria descobre que está sendo traída por Carlos e conta a Paula. Esta sugere que Maria simule o suicídio para dar uma lição em Carlos. Realizada a encenação, Carlos encontra Maria caída em sua cama, aparentando estar com os pulsos cortados e morta, tendo uma faca ao seu lado. Certo da morte de sua amada, pois a cena fora perfeitamente simulada, com aptidão para enganar qualquer pessoa, Carlos, desesperado, pega a faca supostamente utilizada por Maria e começa a golpear o corpo da namorada, gritando que ela não poderia ter feito aquilo com ele, haja vista amá-la demais e que, portanto, sua vida teria perdido o sentido. Maria, mesmo esfaqueada, não esboça qualquer reação, pois, para dar uma aura de veracidade à farsa, havia ingerido medicamentos que a fizeram dormir profundamente. Em razão dos golpes desferidos por Carlos, Maria acaba efetivamente morrendo. Assim, pode-se afirmar que Carlos:

A) deve responder pelo crime de homicídio doloso duplamente qualificado, em face de a morte ter ocorrido por motivo torpe e pela impossibilidade de reação da vítima, sendo Paula coautora do mesmo crime, pois o direito penal brasileiro adota a teoria monista mitigada.

B) deve responder por descumprir um dever de cuidado objetivo, que causou um resultado lesivo, já que há previsão expressa do crime na modalidade culposa, considerando Carlos que estava sob erro de tipo vencível; Paula é partícipe do mesmo crime, pois o direito penal brasileiro adota a teoria monista mitigada.

C) não pode responder por crime algum, pois não há responsabilidade penal objetiva no direito penal brasileiro.

D) deve responder pelo crime de vilipêndio a cadáver, haja vista estar em erro sobre o fato, que, pela teoria extremada da culpabilidade, amolda-se ao instituto do erro de proibição.

E) deve ser indiciado pelo crime de destruição, subtração ou ocultação de cadáver, uma vez que, estando sob erro de tipo vencível, fez o cadáver perder a sua forma original.

NCE-UFRJ - 2005 - PC-DF - Delegado de Polícia
Quando conduzia veículo automotor, sem culpa, Fulano atropela um pedestre, deixando de prestar-lhe socorro, constituindo tal conduta, em tese, a prática de:

a) omissão de socorro, prevista no art. 135 do Código Penal;
b) lesão corporal culposa, com o aumento de pena previsto no artigo 129, § 7º, do Código Penal;
c) expor a vida de outrem a perigo, previsto no artigo 132, do Código Penal;
d) omissão de socorro, prevista no artigo 304, da Lei nº 9.503/97;
e) lesão corporal culposa na condução de veículo automotor, com o aumento de pena previsto no artigo 303, § único, da Lei nº 9.503/97.

3- PERICLITAÇÃO DA VIDA E DA SAÚDE

VUNESP – 2018 – MPE-SP – Analista Jurídico do Ministério Público
A respeito dos crimes contra a periclitação da vida e da saúde, previstos no Código Penal, é correto afirmar que

a) o crime de abandono de incapaz somente se configura se o dever de cuidado do autor para com o incapaz decorre de relação familiar.
b) o crime de contágio de moléstia grave, para se configurar, exige que a exposição a contágio ocorra por relação sexual ou qualquer outro ato libidinoso.
c) o crime de condicionamento de atendimento médico-hospitalar emergencial é próprio de médico, não se configurando se a condição é imposta por pessoa diversa.
d) o crime de omissão de socorro se caracteriza pela conduta de deixar de prestar assistência, quando possível, ainda que o agente peça socorro à autoridade pública.
e) todos, sem exceção, não admitem a modalidade culposa.

FUNCAB - 2014 - PC-MT - Investigador - Escrivão de Polícia

Quanto ao crime de rixa previsto no artigo 137 do Código Penal (participar de rixa, salvo para separar os contendores), é correto afirmar que:

a) é crime comum, de dano, comissivo por omissão, coletivo, não transeunte como regra, unissubsistente, instantâneo.
b) é crime comum, de perigo, comissivo, coletivo, não transeunte como regra, plurissubsistente, instantâneo.
c) é crime próprio, de dano, comissivo, plurissubjetivo, transeunte como regra, plurissubsistente, permanente.
d) é crime próprio, de perigo, comissivo por omissão, monossubjetivo, não transeunte como regra, unissubsistente, permanente.
e) é crime comum, de perigo, comissivo, monossubjetivo, transeunte como regra, plurissubsistente, instantâneo.

PUC-PR - 2011 - TJ-RO - Juiz

Considera-se a vida humana como um direito fundamental garantido pela Constituição Federal ainda objeto de proteção pela legislação penal vigente. Dado esse enunciado, assinale a única alternativa CORRETA.

a) Se o agente comete o crime de homicídio (simples ou qualificado) impelido por motivo de relevante valor social ou moral, ou sob a influência de violenta emoção, logo em seguida a injusta provocação da vítima, o juiz pode reduzir a pena de um sexto a um terço.
b) Aumentam-se da metade (1/2) até dois terços (2/3) as penas aplicadas ao crime de aborto, se este resultar à gestante lesão corporal de natureza grave ou na hipótese de lhe sobrevir a morte.
c) A legislação penal vigente não permite a redução de pena em crimes de lesão corporal na hipótese de o agente ter cometido o crime impelido por motivo de relevante valor social ou moral ou sob o domínio de violenta emoção, logo em seguida à injusta provocação da vítima.
d) Aquele que expõe a perigo a vida ou a saúde de pessoa sob sua autoridade, guarda ou vigilância, para fim de educação, ensino, tratamento ou custódia, quer privando-a a de alimentação ou cuidados indispensáveis, quer sujeitando-a a trabalho excessivo ou inadequado, quer abusando de meios de correção ou disciplina responde pelo delito de homicídio na forma omissiva.
e) O crime de perigo de contágio venéreo previsto no artigo 130 do Código Penal é de ação penal pública condicionada à representação do ofendido.

MPE-MS - 2011 - MPE-MS - Promotor de Justiça

O crime de rixa na forma tentada quando ocorre?

a) O crime de rixa na forma tentada ocorre quando um dos rixosos desiste de participar do conflito;

b) O crime de rixa na forma tentada ocorre quando a maioria dos rixosos propõe a cessação do conflito;
c) O crime de rixa na forma tentada ocorre quando os rixosos não conseguem consumá-lo por circunstâncias alheias à sua vontade;
d) O crime de rixa na forma tentada ocorre quando todos os rixosos desistem de prosseguir no conflito;
e) O crime de rixa na forma tentada ocorre quando os rixosos abandonam o local do conflito.

CESPE - 2009 - OAB - Exame de Ordem Unificado - 2 - Primeira Fase (Set/2009)
A respeito do crime de omissão de socorro, assinale a opção correta.

a) A omissão de socorro classifica-se como crime omissivo próprio e instantâneo.
b) A criança abandonada pelos pais não pode ser sujeito passivo de ato de omissão de socorro praticado por terceiros.
c) O crime de omissão de socorro é admitido na forma tentada.
d) É impossível ocorrer participação, em sentido estrito, em crime de omissão de socorro.

FCC - 2010 - METRÔ-SP - Advogado
A respeito dos Crimes contra a Pessoa, é correto afirmar que

a) o crime de omissão de socorro pode ser cometido por pessoa que não se encontra presente no local onde está a vítima.
b) o crime de autoaborto é punível por culpa, quando resultar de imprudência, negligência ou imperícia por parte da gestante.
c) o reconhecimento do perigo de vida no delito de lesões corporais graves depende de exame de corpo de delito complementar.
d) o crime de maus tratos não pode ser cometido por professores contra os seus alunos, mas somente pelos pais ou tutores da vítima.
e) quem induz alguém a suicidar-se não responde pelo delito se da tentativa de suicídio resultam apenas lesões corporais graves.

EJEF - 2006 - TJ-MG - Juiz
Relativamente ao crime de perigo de contágio venéreo é INCORRETO afirmar que:

a) se a vítima já está contaminada, o crime é impossível por impropriedade absoluta do meio;
b) o exercício da prostituição por um dos sujeitos não exclui o delito;
c) para a configuração do delito não é necessário o contágio, bastando a exposição;
d) o consentimento do ofendido nas relações sexuais, sabendo do risco de contaminação, exclui a responsabilidade penal.

4- CRIMES CONTRA A HONRA

CESPE - 2019 - TJ-SC - Juiz Substituto
Com relação a crimes contra a honra, assinale a opção correta.

a) O crime de calúnia se consuma no momento em que o ofendido toma conhecimento da imputação falsa contra si.
b) Calúnia contra indivíduo falecido não se enquadra como crime contra a honra.
c) A exceção da verdade é admitida em caso de delito de difamação contra funcionário público no exercício de suas funções.
d) A retratação cabal do agente da calúnia ou da difamação após o recebimento da ação penal é causa de diminuição de pena.
e) O delito de injúria racial se processa mediante ação penal pública incondicionada.

UEG - 2018 - PC-GO - Delegado de Polícia
Sobre os crimes contra a honra, previstos no Código Penal, tem-se o seguinte:

a) Não constitui calúnia, difamação ou injúria punível a ofensa irrogada em juízo, na discussão da causa, pela parte ou por seu procurador.
b) O querelado que, antes da sentença, se retrata cabalmente da calúnia, difamação ou injúria, fica isento de pena.
c) As penas aos crimes de calúnia, difamação ou injúria aumentam-se de um terço, se qualquer dos crimes é cometido contra pessoa maior de 60 (sessenta) anos ou portadora de deficiência.
d) Se, de referências, alusões ou frases, se infere calúnia, difamação ou injúria, quem se julga ofendido pode pedir explicações em juízo.
e) Nos crimes de calúnia, difamação ou injúria, admite-se a exceção da verdade.

CESPE - 2012 - MPE-RR - Promotor de Justiça
Em relação aos crimes contra a honra, assinale a opção correta com base no que dispõe a legislação de regência e no entendimento jurisprudencial.

a) A causa de exclusão de crime abrange a calúnia, a difamação e a injúria irrogadas em juízo, na discussão da causa, pela parte ou seu procurador, incluindo-se órgão do MP.
b) Havendo concurso de crimes e concurso de agentes, a retratação feita por um dos agentes, por ser circunstância de natureza pessoal, não aproveita aos demais, tampouco se admite retração a alguns dos fatos imputados.
c) A retratação nos crimes contra a honra, cujos efeitos se restringem à esfera criminal, pode ser feita por escrito ou oralmente, exigindo-se, entretanto, que seja completa, inequívoca e incondicional.
d) Nos crimes contra a honra perpetrados contra pessoa maior de sessenta anos incidirá a agravante de um terço da pena, exceto no caso de injúria.

e) Constitui crime de ação penal pública incondicionada a injúria praticada mediante a utilização de elementos referentes a raça, cor, etnia, religião ou origem.

FUNCAB – 2012 – POLÍCIA CIVIL-RJ – Delegado de Polícia
Certo Juiz de Direito encaminha ofício à Delegacia de Polícia visando à instauração de inquérito policial em desfavor de determinado Advogado, porque o causídico, em uma ação penal de iniciativa privada, havia, em sede de razões de apelação, formulado protestos e críticas contra o Magistrado, alegando que este fundamentara sua sentença em argumentos puramente fantasiosos. Resta comprovado na investigação que os termos usados pelo Advogado foram duros e que tinham aptidão para ofender a honra do Magistrado, embora empregados de forma objetiva e impessoal. Assim, o Advogado:

A) deve responder por crime de injúria.
B) deve responder por crime de desacato.
C) deve responder por crime de difamação.
D) deve responder por crime de calúnia.
E) não responde por crime algum.

INSTITUTO CIDADES - 2010 - DPE-GO - Defensor Público
"A" afirma, na presença de várias pessoas, que "B" trai seu marido "C" com o vizinho. Nesses termos, é correto afirmar que "A" cometeu crime de

a) calúnia, admitindo-se a exceção da verdade.
b) calúnia, não se admitindo a exceção da verdade.
c) difamação, admitindo-se a exceção da verdade.
d) difamação, não se admitindo a exceção da verdade.
e) injúria, não se admitindo a exceção da verdade.

TJ-RS - 2009 - TJ-RS - Juiz
De acordo com o consagrado na doutrina, a honra subjetiva reside no sentimento de cada pessoa a respeito de seus próprios atributos físicos, morais ou intelectuais; a honra objetiva, no sentimento que as outras pessoas possuem a respeito da reputação de alguém no atinente a estes mesmos atributos. No Código Penal, a proteção destes bens está estabelecida na forma da incriminação da injúria, da calúnia e da difamação. Diante do enunciado, considere as assertivas abaixo.

I- A injúria ofende a honra subjetiva da pessoa.

II - A calúnia e a difamação ofendem a honra objetiva da pessoa.

III - O fato de A dizer a B, em ambiente reservado, sem a presença de terceiros: B, tu és um dos beneficiados da corrupção havida no Órgão X e deves ter subornado o Promotor para não teres sido incluído na denúncia, constitui crime de injúria.

Quais são corretas?

a) Apenas I

b) Apenas II
c) Apenas III
d) Apenas I e II
e) I, II e III

CESPE - 2012 - TJ-AL - Analista Judiciário - Área Judiciária
Com relação à representação, como condição de procedibilidade da ação penal pública nos casos expressos em lei, no tocante à prescrição e ao perdão, assinale a opção correta.

a) O perdão, nos crimes cuja ação é de iniciativa privada, seja expresso, seja tácito, anterior ou posterior à instauração da ação penal, aproveita a todos os querelados mesmo que concedido a somente um deles, mas, se concedido por um dos ofendidos, não prejudica o direito dos demais de dar prosseguimento à ação penal.
b) O crime de injúria é passível de perdão do ofendido, mas a ele não se aplica o perdão judicial.
c) A representação é irretratável depois de recebida a denúncia; a requisição é sempre irretratável, mesmo antes de iniciada a ação penal.
d) O prazo prescricional, embora sujeito a causas interruptivas, impeditivas ou suspensivas, é improrrogável, devendo ser contado do mesmo modo como se conta o prazo de cumprimento da pena privativa de liberdade.
e) São causas interruptivas do curso da prescrição, entre outras, a decisão confirmatória da pronúncia, o acórdão confirmatório da condenação prolatada em primeira instância, o início do cumprimento da pena e a publicação da sentença condenatória.

CESPE - 2011 - AL-ES - Procurador - conhecimentos específicos
Assinale a opção correta a respeito dos crimes contra a honra.

a) Conforme a jurisprudência do STF, o advogado tem imunidade profissional, não constituindo injúria, difamação ou desacato puníveis qualquer manifestação de sua parte, no exercício de sua atividade, em juízo ou fora dele.
b) Conforme a jurisprudência do STJ, não há crime de calúnia, injúria ou difamação, se perceptível primus ictus oculi que a vontade do agente está desacompanhada da intenção de ofender, exceto se praticou o fato com animus narrandi ou animus criticandi.
c) As penas cominadas aos delitos de calúnia, difamação e injúria aumentam-se de um terço, se qualquer dos crimes for cometido contra pessoa maior de sessenta anos de idade ou portadora de deficiência.
d) Se a injúria consistir na utilização de elementos referentes à raça, cor, etnia, religião, origem ou à condição de pessoa idosa ou portadora de deficiência, aumenta-se a pena de metade.
e) A imunidade parlamentar material dos congressistas incide de forma absoluta quanto às declarações proferidas no recinto do parlamento, dispensan-

do-se a presença de vínculo entre o conteúdo do ato praticado e a função pública parlamentar exercida.

TJ-DFT - 2007 - TJ-DF - Juiz - Objetiva.2
Relativamente aos crimes contra a honra é correto afirmar:

a) Se ao proferir a frase ofensiva à vítima, o autor não a relaciona a fato determinado, mas vago e impreciso, não há se falar em injúria, e sim em difamação.
b) A imunidade penal do art. 142, inciso I, do Código Penal, abrange todas as ofensas irrogadas em juízo, inclusive contra o magistrado, em razão da garantia prevista no art. 133 da Constituição Federal que assegura a inviolabilidade do advogado nos limites da lei.
c) Não é dado à empresa jornalística, sob pena de incorrer em crime de difamação, publicar ou transmitir notícia sobre determinado fato delituoso, quando verificado que o ofendido já cumpriu a pena a que tenha sido condenado em virtude dele.
d) A imunidade prevista no art. 142, inciso I, do Código Penal, se justifica plenamente para assegurar às partes ou a seus procuradores o pleno exercício do *jus narrandi vel defendendi*, não havendo, por isso, como se limitar esse direito com a alegação de excesso que extravase a necessária discussão da causa.

FUNDEC - 2003 - TRT - 9ª REGIÃO (PR) - Juiz - 1ª Prova - 2ª Etapa
"A", desafeto de "B"(taxista), com o intuito de prejudicar a imagem deste, confecciona e expõe em rua movimentada um "outdoor" com a seguinte frase: "Cuidado! 'B' é ladrão".

Considerando os fatos descritos e a disciplina legal dos crimes contra a honra, é correto afirmar que:

I - O crime cometido por "A, na conduta acima descrita, admite exceção da verdade.

II - Na difamação é sempre cabível a exceção da verdade.

III - Não há previsão legal de crime de injúria qualificada.

IV - A ofensa contra servidor público, no exercício de suas funções, é tipificada como crime de injúria.

V - Na injúria não se admite a exceção da verdade, salvo se o ofendido é servidor público e a ofensa se deu em razão da função.

Assinale a alternativa correta:

a) Há apenas uma proposição correta
b) Há apenas duas proposições corretas
c) Há apenas três proposições corre
d) Todas as proposições estão corretas
e) Todas as proposições estão incorretas

FCC - 2008 - TRF-5R - Analista Judiciário - Área Judiciária
José na janela da empresa em que seu desafeto Pedro trabalhava, gritou em altos bravos que o mesmo era "traficante de entorpecentes". Nesse caso, José cometeu crime de

a) calúnia.
b) injúria.
c) difamação.
d) denunciação caluniosa.
e) falsa comunicação de crime.

TJ-DFT - 2011 - TJ-DF - Juiz
Dos crimes contra a honra. Calúnia, Difamação e Injúria. A honra, objetiva (julgamento que a sociedade faz do indivíduo) e subjetiva (julgamento que o indivíduo faz de si mesmo), é um direito fundamental do ser humano, protegido constitucional e penalmente. Destarte:

a) Do almoxarifado de empresa de energia elétrica foi subtraído 1.300 quilogramas de fio de cobre. Ao Almoxarife Francinaldo, falecido dois meses antes de descoberta a falta, Tiburcio, seu substituto, atribuiu-lhe a autoria. Procedidas às investigações, resultou constatado ter sido um dos motoristas quem efetuou a subtração. Por ser punível a calúnia contra os mortos, Francinaldo é o sujeito passivo do crime;
b) Ainda que falsa a imputação atribuída por Tiburcio ao morto, por ser admitido na lei penal a exceptio veritatis, está ele, via do instituto, compelido a provar ser ela verdadeira;
c) Por Márcio haver dito em assembleia estudantil que Maurício, seu colega de faculdade, é afeminado e desonesto, por este foi interposta ação penal privada, a qual, ao ser julgada, absolveu o agressor por não haver a vítima provado ser falsa a imputação;
d) No crime de calúnia, o querelado ou réu não pode ingressar com a exceptio veritatis, pretendendo demonstrar a verdade do que falou, quando o fato imputado à vítima constitua crime de ação privada e não houve condenação definitiva sobre o assunto.

FUNIVERSA - 2009 - PC-DF - Delegado de Polícia - Objetiva
Acerca dos crimes contra a honra, assinale a alternativa correta.

a) Nos crimes de calúnia e difamação, não se admite a retratação.
b) A exceção da verdade, no crime de calúnia, é admitida se, constituindo o fato imputado crime de ação privada, o ofendido não foi condenado por sentença irrecorrível.
c) É impunível a calúnia contra os mortos.
d) No delito de injúria, o juiz poderá deixar de aplicar a pena se o ofendido, de forma reprovável, provocou diretamente a injúria.

e) Caso um advogado, na discussão da causa durante uma audiência, acuse o juiz de prevaricação, o crime de calúnia estará amparado pela imunidade judiciária.

5- CRIMES CONTRA A LIBERDADE INDIVIDUAL

CESPE - 2012 - MPE-RR - Promotor de Justiça
Com base no que dispõe o CP e no entendimento doutrinário e jurisprudencial acerca do crime de constrangimento ilegal, assinale a opção correta.

a) O sujeito passivo do crime de constrangimento ilegal pode ser qualquer pessoa, independentemente de sua capacidade de autodeterminação.
b) Por ser o delito de constrangimento ilegal tipicamente subsidiário, a violência nela empregada, em qualquer modalidade, absorve sempre o crime.
c) O constrangimento ilegal é delito de mera atividade, consumando-se mediante grave ameaça ou violência perpetrada pelo sujeito ativo.
d) No crime de constrangimento ilegal, admite-se a autoria mediata caso a violência ou grave ameaça sejam exercidas contra pessoa diversa da que se pretenda constranger, sendo o agente responsabilizado, em concurso material, pelo constrangimento ilegal e por outra infração que o executor venha a praticar.
e) O fato de funcionário público ser sujeito ativo do crime de constrangimento ilegal qualifica a infração, aplicando-se a ele a pena em dobro.

TRT 3R - 2012 - TRT - 3ª Região (MG) - Juiz
Constituem crimes contra a liberdade pessoal, exceto:

a) Constrangimento ilegal.
b) Ameaça.
c) Sequestro.
d) Redução à condição análoga a de escravo.
e) Violação de domicílio.

2007 - OAB-SC - Exame de Ordem - 1 - Primeira Fase
"Gama", proprietário rural, após contratar quinze pessoas para trabalhar na sua fazenda localizada em local ermo, vem impossibilitando o uso de transporte por seus funcionários na intenção de retê-los no local de trabalho. É certo afirmar:

a) Gama não cometeu crime algum.
b) Gama cometeu o crime de constrangimento ilegal.
c) Gama cometeu o crime de cárcere privado.
d) Gama cometeu o crime de redução à condição análoga à de escravo.

TRT 23R (MT) - 2011 - TRT - 23ª REGIÃO (MT) - Juiz do Trabalho
Assinale a alternativa correta:

a) Trata-se de mera nulidade contratual o ato de fraude que visa frustrar direito assegurado pela legislação do trabalho, não sendo considerado crime punível.
b) Comete crime de redução à condição análoga a de escravo quem obriga ou coage alguém a usar mercadorias de determinado estabelecimento, para impossibilitar o desligamento do serviço em virtude de divida, fenômeno conhecido como *truck system*.
c) Não comete crime aquele que alicia trabalhadores com o fim de levá-los de uma para outra localidade do território nacional, restando configurado o crime apenas se a transferência for para o estrangeiro.
d) Submeter alguém a trabalhos forçados ou a jornada exaustiva, quer sujeitando-o a condições degradantes de trabalho, quer restringindo, por qualquer meio, sua locomoção em razão de dívida contraída com o empregador ou preposto, implica reduzi-lo a condição análoga à de escravo.
e) A pena do crime de redução à condição análoga à de escravo é reduzida de metade, se o crime é cometido contra criança ou adolescente ou se cometido por motivo de preconceito de raça, cor, etnia, religião ou origem.

EJEF - 2006 - TJ-MG - Juiz
Quanto à violação de domicílio é INCORRETO afirmar que:

a) dá-se de forma qualificada quando cometida durante a noite, ou em lugar ermo;
b) é crime comissivo e omissivo, conforme o caso;
c) não admite tentativa;
d) a expressão casa compreende compartimento não aberto ao público, onde alguém exerce profissão ou atividade.

TJ-DFT - 2007 - TJ-DF - Juiz - Objetiva.2
Em relação ao crime de constrangimento ilegal, assinale a alternativa correta:

a) Não admite a forma tentada.
b) O crime é sempre punido autonomamente.
c) O sujeito ativo impõe à vítima uma conduta indeterminada.
d) O fato somente é punido autonomamente se não constitui elemento ou circunstância agravante especial de outro tipo penal.

TJ-DFT - 2007 - TJ-DF - Juiz - Objetiva
Analise as proposições e assinale a única alternativa correta:

I - Constitui constrangimento ilegal compelir a vítima a dar fuga ao agente em seu automóvel.

II - Colocar uma caveira à porta de alguém, caracteriza delito de ameaça.

III - A retenção de paciente em hospital para recebimento de honorários constitui delito de cárcere privado.

a) Todas as proposições são verdadeiras.
b) Todas as proposições são falsas.
c) Apenas uma das proposições é verdadeira.
d) Apenas uma das proposições é falsa.

TRT 14R - 2008 - TRT - 14ª Região (RO e AC) - Juiz - Prova 1
Sobre os crimes contra a liberdade pessoal, assinale a alternativa falsa:

a) O crime de ameaça se processa mediante ação penal privada, dependendo, desse modo, do oferecimento de queixa-crime por parte do ofendido.
b) Nos crimes de ameaça e de constrangimento ilegal, o bem jurídico tutelado é a liberdade psíquica de agir, enquanto que no sequestro e no cárcere privado busca-se proteger a liberdade física.
c) A ameaça e o constrangimento ilegal são considerados crimes subsidiários, uma vez que apenas são puníveis como crimes autônomos quando não integram outro delito.
d) O crime de cárcere privado é uma espécie da qual é gênero o sequestro, configurando-se o primeiro quando a vítima é confinada em recinto fechado.
e) A ameaça grave integra a conduta que tipifica o crime de constrangimento ilegal, ainda que seja ela um meio para a obtenção de um outro fim.

FUNCAB – 2012 – POLÍCIA CIVIL-RJ – Delegado de Polícia
O Diretor de determinado presídio é informado, por bilhete anônimo, de que um preso estaria trocando informações por correspondência com membros do seu bando, a fim de viabilizar a entrada de substância entorpecente no estabelecimento prisional, visando ao tráfico de drogas. Diante disso, o Diretor intercepta uma carta fechada e destinada ao detento, e, após abri-la, lê o seu conteúdo, descobrindo quando e como se daria o ingresso da droga. No caso em tela, pode-se afirmar que o Diretor:

A) aparentemente praticou crimes previstos tanto no Código Penal, quanto na Lei nº 4.898/1965, devendo responder por esta última de acordo com o princípio da especialidade.
B) praticou crime previsto na Lei nº 4.898/1965.
C) praticou crimes previstos tanto no Código Penal, quanto na Lei nº 4.898/1965, devendo responder por ambos, em concurso formal.
D) praticou crime previsto no Código Penal.
E) não praticou crime.

VUNESP – 2018 – PC-SP – Delegado de Polícia
No que concerne ao crime de constrangimento ilegal (CP, art. 146), é correto afirmar que

a) se tipifica o crime, apenas, pela ação violenta, não havendo previsão legal para punição por mera grave ameaça.
b) qualifica o tipo a concorrência de 3 (três) ou mais agentes.

c) tipifica o crime a coação exercida para impedir suicídio, o que se explica pelo fato de o suicídio não ser penalmente relevante.
d) tipifica o crime a intervenção médica ou cirúrgica, sem o consentimento do paciente ou de seu representante legal, mesmo se justificada por iminente perigo de vida.
e) se consuma quando a vítima, sem norma legal que a obrigue a tanto, faz ou deixa de fazer, cedendo à determinação do agente.

IBADE – 2017 – PC-AC – Delegado de Polícia Civil
Assinale a alternativa que contempla uma hipótese de violação de domicílio.

a) Pafúncio e Marocas, casados, em virtude de um desentendimento, resolvem se separar, após o que, conforme acordado entre ambos, Pafúncio deixa o lar conjugal para morar em outra casa. Semanas depois, embora já proposta a ação de divórcio, Pafúncio retorna ao imóvel e ali se instala sem a ciência de Marocas, que naquele momento viajava com o novo namorado.
b) Clarabela, ao passear pelas ruas internas de um condomínio de casas, no qual entrou regularmente, percebe um canteiro de rosas no jardim de um dos imóveis. Como o jardim não é murado, delimitado por cercas ou possui qualquer outro obstáculo ao livre acesso de pessoas, Clarabela nele ingressa, de lá colhendo uma muda de flor para levar consigo.
c) Jeremias, após o trabalho, por volta das 18h, notando que não chegará a tempo para ver o jogo televisionado de seu time de coração, entra no saguão de um hotel, misturando-se a hóspedes e funcionários, pois ali há um telão transmitindo a partida.
d) Ferdinando, fotógrafo, é contratado para trabalhar em um evento privado. No dia agendado, erra o endereço e ingressa – de forma não autorizada – no aniversário de Violeta. Instado pelos seguranças a deixar o local, ainda desconhecendo seu equívoco, Ferdinando se recusa a sair, o que só acontece com a chegada da polícia militar.
e) Acácio, andarilho, entra em um apartamento de propriedade de Nestor, o qual se encontra vazio e destinado à locação. Embora sua intenção inicial fosse apenas pernoitar no imóvel, Acácio decide fazer do local sua nova moradia.

TRF - 3ª REGIÃO – 2018 – TRF - 3ª REGIÃO – Juiz Federal Substituto
Relativamente ao crime de redução a condição análoga à de escravo, assinale a alternativa INCORRETA:

a) A competência para processar e julgar quem comete esse crime é da Justiça Federal, caracterizando-se o delito por ser do tipo misto alternativo.
b) Não se restringe à área rural ou a locais longínquos, podendo ocorrer em área urbana, atividade industrial ou mesmo no trabalho doméstico.
c) Caracteriza-se por ser a vítima submetida a trabalhos forçados ou a jornada exaustiva, bem como sujeita a condições degradantes de trabalho, restrin-

gindo-se, por qualquer meio, sua locomoção, em razão de dívida contraída com o empregador.

d) Se a vítima é criança, adolescente, idoso ou pessoa com deficiência ou se o crime é cometido por motivo de preconceito de raça, cor, etnia, religião ou origem, a pena é aumentada de 1/3 (um terço).

VUNESP - 2018 - MPE-SP - Analista Jurídico do Ministério Público
Mévio, professor de uma renomada escola, é muito ativo no intercâmbio internacional de jovens, de 16 a 21 anos, sendo proprietário de empresa específica para prestar serviços de assessoria para emissão de passaporte, obtenção de vistos, matrículas nos cursos estrangeiros e intermediação de locais para abrigo dos jovens. A empresa de Mévio atua tanto levando jovens brasileiros para o exterior quanto trazendo jovens estrangeiros para o país. Para a surpresa de todos, Mévio foi acusado de crime de tráfico de pessoas (art. 149-A, do CP), bem como de integrar organização criminosa. Segundo a denúncia do órgão de acusação, os jovens brasileiros por ele recrutados, no exterior, eram submetidos à exploração sexual e à servidão. Igualmente, os jovens estrangeiros, no Brasil, eram submetidos a trabalho escravo e exploração sexual. Tendo em vista o artigo 149-A, do Código Penal e a Lei n° 13.344/16 - Tratamento jurídico do tráfico de pessoas, assinale a alternativa correta.

a) O artigo 149-A, do CP, só tem incidência quanto aos jovens brasileiros, recrutados para exploração sexual e servidão no exterior, não se aplicando aos jovens estrangeiros recrutados e explorados no Brasil.
b) Para vítimas adolescentes, Mévio será punido de forma aumentada, mas, sendo primário, ainda que integrante de organização criminosa, terá a pena reduzida, por expressa previsão legal.
c) Para as vítimas submetidas à exploração sexual, Mévio será punido de forma aumentada e, ainda que primário, não fará jus à redução da pena, por integrar organização criminosa.
d) O tipo penal previsto do artigo 149-A, do CP, dispensa a ocorrência de resultado naturalístico.
e) Ainda que os jovens, brasileiros ou estrangeiros, tenham sido explorados no Brasil ou no exterior, não se caracteriza o crime previsto no 149-A, do CP, que exige que as condutas nele previstas se deem mediante grave ameaça ou violência.

FGV - 2017 - TRT - 12ª Região (SC) - Analista Judiciário - Área Judiciária
Lucas é empregador dos trabalhadores Manuel, Francisco e Pedro em sua fazenda na zona rural. Analise as três situações apresentadas:

I. Lucas retém a carteira de identidade de Manuel, único documento deste, impedindo que deixe o local de trabalho.

II. Lucas autoriza que Francisco gaste apenas 15 minutos todo dia para horário de almoço, de modo que Francisco somente pode comprar uma refeição na pequena cantina de Lucas que funciona dentro da fazenda. Em razão dos altos preços dos produtos, Francisco contrai dívida alta e é impedido de deixar a fazenda antes do pagamento dos valores devidos.

III. Lucas instala diversas câmeras e outros mecanismos de vigilância ostensiva na fazenda com o fim de reter Pedro em seu local de trabalho.

Considerando as situações apresentadas, o comportamento de Lucas em relação a Manuel, Francisco e Pedro configura, respectivamente, o(s) crime(s) de:

a) redução à condição análoga à de escravo, nas três situações;
b) redução à condição análoga à de escravo, exercício arbitrário das próprias razões e redução à condição análoga à de escravo;
c) apropriação indébita, redução à condição análoga à de escravo e redução à condição análoga à de escravo;
d) cárcere privado, exercício arbitrário das próprias razões e redução à condição análoga à de escravo;
e) redução à condição análoga à de escravo, redução à condição análoga à de escravo e constrangimento ilegal.

FUNDATEC – 2017 – IGP-RS – Perito Criminal - Computação Forense
A Lei nº 12.737/2012, também conhecida como Lei dos Crimes Cibernéticos, dispõe sobre a tipificação criminal de delitos informáticos. O artigo 154-A dessa lei diz: "Invadir dispositivo informático alheio, conectado ou não à rede de computadores, mediante violação indevida de mecanismo de segurança e com o fim de obter, adulterar ou destruir dados ou informações sem autorização expressa ou tácita do titular do dispositivo ou instalar vulnerabilidades para obter vantagem ilícita. Pena - detenção, de 3 (três) meses a 1 (um) ano, e multa". A redação desse artigo mostra a intenção do legislador de tutelar valores protegidos constitucionalmente. Qual o bem jurídico protegido pelo artigo 154-A da Lei de Crimes Cibernéticos?

a) Segurança dos dados.
b) Dispositivos informáticos.
c) Rede de computadores.
d) Privacidade.
e) Livre acesso à informação.

CESPE - 2010 - DPU - Defensor Público da União
Na doutrina, distinguem-se as figuras sequestro e cárcere privado, afirmando-se que o primeiro é o gênero do qual o segundo é espécie. A figura cárcere privado caracteriza-se pela manutenção de alguém em recinto fechado, sem amplitude de locomoção, definição esta mais restrita que a de sequestro.

( ) Certo ( ) Errado

REFERÊNCIAS BIBLIOGRÁFICAS

ALBUQUERQUE, Roberto Chacon de. A Lei Relativa ao Término da Vida sob Solicitação e Suicídio Assistido. *Revista Brasileira de Direito Constitucional.* São Paulo, n. 08, p. 297-319, Jul./Dez. 2006.

ALMEIDA SALLES JÚNIOR, Romeu de. *Apropriação indébita e estelionato*: cheque sem fundos. 3. ed. São Paulo: Saraiva, 1997.

ALVES JÚNIOR, Luís Carlos Martins. *Memória jurisprudencial: Ministro Evandro Lins.* Brasília: Supremo Tribunal Federal, 2009.

AMARAL, Francisco. *Direito civil brasileiro* - introdução. Rio de Janeiro: Forense, 1991.

ANDREUCCI, Ricardo Antonio. *Manual de direito penal.* 3. ed. São Paulo: Saraiva, v. 2, 2004.

ASSIS TOLEDO, Francisco de. *Princípios básicos de direito penal.* 5. ed. São Paulo: Saraiva, 1994.

BACIGALUPO, Enrique. *Direito Penal.* São Paulo: Malheiros, 2005.

BANDEIRA DE MELLO, Celso Antônio. *Curso de direito administrativo.* 17. ed. São Paulo: Malheiros, 2004.

BARBA, Wagner Tomás; SILVA, Jorge Rodrigues da. *Contos do Vigário: vacine-se contra eles.* São Paulo: WVC Editora, 1999.

BARBOSA-FOHRMANN, Ana Paula. *A Dignidade Humana no Direito Constitucional Alemão.* Rio de Janeiro: Lumen Juris, 2012.

BARRETTO, Vicente de Paulo. *O Fetiche dos Direitos Humanos e Outros Temas.* 2. ed. Porto Alegre: Livraria do Advogado, 2013.

BARROS, Francisco Dirceu. Os agentes passivos do homicídio funcional: Lei nº 13.142/2015. A controvérsia da terminologia autoridade e o filho adotivo como agente passivo do homicídio funcional. In: *Revista Jus Navigandi.* Teresina, ano 20, nº 4418, 6 ago. 2015. Disponível em https:// jus.com.br/ artigos/41302. Acesso em 01.01.2019.

BASTOS, Marcelo Lessa. *Violência doméstica e familiar contra a mulher: Lei "Maria da Penha: alguns comentários.* Disponível em: <http://jus2.uol.com.br/doutrina/texto.asp?id=9006>. Acesso em: 03/10/2009

BATISTA, Nilo. *Concurso de agentes.* 2. ed. Rio de Janeiro: Lumen Juris, 2004.

BATLOUNI MENDRONI, Marcelo. *Crime organizado* – aspectos gerais e mecanismos legais. São Paulo: Juarez de Oliveira, 2002.

BECHARA, Ana Elisa Liberatore Silva. *Bem Jurídico-Penal*. São Paulo: Quartier Latin, 2014.

BECK, Ulrich. *Sociedade de Risco*: rumo a uma outra modernidade. 2. ed. São Paulo: Editora 34, 2011.

BETTIOL, Giuseppe. *Direito penal*. São Paulo: Revista dos Tribunais, 1966.

BITENCOURT, Cezar Roberto. *Código penal comentado*. 2. ed. São Paulo: Saraiva, 2004.

______. *Tratado de direito penal*. 9. ed. São Paulo: Saraiva, v. 1, 2004.

______. *Tratado de direito penal*. 3. ed. São Paulo: Saraiva, v. 2, 2003.

______. *Tratado de direito penal*. São Paulo: Saraiva, v. 3, 2003.

______. *Constituição de Milícia Privada*. Disponível em http://atualidadesdodireito.com.br/cezarbitencourt/2012/10/23/constituicao-de-milicia-privada. Acesso em 14/11/12.

______. *Homicídio doloso praticado por milícia privada*. Disponível em <atualidadesdodireito.com.br/cezarbitencourt/2012/10/23/homicidio-doloso-praticado-por-milicia-privada>. Acesso em 17/11/2012.

______. *Qualificadora de homicídio contra policial não protege a pessoa, e sim a função*. Disponível em http://www.conjur.com.br/2015-jul-29/cezar-bitencourt-homicidio-policial-protege-funcao-publica. Publicado em: 29 jul. 2015. Acesso em: 01 jan. 2019.

BORGES D'URSO, Luiz Flávio. *Anteprojeto da parte especial do código penal*. São Paulo: Juarez de Oliveira, 1999.

BOSCHI, José Antônio Paganella. *Das Penas e Seus Critérios de Aplicação*. 7. ed. Porto Alegre: Livraria do Advogado, 2014.

BRASIL. Ministério da Saúde. Secretaria de Atenção à Saúde. Departamento de Ações Programáticas Estratégicas. Área Técnica de Saúde da Mulher. *Prevenção e Tratamento dos Agravos Resultantes da Violência Sexual Contra Mulheres e Adolescentes: norma técnica*. 2. ed. Brasília: Ministério da Saúde, 2005.

BRITO, Alexis Augusto Couto de. VANZOLINI, Maria Patrícia (coordenação). *Direito Penal – Aspectos Jurídicos Controvertidos*. São Paulo: Quartier Latin, 2006.

BRUNO, Aníbal. *Direito penal* – parte geral. 3. ed. Rio de Janeiro: Forense, t. I, 1967.

______. *Crimes contra a pessoa*. 5. ed. Rio de Janeiro: Rio, 1979.

BUSATO, Paulo César. *Direito Penal*: parte especial. 3. ed. São Paulo: Atlas, 2017.

CABANELLAS, Guillermo. *El aborto*: su problema social, médico y jurídico. Buenos Aires: Atalaya, 1975.

CABETTE, Eduardo Luiz Santos. *A Lei 11.923/09 e o famigerado "sequestro relâmpago": afinal, que "raio" de crime é esse?* Disponível em <http://www.lfg.com.br>. 17 de maio de 2009. Acesso em 23/03/2010.

______. *Com quantas pessoas se faz uma milícia privada, uma organização paramilitar, um grupo de extermínio ou um esquadrão da morte?*. **Jus Navigandi**, Teresina, ano 17, n. 3407, 29 out. 2012. Disponível em: <http://jus.com.br/revista/texto/22910>. Acesso em: 15 nov. 2012.

CALLEGARI, André Luís. *Imputação objetiva*: lavagem de dinheiro e outros temas do direito penal. Porto Alegre: Livraria do Advogado, 2001.

CAMARGO ARANHA, Adalberto José Q. T. de. *Crimes contra a honra*. 2. ed. São Paulo: Saraiva, 2000.

CAPEZ, Fernando. *Curso de direito penal*: parte especial. São Paulo: Saraiva, v. 2, 2003.

______. *Curso de direito penal*: parte especial. São Paulo: Saraiva, v. 4, 2003.

______. *Curso de direito penal*: parte especial. São Paulo: Saraiva, v. 4, 2007.

CARNELUTTI, Francesco. *O delito*. Campinas: Peritas, 2002.

CIRINO, Juarez. *Direito Penal*: parte geral. 6. ed. Curitiba: ICPC, 2014.

COSTA JR., Paulo José da; PEDRAZZI, Cesare. *Direito Penal Societário*. 3 ed. São Paulo: Perfil, 2005.

CUNHA, Rogério Sanches. *Nota de Atualização e Errata do Livro Código Penal Para Concursos*. Salvador: Jus Podium, 2009.

______. *Comentários a Lei nº 12.720, de 27 de Setembro de 2012*. Disponível em http://atualidadesdodireito.com.br/rogeriosanches/2012/09/28/comentarios-a-lei-no-12-720-de-27-de-setembro-de-2012/, acesso em 15.11.12.

______. *STJ: Qualificadora do Feminicídio Tem Natureza Objetiva*. Em: meusitejuridico.editorajuspodivm.com.br. Acesso em 05.12.2018.

CUNHA, Rogério Sanches; PINTO, Ronaldo Batista. *Violência Doméstica*. São Paulo: Editora Revista dos Tribunais, 2007.

DE BEM, Leonardo Schmitt de. *Direito Penal de Trânsito*. São Paulo: Saraiva, 2013.

DE BEM, Leonardo Schmitt; CUNHA, Mariana Garcia. *Crimes Eleitorais*. 3. ed. Belo Horizonte: Editora D'Plácido, 2018.

DELMANTO, Celso. *Código penal comentado*. 3. ed. Rio de Janeiro: Renovar, 1991.

DELMANTO, Celso [et al.]. *Código Penal Comentado*. 8. ed. São Paulo: Saraiva, 2010.

DIAS, Maria Berenice. *A Lei Maria da Penha na Justiça*: a efetividade da Lei 11.340/2006 de combate à violência doméstica e familiar contra a mulher. São Paulo: Editora Revista dos Tribunais, 2007.

DOTTI, René Ariel. *Curso de direito penal*: parte geral. 1. ed. Rio de Janeiro: Forense, 2003.

DUPRET, Cristiane. *Lei 12.720/12 e a Ofensa ao Princípio da Legalidade*. Disponível em <http://www.direitopenalbrasileiro.com.br/index.php/2012-08--30-13-22-00/63-lei-12-720-12-e-a-ofensa-ao-principio-da-legalidade>. Acesso em 14/11/12.

DWORKIN, Ronald. *Domínio da Vida:* aborto eutanásia e liberdades individuais. 2. ed. São Paulo: Editora WMF Martins Fontes, 2009.

ESTEFAM, André. *Direito Penal*. São Paulo: Saraiva, 2010.

FAZZIO JR., Waldo. *Manual de direito comercial*. 5. ed. São Paulo: Atlas, 2005.

FERRI, Enrico. *O delito passional na sociedade contemporânea*. Campinas: LZN, 2003.

FRAGOSO, Heleno Cláudio. *Lições de direito penal*: parte especial. 11. ed. Rio de Janeiro: Forense, v. 1, 1995.

GARCIA, Basileu. *Instituições de Direito Penal*. 3. ed. São Paulo: Max Limonad, 1956. Tomo I.

GILABERTE, Bruno. Lógica da Guerra e Homicídio Qualificado pela Condição Funcional da Vítima. Disponível em: *Canal Ciências Criminais*. Publicado em: 09.09.2015. Acesso em: 10.12.2015.

______. *Crimes Contra a Dignidade Sexual*. Rio de Janeiro: Freitas Bastos, 2014.

GILABERTE, Bruno; MONTEZ, Marcus. *O Feminicídio Sob Novo Enfoque:* superando o simbolismo para uma dissecção hermenêutica. Disponível em: www.emporiododireito.com.br. Publicado em: 18/03/2015. Acesso em: 22/11/2018.

GOMES, Hélio. *Medicina legal*. 24. ed. Rio de Janeiro: Freitas Bastos, 1985.

GOMES, Luiz Flávio. *Direito penal*: parte geral, introdução. São Paulo: Revista dos Tribunais, v. 1, 2003.

______. *Crimes previdenciários*. São Paulo: Revista dos Tribunais, 2001.

______. *Aborto Anencefálico: Exclusão da Tipicidade Material (I)*. Disponível em www.lfg.com.br.

GOMES, Luiz Flávio. MAZZUOLI, Valério de Oliveira. *Comentários à Convenção Americana sobre Direitos Humanos*. 2. ed. São Paulo: Editora Revista dos Tribunais, 2009.

GOMES, Luiz Flávio. CUNHA, Rogério Sanches. *Sequestro relâmpago com morte: é crime hediondo*. Disponível em <http://www.lfg.com.br>. 19 de junho de 2009. Acesso em 23/03/2010.

GOMES, Orlando. *Introdução ao direito civil*. 14. ed. Rio de Janeiro: Forense, 1999.

GRECO, Luís. *Um Panorama da Teoria da Imputação Objetiva*. 4. ed. São Paulo: Editora Revista dos Tribunais, 2014.

GRECO, Rogério. *Curso de direito penal*: parte especial. Niterói: Impetus, v. II, 2005.

______. *Homicídio Praticado por Milícia Privada, sob o Pretexto de Prestação de Serviço de Segurança, ou por Grupo de Extermínio*. Disponível em <http://

atualidadesdodireito.com.br/rogeriogreco/2012/09/29/homicidio-praticado-por-milicia-privada-sob-o-pretexto-de-prestacao-de-servico-de-seguranca-ou-por-grupo-de-exterminio>, acesso em 15/11/12.

HABIB, Gabriel. *Leis Penais Especiais.* Tomo I. 2. ed. Salvador: Jus Podium, 2010.

______. *Leis Penais Especiais.* 10 ed. Salvador: Jus Podivm, 2018.

HERCULES, Hygino de Carvalho. *Medicina Legal.* São Paulo: Editora Atheneu, 2005.

HOGEMANN, Edna Raquel. *Bioética, Alteridade e o Embrião Humano.* Rio de Janeiro: Editora Multifoco, 2015.

HUNGRIA, Nelson; CORTES DE LACERDA, Romão; FRAGOSO, Heleno Cláudio. *Comentários ao código penal.* 5. ed. Rio de Janeiro: Forense, v. VIII, 1983.

HUNGRIA, Nelson; FRAGOSO, Heleno Cláudio. *Comentários ao código penal.* 6. ed. Rio de Janeiro, Forense: v. V, 1981.

______. *Comentários ao código penal.* 5. ed. Rio de Janeiro: Forense, v. VI, 1982.

______. *Comentários ao código penal.* 4. ed. Rio de Janeiro: Forense, v. VII, 1980.

ISHIDA, Válter Kenji. *O Crime de Constituição de Milícia Privada (art. 288-A do Código Penal) Criado Pela Lei nº 12.720, de 27 de Setembro de 2012.* Disponível em <http://www.midia.apmp.com.br/arquivos/pdf/artigos/2012_%20crime_constituicao.pdf>, acessado em 15/11/12.

JESUS, Damásio E. de. *Direito penal*: parte especial. 21. ed. São Paulo: Saraiva, v. 2, 1999.

______. *Lei das contravenções penais anotada.* 7. ed. São Paulo: Saraiva, 1999.

______. *Novíssimas questões criminais.* São Paulo: Saraiva, 1998.

JESUS, Damásio; MILAGRE, José Antônio. *Manual de Crimes Informáticos.* São Paulo: Saraiva, 2016.

KANT, Immanuel. *A Metafísica dos Costumes.* 2. ed. Bauru: Edipro, 2008.

LIMA FONSECA, Antonio Cezar. *Crimes contra a criança e o adolescente.* Porto Alegre: Livraria do Advogado, 2001.

LOPES OLIVEIRA, J. M. Leoni. *Alimentos e sucessão no casamento e na união estável.* 5. ed. Rio de Janeiro: Lumen Juris, 1999.

______. *Direito civil* – teoria geral do direito civil. 2. ed. Rio de Janeiro: Lumen Juris, 2000.

MAGALHÃES NORONHA, E. *Direito penal.* 33. ed. São Paulo: Saraiva, v. 2, 2003.

______. *Direito penal.* 27. ed. São Paulo: Saraiva, v. 3, 2003.

MARMELSTEIN, George. *Curso de Direitos Fundamentais.* São Paulo: Atlas, 2008.

_______. *Existe Lógica na Loucura? O Problema do Sigilo de Dados e das Comunicações.* Disponível em http://direitosfundamentais.net/2008/03/09/existe-logica-na-loucura-o-problema-do-sigilo-de-dados-e-das-comunicacoes. Acesso em 11/11/2009.

MARCÃO, Renato; GENTIL, Plínio. *Crimes Contra a Dignidade Sexual*. São Paulo: Saraiva, 2011.

MARQUES, José Frederico. *Tratado de direito penal*. Campinas: Millenium, v. 4, 2002.

MARTINELLI, João Paulo Orsini; DE BEM, Leonardo Schmitt. *Lições Fundamentais de Direito Penal*: parte geral. São Paulo: Saraiva, 2016.

MARTINS, Ives Gandra. *O Supremo e o Homicídio Uterino*. Disponível em http://www.jb.com.br/jb/papel/opiniao.

MARTINS BATISTA, Weber. *O furto e o roubo no direito e no processo penal*. 2. ed. Rio de Janeiro: Forense, 2002.

MASSON, Cleber. *Direito Penal*: parte especial. 11. ed. Rio de Janeiro: Forense, São Paulo: Método, 2018. v. 2.

MAYRINK DA COSTA, Álvaro. *Direito penal*: parte especial. 5. ed. Rio de Janeiro: Forense, 2003.

MELO, Nehemias Domingos de. O Direito de Morrer com Dignidade. In *Tratado Brasileiro Sobre o Direito Fundamental à Morte Digna*. São Paulo: Almedina, 2017.

MENDES, Gilmar. *Homenagem à doutrina de Peter Häberle e sua influência no Brasil*. Disponível em www.stf.jus.br/repositorio/cms/portalStfInternacional/portalStfAgenda_pt_br/anexo/Homenagem_a_Peter_Haberle__Pronunciamento__3_1.pdf. Acesso em 03.07.2017.

MILL, John Stuart. *Sobre a Liberdade*. Porto Alegre: L&PM, 2016.

MIR PUIG, Santiago. *Derecho Penal*: parte general. 7. ed. Barcelona: Editorial Reppertor, 2005.

MIRABETE, Julio Fabbrini. *Código penal interpretado*. 4. ed. São Paulo: Atlas, 2003.

______. *Manual de direito penal*: parte especial. 22. ed. São Paulo: Atlas, v. 2, 2004.

______. *Execução penal*. 8. ed. São Paulo: Atlas, 1997.

MONTENEGRO, Lucas. *Por Que se Qualifica o Homicídio? Um Estudo Sobre a Relevância da Motivação em Direito Penal, Por Ocasião da Lei do Feminicídio*. São Paulo: Marcial Pons, 2017.

MORAES JR., Volney Corrêa Leite de. *Em torno do roubo*. Campinas: Millenium, 2003

MOURA TELES, Ney. *Direito penal*: parte especial. São Paulo: Atlas, v. 2, 2004.

MUÑOZ CONDE, Francisco. *Edmund Mezger e o Direito Penal de seu Tempo* – Estudos sobre o Direito Penal no Nacional-Socialismo. Rio de Janeiro: Lumen Juris, 2005.

NICOLITT, André. *Manual de Processo Penal*. 5. ed. São Paulo: Editora Revista dos Tribunais, 2014.

NICOLITT, André; ABDALA, Mayara Nicolitt; SILVA, Laís Damasceno. *Violência Doméstica*: estudos e comentários à Lei Maria da Penha. Belo Horizonte: Editora D'Plácido, 2018.

NOGUEIRA ITAGIBA, Ivair. *Homicídio, exclusão de crime e isenção de pena*. Rio de Janeiro: Freitas Bastos, t. 1, 1958.

NUCCI, Guilherme de Souza. *Leis Penais e Processuais Penais Comentadas*. 3. ed. São Paulo: Editora Revista dos Tribunais, 2008.

______. *Crimes Contra a Dignidade Sexual*. São Paulo: Editora Revista dos Tribunais, 2009.

______. *Código Penal Comentado*. 5. ed. São Paulo: Editora Revista dos Tribunais, 2005.

______. *Prostituição, Lenocínio e Tráfico de Pessoas*: aspectos constitucionais e penais. São Paulo: Editora Revista dos Tribunais, 2014.

PIERANGELI, José Henrique. *Códigos penais do Brasil*: evolução histórica. 2. ed. São Paulo: Revista dos Tribunais, 2001.

PINTO, José Manoel; CUNHA, Teresa Montalvão da. *Eutanásia e Suicídio Assistido*. Lisboa: Assembleia da República de Portugal, 2016. 50 p.

PRADO, Luiz Regis. *Curso de direito penal brasileiro*: parte especial. 2. ed. São Paulo: Revista dos Tribunais, v. 2, 2002.

______ (Coord.). *Responsabilidade penal da pessoa jurídica*: em defesa do princípio da imputação penal subjetiva. São Paulo: Revista dos Tribunais, 2001.

PRADO, Luiz Regis; CARVALHO, Érika Mendes de. *Aborto Anencefálico e sua Natureza Jurídico-penal: breves reflexões*. disponível em http://www.parana-online.com.br/canal/direito-e-justica.

QUEIROZ, Paulo. *Curso de Direito Penal*: parte geral. 9. ed. Salvador: JusPodivm, 2013.

RAMAYANA, Marcos. *Estatuto do idoso comentado*. Rio de Janeiro: Roma Victor, 2004.

RIOS GONÇALVES, Victor Eduardo. *Dos crimes contra o patrimônio*. 7. ed. São Paulo: Saraiva, v. 9, 2004.

ROBALDO, José Carlos de Oliveira. *A Nova Lei do Sequestro Relâmpago: não é o que se esperava e muito menos o que se tem divulgado*. Disponível em: < http://www.jusbrasil.com.br>. Acesso em 23/03/2010

ROSA, Alexandre Morais da; LOPES, Ana Christina Brito. *Introdução Crítica ao Ato Infracional:* princípios e garantias constitucionais. Rio de Janeiro: Lumen Juris, 2011.

ROXIN, Claus. *Estudos de Direito Penal*. Rio de Janeiro: Renovar, 2006.

SÁNCHEZ, Jesús-María Silva. Responsabilidad Penal de Las Empresas y de sus Órganos en Derecho Español. In *Responsabilidade Penal da Pessoa Jurídica*. São Paulo: Editora Revista dos Tribunais, 2001.

SANCTIS, Fausto Martin de. *Crime Organizado e Lavagem de Dinheiro: destinação de bens apreendidos, delação premiada e responsabilidade social.* São Paulo: Saraiva, 2009.

SCOTT, Joan Wallach. Gênero: uma categoria útil de análise histórica. *Educação & Realidade.* Porto Alegre, vol. 20, nº 2, jul./dez. 1995, p. 74-76.

SHECAIRA, Sérgio Salomão. *Responsabilidade penal da pessoa jurídica.* 2. ed. São Paulo: Método, 2002.

SILVA, José Afonso da. *Curso de direito constitucional positivo.* 15. ed. São Paulo: Malheiros, 1998.

SILVA, Marcio Evangelista Ferreira da. *Hermenêutica e Homicídio Qualificado.* Brasília: TJDFT, 2014.

SILVEIRA BUENO. *Grande dicionário etimológico prosódico da língua portuguesa.* São Paulo: Saraiva, v. 7, 1968.

SIQUEIRA, Flávia; KASECKER, Izabele. *Recusa de Transfusão de Sangue em Pacientes Menores de Idade.* Disponível em: www.jota.info/opiniao-e-analise/colunas/penal-em-foco/recusa-de-transfusao-de-sangue-em-pacientes-menores-de-idade-10062019. Acesso em 10.06.2019.

SIQUEIRA, Galdino. *Tratado de direito penal*: parte especial. Rio de Janeiro: José Konfino Editor, t. III, v. 1, 1947.

STRECK, Lenio Luiz, *As interceptações telefônicas e os direitos fundamentais.* 2. ed. Porto Alegre: Livraria do Advogado, 2001.

TAVARES, André Ramos. Direito à Vida. In: CANOTILHO, J. J. Gomes et al. *Comentários à Constituição do Brasil.* 1. ed. São Paulo: Saraiva/Almedina, 2013. p. 213.

TAVARES, Juarez. *Teoria do injusto penal.* 2. ed. Belo Horizonte: Del Rey, 2002.

______. *Direito penal da negligência* – uma contribuição à teoria do crime culposo. 2. ed. Rio de Janeiro: Lumen Juris, 2003.

TAVARES, Marcelo Leonardo. *Direito previdenciário.* 6. ed. Rio de Janeiro: Lumen Juris, 2005.

THUMS, Gilberto. *Estatuto do desarmamento.* Rio de Janeiro: Lumen Juris, 2005.

VELOSO, Roberto Carvalho. *O Aborto da Estuprada: Onde Está o Cinismo?* Disponível em jus2.uol.com.br/doutrina/texto.asp?id=12520.

VENSON, Anamaria Marcon; PEDRO, Joana Maria. Tráfico de Pessoas: uma história do conceito. In *Revista Brasileira de História*, São Paulo, v. 33, n. 65, 2013.

VON LISZT, Franz. *Tratado de Direito Penal Allemão.* t. II. Rio de Janeiro: F. Briaguet & C. Editores, 1899.

WESSELS, Johannes. *Direito penal*: parte geral. Porto Alegre: Sergio Antonio Fabris Editor, 1976.

XAVIER DE OLIVEIRA, Carlos Fernando Maggiolo. *O crime de estelionato.* Rio de Janeiro: Destaque, 2003.